V&R

Forschungen zur systematischen und ökumenischen Theologie

Herausgegeben von
Reinhard Slenczka und Gunther Wenz

Band 104

Vandenhoeck & Ruprecht

Karsten Lehmkühler

Inhabitatio

Die Einwohnung Gottes im Menschen

Vandenhoeck & Ruprecht

Bibliografische Information Der Deutschen Bibliothek

Die Deutsche Bibliothek verzeichnet diese Publikation in der
Deutschen Nationalbibliografie; detaillierte bibliografische Daten sind
im Internet über <http://dnb.ddb.de> abrufbar.

ISBN 3-525-56331-0

Gedruckt mit Hilfe der Geschwister Boehringer Ingelheim Stiftung
für Geisteswissenschaften in Ingelheim am Rhein.

Für Amelie, Madeline, Jannik und Timon

Vorwort

Bei aller theologischen Arbeit geht es immer um das Zentrum des christlichen Glaubens: um das Evangelium von Jesus Christus und um die Gemeinschaft mit Gott, die durch den Glauben an Christus geschenkt wird. Es ist diese Mitte, die der theologischen Forschung als ihre Aufgabe gegeben ist. Eine auf diesen „cardo rei" zielende Frage führte zum vorliegenden Buch: Wie kann verstanden werden, daß der Christ den Geist Christi hat, daß Christus in ihm wohnt?

Es ist dies ein Thema, das alle theologischen Disziplinen betrifft. Bezeugt in den biblischen Schriften und immer wieder durchdacht in der Geschichte der Kirche, wird die Einwohnung Gottes auch zum wichtigen Thema der Dogmatik, indem nach der begrifflichen Durchdringung dieses Zeugnisses gefragt wird. Gleichzeitig wird so der Horizont für zentrale Fragen der Ethik und der praktischen Theologie geöffnet. Dieses Zusammenspiel unterschiedlichster Disziplinen trägt entscheidend bei zum Reiz des Themas (und der recht betriebenen theologischen Forschung insgesamt). Es ist dabei kein Schade, wenn das dogmatische Thema spannend und fesselnd ist. Für mich war dies immer der Fall, und ich erhoffe solche Passion auch für den Leser.

Das Buch wurde in meiner Erlanger Assistentenzeit begonnen und in Straßburg vollendet. Seine Abfassung fällt so in eine bewegte Zeit, geprägt von „Grenzgängen" zwischen Deutschland und Frankreich, zwischen Ethik und Dogmatik, zwischen der badischen Kirche und den protestantischen Kirchen Frankreichs. Mein Dank gilt zunächst der theologischen Fakultät der Friedrich-Alexander-Universität Erlangen-Nürnberg, an der ich von 1991–1998 als Assistent, docendo discens, arbeiten durfte. Sie hat die vorliegende Arbeit im Sommersemester 2002 als Habilitationsschrift angenommen. Von Herzen danke ich auch der Faculté de Théologie Protestante de Strasbourg, an der ich seit 1998 mit Freuden unterrichte und die mich jetzt auf den Lehrstuhl für Ethik berufen hat.

Ein ganz besonderes Wort des Dankes ergeht an Herrn Professor Dr. Reinhard Slenczka, meinen Erlanger Doktorvater, der, jetzt in Riga lehrend, die Arbeit an der Habilitationsschrift betreut und das Erstgutachten geschrieben hat. Daß er meinen Weg bis heute mit seinem Rat begleitet, bedeutet mir viel. Ganz herzlich bedanke ich mich sodann bei Herrn Professor Dr. Walter Sparn für sein lehrreiches Zweitgutachten, das er als damaliger Dekan der Erlanger Fakultät verfaßte. Auch freue ich mich sehr, Herrn Professor Dr. André Birmelé, Dekan der Straßburger Fakultät, meinen Dank abstatten zu dürfen. Er schrieb ein weiteres Gutachten und brachte mit seiner Gegenwart beim Erlan-

7

ger Habilitationsvortrag die Verbundenheit der beiden Fakultäten zum Ausdruck. Der gemeinsame Abend mit allen Gutachtern im Hause Slenczka wird mir unvergessen bleiben.

Mein Dank geht ferner an die Herren Professoren Dr. Reinhard Slenczka und Dr. Gunther Wenz für die Aufnahme der Arbeit in die Reihe „Forschungen zur systematischen und ökumenische Theologie" sowie an den Verlag Vandenhoeck & Ruprecht für die Betreuung dieser Veröffentlichung. Glücklicherweise kann ich mich schließlich bei fünf Institutionen bedanken, die mir halfen, die finanziellen Hürden für ein solches Unterfangen zu nehmen: die Geschwister Boehringer Ingelheim Stiftung für Geisteswissenschaften, die Zantner-Busch-Stiftung Erlangen, die Vereinigte Evangelisch-Lutherische Kirche in Deutschland, die Evangelische Kirche in Baden und die Evangelische Kirche in Bayern.

Mein tiefer und aufrichtiger Dank gilt vor allem meiner Frau Cathy. „So ist's ja besser zu zweien als allein..."

Straßburg, am 20. Juli 2004   Karsten Lehmkühler

Inhalt

V. Von Schleiermacher zur Ritschlschule

VI. Der Streit um die Lutherdeutung

VII. Die Lehre von der Einwohnung Gottes im Menschen

Einleitung

„Wie aber soll ich meinen Gott anrufen, meinen Gott und Herrn, denn ihn anrufend werde ich ihn sicher in mich hineinrufen? Aber wo wäre Raum in mir, den mein Gott in mir einnehmen sollte? Wo könnte Gott in mir Platz nehmen, der Gott, ‚der Himmel und Erde erschaffen hat?' Ist denn, Herr mein Gott, etwas in mir, das Dich fassen könnte? Fassen Dich Himmel und Erde, die Du geschaffen hast, innerhalb derer Du mich erschufst? Oder folgt daraus, daß kein Seiendes ohne Dich wäre, daß alles, was ist, Dich faßt? Weshalb bitte ich, da ja auch ich bin, Dich dann in mich hinein, ich, der ich gar nicht ohne Dein Insein in mir wäre?"[1]

Warum nur konnte die Einwohnung Gottes in der neueren evangelischen Theologie in Vergessenheit geraten? Augustin eröffnet seine Bekenntnisse mit einem Gebet, aus dem die oben zitierten Überlegungen stammen. Für ihn ist die Frage nach der Gegenwart Gottes im Menschen ein zentrales theologisches Thema. Mehr noch: Die Einwohnung ist nicht lediglich ein Lehrstück, ein Erkenntnisobjekt, sondern vielmehr die *Grundlage* der theologischen Erkenntnis, ja des christlichen Lebens überhaupt. *Weil* Gott selbst sich schenkt, *deshalb* muß auch der Theologe davon reden: „Und was haben wir mit alldem gesagt, mein Gott, mein Leben, mein heilig Köstliches? Was kann einer schon sagen, wenn er von Dir spricht? Und doch, weh denen, die Dich verschweigen, denn redselig bleiben sie stumm."[2]

Über weite Strecken der Theologiegeschichte war dies immer deutlich: Gottes Einwohnung im Menschen ist die Ermöglichung des christlichen Lebens im allgemeinen und der theologischen Erkenntnis im besonderen. Deshalb hatte dann auch die Beschreibung jener Einwohnung immer einen wichtigen Platz in der christlichen Dogmatik. In der jüngeren Geschichte der evangelischen Dogmatik aber scheint sie weit davon entfernt, als Grund und organisierendes Zentrum christlicher Lehre erkannt zu werden. Oft fehlt sie völlig oder wird unter dem historischen Begriff der „unio mystica" irgendwo innerhalb der Pneumatologie erwähnt und meist kritisch betrachtet. Der Bruch, der hier durch die evangelische Theologie geht, wird deutlich, wenn man sich zwei völlig unterschiedliche Äußerungen zur Einwohnungslehre vergegenwärtigt, die beide

---

[1] Augustinus, Bekenntnisse, Erstes Buch, II, 2 (Ausgabe von Balthasar, 32). – Zu den folgenden Anmerkungen ist zu bemerken: Hervorhebungen der Originaltexte werden in dieser Arbeit grundsätzlich durch Kursivschrift wiedergegeben.

[2] Ebd., IV, 4 (Ausgabe von Balthasar, 33f).

von Dogmatikern des 19. Jahrhunderts stammen. In seiner um 1860 erschienenen Dogmatik kann der Erlanger Theologe Gottfried Thomasius ausführen: „Wie die lutherische Christologie mit der communicatio idiomatum sich vollendet, so erreicht die lutherische Soteriologie ihre Spitze in dieser unio mystica."[3] Aber etwa 30 Jahre später behandelt der berühmte Albrecht Ritschl dasselbe Thema in seinem Hauptwerk unter dem bezeichnenden Titel: „Die Zersetzung der Lehre von der Rechtfertigung".[4]

Und dennoch: Die Einwohnung Gottes im Menschen gehört zu den zentralen Themen christlicher Lehre. In ihr wird von der Mitte, von der Realität des Glaubens, also von dem gesprochen, was den Christen trägt. Zugleich laufen hier die Fäden der großen Hauptthemen christlicher Dogmatik gleichsam zusammen, so daß sich im *formalen* Aufbau christlicher Lehre der *reale* Grund des Glaubens wiederspiegelt:

Gotteslehre und Anthropologie sind unmittelbar betroffen, weil im Vollzug der Einwohnung Gott und Mensch miteinander verbunden werden. Da im Neuen Testament das Wohnung-Nehmen des Vaters, des Sohnes und des Heiligen Geistes bezeugt werden, rückt die *Trinitätslehre* und im besonderen die Frage der „Sendungen" sowie der „Appropriationen" ins Blickfeld. In der Anthropologie fragt man besonders nach dem „Ort" der Einwohnung Gottes: Wie ist der Mensch beschaffen, damit Gott in ihm Wohnung nehmen kann?[5] Ferner: Die Einwohnung wird in der Theologie beschrieben, indem sie von der „hypostatischen Union" in Christus einerseits und von der „visio beata" der Seligen andererseits unterschieden wird:[6] Der Christ wird durch sie nicht zu einem zweiten Christus, noch ist er bereits in der jenseitigen Seligkeit. Die Abgrenzung der Einwohnung im Menschen von der hypostatischen Union und der seligen Schau Gottes verweist die Untersuchung also auf die Erkenntnisse der *Christologie* und der *Eschatologie*. *Pneumatologie und Soteriologie* schließlich sind angesprochen, da es sich bei der Einwohnung Gottes im Menschen um das Heilshandeln Gottes an seinem Geschöpf handelt, oder, um es mit der lutherischen Orthodoxie zu sagen, weil die „unio mystica" das Zentrum des ordo salutis darstellt.

Die Frage nach der Einwohnung Gottes im Menschen ist nicht nur eine *dogmatische* Frage. Sie ist dies nicht einmal in erster Linie. Daß Gott im Menschen Wohnung nimmt, ist Zeugnis der Heiligen Schrift. Dieses Wort schenkt, was es zusagt: die Gemeinschaft mit Gott. Der Ausleger der biblischen Schrif-

---

[3] Thomasius, Christi Person und Werk, 481.

[4] Ritschl: Die christliche Lehre, Bd. 1, 356.

[5] So bemerkt etwa Schütz in seiner „Einführung in die Pneumatologie", die „pneumatisch-pneumatologische Grundschicht unserer christlichen Existenz" müsse „nach wie vor als geradezu unterbelichtet gelten" (Schütz, Einführung, 25f).

[6] In der katholischen Dogmatik bilden diese drei Gegebenheiten die „streng übernatürlichen Wirklichkeiten", die ein über die Erschaffung hinausgehendes Verhältnis der Kreatur zu Gott aussagen. Sie werden nur durch Offenbarung erkannt. Vgl. z.B. Rahner, Begrifflichkeit, 357.

ten findet dieses Zeugnis vor, es wird ihm zur *exegetischen* Aufgabe. Bis heute sind so die „paulinische Christusmystik" und die „johanneischen Immanenzaussagen" wichtige Themen neutestamentlicher Theologie.

Nun fällt gerade in der Behandlung dieser exegetischen Fragen auf, daß der Ausleger sich gezwungen sieht, die Aussagen der Texte unter Zuhilfenahme philosophischer Begriffe zu klären: Redet Paulus von einer einwohnenden *„Substanz"*? Ist das „In-Sein" bei Johannes *„räumlich"* zu verstehen? Wie also der Dogmatiker sein Thema vom Exegeten „erhält", so verweist der Exeget in seiner Arbeit auf das begriffliche Werkzeug des Dogmatikers.

Die vorliegende dogmatische Untersuchung ist dem Thema der Einwohnung Gottes gewidmet. Dabei werden mehrere Ziele verfolgt. Zum einen soll in die reiche, verzweigte *Geschichte* der dogmatischen Behandlung der Einwohnung eingeführt werden. Alle jüngeren Versuche, die „inhabitatio" theologisch darzustellen, werden sich an der vielfältigen und tiefen Tradition dieser Lehre messen müssen. Die Geschichte der Einwohnungslehre ist spannend. Denn diese Lehre hat die verschiedensten Entwicklungen und Beurteilungen erfahren und ist in den beiden großen westlichen Kirchen unterschiedlich behandelt worden. Diese Bemerkung führt bereits zu der eingangs gestellten Frage nach der neueren evangelischen Theologie und ihrer Vorsicht angesichts der Lehre von der Einwohnung Gottes.

Diese Frage ist auch von erheblicher *ökumenischer* Bedeutung. Denn, wie wir sehen werden, standen evangelische Theologen der Einwohnungslehre auch deshalb kritisch gegenüber, weil sie diese als ein typisch katholisches Lehrstück wahrnahmen, das innerhalb evangelischer Dogmatik nur verfremdend wirken könnte. Es ist deshalb wichtig und höchst interessant zu fragen, ob diese Bedenken neuerer evangelischer Theologie einer kritischen Untersuchung standhalten können. Im Zusammenhang mit dieser ökumenischen Fragestellung muß sofort auch ein bedauerliche Beschränkung der vorliegenden Arbeit erwähnt werden: Sie beschäftigt sich ausschließlich mit der Darstellung „westlicher" Entwürfe zum Thema (mit Ausnahme einiger Bemerkungen zur Patristik). Für die gerade zum Thema der „Vergottung" (das allerdings mit dem der Einwohnung nicht identisch ist) so reiche Theologie des Ostens muß auf die spezielle Forschungsliteratur verwiesen werden.[7]

Schließlich ist auch neu nach einer *möglichen Gestalt* dieser Lehre innerhalb der evangelischen Dogmatik zu fragen. Denn die Beschäftigung mit der Geschichte der Lehre ist nur dann richtig durchgeführt, wenn sie zu einer Neubelebung der gegenwärtigen dogmatischen Arbeit führt.

Für unsere Untersuchung ergibt sich der folgende Aufbau: In einem ersten Teil werden die exegetischen Fragen zur „paulinischen Christusmystik" und zu den „johanneischen Immanenzaussagen" vorgestellt (I). In den weiteren Hauptteilen der Arbeit wird dann das weite Feld der geleisteten dogmatischen Arbeit

---

[7]   So vor allem die neuere Studie von Flogaus (Flogaus, Theosis), in der die Vergottung in der Theologie des Palamas eingehend untersucht wird.

gesichtet. Dies muß natürlich *exemplarisch* geschehen, indem zentrale dogmatische Beiträge zum Thema als „Vertreter" einer möglichen Darstellung der Einwohnung „herausgegriffen" werden. Mancher mag hier die Schriften der Mystiker, etwa die des Meister Eckhardt oder diejenigen Taulers vermissen. Aber es sollen hier bewußt *dogmatische* Beschreibungen der Einwohnung untersucht werden, das heißt Werke, die sich besonders um eine begriffliche, theologisch-philosophische Klärung der Lehre von der Einwohnung bemühen. Dabei werden insbesondere Repräsentanten römisch-katholischer und evangelischer Dogmatik einander gegenübergestellt.

Die scholastischen Untersuchungen werden am Beispiel des Thomas von Aquin vorgeführt (II, mit einem Abschnitt zu den patristischen Wurzeln dieser Lehre). Daraufhin werden sogleich die Arbeiten der Neuscholastik und besonders diejenigen Karl Rahners vorgestellt (III). Sie können als moderne Fortsetzung des thomistischen Typus angesehen werden.

Im Blick auf die evangelische, insbesondere lutherische Theologie wird nicht mit dem Reformator, sondern sogleich mit der lutherischen Orthodoxie eingesetzt (IV), und dies aus zwei Gründen: Zum einen läßt sich die systematische, streng logische Darstellung der Orthodoxie gut mit den Ausführungen des Thomas von Aquin vergleichen. Zum anderen ist der Streit um die rechte Lutherdeutung – gerade im Blick auf die Themen der „Einwohnung" und „Vergottung" – ein besonderes Phänomen *neuzeitlicher* und *gegenwärtiger* Theologie. Deshalb wird die Theologie Luthers an den Schluß der dogmengeschichtlichen Darstellung gerückt (VI), wo sie zugleich die Brücke zur abschließenden systematischen Reflexion bildet. Zwischen die Darstellung der Orthodoxie und der des gegenwärtigen Ringens um die rechte Lutherdeutung treten zwei wichtige Zwischenetappen: zum einen die Theologie Schleiermachers, zum anderen die Verfallsgeschichte der evangelischen Einwohnungslehre in den Arbeiten der Ritschlschule (beides in V).

Das abschließende Kapitel (VII) versucht, unter Beachtung des bisher bereitgestellten Materials, Grundzüge einer evangelischen Lehre von der Einwohnung Gottes zu zeichnen.

I. Die neutestamentliche Frage nach der Einwohnung

Die Einwohnung Christi und des Heiligen Geistes im Gläubigen ist vor allem (aber nicht ausschließlich) ein zentrales Thema paulinischer und johanneischer Schriften.[1] Ja, man muß sogar sagen, daß die paulinische und die johanneische Verkündigung ohne die Botschaft von der Einwohnung Gottes im Menschen nicht denkbar sind. Diese These ist im folgenden zunächst durch die Vorstellung der entsprechenden Perikopen zu unterstreichen (1.). Dann wird ein kurzer Überblick über die einschlägige Geschichte paulinischer und johanneischer Forschung gegeben und auf Hauptthemen dieser Forschung verwiesen (2.+3.). Schließlich werden zentrale Teilfragen gesondert vorgestellt. Dabei werden zunächst exegetische Positionen referiert, um anschließend zu sehen, welche Fragen die exegetische Literatur unerledigt läßt und gleichsam an die systematische Theologie weiterreicht (4.–8.). Die Ergebnisse müssen schließlich in ihrer Bedeutung für die dogmatische Aufgabe zusammenfassend rekapituliert werden (9.).

1. Einwohnung in den Schriften des Paulus und des Johannes

Zu recht betonen die katholischen Theologen Flick und Alszeghy in ihrem Standardwerk zur Gnadenlehre, daß im Alten Testament die neutestamentliche Offenbarung von der Einwohnung Gottes durch drei Themen vorbereitet ist.[2] Es handelt sich um die Aussagen zum Besitz Gottes, zur Gegenwart und dem Wohnen Gottes sowie zum Geist Gottes. Diese zahlreichen Aussagen, etwa im Zusammenhang mit dem Bau der Stiftshütte und des Tempels, bedürften ein-

---

[1] Neben den im folgenden aufzulistenden Stellen bei Paulus und Johannes ist auch noch Jak 4,5 anzuführen. Ferner wäre zu fragen, inwieweit auch die synoptischen Evangelien bereits von diesem Thema handeln. So stellt Haussleiter in seinem ausführlichen und reichen Artikel zum „Deus internus" die bedenkenswerte These auf, daß bereits das Jesuswort vom „Reich Gottes inwendig in euch" (Lk 17,21) als „Vorstufe zum D[eus] i[nternus]" anzusehen sei (Haussleiter, Deus internus, 818). Auch Mt 10,20 kann in diesem Zusammenhang erwähnt werden.

[2] Flick/Alszeghy, vangelo, 457–463.

gehender Studien.[3] In der vorliegenden Arbeit werden sie im Schlußteil Erwähnung finden. Wir schreiten hier sogleich zu den paulinischen und johanneischen Schriften weiter.

1.1 Paulus[4]

Die paulinischen Aussagen zur Einwohnung Christi oder des Geistes müssen eingestellt werden in das weite Feld aller derjenigen Ausführungen des Apostels, die von dem neuen Sein in Christus, von der Identifizierung des Christen mit dem Kyrios, also im weitesten Sinne von dem sprechen, was man seit etwa hundert Jahren unter dem Begriff der „Christusmystik" zusammenzufassen sucht. Dazu gehören vor allem[5] die Aussagen von der Verwandlung in das Bild Christi (2 Kor 3,18; vgl. 2 Kor 4,6), die Tauftheologie und ihre Identifizierung des Täuflings mit Christus (Gal 3,27; Röm 6,4; vgl. Kol 3,10), die Leidensmystik des Apostels (2 Kor 4,10; Gal 6,17; Phil 3,10; Kol 1,24), die zahlreiche Verwendung der Formel „in Christus", besonders in ihrem vertieften, das neue Sein ansprechenden Sinn (2 Kor 5,17; Phil 4,13), die Aussagen zum schon jetzt realen Auferstehungsleben der Christen (Röm 6,4; Phil 3,10f; Röm 8,11) und ferner auch der Hinweis in 1 Kor 6,17, nach dem der Christ mit Christus „ein Geist" ist. Besonders sind natürlich auch all jene Worte zu bedenken, die vom „Empfangen" des Geistes (1 Kor 2,12; Gal 3,2.5; 2 Kor 5,5; Röm 8,15,23; Tit 3,5f; Hebr 6,4), von der „Versiegelung" (2 Kor 1,22; Eph 1,13), „Salbung" (2 Kor 1,21) oder „Tränkung" (1 Kor 12,13) mit dem Geist reden.

In diesem Zusammenhang also finden sich nun die eigentlichen Aussagen zur Einwohnung, die im folgenden aufgelistet werden.[6]

a) „wohnen" (οἰϰεῖν, ἐνοιϰεῖν, ϰατοιϰεῖν):

1 Kor 3,16: „Wisset ihr nicht, daß ihr Gottes Tempel seid und der Geist Gottes in euch wohnt?" (vgl. 2 Kor 6,16).
Röm 8,9–11: „Ihr aber seid nicht fleischlich, sondern geistlich, wenn anders Gottes Geist in euch wohnt. Wer aber Christi Geist nicht hat, der ist nicht sein. Wenn aber Christus in euch ist, so ist der Leib zwar tot um der Sünde willen, der Geist aber ist Leben um der Gerechtigkeit willen. Wenn nun der Geist des, der Jesus von den Toten auferweckt hat, in euch wohnt, so wird derselbe, der Jesus Chri-

---

[3]   Vgl. auch die Hinweise bei Schnackenburg, Johannesbriefe, 106; Klauck, Der erste Johannesbrief, 265f.
[4]   Unter diesem Titel werden auch die einschlägigen Aussagen der sogenannten Deuteropaulinen behandelt. – Eine gute Auflistung der in Frage kommenden neutestamentlichen Stellen findet sich bei Rahner, Begrifflichkeit, 348; 350.
[5]   Folgende Reihung der wichtigsten einschlägigen Themen nach den Ausführungen bei Dibelius, Paulus und die Mystik, 140–151.
[6]   Die Texte werden hier nach der Lutherübersetzung geboten (revidierter Text von 1964).

stus von den Toten auferweckt hat, auch eure sterblichen Leiber lebendig machen durch den Geist, der in euch wohnt." (vgl. auch 13–16!).

Eph 3,17a „... daß Christus wohne durch den Glauben in euren Herzen ..."

2 Tim 1,14 „Dies köstliche anvertraute Gut bewahre durch den heiligen Geist, der in uns wohnt."

Erwähnt sei hier auch das – auf die Gemeinde zu beziehende – schöne Bild aus Eph 2,22: „... auf welchem auch ihr miterbaut werdet zu einer Behausung (κατοι-κητήριον) Gottes im Geist".

b) der Geist/Christus/der Vater „in" den Gläubigen (ἐν):

1 Thess. 4,8: „... Gott, der seinen heiligen Geist in euch gibt."

Gal 2,20a: „Ich lebe; doch nun nicht ich, sondern Christus lebt in mir."

Gal 4,6: „Weil ihr denn Kinder seid, hat Gott gesandt den Geist seines Sohnes in unsre Herzen, der schreit: Abba, lieber Vater!"

Gal 4,19b: „... bis daß Christus in euch Gestalt gewinne!"

1 Kor 6,19: „Oder wisset ihr nicht, daß euer Leib ein Tempel des heiligen Geistes ist, der in euch ist, welchen ihr habt von Gott, und seid nicht euer eigen?"

1 Kor 14,25: „... daß Gott wahrhaftig in euch ist."

2 Kor 1,22: „... und versiegelt und in unsere Herzen als Unterpfand den Geist gegeben hat."

2 Kor 13,3.5b: „... ihr verlangt ja, daß ihr einmal gewahr werdet, wer in mir redet, nämlich Christus, welcher gegen euch nicht schwach ist, sondern ist mächtig unter euch. Oder erkennet ihr euch selbst nicht, daß Jesus Christus in euch ist?"

Röm 5,5b: „... denn die Liebe Gottes ist ausgegossen in unser Herz durch den heiligen Geist, welcher uns gegeben ist."

Eph 4,6: „... ein Gott und Vater aller, der da ist über allen und durch alle und in allen."

Kol 1,27: „Ihnen wollte Gott kundtun, was da sei der herrliche Reichtum dieses Geheimnisses unter den Heiden, welches ist Christus in euch, die Hoffnung der Herrlichkeit."

Kol 1,29: „... daran ich auch arbeite und ringe in der Wirkung des, der in mir kräftig wirkt."

Kol 3,11b: „... sondern alles und in allen Christus."[7]

c) Aussagen, bei denen der Bezug zur Einwohnung wahrscheinlich ist:

2 Kor 3,3: „... geschrieben nicht mit Tinte, sondern mit dem Geist des lebendigen Gottes, nicht in steinerne Tafeln, sondern in fleischerne Tafeln des Herzens".

---

[7] Einige der aufgeführten Stellen können eventuell auch vom Sein Christi in der Gemeinde verstanden werden. Willig (Gnade, 80) beispielsweise hält dies im Blick auf 1 Kor 3,16, 2 Kor 13,5 und 2 Tim 1,4 für möglich; Vollenweider (Geist Gottes, 174) nennt für die kollektiv zu deutenden Aussagen Gal 4,19; 1 Kor 3,16; 2 Kor 13,3.5; Kol 1,27. Besonders letztgenannte Stelle wird meist im Sinne von „Christus unter euch" interpretiert. Wir überlassen dies der exegetischen Diskussion, da das Gesamtzeugnis der genannten Aussagen in jedem Falle auch von einer individuellen Einwohnung Gottes spricht.

2 Kor 13,3b: „...wer in mir redet, nämlich Christus ...“[8]

Phil 3,8f: „... auf daß ich Christus gewinne und in ihm erfunden werde ...“.[9]

Eph 3,19b,20: „... damit ihr erfüllt werdet (πληρωθῆτε) mit aller Gottesfülle. Dem aber, der überschwenglich tun kann über alles, was wir bitten oder verstehen, nach der Kraft, die da in uns wirkt, ...“

Eph 4,23: Hier ist eventuell zu übersetzen: „Erneuert euch durch den in eurem Geist anwesenden (Heiligen) Geist!“

Eph 5,18b: „... werdet voll Geistes (πληροῦσθε ἐν πνεύματι) ...“

1.2 Johannes

Auch die Ausführungen bei Johannes, die sich mit der Einwohnung Gottes im Menschen beschäftigen, sind in den größeren Zusammenhang aller Aussagen zu stellen, die das neue Leben in Christus beschreiben. In diesem Zusammenhang nehmen sie zweifelsohne eine Zentralstellung ein. Besonders auffallend ist, daß die johanneischen „Immanenzformeln“[10] oftmals reziprok gebildet sind, indem sie sowohl von der Einwohnung Christi als auch vom Bleiben des Gläubigen in Christus reden. Diese Aussagen können „dreifach formuliert werden: mit μένειν ἐν (...), mit εἶναι ἐν (...) und mit ἐν ohne ein ausgeführtes Verbum“.[11] Im Evangelium überwiegt die Formulierung mit εἶναι, während der erste Johannesbrief das μένειν bevorzugt. Zum weiteren Wortfeld und theologischen Zusammenhang dieser Immanenzformeln sind die zentralen Aussagen zum „Leben“ (ζωή), zum „Erkennen“ (γινώσκειν) und zum „Lieben“ (ἀγαπᾶν) zu rechnen.[12] Sie alle beschreiben das neue Sein der Christen.

Im Folgenden wird eine Aufstellung der Stellen geboten, die von der Einwohnung Gottes im Menschen sprechen:

---

[8] Vgl. zur Stelle Vollenweider, Geist Gottes, 174.

[9] Vgl. zur Stelle Dibelius, Paulus und die Mystik, 149: „(V)ielleicht ist schon hier auf mystische Formeln (und mystische Erfahrungen) angespielt, falls nämlich mit dem ersten Ausdruck „gewinnen“ die Immanenz, das Wohnen der Christusmacht in uns, gemeint sein sollte und in dem zweiten Ausdruck („erfunden werden“) die Kohärenz, das Sein in Christus. Kohärenz und Immanenz zusammengeschlossen würden auf die bekannte mystische Responsionsformel verweisen: ich in dir, du in mir.“

[10] So benennt erstmals Schnackenburg, Johannesbriefe, 105, die reziproken Einwohnungsaussagen im johanneischen Corpus, unter Hinweis auf ihre „mannigfachen Verbindungen mit μένειν ἐν“. – Hinsichtlich des Gebetes des Mystikers hat allerdings schon Heiler von der „reziproken Immanenzformel“ gesprochen, vgl. ders., Gebet, 307. Er verwies dabei auf Weinreich, der bereits 1919 im Blick auf indische und hellenistische Texte von der „reziproke(n) Identitätsformel“ gesprochen hatte (Weinreich, Religiöse Stimmen, 166; 169).

[11] Borig, Weinstock, 215.

[12] Vgl. dazu ebd., 202–204; 228–232.

a) „wohnen" (μονὴν πευεῖσϑαι):

Joh 14,23: „Wer mich liebt, der wird mein Wort halten; und mein Vater wird ihn lieben, und wir werden zu ihm kommen und Wohnung bei ihm machen."

b) „bleiben in" (μένειν ἐν):

Joh 6,56: „Wer mein Fleisch isset und trinket mein Blut, der bleibt in mir und ich in ihm."

Joh 15,4f: „Bleibet in mir und ich in euch. (...) Wer in mir bleibt und ich in ihm, der bringt viel Frucht ..."

1 Joh 2,27a: „Und die Salbung, die ihr von ihm empfangen habt, bleibt in euch ..."

1 Joh 3,24: „Und wer seine Gebote hält, der bleibt in ihm und er in ihm. Und daran erkennen wir, daß er in uns bleibt, an dem Geist, den er uns gegeben hat."

1 Joh 4,12f: „Wenn wir uns untereinander lieben, so bleibt Gott in uns, und seine Liebe ist völlig in uns. Daran erkennen wir, daß wir in ihm bleiben und er in uns, daß er uns von seinem Geist gegeben hat."

1 Joh 4,15f: „Wer nun bekennt, daß Jesus Gottes Sohn ist, in dem bleibt Gott und er in Gott. (...) Gott ist Liebe, und wer in der Liebe bleibt, der bleibt in Gott und Gott in ihm."

c) Gott / Christus / Hl. Geist „in" den Gläubigen (εἶναι ἐν):

Joh 14,17c: „Ihr aber kennet ihn, denn er bleibt bei euch und wird in euch sein."

Joh 14,20: „An demselben Tage werdet ihr erkennen, daß ich in meinem Vater bin und ihr in mir und ich in euch."

Joh 17,23a: „... ich in ihnen und du in mir ..."

Joh 17,26b: „... damit die Liebe, mit der du mich liebst, sei in ihnen und ich in ihnen."

1 Joh 4,4b: „... denn der in euch ist, ist größer, als der in der Welt ist."

2. Christusmystik? Zur Geschichte der Paulusforschung

In der neueren „Geschichte der Paulusforschung"[13] haben die einschlägigen Ausführungen des Apostels vor allem seit den Arbeiten der religionsgeschichtlichen Schule Interesse gefunden. Hatte der große Entwurf paulinischer Theologie durch Christian Ferdinand Baur[14] noch versucht, gerade den Geistbegriff bei Paulus durch die hegelsche Philosophie zu erklären, so tritt um die Jahr-

---

[13] Vgl. den Titel des bekannten Forschungsberichtes von Bultmann: Zur Geschichte der Paulus-Forschung.

[14] Vgl. dessen Hauptarbeiten: Baur, Paulus; ders., Vorlesungen; ferner die Ausführungen bei Bultmann, Geschichte, 29–33.

hundertwende mit den Arbeiten Deißmanns, Gunkels und Boussets[15] eine neue Interpretation auf den Plan: Der Apostel wird als Christusmystiker verstanden.[16] Der Geist, von dessen Herrschaft über den Gläubigen Paulus so eindringlich zu reden weiß, kann nicht mit hegelscher Philosophie gezähmt werden: er manifestiert sich als ein supranaturales Widerfahrnis, seine Wirkungen werden real erlebt.[17] Diese neue Betonung mystischer Elemente bei Paulus führt nun dazu, daß bei Bousset und in der religionsgeschichtlichen Schule insgesamt „die Rechtfertigungslehre, die einst als Zentrum der paulinischen Theologie galt, als nebensächliche Kampflehre" erscheint, während die im Kult verwurzelte Christusmystik des Paulus ganz „im Zentrum steht".[18] Dabei wird diese Christusmystik durch hellenistischen Einfluß zu erklären gesucht, gleichzeitig aber ihre Besonderheit herausgestellt.[19]

Verstärkt wird die mystische Deutung paulinischer Theologie durch die berühmten Paulusstudien Albert Schweitzers. Hat er zunächst in seiner „Geschichte der paulinischen Forschung"[20] einen Überblick auf bisherige Interpretationen gegeben, so legt er mit der Abhandlung „Die Mystik des Apostels Paulus"[21] eine eigene Deutung vor, die den Apostel von einer „eschatologischen Mystik" bestimmt sieht. Die Erklärung der paulinischen Theologie als mystische Botschaft verbindet Schweitzer mit der religionsgeschichtlichen Schule, wenn er auch im einzelnen zum Teil in scharfen Gegensatz zu ihr tritt: Pauli Theologie entsteht nicht durch Hellenisierung; der Apostel befindet sich auch nicht in einem prinzipiellen Gegensatz zu Jesus. Vielmehr hat seine Mystik jüdische Wurzeln, sie ist, genau wie die Predigt Jesu, von der Eschatologie bestimmt.

In den folgenden Jahren wird die mystische Deutung des Paulus nach verschiedensten Seiten hin analysiert, modifiziert und eingeschränkt. Martin Dibelius, der sich in zwei Aufsätzen[22] mit dieser Frage auseinandersetzt, beschreibt die Forschungslage im Jahr 1931:

„Wenn heute das Wort ,Mystik' im Zusammenhang mit Paulus genannt wird, so pflegt sich alsbald das Bedürfnis nach einer Einschränkung des Ausdrucks geltend zu machen. Man redet etwa wie Hans Emil Weber von Glaubensmystik oder Hoffnungsmystik, man verwendet mit Schweitzer den Ausdruck ,eschatologische Mystik' oder grenzt wie Deißmann den Apostel als reagierenden Mystiker gegen alle agierende Mystiker ab; man unterscheidet wie Johannes Schneider seine Mystik als objektive Mystik von der Erlebnismystik, oder endlich man nennt die Sache, um

---

[15] Deißmann, Formel; Gunkel, Wirkungen; Bousset, Kyrios Christos.
[16] Vgl. dazu besonders den Überblick bei Sellin, Hintergründe, 7–11.
[17] Vgl. dazu Lehmkühler, Kultus und Theologie, 180ff.
[18] Bultmann, Geschichte, 28.
[19] Zur „Christusmystik" vgl. Bousset, Kyrios Christos, 113–120.
[20] Schweitzer, Geschichte (Tübingen 1911).
[21] Schweitzer, Mystik (Tübingen 1930). Zu beiden Büchern vgl. die gründliche Untersuchung bei Grässer, Schweitzer, besonders 155ff.
[22] Dibelius, Glaube und Mystik; ders., Paulus und die Mystik.

die es sich handelt, unter Ablehnung des Wortes ‚Mystik' mit einem anderen Namen; Bultmann spricht von Gnosis, Lohmeyer von Christusmetaphysik. Es scheint
weithin anerkannt zu sein, daß bei Paulus nicht bloß, nicht hauptsächlich, nicht wesentlich Mystik zu finden ist."[23]

Dibelius selbst wendet in seinen Studien die auf Söderblom und Heiler zurück-
gehende „Unterscheidung zwischen prophetischer und mystischer Frömmigkeit
als Typen innerhalb der höheren Religionen"[24] an. Paulus ist sicherlich ein Vertreter des prophetischen Typus. Es geht auch nicht an, wie Schweitzer und die
religionsgeschichtliche Schule „die Rechtfertigungslehre als nebensächlich,
fragmentarisch und unnatürlich zurückzuschieben";[25] sie ist vielmehr Zentrum
der paulinischen Botschaft. Dennoch beschreibt Paulus nun das neue Sein der
Gerechtfertigten in mystischen Formulierungen, „für jenes letzte Unsagbare
der Verbindung mit Christus gebraucht er mit einer gewissen Vorliebe Worte,
die nach Form und Inhalt an die verschiedenen Arten hellenistischer Mystik
erinnern".[26] Es kommt also bei Paulus zu einer „Einheit der beiden Hemisphä-
ren";[27] „(m)ystische Frömmigkeit, die Christus im Innern trägt, und propheti-
sche Frömmigkeit, die über den Abgrund hinweg den Glauben zu Christus em-
porsendet", finden sich „unmittelbar nebeneinander! Und erst dies Nebeneinander macht das Christentum des Paulus aus."[28]

Trotz dieser stringenten Ausführungen von Dibelius tritt in der Folgezeit die
Beschäftigung mit der paulinischen Mystik weiter in den Hintergrund. In der
katholischen Forschung bestätigen zwar Schnackenburg[29] und mit einer eigenen Monographie besonders Wikenhauser[30] die Wichtigkeit mystischer Aussagen in der paulinischen Theologie. Aber etwa drei Jahrzehnte nach den Arbeiten von Dibelius kann Brandenburger schreiben: „ Das „Thema ‚Mystik' in der
Paulus-Forschung" scheint „alles andere als aktuell. Es ist erstaunlich, wie un-
gefähr in der Zeitspanne einer Generation die Beurteilung dieses Problems ins
Gegenteil umgeschlagen ist."[31] Welches sind die Gründe für diese Entwicklung? Brandenburger verweist zunächst auf die sich durchsetzende Erkenntnis,
die als das „treibende Element" der paulinischen Theologie eben doch nicht die

---

[23] Dibelius, Glaube und Mystik, 97; die Namen sind im Original hervorgehoben. Dibelius
nennt folgende Belege für seine Ausführungen: Weber, Formel, 213ff; ders., Eschatologie
und Mystik, 14ff; Deißmann, Paulus, 117ff; Schneider, Passionsmystik, 10; 69ff; Bultmann,
Schweitzer, 1154; Lohmeyer, Grundlagen, 145.
[24] Dibelius, Paulus und die Mystik, 136, mit Verweis auf Heiler, Gebet, 248ff.
[25] Dibelius, Glaube und Mystik, 109.
[26] Dibelius, Paulus und die Mystik, 152.
[27] Dibelius, Glaube und Mystik, 115.
[28] Dibelius, Paulus und die Mystik, 151; mit Blick auf Gal 2,20.
[29] Schnackenburg, Heilsgeschehen, besonders 175–185.
[30] Wikenhauser, Christusmystik.
[31] Brandenburger, Fleisch und Geist, 8.

Mystik, sondern die Rechtfertigungslehre erkennt.[32] Ferner sei eine „religionsgeschichtliche Blickverschiebung"[33] eingetreten, indem unter der Arbeit an mandäischen gnostischen Texten der Begriff der „Gnosis" die Paulusinterpretation bestimmt und den der „Mystik" zurückgedrängt habe. Als dann in jüngerer Zeit auch die Annahme einer vorchristlichen oder mit dem Urchristentum zeitgleichen Gnosis ins Wanken gekommen sei, sei damit auch die Frage nach der Mystik ins Abseits geraten.[34]

Die Arbeit Brandenburgers selbst wie auch neuere Stimmen zum Thema zeigen aber, daß die Frage nach der Mystik des Paulus keineswegs zu den Akten gelegt werden kann.[35] Dabei ist es unerheblich, ob die Sache selbst mit dem Begriff „Mystik" bezeichnet wird oder nicht. Brandenburger behandelt in seinen Untersuchungen zum Pneuma-Begriff besonders die Einwohnungsaussagen des Apostels und stellt hier Verbindungen zur dualistischen Weisheit des hellenistischen Judentums fest. In den letzten Jahren haben Sellin[36] und Vollenweider[37] in Aufsätzen erneut auf die Bedeutung dieses Fragenkomplexes hingewiesen. Sellin erneuert die These, derzufolge die paulinischen Einwohnungsaussagen durch die Parallelen in der hellenistischen Welt und besonders bei Philo zu erklären seien. Vollenweider erkennt das „ontologische(n) Problem in der paulinischen Anthropologie", das sich durch den Konflikt zwischen Trennung und Identifizierung von Geist Gottes und Selbst des Menschen ergibt.[38]

Gerade der zuletzt genannte Beitrag zeigt, wie sehr die immer noch aktuelle Frage der „Mystik" des Apostels auf dogmatische Einzelprobleme zusteuert, die einer eingehenden Klärung der Begriffe bedürfen.

---

[32] Ebd., 9, mit Verweis auf die knappe Zusammenfassung dieser Überlegungen bei Bultmann, Mystik.

[33] Brandenburger, Fleisch und Geist, 10. Zur Forschungsgeschichte bis 1968 bietet Brandenburger auf den Seiten 12–25 einen Überblick und nennt die einschlägige Literatur.

[34] Sellin, Hintergründe, 9, nennt als Grund für das Zurücktreten der mystischen Deutung die „Paulusdeutung der Dialektischen Theologie, der sich auch Rudolf Bultmann verpflichtet wußte".

[35] Vgl. auch die neue Studie: Meier, Mystik bei Paulus; vgl. ferner, unter Betonung der Einwohnungsmystik: Biser, Der unbekannte Paulus.

[36] Sellin, Hintergründe.

[37] Vollenweider, Geist Gottes.

[38] Zum gesamten exegetischen Fragenkomplex vgl. auch die jüngst an der katholisch-theologischen Fakultät in Straßburg verfaßte Doktorarbeit von Siffer-Wiederhold, Le Dieu présent.

3. Immanenzaussagen. Zur johanneischen Forschung

Die johanneischen „Immanenzaussagen"[39] sind, wie noch 1953 Schnackenburg in der ersten Auflage seines Kommentars zu den Johannesbriefen konstatieren kann,[40] wesentlich weniger intensiv erforscht worden als die Fragen der paulinischen „Mystik". Wenn diese Formeln Erwähnung fanden, dann vor allem im Zusammenhang mit der Frage, ob man auch bei Johannes von „Mystik" sprechen könne. So wies Bultmann darauf hin, daß Johannes zwar „offenbar bewußt m[ystisch]e Formeln" gebrauche, um die Gegenwärtigkeit des Heils auszusagen, andererseits aber in der Konzentration auf Jesus als den geschichtlichen Offenbarer gerade eine mystische Wesensschau abwehre.[41]

In jüngerer Zeit hat sich neben Schnackenburg selbst vor allem sein Schüler Borig in einer gründlichen Studie um diese Problematik verdient gemacht.[42] Ferner hat Klauck den Immanenzaussagen einen Exkurs innerhalb seines Kommentars zum 1. Johannesbrief gewidmet.[43] Schließlich liegt nun mit der Arbeit von Scholtissek eine gründliche Untersuchung dieses Fragenkomplexes vor.[44]

Aus den genannten jüngeren Arbeiten ergeben sich wichtige Einsichten zum Verständnis der in Frage stehenden Aussagen. Zunächst muß betont werden, daß die von Johannes bezeugte reziproke Einwohnung geradezu das „Grundgerüst"[45] einer Darstellung johanneischer Theologie abgeben könnte. Denn die „Immanenz mit dem Sohn" erscheint gerade in ihrer Identität mit dem neuen Leben „als der Wesensgrund und die tiefste Aussage allen Heils, das dem Menschen geschenkt wird".[46] Nicht ein Randgedanke, sondern das Zentrum des Evangeliums selbst soll mit den reziproken Formeln ausgesagt werden, in ihnen „spricht sich das eigentliche Anliegen des Verf[assers] aus".[47]

---

[39] In Anlehnung an Schnackenburg, der den Begriff „Immanenzformel" für diese johanneischen Aussagen verwendet hat, redet Klauck (Der erste Johannesbrief, 264) von „Immanenzaussagen".

[40] Schnackenburg, Johannesbriefe, 1. Auflage, 91. Im Folgenden wird nach der 7. Auflage zitiert.

[41] Vgl. Bultmann, Mystik, 1245.

[42] Borig, Weinstock. In dieser Abhandlung findet sich auf den Seiten 199–236 eine Untersuchung der Immanenzaussagen.

[43] Klauck, Der erste Johannesbrief, 264–268.

[44] Scholtissek, In ihm sein und bleiben. – Vgl. ferner auch: Neuenschwander, Mystik im Johannesevangelium. – In diesen Werken wird weitere, hier nicht berücksichtigte Forschungsliteratur genannt.

[45] Borig, Weinstock, 204.

[46] Ebd., 203. Zur „völlige(n) sachliche(n) Identität von Immanenz und ,Leben'" vgl. ebd., 202f.

[47] Schnackenburg, Johannesbriefe, 108. Klauck (Der erste Johannesbrief, 264f) spricht gar von der „Sprache der Immanenz" als einer „strukturierenden und einheitsstiftenden Denkfi-

Im Blick auf eine mögliche religionsgeschichtliche Ableitung der Immanenzformeln muß eine eher negative Antwort gegeben werden. Zwar lassen sich im Alten Testament, in Qumran, bei Philo und in den mandäischen Schriften zahlreiche Stellen aufführen, in denen von einem Wohnen Gottes oder des göttlichen Geistes im Volk Gottes oder in Einzelnen die Rede ist.[48] Aber gerade zu den reziproken johanneischen Formulierungen konnten keine außerbiblischen Parallelen beigebracht werden.[49]

Inwieweit liegt diesen Einwohnungsaussagen eine räumliche Vorstellung zugrunde? In einer unveröffentlichten Dissertation an der Gregoriana hat Lammers ein reales Einwohnen Gottes in der Seele des Menschen betont.[50] Das Bleiben Gottes im Gläubigen bedeute „wirkliche ‚mystische' Gegenwart Gottes im Menschen" sowie „aktives Wirken Gottes in der Seele": „Gott wohnt wirklich und persönlich in der Seele des Menschen".[51] Mit diesen Formulierungen ist Lammers zumindest in räumlichen Kategorien verblieben. Später hat Schnackenburg angesichts der Umkehrbarkeit und Variationsbreite der Formeln die „Warnung" ausgesprochen, „noch starke bildhafte Vorstellungen" in dieser Ausdrucksweise „finden zu wollen". Sie sei „schon formelhaft geworden", und besonders die reziproken Formeln lenkten „von der bildhaften Anschauung ab und zur Beachtung der realen Vereinigung und ihrer kaum zu überbietenden Innigkeit hin".[52] Auch Borig schließt sich im wesentlichen dieser Auffassung an. Natürlich bewirkt eine Wendung wie μένειν ἐν „unwillkürlich eine räumliche Vorstellung".[53] Dennoch wird eine solche immer wieder durchbrochen, so zum Beispiel, wenn in Joh 6,56 auf die Formulierung „Wer mein Fleisch ißt und trinkt mein Blut" nicht sofort die (räumliche) Konsequenz „in dem bleibe ich" folgt, sondern erst die umgekehrte Wendung „der bleibt in mir" verwendet wird. Die Umkehrbarkeit der Formeln zeigen nach Borig zu genüge „das Fehlen jeder sinnenhaften Vorstellung räumlicher Art".[54] Dennoch sind diese Formeln auch nicht einfach abstrakt, sie bewahren durch die Formulierung in räumlichen Kategorien eine gewisse „‚Anschaulichkeit'".[55]

---

gur", als einer „Leitmetapher" oder einer „Bildmatrix des Briefganzen". Ganz ähnlich auch Scholtissek, In ihm sein und bleiben, 371.

[48] Belege bei Schnackenburg, Johannesbriefe, 106; Klauck, Der erste Johannesbrief, 265f.

[49] Vgl. dazu Schnackenburg, Johannesbriefe, 108; Klauck, Der erste Johannesbrief, 266, dort auch Bemerkungen zur Diskussion um die alttestamentliche Bundesformel.

[50] Lammers, MENEIN-Formeln. Die Arbeit ist bei Heise, Bleiben, 115–120 vorgestellt worden.

[51] Lammers, MENEIN-Formeln, 68f; 74. (zitiert bei Heise, Bleiben, 117).

[52] Schnackenburg, Johannesbriefe, 107f.

[53] Borig, Weinstock, 205.

[54] Ebd., 206.

[55] Ebd., 209. – Von einigem Interesse ist der von Borig (ebd., 209–214) angestellte Vergleich zwischen den Immanenzformeln und den Aussagen, die von einem „Beieinander-Sein" reden. Jesus unterscheidet im Johannesevangelium die Zeit, in der er noch bei den Jüngern ist (14,25; 16,4), von derjenigen, wo er nicht mehr bei ihnen sein wird (17,11; 13,36). Diese wiederum mündet in die Stunde, wo sie wieder beieinander sein werden (16,22; 14,2f). Hier liegt

Wenn die Immanenzformeln nicht einfach räumlich zu verstehen sind,[56] so ist zu fragen, wie der mit ihnen beschriebene Inhalt näher zu fassen ist. Hier bietet sich bei den zitierten Auslegern vor allem die Kategorie des „Personalen" an. Die Formeln sind „‚un-vorstellbare' Bezeichnungen (...) für eine letztmögliche und denkbar innigste personale Vereinigung, die sich allen räumlichen Kategorien entzieht";[57] sie „ermöglichen es, engste personale Gemeinschaft auszusagen und dabei doch gleichzeitig einem mystischen Verschwimmen der Persongrenzen zu wehren".[58] Das Wie dieses personalen Ineinanders bleibt in dieser johanneischen Formel unausgesprochen; und der Exeget erkennt zu Recht, „daß man das in ihnen Ausgedrückte eben nicht genausogut auch anders sagen könnte".[59]

Hinsichtlich des Bedeutungsgehaltes der Formeln ist aber noch eine entscheidende Beobachtung zu machen: Die johanneischen Immanenzaussagen werden nicht nur im Blick auf Jesus und die Jünger, sondern genauso hinsichtlich Jesu und des Vaters getroffen. Ja, man wird in diesem Gebrauch die „Basis" jener die Jünger betreffenden Aussagen sehen müssen.[60] Die Formel wird so Träger einer „Wesensaussage über den Sohn", die das ϑεὸς ἦν ὁ λόγος aus Joh 1,1 in andere Worte faßt.[61] Die personale Deutung wird daher auch klären müssen, ob die reziproke Einwohnung von Vater und Sohn in gleicher Weise wie die von Sohn und Jünger verstanden ist. Ein Hinweis gibt die „Kurzfassung der Immanenz"[62] aus Joh 10,30 „ἐγὼ καὶ ὁ πατὴρ ἕν ἐσμεν", die so niemals vom Verhältnis der Jünger zu Jesus ausgesagt wird. *Die Analogie der*

---

ein klares Raumverständnis vor. Die Einwohnung bleibt von diesen Vorgängen unberührt, denn gerade für die Zeit der Abwesenheit Jesu werden die Jünger ermahnt (15,4): „Bleibet in mir und ich in euch!" Ähnliches läßt sich vom Sein des Logos „bei" Gott sagen (1,1f; 16,28; 17,5; 13,1.3).

[56] Vgl. aber auch die Ausführungen von Heise, der im Anschluß an seinen Lehrer Ernst Fuchs die Kategorie des Raumes in einem nicht mathematischen Sinne herausstreicht, da sie für die menschliche Existenz entscheidend sei (Heise, Bleiben, 172f): „Daß die Präposition ἐν wie sonst in der griechischen Sprache auch in den johanneischen Schriften lokale Bedeutung hat, kann m. E. nicht bestritten werden. Freilich ist sie hier nicht bezogen auf den Raum als meßbare, dreidimensionale Ausgedehntheit. (...) In Wahrheit sind Wendungen wie ‚im Zorn', ‚in auswegloser Not', ‚in Freude', oder auch ‚sein Herz verlieren', ‚voller Angst sein' u. dgl. keine Übertragungen und keine bloßen Bilder. In ihnen zeigt sich vielmehr eine das menschliche Dasein in seinem Wesen charakterisierende Räumlichkeit." Allerdings wird diese Räumlichkeit dann nicht weiter ontologisch bestimmt.

[57] Borig, Weinstock, 206.

[58] Klauck, Der erste Johannesbrief, 268.

[59] Ebd.

[60] So Klauck, Der erste Johannesbrief, 266; vgl. Borig, Weinstock, 207: „Die Sohn-Jünger-Immanenz erweist sich sachlich als der Ausfluß der Vater-Sohn-Immanenz und als deren analoges Nachbild."

[61] Borig, Weinstock, 213f. Nicht zu Unrecht sagt daher Klauck (Der erste Johannesbrief, 268), die johanneische Immanenz als Wirkeinheit von Vater und Sohn „zwinge" uns zuletzt zu den „trinitarischen Definitionen".

[62] Borig, Weinstock, 213.

Einwohnung ist also begleitet von der Differenz der Modi des Einsseins. Dies ist ein wichtiger Hinweis für die dogmatische Klärung und Abgrenzung der Einwohnung Gottes im Menschen: „Die Immanenz zwischen Vater und Sohn bleibt etwas Exklusives"; „die Unterscheidung von Gott und Mensch" bleibt gewahrt.[63]

Neben dieser wichtigen Unterscheidung muß aber auch die große Nähe beider Verwendungen der Formel nochmals betont werden. Dazu kommt vor allem, daß beide miteinander verbunden werden können. In Joh 17,21ff heißt es: „... auf daß sie alle eins seien, gleichwie du, Vater, in mir und ich in dir; damit auch sie in uns seien". „... daß sie eins seien gleichwie wir eins sind, ich in ihnen und du in mir".[64] Diese Zusammenstellung beider „Grundimmanenzen" kann man eine „‚große(n) Immanenz'" nennen.[65] In ihr ist der Sohn die verbindende Person, so daß an ihrer Struktur die Mittlerschaft Christi in einzigartiger Weise aufleuchtet.[66] Die Einheit des Gläubigen mit Gott erscheint in dieser „großen Immanenz" „geradezu als Ausweitung der Gemeinschaft zwischen Vater und Sohn"; der Jünger wird „so tief in die Gottesgemeinschaft hineingeführt, wie dies ohne Aufgabe der Personalität sonst überhaupt nicht denkbar ist"![67]

Es wird deutlich, daß die Exegese der johanneischen Immanenzformeln bereits eine Fülle von Fragestellungen behandelt, die in der dogmatischen Theologie unter dem locus der Einwohnung weiter zu erörtern sein werden.[68] Neben der Frage nach der räumlichen Vorstellung gehören hierher vor allem die Analogie und die Differenz, die zwischen der Jesus-Jünger-Immanenz und der Jesus-Vater-Immanenz bestehen.

4. „Substanzhaft" oder „geschichtlich"?

In fast allen exegetischen Äußerungen zu den neutestamentlichen Einwohnungsaussagen spielt die Unterscheidung zwischen „substanzhaften" und „geschichtlichen" Vorstellungen eine entscheidende Rolle. Diese Alternative kann auch durch Gegensatzpaare wie „naturhaft"/„personal" oder „materiell-ding-

---

[63] Klauck, Der erste Johannesbrief, 267.
[64] Vgl. auch 17,23 und 14,20.
[65] Borig, Weinstock, 216.
[66] Vgl. ebd., 217.
[67] Schnackenburg, Johannesbriefe, 108f.
[68] Borig, Weinstock, behandelt außer den angeschnittenen Fragen auch noch die nach dem Eintritt in die Immanenz. Hier wird von Taufe, Abendmahl und Glauben gehandelt (222f). Ferner werden auch die Auswirkungen des Immanenzverhältnisses im Leben des Christen bedacht (233–236).

lich"/„relational"[69] ergänzt oder ersetzt werden. Dabei gelten eventuelle helle-nistische Quellen des Paulus als Überbringer von Vorstellungen, auf die der jeweils erste Begriff paßt. In Frage steht dann, inwieweit die Anschauungen des Paulus selbst sowie das von ihm aufgenommene jüdische Gedankengut dazu in Gegensatz stehen und also mit dem jeweils zweiten Begriff qualifiziert werden können.

Die Verwendung der jeweils ersten Begriffe geht schon auf die Arbeiten der religionsgeschichtlichen Schule zurück. Besonders zur Charakterisierung der paulinischen Sakramentstheologie hatten die Religionsgeschichtler immer wie-der darauf hingewiesen, daß diese Aussagen hellenistischen Ursprungs und daher dinglich, substanzhaft, physisch-hyperphysisch zu fassen seien. Die paulinische Verkündigung des Glaubens verstanden sie demgegenüber als „sittlich-persönliche" Predigt, die zu jenen physischen Aussagen in unversöhn-lichem Widerspruch stünde.[70]

Die wesentliche Kritik erfuhr diese Deutung durch einen Schüler der Religi-onsgeschichtler, durch Bultmann. Er wies zunächst darauf hin, daß die Verbin-dungen zur hellenistischen Vorstellungswelt von der religionsgeschichtlichen Schule richtig gesehen wurden. Auch sei richtig, daß neben dieser Quelle das Alte Testament und die jüdische Tradition die Begrifflichkeit bestimmten.[71] Dennoch könne die Beschreibung paulinischer Theologie als zwischen Sitt-lichkeit und physischer Erlösungslehre zerrissener Botschaft nicht überzeugen. Es müßten *neue Begriffe* gefunden werden, die die „Doppelheit seiner Sprache" verständlich machten und zugleich ein „einheitliches Anliegen des Paulus" ermittelten.[72] In einer zentralen Passage seines bekannten Forschungsberichtes machte Bultmann dies am Beispiel Wredes deutlich: Dieser sei in seinem be-rühmten Paulusbuch[73] „soweit gekommen, wie man ohne Revision der Grund-begriffe kommen kann, – ja er streift an die radikale Frage, wenn er einmal sagt, daß die Art des paulinischen Denkens *geschichtlich* sei (S. 68), aber er geht dem Sinn der Geschichtlichkeit nicht nach, sondern versteht schließlich Geschichte als Naturgeschehen."[74]

Damit war der zentrale Alternativbegriff der „Geschichtlichkeit" ins Feld geführt. In den folgenden Arbeiten diente er Bultmann zur Erhebung des genu-in paulinischen Daseinsverständnisses. An die neutestamentliche Botschaft ist die Frage zu stellen: „Wird die menschliche Geschichte als Naturgeschehen

---

[69] Zur „Relation" als Gegenbegriff vgl. Brandenburger, Fleisch und Geist, 227: Die duali-stische Weisheit denkt „in Substanzkategorien", erfaßt Heilsgeschehen aber dennoch nicht „rein physisch, naturhaft". Paulus partizipiert an solcher „Verquickung von Substanz- und Relationskategorien".

[70] Vgl. dazu mit Belegen: Lehmkühler, Kultus und Theologie, 238–246; 250–253; 256–269.

[71] Vgl. Bultmann, Geschichte, 51.

[72] Ebd.

[73] Wrede, Paulus.

[74] Bultmann, Geschichte, 49 (Hervorhebung im Original).

oder als echtes geschichtliches Geschehen verstanden werden? (...) Das ist zugleich die Frage, ob das πνευματικὸς ἐἶναι als eine naturhafte Qualität verstanden wird, oder ob es stets unter verantwortlicher Entscheidung festgehalten bleibt, weil neben ihm – echter geschichtlicher Existenz entsprechend – das σαρκικὸς ἐἶναι als Möglichkeit fortbesteht."[75]

Die klassischen Linien für die weitere Interpretation paulinischer Geistaussagen zog dann E. Schweizer im Artikel „πνεῦμα" des Kittelschen Wörterbuches. Schon Kleinknecht behandelt im ersten Teil dieses Artikels die Unterschiede zwischen profan-griechischem und neutestamentlichem Geistverständnis in einem eigenen Unterabschnitt.[76] In diesen Ausführungen wird die „Körperlichkeit", die „Stofflichkeit" betont, die dem πνεῦμα als „unpersönlich-vitale(r) Naturkraft", als „Seelensubstanz" im griechischen Verständnis anhaftet.[77] Für die paulinische Theologie bestimmt Schweizer daraufhin zwei miteinander konkurrierende „Linien", die „alttestamentliche" und die „hellenistische Linie".[78] Für den Gegensatz dieser beiden Linien, die sich im Denken des Paulus treffen, ist nach Schweizer wiederum der Gegensatz Substanz/Geschichtlichkeit entscheidend. Einerseits gilt: „Da der Hellenist Kraft immer substanziell denkt (...), bedeutet ihm das Kommen des Geistes den Einbruch himmlischer Substanz."[79] Andererseits sieht alttestamentliche Tradition den Geist nur als „ein etwas absonderliches Vorspiel der Parusie, ein willkommenes, aber grundsätzlich unnötiges Zeichen für das erst kommende Eigentliche", er ist damit eingebettet in eine „auf ein Ziel hinlaufende(n) Gesch(ichte)".[80]

Da nun für Paulus mit dem Christusereignis bereits die große eschatologische Wende eingetreten ist, zeigt er nach Schweizer in wesentlichen Bereichen eine Präferenz für das hellenistische Modell: Mit dem Geist ist nicht nur ein

---

[75] Bultmann, Theologie, 185f (Der erste Satz im Original hervorgehoben). Vgl. auch folgende Passage (Bultmann, Bedeutung, 132; zitiert auch bei Vollenweider, Geist Gottes, 165), bei der die Alternative besonders deutlich hervorgehoben wird: „Die Einheit des Menschen besteht (...) nicht in einer Substanz, nicht im Zusammenhang eines psychologisch verständlichen realen Geschehens (...). Sie ist vielmehr als geschichtliche gesehen, d.h. als eine solche, die dadurch gegeben ist, daß der Mensch von einem Du beansprucht ist. Sein Sein ist nicht natur- oder substanzhaft gedacht, sondern vollzieht sich in seinem Verhalten zu Gottes Anspruch, also in seinem *Handeln*, sofern dies nicht als ein in der Zeit ablaufender Prozeß (wie der Gang einer Maschine) verstanden wird, sondern als entschlossenes und verantwortliches Handeln." (Hervorhebung im Original).

[76] Kleinknecht, πνεῦμα, 355–357.

[77] Ebd., 355 (Begriffe im Original zum Teil hervorgehoben).

[78] Schweizer, πνεῦμα, 413. Neugebauer redet in seiner Untersuchung von der Feststellung „zweier Kreise" im paulinischen Denken, deren einer „in jüdischen Begriffen die Rechtfertigungslehre", der andere „in hellenistischen" Begriffen „eine mystisch reale Erlösungslehre ausgebildet haben soll" (Neugebauer, In Christus, 10). Zu Recht führt Neugebauer diese Anschauung schon auf die „Anthropologie des Apostels Paulus" von H. Lüdemann aus dem Jahre 1872 zurück (vgl. Neugebauer, In Christus, 9).

[79] Ebd.

[80] Ebd.

Zeichen, sondern die Sache selbst erschienen. Dabei kann πνεῦμα durchaus substanzhafte Eigenschaften annehmen.[81] Allerdings – so Schweizer – korrigiert Paulus diese hellenistischen Elemente nun durch die urchristliche Eschatologie. Der zentrale Begriff des σῶμα πνευματικόν (1 Kor 15) bedeutet bei Paulus nicht einen schon an die Gläubigen verliehenen Geistleib, sondern ein im Eschaton zu erwartendes Geschenk. Auch die Kategorien Substanz und Kraft laufen ineinander: Das σῶμα πνευματικόν kann nicht lediglich verstanden werden „als ein aus πνεῦμα bestehendes, sondern als ein durch das πνεῦμα bestimmtes. Aber man muß sich klar sein, daß dies nur gilt für das Anliegen des Paulus, während in seiner Terminologie sichtbar wird, daß er wie jeder Hellenist sich Kraft in der Form der Substanz denkt (...). Paulus redet also sachlich jüdisch, terminologisch hellenistisch."[82] Zusammenfassend kann Schweizer feststellen:

> „Eine eigentümliche Dialektik ist sichtbar geworden. Paulus hat die hell(enistische) Linie aufgenommen, weil hier zum ersten Mal in imponierender Geschlossenheit die Möglichkeit vorlag, πνεῦμα als die neue Existenz schlechthin (...) zu interpretieren. Er hat aber alle naturhaften Aussagen korrigiert und daneben auch die vom AT her bestimmte Linie aufgenommen. In ihr war klar ausgedrückt, daß das Heil nicht verfügbarer Besitz des Menschen ist. Und doch mußte Paulus auch hier korrigieren. War die neue Schöpfung schon da, dann konnte doch der Geist nicht bloß Vorzeichen für ein Kommendes, nicht bloß Ausnahme sein, sondern mußte die neue Existenz als solche darstellen."[83]

Die Beachtung der Alternative zwischen substanzhafter und geschichtlicher Geistdeutung begleitet bis in die Gegenwart zahlreiche einschlägige exegetische Studien und Kommentare. Im wesentlichen ist dabei die Lösung Schweizers vorbildlich geblieben, indem beide theologischen Elemente bei Paulus gefunden und zum Teil auch auf verschiedene Aussagen des Apostels verteilt werden.[84] Einige prägnante Beispiele können den Umgang mit den entscheidenden Begriffen verdeutlichen.

So schreibt Schmithals, in Röm 8,5 greife Paulus „hellenistisch-gnostischen Dualismus" auf. Indem er aber von möglichen Lebensweisen *entsprechend* dem Fleisch oder dem Geist rede, verstehe er es, „das substanzhafte Gegenüber des ursprünglichen Dualismus in einen geschichtlichen Entscheidungsdualis-

---

[81] Schweizer argumentiert hier besonders mit Röm 1,3f, vgl. ebd. 414f.

[82] Ebd., 419.

[83] Ebd., 422 (Abkürzungen des Originals wurden aufgelöst).

[84] Eine differenzierte Lösung hinsichtlich der Rede von zwei Linien im paulinischen Denken schlägt allerdings Brandenburger vor, wenn er die „Verquickung von Substanz- und Relationsaussagen" nicht erst bei Paulus, sondern bereits in der ihm vorgegebenen hellenistischen Weisheit selbst feststellt (Fleisch und Geist, 232). Die „substanzhaft(e)" Einwohnungsvorstellung ziele ferner immer auch auf eine in Frage stehende „Relation" (ebd., 233). Hier deutet sich also an, daß die „zwei Linien" sowohl historisch als auch sachlich keinen Gegensatz bilden müssen. Aber natürlich müßte auch hier die Begrifflichkeit zur Beschreibung der paulinischen Theologie noch näher definiert werden.

mus" zu transportieren.[85] Auf die Seite der Geschichtlichkeit gehört hier also, wie schon bei Bultmann, auch die *Möglichkeit der Entscheidung*, eine Möglichkeit, die dem Substanzdenken abzugehen scheint. In Vers 8f allerdings bricht – so Schmithals – bereits das hellenistische Schema wieder durch: Indem nämlich Paulus vom „fleischlich" oder „geistlich sein" redet, gibt er zu verstehen, daß „Sarkiker und Pneumatiker (...) jeweils in ihre materielle oder pneumatische Substanz unverlierbar eingebunden" sind.[86] Für das paulinische Denken insgesamt aber kommt Schmithals zu ähnlichen Formulierungen wie Schweizer. Zu Röm 8,10 bemerkt er: „Wiederum *formuliert* Paulus weitgehend im Rahmen des hellenistischen Dualismus. Daß er nicht substanzhaft, sondern geschichtlich denkt, machen die adverbialen Zusätze ‚durch die Sünde' und ‚durch die Gerechtigkeit' deutlich."[87] Ja, Paulus kann so „ein ursprünglich gnostisch-dualistisches Phänomen apokalyptisch-geschichtlich interpretier(en) und christlich domestizier(en).[88]

Zu 1 Kor 6,19 bemerkt Schrage im Evangelisch-Katholischen Kommentar, das Wohnen des Geistes sei nicht so zu verstehen, „als sei der Geist substanzhaft oder mystisch in der Kirche anwesend oder wohne als Gast und Untermieter in ihr". Der Geist wohne vielmehr „immer nur als Herr in der Kirche" und „in den einzelnen Christen".[89] Hier scheint der Exeget mit dem Zurückweisen substanzhafter Vorstellungen die Unverfügbarkeit des Geistes für das paulinische Verständnis sichern zu wollen. Ähnlich äußert Schnackenburg zu Eph 3,16f – unter Berufung auf Schweizer – die Meinung, die Stärkung des inneren Menschen bedeute „keine Kraftübertragung in substanzhafter Weise", sondern die Tatsache, „daß Christus immer mehr in uns wirksam wird".[90]

Es gibt allerdings auch Hinweise, daß die Begriffe „Substanz" und „Geschichte" nicht als sich ausschließende Alternativen zu behandeln sind. In seiner „Historische(n) Psychologie des Neuen Testaments" versucht Berger, die Begriffe „Substanz" und „Person" einander anzunähern. Die in der Vorstellung von der Einwohnung Christi vorkommende „Substanz" sei personal geprägt, der Geist könne „personale Züge" annehmen. Die „Immanenz" des Geistes Christi im Gläubigen sei „nicht rein sachlich".[91] Da der Personbegriff bei Paulus nicht fest umrissen sei, sei auch eine „Abgrenzung von dinglich Wirksamem gar nicht möglich", und „(z)wischen sachlich gedachter Kraft und Person besteht unter bestimmten Voraussetzungen und in bestimmten Kontexten keine

---

[85] Schmithals, Römerbrief, 267.
[86] Ebd., 268.
[87] Ebd., 271 (Hervorhebung im Original).
[88] Ebd., 294. Auch Schmithals kann ferner als Gegenbegriff zu „substanzhaft" den Begriff „eschatologisch" in die Diskussion bringen, vgl. ebd., 293.
[89] Schrage, Korinther, 34.
[90] Schnackenburg, Epheser, 151.
[91] Berger, Historische Psychologie, 53.

Differenz".[92] Deshalb kann zusammenfassend gesagt werden: „Gottes Kraft ist in dieser Mystik die zugleich personale wie substanzhafte Art der (...) Verbindung (...) von Gott und Mensch".[93]

Brandenburger kommt durch seine These, derzufolge weite Teile paulinischer Theologie von der Weisheit des hellenistischen Judentums abhängen, zu ähnlichen Aussagen: Die alte Ansicht der religionsgeschichtlichen Schule, Paulus habe die physischen Kategorien des Hellenismus in ethische umgeformt, lasse sich so nicht mehr halten: „Vorgegeben ist Paulus vielmehr die dualistisch-weisheitliche Verquickung von Substanz- und Relationsaussagen". Wenn auch in der dualistischen Weisheit der „Einwohnungs- und Raumaspekt und Verwandtes substanzhaft" gedacht sei, so impliziere dies dennoch einen bestimmten Stand vor Gott und damit eine „theologisch qualifizierte(n) Relation".[94]

Besonders Vollenweider weist in Absetzung von Bultmann darauf hin, daß die „Antithese zwischen Natur und Geschichte (...) heute nicht mehr als unvermittelbar" zu erfassen sei. Ebenso ließen sich die Begriffe „‚Substanz' und ‚Kraft' religionsgeschichtlich nicht als Alternativen statuieren."[95] Ebenso kommt Vollenweider nach einer Analyse der einschlägigen Texte zu dem Ergebnis, daß im Unterschied etwa zu gnostischen Systemen bei Paulus der Aspekt der Relation zwischen menschlichem und göttlichen Geist viel stärker betont sei als der Verweis auf eine „substanzhafte, hypostatische Größe".[96] Dennoch mahnt Vollenweider, daß „die Frage nach seiner *Substantialität* gleichwohl neu aufzuwerfen" sei.[97] Bei Paulus *besetze* ja das göttliche Pneuma den anthropologischen Bereich von Seele oder Geist. Angesichts dieser Vorstellung sei es deshalb nicht möglich, wie Bultmann das Pneuma „lediglich als ein ‚Wie', nicht aber als ein ‚Was' zu verstehen".[98] Zur Erwägung dieser Frage benennt Vollenweider zunächst stoffliche Vorstellungen vom Geist, die er bei Paulus findet. Dann aber kommt er zur entscheidenden Überlegung, ob denn der Geist als eine „Substanz im eigentlichen Sinn", ein „ens per se subsistens" verstanden werden könne.[99] Vollenweider verneint dies. Im „Bereich der neuen Schöpfung"[100] könne von einer solchen Substanz nicht die Rede sein, da hier – und womöglich auch schon in der alten Schöpfung – alles, dem Manna gleich, nicht durch sich selbst Wirkung und Bestand habe, sondern nur durch das stän-

---

[92] Ebd., 54.
[93] Ebd., 55.
[94] Brandenburger, Fleisch und Geist, 232f.
[95] Vollenweider, Geist Gottes, 166.
[96] Ebd., 184.
[97] Ebd., 185.
[98] Ebd., unter Berufung auf die Ergebnisse der religionsgeschichtlichen Schule.
[99] Ebd., 186.
[100] Ebd.

dig neue Geben des Schöpfers. Mit diesen Überlegungen sei die Antithese von Substanz und Relation relativiert.[101]

Die angeführten Beispiele mögen genügen um anzuzeigen, daß hier für die Exegese neben aller historischer Arbeit ein erheblicher Bedarf an Begriffsklärung vorliegt. Die Alternativen, die mit den Begriffen „substanzhaft" und „geschichtlich", „dinglich" und „personal", „physisch" und „eschatologisch" bezeichnet werden sollen, bedürfen einer näheren Analyse. Der Historiker benutzt hier, obwohl er nichts weiter tun will, als historische Denkfiguren zu erklären, Begriffe, die mit der Tradition von vergangener und gegenwärtiger Philosophie behaftet sind. Eine *dogmatische* Bearbeitung dieser Probleme müßte diese Begriffe klären und überprüfen, wie es mit den genannten Alternativen bestellt ist. Der Exeget ist dann selbst gehalten, darüber zu befinden, ob er diese Begriffe weiterhin für die Explikation des neutestamentlichen Denkens verwenden kann.

Nach dem bisherigen Überblick kann zur Problematik „Substanz versus Geschichtlichkeit" schon hier festgehalten werden:

1. Wird in der hier in Frage stehenden exegetischen Diskussion der Begriff „Substanz" gewählt, so soll er bei einer Vielzahl der Stellen im Sinne von „Materie" verstanden werden. In diesem Falle geht es den Exegeten mit jener Charakterisierung wohl kaum um den philosophischen Begriff der Substanz, der etwas bezeichnet, das in sich selbst Bestand hat (subsistere) und das von Aristoteles als οὐσία bezeichnet wird. Vielmehr ist das gemeint, was in aristotelischer Terminologie ὕλη zu nennen wäre: die Stofflichkeit eines Seienden.[102] Paulus hat also – so die intendierte Aussage – einen Geistbegriff, der ursprünglich etwas Stoffliches, eine Geistmaterie beschreiben sollte, aufgegriffen und, wenigstens teilweise, einer anderen Auffassung dienstbar gemacht. Schon an dieser Stelle kann dann aber empfohlen werden, den Begriff „Substanz" in der exegetischen Diskussion konsequent durch den des „Stoffes" oder der „Materie" zu ersetzen. Sonst nämlich kann der Eindruck entstehen, als habe Paulus mit der Stofflichkeit eben auch die Subsistenz des Geistes, also sein eigenes und vor aller menschlichen Aufnahme bestehendes Sein, in Frage gestellt. Denn nach klassischem Verständnis wäre auch ein nicht stofflicher Geist selbstverständlich eine Substanz: er trägt sein Wesen in sich selbst.[103]

2. Allerdings liegt in anderen exegetischen Aussagen tatsächlich die Meinung vor, daß gerade die Aufgabe jeder „Substanzmetaphysik" schon bei Paulus angelegt sei. Der von Bultmann in die exegetische Diskussion eingetragene Begriff der „Geschichtlichkeit" wird dann vor seinem heideggerschen Hinter-

---

[101] So kann Vollenweider (ebd., 189, Im Original zum Teil hervorgehoben) dann auch von der „Dezentrierung des Ichs" als von einem „elementaren Prozeß" sprechen, in dem allein es „zur Präsenz des Pneuma im Selbst" komme!

[102] Vgl. z.B. zur οὐσία: Aristoteles, Metaphysik VII,1 (Meiner-Ausgabe Bd. 2, 2–7); zur ὕλη: ebd., I,3 (a) (Meiner-Ausgabe Bd.1, 16f).

[103] Vgl. z.B. die „substantiae separatae" des Thomas von Aquin, die sich gerade durch das Fehlen jeglichen Stoffes auszeichnen (de ent. V, Ausg. Allers, 43–52).

grund im Sinne dieser Meinung interpretiert. Abgewiesen wird damit die Vorstellung, Paulus habe mit seinen Aussagen den Geist „an sich" – also in seiner bloßen Substanz – beschrieben. Vielmehr habe der Apostel nur *Glaubens*aussagen geboten, also solche Sätze, die nur die Realität eines Sachverhaltes *pro me* beschreiben, niemals aber – unter Absehung von dieser Bedeutung für den Glaubenden – etwas über sein Sein an sich aussagen. Diese Alternative ist aber in den zitierten neueren Beiträgen zu recht in Frage gestellt worden. Auch die dogmatische Untersuchung wird prüfen müssen, ob die Aufgabe einer „Substanzmetaphysik" im Blick auf die Einwohnungsthematik für *heutige* Dogmatik eine zu fordernde Option darstellt.

3. Die Rede von der „Vergeschichtlichung" oder „Eschatologisierung" der gnostischen Einwohnungsthematik durch Paulus scheint zunächst besagen zu wollen, daß das Interesse der paulinischen Theologie auf der Betonung der Heilsgeschichte liegt: Der Geistempfang zeigt den Beginn des neuen Äons an. Gleichzeitig scheint, wie oben schon angedeutet, bei der exegetischen Verwendung dieser Termini immer die Möglichkeit der Entscheidung mitbetont zu sein: Das geschichtliche Denken des Paulus schließt die Freiheit des Menschen nicht aus, sondern stellt ihn gleichsam ständig vor eine Entscheidung. Mit der Betonung des Entscheidungscharakters knüpfen auch diese Formulierungen an den eben erwähnten Aspekt der pro-me-Aussagen an. Es bleibt dabei allerdings unklar, warum diese Gedanken unbedingt in Gegensatz zu stofflichen Vorstellungen treten müssen. Denn auch ein stofflich vorgestellter Geist könnte doch durchaus „eschatologisch" im beschriebenen Sinne verstanden werden.

5. Räumlich oder instrumental?

Die Frage nach einem räumlichen Verständnis paulinischer Aussagen ist zunächst im Zusammenhang mit der bei Paulus zentralen Ausdrucksweise „ἐν Χριστῷ" untersucht worden. Doch gilt die Fragestellung in ähnlicher Weise auch für die Einwohnungsaussagen bei Paulus und Johannes. Den Anstoß für die Diskussion gab 1892 Adolf Deißmann mit seiner Habilitationsschrift zur genannten „Formel".[104] In dieser Untersuchung vertrat er die Auffassung, die Präposition „ἐν" müsse tatsächlich mit „in" übersetzt und dürfe nicht durch instrumental zu verstehende Präpositionen oder durch Umschreibungen wie „in schola Christi"[105] wiedergegeben werden:

> „(D)ie Formel charakterisiert das Verhältnis des Christen zu dem lebendigen Christus als ein *lokales* und ist daher zu übersetzen ‚in Christus'. (...) Christus ist das Element, innerhalb dessen der Christ lebt und alle Äusserungen des eigentümlich

---

[104] Deißmann, Formel. Vgl. dazu auch Sellin, Hintergründe, 7.
[105] Deißmann, Formel, 76.

christlichen Lebens zur Erscheinung kommen. Die Formel ist der technische Ausdruck für den paulinischen Centralgedanken der κοινωνία mit Christus."[106]

Deißmann stützte diese These vor allem durch die Analyse ähnlicher Wendungen im profanen Griechisch[107] sowie durch die These, die Formel müsse im Corpus Paulinum jedenfalls einheitlich zu verstehen sein. Anschließend an seine Deutung stellte Deißmann auch sogleich den Exegeten vor die entscheidende Frage nach dem sachlichen Gehalt dieser Formel, vor die Alternative einer Deutung im *„eigentlichen* oder im *uneigentlichen* Sinne"*: „Hat Paulus die Vorstellung gehabt, dass die Christen wirklich irgendwie ‚in' dem Element ‚Christus' leben, etwa so, wie sie als animalische Lebewesen ‚in' der Luft leben, oder wie die Fische ‚in' dem Wasser, die Wurzeln der Pflanze ‚in' der Erde sind? Oder hat er das lokale ἐν nur im Interesse einer möglichst wirksamen Verdeutlichung gewählt, so dass die Formel nichts weiter als ein bewusstes rhetorisches Hülfsmittel zur Darstellung des Gedankens der Gemeinschaft mit Christus ist?"[108] Deißmann beantwortete diese Frage, indem er zunächst auf die Identifikation von Christus und Geist hinwies und von daher auf eine „pneumatische" „Existenzweise"[109] Christi schloß: Wenn man auch nicht „in" Abraham sein könne, so eben doch „‚in' dem pneumatischen lebendigen Christus des Paulus. Die Eigenart der Sache bedingt und erklärt die Eigenart der Form."[110]

Um nun dieses In-Sein noch näher zu charakterisieren, lenkte auch Deißmann die Untersuchung auf die Alternative zwischen „materielle(r)" und immaterielle(r) Vorstellung vom Pneumachristus".[111] Unter Hinweis auf Phil 3,21 führte er aus, daß Paulus dem erhöhten Christus einen verklärten Leib zuordnet, den er sich gewiß „in irgendeiner Stofflichkeit vorgestellt" habe.[112] Diese Stofflichkeit nun gebe zum mindesten die Möglichkeit, das lokale „ἐν" im eigentlichen Sinne aufzufassen.

Die Wahrscheinlichkeit dieser Möglichkeit wird nach Deißmann erhärtet durch die reziproke Formel Χριστὸς ἔν τινι bzw. πνεῦμα ἔν τινι. Denn diese Formeln – und diese Beobachtung ist für die vorliegende Untersuchung von besonderem Interesse – führten den antiken Leser auf die „im eigentlichsten Sinne lokal gedachte Vorstellung, dass die unsichtbaren Potenzen des Geistes

---

[106] Ebd., 81f (Hervorhebung im Original).

[107] Vgl. seine methodische Frage (ebd., 79; im Original hervorgehoben): „Wie musste ein griechisch redender Leser dieses ἐν auffassen?"

[108] Ebd., 84 (Hervorhebungen im Original).

[109] Ebd. – In diesem Zusammenhang (87) zitiert Deißmann auch die wichtige Arbeit von Gunkel, in der in dieser sich mit den „Wirkungen des heiligen Geistes" beschäftigt hatte und feststellte (Gunkel, Wirkungen, 89; bei Deißmann für die erste Auflage unter der Seitenangabe „97ff"): „Alle Arten der Wirkungen des πνεῦμα erscheinen an anderen Stellen als Wirkungen Christi selbst".

[110] Ebd., 88.

[111] Ebd.

[112] Ebd., 90.

im Inneren des Menschen ihre Stätte haben."[113] *Beide* Aussageweisen nun, die vom In-Sein in Christus wie auch die vom Sein Christi in uns, sind lokal zu verstehen, auch wenn dies oberflächlich betrachtet zu einem Widerspruch in der Vorstellung führen muß:

> Die „pneumatische Existenzweise des Χριστός" ermöglicht es, „jene beiden Gedanken gleichzeitig zu vollziehen. Wie man, ohne einer Absurdität sich schuldig zu machen, gleichzeitig sagen kann, ‚der Mensch ist in der Luft' und ‚die Luft ist in dem Menschen', so kann ein Autor, der sich für die Existenzweise des Χριστός an der Analogie der Luft bewusst oder unbewusst orientiert, zugleich sagen: ‚τὶς ἐν Χριστῷ' und ‚Χριστὸς ἔν τινι'. Beiden Formeln liegt sachlich dieselbe Vorstellung zugrunde; nur die Betrachtungsweise ist eine verschiedene, in der ersten e specie Christi, in der zweiten e specie hominis. Sie schliessen sich also so wenig aus, dass sie einander vielmehr zu der im höchsten Sinne lokalen Vorstellung des gegenseitigen Ineinander der Christen und des pneumatischen Christus ergänzen."[114]

Deißmann hat es nicht versäumt, auf die Konsequenzen einer Entscheidung dieser exegetischen Frage hinzuweisen. Wer das In-Sein in Christus räumlich versteht, „für den ist der Christus der Formel selbstverständlich der erhöhte, pneumatische Kyrios", weil eine Gegenwart in Christus gerade die Gegenwärtigkeit des Herrn hic et nunc voraussetzt! Wer dagegen ein instrumentales Verständnis der Präposition vorzieht, der wird hier eher an den „Vollbringer dessen, was die Dogmatik ‚Werk Christi' nennt, also an den ‚historischen' Christus" denken.[115] Es geht also um die Frage, ob beim Verständnis des Zentrums paulinischer Theologie eher die historischen Heilstatsachen oder die – selbstverständlich auf diesen gründende – gegenwärtige Gemeinschaft mit dem Auferstandenen in den Blick rückt.

Die Analysen Deißmanns wurden in der Folgezeit kontrovers diskutiert.[116] In einer frühen Antwort bemühte sich Weiß um differenziertere Unterschei-

---

[113] Ebd., 92.

[114] Ebd., 92f. – Vgl. auch die Bemerkung zu Apg 17,28 (ebd., 94f): „Für unseren Autor sind der ‚geistige' Gott und der allgegenwärtige, den Raum des Kosmos in substanzieller, wenn auch unsichtbarer Realität erfüllende Gott nicht nur keine Gegensätze, sondern beide Gedanken stützen sich gegenseitig. Wenn er die Gottheit als πνεῦμα dachte, befreite er sie nur von der Fessel der sinnlich wahrnehmbaren Substanz, entkleidete sie aber durchaus nicht einer Substanz überhaupt."

[115] Ebd., 99. – Auch die Predigt des Pfarrers wird in diese Überlegungen mit hineingenommen, indem deutliche Anfragen an ihren „Formelgebrauch" gerichtet werden (ebd., 133): „Hört man z.B. in einer Predigt, dass der Sünder seinen Frieden ‚in Christo' findet, dann weiß man weder, wie das zu denken ist, noch auch – und das ist das Schlimme – wie das zu erreichen ist. ‚In Christo'? Soll das heissen: ‚in einem Raisonnement über den Menschen Jesus der evangelischen Geschichte', oder ‚in dem Vertrauen auf eine Thatsache, durch welche Gott versöhnt ist und die ich kurzerhand ‚Christus' nenne', oder ‚in einem persönlichen Gebetsverkehre mit dem lebendigen Christus'? (...) Jedenfalls darf keiner, der das ‚in Christo' gedankenlos gebraucht, sich einbilden, er rede paulinisch."

[116] Zum Folgenden vgl. den Forschungsüberblick bei Neugebauer, In Christus, 18–33.

dungen hinsichtlich des Gebrauchs der Formel.[117] Für die „bedeutendsten Stellen"[118] bejahte er durchaus das Ergebnis Deißmanns. Von dieser Gruppe seien aber andere Aussagen zu unterscheiden, in welchen die ἐν Χριστῷ-Aussagen eher „die Sphäre bezeichnen, innerhalb deren jemand ein Mitarbeiter des Apostels ist". Andere Vorkommen beschrieben gar „ganz einfach das ‚Christentum' der Betreffenden".[119] In einer präzisen Zusammenfassung unterschied Weiß schließlich unter Einschluß auch der instrumentalen Deutung mehrere Verwendungsmöglichkeiten der Formel, wobei dem von Deißmann angenommenen lokalen Verständnis eine zentrale Rolle erhalten blieb.[120]

Neben dieser differenzierten Unterscheidung hatte Weiß darauf hingewiesen, daß die Identifizierung von Kyrios und Pneuma eine „pantheistische Nuance"[121] in die Vorstellung vom Kyrios eintrage. Denn die unpersönliche Pneuma-Vorstellung „überwucher(e)" die persönliche Vorstellung vom erhöhten Kyrios. Diesen Gedanken griff nach dem Kriege Weber auf, indem er Bedenken gegen Deißmanns Ergebnisse anmeldete.[122] Nicht an das Innesein in einem Pneumaelement, sondern an das Stehen „in der Gewalt des Herrn" oder an das Heilshandeln Gottes „in Christo" wolle die Formel erinnern.[123] Die alte instrumentale Deutung des „ἐν Χριστῷ" habe darin ihr Recht, daß sie die „objektiven", „heilsgeschichtlichen" Konnotationen dieser Aussagen berücksichtige. Daneben aber habe die lokale, von Deißmann favorisierte Deutung mit ihren eher „subjektiven", die mystische Gegenwart Christi betonenden Aspekten ebenso ihr Recht. Erst die Zusammenschau gebe das ganze Bild paulinischer Theologie.[124]

In der Folgezeit schlug das von Deißmann angestoßene Pendel weiter zurück,[125] indem die räumliche Deutung der ἐν Χριστῷ-Aussagen nun gänzlich bestritten wurde. Ähnlich wie vor ihm schon Büchsel und neben ihm Delling[126] vertrat Neugebauer in seiner Monographie zum Thema eine rein instrumentale Deutung.[127] Er wies darauf hin, daß die ἐν-Konstruktionen im Griechischen

---

[117] Weiß, Paulinische Probleme.
[118] Ebd., 10.
[119] Ebd., 14f.
[120] Vgl. ebd., 31f.
[121] Ebd., 10.
[122] Weber, Formel, 216f.
[123] Ebd., 219f; vgl. 225.
[124] Vgl. dazu ebd., 220–224. Damit wandte Weber sich gegen die strenge Trennung zwischen „Mystik" und „Offenbarungsreligion", wie sie Heiler in seinem berühmten Buch über das Gebet vorgenommen hatte (vgl. Heiler, Gebet, 248–283). Allerdings erwähnt Weber auch die Modifikation dieser Auffassung in Heilers Werk über die Mystik (unter Berufung auf Heiler, Mystik, 21,27).
[125] So Sellin, Hintergründe, 19. Dort ein straffer Überblick über die Entwicklung der Forschung.
[126] Büchsel, In Christus; Delling, Paulusverständnis; vgl. auch die frühere Arbeit von Neugebauer: Das paulinische „in Christo".
[127] Neugebauer, In Christus.

„allgemeine Umstandsbestimmungen" bezeichnen können. Der Sinn solcher Bestimmungen sei, wie zum Beispiel 1 Thess 4,16 zeige, ein „zeitlich-geschichtlicher."[128] Ferner sei die Person insgemein und besonders die Person Christi bei Paulus immer durch ihr Handeln und Erleiden bestimmt. Deshalb gelte: „Christus ist verstanden als Heilsgeschehen. Sicher ist Christus eine Person, aber diese Person ist von Paulus als eschatologische Heilstat Gottes interpretiert. Dieses Verständnis aber läßt sich kaum mit der Christologie der Mystik, die von der Vorstellung der pneumatischen Persönlichkeit lebt, auf einen Nenner bringen."[129] Aufgrund einer Exegese aller in Frage stehender Stellen kam Neugebauer daraufhin zu der These, die Wendungen „in Christo" und „im Herrn" bestimmten „eine Geschichte, ein Handeln, ein Geschehen"; das „ἐν" sei also „nicht räumlich, sondern ‚geschichtlich' auszulegen".[130] Unter dem angesprochenen Geschehen sei das Heilsgeschehen, die „eschatologische Tat Gottes" zu verstehen.[131]

Dieses Verständnis ist nach Neugebauer dann auch auf die „Korrespondenzformeln" also auf die Einwohnungsaussagen zu übertragen.[132] Aufgrund von 1 Kor 6,20; 1 Kor 9,15 oder Phil 1,30, wo das „in mir" sicherlich nicht räumlich zu fassen sei, ergebe sich auch für die Zentralstelle aus Gal 2,20 eine andere Deutung: „Weil Paulus vom Christusgeschehen bestimmt ist, darum ist Christus der bestimmende Faktor seiner Existenz."[133] Das „in euch" aus Röm 8,9ff sei ebenfalls auf die christliche Existenz zu deuten: „Ob nun der Geist Christi, Christus selbst oder Gottes Geist in ihnen, d.h. in ihrem Leben, der bestimmende Faktor ist, die Wirkung ist letztlich dieselbe: Leben. Χριστὸς ἐν ὑμῖν meint also den Indikativ der christlichen Existenz."[134]

In jüngerer Zeit hat sich allerdings gegen Neugebauer „die Erkenntnis durchgesetzt, daß der lokale Sinn (vor dem instrumentalen und dem modalen) gerade der grundlegende ist".[135] Zu Recht weist Brandenburger darauf hin, daß Neugebauer zwischen räumlicher Deutung und Verständnis vom Heilsgeschehen her eine unnötige Alternative aufstellt.[136] Auch ein räumlich vorgestelltes gegenseitiges Durchdringen Gottes und des Menschen kann von der Rechtfer-

---

[128] Ebd., 38; 40.

[129] Ebd., 55.

[130] Ebd., 148.

[131] Ebd. – Dabei unterschied Neugebauer noch genauer (ebd., 149): Die Formel „in Christus" spreche das Heilsereignis, die Tat Gottes an, während „im Herrn" verwendet werde, wenn das „geschöpfliche(n) Miteinander", die geschöpfliche(n) Existenz" betrachtet würde: „ἐν Χριστῷ und ἐν κυρίῳ verhalten sich also wesentlich wie Indikativ zu Imperativ", während „die Formel ἕν πνεύματι (...) gleicherweise Indikativ und Imperativ in sich vereinigt".

[132] Vgl. ebd., 182–186.

[133] Ebd., 183.

[134] Ebd., 185.

[135] Sellin, Hintergründe, 19, unter Verweis auf Brandenburger, Fleisch und Geist, 20f; 26ff; 54f; Käsemann, Paulinische Perspektiven, 174ff; Schnelle, Gerechtigkeit und Christusgegenwart, 106–122.

[136] Brandenburger, Fleisch und Geist, 20f; vgl. auch 54.

tigung her verstanden und interpretiert werden. Umgekehrt kann, so möchte man fortfahren, auch der Glaube selbst als Einwohnung Christi verstanden werden.[137] Im Blick auf die sprachliche Analyse ist festzuhalten, daß die ἐν-Aussagen „schon im alttestamentlichen und spätjüdischen Sprachgebrauch" sowohl Umstandsbestimmungen als auch „ausgesprochene Raumaussagen" beinhalten können.[138] So kann für einen großen Teil der einschlägigen paulinischen Belege geradezu ein „lokal-seinshafte(s) Grundverständnis" oder eine „soteriologisch-ontologische(n) Grundvorstellung" festgestellt werden, bei denen das Sein des Glaubenden „im Raum des Christus" ausgesagt werden soll.[139] Daneben gibt es allerdings auch den instrumentalen oder modalen Gebrauch mit vielen Variationen, so daß die These Deißmanns von einem einheitlichen Gebrauch der Formel verabschiedet werden muß.[140]

Unter der „Voraussetzung eines „lokal-seinshaften ἐν Χριστῷ-Verständnisses" sind dann auch die Aussagen von der Einwohnung Christi zu verstehen.[141] Eine „räumliche Dimension" ist für diese Aussagen in jedem Fall konstitutiv; die „gegenseitige ‚Inexistenz'" von Glaubenden und Christus verbürgt eine „überaus enge Verbindung".[142]

Auch in der Frage der richtigen Deutung paulinischer ἐν-Aussagen liegen – so läßt sich nach diesem Überblick sagen – wichtige Probleme für eine systematisch-theologische Bearbeitung des Problems verborgen. Zunächst ist die Grundfrage, ob diese Aussagen ein räumliches Verständnis anzeigen wollen, natürlich auch in der systematischen Theologie weiter zu bedenken. Scheint aber in dieser Frage sich ein weitgehender Konsens abzuzeichnen, so bleibt immer noch die Aufgabe, dieses räumliche In-Sein näher zu qualifizieren. In der Exegese kann natürlich zunächst auf die Vorstellung vom Wohnen des Geistes oder der Geister im Leibe des Menschen verwiesen werden. Doch schon allein unter historischem Blickwinkel kann gefragt werden, ob mit diesem Hinweis die Aussagen des Apostels hinreichend erklärt sind, ob er also in Analogie zu jenen Vorstellungen nichts anderes als das Wohnen Christi oder des Geistes im menschlichen Körper aussagen will. Die Beschreibungen der zitierten Exegeten zeigen mit den Hinweisen auf die „überaus enge Verbindung" von Gläubigem und Christus an, daß hier theologisch mehr im Spiel sein mag

---

[137] Neugebauers Interesse war dahin gegangen, die Rede von den beiden sehr unterschiedlichen „Kreisen" paulinischer Theologie zu widerlegen. Er tat dies, indem er den „mystischen" Kreis als nicht vorhanden aufzuweisen suchte. Das richtige Anliegen, die These von den beiden sich widersprechenden Linien durch Textanalyse zu widerlegen, hätte aber nicht durch Abstreitung der räumlich-mystischen Aussagen, sondern durch deren Einbettung in die Botschaft vom Glauben geschehen sollen.

[138] Brandenburger, Fleisch und Geist, 26f.

[139] Schnelle, Gerechtigkeit und Christusgegenwart, 117.

[140] Vgl. ebd., 118f, unter Verweis auf Percy, Der Leib Christi, und Bouttier, En Christ, zwei Arbeiten, die von der mehrfachen Bedeutung des ἐν Χριστῷ ausgehen.

[141] Schnelle, Gerechtigkeit und Christusgegenwart, 120.

[142] Ebd., 121.

als jene „Vorstellung". Allerdings bleibt nun gerade beim neueren Insistieren auf die „lokale" Deutung die nähere Bestimmung dieses „In-Seins" weitestgehend aus. Wie kann eine Person in einer anderen sein – diese Frage muß doch sowohl für das paulinische Verständnis als auch für die Sprache der systematischen Theologie geklärt werden!

6. Erlebnis und Bewußtsein

Hinter allen bisher behandelten Themen bleibt eine Grundfrage stehen: Wie kommen die Verfasser der entsprechenden Perikopen zu ihren Aussagen von der Einwohnung Gottes im Gläubigen? Sind diese Aussagen die Folge seelischer Erlebnisse? Sind die Einwohnungsaussagen Beschreibungen eines religiösen Bewußtseins? Kann über den Realitätsgehalt dieses Bewußtseins etwas ausgesagt werden?

Gunkels Untersuchung über die Geistvorstellungen[143] hatte deutlich gemacht, daß die Geistaussagen des Apostels Paulus aufgrund seiner pneumatischen Erlebnisse zu verstehen seien. Auf das *reale Erlebnis* als Quelle der paulinischen Aussagen konnte Gunkel in dieser bedeutenden Arbeit nicht genug hinweisen. Die Vorstellungen des Apostels seien – so führte er aus – weder abstrahierende Lehrmeinungen, noch seien sie in erster Linie aus der Tradition übernommen. Vielmehr sei „die Ueberzeugung, ein Geist rede oder handle durch den Pneumatiker, (...) eine unmittelbare Erfahrung des Begeisteten selber (...): so erfährt man jene Erlebnisse, als Wirkungen eines fremden Wesens, einer Macht, die nicht das Ich ist".[144]

Mit diesen Feststellungen wandte Gunkel sich gegen die gängige exegetische Praxis, im Neuen Testament vor allem Lehraussagen finden zu wollen. Seine Rede vom „Erlebnis" wies auf einen Akt oder ein Widerfahrnis des religiösen Bewußtseins hin. Dieses Erklärungsmuster konnte in Richtung einer psychologischen Deutung der Geistaussagen weiter entfaltet werden. Deutlich wird dies beispielsweise in der bereits zitierten Abhandlung Webers über die Formel „in Christo Jesu".

Entstehung und Bedeutung der in Frage stehenden Formel werden bei Weber durch die psychologische Kategorie des Unterbewußten zu erklären versucht. Deshalb erhält dieses Vorgehen auch von Weber den Namen „historisch-psychologische(n) Erklärung", und ein solches „(p)sychologisches Verstehen" ist ihm „historische Aufgabe".[145] Bei dieser psychologischen Exegese geschieht zweierlei: Zum einen wird versucht, die Entstehung der Aussagen (und hier

---

[143] Gunkel, Wirkungen.
[144] Ebd., VIf.
[145] Ebd., 245; 251.

insbesondere der „Formel") psychologisch einsichtig zu machen, indem gezeigt wird, wie gewisse Seelenzustände zu eben diesen Aussagen führen mußten. Zum anderen werden dann auch gewisse Aussagen ihrerseits so gedeutet, daß sie psychologische Tatbestände beschreiben wollen. Beide Anwendungen finden sich bei Weber:

Weber möchte die ἐν Χριστῷ-Formel „aus dem Erleben" verstehen, setzt aber als damit gleichbedeutend sogleich das Verständnis „aus der Bewußtseinswirklichkeit des Glaubens" hinzu.[146] Diese Wirklichkeit erklärt Weber damit, daß „der Christusgedanke" alle Akte des menschlichen Bewußtseins durchdringt, selbst wenn diese Gegenwart dem Gläubigen nicht ständig bewußt ist: „Es braucht nicht die Aufmerksamkeit darauf gerichtet zu sein; die Christusanschauung kann im Hintergrund schweben. Aber wenn das reflektierende Bewußtsein sie nicht herausstellt, so ist das tragende ‚Unterbewußtsein', aus dem die Reflexion aufsteigt, dennoch davon erfüllt. Das Unterbewußtsein zeugt für das Bewußtsein als solches. Und dies Christusbewußtsein beseelt alles Geistesleben, alle Betätigung des Glaubens."[147] Erst wenn die Formel „in Christo" als eine allgemeine geprägt und ausgesprochen wird, kommt es, so Weber, zu einer „objektiven', ‚metaphysischen' Wendung" und zur „Umsetzung des Bewußtseinsbestandes in den Seinsbestand".[148] *Weil also Christus das (Unter-)Bewußtsein erfüllt, setzt der Gläubige selbstverständlich auch das vom Bewußtsein unabhängiges Sein Christi voraus.*

Mit der Kategorie des Bewußtseins können nun verschiedene Aussprüche des Apostels Paulus erklärt werden. Wenn zum Beispiel „in Christo" die Unterschiede zwischen den Menschen aufgehoben sind (Gal 5,6; 1 Kor 11,11; Phm 16), so bedeutet dies, daß, „wo Christus vor Augen steht mit seiner Lebenswirkung", die Unterschiede „versinken". Die seltsame Aussage vom Offenbarwerden der Bande des Apostels in Christo (Phil 1,13) ist ebenfalls in dieser Richtung zu deuten: „Christus geht dem Bewußtsein auf (...), und in dem Augenblick fällt auch Licht auf den Apostel als ‚seinen' Gebundenen."[149] Auch der Blick auf die johanneischen Schriften soll diese Erklärung der Formel erhärten. Das zentrale „Bleiben" der Jünger in Christus geschieht, indem diese „ihn sich gegenwärtig halten, dadurch, daß das Ich mit seinem Denken, Wollen, Fühlen sich nicht löst von dem Christusgedanken, dem Gottesbewußtsein, durch *bewußte Lebenshaltung*".[150] Für Weber also führt das im Bewußtsein sich abspielende „Erleben" des Christen zur Formulierung der ἐν Χριστῷ-Aussagen. Und schließlich mündet die Erkenntnis der „Bewußtseinsgegenwart" in die „entscheidende(n) Forderung" einer „‚persönlichen' Religion".[151]

---

[146] Weber, Formel, 239.
[147] Ebd.
[148] Ebd., 240.
[149] Ebd., 241.
[150] Ebd., 242 (Hervorhebung im Original).
[151] Ebd., 243.

Weber nimmt im Zuge dieser Erklärung eventuellen Gegnern den zentralen Einwand selbst aus dem Mund: „Ist sie nicht eine ‚subjektivistische Verflüchtigung'? Wird die Gegenwart hier nicht eben zur ‚bloßen' Bewußtseinsgegenwart?"[152] Aber Weber weist diesen Einwand zurück. Für Paulus jedenfalls sei gerade die Bewußtseinsgegenwart das „Erleben der Gegenwart"[153], also die Affizierung eines vom erlebenden Subjekt Unterschiedenen. Aber dieses Erleben „ist eben vermittelt durch die Bewußtseinsgegenwart", „(d)as Geglaubte ist für den Glauben wirksame Wirklichkeit."[154] Deshalb sei hier auch von „Glaubensmystik"[155] zu sprechen.

Ob schließlich die beschriebene „Erlebniswirklichkeit" objektiviert und in einem metaphysischen Urteil als wahr erkannt werden kann, dies ist eine Frage die – so Weber – das „moderne Bewußtsein" nur zurückhaltend behandelt. Weber selbst scheint sie am Ende seines Aufsatzes zu bejahen, wenn er dem Glauben bescheinigt, von der „Überzeugung der Wirklichkeit Gottes und seiner Gnadenoffenbarung" zu leben.[156]

Für die weitere dogmatische Untersuchung verweisen diese Ausführungen auf das Problemfeld der Anthropologie, insbesondere der Erkenntnislehre. Es wird zu fragen sein, inwiefern der Gläubige in der Lage ist, das von seinem Bewußtsein unterschiedene Sein Gottes als innewohnend zu erkennen.

7. Anthropologische Fragen

Die Einwohnung Gottes im Gläubigen hat noch andere wichtige anthropologische Implikationen. Zunächst kann gefragt werden, ob ein bestimmter Bereich des Menschen – etwa die Seele – durch diese Einwohnung, einem Gefäß vergleichbar, „gefüllt" wird. Denkbar ist auch die Ansicht, daß ein „Teil" des Menschen durch das Pneuma oder durch den Logos ersetzt wird. Mit diesen Problemen hängt die Frage zusammen, inwieweit die Einwohnung Gottes die Freiheit des Menschen beschränkt. Sie spielt in der Exegese eine wichtige Rolle. Ihre Antwort hängt bereits davon ab, welche religionsgeschichtlichen Vorläufer der neutestamentlichen Aussagen man benennt.

Bereits Schweizer wies in seinen Untersuchungen zum πνεῦμα-Begriff eindringlich darauf hin, daß für ein gnostisches Verständnis „der πνεῦμα-Besitz des Ekstatikers seine Individualität" „zerstört", weil „nur die Gottessubstanz in

---

[152] Ebd., 245.
[153] Ebd.
[154] Ebd., 248.
[155] Ebd., 237.
[156] Ebd., 251f.

ihm wichtig" ist.[157] Demgegenüber gebe bei Paulus die γνῶσις des Heilshandelns Gottes dem Gläubigen „seine Individualität neu"[158] und mache ihn frei für den Dienst der Liebe an anderen.

Will hingegen Sellin in einem jüngst erschienenen Aufsatz das „Motiv des Identitätswechsels beim Pneumatiker" durch Aussagen Philos erklären, so kommt er zu dem Ergebnis, daß dabei der „menschliche(r) Nous in der Ekstase durch das Pneuma, die Weisheit, den Logos, Christus oder den Nous Christi ersetzt wird".[159] Philo nämlich beschreibe, wie bei der Ankunft des göttlichen Pneuma der menschliche Nous aus dem Menschen auswandert, um seinen Platz für eben das Pneuma oder auch den Logos zu räumen.[160] „Dieses Modell" nun setzt – so Sellin – „auch Paulus an einigen Stellen voraus. Dabei entsteht dann das Problem der Identität des menschlichen Ich."[161] Sellin führt weiter aus, daß „philonische Vorstellungen vom Anthropos-Logos" die Entwicklung der vorpaulinischen Christologie geprägt haben. Was bei Philo für jeden Menschen möglich war, galt christlicher Theologie nur vom Mittler Christus. Ist aber dieser Logos einmal da, so „kommt Christus selber (als Pneuma, Weisheit, Dynamis) in die Christen und nimmt die Stelle des menschlichen νοῦς ein".[162] Diese Ausführungen sollen die paulinischen Einwohnungsaussagen in 1 Kor 2,16; Gal 2,20 oder Röm 8,9–11 erklären. Man muß dann geradezu sagen, daß ein solcher Pneumatiker in der Ekstase „seine Identität (als Mensch) verliert und selber zu einem Logos-Wesen wird".[163]

Die Annahme, Paulus habe die Vorstellung einer Sprengung des menschlichen Ich gehabt, läßt sich schon in der religionsgeschichtlichen Schule, besonders bei Bousset, feststellen.[164] Die Mehrheit der heutigen Exegeten weist sie mit guten Gründen zurück. Dabei ist ihnen gerade die Unversehrtheit der menschlichen Identität und damit auch die Freiheit des Gläubigen von zentralem Interesse. So führt Wilckens zu Röm 8,9 aus:

„Das göttliche Pneuma tritt zum menschlichen Pneuma (V 16 vgl. 1 Kor 2,11) bzw. νοῦς (1 Kor 14,14f) hinzu und übernimmt dessen Funktion (...). Wie jedoch die Einwohnung der Sünde von dämonischer Besessenheit dadurch unterschieden ist,

---

[157] Schweizer, πνεῦμα, 430.

[158] Ebd.

[159] Sellin, Hintergründe, 15.

[160] Belege ebd., 16.

[161] Ebd., 16f.

[162] Ebd., 18.

[163] Ebd., 27. – Unweigerlich erkennt man hier Parallelen zur christologischen Häresie des Apollinaris von Laodizea.

[164] Vgl. die bei Vollenweider, Geist Gottes, 164, aufgeführten Zitate, so besonders: Bousset, Kyrios Christos, 123: „Man sieht, der Supranaturalismus des Paulus ist so stark, daß er die Einheit und Kontinuität des menschlichen Ich ganz und gar zu sprengen droht. Der paulinische Christ hat, wie der Ekstatiker, sein Ich verloren, nicht nur vorübergehend, sondern dauernd. Das Ich des Menschen ist Nichts, die Gewalten, die dieses Ich bestimmen, sei es Geist oder Fleisch, sind alles."

daß ‚ich' der Verantwortliche bin, in dessen Geschick sich denn auch der Tod als die Folge meines Tuns auswirkt, so unterscheidet sich auch das In-Sein des Geistes im Christen von aller Art mantischer oder thaumaturgischer Inspiration, wie sie in der jüdischen und hellenistischen Umwelt verbreitet war: Der Geist in mir schaltet mein Selbst nicht aus, er macht mich durch seine Aktivität in mir keineswegs passiv, sondern *wir selbst* sind es, die ‚nicht nach dem Fleisch, sondern nach dem Geist *wandeln*" sollen (vgl. V 12). Die Entsprechung zwischen dem In-Sein des Geistes in uns und unserem In-Sein im Geist weist im Sinne des Paulus auf diesen Zusammenhang."[165]

Dieser Appell an den Christen selbst wird aber nicht etwa „an die natürlichen Willenskräfte des Menschen" gerichtet. Diese nämlich erliegen „nach 7,14ff ein für allemal dem sündigen Tun". Vielmehr werden die Christen in der Paränese „an die Kraft des Geistes Christi in ihnen" verwiesen, „durch die allein ihnen jetzt gelingen kann, was dem Wollen des Ego einst nie gelungen ist".[166] Auch wenn man wie Schmithals an einem eher enthusiastischen Verständnis der Geistaussagen festhalten will, besagt dies noch keine Auflösung der menschlichen Identität. Denn „das menschliche Ich" existiert „auch vor und unabhängig von seiner Begegnung mit dem Geist; er *empfängt* den bzw. einen Geist und wird dann von dem Geist getrieben bzw. geleitet".[167]

In seiner „Historischen Psychologie des Neuen Testaments" kommt Berger zu ähnlichen Ergebnissen. Aus der Tatsache, daß Paulus auch als Geistbegabter weiterhin im Ich-Stil rede, könne geschlossen werden, daß das Selbst des Gläubigen nicht ersetzt werde: „Sowohl beim Sterben in der Taufe als auch beim Innewohnen des Christus in mir als auch bei der Verwandlung des menschlichen Leibes bleibt immer das menschliche Selbst erhalten."[168] Die Tatsache der Einwohnung Christi im Menschen kann durch die Vorstellung einer gewissen „Durchlässigkeit des Ich" erklärt werden: Nicht nur – wie in der modernen Auffassung – für Sinneswahrnehmungen ist das Ich offen, sondern „auch für eine andere ‚Person' durchlässig und nicht fest abgegrenzt, was zur Immanenz der anderen Person in mir führen kann".[169]

Ausführlich wird das durch die Einwohnungsaussagen gestellte „ontologische(n) Problem in der paulinischen Theologie" bei Vollenweider bedacht. Er fragt nicht nach der möglichen Aufgabe menschlicher Identität, sondern umge-

---

[165] Wilckens, Römer, Teilbd. 2, 131f. Von diesen Ausführungen aus könnte sofort weitergedacht werden, wenn man die mittelalterliche Gnadenlehre in den Blick rückt. Für diese war das Zusammenspiel von einwohnender Gnade und menschlichem Willen das zentrale Problem. Wilckens hat, im Zusammenhang mit Röm 5,5, diese Linien gesehen und in einer Zusammenfassung angesprochen, vgl. ebd., Teibd. 1, 300–305.

[166] Ebd., Teilbd. 2, 135.

[167] Schmithals, Römerbrief 277f. Schmithals fährt fort (278): „Der Gerechte wird nicht mehr von sich selbst, sondern von Gottes Geist gelenkt und geleitet." Auch diese Führung ist aber nicht mit einer Aufgabe der Identität gleichzusetzen.

[168] Berger, Historische Psychologie, 53.

[169] Ebd.

kehrt nach dem denkbaren Verlust der Souveränität des göttlichen Geistes: „Wie kann der heilige Geist zugleich in die Glaubenden so eingehen, daß er zum wesenhaften Grund ihres eigenen Seins wird, und dabei doch der Geist *Gottes* bleiben?"[170] Zunächst ist auch Vollenweider der Auffassung, daß „das klassische Modell mantischer Inspiration, wonach das Ichzentrum bzw. der νοῦς ausgeschaltet wird, (...) keinen unmittelbaren Niederschlag in Röm 8" findet.[171] Im Gegenteil, Paulus setzt sich eventuell gegen ein solches Verständnis in Korinth ab, indem er „die Interferenz zwischen eingehendem göttlichen Geist und geschichtlichem Menschen"[172] darlegt. Dennoch erhält der göttliche Geist in Röm 8,10 eine solche zentrale Stelle innerhalb der anthropologischen Struktur, daß mit Bultmann gesagt werden kann, hier sei das göttliche πνεῦμα „gleichsam zum Subjekt der Gläubigen geworden".[173]

Dieses Ineinander von menschlichem und göttlichem Subjekt versucht Vollenweider durch eine Analyse der zentralen Aussage von Röm 8,15f zu erhellen. Während in Gal 4,6 der Geist selbst das „Abba" ruft, sind es in Röm 8,15 die Gläubigen, die durch den Geist zu diesem Ruf kommen. Die Tatsache, daß „sein Schreien zu ihrem Schreien, ihr Schreien zu seinem Schreien wird", deutet auf die „Kondeszendenz" des Geistes.[174] Mit dem Hinweis auf das „Zeugnis von Geist zu Geist" (V16) wird die Aussage aus Gal 4,6 gleichsam „ausdifferenziert":[175] Der Abbaruf der Gemeinde geht auf das Zeugnis des göttlichen Geistes zurück. Kann dieses Verhältnis zwischen Geist und Geist näher bestimmt werden? Zunächst ist – so Vollenweider – unsicher, ob es sich beim das Zeugnis empfangenden Teil „um den menschlichen Geist als anthropologisches Konstitutivum oder um das in die Glaubenden eingegangene Pneuma handelt".[176] Am ehesten ist überhaupt keine scharfe Distinktion, sondern der Hinweis auf ein „Entsprechungsverhältnis" zwischen Geist und Geist zu vermuten. Wenn auch der antike Gedanke der „Erkenntnis von Gleichem durch Gleiches" in 1 Kor 2,11 eher abgelehnt wird, so könnte in Röm 8 dennoch dieses Muster aufgenommen und zugleich entscheidend verändert sein: Nicht der Aufstieg des partizipiernden Geistes zum wahren Geist ist angesprochen, sondern der Geist Gottes neigt sich gleichsam herab, um dem Geist des Menschen die Erkenntnis der Kindschaft zu schenken: Erkennen ist „Erkanntwerden"![177] „Unser

---

[170] Vollenweider, Geist Gottes, 163 (Hervorhebung im Original).

[171] Ebd., 169. Vgl ebd., 180 (Hervorhebung im Original): Besonders im Blick auf 1 Kor 14,14ff wird deutlich, daß Paulus gerade im Gegensatz zum mantischen Modell „die *Integration von Pneuma und Nous*" fordert! – Mit dem mantischen Modell wird ebenso die Vorstellung eines „pneumatischen Selbst" abgelehnt, bei der dieses Selbst als von Welt und Geschichte völlig gelöstes, wahres Selbst des Menschen gedacht wird, vgl. dazu ebd., 184.

[172] Ebd., 183 (im Original hervorgehoben).

[173] Ebd., 173, unter Zitierung von Bultmann, Theologie, 209.

[174] Vollenweider, Geist Gottes, 177.

[175] Ebd. („ausdifferenziert" im Original hervorgehoben).

[176] Ebd., 177f.

[177] Ebd., 178 („Erkanntwerden" im Original hervorgehoben).

Geist" läßt sich unter dieser Perspektive definieren als „das menschliche Empfangsorgan des göttlichen Zeugnisses", als „das vom göttlichen Pneuma ange-
hauchte und dadurch verwandelte Selbst der Glaubenden".[178] Man kann geradezu von einer „Perichorese (...) von Geist Christi und Glaubenden"[179] sprechen, da der göttliche Geist „das Ich als Erlebens- und Verhaltenszentrum des
geschichtlichen Menschen (...) durchdringt (...) Zugespitzt formuliert: Das
Pneuma handelt nicht anstelle unser selbst, sondern als unser Selbst."[180] Vollenweider meint sogar schließen zu können, daß das menschliche Sein gerade
durch diese Relation, durch das Ansprechen des göttlichen Geistes, erst geschaffen und erhalten wird: „Das für Gott offene Zentrum menschlichen Seins
(...) entspringt dann einer *Relation*, einem immer neu ergehenden *schöpferischen Zusprechen Gottes*."[181]

Dieses Verständnis der Einwohnung beantwortet auch die Frage nach der
Freiheit des Gläubigen. Die Einwohnung des Geistes „umgeht" „das Ich des
Glaubenden nicht", sie „provoziert" es vielmehr, dem neuen Sein Raum zu
geben. Das impliziert „den Gedanken einer *Mitwirkung* des Menschen und
damit auch seiner Ichfunktionen am Prozeß der neuen Schöpfung".[182] In gewisser Weise werde so versucht, „den concursus divinus in die Anthropologie zu
projizieren".[183]

8. Alter und neuer Äon

Wohnt Gott im Menschen, dann bricht Gottes Sein in das des Menschen ein. In
der Exegese wird häufig darauf hingewiesen, daß ein tiefer Zusammenhang
besteht zwischen den Einwohnungsaussagen und der neutestamentlichen Rede
vom „neuen Äon", der nicht etwa nur in der Zukunft liegt, sondern bereits in
„diesem Äon" eindringt und dessen Gesetze aufbricht.[184] Dibelius hat darauf

---

[178] Ebd., 179 (im Original zum Teil hervorgehoben).

[179] Ebd., 182 (in Bezug auf 1 Kor 6,16f).

[180] Ebd., 183.

[181] Ebd., 178f (Hervorhebungen im Original).

[182] Ebd., 189.

[183] Ebd., 190. – Zur Diskussion vgl. auch die schon bei Haussleiter, Deus internus, 819
genannte Literatur.

[184] Vgl. z.B. Grundmann, Gesetz,61f (zitiert bei Neugebauer, In Christus, 27f): „Durch das
in der Taufe gegebene Mitsterben und Mitauferstehen mit Christus ist der Christ hineinversetzt
in den ἐν Χριστῷ vorhandenen, noch verborgenen neuen Äon". Vgl. ferner Twisselmann, Gotteskindschaft, 22; 68, der Christus als den neuen Äon verstehen will (Hinweis bei Neugebauer,
In Christus, 29). – Neugebauer, In Christus, 148: Die Ekklesia ist „noch diesem Äon verhaftet
und ihm doch zugleich entnommen (...), sofern sich in ihr Gottes ‚Geschichte', nämlich das
Heilsgeschehen ereignet". – Oepke, ἐν, 538f: „Wie Adam in den natürlichen Menschen lebt, so
in den Gläubigen der Anfänger des neuen Äon, Christus". – Schmithals, Römerbrief, 267 (zu

hingewiesen, daß das markante „Zeichen des neuen Äons" die Auferstehung Jesu Christi ist: Dieses Zeichen ist „bereits geschehen, die Totenauferstehung hat begonnen. Wäre dies nicht gewiß, so wäre man noch im alten Äon".[185] Dieser Rahmen der Aussagen, die von dem „an der Wende der Zeiten Geschehenen" Zeugnis geben, ist auch für die „Mystik" des Apostels verbindlich. Redet er vom neuen Sein des Christen, dann redet er von dem Sein, daß die „Kinder des neuen Äons" haben.[186] So ist für Paulus auch der Geist selbst Zeichen des neuen Äons.[187]

> Die neutestamentliche Lehre von den beiden Äonen muß vom Gegensatz zwischen Zeit und Ewigkeit her verstanden werden. Der gegenwärtige Äon geht mit dem Weltende zuende; der kommende Äon ist etwas ganz anderes, uns nur in Gleichnissen zugängliches. Er ist zugleich das „Reich Gottes", der „neue Himmel und die neue Erde" sowie „die neue Weltzeit". Die Lehre von den beiden Äonen zeigt sich im Neuen Testament vor allem bei den Synoptikern und bei Paulus. Besonders im Matthäusevangelium wird der αἰὼν οὗτος vom αἰὼν μέλλων geschieden. Bei Paulus finden sich Wendungen wie ὁ αἰὼν οὗτος: Dieser Äon ist der Äon der Sünde, der vom „Gott dieses Äons" (2 Kor 4,4) beherrscht wird. Bei Johannes steht die Formulierung ὁ κόσμος οὗτος (Joh 18,36). Der zukünftige Äon wird in der Briefliteratur erwähnt in Eph 1,21; Hebr 6,5 und, mit anderer Terminologie, in Hebr 9,9f.
>
> Die Lehre von den beiden Äonen findet sich schon in der jüdischen Apokalyptik; ihr Ursprung ist in der Forschung ungeklärt. Lediglich im Parsismus gibt es die bekannte Unterscheidung zwischen Ewigkeit und Weltdauer, nicht aber die Benennung als „gegenwärtiger" und „zukünftiger Äon". Im NT gibt es aber gegenüber diesen Parallelen eine zentrale Änderung: Der neue Äon liegt nicht mehr nur in der Zukunft! Die Gläubigen sind schon jetzt vom alten Äon erlöst (Gal 1,4), der neue Äon realisiert sich bereits (Hebr 6,5; vgl. auch die Reich-Gottes-Gleichnisse), wenn er auch noch auf sein ganzes Offenbarwerden wartet. Von hierher wird auch die Rede vom „Angeld des Geistes" (2 Kor 1,22; 5,5; Eph 1,14) verständlich.[188]

Die Erkenntnis von der Durchdringung des altem und des neuen Äons kann nun gerade für die Exegese der Einwohnungsaussagen fruchtbar gemacht werden. Besonders das achte Kapitel des Römerbriefes weist in der Darstellung

---

Röm 8): „Damit entspricht das Gegenüber von V.5–6 *sachlich* mehr dem apokalyptischen Dualismus, der ‚diesen' und ‚jenen' Äon einander entgegenstellt" (vgl. auch ebd., 276; 278). – Versteeg, Christus, 403f: „Daß der Geist in der Gemeinde wohnt und daß Christus in der Gemeinde ist, deutet beides auf dieselbe Wirklichkeit hin: das Anteilhaben am neuen Äon." Ferner Bultmann, Geschichte, 42f; Käsemann, Paulinische Perspektiven, 172.

[185] Dibelius, Glaube und Mystik, 103, vgl. ebd.: „Es handelt sich bei der Auferstehung Christi, wie sie Paulus ansieht, nicht um einen Ausnahmefall der alten Welt, sondern um den Regelfall der neuen. Und diese verbürgte Gewißheit des neuen Äons ist es, dessen Hinfall die Christen zu den elendsten aller Menschen machen würde!"

[186] Vgl. ebd., 110–112.

[187] Vgl. Dibelius, Paulus und die Mystik, 148. Noch stärker akzentuiert Schierse, Äon, 682 (zitiert bei Guhrt, αἰών, 1460f): „Der eigentliche Gegensatz zu diesem Äon ist also Gott selbst, seine Gerechtigkeit, die Herrschaft Christi, das Pneuma oder die eschatologischen Heilsgüter".

[188] Für diesen Exkurs vgl. vor allem Sasse, αἰών; Guhrt, αἰών.

des Zusammenseins von sterblichem Leib und lebenschaffenden Geist auf diese Realität hin:

> „Gehen wir davon aus, daß der göttliche Geist so in die Glaubenden eingeht, daß er zum Grund ihres neuen Selbst wird, dann heißt dies nicht weniger, als daß sie in ihrem innersten Sein bereits zu dem geworden sind, was in der Vollendung nur viel umfassender offenbar werden soll (Röm 8,10f.18ff; vgl. 1 Joh 3,2). Während der Geist unter den Bedingungen des gegenwärtigen Äons in der Sphäre der dem Tod verfallenen Leiber arbeitet, verwandelt er sie im neuen Äon zu himmlischer Wesenheit."[189]

Ist aber einmal die Zugehörigkeit der Einwohnung zur Wirklichkeit des neuen Äons erkannt, dann wirft dies ein ganz neues Licht auf die Frage nach dem „Wie" der Einwohnung. Die Kategorie der Zeit wird aufgebrochen. In der Einwohnung kommt es zur „Gleichzeitigkeit des Ungleichzeitigen".[190]

Im Blick auf die Einwohnung wäre aber noch zu fragen, ob auch die Kategorie des Raumes durch die Realität des neuen Äons gesprengt wird. Dies hätte wichtige Überlegungen für die Frage nach dem räumlichen Verständnis der Einwohnung zur Folge. Wenn für Paulus letztlich der Geist selbst das Wesen des neuen Äons ist, muß dann nicht auch die Einwohnung eben dieses Geistes anders als ein bloßes In-Sein gemäß den Kategorien der „gegenwärtigen Ordnung" gedacht werden? Oder anders: „Welches Raumverständnis liegt zugrunde, wenn Paulus vom Empfang des Geistes redet?"[191] Lerle hat darauf hingewiesen, daß nach neutestamentlichem Verständnis nicht nur die Dimension der Zeit, sondern auch die des Raumes im kommenden Äon durchbrochen ist. Die Darstellung der Wirklichkeit dieses neuen Äons geschieht zwar unter Verwendung des „lineare(n) Zeit- und körperhafte(n) Raumverständnis(ses)".[192] Die Berichte von der Auferstehung aber weisen zu Genüge darauf hin, daß auch der Raum diese neue Wirklichkeit nicht fassen kann. Auch andere Berichte wie die von „Himmelfahrt, Höllenfahrt, Jungfrauengeburt, Verklärung" wollen die Realität des neuen Äons beschreiben, indem sie lediglich die „Grenzpunkte zwischen dem Diesseits und dem Jenseits" sichtbar machen. „Jede Eigengesetzlichkeit des Stoffes und des Raumes, wie wir sie in diesem Äon vorfinden, kann durchbrochen werden, wo im Christusgeschehen etwas vom jenseitigen Reich Gottes, etwas vom anderen Äon in unsere Welt eindringt."[193]

Diese Hinweise sind auch in der dogmatischen Reflexion zu bedenken, indem zum Beispiel die Frage der Analogie zwischen Zeit und Ewigkeit, zwischen altem und neuem Äon untersucht wird.

---

[189] Vollenweider, Geist Gottes, 190.
[190] So Vollenweider, Geist Gottes, 173, zum gegenwärtigen Sein der Gläubigen.
[191] Lerle, Raumverständnis, 104.
[192] Ebd., 110.
[193] Ebd., 115.

9. Zusammenfassung:
Anfragen an die dogmatische Untersuchung

Die exegetische Frage nach der Einwohnung Christi ist weiterhin in vieler Hinsicht offen. Sie ist gerade deshalb so interessant, weil die exegetische Analyse der betreffenden Aussagen sich immer genötigt sieht, die durch Paulus oder Johannes aufgeworfene Thematik mit philosophischen Begriffen einzukreisen. Diese Begriffe werden aber meist im exegetischen Vollzug einfach benutzt, ohne daß über ihren genauen Gehalt Rechenschaft abgelegt würde. Die Alternativen werden, durch wenige Begriffe voneinander abgegrenzt, in den Raum gestellt, ohne daß dem Leser einsichtig würde, wie genau sie zu füllen sind und warum sie vielleicht in Konkurrenz zu einander stehen.[194] So wirken diese Umschreibungen der neutestamentlichen Botschaft wie Fermente, die die exegetische Arbeit bereichern, aber auch beunruhigen. Es sind gerade diese in der Exegese benutzten und dann liegengebliebenen Werkzeuge, die das Interesse des Dogmatikers erwecken. Denn die genannten Fragen, die von Exegeten aufgeworfen werden, sind zugleich die zentralen Probleme, mit denen sich die dogmatische Untersuchung der Einwohnung immer wieder beschäftigt hat. Deshalb wird es im folgenden darum gehen, diese in der Exegese verwendeten Erklärungsmodelle einer dogmatischen Klärung zu unterziehen.

---

[194] Schnackenburg, Epheser, 332, sieht beispielsweise den Scheideweg zwischen „einem mystischen Erleben, wie es anderswo bezeugt ist, vor allem einem Verschmelzen mit der Gottheit, einem seligen Genießen der Vereinigung, einer Vergottung" und einem von Paulus beschriebenen „Einwohnen Christi im Herzen", das „als wirkmächtige Gegenwart des himmlischen Herrn gedacht" ist. Damit sei die Sicht mehr „ekklesial(e) und handlungsorientiert(e)". Sind das aber Gegensätze? Und wie kann diese „wirkmächtige Gegenwart" denn näher beschrieben werden?

II. Thomas von Aquin

1. Grundlagen bei den Kirchenvätern

Es überrascht nicht, daß die Väter der Kirche in ihrem Bemühen um eine eng am biblischen Zeugnis orientierte Theologie in vielfältiger Weise von der Einwohnung Gottes im Gläubigen sprechen. Es gibt hier in der Tat zahlreiche Hinweise.[1] Die Einwohnung wird immer wieder als Kennzeichen des Christen erwähnt. Sitz im Leben der frühesten Aussagen ist in besonderer Weise die urchristliche Tauftheologie.[2] Indem der Täufling durch die Taufe zum Glied der Gemeinde Christi wird, nimmt Gott in ihm Wohnung.

Schon die Tatsache, daß *Ignatius* († um 110)[3] in allen seinen Briefen als seinen zweiten Namen „Θεοφόρος", also „Gottesträger" nennt, weist auf das Wissen um die Einwohnung hin.[4] Daß die Bedeutung dieses Namens nicht unerheblich war, zeigt die Tatsache, daß Ignatius die Epheser selbst als „Gottes-

---

[1]   Die Ausführungen zu den Kirchenvätern müssen sich auf prägnante Linien und Beispiele beschränken. Sie benutzen unter anderem den guten Überblick, den der Löwener Theologe G. Philips in seinem materialreichen Buch über die „union personelle avec le Dieu vivant" bietet (Philips, L'union, 17–25; zu Augustin 27–46). Diese Studie untersucht die Geschichte der Lehre von der Einwohnung, die von den biblischen Texten bis in die Gegenwart reicht. Besonders die Scholastiker sind gründlich behandelt. – Vgl. auch die Ausführungen zur frühchristlichen Pneumatologie bei Hauschild, Gottes Geist, den Überblick bei Flogaus, Theosis, 19–27, und zu den griechischen Vätern besonders Galtier, Le Saint Esprit en nous. Ferner zu Cyrill von Alexandrien: Leahy, L'inhabitation; zu Augustin: Grabowski, St. Augustine. Einen reichen Überblick zu dieser Thematik bei den Kirchenvätern bietet auch Haussleiter, Deus internus, 821–840.

[2]   Darauf weist H. Rahner (Gottesgeburt, 339f) hin. Schon Irenäus fragt (adv. haer. V, 11,2, SC 153, 138; zitiert bei H. Rahner, Gottesgeburt, 344): „Quando autem iterum (portavimus) imaginem caelestis?" Mit seiner Antwort zitiert er den Zuspruch an den Täufling: „Scilicet quando, ait, abluti estis credentes in nomine Domini et accipientes eius Spiritum." Vgl. auch die ausdrücklichen Belege bei Origenes, zitiert bei H. Rahner, Gottesgeburt, 353; 355.

[3]   Die Lebensdaten werden hier wie im folgenden gegeben nach Altaner/Stuiber, Patrologie.

[4]   So zu Beginn aller Briefe: an die Epheser, Magnesier, Traller, Römer, Philadelphier, Smyrnäer, an Polykarp (Ignatius, Briefe, Ausgabe Lindemann/Paulsen 178; 190; 198; 206; 218; 224; 234).

träger und Tempelträger, Christusträger und Heiligträger" bezeichnet.[5] Mit besonderer Betonung bezeugt der Barnabasbrief, daß „in unserer Behausung, in uns, tatsächlich Gott" wohnt.[6] Deutlich beschreibt *Irenäus* (2. Jh.) das heilsgeschichtliche Erlösungshandeln in der Inkarnation, bei dem Gott Mensch, der Mensch aber vergottet wird.[7] Er verkündet „das Wort Gottes, das im Menschen gewohnt hat (vgl. Joh 1,14) und Sohn eines Menschen geworden ist, um den Menschen daran zu gewöhnen, Gott aufzunehmen, und Gott daran zu gewöhnen, nach dem Wohlgefallen des Vaters im Menschen zu wohnen"![8] In seiner „Epideixis" nun wird diese Vergottung erklärt durch die Gabe des Geistes Gottes, durch die der Gläubige zu Christus und zum Vater gebracht wird.[9]

Origenes († 253/54) ist, neben *Hippolyt von Rom* († 235) der wichtigste Zeuge für die Lehre von der Geburt Christi in den Herzen der Gläubigen. Diese in Anlehnung an Gal 4,19 ausgeprägte Lehre wird in der Folgezeit immer wieder aufgegriffen und spielt in der Geschichte der Mystik eine tragende Rolle.

Hugo Rahner hat in seiner gründlichen Studie zu dieser Lehre darauf hingewiesen, daß das Herz in der antiken Psychologie als „lebenspendender Mittelpunkt des Menschen" galt.[10] Als solcher brachte nun auch das Herz die λόγοι, die Gedanken des Menschen hervor, sie wurden im Herzen geboren. Dieser Vorgang konnte in der christlichen Theologie als vestigium Trinitatis verstanden werden: Auch die ewige Zeugung des Sohnes durch den Vater war eine Geburt des Logos aus dem Herzen des Vaters. Auf dieser Grundlage konnte auch die Einwohnung Christi, des Λόγος, als eine Geburt desselben im Herzen der Gläubigen gedeutet werden. Diese Geburt im Gläubigen wurde so zu einem Abbild der ewigen Geburt des Sohnes

---

[5]   Ignatius, Brief an die Epheser, 9,2 (Lindemann/Paulsen 185). – H. Rahner (Gottesgeburt, 337) weist darauf hin, daß auch spätere Autoren den zweiten Namen des Ignatius in diesem Sinne verstanden.

[6]   Barn. 16,8: „διὸ ἐν τῷ κατοικητηρίῳ ἡμῶν ἀληθῶς ὁ θεὸς κατοικεῖ ἐν ἡμῖν" (Lindemann/ Paulsen 66 (dt.: 67)). Vgl. den Zusammenhang der Stelle: 16,8–10. Hier wird bereits deutlich, daß die Gegenwart Gottes im Gläubigen nicht in der Erinnerung an sein Wort aufgeht: Die Verheißungen und Gebote, die wir in uns hören, zeugen von der Gegenwart seiner selbst (αὐτὸς ἐν ἡμῖν προφητεύων, 16,9; Lindemann/Paulsen 66).

[7]   Zur Theologie des Irenäus vgl. Jaschke, Der Heilige Geist, besonders § 25: „Die Erneuerung des Menschen durch den Heiligen Geist (ebd., 294–327).

[8]   Irenäus, adv. haer. 3, 20,2 (FC 8,3, 249; 251); „...ut adsuesceret hominem percipere Deum et adsuesceret Deum habitare in homine secundum placitum patris" (ebd., 248; 250). So auch adv. haer. 5, praef. (SC 153, 14; erwähnt bei Loofs, Leitfaden, 110): „... Jesum Christum Dominum nostrum, qui propter immensam suam dilectionem factus est quod sumus nos, uti nos perficeret esse quod est ipse" (... γεγόνοτι τοῦτο ὅπερ ἐσμέν, ἵνα ἡμᾶς εἶναι καταρτίσῃ ἐκεῖνο ὅπερ ἐστὶν αὐτός). Dazu gehört auch, daß die Wiedergeborenen als „Götter" bezeichnet werden können, vgl. z.B. adv. haer. 4, 38,4 (SC 100,2, 958f; erwähnt bei Loofs, Leitfaden, 111): „Nos autem imputamus ei quoniam non ab initio dii facti sumus, sed primo quidem homines, tunc demum dii" (... πρῶτον μὲν ἄνθρωποι, εἶθ' οὕτως θεοί).

[9]   Irenäus, Epideixis 7 (FC 8,1, 37): „Denn die den Geist Gottes in sich tragen, werden zum Wort geführt, das heißt zum Sohn; der Sohn aber führt sie dem Vater zu, und der Vater läßt sie die Unverweslichkeit empfangen."

[10]   Rahner, Gottesgeburt, 335.

aus dem Herzen des Vaters.[11] Ferner war es auch möglich, die irdische Geburt Jesu aus der Jungfrau Maria zu übertragen auf die Geburt des geistlichen Leibes Christi aus der Kirche. Dies findet sich ausdrücklich erstmals bei Hippolyt von Rom.[12] Hippolyt bezeugt aber nicht nur diese Geburt des Leibes Christi insgesamt, sondern auch die Geburt des Logos in der einzelnen Seele des Gläubigen: „Es hat des Vaters Mund hervorgehen lassen ein reines Wort aus sich, und ein zweites Wort wiederum erscheint geboren aus den Heiligen, beständig die Heiligen gebärend wird es auch selbst wiederum von den Heiligen geboren."[13]

Die Neugeburt in der Taufe ist für Origenes die Grundlage für alle sittliche Ermahnung.[14] Diese Neugeburt nun ist die Einwohnung des Logos, ist Ankunft Christi im Herzen. Dadurch wird die Seele des Gläubigen umgeformt, sie wird „Bild des Bildes": Christus ist das Bild des Vaters, die Seele wird, wie es Paulus in Röm 8,29 sagt, umgestaltet in das Bild Christi.[15] Neben dem Gedanken der Geburt rückt hier also der des Einprägens eines Bildes in den Mittelpunkt. Daneben ist aber auch ausdrücklich von der Geburt Jesu im Herzen die Rede. Origenes formuliert in diesem Zusammenhang die Frage, was ihm denn die Geburt des Logos aus der Jungfrau nütze, wenn dieser nicht auch in seinem Herzen geboren würde[16] – eine Frage, die in der Mystik nun immer wieder gestellt werden wird und beispielsweise in ein berühmtes Gedicht von Angelus Silesius Eingang gefunden hat.[17] Ebenfalls große Wirkung entfaltete die Zusammenstellung und Zitierung von Jes 26,18 und Gal 4,19 im Zusammenhang mit der Einwohnung Christi. Die Jesajastelle wurde dabei in der Version der

---

[11] S. ebd., 336f.

[12] Dabei wird die Vision des 12. Kapitels der Offenbarung herangezogen, wo von der Geburt des Sohnes aus dem Weibe die Rede ist: „Denn niemals hört die Kirche auf, aus ihrem Herzen den Logos zu gebären, obwohl sie in dieser Welt von den Ungläubigen verfolgt wird. Sie gebar, so heißt es, einen männlichen Sohn, der alle Völker beherrschen soll, den männlichen und vollkommenen Christus, das Gotteskind, Gott und Mensch". So bei Hippolyt, antichr. 61 (GCS Hippol. 1,2, 41, Z. 18–22); in der Übersetzung von Rahner, Gottesgeburt, 349).

[13] Hippolyt, Dan. I, 10,8 (GCS Hippol. 1,1, 17, Z. 16–20; zitiert bei Rahner, Gottesgeburt, 349f). Rahner (ebd.) schlägt im Blick auf die schlechte Überlieferung des Kommentars vor, anstelle von „ein zweites Wort" eventuell „zum zweiten (anderen) Mal" zu lesen.

[14] Vgl. dazu Rahner, Gottesgeburt, 351, zur Taufe die Belege ebd., 353; 355.

[15] Origenes, hom. in Lc. 8,2 (SC 87, 164.166; zitiert bei Rahner, Gottesgeburt, 352): „Si considerem Dominum Salvatorem *imaginem esse invisibilis Dei* et videam animam meam factam *ad imaginem conditoris*, ut imago esset imaginis (...) tunc videbo, (...) unusquique nostrum, ad imaginem Christi formans animam suam (...). Quando igitur grandem fecero imaginem imaginis, id est animam meam (...), tunc imago Dei grandis efficitur, et ipse Dominus, cuius imago est, in nostra anima magnificatur.". Die Kursivierungen weisen auf biblische Zitate hin (Kol 1,15; Gen 1,27). – Vgl. ebenso Origenes, or. 22,3 (GCS Orig. 2, 348, Z. 23f); zitiert bei Rahner, a.a.O.): „,εἰκὼν‘ οὖν εἰκόνος οἱ ἅγιοι τυγχάνοντες, τῆς εἰκόνος οὔσης υἱοῦ".

[16] Origenes, hom. in Jer. 9,1 (GCS Orig. 3,); zitiert bei Rahner, Gottesgeburt, 352): „τί γάρ μοι ὄφελος, εἰ ἐπιδεδήμηκεν ὁ λόγος τῷ κόσμῳ, ἐγὼ δὲ αὐτὸν οὐκ ἔχω;"

[17] Angelus Silesius, Cherubinischer Wandersmann, 13:
„Wird Christus tausendmal zu Bethlehem geboren
Und nicht in dir, du bleibst noch ewiglich verloren."

Septuaginta verwendet und auf die Geburt Gottes in der Seele hin ausgelegt.[18] Beide Stellen wurden bei den folgenden Vätern sehr häufig genannt, um die Gestaltwerdung Christi im Gläubigen mit biblischer Sprache zu erfassen. Auch *Methodius* (3. Jh.), der „in seiner Lehre das Beste der uralten Theologie aus der kleinasiatischen Urkirche mit dem Erbe des Origenes vereint",[19] bezieht sich in der achten Rede seines Symposions mit Nachdruck auf Gal. 4,19 sowie auf Eph 3,14–17, indem er das Wohnen Christi in den Herzen verbindet mit seiner Gestaltwerdung sowie mit der Versiegelung in der Taufe. Hier werden die zentralen Begriffe „χαρακτήρ", „ἐκτύπωσις", „μορφή", „μετουσία", „τράνωσις" (illuminatio!), „μεταμόρφωσις" und „ἀναγεννώμενοι" in einer sehr dichten Weise miteinander verbunden, um die Gabe der Einwohnung auszusagen.[20]

Für die Theologie des *Athanasius* (295–373) sind besonders die Serapionbriefe einzusehen, in denen von der Vergottung des Menschen gehandelt wird.[21] In den Taufkatechesen des *Cyrill von Jerusalem* († 386) gibt es zahlreiche Erwähnungen der Einwohnung Gottes im Menschen. Schon in der Prokatechese bedient sich Cyrill eines schönen Wortspiels, um das Reden des Geistes im Herzen der Gläubigen zu benennen: Die „Kat-echumenen" haben bisher den Schall des göttlichen Wortes nur äußerlich gehört (κατηχεῖσθαι; περιηχεῖσθαι); jetzt aber soll er in ihnen selbst zu hören sein (ἐνηχεῖσθαι), weil der Geist Gottes ihre Seele zu seinem Hause gemacht habe.[22] In kühner Übertragung legt Cyrill in den mystagogischen Katechesen die Anrede des Vaterunsers auf die Einwohnung Gottes im Gläubigen aus: „‚Vater unser in den Himmeln' – Himmel, das mögen wohl auch diejenigen sein, die die Bilder des Himmlischen tragen, die, in denen Gott zu Hause ist und wandelt".[23]

Auch die drei Kappadozier müssen in diesem Zusammenhang erwähnt werden. Unter ihnen steht Gregor von Nyssa für eine eher mystisch geprägte Aufnahme der Einwohnungslehre, während Gregor von Nazianz und Basilius von

---

[18] Mehrere Belege dazu bei Rahner, Gottesgeburt, 356 (Fn 30), 395 (Fn 9).

[19] So Rahner, Gottesgeburt, 364.

[20] Methodius, symp. 8,8 (SC 95, 220, Z. 5–13, 15–18, 25f): „... ἐπειδὴ τοὺς χαρακτῆρας καὶ τὴν ἐκτύπωσιν (...) τοῦ Ἰησοῦ προσλαμβάνουσιν οἱ φωτιζόμενοι, τῆς καθ᾽ ὁμοίωσιν μορφῆς ἐν αὐτοῖς ἐκτυπουμένης τοῦ λόγου καὶ ἐν αὐτοῖς γεννωμένης κατὰ τὴν ἀκριβῆ γνῶσιν καὶ πίστιν, ὥστε ἐν ἑκάστῳ γεννᾶσθαι τὸν Χριστὸν νοητῶς. (...) οἰονεὶ Χριστῶν γεγονότων τῶν κατὰ μετουσίαν τοῦ πνεύματος εἰς Χριστὸν βεβαπτισμένων, συλλαμβανούσης ἐνταῦθα τὴν ἐν τῷ λόγῳ τράνωσιν αὐτῶν καὶ μεταμόρφωσιν τῆς ἐκκλησίας. (...) Εἰς γὰρ τὰς ἀναγεννωμένων ψυχὰς ἀναγκαῖον ἐξομοργνύμενον ἐκτυποῦσθαι τὸν λόγον τῆς ἀληθείας."

[21] Vgl. besonders Athanasius, ep. Serap. 1, 23–25, z.B. 24, wo Athanasius von der durch den Geist verliehenen „μετουσία τοῦ Θεοῦ" spricht, die uns zu „μέτοχοι Θεοῦ" und zu „μέτοχοι Χριστοῦ" macht (MPG 26, 585 B/C). Lebon übersetzt zu Recht mit „participants du Christ" bzw. „participants de Dieu" (SC 15, 126).

[22] Cyrill v. Jerusalem, Prokatechese, 6 (MPG 33, 344 A). – Der Hinweis auf das Wortspiel findet sich in der deutschen Ausgabe von J. Nirschl (BK, 1. Aufl.), S. 32.

[23] „... ἐν οἷς ἐστιν ὁ Θεὸς ἐνοικῶν καὶ ἐμπεριπατῶν". Cyrill v. Jerusalem, catech. myst. 5, 11 (FC 7, 154f).

Cäsarea den dogmatischen Typus repräsentieren.[24] In seinen Homilien zum Hohenlied erwähnt *Gregor von Nyssa* († 394) auffallend häufig die Einwohnung Gottes oder des Logos im Gläubigen.[25] Die in der Taufe gewährte Teilhabe an der Gottheit[26] sowie die mystische Schau Gottes sind wichtige Themen.[27] Das Bild von der Geburt Christi im Herzen kann bei Gregor ausgebaut werden, indem auch vom Wachstum des im Herzen Geborenen gesprochen und so auf ethische Umgestaltung oder auf ein Wachsen der mystischen Einheit hingewiesen wird.[28]

Gregor von Nazianz (* 329/30, † um 390) verbindet die Christologie mit der Lehre von der θέωσις des Gläubigen: Die Vergöttlichung der menschlichen Natur Christi in der Inkarnation ist die Ermöglichung dafür, daß auch der Gläubige vergottet werden kann.[29] Seit der Menschwerdung ist der Logos „aufnehmbar" (χωριστός) für den Menschen.[30] Mit diesen Gedanken ist bereits der später häufige Vergleich der inhabitatio mit der hypostatischen Union vorbereitet.

Basilius von Cäsarea (* um 330, † 379) geht in seinem bekannten Werk über den heiligen Geist ausführlich auf die Einwohnung des Geistes in der Seele (Οἰκείωσις δὲ Πνεύματος πρὸς ψυχήν)[31] ein. Diese ist nicht räumlich oder körperlich (διὰ τόπου προσεγγισμὸς / σωματικῶς) zu verstehen. Vielmehr besteht sie in der Reinigung der Seele vom Schmutz der Sünde. Der so Gereinigte wird erleuchtet, damit ihm auch die „Verähnlichung mit Gott" (ἡ πρὸς Θεὸν ὁμοίωσις) geschenkt werden kann, die sogar als das „Gott werden" (θεὸν

---

[24] Vgl. zu dieser Unterscheidung, Rahner, Gottesgeburt, 365.

[25] Das Register der Ausgabe von Dünzl (FC 16,1-3) verweist zum Thema auf über 20 Stellen. Vgl. z.B. Gregor v. Nyssa, hom. in Cant. 14 (FC 16,3, 762f): „Wer sich indes in ihm einfindet, nimmt in sich selber auf jeden Fall auch den auf, in dem er sich einfand, sagt doch der Logos folgendes: ‚Wer in mir bleibt, und ich in ihm...' (Joh. 15,5). Wer ihn also im eigenen Fassungsraum aufgenommen hat, beherbergt in sich den Unfaßbaren." (... Δεξάμενος οὖν τῷ ἰδίῳ χωρήματι πανδοχεύει ἐν ἑαυτῷ τὸν ἀχώρητον).

[26] Nach der Zitierung von Röm 6,4 wird ausgeführt: „...denn du bist mit mir auferstanden und wurdest erhöht in der Teilhabe an der Gottheit" (ὑψώθης ἐν τῇ τῆς θεότητος κοινωνίᾳ), hom. in Cant. 8, FC 16,2, 468f.

[27] Vgl. die mehrfache Erwähnung der ἔκστασις in den Homilien zum Hohenlied. Diese Ekstase führt die Seele „πρὸς τὰ θειότερα" (hom. in Cant. 10, FC 16,2, 564).

[28] Vgl. die Belege bei Rahner, Gottesgeburt, 375f.

[29] Gregor v. Nazianz, orat. theol. 3,19 (FC 22, 210): „... διὰ μέσου νοὸς ὁμιλήσας σαρκί, καὶ γενόμενος ἄνθρωπος ὁ κάτω Θεός, ἐπειδὴ συνανεκράθη Θεῷ, καὶ γέγονεν εἷς, τοῦ κρείττονος ἐκνικήσαντος, ἵνα γένωμαι τοσοῦτον Θεός, ὅσον ἐκεῖνος ἄνθρωπος." Vgl. auch orat. theol. 4,3; 4,14; 4,21. Als Grund der Vergöttlichung durch den Geist nennt Gregor die Taufe (5,28).

[30] Dieser Hinweis findet sich – ohne Beleg für das χωριστός – bei Rahner, Gottesgeburt, 366.

[31] Basilius v. Cäsarea, Spir. sanct. 23, FC 12, 140.

γενέσθαι) bezeichnet wird.[32] Der Geist schenkt die „οἰκείωσις πρὸς Θεόν", die Vertrautheit mit Gott oder das Sein in Gott.[33]

Angeregt durch die pneumatologischen Streitigkeiten, bietet Basilius ferner eine genaue Analyse des Gebrauchs der Präposition „in". Hintergrund bildet die Frage, ob der Vater und der Sohn *mit* (σύν) dem Geist oder *im* (ἐν) Geist anzubeten seien.[34] Das Wort „in" hat verschiedene Bedeutungen, und alle spielen auch in der Verehrung des Geistes eine Rolle. Basilius kommt nun auf das aristotelische Begriffspaar „Form" (εἶδος) und Materie (ὕλη) zu sprechen: Indem der Heilige Geist die vernunftbegabten Menschen vollendet, werden sie gleichsam zum Stoff, der durch den Geist seine Form erhält![35] Um dies zu belegen, zitiert Basilius Röm 8,29, wo Paulus davon spricht, daß die Christen mit dem Bilde Christi gleichförmig werden. Basilius legt also das paulinische „συμμόρφους τῆς εἰκόνος τοῦ υἱοῦ αὐτοῦ" im Sinne des (aristotelischen) εἶδος aus: Der Geist ist die Form, die uns Christus gleichgestaltet. In diesem Sinne ist er „in" uns, in der Materie, der er die Form verleiht. So kann dann das Wirken des Geistes in der Seele, ebenfalls aristotelisch,[36] als ein Vermögen (δύναμις) beschrieben werden, daß jeweils in den konkreten Akt (ἐνέργεια) erhoben wird: Das Sehvermögen im Auge ist immer da, aber nicht immer aktiv. Auch der Geist ist immer in den Gläubigen, seine Wirkungen ergeben sich aber nur nach dem, was die jeweilige Situation erfordert. Diese Bedeutungen des „In-Seins" des Geistes im Sinne der Form oder des Vermögens schließen aber die räumliche Vorstellung nicht aus (wenn auch, wie oben dargelegt, das Verhältnis nicht eigentlich mit der Kategorie des Raumes erklärt werden kann): Denn oft wird der Geist als „Ort der Geheiligten" bezeichnet, und andererseits ist auch der Heilige „ein für den Geist geeigneter Ort"![37] Wenn so gesprochen und der Geist verherrlicht wird, dann handelt es sich um übertragene Redeweise, indem hier „leibliche Bezeichnungen auf geistige Begriffe" übertragen wer-

---

[32] Ebd., 140–143.

[33] Ebd., 114; 222. Übersetzt man wie Sieben mit „Vertrautheit", gerät aus dem Blick, daß hier dasselbe Wort benutzt wird, das in § 23 die Einwohnung Gottes (Stamm: οἰκεῖν!) bezeichnet.

[34] Ebd., Kp. 25–27 (§§ 58–68), FC 12, 251–286.

[35] Ebd., § 61, FC 12, 260: „Οὐκοῦν, καθὸ μὲν τελειωτικὸν τὸ ἅγιον Πνεῦμα τῶν λογικῶν, ἀπαρτίζον αὐτῶν τὴν ἀκρότητα, τὸν τοῦ εἴδους λόγον ἐπέχει." – Zur Diskussion um die Interpretation dieser aristotelischen Begrifflichkeit vgl. die kommentierenden Angaben von Sieben zur Stelle (FC 12, 261).

[36] Aristoteles benutzt den Vergleich mit dem Auge, um das Verhältnis der Seele (als Form) zum Körper (als Stoff) zu verdeutlichen (De anima, 412b/413a; Ausgabe Seidl, 63.65): „Wenn nämlich das Auge ein Lebewesen wäre, so wäre seine Seele die Sehkraft; denn sie ist das Wesen des Auges dem Begriffe nach. Das Auge aber ist die Materie der Sehkraft. (...) Wie aber die Pupille und die Sehkraft das Auge bilden, so bilden dort die Seele und der Körper das Lebewesen." – Augustin greift diesen Vergleich auf, indem jetzt die Vernunft das „Sehvermögen" der Seele wird (Soliloquia, liber primus, 12 (S.30.32)): „ego autem Ratio ita sum in mentibus, ut in oculis est aspectus."

[37] § 62, FC 12, 265; 267.

den.[38] So kann also das „In-Sein" (ἐνεῖναι) des Geistes als eine vielfältige und auf viele Weisen geschehende Wirklichkeit ausgesagt werden.[39]

Man kann wohl mit Rahner[40] von einer „letzte(n) Vollendung" sprechen, die die Lehre vom Wohnen Christi im Herzen bei *Cyrill von Alexandrien* († 444) erfahren habe. Nicht nur die Geburt Christi im Herzen,[41] sondern auch die Einwohnung des Geistes und der ganzen Trinität wird in seiner Theologie entfaltet.[42] Dabei werden wichtige Probleme zum Thema geklärt:

Die später unter dem Begriff der „Appropriation" verhandelte Frage, ob man nur uneigentlich von der Einwohnung einer bestimmten Person der Trinität reden könne, ist für Cyrill eindeutig zu verneinen. Alle drei Personen der Trinität wohnen im Gläubigen, jede wohnt „dem Gerechtfertigten auf eine ihr entsprechende Weise" ein, „indem sich jede nach ihrer Eigentümlichkeit in die Seele einprägt": Die Einwohnung ist „nichts anderes als ein Abbild des innergöttlichen Lebensprozesses".[43]

Ferner bringt Cyrill wie schon Gregor von Nazianz die inhabitatio mit der Inkarnation in Zusammenhang. Anläßlich der christologischen Auseinandersetzungen unterscheidet er die „physische" Einigung (ἕνωσις φυσική) der Naturen in Christus von der durch Gnade verliehenen relationalen Einheit[44] (ἕνωσις σχετική), die mit der inhabitatio vorliegt: „Wenn man von Christus sagt, daß er uns einwohne, so bewirkt er die Einwohnung als schetische, nicht aber [ist es so], wenn von Gott gesagt wird, er habe in Christus gewohnt; denn in ihm wohnt die ganze Fülle der Gottheit, nicht durch Teilnahme oder einfache σχέσις, gleichsam wie wenn die Sonne leuchtet oder das Feuer die in ihm liegende Wärme anderen Dingen mitteilt ..., sondern das ist eine Einwohnung durch wahre Einheit [zu einem untrennbaren substanziellen Ganzen]."[45] Man kann also sagen, daß Cyrill dem Gläubigen das zuspricht, was Nestorius für die Einheit der Naturen in Christus hielt. Ist diese „schetische" Einigung zur Kenn-

---

[38] Ebd., 265 („Τὰ γάρ τοι σωματικὰ τῶν ὀνομάτων καὶ ἐπὶ τὰς πνευματικὰς ἐννοίας ἐναργείας ἕνεκεν πολλάκις ὁ λόγος μετακομίζει." (264)).

[39] Ebd., § 63 (FC 12, 266f).

[40] Rahner, Gottesgeburt, 369.

[41] Beleg ebd., 370.

[42] Zahlreiche Belege bietet Weigl, Heilslehre, 184–201.

[43] So mit Belegen Weigl, Heilslehre, 192f, in Auseinandersetzung mit der dagegen stehenden Berufung des Petavius auf Cyrill.

[44] Die Übersetzung „relational" für σχετική verwende ich in Anlehnung an Münch-Labacher, Naturhaftes und geschichtliches Denken, 31.

[45] Cyrill v. Alexandrien, schol. inc. 25; zitiert in der Übersetzung nach Weigl, Heilslehre, 196f (in Klammern stehen Ergänzungen von Weigl). Vgl. im lat. Text (MPG 75,1398B): „Sin autem in nobis Christus inhabitare dicatur, σχετικὴν ipse faciet inhabitationem. Non autem cum Deus dicitur inhabitasse in Christo: ,Inhabitavit namque in eo omnis plenitudo divinitatis corporaliter;' non per participatum, vel σχέσιν simplicem, (...) sed (...) ipsa divina sinceraque natura, juxta totum id quod est, inhabitationem sibi faciente, per veram (...) unitatem". Allerdings steht im von Schwartz herausgegebenen Text (ACO I, 5,1, 203): „...‹non› scheticam ipse faciet inhabitationem", da die armenische Version des Textes (Ω) die Verneinung bietet.

zeichnung des Inkarnierten zu wenig, so eignet sie sich gerade für die Beschreibung des begnadeten Menschen.[46]

Auch mit diesen Überlegungen nennt Cyrill eine Unterscheidung, die in den Untersuchungen der scholastischen Theologie eine wichtige Rolle spielen wird. Gleichzeitig aber ist zu bedenken, daß die Abgrenzung der inhabitatio von der Einheit der Naturen in Christus nicht dazu führt, die durch Einwohnung geschaffene Verbindung irgendwie äußerlich zu denken. Schon die zur Beschreibung benutzten Begriffe, wie etwa „verschmelzen" (ἀνακίρνασθαι), „verflechten" (συμπλέκεσθαι), „teilhaben" „teilnehmen" (μετέχειν/μετοχή/μέθεξις) oder das Teilhaftsein (μετουσία) zeigen deutlich, daß hier, „(a)bgesehen von der Inkarnation" „die denkbar innigste Vereinigung und Gemeinschaft der Gottheit mit einer Kreatur"[47] vorliegt. Will Cyrill diese Innigkeit betonen und gegen eine nur moralische Einigung absetzten, kann er deshalb sogar sagen, wir einigten uns mit Christus auf dieselbe Weise wie dieser mit dem Vater![48]

Die Einwohnung wird ferner nicht nur von der Einheit der Naturen in Christus, sondern auch von der Vereinigung mit Christus im Abendmahl unterschieden. Weigl hat deutlich herausgearbeitet, daß Cyrill zwei Formen (τρόποι) der Gnadenmitteilung unterscheidet: die somatische und die pneumatische. Jene ist im Abendmahl gegeben, diese wird mit der Einwohnung verliehen.[49] Da die Einwohnung mit der Taufe gegeben ist, sind beide Formen der Einigung an ein Sakrament gebunden.[50] Gal 4,19 wird von Cyrill so ausgelegt, daß die Gestaltwerdung Christi in unseren Herzen ein Werk des Heiligen Geistes ist. Besonders betont wird dabei, daß diese Umgestaltung nicht durch vom Geist lediglich bereitgestellte Gnade (οὐχ ὡς διὰ χάριτος ὑπουργικῆς), sondern durch den Geist selbst und die Teilhabe an seiner göttlichen Natur (ἀλλ' ὡς θείας φύσεως μέθεξιν) geschehe.[51]

Geprägt von der Mystik des Gregor von Nyssa und der des Areopagiten bezeugt schließlich *Maximus Confessor* (* um 580, † 662) die Einwohnung des

---

[46] Vgl. dazu die Bemerkungen bei Weigl, Heilslehre, 200.

[47] So Weigl, Heilslehre, 198, dort auch Belege zu allen genannten Begriffen.

[48] Vgl. Cyrill, in Joan. 14,20 (MPG 74,273A; teilweise zitiert bei Weigl, Heilslehre, 201): „Γνωσόμεθα δὲ πῶς μέν ἐστιν ὁ Υἱὸς ἐν Πατρὶ, φυσικῶς δηλονότι καὶ οὐ κατά γε τὴν ἐκ τοῦ ἀγαπᾶσθαι καὶ ἀγαπᾶν ἐπινοηθεῖσαν σχέσιν παρὰ τῶν δι' ἐναντίας. Ἡμεῖς δὲ αὖ πάλιν ἐν αὐτῷ κατὰ τὸν ἴσον τρόπον, καὶ αὐτὸς ἐν ἡμῖν. " – Vgl. auch Münch-Labacher, Naturhaftes und geschichtliches Denken, 28 (dort mit Belegen!): „Wenn in der Christologie des Cyrill davon die Rede ist, daß die Einung oder das Zusammenkommen des Logos mit dem (beseelten) Fleisch κατὰ φύσιν, der Natur nach, oder καθ' ἕνωσιν φυσικήν, im Sinne einer natürlichen Einung, geschehen ist, so ist dies gleichbedeutend mit καθ' ὑπόστασιν und meint seinsmäßig, auf der Ebene des Seins, und nicht nur dem Willen und Wohlgefallen nach. Entsprechend ist es dem Cyrill auch in seiner Heilslehre um eine wirkliche, das Sein berührende Verwandlung der menschlichen Natur durch den Christus zu tun."

[49] Vgl. ebd., 140–157; 194–196.

[50] Cyrill weist zur Untermalung dieser Tatsache darauf hin, daß aus der Seite des Gekreuzigten Blut und Wasser flossen (s. Weigl, Heilslehre, 142).

[51] Cyrill, dial. Trin. 7, 639c, d (SC 246, 166, Z. 2–3).

Geistes und die Geburt des Logos in der Seele. Viel eher als neuplatonischer Einfluß sollte bei ihm „der genuin christliche Einfluß der großen alten Tradition, wie sie ihm durch den Nyssener zufloß",[52] in Erwägung gezogen werden. Maximus beschreibt die Heilsgeschichte als eine Abfolge zweier Äonen, deren erster die Herabkunft Gottes zu den Menschen (θεοῦ πρὸς ἀνθρώπους κατάβασις) enthält, während der zweite den Aufstieg des Menschen (ἀνθρώπου πρὸς θεὸν ἀνάβασις) zu Gott beinhaltet.[53] Durch die Einwohnung des Logos in die „Tiefen des Herzens"[54] befinden wir uns bereits im zweiten Äon, der in der Ewigkeit vollendet wird. Anders als die frühen Väter unterscheidet aber Maximus zwischen der Taufgnade und einer Geburt Christi im mystischen Erlebnis.[55] Ziel des mystischen Weges ist die erneute Fleischwerdung des Logos in den Seelen der Gläubigen.[56] Besonders in seinen „Ambigua", einem Kommentar zu Aussagen des Dionysius Pseudo-Areopagita und des Gregor von Nazianz, hat Maximus diese Lehre dargelegt.[57] Die Einwohnung des Logos, die durch Taufe und Glaube geschieht, ist für Maximus „eine wirkliche substantiale Vergegenwärtigung des persönlichen Logos in der Seele des Menschen".[58]

---

[52] Rahner, Gottesgeburt, 377.

[53] Vgl. dazu ebd., 378; ferner die Darstellung bei Loosen, Logos und Pneuma, 7–15. Zur Begrifflichkeit: Maximus Confessor, qu. Thal. 22 (CChr.SG 7, 139, Z. 54–56): „Καὶ συντόμως εἰπεῖν, τῶν αἰώνων οἱ μὲν τῆς τοῦ Θεοῦ πρὸς ἀνθρώπους εἰσὶ καταβάσεως, οἱ δὲ τῆς τῶν ἀνθρώπων πρὸς θεὸν ὑπάρχουσιν ἀναβάσεως."

[54] Maximus Confessor, qu. Thal. 56 (Zit. b. Rahner, Gottesgeburt, 379; vgl. CChr.SG 22, 13, Z. 153): „ἔχων ἐνοικοῦντα τὸν λόγον τῷ βάθει τῆς καρδίας". Vgl. auch qu. Thal. 47 (Zit. b. Rahner, ebd.; vgl. CChr.SG 7, 317, Z. 73. 79): „κατὰ τὸ κρυπτὸν τῆς καρδίας (...) ὁ λόγος, ἐνοικῶν τε διὰ τῆς πίστεως".

[55] Darauf weist Rahner, ebd., 380, mit Belegen hin. Vgl. dazu auch Loosen, Logos und Pneuma, 117f (dort zum Teil mit Hervorhebungen): „Das Verhältnis der vollkommenen zur unvollkommenen Kindschaft wird als Beziehung der Identität wie zwischen Akt und Potenz charakterisiert. Die erste Geburt zur Kindschaft findet in der Taufe statt, die zweite in der Vergöttlichung. Beide Stadien sind nur zwei Daseinsweisen derselben Kindschaftsgnade. Der erste Zustand ist der zweite in Potenz, der zweite ist der erste, überführt in den Akt."

[56] Maximus Confessor, or. dom. (vgl. CChr.SG 23, 50, Z. 397–400, hier zitiert in der Übersetzung von Rahner (Gottesgeburt, 381)): „Und durch diese Begnadigung wird Christus in mystischer Weise immerdar wollend in ihr geboren, indem er Fleisch annimmt durch die, welche gerettet werden. Und so macht er die ihn gebärende Seele zur jungfräulichen Mutter."

[57] Maximus Confessor: Ambiguorum liber. Vgl. dazu mit Belegen: Rahner, Gottesgeburt, 381f. – Daß es sich bei diesem Werk eigentlich um zwei zu unterscheidende Texte handelt, hat E. Jeauneau in der Einführung seiner Edition der „Ambigua ad Iohannem" deutlich gemacht (CChr.SG 18, IX–XIII).

[58] Loosen, Logos und Pneuma, 59. Loosen führt zur Erklärung weiter aus (ebd., 60): Die Bezeichnung als „substantiale" oder „wirkliche" Gegenwart deutet den Gegensatz zu einer „rein intentionalen Vergegenwärtigung des Logos als Gegenstand unseres Glaubens oder einer nur bildlichen Verleiblichung durch sittliche Nachahmung oder einer nur symbolhaft angedeuteten durch stellvertretende übernatürliche Gaben und Wirkungen" an. „Dazu wird die Einwohnung selbst als Gegenstand unserer Erkenntnis genannt, sie besteht also nicht in unserer Erkenntnis und entsteht nicht durch sie, sondern ist ihr vorgegeben."

Blicken wir aber nochmals zurück, indem wir den wichtigsten Lehrer der Kirche des Abendlandes befragen: Gerade hinsichtlich der Vorbereitung scholastischer Theologie muß das Werk Augustins (354–430) genannt werden. Nur Gott und die Seele will er in seinen „Soliloquien" erkennen[59] – also die beiden Subjekte, die in der inhabitatio zusammenkommen. Berühmt ist sein einleitendes Gebet, das mit der Bitte um die Einwohnung seinen Höhepunkt erreicht und abschließt: „...und befiehl du mir, ich solle, solange ich meinen Körper trage und schleppe, rein, hohen Mutes, gerecht und klug sein, ein Mensch, vollendet im Lieben und im Aufnehmen deiner Weisheit, würdig, daß du in mir wohnest, und selbst ein Bewohner deines glückseligen Reiches. Amen. Amen."[60] Das Thema der inhabitatio taucht bei Augustin unter verschiedenen Begriffen und Gedanken immer wieder auf: So finden sich das Thema der Partizipation, die Betonung der Imago Dei, die Aussagen zur Vergottung, die Rede von der Sohnschaft, vom Wohnen Gottes in den Gläubigen.[61]

Für den Gang der Überlegungen ist als erstes festzuhalten, daß Augustin ausdrücklich von der Teilhabe an der göttlichen *Substanz* redet: Die Teilhabe (participatio) am Wesen Gottes wird, ähnlich wie bei Irenäus, als ein Tausch zwischen Mensch und Gott dargestellt. Bei diesem Geschehen nun findet ein Austausch der Substanzen statt, wobei Gott die Sterblichkeit annimmt, der Mensch aber die Unsterblichkeit erhält: „Sicut autem ille mortalis, non de sua substantia, sed de nostra, sic nos immortales, non de nostra substantia, sed de ipsius. Participes ergo erimus: nemo dubitet; scriptura hoc dixit."[62] Zu dieser Teilhabe kann es nun kommen, weil der menschliche *mens* (mit seinen drei Aktionen des meminisse, intelligere und amare) als imago Dei auch „capax Dei" ist.[63] Damit bezeichnet Augustin den mens als das Gott empfangende Organ des Menschen. Gleichzeitig wird betont, daß dieses Organ durch die Ebenbildlichkeit für die Teilhabe immer schon vorbereitet (capax) ist.

---

[59] Augustin, sol. I,7 (TuscBü, S. 16): „Ratio: Quid ergo scire vis? (...) A.: Deum et animam scire cupio. R.: Nihilne plus? A.: Nihil omnino."

[60] Augustin, sol. I,6; hier in der Übersetzung von H. Müller (TuscBü, S. 17). Vgl. im Lateinischen (ebd., 16): „...et dignum habitatione ‹tua› atque habitatorem beatissimi regni tui".

[61] Vgl. zu dieser Aufstellung Philips, L'union, 29–39.

[62] Augustin, en. Ps. 146,11; CChr.SL 40, 2130, Z. 45–47 (Dies und etliche der folgenden Zitate werden diskutiert bei Philips, L'union, 29–46.) – Die participatio beruht auf einem sich-Eingießen Gottes: „Atque utinam infundat se uobis, et ubi nos deficimus...", ebd. 2129, Z. 9f.

[63] Vgl.: trin. XIV, 12 (CChr.SL 50A, 443, Z 6–9): „Meminerit [scil: mens] itaque dei sui ad cuius imaginem facta est eumque intellegat atque diligat. Quod ut breuius dicam, colat deum non factum cuius ab eo capax facta est et cuius esse particeps potest". In deutscher Übersetzung (K.L.): „Erinnert er sich aber an seinen Gott, zu dessen Bildnis er gemacht ist, so erkennt und liebt er ihn auch. Um es kurz zu sagen: Er verehrt Gott, den er nicht gemacht hat, von dem er geschaffen wurde mit der Fähigkeit, ihn aufzunehmen, und dessen er teilhaftig werden kann." – Philips (L'union, 30) redet in der Wiedergabe dieser Passage von „l'âme". Das Verhältnis von „anima" und „mens" müßte bei dieser Übersetzung berücksichtigt werden. – Erwähnt sei auch noch der Kommentar von Philips zu Stelle (ebd., 31): „Quoi qu'il en déplaise à Calvin, pour saint Augustin *finitum est capax infiniti*".

Die Teilhabe realisiert sich durch die Einwohnung des dreieinigen Gottes im Menschen. Auf dieses Thema kommt Augustinus immer wieder zu sprechen.[64] Ein besonders gutes Beispiel ist sein Brief an Dardanus, wo er sich im Rahmen einer Untersuchung „De praesentia dei" ausführlich zur Frage äußert.[65] Ausgehend von der christologischen Frage, wie sich in Christus die Ubiquität Gottes zur Räumlichkeit des Menschen verhalte, kommt Augustinus schließlich zur Unterscheidung zwischen „ubique esse" und „habitare": „Verum illud est multo mirabilius, quod, cum deus ubique sit totus, non tamen in omnibus habitat."[66] Mit Blick auf 1 Kor 6,19 und Röm 8,9 wird festgehalten: „unde fatendum est ubique esse deum per diuinitatis praesentiam sed non ubique per habitationis gratiam."[67] Die Allgegenwart bedeutet, daß Gott niemals einem seiner Geschöpfe abwesend gedacht werden kann (quia nulli parti rerum absens est[68]). Die Gnade der Einwohnung hingegen ist zu verstehen als „gratia dilectionis eius"[69], als die Gnade seiner Liebe, die in der neuen Geburt geschenkt wird. Gott teilt sich selbst den Liebenden mit, nicht jedoch so, als zerteile er sich dabei. Augustin benutzt das Beispiel des Tones (sonum), der überall durchdringt.[70] Dennoch wird dieser Ton von den Tauben gar nicht, von den Hörenden je nach Fähigkeit in unterschiedlicher Klarheit wahrgenommen. So wohnt auch Gott nicht in allen auf gleiche Weise ein, in einigen ist seine Fülle mehr als in anderen.[71]

Von besonderem Interesse ist, daß Augustin in diesem Zusammenhang auf die Frage der Kindertaufe zu sprechen kommt. In der Taufe hat Gott in den

---

[64] Rahner (Gottesgeburt, 388f) nennt etliche Belege zur Einwohnung des ewigen Wortes im Herzen, so z.B. aus einer Weihnachtspredigt (s. 195,3, in Nat. Dom. 12; MPL 38, 1019): „Verbum caro factum est pro nobis, ut a matre procedens habitaret in nobis"; oder auch das Wort aus den Confessions (IV, 12,19, in der Übers. v. J. Bernhart, 169): „Und er schwand aus den Augen, damit wir zurück uns wändten ‚zum Herzen' und ihn dort fänden."

[65] Augustin, ep. 187. Der Brief antwortet auf ein Schreiben des Dardanus und ist überschrieben: „De praesentia dei liber" (CSEL 57, 81). Vgl. jetzt auch die gut kommentierte Neuausgabe: Augustinus, Über Schau und Gegenwart, 214–259. Diese von Erich Naab besorgte Ausgabe enthält noch weitere zentrale Texte Augustins zum Thema der Gottesschau und der Präsenz Gottes.

[66] Augustin, ep. 187,5,16 (CSEL 57, 93, Z. 18f). Übersetzung (K.L.): „Dieses Wahre aber ist noch viel wunderbarer, daß, wenn Gott auch überall ganz ist, er dennoch nicht in allen wohnt."

[67] Ebd. (CSEL 57, 94, Z.6f). Übersetzung (K.L.): „Deshalb ist zuzugeben: Gott ist überall durch die Gegenwart der Gottheit, aber er ist nicht überall durch die Gnade seines Wohnens."

[68] Ebd., 5,17 (CSEL 57, 95, Z. 7).

[69] Ebd., 5,16 (CSEL 57, 94, Z. 8f).

[70] Zum Vergleich mit dem Ton: ebd., 6,19 (CSEL 57, 97f). Das „Gefäß" der Einwohnung läßt Augustinus hier unbestimmt, er gibt das Herz und den Körper (!) an: Gott werde nicht „per hominum corda seu corpora" zerteilt!

[71] Zu den unterschiedlichen Graden der Einwohnung: ebd., 5,17 (CSEL 57, 95, Z. 1f): „et unde in omnibus sanctis sunt aliis alii sanctiores, nisi abundantius habendo habitatorem deum?" Ferner (ebd., 6,19; CSEL 57, 98, Z. 10–12): „in quibus habitat, habeant eum pro suae capacitatis diuersitate alii amplius alii minus".

Kindern Wohnung genommen, obwohl sie ihn noch nicht kennen! Während die Sünder Gott kennen können, ohne ihn doch zu haben (Röm 1,21), haben die getauften Kinder ihn, (noch) ohne ihn zu kennen. Glücklich aber, wer ihn hat und auch kennt![72] Das Wohnen des heiligen Geistes in den Kindern ist dem Besitz der Vernunft vergleichbar: Sie ist in den Kindern wie ein zu entzündender Funke (scintilla) angelegt, ohne daß sie davon wüßten.[73] Der Geist wirkt in ihnen auf verborgene Weise (in eis occulte agit).[74]

Auch hält Augustin in diesem Brief deutlich fest, daß Vater, Sohn und Geist gemeinsam im Gläubigen einwohnen. Weil die drei Personen sich untrennbar durchdringen, können Vater und Sohn nicht abwesend sein, wo der Geist einwohnt: „quis porro audeat opinari, nisi quisquis inseparabilitatem penitus trinitatis ignorat, quod in aliquo habitare possit pater aut filius, in quo non habitet spiritus sanctus, aut in aliquo spiritus sanctus, in quo non et pater et filius?"[75]

Besonders wichtig für die scholastischen Diskussionen ist schließlich die Tatsache, daß Augustin die Liebe (caritas) mit Gott oder mit der Substanz Gottes identifiziert.[76] Dies hängt unmittelbar mit der Lehre von der Einwohnung zusammen. Denn wenn Paulus in Röm 5,5 sagt, daß die Liebe durch den Geist in unsere Herzen ausgegossen sei, andererseits aber Gott selber die Liebe ist (1 Joh 4,16), dann stellt sich die Frage, ob eine Unterscheidung zwischen Deus und caritas überhaupt möglich und auch nötig ist. Petrus Lombardus, der Sentenzenmeister, wird später die Erklärung Augustins zu Röm 5,5 zitieren und eine Kontroverse auslösen, die von da an die ganze scholastische Theologie begleiten wird. In der vom Lombarden aufgegriffen Erklärung sagt Augustin, daß die in unser Herz gegossene Liebe (hier als „dilectio" bezeichnet) der Hei-

---

[72] Ebd., 6,21 (CSEL 57, 99, Z. 20–100, Z. 5): „nec illi enim ad templum dei pertinent, qui cognoscentes deum non sicut deum glorivicauerunt aut gratias egerunt, et ad templum dei pertinent paruuli sanctificati sacramento Christi, regenerati spiritu sancto, qui certe per aetatem nondum possunt cognoscere deum; unde, quem potuerunt illi nosse nec habere, isti potuerunt habere antequam nosse. beatissimi sunt autem, quibus hoc est deum habere quod nosse; ipsa quippe notitia plenissima, uerissima, felicissima est."

[73] Vgl dazu ebd., 7,26 (CSEL 57, 103f).

[74] Ebd. 7,27 (CSEL 57, 104, Z. 6).

[75] Ebd., 5,16 (CSEL 57, 94, Z. 2–6).

[76] Augustin, trin. XV, 17,27 (CChr.SL 50A, 502): Zu 1 Joh 4,16 „Gott ist die Liebe" wird ausgeführt: „Neque enim dicturi sumus non propterea deum dictam esse caritatem quod ipsa caritas sit *ulla substantia quae dei digna sit nomine*, sed quod donum sit dei sicut dictum est deo: Quoniam tu es patientia mea. Non utique propterea dictum est quia *dei substantia* est nostra patientia, sed quod ab ipso nobis est (...) Non est autem dictum ,domine, caritas mea' aut ,tu es caritas mea' aut ,deus, caritas mea', sed ita dictum est: Deus caritas est sicut dictum est: Deus spiritus est." (Hervorhebungen: K.L.). Augustin will also „caritas" wie „spiritus" als Bezeichnung der Substanz Gottes verstanden wissen! Petrus Lombardus zitiert diese Worte in Sent. I, 17, c. 3 (Ausgabe Grottaferrata, 144, Z. 16ff). Den Stellenangaben aus dem Sentenzenwerk des Lombarden wird im folgenden immer die Seitenzahl dieser Ausgabe in Klammern beigegeben. Wenn nicht anders erwähnt, ist immer der Band 1, Teil 2 gemeint, der die libres 1 und 2 enthält.). – Zur den Augustinzitaten bei Petrus Lombardus vgl. die Ausführungen bei Philips, L'union, 40f.

lige Geist selber ist: „Dilectio igitur quae ex deo est et deus est proprie spiritus sanctus est per quem diffunditur in cordibus nostris dei caritas per quam nos tota inhabitat trinitas. Quocirca rectissime spiritus sanctus, cum sit deus, uocatur etiam donum dei."[77] Die Liebe (dilectio) wird also hier verstanden als ein Eigenname des Heiligen Geistes! Der Geist selber ist die dilectio und gießt die caritas in das Herz des Gläubigen. Durch diese caritas wohnt die ganze Trinität im Menschen ein. Es muß offen bleiben, ob durch die Unterscheidung zwischen dilectio und caritas an dieser Stelle zwischen der Liebe als Person des Geistes und der Liebe als Tugend geschieden werden soll. Es lassen sich bei Augustin etliche Aussagen anführen, die die caritas als Tugend oder als Bewegung der Seele beschreiben. Er hat also beide Aspekte der Liebe deutlich benannt: Sie kann als Tugend des Menschen erkannt werden. Ihren letzten Seinsgrund aber hat sie in der Person des Heiligen Geistes, der im Herzen Wohnung nimmt.[78]

Von Augustin im Westen wie auch von Maximus Confessor im Osten aus ließen sich nun die Linien in die mittelalterliche Theologie hinein verfolgen. Besonders der große Strom der Mystik gibt ein beredtes Zeugnis davon, daß die Einwohnung Gottes ein zentrales Thema der Theologie und der Frömmigkeit geblieben ist. So führt Hugo Rahner in der erwähnten Arbeit die Linien bis zu Meister Eckhart weiter, wobei neben vielen anderen Bernhard von Clairvaux[79] und Bonaventura[80], vor allem aber Johannes Scotus Eriugena[81] eine

---

[77] Augustin, trin. XV, 18,32 (CChr.SL 50A, 508); zitiert bei Petrus Lombardus, Sent. I, dist 17, Kp. 4 (145, Z. 25–146, Z. 1).

[78] Zu den Aussagen Augustins, die die Liebe als Tugend oder Bewegung der Seele beschreiben, vgl. die Angaben bei Philips, L'union, 41f.

[79] Neben den von Rahner (Gottesgeburt, 396) genannten Texten ist besonders an die Predigten über das Hohelied zu erinnern: In der 69. Predigt zeigt Bernhard, wie die Einwohnung des Vaters und des Sohnes an den Regungen der Seele selbst erkennbar werden: Ihre Liebe und Weisheit gibt Zeugnis von der Einwohnung Gottes. Die 71. Predigt geht gründlich auf den Modus der Einwohnung ein: Das gegenseitige In-Sein von Gott und Seele wird, wohl in Anspielung auf das Abendmahl, als ein gegenseitiges Essen beschrieben (71,5; Ausgabe Winkler, Bd. 6, 448; Seitenzahlen dieses Bandes im folgenden in Klammern). Daraufhin wird dieses Einssein verglichen und zugleich unterschieden vom Einssein des Vaters und des Sohnes (71,6–10; 448–458): Vater und Sohn haben dieselbe substania und bilden ein „unum", während Gott und Mensch verschiedene substaniae haben und durch die Einwohnung „unus" oder mit 1 Kor 6,17 „unus spiritus" genannt werden. Damit ist dann keine „unita(s) essentiarum", sondern eher eine „conniventia voluntatum" gemeint (71,8; 220). Damit wird aber die Einwohnung von Bernhard nicht in eine bloße Willenseinheit aufgelöst. Das Ziel der Ausführungen liegt in der Unterscheidung der hypostatischen Union von der Einwohnung Gottes im Christen. Diese Einwohnung ist schließlich vor allem durch die Liebe (dilectio) konstituiert: „Deus vero in homine, ex quo dilectus ab homine est." (71,10; 456). – Den Hinweis auf die Hoheliedpredigten Bernhards verdanke ich Herrn Dr. habil. Sven Grosse.

[80] Rahner (Gottesgeburt, 396) verweist auf den Traktat „De quinque festivitatibus pueri Jesu", der die zweite „festivitas" unter das Thema stellt: „Quomodo Filius Dei in mente devota spiritualiter nascatur" (Opuscula-Ausgabe, 215–218).

wichtige Rolle spielen. Diese Linien sollen hier nicht weiter verfolgt werden. Überblickt man statt dessen die zahlreichen Hinweise und Ausführungen, die die Theologen der alten Kirche zur inhabitatio geben, so fällt auf, daß fast alle Fragen, die in der Scholastik von zentraler Bedeutung werden, bereits gestellt sind:

Das *Subjekt der Einwohnung* ist der dreieinige Gott. Die Einwohnung einer der drei göttlichen Personen kann durchaus besonders betont werden, ohne daß damit die Einwohnung der Trinität bestritten würde. In den Überlegungen Augustins zur Eingießung der caritas bereitet sich die Frage nach einer Unterscheidung zwischen personaler Einwohnung und Eingießung einer qualitas oder virtus vor.[82] Auch die Frage der *Appropriation*, die mit der Frage nach dem einwohnenden Subjekt einhergeht, ist angesprochen und verneint worden: Jede Person der Trinität wohnt auf eine je eigene Weise ein (Cyrill).

Der *Modus der Einwohnung* bietet Anlaß zu klaren Unterscheidungen: Zunächst wird versucht, die inhabitatio durch einen Vergleich mit der Einheit der Naturen in Christus oder mit dem Einssein von Vater und Sohn via negationis zu definieren: Wenn sie auch durchaus diesen Geheimnissen der Trinität und der Person Christi vergleichbar ist, so muß sie dennoch von der *substanziellen* Einheit des Vaters und des Sohnes auf der einen Seite, von der Einheit zweier Naturen in *einer* Person auf der anderen Seite unterschieden werden: Sie ist die Vereinigung *zweier* Subjekte und *zweier* Substanzen (Gregor von Nazianz; Bernhard von Clairvaux); sie ist schetische Einheit, nicht physische Einheit (Cyrill). Zur anderen Seite hin wird die Einwohnung von der Allgegenwart Gottes abgegrenzt: Gott ist überall, aber er wohnt nicht überall (Augustin). Die Einwohnung ist also mehr als die Gegenwart durch Omnipräsenz, aber weniger als das Sein des Vaters im Sohne. Ferner kann über das In-Sein selbst nachgedacht werden, mit dem Ergebnis, daß hier kein räumliches Verhältnis, wie es zwischen Körpern vorkommt, angesprochen ist. Die Bezeichnung des Menschen als Ort der Einwohnung Gottes ist übertragene Redeweise. Um nun die nicht räumliche Art des In-Seins (wohl eher nach seiner Wirkung) zu charakterisieren, werden die Vorgänge der Reinigung und Erleuchtung genannt. Für eine genauere begriffliche Klärung wird sogar die aristotelische Unterschei-

---

[81] Johannes Scotus Eriugena wird vor allem deshalb so wichtig, weil er die „Ambigua" des Maximus Confessor ins Lateinische übersetzt. Diese Übersetzung ist ediert in MPG 91, 1031–1418 und in MPL 122, 1193–1222; die Übersetzung des Teiles „ad Iohannem" neuerdings in CChr.SG 18 (vgl.: Maximus Confessor, Ambigua). – Zu der aus Gregors Schriften gespeisten Theologie des Johannes vgl. die ausführlichen Hinweise bei Rahner, Gottesgeburt, 400–406.

[82] Nicht erst durch diese Überlegungen Augustins, sondern auch durch die frühe Unterscheidung zwischen der Einwohnung und deren Wirkung in uns bereitet sich die Unterscheidung von gratia creata und increata vor. Vgl. dazu Rahner, Gottesgeburt, 340 (Hervorhebungen im Original): „Man hat aber auch schon sehr früh, gleichsam in abkürzendem Verfahren, den Blick mehr auf den innewohnenden Logos selbst gerichtet und die Taufgnade aufgefaßt als ein *Gestaltwerden des Logos selbst* (gleichsam als die ersten Anfänge der Unterscheidung zwischen *gratia creata* und *increata*)."

dung von Form und Materie bemüht: Der Geist als Form verändert durch die Einwohnung den Menschen als Materie, die in das Bild Christi umgeformt wird. (Basilius).

Die *Wirkung der Einwohnung* ist die Teilhabe (μέϑεξις)[83] an der göttlichen Natur. Dies kann auch mit dem Begriff der Theosis (z.B. Gregor von Nazianz) beschrieben oder in biblischer Sprache mit der Gestaltung in das Bild Christi verdeutlicht werden. Dabei kommt es zu einer doppelten Gestaltwerdung oder Formung (μόρφωσις): Christus gewinnt in uns Gestalt (Gal 4,19) oder wird in uns geboren (Origenes, Methodius, Cyrill v. Alexandrien), und dadurch werden wir in sein Bild verwandelt (Röm 8,29). Die Einwohnung ist Heilsgabe, nur wer sie erfährt, kann Gott schauen. Dabei ist diese Umgestaltung und Teilhabe als ein substantielles Geschehen zu begreifen: Der Tausch zwischen Gott und Mensch ist ein Austausch der Substanzen (Augustin)! Damit ist deutlich gemacht, daß die Einwohnung in der alten Kirche durchaus real, ontisch verstanden wird: Es ist ein Geschehen, bei dem das Sein des Menschen durch das Sein Gottes verändert wird. Zu recht spricht deshalb Rahner von der „altchristlichen Gnadenlehre mit ihrer ganz real gedachten, in der Taufe geschenkten Umformung der Seele in die Form des Logos".[84]

Als *Ort der Einwohnung* wird das menschliche Herz, die Seele, bei Augustin auch der mens oder der Körper erwähnt. Hier scheint eine nähere Eingrenzung des anthropologischen „Organs" nicht im Mittelpunkt des Interesses zu stehen.

Als *Zeitpunkt der Einwohnung* wird die Taufe bestimmt (Gregor von Nyssa, Augustin). Wenn Kinder getauft werden, so besitzen sie den Geist Gottes, ohne sich dessen bewußt zu sein. In mystischen Schriften kann allerdings der Akzent auch mehr auf der Einwohnung als Ziel eines Weges oder als mystisches Erlebnis gelegt werden (Maximus Confessor). Aber auch dann ist eine (erste) Einwohnung in der Taufe mitgedacht.[85]

Ferner wurde durch den knappen Überblick deutlich, daß die Lehre von der Einwohnung der *gemeinsame* Schatz der griechischen und der lateinischen Väter ist. Die aus der Ritschl- und Harnackschule stammenden Urteile, nach denen die griechischen Väter eine „physisch-naturhafte", die lateinischen Väter dagegen eine (zu bevorzugende) „geschichtlich-personale" Erlösungslehre konzipiert hätten, läßt sich gerade am Thema der Einwohnung widerlegen. Daß die „Natur", das heißt das Sein des Menschen von der Einwohnung ergriffen und

---

[83] Zu diesem Begriff vgl. besonders die materialreiche Studie von F. Normann (Normann, Teilhabe).

[84] Rahner, Gottesgeburt, 358. Vgl. auch Philips, L'union, 24: Les Pères „nous proposent le Christ, Verbe incarné, qui nous fait participer au mouvement trinitaire dans un sens ontologico-réel, nullement matérialisé".

[85] Vgl dazu auch Rahner, Gottesgeburt, 359 (Hervorhebung im Original): Seit Origenes bleibe es dabei, „daß sich das Ontische der einmaligen Geburt des Logos in der Taufgnade unlöslich verbindet mit dem *täglich* Geborenwerden, dem Gestaltgewinnen des Logos im Herzen".

verändert wird, schließt die personale Seite dieses Geschehens nicht aus, sondern gerade ein.[86]

In der Bezeugung der Einwohnung, in der Prägung wichtiger Begriffe zur Bezeichnung derselben sowie in der Vorbereitung grundlegender dogmatischer Fragen bilden die Kirchenväter so das sichere Fundament für die großen Gnadentraktate der scholastischen Meister.

In der scholastischen Theologie nun steht die Frage der Einwohnung im Zusammenhang mit der Gnadenlehre, die das Kernstück der christlichen Lehre darstellt. In der gesamten Gnadenlehre geht es letztlich nur um eine große Frage: Wie kann das Zusammensein von Gott und Mensch gedacht werden? Da diese Frage auf die Grundlagen aller Theologie verweist, ist mit ihr auch die Lehre von der inhabitatio in ihrer fundamentalen Bedeutung für den Christen hervorgehoben. In unmittelbarem Zusammenhang mit der Gnadenlehre steht die Lehre von den göttlichen „Missionen", also von der Sendung des Sohnes und des Heiligen Geistes. Sie wird zwar bereits in der Gotteslehre abgehandelt, es wird aber sofort deutlich, daß die „missiones invisibiles", nämlich die Einwohnung des Sohnes und des Geistes im Menschen, nur im von der Gnade Gottes Ergriffenen geschehen können.

Welche Einzelprobleme müssen behandelt werden, wenn es um die gedankliche Erfassung der Einwohnung Gottes im Menschen geht? Wenn Gott im Menschen Wohnung nimmt, dann vereinigen sich Schöpfer und Geschöpf. Da aber beide sehr wohl unterschieden werden müssen, ist das Verhältnis von „Natur" und „Gnade", oder von Naturordnung und Gnadenordnung zu klären: Welche Wirklichkeiten des begnadeten Menschen sind als Natur, welche als Gnade anzusehen? Aus dieser Frage erwächst schon das nächste, besonders wichtige Teilproblem: Wie verhalten sich Gott und Mensch zueinander, wenn der Mensch tätig wird? Wie steht es um seine Freiheit, um die Zurechenbarkeit seiner Taten? Diese Fragen führen in der Scholastik zur Unterscheidung von „gratia creata" und „gratia increata", zur Unterscheidung zwischen personaler Einwohnung Gottes und dem Besitz der Gnade als einer Qualität.

Die Einwohnung selbst wird auf verschiedene Weisen erläutert. Zunächst kann sie via negationis definiert werden, indem sie von der hypostatischen Union, von der Allgegenwart Gottes und von der Besessenheit durch Dämonen abgegrenzt wird. Positiv beschrieben wird sie vor allem unter Zuhilfenahme aristotelischer Begriffe: Die differenzierte Lehre von der Erkenntnis sowie die

---

[86] Für das Werk Cyrills hat Münch-Labacher dies überzeugend nachgewiesen. Vgl. Münch-Labacher, Naturhaftes und geschichtliches Denken, 29: Ein Ziel dieser Arbeit über Cyrill besteht in dem Nachweis, „daß die naturhaft-seinsmäßige und die geschichtlich-personale Sichtweise einander nicht notwendig ausschließen, sondern als jeweils zu unterscheidende, aber auch einander ergänzende Perspektiven betrachtet werden können." – Auch Rahner, Gottesgeburt, 383, bemerkt: „Der Übergang zur Theologie der lateinischen Kirchenväter bedeutet keinen neuen Abschnitt der Ideengeschichte, die wir hier verfolgen. Denn gerade Origenes und Hippolyt, die im Osten Methodius und Gregor gebildet haben, sind auch die Lehrmeister des Ambrosius."

Unterscheidung von actus und habitus werden der Erklärung der inhabitatio dienstbar gemacht. Daneben wird auch der Mensch als Empfangender, insbesondere seine Seele in die Untersuchung einbezogen. Dazu gehört auch die Frage, ob die Einwohnung erfahrbar ist.

Schließlich ist die Frage zu behandeln, ob die biblische Bezeugung der Einwohnung des Geistes nur uneigentliche Rede ist, die eigentlich lediglich die Einwohnung der Trinität bezeichnet, oder ob es für die Personen der Trinität je spezifische Weisen der Einwohnung gibt. Es ist also die Frage der „Appropriation" zu beleuchten.

Im Folgenden werden besonders die Schriften des Thomas von Aquin herangezogen. Sie sollen exemplarisch für die dominikanische Hauptlinie stehen. Daß die Wahl bei den Dominikanern auf Thomas fällt, erklärt sich hinreichend aus seiner Bedeutung für alle weitere Behandlung des Themas bis hin zum Neuthomismus unseres Jahrhunderts. Auf die zum Teil deutlich abweichenden Ausführungen der franziskanischen Theologie wird nach Möglichkeit hingewiesen.

2. Natürliche Disposition des Menschen für die Einwohnung?

Ist der Mensch auf die Einwohnung Gottes hin geschaffen? Bevor die Lehre von der inhabitatio selbst untersucht wird, ist diese Frage – in Anlehnung an das exitus-reditus Schema des Aquinaten[87] – von einiger Bedeutung. So stellt auch Thomas nach der Gotteslehre[88] in der prima pars seiner Summa theologica die Frage nach der Gotteserkenntnis (q 12) und definiert die Gottesschau als die „vollkommene Glückseligkeit des Menschen" (ultima hominis beatitudo): Die höchste Tätigkeit des Menschen nämlich ist seine Verstandestätigkeit (operatio intellectus). Diese aber wird angetrieben von einem natürlichen Verlangen nach der Kenntnis der Ursache, vom *„naturale desiderium cognoscendi causam".*[89] Nur der Aufstieg zur ersten Ursache kann dieses natürliche Verlangen letztlich stillen! Deshalb wird gerade die Gottesschau, die Glückseligkeit *natürlicherweise* erstrebt.[90] Während das Streben zur Gottesschau also – nach

---

[87] Thomas stellt – nicht nur in der Summa theologica – die christliche Lehre dar unter der zweifachen Fragestellung, wie die Schöpfung aus Gott hervorging, und wie sie zu ihm zurückkehren kann. Vgl. dazu die Ausführungen bei Chenu, Werk, 343–351.

[88] Sogar schon innerhalb derselben wird in STh I q 2 a 1 ad 1 gesagt, daß dem Menschen „das Streben nach Glückseligkeit (...) von Natur eingepflanzt" sei (Die deutsche Thomasausgabe, Bd. 1, 39).

[89] Thomas von Aquin, STh I q 12 a 1 corp; Die deutsche Thomasausgabe, Bd. 1, 207. – Zum Begriff des „desiderium naturale" vgl. Alfaro, Desiderium; Raffelt, Desiderium.

[90] Thomas von Aquin, STh I q 62 a 1 corp (Hervorhebung: K.L.): „...dicendum, quod nomine beatitudinis intelligitur ultima perfectio rationalis, seu intellectualis naturae: et inde est,

Thomas – zur Natur des Menschen gehört, ist das Erreichen dieser Gottesschau der Natur des Menschen unmöglich, sie bedarf dazu der Gnade.[91] In den die Anthropologie betreffenden quaestiones wird dieses desiderium naturale noch weiter beschrieben. Der menschliche Wille (voluntas), der zu den „Strebevermögen" (potentiae appetitivae)[92] gehört, erstrebt notwendigerweise die Seligkeit. Thomas macht ganz deutlich, daß „das Streben nach dem Endziel nicht zu dem (gehört), worüber wir Herr sind", das heißt, wir können uns nicht *dagegen* entscheiden![93]

Mit Beginn des zweiten Teiles der Summa, der dem „reditus", der Rückkehr zu Gott gewidmet ist, stellt Thomas sogleich die Frage nach dem letzten Ziel des Menschen und nach seiner Glückseligkeit.[94] Hier wird in aller Ausführlichkeit nachgewiesen, daß die Glückseligkeit als Ziel des Menschen allein in der „visio divinae essentiae" besteht.[95] Nochmals wird das desiderium naturale erwähnt, welches nicht ruht, bis es das Wesen der Dinge und die Gründe der Wirkungen erkannt hat. Deshalb sucht der Mensch die „unio(nem) ad Deum", in der allein seine Seligkeit zu finden ist.[96] In diesem Leben auf Erden kann er aber nur eine „beatitudinis participatio" erlangen, die volle Glückseligkeit bleibt dem ewigen Leben vorbehalten.[97] Sie übersteigt die Möglichkeiten der menschlichen Natur, weil niemand Gott ohne Hilfe der Gnade in seinem Wesen erkennen kann.[98]

Wenn aber die Natur des Menschen nach Gott verlangt, ist dann nicht Gott zur Erfüllung dieses Verlangens gleichsam gezwungen oder angehalten? Ist dann die Mitteilung seiner Gnade „geschuldet" (debitum)? Diese Folgerung kann auf keinen Fall gezogen werden, da sie dem Wesen der Gnade widerspricht: Gnade ist immer freie Gabe Gottes. Die Natur des Menschen verlangt zwar die Gnade und mit ihr die Glückseligkeit, aber dies impliziert nicht die unbedingte Notwendigkeit der Erfüllung. Denn das desiderium hätte seinen Sinn auch bereits in einer Hinordnung des Menschen auf das Gute, selbst wenn

---

quod naturaliter desideratur; quia unumquodque naturaliter desiderat suam ultimam perfectionem."

[91] Dies legt Thomas in STh I q 12 a 4 dar. Vgl auch I q 62 a 1 corp (Hervorhebung in der Ausgabe Forzani): „...alia felicitas, quam in futuro expectamus, qua videbimus Deum sicuti est. Quod quidem est supra cujuslibet intellectus creati naturam".

[92] Vgl. dazu ebd., q 80.

[93] Ebd. q 82 a 1 ad 3: „...appetitus ultimi finis non est de his, quorum domini sumus"; Die deutsche Thomasausgabe Bd. 6, 218. Vgl. auch die Aussage in q 94 a 1 corp: „Manifestum est autem, quod nullus homo potest per voluntatem a beatitudine averti: naturaliter enim, et ex necessitate homo vult beatitudinem, et fugit miseriam".

[94] Thomas von Aquin, STh I-II q 1–5.

[95] Ebd., q 3 a 8.

[96] Ebd., corp.

[97] Ebd., q 5 a 3 corp. Der Grund dafür liegt einmal in der Unmöglichkeit, in diesem Leben alles Schlechte auszuschließen; ferner in der Unmöglichkeit, Gott in diesem Leben in seinem Wesen zu schauen.

[98] Vgl. ebd., a 5 corp.

er es nie ganz erlangen sollte.[99] In diesem Zusammenhang wird deshalb in der Scholastik der Begriff der „potentia oboedientialis" geprägt.[100] Thomas unterscheidet in der Summa theologica zwei Möglichkeiten, wie eine Kreatur eine Einwirkung Gottes erfahren kann (duplex potentia passiva)[101]: Zunächst gibt es eine „natürliche Anlage" (potentia naturalis)[102], die das Geschöpf ohnehin so prädisponiert, wie der Schöpfer seine Natur vorgesehen hat. Dann aber kann der Schöpfer auch über diese natürliche Anlage hinaus das Geschöpf erheben, und dazu bedient er sich der zweiten „potentia passiva" des Menschen, die gemeinhin „potentia oboedientiae"[103] genannt wird. Sie besagt, daß das Geschöpf eine gewisse „Gefügigkeit"[104] besitzt, eine Offenheit dafür, daß der Schöpfer es über seine Natur erhebt.[105] Eine solche potentia oboedientialis ist nun auch für den Empfang der Gnade anzunehmen. Dem desiderium naturale, das den Menschen zur Schau Gottes drängt, korrespondiert eine solche potentia, die, wenn Gott will, für eine Erhöhung des Menschen zum Gnadenstand in Anspruch genommen wird. Genau um diese Möglichkeit geht es aber in der Frage nach der Einwohnung Gottes im Gläubigen. Im Folgenden ist zu untersuchen, wie diese Einwohnung gedacht werden kann.

3. Arten des „In-Seins"

Schon innerhalb der Trinitätstheologie spricht Thomas die Frage an, inwiefern denn jemand „in" einem anderen sein könne. Der 5. Artikel der 42. Frage handelt von der Perichorese des Vaters und des Sohnes. Das erste Argument verweist sofort auf die acht möglichen Weisen des „In-Seins", die aus der Physik des Aristoteles bekannt waren. Der Ausdruck „ein A ist in oder an einem B"

---

[99] Vgl. dazu Alfaro, Desiderium, 249: „Wäre nämlich die geistbegabte Kreatur nicht zur Anschauung Gottes berufen, so würde das D[esiderium] n[aturale] dennoch nicht sinnlos sein, da es auch so seine Grundfunktion, nämlich die Bestimmung und Lenkung der ganzen Aktivität des geschaffenen Geistes innerhalb des unendlichen Horizontes des Seins, ausüben würde, ohne welchen Seinsbezug endlicher Geist überhaupt nicht denkbar ist." Vgl. auch Gardeil, La strucure, Bd. 1, 17 (Hervorhebung im Original): „Notre désir naturel de l'achèvement de notre être en la vision de Dieu n'a rien d'efficace ni d'exigeant. Ce n'est qu'un optatif inscrit dans notre nature, et qui, sur le sommet de son développement le plus authentique, fixe et brandit une attente qui *voudrait* ne pas être frustrée." Eine sehr detaillierte Darstellung der einschlägigen Lehre des Thomas bietet Gardeil ebd., 268–348.

[100] Vgl. dazu Buuck, Potentia oboedientialis; Garrigou-Lagrange, L'Appétit naturel.

[101] Thomas von Aquin, STh III q 11 a 1 corp.

[102] Ebd., q 1 a 3 ad 3.

[103] Ebd., q 11 a 1 corp.

[104] So die Übersetzung von „oboedientiae" in der deutschen Thomasausgabe, Bd. 25, 275.

[105] Vgl. auch Thomas von Aquin, de ver. q 29 a 3 ad 3 (Marietti-Ausgabe, 558), wo „potentia obedientiae" steht.

kann folgende Bedeutungen annehmen: „a) der Finger ist an der Hand, allgemein: Der Teil ist im oder am Ganzen; b) das Ganze ist in seinen Teilen; denn das Ganze erschöpft sich in seinen Teilen; c) der Begriff des Menschen liegt im Begriff des Lebewesens, allgemein: der Artbegriff liegt im Gattungsbegriff; d) der Gattungsbegriff steckt (als Definitionsstück) im Artbegriff, allgemein: das den Artbegriff bestimmende Definitionsstück liegt im Wesensbegriffe; e) die Gesundheit befindet sich am Warmen und Kalten, allgemein: die Gestalt befindet sich am Material; f) das Schicksal der Griechen hängt am König, allgemein: ein Prozeß am Prozeßquell; g) ein Prozeß gründet im leitenden Wert, allgemein: in seinem Ziel, d.h. in seinem Zweck; h) und die wichtigste Bedeutung schließlich: etwas ist in einem Gefäß, allgemein: an einem Orte."[106]

Aristoteles kannte also neben der wörtlichen räumlichen Bedeutung der Präposition „in" sieben andere Weisen, mit diesem Wort ein Verhältnis zweier Größen auszusagen. Allerdings weist Thomas in der genannten Stelle alle acht Bedeutungen für die Beschreibung der innertrinitarischen Perichorese zurück. Denn diese aus dem Bereich der Schöpfung gewonnenen Bedeutungen können das Wesen Gottes nicht hinreichend beschreiben.[107] Die innergöttliche Perichorese erklärt er daraufhin mit den Begriffen der essentia, der relatio und der origo. Es ist also schon hier deutlich, daß der Theologe die philosophischen Definitionen aufbrechen muß, will er über die Offenbarung in rechter Weise sprechen.

Allerdings liegt die Sache bei der Einwohnung anders, da hier die geschöpfliche Wirklichkeit mitbetroffen ist. In der Tat wird – wie gleich auszuführen ist – Thomas versuchen, die Einwohnung in Analogie zum menschlichen Erkenntnisakt zu deuten, bei dem eine Sache „im" Erkennenden ist, indem sie dessen Verstand „formt". Dies entspricht am ehesten der fünften von Aristoteles genannten Möglichkeit des In-Seins, bei der eine Form „in" der Materie ist. Aber diese Analogie sprengt eben doch die aus der geschöpflichen Welt gezogenen Definitionen, da Gott anders erkannt wird als das innerweltliche Erkenntnisobjekt. Es wird also im folgenden immer darum gehen, welche andere, neue Bedeutung des „In-Seins" für die Einwohnung Gottes im Menschen überhaupt gefunden werden kann.

4. Allgegenwart

Schon in der Gotteslehre seiner Summa, beginnend mit der zweiten Frage der prima pars, stellt Thomas von Aquin die Weichen für die Frage nach der Ein-

---

[106] Aristoteles, Physikvorlesung, Buch IV, Kp.3 (210a; Ausgabe Flashar, 87).
[107] Thomas v. Aquin, STh I q 42 a 5 ad 1.

wohnung Gottes im Gläubigen. Sie hängt eng zusammen mit dem Problem der Unendlichkeit Gottes (7. Frage) und dem der Allgegenwart Gottes (8. Frage).

Die Rede von der Unendlichkeit und Allgegenwart deutet auf ein Verhältnis Gottes zum Raum: „Esse enim ubique significat esse in omni loco."[108] Damit aber wird zunächst die Frage nach der Körperlichkeit Gottes virulent. Denn ein Sein im Raum können wir uns zunächst nur als das Sein eines räumlich ausgedehnten Körpers oder Stoffes vorstellen. Die Frage, ob Gott Körperlichkeit zukomme, hat Thomas bereits im ersten Artikel der quaestio tertia gestellt und entschieden verneint: „Respondeo dicendum absolute, Deum non esse corpus".[109] Drei Beweise werden für diese Verneinung vorgetragen. Erstens kann kein Körper ein unbewegt Bewegendes sein. Gott aber ist vorher (q 2 a 3) als der unbewegt Bewegende erwiesen worden. Zweitens kann es in Gott, wenn er das erste Sein (primus ens) ist, keine potentia, sondern nur actus geben. Jeder Körper aber trägt Möglichkeit in sich, mindestens die der Teilbarkeit. Drittens schließlich ist bei einem belebten Körper nicht der Körper, sondern das ihn belebende Leben das Vornehmere (nobilius) von beiden. Gott aber ist das vornehmste aller Wesen. Was muß aber dann dazu gesagt werden, daß die Bibel sowohl von der Gestalt Gottes, der der Mensch ähnlich ist (Gen 1,26; 2. Argument) als auch von bestimmten Örtern Gottes (situs; 4. Argument) redet? Dies ist bildliche Redeweise, während die Aussage aus Gen 1,26 gerade auf die unkörperliche menschliche Seele hinweist.

Genauso wie die Körperlichkeit muß auch die Stofflichkeit Gottes abgelehnt werden (q 3 a 2). Denn der Stoff ist unvollkommen und bedarf der Prägung durch die Form. Gott ist „seinem ganzen Wesen nach Form, nur Form, und nicht aus Stoff und Form zusammengesetzt".[110]

Wenn Gott nur Form ist, dann muß zunächst seine Unendlichkeit als eine solche der Form erklärt werden. Eine Form ist unendlich, wenn sie erstens keinen Stoff zur Existenz benötigt, und zweitens ihr Sein nicht von einem anderen, sondern von sich selbst hat. Dieses trifft auf Gott und nur auf Gott zu.[111] Damit aber ist „Unendlichkeit" im Sinne der Vollkommenheit, im Sinne des Fehlens jeglicher Einschränkung erklärt. Der räumliche Aspekt tritt dabei zurück. Lediglich für geschaffene Dinge wird die Möglichkeit einer Unendlichkeit der Größe nach bestritten.[112]

Anders ist dies jedoch bei der nun entscheidenden Frage nach der Allgegenwart Gottes (quaestio 8). Hier ist ein Eingehen auf die Raumfrage unerläßlich. Kann von Gott, der unkörperlich ist, ein Sein im Raum ausgesagt werden? Das erste Argument des zweiten Artikels verneint dies unter Berufung auf

---

[108] Ebd. q 8 a 2 arg 1.
[109] Ebd. q 3 a 1 corp.
[110] Ebd. a 2 corp (Deutsche Thomasausgabe, Bd.1, 58).
[111] Vgl. STh I q 7 a 1 u. 2.
[112] Ebd., a 3.

Boethius: „incorporalia (...) non sunt in loco".[113] Doch Thomas hält in seiner Antwort – unter Zitierung von Jer 23,24: „Ich erfülle Himmel und Erde" – an der räumlichen Präsenz Gottes fest. Zunächst bemerkt er, in Anlehnung an Aristoteles,[114] der Ort sei etwas Dingliches (res quaedam), das selbst nur durch Gott sein Sein erhalte. Gott ist also auf eine erste Weise „in loco", indem er diesem selbst „das Sein gibt und die Kraft, die Dinge am Ort festzuhalten".[115] Gott ist aber auch in dem Sinne „in loco", daß er jeden Ort zugleich ausfüllt. Im Unterschied zu den körperlichen Dingen verdrängt er dabei aber nicht andere Gegenstände aus ihren jeweiligen Orten. Er gibt vielmehr den Dingen an ihren Orten durch sein Dasein die Existenz. Gott ist also, wie die Antwort auf das erste Argument ausführt, sehr wohl „in loco", aber nicht durch räumliche Berührung (contactum quantitatis dimensivae), sondern durch Berührung mittels Kraft (contactum virtutis).

Diese Art der Berührung wird in der Antwort auf das zweite Argument noch besser beschrieben: Der Raum und die Zeit gehören zum Genus des Stetigen (genus continui), wo es ein vorher und nachher gibt.[116] Gott, die Seele und die Engel sind körperlos und so als unteilbare Wesen außerhalb dieser ganzen Gattung (extra totum genus continui). Wenn nun ein solches Unteilbares den Bereich des Stetigen einnimmt, *dann nicht als ein Teil desselben, sondern vielmehr so, daß es mit seiner Kraft das jeweilige Stetige beherrscht* (non applicatur ad continuum, sicut aliquid eius, sed inquantum contingit illud sua virtute).

Im dritten Artikel dieser Frage nun stellt Thomas *zwei Weisen der Gegenwart Gottes* einander gegenüber: seine Allgegenwart und sein besonderes Sein in den Begnadeten. Dabei geht er bezeichnenderweise von einem Väterzitat aus, indem er eine auf das Hohelied bezogene Aussage des Gregor von Nyssa zitiert. Dieser hatte gesagt: „Ganz allgemein gesprochen ist Gott in allen Dingen durch seine Gegenwart, seine Macht und sein Wesen; als Freund aber ist er

---

[113] Sth I q 8 a 2 arg 1. Vgl. Boethius, subst. (MPL 64, 1311 B).

[114] Christmann, Anmerkungen, 383, verweist auf Thomas v. Aquin, in phys. IV, lect.6, Nr. 14–17 (= Ausgabe Rom 1884, 164f). Der Ort ist ein „terminus immobilis continentis primum" (ebd., Nr.16), also „die unbewegliche Grenze dessen was zuerst (das Ding, den Körper) enthält".

[115] STh I q 8 a 2 corp; Deutsche Thomasausgabe, Bd. 1, 146.

[116] Vgl. dazu die ausführlichen Hinweise bei Christmann, Anmerkungen, 378f, der auf die Definition des Stetigen bei Aristoteles hinweist. Vgl. dazu: Physica, liber VI, 231 a 22: „συνεχῆ μὲν ὧν τὰ ἔσχατα ἕν" (Physikvorlesung, Ausgabe Flashar, 149: „... ist der Zusammenhang also dadurch charakterisiert, daß die Enden seiner Stücke zur Einheit verschmelzen"); ferner: Metaphysik, 1069 a 4–8 (= Ausgabe Seidl, 232f): „τὸ δὲ συνεχὲς ὅπερ ἐχόμενόν τι ἢ ἁπτόμενον· λέγεται δὲ συνεχὲς ὅταν ταὐτὸ γένηται καὶ ἕν τὸ ἑκατέρου πέρας οἷς ἅπτονται κ αἰ συνέχονται, ὥστε δῆλον ὅτι τὸ συνεχὲς ἐν τούτοις ἐξ ὧν ἕν τι πέφυκε γίγνεσθαι κατὰ τὴν σύναψιν." Dt.: „Stetig ist das Angrenzende und Berührende. Ich spreche nämlich von stetig, wenn zwei Dinge eine und dieselbe Grenze haben, mit der sie sich berühren und zusammenhängen. Also kann Stetigkeit nur da vorkommen, wo aus mehreren durch Berührung eine Einheit entstehen kann."

in ganz besonderer Weise in den Begnadeten."[117] Diese Unterscheidung zwischen Allgegenwart und Einwohnung Gottes, die ja auch bei Augustin[118] begegnet, wird nun von Thomas genauer erläutert:

> „Respondeo dicendum, quod Deus dicitur esse in re aliqua *dupliciter. Uno modo* per modum causae agentis, et sic est in omnibus rebus creatis ab ipso. *Alio modo,* sicut objectum operationis est in operante, quod proprium est in operationibus animae, secundum quod cognitum est in cognoscente, et desideratum in desiderante. Hoc igitur secundo modo Deus specialiter est in rationali creatura, quae cognoscit, et diligit illum actu, vel habitu. Et quia hoc habet rationalis creatura per gratiam, ut infra patebit (...), dicitur esse hoc modo in sanctis per gratiam."[119]

Beide Möglichkeiten des Seins Gottes in den Geschöpfen müssen näher bestimmt werden. Zunächst nochmals zur Allgegenwart Gottes: Was bedeutet es, wenn Gott als causa agens oder efficiens in allen Dingen anwesend ist? Es handelt sich hier um die oben erwähnte „virtus" als modus der Gegenwart unkörperlicher und unteilbarer Wesen, die nicht unter das Genus der Stetigkeit fallen. Um diese virtus weiter zu beschreiben, wählt Thomas die aus der Tradition bekannten Begriffe „essentia", „praesentia" und „potentia". Diese drei modi machen also das In-Sein als causa agens aus. Um diese modi näher zu erklären, greift Thomas auf Analogien aus dem menschlichen Leben zurück. Durch seine potentia ist ein König gegenwärtig, selbst wenn er nicht vor Ort ist. Von praesentia sprechen wir für den Bereich, der in unserem Blickfeld liegt: Was wir gerade sehen können, ist uns gegenwärtig. Mit seiner essentia ist man an einem Ort, wenn die eigene Substanz an diesem Ort ist.

Wichtig sind diese Unterscheidungen besonders im Blick auf Abgrenzungen gegenüber Irrlehren. Wenn die Manichäer behaupteten, Gottes Machtbereich erstrecke sich nicht über die materielle Welt, so ist demgegenüber die Ubiquität Gottes im Sinne der potentia zu betonen. Wenn andere behaupteten, Gott habe

---

[117] Thomas v. Aquin, STh I q 8 a 3 s c: „... quod Deus communi modo est in omnibus rebus praesentia, potentia et substantia, tamen familiari modo dicitur esse in aliquibus per gratiam". Der deutsche Text ist zitiert nach der deutschen Thomasausgabe, Bd.1, 149f. Das Gregorzitat läßt sich in den Homilien zum Hohenlied nicht nachweisen; die deutsche Thomasausgabe verweist auf die Glosse des Walafridus Strabus, der die Passage unter Gregors Namen zitiert (Glossa ordinaria, MPL 113, 1157 B/C): „Licet Deus communi modo omnibus rebus insit, praesentia, potentia, substantia, tamen familiari modo dicitur inesse, id est, per gratiam".

[118] S.o. die Ausführungen zur alten Kirche.

[119] STh I q 8 a 3 corp (Hervorhebung in der Forzani-Ausgabe); vgl. Deutsche Thomasausgabe, Bd. 1, 150: „Wir sprechen von einem zweifachen Dasein Gottes in den Dingen: einmal, sofern er in den Dingen wirkt – und so ist er in allen von ihm geschaffenen Dingen. Zweitens nach der Art, wie der Gegenstand der Tätigkeit im Tätigen ist, und das finden wir in eigentümlicher Weise bei den Tätigkeiten der Seele, sofern das Erkannte im Erkennenden und der Gegenstand der Liebe im Liebenden ist. Nach dieser zweiten Art ist Gott in ganz besonderer Weise in den vernunftbegabten Wesen, die ihn erkennen und lieben, sei es in einer augenblicklichen Erhebung oder in einer ständigen Haltung. Da aber der geschaffene Geist dazu der Gnade bedarf, wie wir später noch zeigen werden (...), spricht man von einer besonderen Gegenwart Gottes in den Heiligen durch die Gnade."

zwar die Macht, aber kein Interesse an der körperlichen Welt, lenke sie auch nicht durch Vorsehung, so ist auf die umfassende praesentia hinzuweisen. Wenn schließlich geleugnet wurde, daß Gott alles selbst geschaffen habe, so ist die Allgegenwärtigkeit im Sinne der essentia zu betonen: Gott ist als Ursache allen Dingen mit seiner Substanz gegenwärtig.

Gerade der letzte Gedanke muß aber noch weiter beleuchtet werden. Ist Gott mit seiner essentia nur so in der Schöpfung wie ein Künstler in seinem Kunstwerk? Nein. Gott als causa efficiens seiner Schöpfung ist nicht nur der anfänglich erschaffende, sondern der ständig erhaltende Grund des Seins. Er schenkt allen Dingen fortwährend ihr Sein. In diesem Sinne ist er in allen Dingen gegenwärtig.[120] Ein solches Innesein als Schöpfer und Erhalter ist auch wesentlich mehr als ein bloß körperlich-räumliches, auf die Stetigkeit bezogenes In-Sein, wie etwa das Wasser im Glas ist. Gott „ist den Dingen näher, als diese sich selbst sind; denn er macht, daß sie sind und daß sie sie selbst sind".[121] Diese Gegenwart bedeutet keinesfalls einen Pantheismus. Dieser würde besagen, daß Gott das Wesen der Dinge selbst ist. Thomas aber sagt, daß er in seinem Wesen die Ursache des (von ihm unterschiedenen) Wesens der Dinge ist.[122] Wie aber ist nun die zweite Art der Gegenwart Gottes zu verstehen?

5. „... sicut cognitum in cognoscente, et amatum in amante"[123]

Was bedeutet es, wenn Gott im Menschen ist „wie das Erkannte im Erkennenden und das Geliebte im Liebenden"? Im Zusammenhang der achten Frage geht Thomas nicht ausführlich darauf ein, sondern verweist auf seine Untersuchung der menschlichen Gotteserkenntnis, die in der quaestio 12 gegeben wird. Dort geht Thomas von der allgemeinen (aristotelischen) Erkenntnislehre aus und stellt von da aus die Besonderheit der Gotteserkenntnis dar. Zunächst gilt also von jeder beliebigen Erkenntnis, daß für ihr Gelingen eine Erkenntniskraft (virtus) nötig ist, und daß ferner diese sich mit dem Erkenntnisgegenstand zu einer Einheit (unio) verbinden muß.[124] Es gilt: „Cognitio enim contingit secu-

---

[120] Vgl zur Stelle auch Siemer, Kommentar, 495. Für Ursachen allgemein gilt: Das Wirkende und das Bewirkte müssen zugleich sein. Im körperlichen Bereich aber kann das Wirkende nicht im Bewirkten sein, sondern dieses nur berühren. Eine unkörperliche Ursache aber ist von dem Bewirkten nicht räumlich geschieden.

[121] Ebd., 497.

[122] STh I 8 a 3, ad 1: „Deus dicitur esse in omnibus per essentiam, non quidem rerum, quasi sit de essentia earum, sed per essentiam suam, quia substantia sua adest omnibus, ut causa essendi".

[123] STh I 43 a 3 corp. – Zu den augustinischen Wurzeln dieser Formulierung vgl. Philips, L'union, 38f.

[124] Vgl. STh I q 12 a 2.

dum quod cognitum est in cognoscente"![125] Dies kann auch so ausgedrückt werden, daß der Erkennende dem Erkenntnisgegenstand angeglichen wird.[126]

Beim Sehen etwa gelangt der sichtbare Gegenstand „irgendwie" in den Sehenden hinein (quod res visa quodammodo est in vidente).[127] Es ist offensichtlich, daß er nicht mit seiner Substanz, sondern in Form einer „Ähnlichkeit" (similitudo) in der Sehkraft anwesend ist. Wie ist solche Ähnlichkeit zu deuten? Thomas stellt die Erkenntnislehre ausführlich in den Fragen 84–89 der prima pars dar, wobei er sich eng an die aristotelische Schrift „De anima" anlehnt.[128] Es ergibt sich hier Folgendes: Zur Erkenntnis eines Gegenstandes bedürfen wir unserer Sinne. Diese erleiden durch den zu erkennenden Gegenstand eine Angleichung an denselben; es entsteht – durch impressio[129] – ein „Phantasiebild" (phantasma). Dieses wird dem Verstand zur Bearbeitung weitergeleitet. Der Verstand zieht aus den Phantasiebildern das Wesentliche (die Natur des Gegenstandes ohne seine Vereinzelung im Stoff) ab und erhält so die „species".[130] „Species" meint hier ein im Erkenntnisakt je eingeprägtes „Erkenntnisbild", eine durch Erleiden zustandekommende similitudo mit dem Gegenstand, die sich vom phantasma nur dadurch unterscheidet, daß der Verstand bereits eine Abstraktionsleistung vorgenommen hat.[131] Thomas weist ausdrücklich darauf hin, daß diese species durch konkrete Erkenntnis erworben werden müssen, also nicht etwa in der Seele bereitliegen (q 84 a 3). Sie müssen durch die Dinge selbst gewonnen werden (ebd., a 4). Auch bedürfen sie beim konkreten Denkakt immer wieder der Veranschaulichung durch die phantasmata, so daß ein Denken in bloßen species nicht möglich ist (q 84 a 7).

Entscheidend ist nun, daß die species nicht selbst das ist, was erkannt wird, sondern vielmehr das geistige Mittel, wodurch der Erkenntnisgegenstand erkannt wird – genau so, wie auch nicht die sinnliche Empfindung erkannt wird, sondern durch sie der die Empfindung auslösende Gegenstand (q 85 a 2). *Erkenntnis ist also immer vermittelte Erkenntnis: Wir erkennen nur, indem phantasma und species unseren Verstand an das Erkenntnisobjekt angleichen.* Die species ist die „Form, der-

---

[125] Ebd., a 4 corp.

[126] Ebd., a 9 arg 1: „Omnis enim cognitio est per assimilationem cognoscentis ad cognitum".

[127] Ebd., a 2 corp.

[128] Zentral für die Lehre von der Angleichung des Erkennenden an das Erkannte sind einerseits die Passagen aus „De anima", die sich mit der Wahrnehmung beschäftigen, andererseits diejenigen, die die Vernunfterkenntnis untersuchen. Zur Wahrnehmung als πάσχειν, bei dem das Wahrnehmungsfähige (τὸ αἰσθητικόν) durch Angleichung an das Wahrgenommene (τὸ αἰσθητόν) ein Gleiches (ὅμοιον) wird, vgl. Aristoteles, Über die Seele, II,5 (Ausg. Seidl, 88–95). Zu Vorstellung (φαντασία) und Vorstellungsbild (φάντασμα) vgl. ebd., 427b 27 – 429a 9 (Ausg. Seidl, 156–165); zur Angleichung der Vernunft an das Erkannte vgl. ebd., III,4 (Ausg. Seidl, 164–171) sowie III,8 (Ausgabe Seidl, 184–187).

[129] STh I q 84 a 6 corp.

[130] Ebd., q 84 a 6; q 85 a 1

[131] Genauer wäre hier von „species impressa" zu reden, die in einem weiteren Schritt einem *Begriff* („verbum mentis", „species expressa") zugeordnet und so erst begrifflich erkannt wird. Vgl. dazu Diekamp, Katholische Dogmatik, III, 480.

gemäß der Verstand erkennt".[132] Erst durch Reflexion über die eigene Erkenntnistätigkeit werden auch die similitudines als solche Mittel der Erkenntnis erkannt.

Bei der Gotteserkenntnis nun sind beide Bedingungen gelingender Erkenntnis nicht ohne weiteres nachvollziehbar. Zunächst verfügt der Mensch über keine geeignete Erkenntniskraft, um Gott in seinem Wesen zu schauen. *Denn das Erkannte ist im Erkennenden immer nur nach der Beschaffenheit des Erkennenden gegenwärtig.*[133] Deshalb kann Gott, der von der Schöpfung unendlich verschieden ist, nicht seinem Wesen nach in der Erkenntnis des Menschen sein. Der erkennende Mensch würde Gott gleichsam zu einem Geschöpf machen, da er alle Erkenntnisobjekte nur in der Weise seines geschöpflichen Erkenntnisapparates aufnimmt. Zweitens läßt sich nicht denken, wie eine „Ähnlichkeit", eine „species" als Abbild Gottes eine Erkenntnis seiner selbst ermöglichen sollte. Denn solche „species" wäre wieder ein Abbild, das der geschaffene Geist sich bildet, ein „Gottesbild". Das erste Problem läßt sich nur dadurch lösen, daß Gott die menschliche Erkenntnisfähigkeit selbst mit übernatürlichen Gaben zur Gottesschau ausrüstet.[134] Genau dies geschieht durch die Verleihung des „lumen gloriae", eines geschaffenen, aber übernatürlichen Vermögens. Es ist – so führt Thomas zunächst aus – den Seligen, also den verstorbenen Christen vorbehalten (und löst so also noch nicht die Frage nach der Einwohnung Gottes, die ja schon in diesem Leben Realität wird).[135] Dieses „lumen gloriae" macht den Menschen „gottförmig" (deiformis).[136]

Wichtig ist nun aber besonders die Antwort auf das zweite Problem. In der Tat läßt sich für Gott keine „similitudo" aus der geschaffenen Welt denken,

---

[132] Ebd., q 85 a 2 corp (Deutsche Thomasausgabe, Bd. 6, 304). Im Zusammenhang: „...unde similitudo rei visibilis est, secundum quam visus videt; et similitudo rei intellectae, quae est species intelligibilis, est forma, secundum quam intellectus intelligit".

[133] STh I q 12 a 4 corp: „Cognitum autem est in cognoscente secundum modum cognoscentis."

[134] Ebd.: „Si igitur modus essendi alicuius rei cognitae excedat modum naturae cognoscentis, oportet, quod cognitio illius rei sit supra naturam illius cognoscentis."

[135] Im 11. Artikel der 12. Frage wird die Möglichkeit der Gottesschau für dieses Leben abgelehnt. Die Einwohnung Gottes muß also von der visio beata nochmals unterschieden werden. Ja, Thomas kann sogar von uns als Begnadeten sprechen als von solchen, die Gott nicht in seinem Wesen erkennen uns insofern mit einem Unbekannten verbunden sind (q 12 a 13 ad 1): „...dicendum, quod, licet per revelationem gratiae in hac vita non cognoscamus de Deo, quid est, et sic ei quasi ignoto conjungamur".

[136] Sth I q 12 a 2 corp: „Dicendum ergo, quod ad videndum Dei essentiam requiritur aliqua similitudo ex parte visivae potentiae, scilicet lumen divinae gloriae confortans intellectum ad videndum Deum." Ebd., a 5 ad 3: „Per hoc enim lumen fit creatura rationalis deiformis." Dieses Licht ist nur dazu da, die Erkenntnis Gottes zu ermöglichen, nicht etwa sie durch eine similitudo zu vermitteln! Es kommt durch dieses Licht zu einer *unmittelbaren* Gottesschau! Das lumen „non est medium, in quo Deus videatur, sed sub quo videtur. Et hoc non tollit immediatam visionem Dei" (ebd., ad 2).

durch die er in der Erkenntniskraft abgebildet würde.[137] Deshalb – und das wird auch für die Lehre von der Einwohnung entscheidend sein – muß Gott nicht mittelbar durch eine similitudo, sondern unmittelbar durch sein Wesen in der Erkenntniskraft des Begnadeten anwesend sein! Thomas findet hierfür deutliche Worte. Wer Gott seinem Wesen nach schaut, bei dem vereinigt sich die göttliche Wesenheit mit dem Verstande.[138] *Es tritt hier also der uns normalerweise unmögliche Fall[139] einer unmittelbaren Erkenntnis ein, bei der der Gegenstand ohne vermittelndes Erkenntnisbild, durch direkte Vereinigung, erkannt wird.*

Nun ist aber dieses lumen gloriae, welches die eschatologische visio beata Dei ermöglicht, erst nach dem leiblichen Tode zu erlangen. Es ist aber doch auffallend, daß Thomas in der achten Frage die Einwohnung Gottes durch Gnade als Wohnen des Erkannten im Erkennenden beschreibt, also genau so, wie er in der 12. Frage von der Gottesschau der Seligen redet. Offensichtlich besteht hier ein enger Zusammenhang.

Klarer wird die Lehre von der Einwohnung, wenn man die Trinitätslehre des Aquinaten, insbesondere die Lehre von den „Sendungen" (missiones) des Sohnes und des Geistes studiert. Die 43. Frage ist dieser „missio divinarum personarum" gewidmet. Nachdem in den vorangehenden quaestiones die innertrinitarischen Beziehungen untersucht wurden, geht Thomas nun unter diesem Begriff auf das Wirken des Sohnes und des Geistes *in der Zeit* ein. Der Begriff der Sendung orientiert sich an der Sprache des Johannesevangeliums, worauf schon im ersten Artikel hingewiesen wird.[140] In diesem Artikel wird herausgearbeitet, daß der Begriff der Sendung hinsichtlich einer göttlichen Person auf zweierlei hinweist: Zunächst wird damit ausgesagt, daß diese Person aus dem Sendenden als ihrem Ursprung hervorgeht. Dann aber wird damit auch etwas über den Zielpunkt der Sendung deutlich. Wenn der Sohn in die Welt gesandt wird, kann dies nur heißen, daß er auf *eine neue Art* in der Welt zu sein anfängt. Denn aufgrund der Allgegenwart des dreieinigen Gottes sind alle Personen schon immer in der Welt. Die neue Art aber besteht darin, daß „Er anfing, durch die Annahme des Fleisches sichtbar in der Welt zu sein".[141] Ferner kann

---

[137] Ebd., a 2 corp: „Non autem per aliquam similitudinem creatam Dei essentia videri potest, quae ipsam divinam essentiam repraesentet, ut in se est."

[138] Ebd., a 9 corp: „ ... per ipsam essentiam divinam intellectui eorum unitam". Vgl. auch ebd.: „...per solam essentiam divinam intellectui praesentem, per quam et Deus videtur". Vgl. auch die gute Zusammenfassung in STh III q 9 a 3 ad 3: „...cognitio beata non fit per speciem quae sit similitudo divinae essentiae, vel eorum quae in divina essentia cognoscuntur, (...) sed talis cognitio est ipsius divinae essentiae immediate, per hoc quod ipsa essentia divina unitur menti beatae sicut intelligibile intelligenti."

[139] Lediglich bei der Selbsterkenntnis der Seele kann man eventuell noch ein ähnliches, allerdings habituelles (nicht akthaftes) Erkennen annehmen. S. dazu unten, Abschnitt 10.

[140] Vgl. STh I q 43 a 1 s c mit dem Verweis auf Joh 8,16 „... der Vater, der mich gesandt hat".

[141] Ebd., corp (Deutsche Thomasausgabe Bd. 3, 314).

zwischen sichtbarer und unsichtbarer Sendung unterschieden werden (missio visibilis/invisibilis). Jene ist die Fleischwerdung des Logos (beziehungsweise die Sendung des Geistes in Taube und Feuerflammen), diese ist – die Einwohnung des Sohnes und des Geistes im Gläubigen.[142] Um das Ziel der Sendung des Sohnes und des Geistes zu bezeichnen, bedient sich Thomas – nun schon zum dritten Male innerhalb der Summa[143] – der Umschreibung „sicut cognitum in cognoscente, et amatum in amante".[144] Denn mit dem Begriff der Sendung bestätigt sich nun nochmals, was schon in quaestio 8 hinsichtlich der Allgegenwart gesagt und in quaestio 12 zur Gotteserkenntnis erläutert worden war: Gott ist schon immer in den Menschen. Durch die Sendung aber beginnen der Sohn und der Geist, auf eine neue Art im Begnadeten zu wohnen: wie das Erkannte im Erkennenden und wie das Geliebte im Liebenden.

Während aber in der Untersuchung der Gotteserkenntnis diese neue Art nur im Blick auf die „visio beata", die Schau Gottes im ewigen Leben behauptet und untersucht wurde, rückt sie jetzt als etwas ins Blickfeld, was schon in diesem Leben geschieht. Allerdings widerspricht sich Thomas nicht, indem er jetzt die visio beata schon für dieses Leben behaupten würde. Er charakterisiert lediglich die Tatsache der Sendung und die mit ihr gegebene Einwohnung als dieselbe Art der speziellen Gegenwart Gottes, die auch in der eschatologischen visio statt hat. Visio beata und inhabitatio gehören gleichsam zur selben Gattung des Handelns Gottes, sind damit aber noch nicht identisch. Während Thomas die Gotteserkenntnis ja als Vereinigung der essentia Dei mit dem intellectus des Menschen beschreibt, redet er hier vorsichtiger davon, daß der Mensch Gott „berühre" und es so zum Wohnen Gottes im Menschen komme.[145] Der spezifische Unterschied zur visio beata wird hier also nur angedeutet, aber noch nicht geklärt. (Wir kommen auf diesen Unterschied weiter unten noch zu sprechen.)

Das Interesse liegt hier auf der Beschreibung des Wesens der missio. Die missio als Einwohnung nun bedeutet, daß wir Gott „haben", ja, ihn „genießen" können. Einwohnung des Geistes und „Haben" oder „Genießen" des Geistes

---

[142] Vgl. ebd. a 2 corp: „... ut sit in homine secundum invisibilem missionem".

[143] Vorher war dies, wie referiert, in quaestio 8 und 12 der Fall. Zusätzlich verwendet Thomas auch in q 37 a 1 corp die Formulierung „amatum (...) in amante sicut et intellectum in intelligente", hier aber im Blick auf das innertrinitarische In-Sein der göttlichen Personen. Diese Verwendung derselben Terminologie zur Beschreibung der göttlichen Perichorese ist von einiger Bedeutung, da sie auf eine Analogie zwischen Perichorese und Einwohnung hindeutet – eine Frage, die die moderne Theologie besonders beschäftigt hat und die etwa zur These Rahners führt, nach der die immanente Trinität die ökonomische ist und umgekehrt.

[144] STh I q 43 a 3 corp.

[145] Ebd.: „Et quia cognoscendo, et amando creatura rationalis sua operatione attingit ad ipsum Deum, secundum istum specialem modum Deus non solum dicitur esse in creatura rationali, sed etiam habitare in ea, sicut in templo suo."

gehören zusammen.[146] *Neben das „attingere Deum" tritt nun also auch die „potestas fruendi divina persona" als Kennzeichen der Einwohnung Gottes.*

Eine wichtige Frage bleibt dabei allerdings immer noch offen: Wird der modus der Einwohnung selbst eigentlich erklärt? Ist es nicht vielmehr so, daß die Beschreibung der unmittelbaren Gottesschau und der Einwohnung lediglich eine Veränderung in der *Erkenntnis* des Menschen, nicht aber in der *Anwesenheit* Gottes im Menschen bezeichnet? Kann hier denn, wie Thomas dies tut, von einer die Allgegenwart überbietenden neuen Weise des Inneseins Gottes geredet werden?

In der thomistischen Schule hat es zu dieser schwierigen Frage zunächst zwei Hauptinterpretationen der Lehre des Thomas gegeben, die sich mit den Namen ihrer Vertreter Vázquez[147] und Suárez[148] verbunden haben.[149] Für Vasquez gibt es *allein* die Allgegenwart Gottes, die die Gegenwart der Wirkursache ist. In den Gläubigen ist diese lediglich besonders erhaben, weil hier die Gegenwart der (geschaffenen) Gnade von Gott bewirkt wird. Die Rede von der *Gabe* des Geistes ist als bloße Appropriation zu werten. Suárez dagegen will die Einwohnung Gottes deutlich von seiner Allgegenwart unterscheiden. In der immensitas Dei ist Gott die *Ursache* aller Dinge; in der inhabitatio ist er das *Ziel*, daß die Liebe erstrebt – und erreicht. Die Einwohnung ist die Vereinigung des Geliebten mit dem Liebenden, die nicht nur erhofft, sondern durch Gottes Allmacht auch realisiert ist. Diese Gegenwart Gottes ist so selbständig, daß sie auch vorhanden wäre, wenn es seine Allgegenwart gar nicht gäbe. Eine Kritik beider Positionen und den Versuch einer Synthese unternahm schließlich Johannes a Sancto Thoma:[150] Die Einwohnung setzt zunächst die Allgegenwart voraus. Zusätzlich aber verleiht nur sie die Möglichkeit, diesen bereits anwesenden Gott durch Erkennen und Lieben zu genießen und sich so mit ihm auf neue Weise zu verbinden.

Der Benediktiner Rudloff hat zur Lösung dieser Frage auf zwei Stellen hingewiesen, in denen sich Thomas ähnlich äußert wie in der Summa theologica.[151] Es handelt sich um die Auslegungen zu 2 Kor 6,16 und 1 Kor 3,16. In beiden Abschnitten werden die Allgegenwart Gottes und seine besondere Gegenwart in den Heiligen einander gegenübergestellt. Dabei gilt – und dies ist auffallend

---

[146] Ebd.: „Habere autem potestam fruendi divina persona est solum secundum gratiam gratum facientem. Sed tamen in ipso dono gratiae gratum facientis Spiritus Sanctus habetur, et inhabitat hominem."

[147] Gabriel Vázquez (1549–1604), oft auch in der Schreibweise „Vasquez" erwähnt, SJ, nach Reinhardt (Vázquez, 645) „führender Theologe der span[ischen] Scholastik", Schüler des Báñez, im Gnadenstreit des 16. Jahrhunderts den Molinismus verteidigend.

[148] Francisco de Suárez (1548–1619), SJ, ebenso führender spanischer Scholastiker, Gegner des Vázquez. Zu seinem bewegten und von der Inquisition überschatteten Leben wie zu seinem Werk vgl. z. B. Elorduy, Suárez (Lit.).

[149] Vgl. zum Folgenden die Darstellung bei Rudloff, Lehre, 175–179; ausführlich und mit Quellenbelegen: Gardeil, La structure, 12–60.

[150] Johannes a Sancto Thoma, O.P., 1589–1644, nach Bathen (Johannes a S. Thoma, 973) „letzter der großen Thomaskommentatoren".

[151] Rudloff, Lehre, 181.

– die Allgegenwart Gottes als *operatio Dei*, die Präsenz in den Heiligen aber als *operatio sanctorum*, weil das Wohnen eben durch das diligere und cognoscere der Heiligen zustande kommt: „Deus est in omnibus rebus per suam actionem, inquantum coniungit se eis, ut dans esse et conservans in esse. In sanctis autem est per ipsorum sanctorum operationem, qua attingunt ad Deum, et quodammodo comprehendunt ipsum, quae est diligere et cognoscere: nam diligens et cognoscens dicitur in se habere cognita et dilecta."[152] Nun könnte man die „operatio sanctorum" dahingehend mißverstehen, daß nur durch immer wieder neue Akte der Erkenntnis oder der Liebe Gottes Sein im Heiligen garantiert würde. Doch Thomas stellt, mit Hinweis auf getaufte Kinder, fest, *daß auch bei Fehlen eines Aktes der Gottesliebe diese doch habituell immer im Heiligen ist und so die Einwohnung Gottes verbürgt*: „Sed spiritualiter dicitur Deus inhabitare tamquam in familiari domo in sanctis, quorum mens capax est Dei per cognitionem et amorem, etiam si ipsi in actu non cognoscant et diligant, dummodo habeant per gratiam habitum fidei et charitatis, sicut patet de pueris baptizatis."[153] *Man kann also die Einwohnungslehre des späten[154] Thomas dahingehend zusammenfassen, daß Gott „in dem begnadigten Geschöpfe wie ein habituell erkannter und geliebter Gegenstand" wohnt.*[155] Wir haben hier die zentrale Definition der Einwohnung Gottes im Gläubigen vor Augen.

Man kann nun mit Rudloff versuchen, diese „Definition" durch Vergleich mit den früheren Aussagen des Sentenzenkommentars weiter zu erhellen.[156] Schon in diesem Werk findet sich das exitus-reditus-Schema, wonach der Kosmos als von Gott herkommend und zu ihm zurückkehrend betrachtet werden kann.[157] Unter dem ersten Aspekt ist jedes Ding ein Geschöpf Gottes, der

---

[152] Thomas von Aquin, in II Cor., lectio III, Nr. 240 (Marietti-Ausg., 494b). „Gott ist in allen Dingen durch seine Tätigkeit, insofern er sich mit ihnen verbindet, indem er ihnen das Sein gibt und sie im Sein erhält; in den Heiligen aber ist er durch die Tätigkeit der Heiligen, durch die sie Gott berühren und ihn auf eine gewisse Weise verstehen, diese (Tätigkeit also) ist lieben und erkennen; denn vom Liebenden und Erkennenden sagt man, daß er das Geliebte und Erkannte in sich hat." (Übers.: K.L.).

[153] Thomas von Aquin, in I Cor., lectio III, Nr. 173 (Marietti-Ausg. 267a). „Aber es wird gesagt, daß Gott geistlich wie in einem Familienhaus einwohnt in den Heiligen, deren Geist für Gott aufnahmefähig ist durch Erkenntnis und Liebe, auch wenn sie nicht akthaft erkennen oder lieben, denn trotzdem haben sie durch die Gnade den Habitus des Glaubens und der Liebe, wie dies an den getauften Kindern deutlich ist." (Übers.: K.L.).

[154] Der erste Teil der Summa stammt aus den Jahren 1267/68; der Kommentar zu 2 Kor wurde zwischen 1259 und 1265, der zu 1 Kor zwischen 1272 und 1273 geschrieben (vgl. Rudloff, Lehre, 180f).

[155] Rudloff, Lehre, 185.

[156] Vgl. zum Folgenden ebd., 181–184; ferner auch die wichtigen und mit Literaturangaben versehenen Ausführungen zum Sentenzenkommentar bei Philips, L'union, 141–148. Den Vergleich mit der Summa theologica führt Philips ebenfalls durch (ebd., 155–157).

[157] Vgl besonders Thomas von Aquin, in I sent. d 14 q 2 a 2 corp: „Respondeo dicendum, quod in exitu creaturarum a primo principio attenditur quaedam circulatio vel regiratio, eo quod omnia revertuntur sicut in finem in id a quo sicut a principio prodierunt. et ideo oportet ut per eadem quibus est exitus a principio, et reditus in finem attendatur."

durch seine Allgegenwart als Schöpfer und Erhalter in ihm ist. Unter dem zweiten Aspekt ist jedes Geschöpf auch ein Bild Gottes, daß zu seinem Endziel, zu Gott selbst, zurückkehrt. In entsprechender Weise gibt es auch zwei Arten der Verbundenheit mit Gott: Zunächst ist jedes Ding *mittelbar* mit seinem Schöpfer verbunden dadurch, daß es ein *eigenes Wesen* hat, daß zwar vom Schöpfer unendlich verschieden, ihm aber doch in einer similitudo verbunden ist. Eine besondere Art der Verbindung ergibt sich erst dann, wenn das Geschöpf *unmittelbar* mit dem *Wesen Gottes* verbunden wird. Dies geschieht durch die Gnade, indem die Heiligen ihrem Ziel, Gott selbst, verähnlicht werden. Gott ist dann in ihnen aufgrund einer „Ähnlichkeit", „prout res est in sua similitudine".[158] An entscheidender Stelle vergleicht Thomas dieses Geschehen mit einer Zeugung, bei der der Erzeugte das Wesen des Erzeugers erhält. Genauso erhalte der Begnadete das unmittelbare Verbundensein mit Gott.[159]

Zu Recht weist nun Rudloff darauf hin, daß nach des Thomas Lehre ja in Gott Wesen und Subsistenz zusammenfallen, daß also Gott selbst sein Wesen ist. Erhält also der Begnadete wie in einer Zeugung das Wesen Gottes, so ist er unmittelbar mit Gott vereint: „Wie das Gezeugte im Endstadium des Zeugungsprozesses mit seinem Wesen, *seiner Idee* verbunden ist, jener Idee, die sich auch im generans verwirklicht findet, so ist das mit der heiligmachenden Gnade gezierte Geschöpf mit der Idee Gottes verbunden, ist mit ihr eins, da es an diesem Wesen teilhat. Nun ist aber Gott nicht ein Ding, das nur an einer Idee (einem Wesen) teil hat, sondern *Gott ist Idee*, seine Idee, *die subsistierende Gottesidee*. Demzufolge ist die Kreatur, die mit der Gottesidee verbunden, eins ist (wie der gezeugte Mensch eins ist mit der Idee des Menschen, sie in sich realisiert), mit dem lebendigen Gott selber verbunden, eins."[160] Thomas weist darauf ausdrücklich hin, wenn er die Gabe der Gnade von der personalen Gegenwart des Geistes unterscheidet, aber beide zum Gnadenstand rechnet: „So gehen er selbst und seine Gaben in uns hervor. Denn auch seine Gaben erhalten wir, und durch sie haben wir ein neues Verhältnis zu ihm, insofern wir durch seine Gaben mit dem Heiligen Geist selbst verbunden werden, oder er mit uns, indem er uns durch die Gabe ihm angleicht."[161]

---

[158] Vgl. in I sent. d 15 q 4 a 1 corp: „ideo secundum novum modum essendi, prout res est in sua similitudine, dicuntur personae divinae in nobis esse, secundum quod novo modo eis assimilamur; et secundum hoc utraque processio dicitur missio."

[159] Vgl. in I sent. d 14 q 2 a 2 corp: „sicut enim in generatione naturali generatum non conjungitur generanti in similitudine speciei nisi in ultimo generationis, ita etiam in participationibus divinae bonitatis non est immediata conjunctio ad Deum per primos effectus quibus in esse naturae subsistimus, sed per ultimos quibus fini adhaeremus; et ideo concedimus, spiritum sanctum non dari nisi secundum dona gratum facienda."

[160] Rudloff, Lehre, 183 (Hervorhebungen im Original).

[161] Thomas v. Aquin, in I sent. d 14 q 2 a 1 corp (Übers.: K.L.; vgl. auch Philips, L'union, 142f): „et ideo procedit ipse in nos et dona ipsius: quia et dona ejus recipimus et per eadem ad ipsum nos aliter habemus, inquantum per dona ejus ipsi spiritui sancto conjungimur, vel ille nobis, per donum nos sibi assimilans."

Diese Aussagen des Sentenzenkommentars werfen nun ein Licht auf die Formulierungen der Summa theologica. Entscheidend für die Gesamtschau wird der Begriff des „habitus". Denn die „similitudo" des Sentenzenkommentars kann als ein „habitus" der Gotteserkenntnis und Gottesliebe begriffen werden![162]

Das Wesen des „habitus" erläutert Thomas in der 49. Frage der prima secunda. Ein Basistext für die ausführliche Habituslehre der Summa ist das 8. Kapitel der aristotelischen Kategorienschrift. Hier behandelt Aristoteles die verschiedenen Arten der Qualitäten (ποιότητες). Zu ihnen zählt die „Haltung" (ἕξις) als dasjenige, „was von längerer Dauer und schwerer veränderlich ist".[163] Auch Thomas rechnet den habitus zur Kategorie der qualitas. Ebenso übernimmt er die Definition der ἕξις, die Aristoteles in der Metaphysik gegeben hat: Der habitus als qualitas ist „eine Ausrichtung (...), auf Grund deren das, was ausgerichtet wird, gut oder schlecht ausgerichtet ist".[164]

Die habituelle Gotteserkenntnis und -liebe, durch die Gott als Objekt im Begnadeten ist „wie das Erkannte im Erkennenden und wie das Geliebte im Liebenden", ist als geschenkter habitus die similitudo, die Vereinigung mit Gott in seinem Wesen, von der schon der Sentenzenkommentar redete. *Dabei ist wichtig, daß hier der habitus vor allen Akten liegt und sich nicht etwa, wie in der aristotelischen Ethik, erst durch die eingeübten Akte bildet.* Hier findet sich eine Parallele zur Selbsterkenntnis der Seele, die auch in habitu immer schon bereit liegt und deshalb auch in actu erfahren werden kann.[165]

Geht man von der Gotteserkenntnis als habitus aus, so ergibt sich nun auch eine Antwort auf die wichtige, oben noch zurückgestellte Frage: *Kann es denn bei der Erkenntnis und Liebe Gottes Abstufungen geben,* so daß die Vollendung mit der visio beata, eine teilweise Realisierung aber schon mit der Einwohnung gegeben ist? Wie ist der Unterschied zwischen beiden zu definieren? Man wird jetzt sagen können: Der begnadete Mensch ist insofern mit Gott vereinigt, als er die Erkenntnis Gottes als habitus in sich trägt. Auf Erden aber kann diese

---

[162] Vgl. I d 15 q 4 a 1 ad 1 (teilweise zitiert bei Rudloff, Lehre, 185): „...dicendum, quod ad rationem missionis non requiritur quod sit ibi cognitio actualis personae ipsius, sed tantum habitualis, inquantum scilicet in dono collato, quod est habitus, repraesentatur proprium divinae personae sicut in similitudine". – Die hier vorgetragene Gesamtschau, die frühere und spätere Aussagen des Aquinaten zu verbinden sucht, steht gegen die Studie von Terrien, La grâce, der zwischen der Erklärung des Sentenzenkommentars und derjenigen der Summa theologica unüberbrückbare Differenzen zu sehen meinte (vgl. dazu Philips, L'union, 156).

[163] Aristoteles, Kategorien 8, 9a, 5f (Ausgabe Oehler, 22). Vgl. im Griechischen (Categoriae, Ausg. Minio-Paluello, 26): „... ἕξις λέγειν ἅ ἐστι πολυχρονιώτερα καὶ δυσκινητότερα".

[164] Thomas von Aquin, STh I-II q 49 a 1 corp; ferner a 2 arg 1: „habitus dicitur dispositio secundum quam bene aut male disponitur dispositum" (Deutscher Text nach: Die Deutsche Thomasausgabe, Bd. 11, 6f). Das Zitat stammt aus Aristoteles, Metaphysik, Buch V,20, 1022b (Ausgabe Seidl, 232).

[165] Zur Selbsterkenntnis der Seele vgl. Thomas von Aquin, STh I q 87; ferner Rudloff, Lehre, 185–190.

unmittelbare Wesensschau noch nicht in den Akt übergehen, weil die Seele hier nur mit Hilfe von species und phantasmata zu erkennen in der Lage ist. Erst nach dem Tode erkennt sie unmittelbar und gelangt so zum Akt der Gottesschau selbst.[166] Im Gnadenstand ist die Seele aber „schon zur Erkenntnis Gottes hingeordnet, schon zu ihr determiniert"; *„die Verähnlichung mit Gott, in der die heiligmachende Gnade besteht, ist gleichbedeutend mit* einem Hingeordnetsein auf die Erkenntnis Gottes, ist gleichbedeutend mit *habitueller, wurzelhafter Gotteserkenntnis."*[167]

Man kann in diesen Überlegungen zur Einwohnung sogar noch einen Schritt weitergehen. Denn die vorgetragene Erkenntnis des Unterschiedes zwischen visio beata und Gnadenstand ergab sich ja nur durch eine Reflexion auf die Begrenztheit unserer irdischen *Erkenntnis*, die an phantasma und species gebunden bleibt. Nun wohnt aber Gott auch ein „ut amatum in amante"! Für die *Liebe* aber scheint es kein Hindernis zu geben, schon in diesem Leben vom habitus in den Akt zu treten! Darauf haben, von Thomas ausgehend, besonders die Theologen der Schule von Salamanca hingewiesen.[168] Im Akt der Liebe verbindet sich Gott mit dem Willen des Menschen, und für diese Verbindung ist kein wesentlicher Unterschied zwischen dem ewigen Leben und dem irdischen auszumachen. Deshalb kann die Liebeseinigung der visio beata schon hier stattfinden, während die volle Gottesschau erst nach dem Tode möglich sein wird. So kann man eventuell sogar sagen, daß in der aktualen Liebe zu Gott die Einwohnung auch *erfahren* werden kann. Rudloff hält dies zumindest für möglich und formuliert: „Radicaliter [wurzelhaft, im Sinne eines habitus; K.L.] wäre demnach Gott in der Seele der Gerechten sowohl als Gegenstand des Erkennens als auch des Liebens, actualiter aber nur als Gegenstand des Liebens."[169] Doch wird uns die Frage der Erfahrbarkeit noch weiter unten beschäftigen (Abschnitt 10).

---

[166] Vgl. dazu Rudloff, Lehre, 188f. – Allerdings plädiert Philips (L'union, 145) dafür, von einer wenigstens teilweisen und anfänglichen Aktualisierung („actuation initiale") dieses Habitus auszugehen, die man in der Sprache des Thomas als actus „semi-plena" bezeichnen könnte: „Car un habitus qui ne passerait jamais à l'acte est un non-sens." Vgl. ferner folgende Passagen aus den Pauluskommentaren des Aquinaten, die sich mit dem Unterschied von Gnadenstand und visio beata beschäftigen (erwähnt bei Philips, L'union 151): den Vergleich mit Blüte und Frucht (zu Gal 5,22: in Gal., lectio VI, Nr. 328, Marietti-Ausg. 636a); die Unterscheidung von „arra" und „pignus" mit dem Hinweis, daß das Angeld eine Vollendung dessen ist, was hier schon beginnt (zu Eph 1,14: in Eph., lectio V, Nr. 43, Marietti-Ausg. 12b). – Doch erkennt auch Philips die Schwierigkeit, eine beginnende akthafte Erkenntnis anzunehmen und zitiert wiederum das deutliche Diktum des Thomas (de ver. q 18 a 1 corp; Marietti-Ausgabe, 338b; in franz. Übersetzung bei Philips, L'union, 169): „Non igitur visio beati a visione viatoris distinguitur per hoc quod est perfectius et minus perfecte videre, sed per hoc quod est videre et non videre." Zur visio beata als Vollendung des irdischen Gnadenstandes vgl. auch Garrigou-Lagrange, L'Habitation, 456.

[167] Ebd., 189 (Hervorhebungen im Original).

[168] Dazu Rudloff, Lehre, 177–179.

[169] Rudloff, Lehre, 190.

6. Weitere Abgrenzungen: Hypostatische Union und Besessenheit

Die Unterscheidung zwischen der Allgegenwart Gottes und seiner Einwohnung im Gläubigen war schon aus der Lektüre der Kirchenväter bekannt. Bei ihnen fand sich auch eine weitere Unterscheidung, nämlich diejenige zwischen Einwohnung und hypostatischer Union in Christus. In der scholastischen Lehrbildung spielt sowohl diese Frage wie auch der Vergleich zwischen Einwohnung Gottes und Besessenheit durch Dämonen eine entscheidende Rolle. Indem die Inhabitatio von hypostatischer Union und Besessenheit abgegrenzt wird, leuchtet ihr eigener Charakter weiter auf.[170]

Den Hinweis auf die hypostatische Union gibt Thomas schon bei der ersten Erwähnung der Einwohnungslehre in STh I q 8. Dort behauptet er, daß allein die gratia als eine „perfectio superaddita substantiae" eine besondere, über die Allgegenwart hinausgehende Präsenz Gottes in den Dingen ermögliche.[171] Doch sofort fügt er einschränkend hinzu, daß natürlich die „unio" in Christus ein weiterer Fall besonderer Gegenwart Gottes sei, der später behandelt werde. Genau diesen Vergleich zwischen Einwohnung und hypostatischer Union führt Thomas dann innerhalb der Christologie durch, wenn er fragt, ob denn „die Vereinigung der beiden Naturen in Christus das Werk der Gnade" sei.[172] Das dritte Argument jener quaestio verneint diese Frage mit dem Hinweis auf die durch Gnade geschehende Vereinigung der Heiligen mit Gott. Wenn auch die unio in Christus durch Gnade geschehe, bestehe kein Unterschied zwischen Heiligen und Christus, die Heiligen könnten „Gott" genannt werden. In seiner Antwort unterscheidet der Doctor Angelicus zwei Weisen, wie die menschliche Natur zu Gott erhoben werden könne. Einmal geschehe dies „per operationem, qua scilicet sancti cognoscunt, et amant Deum".[173] *Die erste Weise besteht also in einer Handlung der Begnadeten selbst*: Durch die Gnade werden sie in die Lage versetzt, Gott zu erkennen und zu lieben. Auf eine zweite Weise geschieht die Erhebung „per esse personale, qui quidem modus est singularis Christo, in quo humana natura, assumpta est ad hoc, quod sit in persona Filii

---

[170] Eine Beziehung zwischen der Gnade der Inkarnation und der der Wiedergeburt findet sich schon bei Augustin, der behauptet, es sei dieselbe Gnade, die aus dem Getauften einen Christen und aus dem Christus den Sohn Gottes mache (praed. 15, 31 = MPL 44, 982; erwähnt bei Philips, L'union, 90): „Ea gratia fit ab initio fidei suae homo quicumque christianus, qua gratia homo ille ab initio suo factus est Christus". Hier war für die Scholastik ein erheblicher Klärungsbedarf angezeigt. Philips referiert zu dieser Frage besonders die Position des Alexander von Hales (ebd., 89–91) und die des Bonaventura (ebd., 117–119).

[171] Thomas von Aquin, STh I q 8 a 3 ad 4.

[172] Thomas von Aquin, STh III q 2 a 10: „Utrum unio duarum naturarum in Christo sit facta per gratiam". Dt. Text: Die deutsche Thomasausgabe, Bd. 25, 74.

[173] Thomas von Aquin, STh III q 2 a 10 corp: „durch die Handlung, durch die, wenn man so sagen kann, die Heiligen Gott erkennen und lieben" (Übers.: K.L.).

Dei".[174] *Die zweite, nur in Christus realisierte Weise besteht also in einem personalen Sein:* Die menschliche Natur ist in die Einheit der Person Christi aufgenommen. *Der entscheidende Unterschied ist also der zwischen Tun (operatio) und Sein in einem Träger (esse in supposito).* Dieser Unterschied impliziert des weiteren, daß für das Tun eine habituelle Gnade erforderlich ist (also die gratia gratum faciens), während das personale Sein in Christus keinen solchen habitus verlangt.[175] Hier wird die Natur direkt mit der Person Christi verbunden.[176] Ferner ist die Verbindung der Heiligen mit Gott als eine „similitudo divinitatis participata" zu verstehen, während bei Christus die menschliche Natur nicht verähnlicht, sondern mit der göttlichen Natur in der Person verbunden wird. *Der Unterschied besteht also zwischen Teilhabe auf der einen, personaler Vereinigung auf der anderen Seite:* „Die Sache selbst aber ist größer als eine bloße Ähnlichkeit mit ihr durch Teilhabe."[177]

Durch diese Abgrenzung der Einwohnung von der hypostatischen Union wird die Lehre des Thomas zur inhabitatio selbst deutlicher: Zunächst kann negativ gesagt werden, daß es bei der Einwohnung nicht zu einer Enhypostasie kommt: *Denn im Gegensatz zu Christus hat der Begnadete eine eigene menschliche Hypostase, die neben der einwohnenden Hypostase Christi bestehen bleibt.* Positiv hebt nun Thomas bei der Einwohnung den Charakter der „operatio", des Handelns hervor. Dies entspricht genau seinem Ansatz, demzufolge die Einwohnung geschieht „sicut cognitum in cognoscente, et amatum in amante". Allerdings wird durch diese Betonung auch eine Schwäche dieses Ansatzes deutlich: *Denn während die neutestamentlichen Texte die Einwohnung immer als ein Handeln des Einwohnenden selbst beschreiben, wird sie bei Thomas realisiert durch eine aktive Handlung dessen, der sie erstrebt:* Einwohnung ist Gottesliebe und Gotteserkenntnis.

Dies hängt in der Tiefe damit zusammen, daß Thomas eine Relation zwischen Gott und der Schöpfung als in den Dingen real, in Gott aber nur gedacht versteht: Der unwandelbare Gott kann nicht in eine Beziehung „treten", es ist immer nur die geschöpfliche Seite, die durch eine Veränderung eine neue Beziehung zu Gott erhält. So muß auch die Einwohnung lediglich eine Veränderung des Menschen bedeuten: Er erkennt und liebt Gott in einer bisher nicht gekannten Weise. – Thomas hat die-

---

[174] Ebd.: „durch personales Sein, ein Modus, der einzig für Christus gilt, in dem die menschliche Natur aufgenommen ist, damit sie in der Person des Gottessohnes sei" (Übers.: K.L.).

[175] Dennoch kann auch hier von Gnade im Sinne eines Geschenkes geredet werden, weil die Aufnahme der menschlichen Natur ungeschuldet geschah.

[176] Vgl. Thomas von Aquin, STh III q 2 a 10 ad 3: „...unio incarnationis non est facta solum per gratiam habitualem, sicut alii sancti uniuntur Deo, sed secundum subsistentiam, sive personam". Ganz ähnlich äußert sich Thomas auch ebd., q 6 a 6 ad 1: „...sed unio naturae humanae ad Verbum Dei est secundum esse personale, quod non dependet ab aliquo habitu, sed immediate ab ipsa natura".

[177] Ebd., q 2 a 10 ad 1.

sen Ansatz ausführlich in der Gotteslehre der prima pars vorgestellt.[178] Er führt ihn in der Christologie so weit, daß sogar die unio in Christus auf seiten Gottes nur eine „in gewisser Hinsicht" zu behauptende sein kann: „...haec unio, de qua loquimur, non est in Deo realiter, sed secundum rationem tantum".[179]

Es ist nun von großem Interesse, auch auf jene Stellen zu achten, in denen die Art der Einwohnung unterschieden wird von der Weise, wie Menschen durch Dämonen besessen werden. Der entscheidende Begriff, der die Unterscheidung beider Wirklichkeiten anleitet, heißt „illapsus" oder in der Verbform „illabi", was soviel wie „das Hineinschlüpfen" beziehungsweise „in etwas gleiten" bedeutet.[180] Der Terminus ist schon seit der alten Kirche zur Bezeichnung und Unterscheidung der Einwohnung Gottes in Gebrauch.[181]

Thomas hat die Unterscheidung etwas ausführlicher in der dritten Frage des quodlibetum tertium dargelegt. Zunächst wird die Frage gestellt, ob denn ein Engel in die menschliche Seele einströmen (influere) könne. Diese Frage wird bejaht: Ein Engel als unkörperliche „natura intellectualis" bedarf keiner körperlichen und räumlichen Medien, um in einem anderen zu Wirken. Seine Aktionen sind „supra locum et tempus". Weil er auf einer höheren Ordnung (des Seienden) steht als der Mensch, kann er jederzeit im Menschen wirken.[182] Der darauffolgende Artikel fragt nun, ob denn der Teufel bei jeder Todsünde „substantialiter" im Menschen wohne.[183] In seiner Antwort unterscheidet Thomas eine Einwohnung hinsichtlich der Seele (ad animam) von einer solchen, die sich auf den Leib (ad corpus) bezieht. In der Seele kann der Teufel niemals „substantialiter" einwohnen, weil *nur Gott in den Geist eindringt* (quia solus

---

[178] Vgl. Thomas von Aquin, STh I q 13 a 7. Dort (corp) heißt die Regel: „Cum igitur Deus sit extra totum ordinem creaturae, et omnes creaturae ordinentur ad ipsum, et non e converso, manifestum est, quod creaturae realiter referuntur ad ipsum Deum; sed in Deo non est aliqua realis relatio ejus ad creaturas, sed secundum rationem tantum, inquantum creaturae referuntur ad ipsum." Eine ähnliche Formulierung dieser Regel findte sich in STh III q 2 a 7 corp. – Zu dieser schwierigen, aber auch nicht voreilig abzuwertenden Lehre vgl. aus der kommentierenden Literatur: Christmann, Anmerkungen, 359f; Liske, Beziehungen; de Vries, Grundbegriffe, 37–41 (=Art.: „Beziehung (relatio)").

[179] Thomas von Aquin, STh III q 2 a 7 corp.

[180] Vgl. Georges, Handwörterbuch, Bd. 2, 23–25. Blaise (Dictionnaire, 403) nennt für das Substantiv neben „action de se glisser" und „chute" auch die übertragene Bedeutung „inspiration, descente (de Dieu, du St Esprit)". Er weist auf frühe Belege hin, für das Verbum z.B. auf Augustin. – Zum Begriff „illapsus" vgl. besonders den lehrreichen Artikel: Dupuy, Illapsus.

[181] Bei Blaise, Dictionnaire, 402, wird das Buch „De ecclesiasticis dogmatibus" des Marseiller Priesters Gennadius († zwischen 492 u. 505) zitiert. Thomas von Aquin nennt diesen Beleg in STh III q 8 a 8 ad 1 (Gennadius, dogm., Kap. 83 = MPL 58, 999): „Daemones per ἐνέργειαν non credimus substantialiter illabi animae, sed applicatione et oppressione uniri. Illabi autem menti illi soli possibile est qui creavit: qui natura subsistens incorporeus, capabilis est suae facturae." Die beigefügten Notitzen der „editio Elmenhorstii" weisen auf weitere Belege zu diesem Gedanken hin (Elmenhorstii Notae, MPL 58, 1052), unter anderem auf Didymus und auf Clemens von Alexandrien.

[182] Vgl. Thomas von Aquin, qlb. 3 q 3 a 2 corp (Marietti-Ausg., 45).

[183] Ebd., a 3 (Marietti-Ausg., 45f).

Deus illabitur menti). Während also der Heilige Geist im Innern wirkt (interius operatur), kann der Teufel nur „äußerlich" (exterius) den Menschen mit dessen Sinnen und Vorstellungen verführen. Wenn man sagt, er wohne in den Affekten eines Menschen, dann kann dabei an seine *Bosheit als Wirkung seiner selbst* (per effectum malitiae) oder aber an eine Knechtschaft gedacht werden, in die der betreffende Mensch sich durch Todsünde gebracht hat. Im Körper eines Menschen allerdings, so fährt Thomas fort, kann der Teufel auch substanzhaft einwohnen, wie dies an den Besessenen ersichtlich werde.

Es handelt sich hier um eine Grundthese, die auch von Bonaventura und Albert dem Großen[184] genannt wird und die, wie erwähnt, schon in der alten Kirche bekannt war: Nur Gott kann in die menschliche Person eingehen (illabi), jedem geschaffenen Geist ist dies verwehrt! Nur Gott kann auch diese Person derart durchdringen, daß sie dabei nicht verletzt oder zerstört wird. In der Summa theologica macht Thomas denselben Gedanken bei den Ausführungen zum Antichristen deutlich: Der Teufel ist im Antichristen weder im Sinne einer personalen Union noch „per intrinsecam inhabitationem": Denn „*sola Trinitas menti illabitur*".[185] Aus demselben Grund wird auch in der Sakramentenlehre festgehalten, daß die Wirkung des Sakraments im Innern des Menschen nur von Gott, nicht etwa von den Dienern der Kirche bewirkt wird.[186]

Das Verständnis dieser Aussagen erfordert einige weitere Schlüsse: Wenn Engel in die Seele einfließen (influere) können, andererseits nur Gott in die Seele eindringt (illabi), dann muß das „Einfließen" der Engel vom „Eindringen" Gottes kategorial verschieden sein. Offensichtlich ist bei jenem an eine *Wirkung* gedacht,[187] bei diesem dagegen an eine *substantiale Einigung*. Nur Gott kann sich mit der Seele substanzhaft vereinigen. Die Engel können in der Seele wirken, „Einfluß haben", ohne sich mit ihr zu vereinigen. Die Adverbien „innerlich" und „äußerlich", die ja in diesem Zusammenhang nicht räumlich gemeint sein können, verdeutlichen gerade diesen Unterschied zwischen einem bloßen Einwirken *auf* die Seele und einer Vereinigung *mit* der Seele. Während nun der Dämon auf die Seele nur einwirken kann, ohne sie doch mit seiner Substanz zu durchdringen, kann er den Körper eines Menschen so weit in Dienst nehmen, daß von einem substanzhaften Wohnen in diesem Leibe gesprochen werden muß. Vergleichbar ist diese Vereinigung dann mit dem „Woh-

---

[184] Vgl zu Bonaventura: Philips, L'union, 105; zu Albert dem Großen: ebd., 129.

[185] Thomas von Aquin, STh III q 8 a 8 ad 1 (Hervorhebung: K.L.).

[186] Ebd., q 64 a 1 corp.

[187] Daß eine Wirkung im Blick ist, geht aus der Begründung des Thomas hervor (Thomas von Aquin, qlb. 3 q 3 a 2 corp., Marietti-Ausg., 45; Hervorhebung: K.L.): Die Engel sind auf einer höheren Ordnung und deshalb „magis actualis" als der Mensch, der sich ihm gegenüber „in potentia" befindet: „... superiores angeli possunt agere in inferiores angelos et in animas nostras, sicut id quod est in actu, agit in id quod est in potentia, *et huiusmodi actio dicitur influxus*." Vgl. auch die Definition dieses „influere" in qlb. 9 q 4 a 5 ad 2 (Marietti-Ausgabe, 189): „Actio vero qua influere dicitur in animam nostram, confortando eam ad intelligendum"; ferner auch ebd., ad 3: „...angeli (...) solum educunt de potentia in actum".

nen" der Seele im Leibe: So wie sonst die Seele mit dem Leib geeint ist, ihm Leben gibt und ihn zu seinen Aktionen treibt, so übernimmt etliche dieser Funktionen im Besessenen der „angelus malus".[188]

Die Lehre vom „illapsus", durch die die Einwohnung von der Besessenheit kategorial geschieden wird, trägt zur besonderen Wertschätzung der inhabitatio bei. *Die Einwohnung Gottes im Menschen ist ein Geschehen sui generis*; wesensmäßig verschieden von der Inbesitznahme des Menschen durch Mächte jedweder Art! Denn alles, was den Menschen sonst noch binden oder beeinflussen kann, ist Geschaffenes, von Gott unendlich geschieden. Nur der Schöpfer selbst kann sein Geschöpf so substantiell erfüllen, daß dieses dadurch nicht verletzt, sondern zum Schöpfer selbst erhoben wird. Nur die Einwohnung Gottes ist auch eine substantielle Verbindung des Einwohnenden mit der Seele des Menschen.

7. Die Gnade: Grund oder Folge der Einwohnung?

In den bisherigen Ausführungen war häufig von der Einwohnung als Kennzeichen des „begnadeten" oder mit der Gnade beschenkten Menschen die Rede. Offensichtlich besteht ein enger Zusammenhang zwischen „gratia" und „inhabitatio". Um die Einwohnungslehre tiefer zu verstehen, muß auch die für scholastische Theologie zentrale Gnadenlehre näher betrachtet werden.

Was ist „gratia"? Thomas hat der Gnade die Fragen 109–114 der prima secundae gewidmet. Insbesondere die 110. Frage beschäftigt sich mit dem Wesen (essentia) der Gnade und nimmt so eine definitorische Klärung vor. Schon der erste Artikel bringt das zentrale Problem auf den Punkt, wenn er fragt: „Setzt die Gnade in der Seele etwas [Neues]?"[189] Das erste Argument deutet die Gnade lediglich als die Annahme durch Gott (acceptatio divina).[190] Die Gnade verändere nicht denjenigen, dem sie gilt, sondern den, der gnädig wird, indem diese Bejahung des anderen in ihm gesetzt wird. In ähnlicher Weise definiert das dritte Argument die Gnade als Nachlassung der Sünden (remissio peccatorum). Auch hier scheint in demjenigen, der Vergebung erfährt, nichts Neues

---

[188] Zum Vergleich mit dem „Wohnen" der Seele im Körper vgl. Soukup, Anmerkungen und Kommentar, 431.

[189] „Utrum gratia ponat aliquid in anima." Thomas von Aquin, STh I-II q 110 a 1 (Deutsche Thomasausgabe, Bd. 14, 111).

[190] Diese Argumentation erinnert an die von Luther vorgetragene Kritik an den scholastischen Distinktionen bezüglich der Gnade sowie an seine schlichte Bestimmung derselben als „favor Dei", vgl. Luther, Rationis Latomianae confutatio, WA 8, 106, 10f: „Gratiam accipio hic proprie pro favore dei, sicut debet, non pro qualitate animi". In deutscher Übersetzung (Luther, Wider Latomus, 104): „Gnade verstehe ich hier im eigentlichen Sinne als Gunst Gottes, wie es verstanden werden muß, nicht als eine Eigenschaft der Seele".

gesetzt oder geschaffen zu werden. Was ist die Antwort des Thomas? Wie so oft zerlegt er mit großer Klarheit den „allgemeinen Sprachgebrauch" in verschiedene Aspekte des verwendeten Begriffes. „Dreifach" könne von „gratia" geredet werden: „Einmal als Liebe eines Menschen; so pflegen wir zu sagen, jener Soldat hat die Gnade des Königs, d. h. der König ist gnädig zu ihm. Zweitens wird sie genommen für ein ungeschuldetes Geschenk; so pflegen wir zu sagen: ‚Ich erweise dir diese Gnade'. Drittens wird sie genommen für die Vergeltung einer umsonst erstatteten Wohltat; in diesem Sinne sagt man: ‚Wir erweisen Dank [= agere gratias; K.L.] für Wohltaten.'"[191]

Bei der zweiten und dritten Weise ist klar, daß im Empfänger der Gnade etwas Neues gesetzt wurde, zum einen das ungeschuldete Geschenk selbst, zum anderen der Dank dafür. Besonders wichtig für die Fragestellung ist aber der erste Gebrauch des Begriffes. Denn setzt die Liebe etwas im Geliebten? Hier nun ist die Antwort deutlich und erstaunlich zugleich: Die menschliche Liebe (dilectio) setzt nichts im Geliebten, da sie sich auf etwas bezieht, was schon im Geliebten besteht. Gott aber als Schöpfer stiftet alles Gute durch Liebe erst in seine Schöpfung ein! Schon die erste Schöpfung ist ein solcher Liebesakt, der schafft, was er liebt. Für den Menschen aber hat Gott eine „dilectio specialis" bereit, die ihm die Teilhabe am göttlichen Gut (participatio divini boni), ja letztlich sich selbst (bonum aeternum, quod est ipse) schenken will. Deshalb gilt: Der Ausdruck „vor *Gott* Gnade haben" weist auf einen „übernatürliche(n) Sachverhalt im Menschen" hin, „der von Gott stammt"![192] Manchmal wird mit dem Wort „gratia" die ewige und ungeschuldete Liebe Gottes selbst bezeichnet, meistens aber wird auf dieses im Menschen gesetzte „Übernatürliche" (quiddam supernaturale) hingewiesen.

Mit diesen Ausführungen wird deutlich, wie der Begriff der Gnade nun in erster Linie für diesen „übernatürlichen Sachverhalt" im Menschen gebraucht wird. Die Bedeutung der Gnade als ungeschuldete acceptatio Dei tritt zurück hinter der Betonung einer Gabe (donum) im Menschen.

Das so Gesetzte muß nun näher bestimmt werden. Dies geschieht durch die Aussage, die Gnade sei eine „qualitas animae", eine Beschaffenheit der See-

---

[191] Ebd., 112f.

[192] Ebd., 114. – Der evangelische Theologe hört hier sofort die These der Heidelberger Disputation Luthers, die von der Liebe Gottes im Unterschied zu aller menschlichen Liebe exakt dasselbe verkündet wie Thomas. Vgl.: Die griffige Formulierung bei Thomas, STh I-II q 110 a 1 ad 1: „nam illud, quod est homini gratum in alio homine, praesupponitur ejus dilectioni: causatur autem ex dilectione divina, quod est in homine Deo gratum". Luther, Disputatio Heidelbergae habita, These 28 (= WA 1, 354): „Amor Dei non invenit sed creat suum diligibile, Amor hominis fit a suo diligibili." Während also die scholastischen Gnadendefinitionen von Luther kritisch beurteilt werden, kann er im Blick auf die verändernde Liebe Gottes dasselbe sagen wie Thomas. Der Unterschied zu Thomas liegt darin, daß Luther durch die Reservierung des Begriffes der „gratia" für die bloße Annahme durch Gott *vor* aller Bereitung und auch Umgestaltung durch Gott die Rechtfertigung besser darstellen kann: Sie ist ein Geschenk, daß keines Grundes – und sei es auch ein von Gott gesetzter – im Menschen bedarf.

le.[193] Sie kann nämlich verstanden werden als ein „habituale donum", welches von Gott in die Seele eingegossen wird.[194] Durch diese Definition, deren Begründung allerdings nur auf einer Analogie beruht,[195] setzt Thomas die Gnade mit einem übernatürlichen *habitus* gleich. Kann auch dieser noch näher bestimmt werden? Er ist „Teilhabe an der göttlichen Gutheit" (participatio divinae bonitatis).[196] Die Gnade also läßt den Begnadeten am Wesen Gottes selbst Anteil erhalten, sie führt zur Vergottung, zur Mitteilung der göttlichen Natur (2 Petr 1,4)! Diese Wirkung der Gnade ist dem Aquinaten so wichtig, daß sie des öfteren betont und dem Leser durch Wiederholung nahegebracht wird.[197] Der Gnadenhabitus ist ferner auch die Wurzel und das Prinzip der drei „theologischen Tugenden".[198] Der Sitz dieses habitus ist das Wesen (essentia) der Seele selbst.[199]

Wenn Thomas in diesem Sinne von der Gnade redet, so ist immer die „heiligmachende Gnade" (gratia gratum faciens) gemeint. Die möglichen Unterscheidungen verschiedener Arten von Gnade hat Thomas in STh I-II, q 111 behandelt. Nach diesen Ausführungen wird die Gnade zunächst in die „heiligmachende" und in die „freigewährte Gnade" (gratia gratis data) eingeteilt. Jene verbindet den Menschen mit Gott, während diese einem Menschen gegeben wird, damit er einem anderen Menschen helfe, zu Gott zu finden.[200] Die freigewährte Gnade besteht also in besonderen Begnadungen, so vor allem in den Geistesgaben (1 Kor 12)[201], durch die jemand einem anderen zum Glauben verhelfen kann. Die heiligmachende Gnade dagegen ist jener eingegossene habitus, der den Menschen mit Gott verbindet und durch den der Mensch gerechtfertigt wird. Aber selbstverständlich ist auch die hei-

---

[193] Thomas, STh I-II q 110, a 2.

[194] Ebd., corp.

[195] Vgl. ebd.: Weil Gott schon die Natur des Menschen mit habituellen Gaben ausrüste, werde er um so mehr übernatürliche Formen und Beschaffenheiten denen schenken, die er zu übernatürlichen Zielen bewege. Zu den sogenannten „Konvenienzbeweisen", zu denen auch dieser gerechnet werden kann, vgl. Chenu, Werk, 204–210.

[196] STh I-II q 110 a 2 ad 2.

[197] Vgl. z.B. die Beweisführung für die allein göttliche Kausalität der Gnade in STh I-II q 112 a 1 corp: „...dicendum, quod nulla res potest agere ultra suam speciem (...): donum autem gratiae excedit omnem facultatem naturae creatae: cum nihil aliud sit, quam quaedam participatio divinae naturae, quae excedit omnem aliam naturam: et ideo impossibile est, quod aliqua creatura gratiam causet. Sic enim necesse est quod solus Deus deificet, communicando consortium divinae naturae per quamdam similitudinis participationem". Vgl. auch die dreifache Wiederholung des Begriffes und den Hinweis auf die platonische Verwendung in STh II-II q 23 a 2 ad 1. Auf 2 Petr 1,4 nimmt Thomas z.B. in der Sakramentenlehre, STh III q 62 a 1 corp Bezug: „quia gratia nihil est aliud, quam quaedam participata similitudo divinae naturae, secundum illud 2. Pet. 1.: „Magna nobis, et pretiosa promissa donavit, ut divinae simus consortes naturae."

[198] Ebd., a 3 ad 3.

[199] Ebd., a 4.

[200] So STh I-II q 111 a 1 corp.

[201] Der 4. Artikel der 11. Frage nimmt die Aufzählung des Apostels Paulus in 1 Kor 12, 8–10 als zutreffende Einteilung der gratia gratis data.

ligmachende Gnade frei von Gott gewährt, so daß die Bezeichnung „gratis data" eigentlich auf beide Gruppen zutrifft. Sie bleibt nun für die besonderen Begnadungen stehen, während die heiligmachende Gnade durch ihr unterscheidendes Spezifikum bezeichnet wird, nämlich daß sie den Menschen heilig oder Gott angenehm (gratum) macht.[202]

Wie hängt nun die Gnade mit der Einwohnung Gottes im Gläubigen zusammen? Wir sahen bereits, daß die Erkenntnis Gottes nur zustande kommen kann, wenn Gott dem Menschen ein übernatürliches Vermögen schenkt, daß in der Lage ist, Gott in seinem Wesen zu schauen. Dieses Vermögen nun ist der habitus der Gnade. Er gehört zum „reditus", zur Rückkehr des Geschöpfes in seinen Ursprung. *Nur hier, auf übernatürliche Weise, ist Einwohnung möglich.*

Ist dann die Eingießung eines Gnadenhabitus die logische und zeitliche Vorbedingung für die Einwohnung Gottes in der Seele? Muß Gott zuerst einen Gnadenhabitus in die Seele eingießen, bevor er selbst dort Wohnung nehmen kann? Dies scheint tatsächlich die Ansicht des Thomas zu sein. Schon in der Lehre von den Sendungen fragt er im dritten Artikel der 43. Frage, „(o)b die unsichtbare Sendung einer göttlichen Person nur gemäß der heiligmachenden Gnade geschieht".[203] Die beiden ersten Argumente geben auch sogleich die entscheidenden Einwände an die Hand: Wird hier nicht die Gabe der Person aufgelöst in die Gabe der Gnade? Wird hier nicht Ursache und Wirkung verwechselt, da doch vielmehr die göttliche Person die Ursache der Gnade sein muß? Thomas bestätigt in seiner Antwort, daß die Einwohnung als Gotteserkenntnis und Gottesliebe nur „secundum donum gratiae", gemäß der Gabe der Gnade realisiert werden könne. Zwar wehrt er sich gegen eine Trennung von Gnade und göttlicher Person, wenn er betont: „Doch hat der Mensch den Heiligen Geist, im Geschenk der heiligmachenden Gnade, selbst in Besitz und Er, seinerseits, wohnt im Menschen."[204] Aber er gibt die logische Vorordnung schon mit dem Begriff der „ratio" zu verstehen, indem er sagt, nur die Gnade sei die „ratio" der Einwohnung.[205] Ferner redet die Antwort auf das zweite Argument deutlich davon, daß die Gnade die Seele vorbereiten muß, damit die göttliche Person einwohnen kann.[206] Zwar ist die Gnade selbst von Gott gege-

---

[202] Vgl. ebd., ad 3. – Anders als das moderne Verständnis der gratia gratum faciens, das darunter nur die Gnade als Form, nicht aber als aktuelle Hilfe Gottes für den Begnadeten versteht, faßt Thomas das gesamte Gnadenhandeln Gottes, welches der Heiligung des Begnadeten selbst dient, unter dem Begriff der gratia gratum faciens zusammen. Vgl. dazu Stolz, Anmerkungen und Kommentar, 374.

[203] STh I q 43 a 3: „Utrum missio invisibilis divinae personae sit solum secundum donum gratiae gratum facientis" (Dt.: Die deutsche Thomasausgabe, Bd. 3, 318).

[204] Ebd., corp (Die deutsche Thomasausgabe, Bd. 3, 320).

[205] Ebd.: „Sic igitur nullus alius effectus potest esse ratio, quod divina persona sit novo modo in rationali creatura, nisi gratia gratum faciens."

[206] Ebd., ad 2: „...dicendum, quod gratia gratum faciens disponit animam ad habendam divinam personam (...). Sed tamen ipsum donum gratiae est a Spiritu Sancto."

ben,[207] aber – so muß man wohl interpretieren – gleichsam von außen, damit erst nach ihrer Mitteilung Gott selbst Wohnung nehmen kann.

Auer weist in seiner detaillierten Arbeit über die Gnadenlehre darauf hin, daß diese logische Vorordnung der Gnade vor der Einwohnung sich bereits bei Wilhelm von Auxerre und ähnlich auch bei Albert dem Großen findet.[208] Er führt aber auch Zeugen für eine andere Position auf, derzufolge die Gnade zusammen mit dem Geist auftrete. Diese Meinung findet sich besonders in der franziskanischen Theologie.[209]

8. gratia creata und gratia increata

Zu diesen Überlegungen tritt nun noch ein entscheidender Aspekt hinzu. Es handelt sich um die Frage, ob die Gnade etwas „Geschaffenes" im Menschen ist, oder ob sie als etwas „Ungeschaffenes" ganz zum Wesen Gottes gehört. Ungeschaffen ist nur der Schöpfer selbst. Nun ist ja die Gnade jene qualitas, die den Menschen an der Gottheit teilhaben läßt und so erst Gottesliebe und Gotteserkenntnis ermöglicht. Kann also das, was Teilhabe am Wesen Gottes gewährt, selber etwas Geschaffenes sein? In der scholastischen Theologie ist diese Frage anhand der Unterscheidung von „gratia creata" und „gratia increata" geklärt worden. Bei dieser Klärung spielte die berühmte und vielzitierte Lehre des Petrus Lombardus eine entscheidende Rolle, nach der „die Liebeskraft, die in uns den Akt der Gottes- und Nächstenliebe setzt, identisch sei mit der innertrinitarischen Liebeskraft, die der Heilige Geist ist".[210] Unter Berufung auf Röm 5,5 und 1 Joh 4,7f (sowie auf Ausführungen Augustins)[211] werden der Heilige Geist und die caritas identifiziert. Die entscheidende 17. distinctio des ersten Sentenzenbuches behandelt die unsichtbare Sendung des Heiligen Geistes in die Herzen der Gläubigen. Um diese Sendung recht zu beschreiben, müsse, so der Lombarde, vorab eine notwendige Klärung vorgenommen werden:

„... scilicet quod Spiritus Sanctus est caritas qua diligimus Deum et proximum. (...) Dictum quidem est supra et sacris auctoritatibus ostensum quod Spiritus Sanctus amor est Patris et Filii, quod se invicem amant et nos. His autem addendum est quod ipse idem Spiritus Sanctus est amor sive caritas, qua nos diligimus Deum et

---

[207] Neben der genannten Stelle auch STh I-II q 109 a 9 ad 2 (Hervorhebung: K.L.): „operatio Spiritus Sancti, quae nos movet, et protegit, non circumscribitur per effectum habitualis doni, *quod in nobis causat*".

[208] Auer, Gnadenlehre, 69 (mit Belegen).

[209] Vgl. ebd., 69–71.

[210] Auer, Gnadenlehre, 86.

[211] Röm 5 wird zitiert in: Sent. I d 17 c 4 (Ausgabe Grottaferrata, 145, Z. 13f); 1 Joh 4 wird genannt ebd, c 1 (Ausgabe Grottaferrata, 142, Z. 20); Augustin wird in der ganzen distinctio immer wieder herangezogen.

proximum; quae caritas cum ita est in nobis ut nos faciat diligere Deum et proximum, tunc Spiritus Sanctus dicitur mitti vel dari nobis; et qui diligit ipsam dilectionem qua diligit proximum, in eo ipso Deum diligit, quia ipsa dilectio Deus est, id est Spiritus Sanctus."[212]

Diese Position hat zunächst Folgen für die Tugendlehre. Denn während Glaube und Hoffnung geschaffene habitus sind, ist die Liebe nun der Heilige Geist selbst, es gibt keinen geschaffenen Liebeshabitus.[213] In der Diskussion um diese Ausführungen wurde schon bald die Frage gestellt, ob denn dann diese Liebe etwas Ungeschaffenes sei, und ob zusätzlich auch ein geschaffener Liebeshabitus anzunehmen sei.[214] In der Regel wurde – entgegen der Meinung des Lombarden – beides angenommen, also die Gegenwart des Geistes als ungeschaffener Liebe und ein geschenkter Liebeshabitus, der zu Akten der Liebe angeregt werden kann. Dabei konnte das Schwergewicht der Untersuchung sich nach einer der beiden Seiten hin verlagern. Thomas gibt in seiner Behandlung des Problems in der Summa theologica (II-II q 23 a 2) deutlich zu verstehen, daß die Annahme eines geschaffenen Liebeshabitus unumgänglich ist.

Der Sentenzenmeister, so führt er aus, habe in seiner Erklärung nicht die Liebesbewegung selbst (motus dilectionis) mit dem Heiligen Geist identifizieren wollen, sondern lediglich betonen wollen, daß diese Bewegung direkt vom Heiligen Geist, ohne Vermittlung eines habitus, gewirkt sei. Diese Meinung führe aber eher zur Zerstörung der caritas. Denn wenn der Geist den Menschen direkt bewege, so fehle bei dieser Aktion die freie Selbstbestimmung (voluntarius) des Menschen. Die Liebe sei dann gar nicht freiwillig, eine Annahme, die ihrem Wesen widerspreche. Nähme man nun deshalb an, der Geist bewege den Willen, damit dieser liebe, so sei auch dann die Freiwilligkeit ausgeschlossen. Auch ein Verdienst (meritum) werde so unmöglich gemacht. Deshalb müsse der Wille selbst den Liebesakt set-

---

[212] Petrus Lombardus, Sent. I d 17 c 1 (Ausgabe Grottaferrata, 142, Z. 4–14): „... daß nämlich der Heilige Geist die Liebe ist, durch die wir Gott und den Nächsten lieben. (...) Oben ist gesagt und durch heilige Autoritäten gezeigt worden, daß der Heilige Geist die Liebe des Vaters und des Sohnes ist, mit der sie einander und uns lieben. Zu diesen (Zeugnissen) ist hinzuzufügen, daß derselbe Heilige Geist die Liebe oder Barmherzigkeit ist, durch die wir Gott und den Nächsten lieben; und wenn diese Barmherzigkeit so in uns ist, um uns zur Liebe Gottes und des Nächsten zu bringen, dann wird vom Heiligen Geist gesagt, er werde gesandt oder uns gegeben; und wer die Liebe selbst liebt, durch die er den Nächsten liebt, der liebt in dieser selbst Gott, denn diese Liebe selbst ist Gott, das heißt der Heilige Geist." (Übers.: K.L.) – Die Lehre des Lombarden ist verschiedentlich tradiert und ausgebaut worden, so besonders durch den Oxforder Dominikaner Richard Fishacre. Dieser nahm sogar eine Parallele zwischen hypostatischer Union in Christus und Einigung des Geistes mit dem Willen des Menschen an. Vgl dazu die Ausführungen und Belege bei Auer, Gnadenlehre, 88f. Die Vorläufer des Petrus Lombardus wie auch die kritische Auseinandersetzung mit seiner Position ist dargestellt und belegt bei Landgraf, Dogmengeschichte I,1, 220–237.

[213] Auer (Gnadenlehre, 86) weist darauf hin, daß aber auch die Gnade selbst, die ja Grund und Ursache der theologischen Tugenden ist, beim Lombarden selbst kein Habitus, sondern eine lebendige Kraft sei.

[214] So z.B. bei Albert dem Großen und bei Bonaventura; Belege bei Auer, Gnadenlehre, 96.

zen. Dieser aber benötigt dazu eine habituelle Form, die ihn zur Liebe hinneige. Deshalb sei der geschaffene Liebeshabitus notwendig.[215]

Parallel zu dieser Auseinandersetzung um die Identifizierung der caritas mit dem heiligen Geist[216] wurde aber auch die *Gnade* dahingehend untersucht, ob sie etwas Geschaffenes in der Seele sei. Diese Frage findet sich – wie Auer[217] herausgestellt hat – bereits in einem eventuell Johannes von Rupella zuzuordnenden Gnadentraktat, ebenso auch im Sentenzenkommentar des Odo Rigaldi. Während beide in der Antwort auf diese nun häufig gestellte Frage zunächst sowohl von ungeschaffener Gnade (der Heilige Geist oder Gott) als auch von geschaffener Gnade (ein habitus) sprechen, wird seit Albert dem Großen oft nur noch die geschaffene Gnade hervorgehoben, da die personale Gegenwart Gottes mit anderen Begriffen ausgesagt werden kann.[218]

Als Gründe für die Notwendigkeit einer übernatürlichen, aber geschaffenen Gnade gelten vor allem: [219]

1. Ohne sie kann kein verdienstliches Werk getan werden.[220] Denn ein meritum erfordert das freie Wahlvermögen![221] Dieses wäre nicht gegeben, wenn Gott unmittelbar (als gratia increata) den Menschen bewegte.

2. Nur eine geschaffene Gnade disponiert für die Einwohnung des Heiligen Geistes. Eine dispositio aber ist notwendig, „weil keine Form bestehen kann außer in einem ausgerichteten Stoff".[222]

---

[215] So in STh II-II q 23 a 2 corp.

[216] So hatte auch Richard Fishacre die Identifizierung von caritas und Heiligem Geist erweitert zur Identifizierung der gratia mit dem Geist bzw. der ganzen Trinität! Vgl. dazu die Belege bei Auer, Gnadenlehre, 113. – Die spätere Franziskanerschule hat gratia und caritas ohnehin identifiziert, vgl. ebd., 136f.

[217] Auer, Gnadenlehre, 109f, mit Belegen. Die dritte Frage des erwähnten Gnadentraktates lautet (ebd., 110): „Utrum gratia sit res creata vel increata in eo qui habet gratiam?"

[218] Vgl. dazu Auer, Gnadenlehre, 110f.

[219] Vgl. zum Folgenden Auer (ebd., 111–123), der die Entkräftungen von Einwänden ebenso wie die subtilen Begründungen der Annahme einer geschaffenen Gnade darstellt.

[220] Vgl. auch die klare Beschreibung bei Thomas von Aquin, STh I-II q109 a 9 corp: „habituale donum, per quod natura humana corrupta sanetur, et etiam sanata eleveetur ad operanda opera meritoria vitae aeternae quae excedunt proportionem naturae".

[221] Thomas von Aquin, STh I-II q 114 a 1 corp: „...creatura rationalis seipsam movet ad agendum per liberum arbitrium: und sua actio habet rationem meriti: quod non est in aliis creaturis." Vgl. auch ebd., a 4 corp. – Allerdings versteht Thomas in der vorangehenden Frage (q 113 a 3 corp) die Eingießung der Gnade als einen Vorgang, bei dem Gott den freien Willen zur Aufnahme derselben bewegt („...quod etiam simul cum hoc movet liberum arbitrium ad donum gratiae acceptandum in his, qui sunt hujus motionis capaces.")! Offensichtlich bleibt die Spannung zwischen der Allursächlichkeit Gottes und der postulierten menschlichen Willensfreiheit bei aller Differenzierung bestehen. Vgl. dazu auch die klaren Aussagen in STh I-II q 112 a 2 corp!

[222] „quia nulla forma potest esse nisi in materia disposita" (STh I-II q 112 a 2 corp; Die deutsche Thomasausgabe, Bd. 14, 153). Die Wendung wird hier im Blick auf die Disposition für den Gnadenempfang ausgesprochen, in ihrer Allgemeinheit gilt sie aber auch für die Dispo-

3. Ohne sie kann man nicht gottgefällig werden und das ewige Leben verdienen. Denn nur was Gott selbst schenkt, macht gottgefällig. [223]

4. Die Wandlung des Sünders zum Gerechten setzt eine neue Wirklichkeit, eine wirkliche Veränderung im Menschen voraus. Da Gott unveränderlich ist, muß die Veränderung im Menschen geschehen. Anders ausgedrückt: Eine neue Relation verlangt eine Änderung der Relate; da aber Gott unveränderlich ist, muß der Mensch verändert werden.[224]

5. Die Betonung der geschaffenen, aber übernatürlichen Gnade wehrt dem Pelagianismus (!), weil nicht allein die menschliche Natur die Rechtfertigung verbürgt.[225]

6. Die Wirkungen der Gnade im Menschen verlangen eine causa formalis. Gott ist causa efficiens dieser Wirkungen, die Form muß aber geschaffen sein: Sie ist die gratia creata.[226] Diese ist zugleich der habitus, ohne den (nach Aristoteles) ein Akt gar nicht möglich ist.[227]

Auch der Aquinate versteht, abgesehen vom Sentenzenkommentar, die gratia als eine geschaffene qualitas, näherhin als einen habitus.[228] Es wird nicht mit der Unterscheidung zwischen gratia creata und increata operiert; in der 111. Frage der prima secundae, die sich mit den möglichen Einteilungen der Gnade beschäftigt, wird diese Unterscheidung gar nicht erwähnt. Der Begriff der Gnade scheint einfach auf die übernatürliche, aber *geschaffene* Gabe hinzuweisen. So bezeichnet er auch schon innerhalb der Lehre von den Sendungen die

---

sition zum Empfang des Geistes. – Zum dispositio-Argument vgl. auch Philips, L'union, 98; 109.

[223] Vgl ebd., q 114 a 2 corp: „...nulla natura creata est sufficiens principium actus meritorii vitae aeternae, nisi superaddatur aliquod supernaturale donum, quod gratia dicitur".

[224] Vgl. dazu Auer, Gnadenlehre, 117; 121f.

[225] Auf die pikante Beobachtung, daß evangelische Theologen der Lehre von der geschaffenen Gnade häufig Pelagianismus vorwarfen, während sie antipelagianisch gemeint war, weist Philips, L'union, gerne hin (z.B. ebd., 124, mit Blick auf die Ausführungen Alberts des Großen).

[226] Vgl. dazu die Ausführungen bei Philips, L'union, 110, mit dem Hinweis, daß die Annahme, Gott selbst sei die Form einer geschaffenen Substanz, zum Pantheismus führen müsse. Vgl. dazu auch Thomas, STh I-II q 110 a 1 ad2 und a 2 ad 1.

[227] Thomas drückt dies so aus (STh II-II q 23 a 2 corp: „...nullus autem actus perfecte producitur ab aliqua potentia activa, nisi sit ei connaturalis per aliquam formam, quae sit principium actionis" (vgl. dazu auch die Ausführungen bei Philips, L'union, 163). Daß die habitus nötig sind für die Ausrichtung einer Sache auf das ihr vorgegebene Ziel, hat Thomas in STh I-II q 49 a 4 begründet.

[228] In STh I-II q 110 a 3 arg 3 werden die verschiedenen Arten (species) der qualitates vorgestellt und die Gnade als qualitas in die erste Art eingeordnet, die die des habitus oder der dispositio ist. In seiner Antwort auf dieses Argument übernimmt Thomas diese Einteilung und nennt die gratia eine „habitudo quaedam, quae praesupponitur virtutibus infusis, sicut earum principium, et radix". Auch in I-II q 112 a 4 corp wird die gratia als ein einwohnender habitus verstanden; in I-II q 109 a 9 corp wird sie als „habituale donum" bezeichnet.

gratia als ein „donum creatum".[229] Allerdings gibt Thomas eine wichtige Erklärung im Blick auf das Geschaffensein der Gnade: Da die gratia ein accidens am Wesen des Menschen ist,[230] so kann sie, wie alle Akzidentien, nur insofern „werden" oder „vergehen", als ihr Träger, also der Mensch, wird oder vergeht. In diesem Sinne also könne man sagen, daß die Gnade geschaffen werde. Denn eigentlich seien es die Menschen, die in dieser Gnade neu geschaffen werden.[231] Neben dieser doch erstaunlichen Lösung – *denn sie scheint die Substanz der Gnade selbst eher als ungeschaffen zu deuten* – stehen andere Hinweise, die auf die geschaffene Gnade als Geschenk Gottes im Menschen hinweisen.[232]

Diese Gnade als qualitas im Menschen hat nun in der Lehre des Thomas eine gar nicht zu unterschätzende Stellung. Sie ist *das* grundlegende Prinzip, das den „reditus" des Menschen zu seinem Ursprung überhaupt ermöglicht. Sie ist Mitteilung der göttlichen Natur, Teilhabe am Wesen Gottes selbst. Nur durch sie ist überhaupt die Einwohnung Gottes im Gläubigen möglich.[233] Dabei fällt freilich auf, daß diese Vorgänge, die bei den Vätern noch unmittelbarer mit der Einwohnung verknüpft wurden, nun hauptsächlich der (geschaffenen) Gnade zugeordnet werden. Es besteht die Gefahr, daß die Einwohnung Gottes nur im Zusammenhang der Fragen nach Gotteserkenntnis und missiones invisibiles behandelt wird, während in der Gnadenlehre die Umformung und Neugestaltung des Menschen fast ausschließlich im Lichte der gratia creata ansichtig wird. Würde noch von „gratia increata" gesprochen, so wäre innerhalb der Gnadenlehre ständig ein Korrektiv vorhanden, das vor einer einseitigen Betonung der geschaffenen Gnade schützen würde. Andernfalls gerät das personale Wohnen Gottes an den Rand der Überlegungen, die sich dann im Wesentlichen um eine qualitative Erneuerung des Menschen drehen. Es ist dies ein Problem, daß vor allem in der katholischen Theologie des 20. Jahrhunderts gesehen wurde und zu einer erneuten Betonung der gratia increata geführt hat.[234] Es dürfte aber deutlich sein – und Theologen wie Philips haben mit Vehemenz darauf hingewiesen – daß auch die scholastischen Meister die Lehre von der gratia

---

[229] STh I, q 43 a 3 ad 1 (Hervorhebung: K.L.): „...dicendum, quod per donum gratiae gratum facientis perficitur creatura rationalis ad hoc, quod libere non solum *ipso dono creato* utatur, sed ut ipsa divina persona fruatur."

[230] Vgl. ebd., a 2 ad 2: „gratia (...) est forma accidentalis ipsius animae: id enim, quod substantialiter est in Deo, accidentaliter fit in anima participante divinam bonitatem".

[231] Vgl. ebd., ad 3.

[232] In STh I q 12 a 5 ad 1 wird sogar das lumen gloriae als „geschaffenes Licht" (lumen creatum) bezeichnet. Zum geschaffenen Habitus bei Thomas insgesamt vgl. den guten Überblick bei Philips, L'union, 157–164.

[233] Dies erörtert Thomas, wie bereits zitiert, innerhalb der Lehre von den missiones invisibiles (STh I q 43 a3 !). Stolz (Anmerkungen und Kommentar, 506) schreibt dazu treffend: „Die heiligmachende Gnade ist nämlich die einzige Wirkung Gottes, die ein neues Verhältnis des Geschöpfes zu Gott, eine neue Seinsweise Gottes in der Welt herstellt. (...) Einzigartig und neu ist nur Seine gnadenhafte Gegenwart in der vernunftbegabten Kreatur, in der Er nicht nur als Schöpfer, sondern auch als ihr Erkenntnisobjekt und geliebter Gast zugegen ist."

[234] Vgl. unten, Kapitel III.

creata niemals als Alternative zur Betonung der personalen Einwohnung, sondern als deren Ermöglichung und Erklärung, oder aber als eine die Souveränität Gottes und die menschliche Freiheit verbindende Lehre verstanden haben.

9. „Wo" wohnt Gott ein?

Thomas ist noch daraufhin zu befragen, ob der „Ort" der Einwohnung Gottes noch näher bestimmt werden kann. Da die Einwohnung als Erkennen und Lieben beschrieben wird, ist anzunehmen, daß sie auch besonders mit den entsprechenden Seelenvermögen in Verbindung gebracht wird. Von Einwohnung „in der Seele" zu reden, wäre nach dem Sprachgebrauch des Thomas, der sich eng an Aristoteles anlehnt, allgemein und unpräzise formuliert. Denn die Seele, begrifflich bestimmt als „Form des Leibes", ist das, was den Körper belebt. Sie beinhaltet *alle* Vermögen des Menschen, also auch diejenigen, die der Mensch mit den Tieren gemein hat, wie etwa das Nähr- und Fortpflanzungsvermögen oder die Sinneswahrnehmung.[235] Will man mit Thomas die Einwohnung Gottes als Erkennen und Lieben verstehen, so könnte man die Einwohnung besonders zum menschlichen „intellectus" und zur „voluntas" in Beziehung setzen. Nun ist aber bei Thomas von der Einwohnung Gottes in den „Geist", die *„mens"*, die Rede.[236] Es ist daher vonnöten, diesen Begriff etwas näher zu untersuchen.

Innerhalb der Untersuchung über die Wahrheit (De veritate) hat Thomas der „mens" die ausführliche quaestio 10 gewidmet. Er definiert dort die mens: „Patet ergo, quod mens in anima nostra dicit illud quod est altissimum in virtute ipsius."[237] Die mens, hier noch mit „intellectus" parallel verwendet, gehört also zum Bereich der „virtutes" oder „potentiae" der Seele, zu Fähigkeiten, die sie aufgrund ihres Wesens in sich trägt. Dabei ist sie nicht selbst nur eine dieser virtutes, sondern umfaßt vielmehr eine bestimmte Gruppe derselben, „derart, daß unter dem Geist alle jene Potenzen begriffen werden, die in ihrer Betäti-

---

[235] Vgl. Aristoteles, De anima, liber 2; Thomas von Aquin, STh I q 78.

[236] Z.B. STh I q 43 a 5 corp: „...quod per gratiam gratum facientem tota Trinitas inhabitat mentem". Auch in STh I-II q 113 a 2 s c heißt es, „Spiritus Sanctus subito advenit mentibus hominum". Ebenso wird in STh II-II q 23 a 2 corp im Zusammenhang der Lehre des Lombarden vom „Spiritus Santus mentem inhabitans" gesprochen; und in STh II-II q 24 a 5 corp wird der mens als alleiniges „subjectum" der charitas eingeführt. Durch die charitas aber wohnt der Heilige Geist in uns (ebd., q 24 a 11 corp). – In allgemeiner Redeweise kann Thomas sagen daß Gott „in homine" (STh I q 43, a 2 corp), oder „in creatura rationali" (ebd., a 3 corp) sei.

[237] Thomas von Aquin, de ver. q 10 a 1 corp. In der deutschen Übertragung von Edith Stein (= Thomas von Aquin, Untersuchungen, Bd. 1, 240): „Offenbar bezeichnet also der Geist in unserer Seele das, was das Höchste in ihrer Kraft ist."

gung gänzlich von der Materie und den Bedingungen der Materie frei sind".[238] Damit sind also besonders Intelligenz und Willen zur mens zu rechnen, während Ernährungsvermögen, Sinnlichkeit und Ortsbewegung nicht dazu zu zählen sind. Sie bedürfen der materiellen Welt und sind auch den Tieren eigen. So ist also „der Geist nicht ein einzelnes Vermögen neben Gedächtnis, Verstand und Willen, sondern er ist ein Vermögens-Ganzes, das jene drei in sich begreift; so wie auch die Fähigkeit, ein Haus zu bauen, die Fähigkeit, Steine zu behauen und Mauern aufzurichten, in sich begreift".[239]

In einer klaren und ausführlichen Studie zur Struktur der Seele und zur mystischen Erfahrung hat der Pariser Dominikaner Gardeil die Bedeutung der „mens" als „aufnehmendes Subjekt unseres göttlichen Lebens" dargestellt.[240] In Anlehnung an die zitierte quaestio des Thomas geht er dabei auf die Lehre des Augustin zurück. Der Begriff „mens" wird von Augustin gebraucht, um den besten Teil der Seele zu bezeichnen.[241] In diesem Teil ist auch die „imago Dei" unmittelbar eingestiftet! Augustin nennt drei „Trinitäten" der Seele, die Bildnis des dreieinigen Gottes sind: mens, notitia, amor, dann memoria, intelligentia und voluntas, und schließlich memoria Dei, intelligentia Dei und voluntas Dei.[242] Thomas greift in seiner Untersuchung diese „vestigia Trinitatis" auf und erläutert an ihnen das Wesen der „mens". Er führt aus, daß in der ersten Trinität die mens eine potentia bezeichne, während durch notitia und amor jeweils ein zugehöriger habitus bezeichnet würde.[243] Die zweite Trinität gebe Teile an, die alle zur mens als ihrem Ganzen gehörten.[244] Mens

---

[238] Ebd., 241 = de ver. q 10 a 1 ad 2: „...ut sub mente intelligantur comprehendi omnes illae potentiae quae in suis actibus omnino a materia et conditionibus materiae recedunt". – Vgl. auch STh III q 6 a 2 ad 1.

[239] Thomas von Aquin, de ver. q 10 a 1 ad 7: „...mens non est una quaedam potentia praeter memoriam, intelligentiam et voluntatem; sed est quoddam totum potentiale comprehendens haec tria; sicut etiam videmus quod sub potentia faciendi domum comprehenditur potentia dolandi lapides et erigendi parietes" (deutscher Text nach: Thomas von Aquin, Untersuchungen, 242). – Zur Bedeutung der memoria und zu ihrer Abgrenzung vom intellectus vgl. auch Thomas von Aquin, de ver. q 10 a 2, a 3 corp.

[240] Gardeil, La structure, Bd. 1, 1–352: Première Partie: Le mens, sujet récepteur de notre vie divine.

[241] Augustin, trin. XV, 11 (CChr.SL 50A, 475; vgl. auch Gardeil, La structure, Bd.1, 22): „Non igitur anima sed quod excellit in anima mens uocatur."

[242] Augustin, trin. IX,4 (CChr.SL 50, 297): „Ipsa igitur mens et amor et notitia eius tria quaedam sunt, et haec tria unum sunt"; trin XIV,10 (CChr.SL 50A, 434): „Nam si nos referamus ad interiorem mentis memoriam qua sui meminit et interiorem intelligentiam qua se intellegit et interiorem uoluntatem qua se diligit, ubi haec tria simul sunt et simul semper fuerunt ex quo esse coeperunt siue cogitarentur siue non cogitarentur, uidebitur quidem imago illius trinitatis et ad solam memoriam pertinere"; trin. XIV, 15 (ebd., 442f): „Haec igitur trinitas mentis non propterea dei est imago quia sui meminit mens et intellegit ac diligit se, sed quia potest etiam meminisse et intellegere et amare a quo facta est. (...) Meminerit itaque dei sui ad cuius imaginem facta est eumque intellegat atque diligat." Die obige Wendung „memoria Dei" ist also als Genitivus objectivus zu verstehen. – Vgl. dazu Gardeil, La structure, Bd. 1, 29).

[243] Thomas von Aquin, de ver. q 10 a 3 corp.

[244] Ebd., a 1 ad 5. Vgl. Augustin, de trin. X, 18.

bezeichne also die Totalität aller „geistigen" Fähigkeiten der Seele, nicht nur den Intellekt, sondern auch den Willen.[245]

Von dieser „mens" nun sagt Thomas, daß Gott in ihr Wohnung nehme. Blickt man auf die oben dargestellte Erklärung der Einwohnung als Erkennen und Lieben, so wird nun sehr schön deutlich, warum als menschliches Empfangsorgan Gottes hier nur der Geist (mens) als „totum potentiale" geistiger Akte in Frage kommen kann. Die „Seele" umfaßt zu viele Potenzen, als daß sie hier genannt werden könnte. Andererseits kann die Einwohnung nicht auf den intellectus *oder* die voluntas beschränkt werden, weil Gott „wie das Erkannte *und* Geliebte" in der Seele ist. Die mens aber bezeichnet exakt die geistige Ausstattung des Menschen in ihrer Gesamtheit und damit genau das, was den Menschen zum Menschen macht. Es ist dieser „Geist", der Gott im Erkennen und Lieben umfaßt und der die „potentia oboedientialis" für die Einwohnung Gottes erhalten hat.[246] Er ist gewürdigt, Tempel Gottes genannt zu werden.

Allerdings bezeichnet der Apostel Paulus den *Leib* des Christen als Tempel des heiligen Geistes (1 Kor 6,19). Für Thomas muß sich hier um eine abgeleitete Art des Wohnens handeln: *Weil* Gott im „Herzen" – wie Thomas in biblischer Sprache ebenfalls sagen kann – wohnt, *deshalb* wohnt er auch im Leib, insofern dieser als sein Werkzeug Werke der Liebe vollbringt.[247] Es handelt sich also hier um eine Indienstnahme des Körpers zur Vollbringung der geistgewirkten Werke. Es deutet sich hier eine Grenze des augustinisch-thomistischen Erkenntnismodells an: Da die Einwohnung als Akt des Erkennens und Liebens erklärt wird, kann der Leib nur „uneigentlich", in abgeleiteter Weise „Ort" des Wohnens Gottes sein. Dieses Problem wird, insbesondere im Zusammenhang mit der lutherischen unio-Lehre, noch weiter zu bedenken sein.

10. Erkennbarkeit und Erfahrung der Einwohnung

Kann man erkennen, daß Gott in einer Seele Wohnung genommen hat? Gibt es Kriterien, bei sich selbst oder einer anderen Person die inhabitatio festzustellen? Es ist dies eine für die Seelsorge und den pastoralen Dienst nicht zu unter-

---

[245] Gardeil, La structure, 37 definiert in Anlehnung an Thomas „mens" als „puissance intellectuelle générale". Bereits memoria, intelligentia und voluntas sind Vermögen der Seele, der mens faßt sie als generelles Vermögen zusammen; er ist das totum potentialis jener, in dem er in jedem der genannten Vermögen anwesend ist (vgl. ebd., 38f).

[246] Daß die potentia oboedientialis gerade der mens zuzuordnen ist, zeigt Gardeil, indem er auf Augustin und auf Thomas Bezug nimmt: Gardeil, La structure, 205–348.

[247] Thomas von Aquin, in I Cor., lectio III, Nr. 309 (Marietti-Ausg. 293b): „Est autem Spiritus Sanctus principaliter quidem in cordibus hominum, in quibus charitas Dei diffunditur per Spiritum Sanctum, ut dicitur Rom. V, 5. Sed secundario etiam est in membris corporalibus, inquantum exequuntur opera charitatis."

schätzende Frage. Sie hat auch die Scholastiker beschäftigt. Meist erscheint sie als Frage danach, ob jemand erkennen könne, daß er selbst im Gnadenstand sei. Es wird also wiederum nach der Erkennbarkeit der Gnade gefragt. Dennoch ist damit natürlich auch die Frage der Einwohnung betroffen. „Utrum homo possit scire se habere gratiam", so fragt Thomas innerhalb seiner Gnadenlehre der prima secundae.[248] In seiner Antwort unterscheidet er dreierlei Weisen, zur Erkenntnis einer Sache zu kommen: Zum einen durch das Privileg einer besonderen Offenbarung, zum anderen durch die Sache selbst, zum dritten durch gewisse Anzeichen der zu erkennenden Sache. Diese dritte Möglichkeit wäre, auf die Erkenntnis der Gnade bezogen, die Erkenntnis gewisser Wirkungen der Gnade, so besonders der Tatsache, daß man „sich an Gott erfreut und die weltlichen Dinge verachtet und insofern sich der Mensch keiner Todsünde bewußt ist".[249] Allerdings ist diese Erkenntnis immer unsicher! Denn auch ein Mensch, der nicht im Gnadenstande ist, kann ähnliche Erfahrungen machen, und auch Paulus weiß, daß seine Meinung über sich selbst nicht ausschlaggebend für seine Situation vor Gott ist.[250] Die erste Möglichkeit einer speziellen Offenbarung sehen wir ebenfalls bei Paulus verwirklicht, dem direkt gesagt wurde (2 Kor 12,9): „Meine Gnade ist genug für dich". In ähnlicher Weise kann auch „bisweilen einigen" von Gott der Gnadenstand bestätigt werden.[251]

Die zweite Möglichkeit der Erkenntnis durch die Sache selbst aber, die eine sichere Erkenntnis bedeuten würde, schließt Thomas für die Gnade aus. Denn Gewißheit einer Erkenntnis ist nur da gegeben, wo man das Prinzip, den Ausgangsgrund einer Sache kennt und von diesem auf die Sache schließen kann, so wie man etwa in der Mathematik, von ersten Axiomen ausgehend, Gewißheit über geltende Sätze erhalten kann. Das „principium" der Gnade aber ist ja Gott selbst, der unsere Erkenntnis übersteigt. Weil er nicht erkannt werden kann, kann auch „Seine An- oder Abwesenheit in uns nicht durch Gewißheit erkannt werden (...). Und darum kann der Mensch nicht beurteilen, ob er selbst Gnade besitze".[252]

Es ist auffallend, daß Thomas hier nur *erkenntnistheoretisch* argumentiert. Da er doch die Heilige Schrift als Offenbarungsquelle betont (STh I q 1 a 1) und ferner auch die Vermittlung der Gnade durch die Sakramente darlegt (STh III q 62), hätte er doch hier von einer durch die Offenbarung und den Sakramentsempfang getragenen Gewißheit sprechen können. Offensichtlich hat er diese *theologische* Gewißheit hier überhaupt nicht im Blick.

---

[248] Thomas von Aquin, STh I-II q 112 a 5.

[249] Ebd., corp (Die deutsche Thomasausgabe, Bd. 14, 164).

[250] 1 Kor 4,4; zitiert bei Thomas, ebd.

[251] „... revelat enim Deus hoc aliquando aliquibus ex speciali privilegio", ebd. (Die deutsche Thomasausgabe, Bd. 14, 163).

[252] Ebd. (Die deutsche Thomasausgabe, Bd. 14, 164).

Gibt es also auch keine sichere *Erfahrung* der Einwohnung? Wie ist des Thomas Lehre im Blick auf Röm 8,16 zu interpretieren, wo Paulus ausführt, Gottes Geist gebe unserem Geist Zeugnis von unserer Gotteskindschaft? Kann es nicht möglich sein, daß eine mystische Erfahrung dem Betroffenen sicheres Zeugnis der inhabitatio verleiht? Bei Thomas selbst finden sich wenige, aber zentrale Hinweise, um deren rechte Interpretation in der Thomas-Schule gerungen worden ist.[253] Am wichtigsten sind, wie Gardeil zu Recht herausgestellt hat, seine Ausführungen zu den göttlichen Missionen, die sich nur im Sentenzenkommentar und in der Summa theologica finden und die sich durch ihre Schönheit und Tiefe besonders auszeichnen.[254] Es handelt sich um die detaillierten Untersuchungen in I sent. d 14–18 sowie in STh I q 43.[255]

Thomas führt aus, daß von einer „Sendung" des Sohnes und des Geistes nur geredet werden kann, wenn die betreffende göttliche Person dadurch einem Menschen bekannt wird, wenn es zu einer „cognitio" kommt. Diese Verbindung der Sendungen mit der menschlichen Erkenntnis als deren Ziel und Sinn geht auf Augustin zurück. Der Lombarde hatte Augustin in seinem Werk zitiert, und Thomas greift dieses Zitat in seinem Kommentar wie auch in der Summa theologica auf: „Et tunc unicuique mittitur cum a quoquam cognoscitur atque percipitur".[256] Sendung bedeutet also, daß eine Person der Trinität einem Menschen auf neue Weise bekannt wird. Um was für eine Art von Erkenntnis aber handelt es sich dabei?

Die Sendungen ermöglichen eine Kenntnis der gesendeten Personen, also des Sohnes und des Geistes. Diese Kenntnis nun – und das ist entscheidend – wird von Thomas als „cognitio quasi experimentalis" oder als „cognitio quodammodo experimentalis" bezeichnet.[257] Ja, in zwei Fällen kann das „quasi" sogar wegfallen, es ist schlicht von „cognitio experimentalis" die Rede![258] *Offensichtlich ist diese Erkenntnis – in bestimmter Hinsicht – eine Erkenntnis aus Erfahrung.* Der Gegenbegriff zu einer solchen Erkenntnis wäre die Erkenntnis aus

---

[253] Wiederum ist es Gardeil, der zu diesem Thema in seinem bereits erwähnten Werk „La structure de l'âme et l'expérience mystique" sowie in dem ausführlichen Artikel „L'expérience mystique pure dans le cadre des ‚Missions divines'" diese Frage in aller Ausführlichkeit behandelt hat. Auf beide Untersuchungen wird im folgenden zurückgegriffen.

[254] Gardeil, L'expérience, Bd. 31, 129.

[255] Gardeil erwähnt (ebd., 131) noch andere Stellen, wo Thomas die Erfahrung Gottes erwähnt: in III sent d 34 q 1 a 2; STh I-II q 112 a 5; II-II q 97 a 2 ad 2.

[256] Augustin, trin. IV, 28 (CChr.SL 50, 198); Petrus Lombardus, Sent. I d 15 c 7 (= Ausgabe Grottaferrata, 136, Z. 2f); Thomas von Aquin, in I sent. d 15 ex; STh I q 43 a 5 ad 1, ad 2. Übersetzung (K.L.): „Und dann wird er jedem gesandt, wenn er von jemand erkannt und empfangen wird."– Derselbe Gedanke wird von Augustin noch prägnanter zusammengefaßt mit der Formulierung (trin. IV, 29; CChr.SL 50, 199): „Sicut enim natum esse est filio a patre esse, ita mitti est filio cognosci quod ab illo sit." Entsprechend gilt vom Heiligen Geist (ebd.): „Et sicut spiritui sancto donum dei esse est a patre procedere, ita missi est cognosci quod ab illo procedat." – Vgl. dazu Philips, L'union, 38f.

[257] Gardeil hat diese Stellen aufgelistet und zitiert (L'expérience, 129–131): in I sent d 14 q 2 a 2 ad 3; ebd., d 15 q 2 a 5; ebd., d 15 expos; ebd., d 16 q 1 a 2 corp; STh I q 43 a 5 ad 2.

[258] Vgl. Thomas von Aquin, in I sent d 15 q 2 ad 5; ebd. d 16 q1 a 2 corp.

Begriffen. Thomas will also klarmachen, daß hier eine Erkenntnis nicht durch Denken und Urteilen, sondern durch konkrete Erfahrung entsteht.[259] Wer oder was wird hier erfahren? Thomas redet in diesem Zusammenhang immer von einem der göttlichen Person genau entsprechenden „donum", einem Geschenk, daß mit der Einwohnung gegeben wird. Für die Einwohnung des Sohnes ist dies die Gabe der „sapientia", für die des Geistes handelt es sich um die „charitas"! Jene ist eine „illuminatio intellectus", diese eine „inflammatio affectus".[260] So spiegeln sich in der Einwohnung genau die innergöttlichen Hervorgänge wieder: Der Sohn als das ewige Wort des Vaters schenkt bei der Einwohnung die den Intellekt erhebende Gabe, der Geist als die innertrinitarische Liebe schenkt die Gottesliebe.[261] Diese Gaben sind notwendig, um überhaupt von den göttlichen Sendungen sprechen zu können: „Nicht eine beliebige Erkenntnis reicht aus, damit eine Sendung vorliegt, sondern nur jene, die gewonnen wird aus einer Gabe, die einer Person appropriiert ist. Durch diese Gabe wird in uns die Vereinigung mit Gott bewirkt gemäß der besonderen Weise jener Person, so etwa durch die Liebe, wenn der Heilige Geist gegeben wird. Deshalb ist jene Erkenntnis quasi experimentell."[262]

In Frage steht aber nun, ob diese auf Erfahrung gegründete Erkenntnis, die „cognitio quasi experimentalis" sich nur auf die genannten Gaben bezieht, ob man also die Einwohnung nur durch die Erfahrung der Weisheit und der Liebe erkennt, oder ob die göttliche Person *direkt, ohne erkenntnismäßige Vermittlung durch diese Gaben*, erfahren wird. Hier ist die Thomasinterpretation strittig.

Auf der einen Seite wird, beispielsweise von de la Taille und Garrigou-Lagrange,[263] die Meinung vertreten, die zitierten Texte zeigten deutlich, daß nur, indem die appropriierten *Gaben* erkannt würden, auch die Einwohnung Gottes miterkannt werde. Eine Erkenntnis ohne media creata, ohne ein geschaffenes Vermittelndes, das zwischen die erkennende Seele und Gott trete, sei auf Erden gar nicht möglich. Die Erkenntnis des einwohnenden Gottes sei zwar nicht diskursiv, kein nachträglicher logischer Schluß, aber auch nicht direkt und unmittelbar. Beispielhaft führt Garrigou-Lagrange aus: Wenn ich die Farbe eines Gegenstandes erkenne, erkenne ich zugleich die Substanz dieses Gegen-

---

[259] Vgl. dazu Dedek, Quasi-experimentalis.

[260] Thomas von Aquin, STh I q 43 a 5 ad 2.

[261] Gardeil, L'expérience, 135, formuliert sehr schön im Blick auf Sohn und Geist: „(L)eur procession temporelle apparaît ainsi comme le prolongement de leurs processions éternelles". Er nimmt hier eine Formulierung des Thomas auf, vgl. ebd., 136, seinen Verweis auf Thomas von Aquin, in I sent d 10 q 1 a 1.

[262] Thomas von Aquin, in I sent d 14 q 2 a 2 ad 3 (Übers.: K.L.): „... quod non qualiscumque cognitio sufficit ad rationem missionis, sed solum illa quae accipitur ex aliquo dono appropriato personae, per quod efficitur in nobis conjunctio ad deum., secundum modum proprium illius personae, scilicet per amorem, quando spiritus sanctus datur. unde cognitio ista est quasi experimentalis."

[263] Vgl. de la Taille, Théories mystiques; Garrigou-Lagrange, L'habitation.

standes, ohne daß ich darüber nachdenken müßte. Die Substanz des Objektes selbst ist nicht durch einen der fünf Sinne erkennbar. Sie wird gleichsam miterkannt, sie ist „sensible (sic) per accidens".[264] Schon Aristoteles beschreibt diesen Vorgang in „De anima", wenn er sagt, daß wir den Sohn des Kleon nur deshalb erkennen, weil wir seine weiße Farbe sehen.[265]

Als weiteres Beispiel wird die Selbsterkenntnis der Seele genannt. Nur durch ihre Akte erkenne die Seele ihr eigenes Wesen.[266] Diese Akte sind also zugleich dasjenige, *was* und *wodurch* erkannt wird.[267] In ähnlicher Weise benutze der Heilige Geist die uns geschenkte Gottesliebe, um uns den einwohnenden Gott als deren Ursprung und Prinzip zu zeigen. Würde demgegenüber eine unmittelbare Gotteserkenntnis ohne jede Vermittlung angenommen, so läge eben schon die eschatologische visio vor. Denn ein Mittelding, eine unmittelbare und doch obskure Erkenntnis gebe es nicht.[268] Allerdings sei diese Erkenntnis durch die Wirkungen Gottes dann immer auch von einer letzten Unsicherheit behaftet, da ja, wie oben bereits ausgeführt, eine Unterscheidung dieser Wirkungen von natürlichen Regungen des Menschen nicht zweifelsfrei durchführbar ist. Gerade um diese Unsicherheit zu beschreiben, habe auch Thomas von „*quasi*-experimentaler" Erkenntnis Gottes gesprochen.[269]

Gegen diese Ausführungen steht die Interpretation von Gardeil, der schon in seinem opus magnum nachzuweisen suchte, daß es sich bei der mystischen Erfahrung um eine *direkte* Erfahrung Gottes in der Seele handelt. Dabei lehnte er sich eng an die Theologie des bereits erwähnten Johannes a Sancto Thoma an. Schon hier wurde deutlich, daß der Vergleich mit der Selbsterkenntnis der Seele eher in die von Gardeil favorisierte Richtung weist. Denn die Seele kennt sich selbst in direkter Weise, sie hat eine habituelle Selbsterkenntnis. Nur so kann sie auch ihre Akte als die ihrigen erkennen![270]

Um hier schärfer zu sehen, hilft ein Vergleich des menschlichen Geistes mit der Substanz der Engel.[271] Denn diese sind nicht aus Materie und Form zusammenge-

---

[264] Garrigou-Lagrange, L'habitation, 465f.

[265] Aristoteles, Über die Seele, 425a (Ausg. Seidl, 139.141): „Andernfalls würden wir es gänzlich bloß akzidentell wahrnehmen, wie den Sohn des Kleon, nicht weil er der Sohn des Kleon ist, sondern weil er weiß(farbig) ist, dieses Weiße aber akzidentell der Sohn des Kleon ist."

[266] Als Beleg wird genannt: Thomas von Aquin, STh I q 87 a 1 corp (Die deutsche Thomasausgabe, Bd. 6, 349): „(S)o nimmt Sokrates oder Plato wahr, daß er eine verstandbegabte Seele hat, indem er wahrnimmt, daß er denkt."

[267] So Garrigou-Lagrange, L'habitation, 467, (in Anlehnung an Thomas): „est simul id quod et quo cognoscitur".

[268] Ebd., 470: „(I)l n'y aurait pas connaissance expérimentale immédiate obscure".

[269] Vgl. Garrigou-Lagrange, L'habitation, 470–472.

[270] Zu dieser Analyse, die unter Aufnahme der Ausführungen des Johannes a Sancto Thoma durchgeführt wird, vgl. besonders Gardeil, La structure, Bd. 2, 77–121.

[271] Dieser Vergleich wird mit breiter Quellenkenntnis schon durchgeführt bei Gardeil, La structure, Bd. 1, 131–152.

setzt, sie sind reine Form, reiner Geist: „totaliter sunt mens".[272] Als forma intellectualis erkennt der Engel sich selbst, er ist intelligent und intelligibel, Subjekt und Objekt seiner Selbsterkenntnis. Auch der menschliche Geist kann sich selbst zum Erkenntnisobjekt werden. Nach dem Tode ist die menschliche Seele nicht mehr Form des Leibes, sie ist nur noch mens und wie der Engel sich selbst transparent, es kommt zur akthaften Selbsterkenntnis.[273] Im irdischen Leben ist diese akthafte Selbsterkenntnis gleichsam vorbereitet, in statu nascendi. Zu jeder beliebigen Erkenntnis sind hier ja immer noch die aus der sinnlichen Wahrnehmung gewonnenen Phantasmata nötig. Dennoch ist eine Selbsterkenntnis in diesem Leben möglich, und zwar auf zweierlei Weise: Zunächst kennt die Seele sich selbst in habitu, also nicht in einem konkreten Erkenntnisakt, sondern auf eine unbewußte direkte Weise.[274] Dann aber erkennt sich die Seele durch Reflexion auf ihre eigenen Erkenntnisakte: Indem sie anderes mit Hilfe der Sinnlichkeit erkennt, erfaßt sie zugleich sich selbst als Prinzip dieser Erkenntnis. Diese mittelbare Erkenntnis und auch die habituelle Selbsterkenntnis kann erst im ewigen Leben durch die unmittelbare akthafte Selbsterkenntnis abgelöst werden.

Auch in seinem späten Aufsatz über die mystische Erfahrung, der auf die Argumente der Gegenseite antwortet, bleibt Gardeil bei seiner Thomas-Interpretation: Der dreieinige Gott selbst ist, ohne jede Vermittlung durch Geschaffenes, Objekt der mystischen Erfahrung, die durch die „missiones", die Sendung des Sohnes und des Geistes, in uns bewirkt wird.[275]

Gardeil versucht, den Unterschied zur visio beata zu bewahren, indem er nicht vom *Sehen* Gottes, sondern vom *Fühlen* Gottes in der mystischen Erfahrung redet. Die Erkenntnis Gottes werde nicht dadurch hergestellt, daß das Wesen Gottes unmittelbar dem menschlichen Intellekt erscheine (denn das wäre in der Tat visio beata), sondern durch Angleichung an die göttliche Natur („connaissance de connaturalité"), die durch die heiligmachende Gnade geschenkt werde. Diese Erkenntnis führe nicht zum Sehen, wohl aber zum „Fühlen, Schmecken und Berühren".[276] Durch den habitus der Gottesliebe und der Weis-

---

[272] Thomas von Aquin, de ver. q 10 a 1 ad 4 (Marietti-Ausgabe, 192b; zitiert bei Gardeil, La structure, Bd. 1, 134). Zur Engellehre vgl. auch Thomas von Aquin, STh I q 50–63.

[273] Ebd., q 89a 2.

[274] Vgl. dazu ausführlich und mit Thomas-Belegen: Gardeil, La structure, Bd. 2, 97–106.

[275] Gardeil (L'expérience, Bd. 33, 1; Hervorhebung im Original) gibt eine komprimierte Zusammenfassung seiner Untersuchung: „Selon la doctrine qui vient d'être exposée, c'est Dieu, immédiatement, sans aucun intermédiaire créé d'aucune sorte, qui est l'objet de l'expérience mystique; disons mieux: c'est sa réalité présente à notre âme et agissant sur elle par les Missions divines; disons davantage: ce sont les divines personnes envoyées, le Verbe et le Saint-Esprit, dans la propriété de leurs relations; c'est même la personne du Père qui les envoie et qui, par leur médiation, termine le retour de l'âme à Dieu, *ad quem ultimo recurrimus*."

[276] Gardeil, L'Expérience, Bd. 33, 5 (Hervorhebungen im Original): „ (...) une connaissance de connaturalité, laquelle ne fait pas voir, mais *sentir*, mais *goûter*, mais *toucher* (...)."

heit werde die menschliche Natur vergöttlicht, und durch diese Angleichung habe der Mensch direkten, unmittelbaren Kontakt mit Gott.[277]

Was aber ist zu den Wirkungen Gottes in der Seele zu sagen, die doch offensichtlich auch bei Thomas als das (geschaffene) Mittel zur Erfahrung Gottes in uns genannt werden? Gardeil verwirft die These von der Erkenntnis Gottes durch göttliche Wirkungen – als geschaffene Mittel im Menschen – zunächst mit dem Hinweis auf die hier immer bleibende Unsicherheit. Da wir, wie Thomas ausführt, über unser Sein im Stande der Gnade nicht ganz gewiß sein können, muß auch diese vermittelte Erkenntnis unsicher bleiben.[278] Würden also durch Erfahrung (cognitio experimentalis) immer nur jene *Wirkungen* erkannt, so könnte eine Verursachung derselben durch den einwohnenden Gott nicht mit Sicherheit erkannt werden. Dies sei, so Gardeil, aber nicht die Meinung des Thomas, und auch das „quasi" werde von ihm nicht zur Bezeichnung jener Unsicherheit, sondern im Vergleich mit der uns bekannten *sinnlichen* Erfahrung gebraucht.[279] Ähnlich wie diese sei nämlich die mystische Erfahrung eine direkte Erfahrung ohne Vermittlung durch Begriffe. Denn „in jeder wirklichen mystischen Erfahrung wird es eine absolut gewisse Erkenntnis unseres Gnadenstandes geben"![280] Wie aber soll diese sichere und unmittelbare Erfahrung erklärt werden?

Die Sendungen kommen zustande, indem der Seele Gaben, caritas und sapientia, in Form von *habitus* gegeben werden.[281] Während die gratia als ein „habitus entitativus" die Substanz der Seele umformt und erneuert, vollenden sapientia und caritas als „habitus activi" die Kräfte der Seele im Blick auf deren Aktionen. So sind sie es, die zur mystischen Erfahrung führen. Die in dieser Erfahrung sich realisierende Gemeinschaft mit Gott ist nicht nur zu unterscheiden von der visio beata, sondern auch von der mit der gratia gegebenen Einung mit der göttlichen Natur. Neben diesen beiden gibt es also noch eine *dritte* Weise, „Gott zu besitzen"! Hier kann sich Gardeil explizit auf Thomas berufen, der *drei* Weisen des „Besitzens" der göttlichen Person kennt:

---

[277] Vgl. ebd., 9 (Hervorhebung im Original): „L'effet de Dieu, c'est l'organe même d'une expérience immédiate par laquelle nous saisissons Dieu en Lui-même, non par manière de vision, mais par connaturalité. C'est un *habitus* surnaturel connsidéré soit au moment où Dieu l'infuse, soit quand Dieu l'augmente ou simplement l'actionne pour agir sur lui."

[278] Vgl dazu ebd., 11.

[279] Diese Erklärung scheint allerdings auf schwachen Füßen zu stehen. Denn nicht einmal jede natürliche cognitio experimentalis muß eine sinnliche Erfahrung sein! So wertet Thomas (STh I-II q 112 a 5 ad 1) die Erkenntnis der Seele über ihre Akte als eine cognitio experientialis.

[280] Ebd., 12: „Dans toute expérience mystique véritable, il y aura connaissance absolument certaine de notre état de grâce".

[281] Vgl. Thomas von Aquin, In I sent d 15 q 4 a 1 ad 1: „...ad rationem missionis non requiritur quod sit ibi cognitio actualis personae ipsius, sed tantum habitualis, inquantum scilicet in dono collato, quod est habitus, repraesentatur proprium divinae personae sicut in similitudine."

„(Q)uia quod datur alicui habetur aliquo modo ab illo. persona autem divina non potest haberi a nobis nisi vel ad fructum perfectum, et sic habetur per donum gloriae; aut secundum fructum imperfectum, et sic habetur per donum gratiae gratum facientis; vel potius sicut id per quod fruibili coniungimur, inquantum ipsae personae divinae quadam sui sigillatione in animabus nostris relinquunt quaedam dona quibus formaliter fruimur, scilicet amore et sapientia: propter quod spiritus sanctus dicitur esse pignus hereditatis nostrae."[282]

Neben dem Gnadenstand wird hier das „Haben Gottes" durch die Gaben der einwohnenden göttlichen Personen als besonders vorzüglich (potius!)[283] hervorgehoben. *Durch* diese Gaben werden wir mit dem „zu Genießenden" verbunden. Dabei ist nun entscheidend, daß in diesen Gaben die göttlichen Personen selbst wirken, mit ihrer Kraft zugegen sind:

„(U)lterius, sicuti praedicta originantur ex propriis personarum, ita etiam effectum suum non consequuntur ut conjungantur fini, nisi virtute divinarum personarum; quia in forma impressa ab aliquo agente est virtus imprimentis. unde in receptione hujusmodi donorum habentur personae divinae novo modo quasi ductrices in finem vel conjungentes. et ideo utraque processio dicitur datio, inquantum est ibi novus modus habendi."[284]

Die göttlichen Personen sind also selbst in Aktion, wenn Weisheit und Liebe ihre Wirkungen zeitigen. Gardeil schließt aus diesen Ausführungen, daß die Gaben also nicht dasjenige sind, *was* erkannt wird (quod), sondern das, *wodurch* die Personen selbst unmittelbar erkannt werden (quo).[285] Diese Erkennt-

---

[282] Ebd., d 14 q 2 a 2 ad 2 (Übers.: K.L.): „Denn was jemandem gegeben wird, wird in irgendeiner Weise von diesem besessen. Die göttliche Person aber kann von uns nur besessen werden entweder in vollkommenem Genuß, und so wird sie durch die Gabe der Glorie besessen, oder in unvollkommenem Genuß, und so wird sie durch die heiligmachende Gnade besessen; oder eher wie dasjenige, durch das wir mit dem zu Genießenden verbunden werden, insofern jene göttlichen Personen selbst gleichsam durch ihre Versiegelung in unseren Seelen bestimmte Gaben zurücklassen, durch welche wir formaliter genießen, nämlich durch die Liebe und die Weisheit: weshalb auch vom Heiligen Geist gesagt wird, er sei das Pfand unseres Erbes."

[283] Vgl. die schöne Erklärung dieses „potius" bei Gardeil, L'expérience, 143.

[284] Thomas von Aquin, In I sent, d 15 q 4 a 1 corp. (Übers.: K.L.): „Schließlich, wie die genannten [Gaben] aus den Eigenheiten der jeweiligen Personen hervorgebracht werden, so erreichen sie auch ihre Wirkung zur Vereinigung mit dem Ziel nur durch die Kraft der göttlichen Personen; denn in der Form, die durch einen Handelnden eingedrückt wird, ist die Kraft dessen, der eindrückt. Deshalb werden auf diese Weise im Empfang jener Gaben die göttlichen Personen selbst auf neue Weise besessen, indem sie gleichsam zum Ziel führen und mit ihm verbinden. Und so wird beider Hervorgang ‚Gabe' genannt, insofern hier eine neue Weise des Habens vorliegt."

[285] Gardeil, L'expérience, Bd. 33, 19f. Auch Philips (L'union, 143; Hervorhebungen im Original) unterstreicht mit Nachdruck, daß das „quibus" aus a 2 ad 2 instrumental zu übersetzen ist, indem er zu Recht auf die Unterscheidung von uti und frui hinweist: „Nous traduisons donc: *par* les dons nous jouissons des *personnes*. Les scolastiques nous ont appris de longue

nis ist eine vollkommene, da sie von der Liebe zu dem Erkannten begleitet ist. Die Gaben sind zwar nötig, damit die Erkenntnis Gottes stattfinden kann, sie sind aber nicht das, was selbst erkannt werden müßte, damit dann erst die Person selbst erkannt und geliebt würde.[286]

Die Unterscheidung der beiden genannten Interpretationswege scheint keine Spitzfindigkeit zu sein. Denn zwischen beiden gibt es bedeutende Unterschiede: Die Erklärung, wie sie etwa von Garrigou-Lagrange vertreten wird, orientiert sich am Modell der Erkenntnis durch Sehen. Die Gaben der sapientia und der caritas sind gleichsam Akzidenzien an der einwohnenden Substanz Gottes. Diese Akzidenzien werden *erkannt*, und mit ihnen wird dann auch Gott als Einwohnender gewußt. Die Interpretation Gardeils betont mehr die Erfahrung als *Schmecken* Gottes. Sapientia und caritas sind Mittel, die die menschliche Person soweit verändern, daß eine direkte Erfahrung Gottes möglich wird. Dies ist dann eine echte Erfahrung *Gottes*, ohne daß die Mittel selbst erkannt werden müßten. So gelingt es Gardeil, die personale Verbindung mit Gott besonders hervorzuheben und die einseitige Betonung der Gnade als qualitas zu korrigieren. Außerdem kann er so, anders als in der ersten Erklärung, eine Sicherheit der Erfahrung behaupten. Denn bei Thomas ist zwar die Identifizierung der *Mittel* als übernatürliche Gaben immer unsicher, aber – so fährt Gardeil fort – die direkte Erfahrung kann, ja muß zu einer Gewißheit führen. Man wird zunächst sagen müssen, daß diese Betonung einer *Gewißheit* der Aussage des Paulus in Röm 8,16 sicherlich näher kommt.

Eine andere Frage ist es allerdings, ob Gardeil mit dieser Erklärung nicht doch über *Thomas* hinausgeht. Die mystische Erfahrung soll ja wieder in eine gewisse Erkenntnis des *Gnadenstandes* münden.[287] Eine solche will Thomas ja nur als eine besondere Offenbarung gelten lassen. Direkte Erkenntnis Gottes ist unmöglich, da er unser Denken übersteigt. Da aber Gardeil die mystische Erfahrung als ein *normales* Ereignis im Christenleben ansieht,[288] muß er mit der postulierten sicheren Erkenntnis des Gnadenstandes etwas anderes als jene besondere, nur selten auftretende Offenbarung Gottes meinen. Der Gedanke ist offensichtlich dieser: Begrifflich (durch Schlüsse) können wir keine Gewißheit unseres Gnadenstandes erlangen. Nur diese *logische* Gewißheit hat Thomas abgelehnt! Durch *Erfahrung* aber kann sehr wohl der einwohnende Gott und damit auch der Gnadenstand auf gewisse Weise erkannt werden. In der Tat sind

---

date qu'on *use* des dons, l'amour et la sagesse, qui nous permettent de *jouir* des personnes. Jouir des dons n'est pas seulement s'arrêter en route, c'est contredire l'ordre fondamentale."

[286] Vgl. ebd., 23f (Hervorhebung im Original): „Mais ce *medium* ne relève pas de la causalité objective, mais de la causalité formelle, en tant que grâce, charité et sagesse doivent d'abord informer l'âme pour que l'acte divin soit nôtre".

[287] Nochmals das bereits erwähnte Zitat (ebd., 12): „Dans toute expérience mystique véritable, il y aura connaissance absolument certaine de notre état de grâce".

[288] Vgl. Gardeil, La structure, Bd. 2, 89f: Der betreffende Teil seiner Arbeit „sera consacré à montrer que l'expérience mystique est l'épanouissement final de la vie du chrétien en état de grâce", Ziel ist also „la mise en évidence de ce caractère normal de l'expérience mystique"!

jene Ausführungen des Thomas zur Unmöglichkeit sicherer Erkenntnis des Gnadenstandes deutlich auf eine logische Operation gerichtet.

> Es geht Thomas (STh I-II q 112 a 5 corp) um die „certitudo", die nur durch „dijudicari per proprium principium" ermöglicht wird. Als Beispiel werden dann die von ersten Grundsätzen ausgehenden logischen Operationen erwähnt: „Sic enim certitudo habetur de conclusionibus demonstrativis per indemonstrabilia universalia principia". In der Antwort auf das erste Argument unterscheidet Thomas dann gerade die Erfahrungserkenntnis („experimentali cognitione") als eine *andere* Art der Erkenntnis, die der Seele Aufschluß über ihr eigenen Wesen gibt. In der Antwort auf das zweite Argument führt Thomas aus, daß die „certitudo", also diese logische Gewißheit, nur im Intellekt gesucht wird, nicht aber im Strebevermögen (vis appetitiva), und dieses ist von gratia und caritas betroffen!

Nun muß man aber nochmals tiefer nachfragen: Neben der caritas ist ja auch die sapientia ein donum, daß zur quasi-experimentellen Erfahrung führt. Die sapientia aber ist bei Thomas dem Intellekt zugeordnet![289] Könnte dies – und das würde Gardeils These stützen – nicht bedeuten, daß es durch die Einwohnung zu einer Erkenntnis käme, die dann auch zu Urteilen gelangte, also etwa zu dem Schluß: „Ich habe die Gabe des Geistes empfangen"? Unterstützen würde diese These der Hinweis, daß wir ja durch die gratia „connaturales" mit Gott werden, also auch die Vernunft sich nicht mehr auf etwas uns völlig Fremdes beziehen müßte. Genau darauf legt Gardeil das Gewicht, wenn er die mystische Erfahrung als „connaissance par connaturalité" von einer bloßen „connaissance spéculative" unterscheidet.[290] Dieses Erkennen aber durch Wesensverwandtschaft ist nach Thomas gerade Werk der sapientia als Gabe Gottes:

> Weisheit bedeutet eine Rechtheit des Urteils gemäß den göttlichen Gründen (...). Die Rechtheit des Urteils aber kann auf zweifache Weise zustande kommen: einmal durch den vollkommenen Gebrauch der Vernunft, zum anderen auf Grund einer Wesensverwandtschaft zu den Dingen, über die man urteilen soll. (...) So gehört also das rechte Urteilen über göttliche Dinge auf Grund vernünftigen Nachdenkens zur Weisheit als Verstandestüchtigkeit; aber das rechte Urteilen über dieselben Dinge auf Grund einer Wesensverwandtschaft mit ihnen gehört zur Weisheit als Gabe des Heiligen Geistes".[291]

---

[289] Vgl. dazu STh I-II q 57 a 2; STh II-II q 45 a 2!

[290] Gardeil, L'expérience, Bd. 33, 7.

[291] Thomas von Aquin, STh II-II q 45 a 2 corp: „...sapientia importat quamdam rectitudinem judicii secundum rationes divinas: rectitudo autem judicii potest contingere *dupliciter: uno modo* secundum perfectum usum rationis: *alio modo* propter connaturalitatem quamdam ad es, de quibus jam est judicandum (...); sic ergo circa res divinas ex rationis inquisitione rectum judicium habere pertinet ad sapientiam, quae est virtus intellectualis: sed rectum judicium habere de eissecundum quamdam connaturalitatem ad ipsas, pertinet ad sapientiam, secundum quod donum est Spiritus Sancti". Dt. Text: Die deutsche Thomasausgabe, Bd. 17B, 169f.

Dieses Verständnis könnte sich dann auch auf 1 Kor 2,15 beziehen: „Der geistliche Mensch aber ergründet alles". Genau diese Stelle zitiert auch Thomas, wenn er dem mit sapientia erfüllten Menschen zubilligt, „die höchste Ursache schlechthin, die Gott ist"[292] zu *erkennen*!

Gardeil kann sich in der Betonung einer direkten Erfahrung der wirkenden göttlichen Personen auf Thomas berufen. Seine Behauptung, diese Erfahrung führe ihrerseits zu einer gewissen Erkenntnis des Gnadenstandes, ist als Thomasinterpretation eventuell vertretbar, wenn sie nicht im Sinne einer bloß intellektuellen certitudo mißverstanden wird. „Erkenntnis" hieße dann entweder ein Schmecken Gottes, das nicht mehr begrifflich ausgedrückt werden kann, aber dennoch gewiß ist. Oder sie bedeutete, bedingt durch die Gabe der sapientia, nun tatsächlich auch das begriffliche Urteil: „Ich habe die gratia sowie caritas und sapientia empfangen." Dabei bliebe allerdings die Frage, warum Thomas diese Lösung nicht angesprochen hat, als er die Möglichkeit einer Erkenntnis des Gnadenstandes verneinte.[293] Gardeil interpretiert deshalb auch eher in die erste Richtung und sucht Wendungen, die diese Erkenntnis ohne Begriffe fassen sollen: Die durch die sapientia bewirkte Erkenntnis bringt dazu, „die Reichtümer Gottes intellektuell zu fühlen".[294] Ausdrücklich wird hinzugefügt, daß diese Erkenntnis nicht nochmals von außen, durch Überlegungen, kontrolliert werden könnte.[295]

Es bleibt offen, ob Gardeils Interpretation als eine schlüssige Thomasdeutung angesehen werden kann. Jedenfalls bringt sie eindrücklich zum Vorschein, daß Thomas um die Erfahrung der Einwohnung, verbunden mit einer unmittelbaren Erkenntnis Gottes, gewußt und versucht hat, sie mit den (unzureichenden) Mitteln der Sprache zu formulieren. Seine Lehre kann als eine Aufnahme von 1 Kor 2,10f.15 und Röm 8,16 verstanden werden.

11. Appropriation?

Es ist schon deutlich geworden, daß die Einwohnung besonders durch die Lehre von den „missiones invisibiles" beleuchtet werden muß. Hier aber ergab sich

---

[292] Thomas von Aquin, STh II-II q 45 a 1 corp (Die deutsche Thomasausgabe, Bd. 17B,166. – Thomas kann dann (ebd., a 3 ad 3) sogar sagen, zur Weisheit gehöre die „contemplatio divinorum, quae est visio principii"!

[293] Vgl. dazu auch die ausführlichen Erklärungen des Thomas in de ver. q 10 a 10!

[294] Gardeil, L'expérience, 73: „faisant sentir intellectuellement les richesses de la réalité divine".

[295] Ebd.: „...telle est l'expérience mystique totale. Elle est pure, je veux dire qu'elle n'est mélangée d'aucune intervention conceptuelle. (...) Et comme toute la valeur de cette double expérience est dans l'effusion géminée des personnes divines, elle n'a rien à demander, pour être garantie, à un contrôle extérieur qui ne pourrait être qu'intentionnel."

für Thomas, daß bei der Sendung einer göttlichen Person eine Gabe geschenkt wird, die dieser Person genau entspricht. Dies würde darauf hinweisen, daß auch die Einwohnung von jeder göttlichen Person spezifisch ausgesagt werden muß, daß also jede Person auf eine *je eigene Weise* dem Menschen einwohnt. Auch der Vater, der ja nicht gesandt wird, würde dann auf eine ihm spezifische Weise einwohnen.[296]

Nun redet aber Thomas gerade in diesem Zusammenhang davon, daß die Gaben der Weisheit und der Liebe dem Sohn beziehungsweise dem Geist „approppriiert" seien.[297] Wie ist dies zu verstehen? Ist die *unterschiedene* Einwohnung der drei göttlichen Personen nur eine sprachliche Regelung, während eigentlich der dreieinige Gott ununterscheidbar einwohnt, da ja die Werke der Trinität „nach außen" nicht zu unterscheiden sind?

Die göttliche Dreieinigkeit, so führt Thomas in „de veritate" aus, kann vom Menschen auf zweierlei Weise erkannt werden.[298] Zunächst werden mit den „Proprietäten" die innertrinitarischen Relationen erkannt, indem Aussagen über den jeweiligen Ursprung der göttlichen Person gemacht werden. Durch diese Proprietäten, die nur aus der Offenbarung erkannt werden können, „wird die Dreiheit der Personen in der Gottheit *wahrhaft* erkannt".[299] Auf andere Weise wird die Dreiheit erkannt, indem die Wesenszüge (essentialia) „den einzelnen Personen speziell zugeschrieben (appropriiert) werden".[300] Durch solche Appropriationen wird nun die Trinität nicht vollkommen (perfecte) erkannt, da diese Wesenszüge auch bleiben, wenn man sich die Dreiheit wegdenkt. Ist aber die Trinität vorausgesetzt, so ergeben sich diese Zuordnungen durch eine gewisse Ähnlichkeit zu den Eigentümlichkeiten der jeweiligen Personen. Die Appropriationen werden, im Gegensatz zu den Proprietäten, von der menschlichen Vernunft erkannt.[301] Im Anschluß an diese Ausführungen kann man mit Salmann definieren: „Appropriation ist jenes Verfahren, durch welches einer göttl[ichen] Person Eigenschaften od[er] Tätigkeiten bes[onders] zugesprochen werden, die in Wirklichkeit allen Personen gemeinsam sind."[302]

Bei der Klärung dieser Frage zeigt sich, daß die Zusammenfügung der Einwohnungsfrage mit der Lehre von den „Missionen" von entscheidender Bedeutung ist. Denn die Missionen selbst werden nicht durch Appropriation als Werk der Vernunft, sondern, wie die Proprietäten, durch das Zeugnis der Offenba-

---

[296] Thomas (In I q 43 a 5) weist darauf hin, daß der Vater *nicht* gesandt wird, aber dennoch einwohnt (ad 2!). Der ganze Artikel ist zentral für die Frage der Appropriation.

[297] Z.B. Thomas von Aquin, in I sent. d 14 q 2 a 2 ad 3: „...cognitio (...) quae accipitur ex aliquo dono appropriato personae, scilicet per amorem, quando spiritus sanctus datur".

[298] Vgl. Thomas von Aquin, de ver. q 10 a 13. Vgl. zur Stelle Gardeil, L'expérience, Bd. 32, 1114.

[299] Ebd., corp (Marietti-Ausgabe, 222a): „vere trinitas personarum cognoscitur in divinis". Deutscher Text nach: Thomas von Aquin, Untersuchungen, Bd. 1, 276 (Hervorhebung: K.L.).

[300] Ebd. Zu den Appropriationen vgl. auch Thomas von Aquin, STh I q 39 a 7.

[301] Thomas von Aquin, de ver. q 10 a 13 corp (Marietti-Ausgabe, 222a): „Haec autem personis appropriata naturali cognitione cognosci possunt; propria vero personarum nequaquam."

[302] Salmann, Appropriation, 891.

rung erkannt. *Hier handelt es sich um die Personen unterscheidende Relationen.*[303] Dies wird besonders an den missiones visibiles, also an der Inkarnation wie etwa an der Sendung des Geistes bei der Taufe Jesu, deutlich.[304] Man kann also wohl im Sinne dieser Ausführungen des Thomas weiterdenken: Auch bei den missiones invisibiles ist, da sie im biblischen Zeugnis einzeln genannt werden, von einer realen Unterscheidung auszugehen. Lediglich die Zuordnung der jeweiligen *Gabe* ist also appropriiert, während die unterschiedene Sendung der *Personen* des Sohnes und des Geistes sowie die Einwohnung auch des Vaters auf den realen Relationen innerhalb der Trinität beruht. Dies wird auch dadurch deutlich, daß vom Vater deshalb keine Sendung ausgesagt wird, weil ihm in den innertrinitarischen Relationen nicht das Sein von einem anderen (esse ab alio) zukommt.[305]

Ferner wird auch von Thomas das Argument zurückgewiesen, eine der beiden Sendungen sei überflüssig. Denn wenn man auf den Ursprung der Personen schaut, so unterscheidet sich die Sendung des Sohnes von der des Geistes, „wie sich die Zeugung unterscheidet von dem Hervorgang".[306] Sind die Sendungen so fest mit den göttlichen Hervorgängen verknüpft, so kann man die je spezifische Einwohnung der einzelnen Personen eben von den innertrinitarischen Hervorgängen her charakterisieren: „Gemeinsam wirken die drei Personen in der Seele der Gerechten und wohnen in ihr; aber dem Vater allein ist es eigentümlich, so einzuwohnen, daß er sich selbst gibt und zugleich den Sohn und den Hl. Geist sendet, während der Sohn gesandt und sendend, der Hl. Geist hingegen nur gesandt der Seele einwohnt, ohne daß beide dadurch an Vollkommenheit hinter dem Vater zurückständen."[307]

12. Zusammenfassung

Die Einwohnungslehre des Thomas von Aquin beeindruckt, wie sein ganzes Werk, durch die Klarheit und Schönheit der Gedankenführung. Die inhabitatio erscheint an zentraler Stelle des großen exitus-reditus-Schemas, das die gesamte Heilsgeschichte beschreibt. Wohnt Gott durch seine schaffende Allmacht

---

[303] Dies wird schon an der Definition der missio deutlich (STh I q 43 a 1 corp; Hervorhebung: K.L.): „Missio igitur divinae personae convenire potest secundum quod importat ex una parte *processionem originis a mittente*; et secundum quod importat ex alia parte novum modum existendi in aliquo."

[304] Zu den sichtbaren Sendungen vgl. ebd., a 7.

[305] Vgl. ebd., a 4 corp; a 5 corp.

[306] Ebd., a 6 ad 3 (Die deutsche Thomasausgabe, Bd. 3, 327).

[307] Diekamp, Katholische Dogmatik, I, 352. – In der Neuscholastik nahm die Frage, ob die Einwohnung appropriiert sei, eine zentrale Stelle ein und wurde in diffizilen Spekulationen abgehandelt. Vgl. dazu besonders Schauf, Einwohnung.

ohnehin in seiner Kreatur (exitus), so stiftet er dem Menschen den appetitus nach der visio beata als Ziel seines Seins ein. Dieses Ziel wird erreicht durch die Erlösung und Heiligung des gefallenen Menschen (reditus). Die inhabitatio ist das zentrale Angeld auf diesem Weg, ist partielle Vorwegnahme der seligen Schau im irdischen Leben.

Allerdings wird diese zentrale Stellung der Einwohnung dadurch getrübt, daß über weite Strecken der Gnadenlehre nur noch die geschaffene Gnade im Blick bleibt, während die Einwohnung der göttlichen Personen eher im Zusammenhang mit den Missionen und der Frage der Gotteserkenntnis behandelt wird. Daß die gesamte Heiligung des Menschen, also alles, was im zweiten Teil der Summa beschrieben wird, ohne die Einwohnung Gottes nicht möglich ist, wird zwar vorausgesetzt, tritt aber neben der Rede von der habituellen Gnade in den Hintergrund.

Positiv fällt auf, daß es die in neuerer Zeit vielbeschworene Alternative zwischen Einwohnung als einem *personalem* Vollzug oder als einer *ontischen* Vereinigung bei Thomas gar nicht gibt. Schon die Erklärung der Einwohnung als Erkenntnis und Liebe weist auf ein Geschen zwischen *Personen* hin. Gleichzeitig sind Gotteserkenntnis und die Gottesliebe als *habitus* ontische Veränderungen im Wesen des Menschen. Ja, man wird sagen müssen: *der personale Vorgang der fruitio Dei ist ein substanzhafter Vorgang*, weil sich die Substanz Gottes mit der des Menschen verbindet. Bedenkt man ferner, daß der Begriff des „habitus" die Übersetzung der aristotelischen „ἕξις" ist und wie dieser Begriff zum Wortfeld des Habens und der Teilhabe gehört, das „Haben" nun aber spezifisch von den göttlichen Personen ausgesagt ist, dann wird deutlich, daß die Erklärungen des Thomas jene Alternative nicht kennen, weil sie der Sache nicht angemessen erscheint.[308]

Auf der anderen Seite erhält die Einwohnungslehre des Aquinaten eine schwere Bürde durch das durchwegs festgehaltene Axiom von der Unveränderlichkeit Gottes. Es führt dazu, daß auch die Einwohnung streng genommen kein neues Verhältnis Gottes zum Menschen, sondern nur des Menschen zu Gott sein darf. Die inhabitatio verändert nicht Gott, sondern allein den Menschen. Es ist der *Mensch*, der hier in Bewegung gerät, indem er Gott empfängt „ut cogitum in cognoscente et amatum in amante". Thomas weist deshalb ausdrücklich darauf hin, daß es sich bei der Verbindung der Heiligen mit Gott – im Unterschied zur hypostatischen Union – um eine „operatio", eine Handlung des Menschen handelt![309] Es ist oben schon darauf hingewiesen worden, daß dadurch die deutlichen neutestamentlichen Aussagen, die vom „Wohnung nehmen" der göttlichen Personen sprechen, zu einseitig als Qualität oder Akt des

---

[308] Zur auf Augustin zurückgehenden Erinnerung, daß „habitus" von „habere" kommt, vgl. Thomas von Aquin, STh I-II q 49 a 1 arg 1.

[309] Thomas von Aquin, STh III q 2 a 10 corp.

Menschen in den Blick geraten.[310] Ferner ist zu bedenken, daß hier lediglich der Geist als „Ort" des Wohnens Gottes in den Blick gerät, während der menschliche *Leib* nur als Instrument für geistgewirkte Taten Erwähnung findet.

Nimmt man die zitierten Aussagen über die göttlichen Missionen hinzu, so wird deutlich, daß selbstverständlich die Veränderungen auf Seiten des Menschen durch die (ewige) Tat Gottes begründet sind. Der Konflikt, der sich hier anläßlich der behaupteten Unveränderlichkeit Gottes auftut, müßte dennoch weiter bedacht werden. Insbesondere wäre zu überprüfen, ob man tatsächlich jede Relation zwischen Gott und Geschöpf als eine für Gott nur gedachte bezeichnen darf.[311]

Die paulinischen Aussagen in Röm 8,16 und 1 Kor 2,10f.15, die auf eine Gewißheit der Einwohnung des Geistes hindeuten, hat Thomas in seiner Lehre von der sapientia als göttlicher Gabe festgehalten. Es bleibt aber eine offene Frage, warum er andererseits in der Untersuchung einer Gewißheit des Gnadenstandes nur erkenntnistheoretische Argumente beibringt und so zu einer negativen Antwort kommen muß.

---

[310] Dies gilt, auch wenn Gardeil (La structure, Bd. 2, 25f) sich mit einem gewissen Recht auf Joh 14,23 beruft: „*Wer mich liebt,* der wird mein Wort halten; und mein Vater wird ihn lieben, und wir werden zu ihm kommen und Wohnung bei ihm machen."

[311] Thomas von Aquin, STh I q 13 a 7 corp.

III. Die neuere katholische Theologie

1. Die Einwohnungslehre in der „Neuscholastik"

1.1 „Neuscholastik"

Als protestantischer Theologe macht man sich wohl kaum eine Vorstellung davon, welche Flut von Literatur die Frage der Einwohnung Gottes in der katholischen Forschung von etwa 1850 bis zum zweiten Vatikanischen Konzil (und noch darüber hinaus) hervorgebracht hat. Deshalb soll im folgenden eine kurze Einführung in dieses Schrifttum gegeben werden. Da der bezeichnete Abschnitt katholischer Theologie meist unter dem Stichwort „Neuscholastik" subsumiert wird, ist zunächst dieser Begriff inhaltlich zu füllen.

Entscheidend für die Eingrenzung der sogenannten „Neuscholastik" ist die Frage, ob man diesen Begriff negativ zur Bezeichnung einer „bloßen" Repristination der Theologie des Mittelalters verwenden, oder aber mit ihm das gesamte Feld derjenigen theologischen Bemühungen bezeichnen will, die verstärkt an die scholastische Tradition anknüpfen und sie eventuell auch zu anderen Philosophien in Beziehung setzen. Aus der Geschichte der Verwendung dieses Begriffes, über die besonders Heinrich Schmidinger aufgeklärt hat,[1] sind beide Vorgehensweisen bekannt.

Der Begriff „Neuscholastik" stammt aus der zweiten Hälfte des 19. Jahrhunderts. Er wurde zunächst als „politisches Schlagwort"[2] verwendet, indem er mit dem Begriff „Ultramontanismus" zusammengestellt und negativ gewertet wurde. Neuscholastik war demgemäß eine dem Papst ergebene, nach rückwärts gewandte, besonders von Jesuiten betriebene reaktionäre Theologie, die ihre Vertreter in Italien, Spanien, Frankreich, Belgien und Deutschland hatte. Als Hochburgen dieser Theologie in Deutschland galten besonders Mainz und Würzburg.[3] Eine entscheidende Rolle für den Aufschwung der Neuscholastik (und ebenso für eine positive Verwendung dieses Begriffs) spielte die Enzyklika „Aeterni Patris" Leos XIII. vom 4. August 1879.[4] Leo forderte dazu auf, „zum Wohle der Gesellschaft und zum Wachstum aller Wissenschaften die goldene Weisheit des heiligen Thomas wieder-

---

[1]   Schmidinger, Neuscholastik; ders., „Scholastik" und „Neuscholastik". Der folgende Exkurs greift auf diese Arbeiten zurück.

[2]   Schmidinger, „Scholastik" und „Neuscholastik", 49.

[3]   Zur Neuscholastik in Deutschland und Österreich vgl. Walter, Deutschland – Österreich.

[4]   Zur Geschichte und Wirkung dieser Enzyklika vgl. Aubert, Enzyklika.

herzustellen und möglichst weit zu verbreiten", fügte aber sogleich hinzu, dies bedeute nicht, etwas nachzuahmen, was „mit den Forschungsergebnissen der späteren Zeit weniger in Einklang steht oder schließlich in irgendeiner Weise nicht wahrscheinlich ist".[5] Die Aufnahme der thomistischen Lehre beinhalte vielmehr, „vetera novis augere et perficere".[6] In der Folgezeit wird „Neuscholastik" nun auch als Selbstbezeichnung und beispielsweise in Zeitschriftentiteln[7] verwendet. Neuscholastische Theologie kann sich dabei einerseits als möglichst genaue, historische Erforschung des thomistischen Erbes ohne Bezug auf gegenwärtige Strömungen darstellen.[8] Sie kann aber auch den dezidierten Versuch meinen, die Philosophie des Aquinaten mit moderner Philosophie zu vermitteln. Ein prägnantes Beispiel hierfür ist der Belgier Joseph Maréchal und seine frankophone wie auch seine deutsche Schule.[9] In solchen Versuchen wird Neuscholastik „wirklich zu einer *neuen* Form von Scholastik".[10] Gebraucht man den Begriff in diesem Sinne, dann ergeben sich sogar Überschneidungen mit dem Begriff der „nouvelle théologie" in Frankreich.

Die „Neuscholastik" im hier verwendeten *weiteren* Sinne des Wortes stellt ein facettenreiches, faszinierendes Gebilde der neueren Theologiegeschichte dar, dessen Vertreter aus den verschiedensten Ländern und Sprachgruppen kommen.[11] Bedeutende Zentren des theologischen Studiums widmen sich der Erforschung der thomistischen Philosophie, neugegründete Zeitschriften wissen sich dieser Richtung verpflichtet.

Es würde schwerfallen, hier alle Namen aufzuführen, einige markante Beispiele, sowohl aus dem 19. wie auch aus dem 20. Jahrhundert, sind jedoch zu nennen:[12]

---

[5] Denzinger/Hünermann, Enchiridion, 3140. Der ganze Text findet sich in ASS 12 (1879/80), 97–115.

[6] Leo XIII., Aeterni Patris, in: ASS 12, 111 (zitiert bei Schmidinger, Neuscholastik, 772).

[7] Vgl. die „Revue néo-scolastique" (Löwen 1894–1909, dann unter dem Titel „Revue néo-scolastique de philosophie, 1910–1945), Rivista di filosofia neo-scolastica (Mailand 1909ff), New Scholasticism (Washington D.C. 1927ff).

[8] Dabei sind „Thomismus" und „Neuscholastik" nicht einfach identisch, da auch andere scholastische Richtungen in der Neuscholastik neu zur Geltung kamen. Gemäß „Aeterni Patris" aber nimmt die Philosophie des Thomas die überragende Stellung ein. Zur Unterscheidung von „thomistisch" und „thomanisch", die hier und da angewandt wird, vgl. Coreth, Schulrichtungen, 397.

[9] Vgl. dazu Lotz, Maréchal; Jacobs, Maréchal-Schule; Muck, Maréchal-Schule.

[10] Schmidinger, „Scholastik" und „Neuscholastik", 51 (Hervorh. im Orig.). Schmidinger (ebd., 51f) fügt an, daß der Bedeutungswandel des Begriffes letztlich zu seiner Auflösung führt, sodaß er heute nur selten als Selbstbezeichnung auftritt.

[11] Einen guten Überblick, ja eine Fundgrube bezüglich der Länder, Autoren, Zeitschriften und Themen bietet der zweite Band des von Emerich Coreth, Walter M. Neidl und Georg Pfligersdorffer herausgegebenen Werkes über „Christliche Philosophie im katholischen Denken des 19. und 20. Jahrhunderts" (Christliche Philosophie, Bd. 2: Rückgriff auf scholastisches Erbe, Graz u.a., 1988).

[12] Diese Aufzählung nach Söhngen, Neuscholastik, Fendt, Neuscholastik; Hamman, Neuscholastik, Philipp, Neuthomismus, sowie besonders unter Verwendung der nach Ländern geordneten Beiträge in: Christliche Philosophie (hg. v. E. Coreth u.a.), Bd. 2.

In *Italien* trägt das Collegio Alberoni in Piacenza entscheidend zum Entstehen der Neuscholastik bei. 1880 wird hier die Zeitschrift „Divus Thomas" gegründet. Leo XIII. gründet 1879 die „Accademia Romana di S. Tommaso d'Aquino", die bis heute in der Thomasforschung federführend ist. Etwa gleichzeitig beginnt die Arbeit an der „Leonina", der wissenschaftlichen Thomasausgabe. Auch an der Gregoriana in Rom gewinnt die Neuscholastik an Einfluß. In Rom werden auch die Zeitschriften „Civiltà Cattolica" (1850ff) und „Gregorianum" (1920ff) herausgegeben. Ferner sind das Franziskanische Institut von Quaracchi und die Università Cattolica del S. Curore in Mailand („Rivista di filosofia neo-scolastica", Florenz/Mailand 1909ff) zu nennen. Thomistische Akademien entstehen in Bologna (1853); Perugia (1871) und, von Bologna aus organisiert, in den Abruzzen (Accademia filosofico-medica di S. Tommaso d'Aquino, 1874).

In *Spanien* ist vor allem die Universität von Salamanca (La Ciencia Tomista, 1910ff) zu nennen. In Madrid wird 1857 die Real Academia de Ciencias Morales y Politicas gegründet. Der bedeutendste Lehrer ist im 19. Jahrhundert wohl der Dominikaner Ceferino González (1831–1895), im 20. Jahrhundert ist besonders Juan Zaragüeta Bengoechea (1883–1975) zu nennen. In Portugal („Revista portuguesa de filosofia", Lissabon, 1945ff) und in Lateinamerika gewinnt die Neuscholastik ebenso an Boden.

In *Frankreich und Belgien* (sowie im französischsprachigen Teil Kanadas) zählen Antonin-Dalmace Sertillanges (1863–1948), Pierre Rousselot (1878–1915), Jaques Maritain (1882–1973), Etienne Gilson (1884–1978), Marie-Dominique Chenu (1895–1990) und Yves Congar (1904–1995) zu den bedeutendsten Gelehrten der Neuscholastik. Einschlägige Zeitschriften sind zum Beispiel die „Revue des sciences philosophiques et théologiques" (Paris, 1907ff), die „Revue de métaphysique et de morale" (Paris, 1893ff), die „Revue thomiste" (Brügge, Paris 1893ff), der „Bulletin Thomiste" (Etiolles, Paris, 1924) oder auch die „Annales de philosophie chrétienne" (Paris, 1830–1913).[13] Besonders hervorzuheben sind auch die berühmten Nachschlagewerke, insbesondere der „Dictionnaire de théologie catholique" (1899–1950) und, in dessen Nachfolge, der „Dictionnaire de spiritualité ascétique et mystique, doctrine et histoire" (1937–1994). Belgien besitzt mit dem Löwener Institut Supérieur de Philosophie, das von Kardinal Désiré Mercier (1851–1926) gegründet wird, ein Zentrum der Neuscholastik. Hier gelten die „Revue néoscolastique (de philosophie)" (Löwen, 1894–1945), die Ephemerides theologicae Lovanienses (Löwen, Brügge, 1924ff) und die „Recherches de théologie ancienne et médiévale" (Löwen, 1929ff) als wichtige Publikationsorgane. Der Löwener Philosoph Joseph Maréchal (1878–1944) wurde bereits erwähnt.

In den *Niederlanden* entsteht das Jesuitenkolleg in Valkenburg (1894) und die katholische Universität Nimwegen (1923). An der katholischen Universität in Washington (New Scholasticism, 1927ff) und besonders mit dem 1929 von E. Gilson in Toronto gegründeten Institute of Medieval Studies entstehen Zentren der Neuscholastik im *englischsprachigen* Raum. Als englischsprachiger Neuscholastiker sei besonders Bernard J. F. Lonergan (1904–1984) erwähnt.

---

[13] Gilbert, Die dritte Scholastik, gibt einen guten Überblick über die reiche französische Zeitschriftenlandschaft, ebenso wie über die wichtigsten Autoren und Institute.

Im *deutschsprachigen* Raum schließlich entstehen ebenfalls eine Fülle neuer Zeitschriften, so z.B. in Freiburg die „Scholastik" (1926–1965, ab dann unter dem Titel: „Theologie und Philosophie"), die „Zeitschrift für katholische Theologie" (Wien, 1877ff) und das „Philosophische Jahrbuch der Görres-Gesellschaft" (Fulda, 1888ff). Im schweizerischen Freiburg wird das Jahrbuch „Divus Thomas" (1914–1953, ab dann unter dem Titel: „Freiburger Zeitschrift für Philosophie und Theologie") herausgegeben. Für die historische Mittelalterforschung sind besonders Joseph Denifle (1844–1905), Martin Grabmann (1875–1949) und Artur Michael Landgraf (1895–1958) zu nennen, in der Dogmatik Bernhard Bartmann (1860–1938), Franz Diekamp (1864–1943), mit Einschränkung auch Matthias Joseph Scheeben (1835–1888), ferner für die neueren Richtungen Erich Przywara (1889–1972), Johannes Baptist Lotz (1903–1992), Karl Rahner (1904–1984), in der Philosophie beispielsweise Joseph Kleutgen (1811–1883) und Edith Stein (1891–1942). 1843 wird das Lyzeum zu Eichstätt gegründet, wo Bartmann und Diekamp studierten, 1862 das Jesuitenkolleg in Maria Laach.

1.2 Das Thema der „Einwohnung" in der Neuscholastik

Das Thema der Einwohnung ist in diesen Schulen häufig bearbeitet worden, ja, als Höhepunkt der Gnadenlehre sind ihm sogar auffallend viele Publikationen gewidmet.

Den besten Zugang zu der reichen Literatur bieten die beiden ersten Abschnitte des Artikels „Inhabitation" des „Dictionnaire de Spiritualité", die von Roberto Moretti verfaßt und 1971 erschienen sind.[14] Für die Untersuchungen bis 1950 bietet Michel im „Dictionnaire de Théologie Catholique", unter dem Stichwort „Trinité (Missions et habitation des personnes de la)" einen ausführlichen Überblick.[15] Beide Artikel schlagen auch eine Systematik vor, um die Arbeiten nach inhaltlichen Aspekten zu gliedern. Eine gute Darstellung der Literatur der zweiten Hälfte des 19. Jahrhunderts hat Schauf in seiner Dissertation zum Thema gegeben.[16] Auch die beiden einschlägigen Aufsätze Karl Rahners[17] bieten reichlich Literaturhinweise. In der lateinischen verfaßten Monographie von Trütsch[18] wird die Diskussion bis 1949 vorgestellt und diskutiert, Chirico[19] führt die Darstellung bis ins Jahr 1960. Neuere Literatur ist auch bei Philips[20] zu finden. Die Arbeit von Flick/Alszeghy,[21] Standardwerk zur Gnadenlehre, enthält einen wertvollen Überblick zum Thema der Ein-

---

14 Moretti, Inhabitation.
15 Michel, Trinité.
16 Schauf, Einwohnung, im zweiten Hauptteil der Arbeit.
17 Rahner, Begrifflichkeit; ders., Natur und Gnade.
18 Trütsch, SS. Trinitatis inhabitatio.
19 Chirico, Divine indwelling.
20 Philips, L'union.
21 Flick/Alszeghy, vangelo. Dieses Werk bietet besonders reiche Literaturlisten zum gesamten Gebiet der Gnadenlehre.

wohnung. Schließlich hat Johannes Stöhr in einem jüngst erschienenen Aufsatz die gesamte neuzeitliche Diskussion zusammengefaßt.[22]

Um einen Überblick über diejenigen Probleme zu gewinnen, die in der neueren katholischen Theologie behandelt werden, ist es hilfreich, die beiden päpstlichen Enzykliken voranzustellen, die sich mit diesem Thema befaßt haben. Sie geben zum einen die Hauptthemen, zum anderen auch die Grenzen, in denen Antworten zu suchen sind, für die katholische Theologie vor. Leo XIII., Verfasser der die Thomasstudien favorisierenden Enzyklika „Aeterni Patris", hat bezeichnender Weise auch direkt zum Thema der Einwohnung Stellung genommen. In der Enzyklika „Divinum illud munus" (9. Mai 1897) betrachtet er die unterschiedlichen Stufen der Einwohnung des Heiligen Geistes im Menschen.

Zunächst werden Taufe und Firmung als Mittel genannt, durch die dem Menschen der Geist geschenkt werde. Um diese Einwohnung von der Allgegenwart Gottes zu unterscheiden, wird an die Lehre des Thomas erinnert, der die Allgegenwart mit den Begriffen der potentia, praesentia und essentia Dei verdeutlicht hatte.[23] Leo fährt fort: „Im Menschen jedoch ist Gott nicht nur wie in den Dingen, sondern je mehr er von ihm erkannt und geliebt wird; zumal wir ja durch die Anleitung der Natur das Gute aus eigenem Antrieb lieben, wünschen und erstreben. Außerdem wohnt Gott aus Gnade der gerechten Seele ein wie in einem Tempel, auf ganz innige und einzigartige Weise; daraus folgt auch jene Notwendigkeit der Liebe, mit der die Seele Gott aufs verbundenste anhängt, mehr als ein Freund einem noch so wohlwollenden und geliebten Freund <anhängen> kann, und sich seiner in Fülle und Lieblichkeit erfreut. Obwohl aber diese wunderbare Verbindung, die mit ihrem Namen *Einwohnung* heißt und sich nur der Verfassung bzw. dem Zustand nach von jener unterscheidet, mit der Gott die Himmelsbewohner beseligend umfängt, wahrhaft bewirkt wird durch die Gegenwart der Gottheit der ganzen Dreifaltigkeit – ‚zu ihm werden wir kommen und Wohnung bei ihm nehmen' [*Joh 14,23*] –, wird sie dennoch als besondere vom Heiligen Geist ausgesagt. Denn die Spuren der göttlichen Macht und Weisheit kommen sogar im ungerechten Menschen zum Vorschein; der Liebe, die gleichsam das eigentümliche Merkmal des Geistes ist, ist kein anderer als der Gerechte teilhaft."[24]

In den Worten dieser Enzyklika sind bereits alle wichtigen Fragen der kommenden theologischen Auseinandersetzungen angesprochen: Zunächst wird die Einwohnung eindeutig von der Allgegenwart Gottes unterschieden. Auffallend ist aber, daß sich hier eine dreifache Unterscheidung findet, indem zwischen der Allgegenwart Gottes in den Dingen und seiner Einwohnung in den Gläubigen noch die Zwischenstufe seiner Gegenwart in den Menschen überhaupt, unter Absehung von ihrer Wiedergeburt, tritt. Es stellt sich hier also die Frage, inwieweit der Mensch schon qua Menschsein eine Einwohnung Gottes erfährt

---

[22] Stöhr, Neuzeitliche Diskussionen.
[23] Vgl. dazu die Ausführungen oben zu Thomas v. Aquin, Abschnitt 4.
[24] Zitiert nach Denzinger/Hünermann, 3330f (Hervorhebungen im Original).

oder für sie disponiert ist. Damit ist das zentrale Thema der Unterscheidung von Natur und Gnade angesprochen. Deutlich ist ferner, daß, ganz der Lehre des Thomas folgend, die Einwohnung als Vorstufe der visio beata betrachtet und durch die Akte des Erkennens und Liebens erklärt wird. Schließlich ist das Problem der Appropriation angesprochen, in dieser Formulierung allerdings in der Schwebe gelassen.

Eine Generation später hat Pius XII. in seiner berühmten Enzyklika „Mystici corporis" (29. Juni 1943) erneut das Thema behandelt. Er zitiert die Enzyklika Leos XIII. und schließt sich ausdrücklich der Deutung der Einwohnung von der visio beata aus an. Besonders betont wird aber der Geheimnischarakter dieser göttlichen Einwohnung, aus dem die Unvollkommenheit aller menschlicher Beschreibung abgeleitet wird. Empfohlen wird deshalb die Suche nach der analogia fidei und nach dem Zusammenhang der göttlichen Geheimnisse wie auch die Erkenntnis, die durch den Blick auf das letzte Ziel des Menschen – eben die visio beata! – gewonnen wird.[25] Ferner weist Pius XII. auf die Gefahr einer pantheistischen Tendenz hin, wenn er jede Lehre zurückweist, die den Menschen selbst über sein Sein als Geschöpf erhebt:

> „...daß jede Weise dieser mystischen Vereinigung zurückzuweisen ist, durch die die Christusgläubigen auf irgendeine Weise so die Ordnung der geschaffenen Dinge überschreiten und voller Anmaßung ins Göttliche eindringen, daß auch nur eine einzige Eigenschaft der ewigen Gottheit von ihnen als eigentümliche ausgesagt werden kann."[26]

Die Enzyklika hält ferner daran fest, daß die Wirkursächlichkeit dieser Einwohnung immer der Trinität als ganzer zuzuschreiben ist. Auch mit dieser Formulierung ist das Problem der Appropriation gestreift worden. Es bleibt offen, ob die einzelnen göttlichen Personen je eigene Relationen zum Gläubigen haben können.

Es ist also zunächst festzuhalten, daß es für etliche zentrale Aussagen bezüglich der Einwohnung Gottes lehramtliche Vorgaben und damit auch Klarheit der römisch-katholischen Lehre gibt:[27] a) Die inhabitatio Dei im Gläubigen ist ein Faktum. b) Die ganze Trinität wohnt in der Seele der Wiedergeborenen. c) Die Personen der Trinität sind selbst gegenwärtig, nicht nur ihre Gaben. d) Es besteht ein Zusammenhang zwischen Gnade und Einwohnung. e) Erkenntnis und Liebe sind für diese Einwohnung, wenigstens als habitus, von zentraler Bedeutung. f) Die Gegenwart Gottes wird durch eine Handlung der Trinität realisiert. g) Die Einwohnung ist von der Allgegenwart Gottes zu unterscheiden.

Unklarheiten bestehen demgegenüber hinsichtlich der näheren Definition der Einwohnung. Es sind nun im wesentlichen *zwei Hauptthemen*, um die die

---

[25] Vgl. ebd., 3815.
[26] Ebd., 3814.
[27] Diese Aufzählung nach Moretti, Inhabitation, 1747.

Untersuchungen zur Einwohnung Gottes immer wieder kreisen:[28] *Zum einen* wird nach der ontologischen Beschreibung der Einwohnung gefragt. Kann die Erklärung des Thomas, die die Einwohnung als Erkennen und Lieben definiert, aufgenommen und näher erklärt werden? Dazu gehört auch, gerade in der Maréchalschule, die Frage, ob diese Erklärung auch angesichts der Transzendentalphilosophie Kants beibehalten werden kann. Ferner gehört in diesen Fragenkreis das Problem der Unterscheidung von Natur und Gnade sowie von geschaffener und ungeschaffener Gnade. *Zum anderen* tritt nun besonders das Problem der „Appropriation" auf den Plan: Ist die Einwohnung des dreieinigen Gottes eine je spezifische Verbindung der drei göttlichen Personen, oder wird sie etwa dem Geist (oder dem Sohn) nur „appropriiert", zugeordnet?

Im Folgenden wird besonders der ersten dieser beiden Fragen, also der ontologischen Klärung der Einwohnung, nachgegangen. Die Frage der „Appropriation" wird berührt und auf ihre Implikationen hin überprüft, ohne daß jedoch die Fülle der hier vorgetragenen Hypothesen angemessen vorgestellt werden könnte. Für beide Fragen gilt, daß die Darlegungen *Karl Rahners* exemplarisch erörtert und in den Rahmen der umfangreichen Diskussion gestellt werden sollen. Denn Karl Rahner hat sich besonders um die Neuinterpretation der Einwohnung verdient gemacht und sie mit seinen trinitätstheologischen Überlegungen ganz neu ins Zentrum der Dogmatik gerückt.

Bei der Untersuchung der Ausführungen Rahners darf nicht ablenken, daß er weniger mit dem Begriff der „Einwohnung" arbeitet, sondern sich besonders dem der „ungeschaffenen Gnade" zuwendet. Es hängt dies, wie im folgenden darzulegen, mit besonderen Konstellationen der katholischen Tradition zusammen. Bei der Lektüre der rahnerschen Texte wird völlig deutlich, daß mit der „ungeschaffenen Gnade" die Präsenz Gottes selbst im Menschen bezeichnet werden soll. Sowohl in seinem Programmaufsatz zur Begrifflichkeit der ungeschaffenen Gnade[29] als auch in seinem großen Traktat zur Trinität[30] hat Rahner deutlich gemacht, daß sein Nachdenken über die „ungeschaffene Gnade" auf die Erklärung des neutestamentlichen Zeugnis von der Gabe des Geistes beziehungsweise vom „Wohnen" Gottes im Menschen zielt.

---

[28] Zu dieser Fokussierung auf zwei Hauptfragen vgl. Haible, Einwohnung, 2.
[29] Vgl. Rahner, Begrifflichkeit, 354.
[30] Vgl. Rahner, Der dreifaltige Gott, 337.

2. Die ontologische Frage

2.1 Immensitas oder caritas, Subjekt oder Objekt, Vázquez oder Suárez?

Es besteht in der katholischen Theologie kein Zweifel darüber, daß mit der Einwohnung Gottes zur immensitas Dei etwas hinzutritt. Die Frage ist vielmehr, wie dieses Neue näher zu beschreiben ist.

Es ist schon oben auf die Position des Gabriel Vázquez (1549–1604), die Gegenposition des Francisco de Suárez (1548–1619) sowie auf die vermittelnde Meinung des Johannes a Sancto Thoma (1589–1644) hingewiesen worden.[31] Diese drei eignen sich gut als Prototypen möglicher Lösungen des Problems:[32] Für Vázquez gibt es *allein* die Allgegenwart Gottes als causa efficiens. In den Gläubigen ist diese Wirkursache in besonderer Weise da, weil hier nun die Gegenwart der (geschaffenen) *Gnade* von Gott bewirkt wird. Suárez dagegen unterscheidet: In der immensitas Dei ist Gott die *Ursache* aller Dinge; in der inhabitatio ist er das *Ziel*, daß die Liebe erstrebt und auch erreicht. Diese Gegenwart Gottes ist so selbständig, daß sie auch vorhanden wäre, wenn es seine Allgegenwart gar nicht gäbe. Bei Johannes a Sancto Thoma schließlich wird die Allgegenwart als für die Einwohnung notwendig vorausgesetzt. Zusätzlich aber verleiht die Allgegenwart Gottes die Möglichkeit, den bereits anwesenden Gott durch Erkennen und Lieben zu genießen und sich so mit ihm auf neue Weise zu verbinden.

Die Lösung des Vázquez eliminiert also eine besondere substantielle Gegenwart Gottes, die über seine Allgegenwart hinausgeht. Ähnliche Positionen vertraten auch Juan Martínez de Ripalda (1594–1648) oder Domenico Viva (1648–1726)[33]. Die überwiegende Mehrheit der einschlägigen Arbeiten folgt allerdings in der Thomasinterpretation insofern Suárez oder Johannes a Sancto Thoma, als eine neue Weise des substanzhaften Daseins Gottes bei der Einwohnung angenommen wird. Die nähere Beschreibung kann dabei nochmals sehr unterschiedlich ausfallen.

2.2 Die Ausgangsfrage: Geschaffene oder ungeschaffene Gnade?

In den neueren Arbeiten zur Einwohnung Gottes geht es vor allem darum, die „ungeschaffene Gnade", also den einwohnenden Gott selbst, gegenüber der in

---

[31] S. oben Kapitel II,5.

[32] Eine gute Zusammenfassung dieser Positionen bietet Gardeil, La structure: Er verweist besonders auf Vázquez, (ebd., Bd.2, 12–30); Suárez, (31–41). Die Argumente des Johannes a Sancto Thoma werden zitiert ebd., Bd. 2, 43–60.

[33] Vgl. zu diesen Autoren Michel, Trinité, 1842; Stöhr, Neuzeitliche Diskussionen, 263.

der Scholastik herausgestrichenen „geschaffenen Gnade", also einer neuen Qualität des Menschen, wieder in den Mittelpunkt der Überlegungen zu stellen.

Es sei wiederholt: In zahlreichen Entwürfen der Scholastik wird die geschaffenen Gnade als Voraussetzung der Selbstmitteilung Gottes betrachtet. Der Grund für diese Behauptung liegt im Axiom von der Unveränderlichkeit Gottes: Wenn Gott sich dem Menschen mitteilt, dann entsteht eine neue Beziehung zwischen Gott und Mensch. Da Gott sich nicht ändert, muß von einer seinshaften Änderung des Menschen ausgegangen werden, aufgrund derer eine neue Beziehung zu Gott erst möglich wird. Diese Änderung nun besteht im Empfang der geschaffenen Gnade, die damit sowohl die seinshafte Angleichung an Gott (consortium formale) als auch die neue Beziehung zu Gott (consortium terminativum) verbürgt.[34] Diese Denkfigur haftet, bei aller Unterschiedlichkeit, auch den drei genannten Lösungen des Vázquez, Suárez und des Johannes a Sancto Thoma an. Immer ist die geschaffene Gnade die Bedingung der Möglichkeit einer Selbstmitteilung Gottes.

Daß nun neben der geschaffenen Gnade besonders die *ungeschaffene* Gnade in der Lehre von der inhabitatio zu bedenken ist, hat sich in der neueren Literatur als wichtige Erkenntnis allgemein durchgesetzt. Exemplarisch für die früheren Kämpfe um dieses Problem kann die Auseinandersetzung zwischen den deutschen Systematikern Granderath und Scheeben bezüglich der „Formalursache der Rechtfertigung" genannt werden.[35] In der Neuscholastik ist das Thema eingehend diskutiert und die „ungeschaffene Gnade" verstärkt beachtet worden.[36] Für die heutige Betonung der ungeschaffenen Gnade ist neben Rahner besonders der Löwener Theologe Philips zu nennen, der in seinem opus magnum zur Gnadenlehre die Einheit von geschaffener und ungeschaffener Gnadenlehre betont.[37]

Die Begründung für die neue Betonung der gratia creata liegt zunächst einmal im Zeugnis des Neuen Testamentes wie auch der Kirchenväter. So weist Karl Rahner gleich zu Beginn seiner Abhandlung über den Begriff der „ungeschaffenen Gnade" darauf hin, daß nach Paulus die Einwohnung Gottes eindeutig die Ursache einer „geschaffenen Gnade", einer Umwandlung des Menschen sei: „(W)eil wir das persönliche Pneuma Gottes haben, besitzen wir unser Pneumatischsein"! Für die umgekehrte Aussage dagegen, die sich meist in der Scholastik finde,[38] sei „bei Paulus ein unmittelbarer, ausdrücklicher Anhalts-

---

[34] So ebd., 352f.

[35] Vgl. dazu: Scheeben, Mysterien, § 30; 31; Granderath, Die Controverse; ders., Zur Controverse; ferner Stöhr, Neuzeitliche Diskussionen, 274–276.

[36] Einen Überblick über diese Literatur bieten z.B.: Rahner, Natur und Gnade, 220–223; Trütsch, SS. Trinitatis inhabitatio, 41–55; vgl. auch Chirico, Divine Indwelling, 44–65.

[37] Vgl. Philips, L'union, passim, besonders aber sein Schlußwort: „Il n'y a pas deux grâces", ebd., 281.

[38] Allerdings kann Rahner auch zwischen der „nachtridentinischen Schultheologie (...), die die ‚Einwohnung des Geistes Gottes' doch mehr oder weniger ausschließlich von der ‚geschaffenen Gnade' herleitet", und der „mittelalterliche(n) Theologie", die „sich über die ‚ungeschaffene Gnade' tiefere und größere Gedanken gemacht" hat, unterscheiden (Rahner, Natur und Gnade, 218).

punkt nicht in demselben Maße gegeben".[39] Wenn auch bei Johannes eine neue Qualität des Menschen stärker in den Blick rücke, so sei doch auch hier die Einwohnung Gottes selbst deutlich bezeugt und insofern auch kein Gegensatz zu Paulus zu sehen. Mit Blick auf neuere Arbeiten zur Vätertheologie hält Rahner auch für die altkirchliche Tradition fest, daß „der ungeschaffenen Gnade (...) eine logische (nicht zeitliche) Priorität vor der geschaffenen Gnade zukommt".[40]

Rahner geht es nun von vornherein darum, die Aussagen der Schrift und der Väter mit denen der Scholastik zu vereinbaren, beide sollen einander ergänzen. Dies legt sich natürlich bereits aus der Bindung des katholischen Theologen an das Lehramt und somit auch an die thomistische Lehre nahe. Ferner muß Rahner auch auf das 7. Kapitel des Trienter Rechtfertigungsdekretes achten, das, gegen die reformatorische Lehre von der iustificatio extrinseca festlegt, die „einzige Formalursache" der Rechtfertigung sei „die Gerechtigkeit Gottes, nicht <jene>, durch die er selbst gerecht ist, sondern <die>, durch die er uns gerecht macht (...), mit der von ihm beschenkt wir nämlich im Geiste unseres Gemütes erneuert werden".[41] Indem nun Rahner versucht, die in ihrer jeweiligen Gewichtung doch unterschiedlichen Aussagen von Schrift und Tradition in Beziehung zu setzen, kommt er zu einer vertieften ontologischen Klärung der gratia increata als Einwohnung Gottes.

2.3 Die gratia increata als „causa quasi-formalis" des begnadeten Menschen

Rahner geht, in enger Anlehnung an Thomas, von der wesensmäßigen Beziehung zwischen visio beata und Einwohnung aus. Er verweist hierzu ausdrücklich auf die biblische Sprache, die der Dogmatik vorgegeben ist. Wenn die Schrift den Empfang des Geistes als „Angeld" (2 Kor 1,22; 5,5; Eph 1,14) oder „Erstlingsgabe" (Röm 8,23) des zukünftigen Erbes bezeichnet, so weist diese Formulierung genau auf den angezeigten Zusammenhang hin.[42] Das eschatologische Erbe aber ist die Schau Gottes „von Angesicht zu Angesicht" (1 Kor 13,12), die visio beata. Um also über die Einwohnung ontologische Aussagen machen zu können, wird zunächst die Frage der visio beata untersucht, bevor dann später die Einwohnung als deren Vorstufe noch unterschieden werden kann.

Mit dem Begriff der Schau nun ist ein Vorgang des *Erkennens* angezeigt. Deshalb weist die ontologische Untersuchung der visio beata auf die Fragen der Erkenntnistheorie. Auch diese Richtung der Untersuchung ist von Thomas her bekannt. Dieser beschrieb, wie wir sahen, die visio beata analog zum natür-

---

[39] Rahner, Begrifflichkeit, 350.
[40] Ebd., 351.
[41] Denzinger/Hünermann, 1529.
[42] Vgl. Rahner, Begrifflichkeit, 354.

lichen Erkenntnisvorgang, bei dem der Erkennende durch Einwirkung des Erkannten diesem angeglichen wird.[43] Eine zentrale Rolle spielte dabei die „species impressa", ein Erkenntnisbild des Verstandes, durch welches er dem zu
Erkennenden ähnlich wird. Der entscheidende Gedankengang des Thomas war
nun, daß bei der Gotteserkenntnis diese species Gott selbst in seinem Wesen
sein müsse, da Gott nicht durch eine geschaffene species repräsentiert werden
könne.

An dieser Stelle nun fragt Rahner genauer nach. Wenn Gott in der visio beata die species vertritt, dann muß das Wesen dieser species nochmals bedacht
werden. Zunächst weist Rahner, in Anlehnung an Maréchal,[44] vor allem aber im
Rückgriff auf seine eigene Arbeit zur Erkenntnistheorie des Thomas,[45] darauf
hin, daß „species" nicht einfach nur als gedachtes Bild des Gegenstandes zu
verstehen ist. Vielmehr ist diese species zunächst „eine ontologische Bestimmung des Erkennenden als eines Seienden in seiner eigenen Wirklichkeit".[46]
Damit will Rahner zwei Dinge betonen: Zum einen ist die species ein Teil des
Wesens des *Erkennenden*, sie gehört gleichsam zu ihm und ist kein hinzukommendes Äußeres, das lediglich zum Wesen des erkannten Gegenstandes gehören würde. Ja, sie teilt oder verleiht gar „die bestimmte Seinshöhe des Erkennenden" und nimmt so an der „Bewußtheit" oder dem „Beisichsein" des
Erkennenden teil. Zum anderen ist damit deutlich, daß der Begriff „species"
auf einen *seinshaften* Vorgang im Erkennenden hinweist, daß er also „zunächst
ein ontologischer und dann erst ein gnoseologischer Begriff" ist.[47] Nicht ist
etwa die Erkenntnis des Gegenstandes die Bedingung der Angleichung des
Erkennenden, sondern es verhält sich umgekehrt: Weil der Erkennende und das
Erkannte „seinshaft eines sind (...), erkennt der Erkennende den Gegenstand"![48]

Vertritt nun nach Thomas in der unmittelbaren Gottesschau Gott selbst diese
species, dann ergibt sich die bereits erwähnte Frage, aufgrund welcher *Veränderung* denn die hier entstehende neue Beziehung zwischen Mensch und Gott
wirklich werden kann: Gott selbst ist, so wird mit Thomas gesagt, schlechthin
unveränderlich. Aber auch beim Menschen kann es sich nicht einfach um eine
akzidentelle Veränderung seines natürlichen, geschöpflichen Seins handeln, da
so die Grenze des Geschaffenen nicht überschritten würde und es dann bei ei-

---

[43] Vgl. dazu oben Kapitel II,5.

[44] Rahner verweist auf Maréchal, Le point de départ, cah. V.

[45] Rahner, Geist in Welt; vgl. dort besonders seine Ausführungen zur „species intelligibilis", 231–283.

[46] Rahner, Begrifflichkeit, 356. Vgl. ders., Geist in Welt, 275: „Erkennen ist seinshaftes
Beisichsein eines Seins. Darum ist ein Seiendes nicht erkennend, wenn und insoweit sein Sein
nicht bei sich, sondern beim nichtseienden anderen der materia ist. Und umgekehrt: in welchem Maße ein Sein ‚frei' wird, in demselben ist es erkennend."

[47] Ebd.

[48] Ebd., mit Verweis auf Thomas von Aquin, de ver. q 1 a 1 corp: „assimilatio (...) est
causa cognitionis".

ner geschaffenen species, die Gott in seinem Wesen niemals vorstellig machen kann, bleiben müßte.

Um nun diese entscheidende Frage einer Antwort zuzuführen, greift Rahner auf die scholastische causa-Lehre zurück. Der zentrale Gedanke dabei ist, daß die ungeschaffene Gnade, also die Einwohnung Gottes im Menschen, nicht als causa *efficiens*, sondern als causa *formalis* der visio beata aufzufassen ist.[49]

Thomas von Aquin orientiert sich in seiner Darstellung der unterschiedlichen causae an den Ausführungen des Aristoteles. Dieser hat im ersten und fünften Buch seiner Metaphysik die mehrfache Bedeutung der „αἰτία" erklärt, wobei die Terminologie etwas variieren konnte: Dieser Begriff kann – nach dem ersten Buch – das Wesen (οὐσία), den Stoff (ὕλη), den Anfang der Bewegung (ἀρχὴ τῆς κινήσεως) oder schließlich das „Weswegen" und das Gute als das Ziel dieser Bewegung (τὸ οὗ ἕνεκα καὶ τἀγαθόν, τέλος) bezeichnen.[50] Das zweite Buch nennt den immanenten Stoff (ἐξ οὗ γίγνεταί τι ἐνυπάρχοντος), die Form (εἶδος) oder das Musterbild (παράδειγμα), den ersten Anfang der Veränderung (ἀρχὴ τῆς μεταβολῆς) und schließlich den Zweck (τέλος) als mögliche Bedeutungen.[51] Dabei ist wichtig, daß sich der Begriff des „Wesens" aus der ersten Reihe mit dem der „Form" aus der zweiten Reihe deckt. Form oder causa formalis ist also gerade dasjenige, was das Wesen einer Sache ausmacht.[52] Thomas greift diese Unterscheidung auf und differenziert (unter anderem) zwischen causa materialis, formalis, efficiens und finalis.[53]

Angesichts dieser Unterscheidungen im causa-Begriff kann nun Rahner fortfahren: Die visio beata gehört, zusammen mit der übernatürlichen Begnadigung und der hypostatischen Union in Christus, zu den „streng übernatürlichen Wirklichkeiten",[54] die ein Verhältnis Gottes zu einem Geschöpf beinhalten, daß über die bloße causa efficiens hinausgeht.

Die causa efficiens stellt das durch sie Begründete nur aus sich als seiner Ursache heraus (ex-facere). Im Gegensatz dazu nimmt eine causa formalis das Begründete mit in sich als seinen Grund (forma) hinein. Während also das „natürliche" Verhältnis Gottes zur Schöpfung „nur" das des Schöpfers, der causa effectiva ist, tritt in den übernatürlichen Wirklichkeiten das der causa formalis hinzu und bewirkt eine wesenhafte Gestaltung des so Begründeten. Während ferner eine natürliche Erkenntnis vom Geschöpf ausgeht und Gott nur als causa efficiens erreicht, erfaßt die übernatürliche Erkenntnis der visio beata Gott als

---

[49] Diese Zuordnung zur causa *formalis* ergibt sich natürlich aus dem Erkenntnismodell selbst. Sie findet sich auch schon in den Werken des französischen Jesuiten Petavius, vgl. dazu Schauf, Einwohnung, 55.

[50] Aristoteles, Metaphysik I, 3, 983a (Ausgabe Seidl, 16).

[51] Ebd., V, 2, 1013a (Ausgabe Seidl, 178; 180).

[52] Aristoteles macht dies ganz deutlich, indem er zur Erklärung der „Form" ausdrücklich die bekannte Beschreibung der „οὐσία" als „τὸ τί ἦν εἶναι" hinzufügt, vgl. ebd., (Ausgabe Seidl, 180).

[53] Weitere Unterscheidungen und zahlreiche Belege können etwa im Thomas-Lexikon von Schütz (102–110) eingesehen werden.

[54] Rahner, Begrifflichkeit, 357.

Formalursache des begnadeten Menschen. Es tritt also bei der visio beata der Fall ein, daß eine *endliche* Erkenntnis (denn die visio bleibt ja die des *Geschöpfes*!) ein Verhältnis des Unendlichen zum Endlichen zu ihrem Prinzip hat, ganz so, wie auch in der hypostatischen Union eine endliche Natur durch ein solches Prinzip subsistiert.[55]

Bei dieser Erklärung der Einwohnung Gottes ist nun – wie in jeder Gotteslehre – zu bedenken, daß mit dem Begriff der causa ein aus der natürlichen Erkenntnis gewonnener Begriff auf den übernatürlichen Vorgang der Verbindung Gottes mit dem Menschen angewandt wird. Zu recht weist Rahner darauf hin, daß dies genauso schon bei der Rede von der causa efficiens in bezug auf Gottes Schöpfer-Sein der Fall ist. Um nicht zu vergessen, daß hier also in der Weise der *Analogie* geredet wird, schlägt Rahner vor, hinsichtlich der visio beata von „quasi-formale(r) Ursächlichkeit"[56] Gottes zu sprechen. Ausdrücklich muß dann aber betont werden, daß dieses „quasi" lediglich auf das analoge Sprechen beziehungsweise auf die Transzendenz Gottes verweist, es „ist das Quasi, das vor jeder Anwendung einer an sich innerweltlichen Kategorie auf Gott gesetzt werden muß".[57]

Völlig falsch wäre aber wäre es nun, das „quasi" als Abschwächung der Aussage selbst, als Relativierung der formalen Ursächlichkeit Gottes und den damit gegebenen *ontologischen* Sachverhalten zu verstehen. Die „quasi-formale Kausalität Gottes selbst auf den geschaffenen Geist" bedeutet, daß „die Wirklichkeit des Geistes in der visio beatifica (...) Gottes Sein selber ist",[58] und dabei ist festzuhalten, daß es sich hier um „eine *ontologische* (...) *Voraus*setzung der Erkenntnis"[59] handelt.

---

[55] Vgl. ebd., 358. Die parallele Struktur der unio hypostatica und der visio beata ist auch von Thomas erwähnt und in seiner Folge häufig behandelt worden. Vgl. die Belege ebd., 357. – Der genante Zusammenhang ist in ähnlicher Weise, aber mit anderer Terminologie schon 1928 von Maurice de la Taille in einem oft zitierten und gelobten Aufsatz ausgesprochen worden (De la Taille, Actuation). Rahner hat seine Sicht unabhängig von dieser Arbeit gefunden und erst später die erfreuliche Übereinstimmung konstatiert, vgl. Rahner, Begrifflichkeit, 369. – Schon Petavius sprach von der gratia als „Formalursache", und Galtier hat dies in seiner Arbeit über die Einwohnung (Galtier, L'habitation) aufgenommen. Ebenso wird dieser Ansatz von Bourassa (Bourassa, Adoptive Sonship; ders.: Présence) sowie in dem Standardwerk von Flick/Alszeghy (Flick/Alszeghy, vangelo) vertreten (vgl. zu diesen Autoren: Moretti, Inhabitation, 1748f).

[56] Rahner, Begrifflichkeit, 358. Daß auch dieses „Quasi" sich schon bei Thomas findet, belegt Rahner ebd., 359.

[57] Ebd., 359. So kann Rahner auch von „Gottes Sein als quasi-species" sprechen (ebd., 360). – Die Frage, inwieweit von Gott in seiner Unveränderlichkeit eine formale Ursächlichkeit hinsichtlich eines seiner Geschöpfe ausgesagt werden kann, ist, wie Rahner (ebd., 359f.) bemerkt, in der Scholastik besonders im Zusammenhang der Frage der hypostatischen Union in Christus behandelt worden.

[58] Ebd., 360.

[59] Ebd., 359 (Hervorhebungen im Original).

Wenn nun die gratia increata als causa quasi-formalis der visio beata definiert ist, dann kann nochmals nach ihrem Verhältnis zur geschaffenen Gnade gefragt werden.

2.4 Geschaffene Gnade als „dispositio ultima"

Das Verhältnis von geschaffener und ungeschaffener Gnade wird von Rahner durch den Verweis auf das sogenannte „lumen gloriae" geklärt. Dieses Glorienlicht bezeichnet bei Thomas eine dem seligen Menschen von Gott geschenkte Disposition, die ihn befähigt, zur visio beata zu gelangen. Das lumen gloriae selbst ist also eine übernatürliche, aber geschaffene Gabe, die zum Empfang der ungeschaffenen Gnade in der visio beata nötig ist. Damit gehört das Glorienlicht zur geschaffenen Gnade, ja es ist diejenige Form dieser gratia creata, die für die visio beata entscheidend ist. Um nun ihren Charakter und ihr Verhältnis zur gratia increata näher zu bestimmen, ist der Begriff der „dispositio" von entscheidender Bedeutung. Zunächst scheint dieser Begriff und seine Herleitung das bekannte, von Rahner als „scholastisch" bezeichnete Modell einer Vorordnung der geschaffenen vor der ungeschaffenen Gnade anzuzeigen. Denn eine „dispositio" gilt als logische und vielleicht sogar zeitliche Voraussetzung dessen, was durch sie erreicht werden kann.

Thomas hat die Notwendigkeit des Glorienlichtes für die Gottesschau sehr klar im 53. Kapitel des dritten Buches der „Summa contra gentiles" hergeleitet und dabei auch die von Rahner herangezogenen Begriffe der „forma" und der „species" verwendet.[60] Erstens: Wenn die Form einer Sache auch die Form einer anderen Sache werden soll (wie dies in jedem Erkenntnisvorgang der Fall ist), dann muß die zweite Sache eine Ähnlichkeit mit der ersten Sache erhalten. Die Form aber, um die es hier geht, ist die essentia Dei selbst. Wenn sie eine Form des Verstandes (forma intelligibilis intellectus) werden soll, dann ist dazu eine Teilhabe an der Ähnlichkeit mit Gott (divinae similitudinis participatio) nötig. Zweitens: Diese Ähnlichkeit ist nun näherhin als eine dispositio, eine Fähigkeit zur Aufnahme derjenigen Form, die höher ist als die eigene, zu bestimmen. Nur durch eine solche „dispositio sublimior" kann das göttliche Wesen zur „species alicujus intellectus" werden. Entscheidend ist hier die Begründung: „proprius enim actus in propria potentia fit":[61] Damit die Schau Gottes wirklich der eigene Akt des Menschen werden kann, muß auch die Fähigkeit (potentia) zu solcher Schau ein wirkliches Eigentum des Menschen geworden sein! Drittens: Wenn sich so Gott und Mensch einen sollen, dann muß eine Veränderung vonstatten gehen. Da Gott unveränderlich ist, liegt diese Veränderung auf seiten des Menschen: seine „virtus intellectiva" wird eben durch jene dispositio erweitert.

---

[60] Vgl. Thomas von Aquin, contra gent. III,53 (Ausgabe Allgaier, 218–223).
[61] Ebd. (Ausgabe Allgaier, 220; in deutscher Übersetzung ebd., 221: „(D)enn die (dem Ding) eigene Aktualität entsteht in der eigenen Potentialität."

Diese dispositio kann nun im Blick auf ihr kausatives Verhältnis je unterschiedlich bestimmt werden: Gegenüber dem menschlichen Intellekt ist sie eine *Form*ursache, da sie ihm durch seine Erhebung eine neue (aber immer noch geschaffene) Form verleiht. Gegenüber dem Wesen Gottes, das sich in der visio mit dem nun erhobenen Intellekt verbinden will, steht sie, gleichsam als „Teil" des Intellektes, auf der Seite der *Material*ursache, die nun vom Wesen Gottes selbst geformt wird.[62]

Betrachtet man nun das Verhältnis zwischen dem Glorienlicht als dispositio und dem Wesen Gottes als Quasi-Form des Intellektes, dann ergibt sich eine doppelte Kausalität:[63] Die dispositio ist als Materialursache in gewisser Weise als Ursache (causa) der Form anzusprechen, weil sie als Träger der Form dieser logisch vorausgeht. Andererseits ist die Form aber Ursache der Materie, weil sie ihr „das aktuelle Sein gibt". Insofern ist die Materie dann als „Verursachtes" (causatum) anzusprechen.[64]

Die Möglichkeit, eine dispositio sowohl als Ursache einer Form wie auch als durch diese verursacht zu betrachten, wendet Rahner nun auf das Verhältnis von geschaffener und ungeschaffener Gnade an und versucht so, die scholastische Linie mit dem biblischen und patristischen Zeugnis zu verbinden: „Damit wird dann verständlich, daß nun nicht mehr bloß der Satz gilt: weil und dadurch, daß der Mensch die geschaffene Gnade besitzt, hat er die ungeschaffene, sondern daß mit der Schrift und den Vätern die Mitteilung der ungeschaffenen Gnade als der geschaffenen Gnade unter bestimmter Rücksicht logisch und sachlich vorausgehend gedacht werden kann; in der Weise nämlich, in der eine Formalursache der letzten materialen Disposition vorausgeht."[65]

Dabei müßte nun allerdings, will man sich an die Aussagen des Thomas halten, betont werden: Es gibt eine doppelte Kausalität von dispositio ultima und forma essentiae Dei, aber die zuletzt genannte ist als die „schlechthin gesprochen" *frühere* anzusehen. Denn die forma ist hier zugleich auch die causa finalis. Von der Finalursache aber empfangen „alle andern Ursachen ihr Ursa-

---

[62] Diese dispositio, die zur Schau Gottes nötig ist, kann noch näher als eine „dispositio ultima" gekennzeichnet werden. Im Blick auf die visio beata hat Thomas das in seiner Untersuchung über die Wahrheit festgehalten. Das übernatürliche Licht, das hier nötig ist, ist eine „dispositio ultima" (de ver. q 8 a 3 corp, Marietti-Ausgabe 143b, hier das Bibelzitat hervorgehoben): „Et ideo lumen illud intelligibile, per quod intellectus creatus fit in ultima dispositione ut coniungatur essentiae divinae ut formae intelligibili, non est naturale, sed supra naturam; et hoc est lumen gloriae, de quo in Ps. XXXV, 10, dicitur: In lumine tuo videbimus lumen."

[63] Vgl hierzu Rahner, Begrifflichkeit, 361. Er verweist auf Thomas von Aquin, de ver. q 28 a 7 corp, wo Thomas diese reziproke Kausalität von Form und Materie in anderem Zusammenhang erklärt.

[64] Vgl. Thomas von Aquin, de ver q 28 a 7 corp (= Untersuchungen, 414): „...ebenso ist die Materie in gewisser Weise Ursache der Form, sofern sie die Form trägt (sustentat), und die Form ist in gewisser Weise Ursache der Materie, sofern sie der Materie das aktuelle Sein gibt. Und so hindert nichts, daß etwas im Hinblick auf eine verschiedene Gattung der Ursache früher oder später ist als ein anderes."

[65] Rahner, Begrifflichkeit, 362.

chesein". So ist „die Einführung der Form naturgemäß das Frühere nach der Ordnung der Wirk- und Finalursache; und daraus geht (...) hervor, daß sie nach der natürlichen Ordnung das schlechthin Frühere ist".[66] Die beiden möglichen Kausalitätsbeziehungen stehen also nicht auf der selben Stufe, die Formal- oder Finalursache ist die letztlich treibende Ursache. Übertragen auf das Verhältnis von geschaffener und ungeschaffener Gnade müßte dies heißen, daß die Einwohnung Gottes als Form und Ziel des Menschen die eigentliche Ursache der geschaffenen Gnade im Menschen ist. Dieser Aspekt hätte von Rahner noch stärker betont werden können.[67]

Was nun die Unterscheidung der Einwohnung Gottes von der eschatologischen visio angeht, so gewinnt Rahner mit dem causa-Begriff zunächst die Möglichkeit, die Gabe der gratia increata als *Voraussetzung* der visio zu interpretieren: So ist dann die Einwohnung Gottes als gratia increata „der gleichartige, jetzt schon gegebene, wenn auch verborgene und zu entfaltende Anfang jener *in formaler Ursächlichkeit* geschehenden *Mitteilung* des göttlichen Seins an den geschaffenen Geist, die die *ontologische Voraussetzung* der visio ist."[68] Die entscheidende ontische Gabe ist also bereits mit der Einwohnung gegeben, im ewigen Leben wird dieser Keim sich zur vollen Gestalt entfalten.

Rahner läßt hier allerdings unentschieden, ob der Unterschied zwischen Einwohnung und visio beata durch ein „Wachsen" des Besitzes Gottes selbst oder durch ein „Wachsen" der Disposition, also der geschaffenen Gnade als Glorienlicht, hervorgehend gedacht werden kann. Eventuell ist nach Rahner sogar diese Unterscheidung der Sache nicht angemessen. In jedem Fall kann ein Unterschied gedacht werden, da die geschaffene Seite der Einigung, also der Mensch und die ihm verliehenen geschaffenen Gnadengaben, der Veränderung fähig sind.[69]

An dieser Stelle muß nun nochmals nach der Kompatibilität dieser Ausführungen Rahners mit Tradition und Lehramt gefragt werden. Um die Übereinstimmung seiner Deutung mit der Tradition zu belegen, führt Rahner – neben deutlichen Thomaszitaten – auch andere Theologen an, wobei auffällt, daß sich mit Alexander von Hales und Bonaventura zwei große Franziskaner darunter befinden.[70] Dies ist besonders zu betonen, weil die franziskanische Theologie von jeher die personale Seite der Einwohnung in der Gnadenlehre stärker betont hat.[71] Wichtiger als diese Belege sind jedoch die grundsätzlichen Überle-

---

[66] Thomas von Aquin, de ver q 28 a 7 corp (= Untersuchungen, 414f).

[67] Allerdings ist diese Vorordnung der ungeschaffenen Gnade doch die Absicht Rahners, die lediglich ständig auf die Vermeidung von Konflikten mit den lehramtlichen Aussagen bedacht sein muß. Er kann aber deutlich von der ungeschaffenen Gnade als „das eigentlich Zentrale in der Gnade" sprechen (Rahner, Natur und Gnade, 221).

[68] Rahner, Begrifflichkeit, 363 (Hervorhebungen im Original).

[69] Vgl dazu ebd., 364f.

[70] Ebd., 365.

[71] Vgl. dazu die Bemerkungen bei Hauschild, Gnade, 487; Auer, Begriff, 352–354; ferner den neueren Beitrag von Cross, Incarnation.

gungen, die sich mit der bereits zitierten Aussage des Tridentinum von der „unica causa formalis" der Rechtfertigung beschäftigen oder etwa auf die Aussage des Thomas eingehen, der gelegentlich die „causa formalis" des übernatürlichen Lebens allein der gratia creata zuweist.[72]

Was die Aussage des Tridentinum angeht, so ist zunächst fraglich, ob sie wirklich die *geschaffene* Gnade als alleinige Ursache der Rechtfertigung postulieren will. Gegen die protestantische Lehre einer imputativen Gerechtigkeit gerichtet betont das Konzil das Innewohnen der Gnade, eine Verneinung der innewohnenden gratia *in*creata braucht nicht notwendig geschlossen zu werden, zumal das Konzil auch diese anspricht.[73]

Rahner ist aber auch inhaltlich davon überzeugt, daß die Aussage von der „unica causa formalis" in die von ihm vorgetragene Interpretation eingefügt werden kann. Denn die geschaffene Gnade verhält sich ja dem Menschen gegenüber als Formalursache. Im strengen Sinne kann sie auch allein so genannt werden, weil nur sie allein eine *endliche* Form des menschlichen Geistes ist, während das göttliche Sein trotz seiner quasi-formalen Ursächlichkeit „dem Geschöpf transzendent bleibt".[74] Ferner kann man auch mit Hilfe der Unterscheidung von Potenz und Akt die Übereinstimmung suchen: Denn die geschaffene Gnade verleiht die *Möglichkeit* der visio – und kann so als alleinige Formursache angesprochen werden. Der konkrete *Akt* der Schau aber verlangt die Gegenwart Gottes selbst.[75]

Das Adjektiv „allein" muß sich also immer auf den Bereich der geschaffenen Ursachen und auf die von ihnen „bereitgestellte" Potentialität beziehen. Nur in diesem Sinne hat es seine Berechtigung. Auf der anderen Seite muß entscheiden festgehalten werden, daß die ungeschaffene Gnade „ontologisch nicht reine Folge der geschaffenen Gnadenqualität im Menschen"[76] ist, sondern, so möchte man im Sinne Rahners deutlich fortfahren, diese sogar so bedingt, wie eine Form die ihr zugehörige dispositio erst ermöglicht.

---

[72] Vgl. Thomas von Aquin, STh I-II q 110 a 1 ad 2; de ver. q 27 a 1 ad 1 (genannt bei Rahner, Begrifflichkeit, 371).

[73] Vgl. Rahner, Begrifflichkeit, 369f. Ähnlich argumentiert auch Michel (Trinité, 1844) unter Verweis auf Kan 11 (Denzinger/Hünermann, 1561). Er führt ebenso aus, daß das Tridentinum im selben Zusammenhang auch die Selbstmitteilung Gottes anzudeuten scheint, wenn es von der Versiegelung mit dem Geist spricht (vgl. Denzinger/Hünermann, 1529; 1561).

[74] Rahner, Begrifflichkeit, 370.

[75] So ebd., 371.

[76] Ebd., 372.

2.5 Natur oder Gnade?

2.5.1 Appetitus naturalis

Die bisher vorgetragene rahnersche Darstellung der Lehre von der Einwohnung erhält nun noch einen besonderen Impuls durch die Einbindung dieses Themas in die Überlegungen zum Zusammenhang von Natur und Gnade. Hinsichtlich unseres Themas geht es dabei um die Frage, ob die Einwohnung Gottes im Gläubigen, die ja sicherlich ein Geschenk der Gnade ist, auf irgendwelche Gegebenheiten in der *Natur* des Menschen sich beziehen kann. Ist etwa der schon von Thomas her bekannte „appetitus naturalis" beziehungsweise das „desiderium naturale", die Sehnsucht nach der Schau Gottes, selbst schon Gnade, oder kann dieses Sehnen als ein Teil der menschlichen Natur betrachtet und deshalb auch jeder Mensch darauf angesprochen werden? Wenn etwa der Natur des Menschen eine immer schon vorhandene Offenheit auf Gott zugesprochen wird, dann kann die Botschaft von der Einwohnung – als auf diese Anlage antwortend – anthropologisch einsichtig gemacht werden, und zwar in doppelter Hinsicht: Einmal kann dann jeder Mensch, auch der Nichtchrist, auf diese Hinordnung zu Gott angesprochen werden. Zum anderen könnte sich zeigen, daß diese Hinordnung auf Gott im Lebensvollzug tatsächlich *erfahrbar* ist.

Zur Beantwortung dieser Frage muß allerdings zwischen dem Urstand des Menschen und seinem Zustand nach dem Fall unterschieden werden. Zu fragen ist, ob der *gefallene* Mensch einen *natürlichen* „appetitus naturalis" besitzt.

In der scholastischen Theologie hatte man zwischen der von Gott geschaffenen Natur des Menschen und einer zusätzlich verliehenen Gabe, dem donum superadditum (gratia supernaturalis) unterschieden.[77] Beim Sündenfall blieb nach dieser Lehre die Natur unversehrt oder wurde lediglich verwundet, während die übernatürliche Gabe des Menschen verloren ging. Entscheidend war für alle weiteren Überlegungen, welche Fähigkeiten des Menschen auf welcher Seite zu stehen kamen. So war etwa die Willensfreiheit als Teil der Natur gedacht, eine Konzeption, die die Behauptung einer auch nach dem Sündenfall vorhandenen Willensfreiheit ermöglichte. Was aber kam auf die Seite der übernatürlichen und im Sündenfall verlorenen Gabe zu stehen? Zunächst wurde diese Gabe als die iustitia originalis, also als die ursprüngliche Gerechtigkeit bezeichnet. Um diese näher zu beschreiben, unterschied man zwischen bestimmten menschlichen Anlagen und deren konkreter Verwirklichung.[78] Zur menschlichen Natur gehörten die Anlagen der inneren Harmonie, der Integrität (Freiheit von der Begierde) und der Freiheit vom Tode. Daß diese Anlagen aber tatsächlich im Paradies verwirklicht waren, war bereits ein nicht in der Natur liegendes Geschenk, war Teil der iustitia originalis. Damit war angedeutet, daß nach dem Sündenfall der Mensch bei gleichbleibender Natur nicht ohne weite-

---

[77] Man versuchte damit, den Unterschied zwischen Schöpfer und Geschöpf zu wahren. Die Natur des Menschen war Geschöpf; alles, was dieses Geschöpf erhöhte und mit Gott in Beziehung setzte, mußte auf Gottes Seite zu stehen kommen, mußte „Gnade" sein. Zum „Übernatürlichen" vgl. auch Muschalek, Schöpfung, 550f.

[78] Vgl. dazu Seibel, Mensch, 824–827; 833–839.

res gerecht leben würde. Wenn auch seine Anlagen blieben, so war deren Verwirklichung durch Verlust der iustitia originalis unmöglich geworden. Dabei war besonders der ethische oder sittliche Aspekt im Blick.[79]

Thomas von Aquin allerdings verstand unter der iustitia originalis auch die sogenannte „heiligmachende Gnade", die der Natur des Menschen nicht nur beisteht und sie zur Tugend ermuntert, sondern sie seinsmäßig vervollkommnet.[80] Dieses Verständnis setzte sich in der Hochscholastik weitgehend durch. Zur heiligmachenden Gnade des ersten Menschen gehörte dann aber auch die Gabe des Geistes Gottes selbst. Adam war „gesalbt und gesiegelt mit dem göttlichen Pneuma, in dem sich Gott selbst ihm mitteilte. Er hatte als wahres Kind Gottes am göttlichen Leben teil und war auf den unmittelbaren Gottesbesitz in der eschatologischen Vollendung hingeordnet."[81]

Wurde aber der Urstand als unverderbte Natur des Menschen zuzüglich einer übernatürlichen Gabe verstanden, so folgte daraus, daß der Mensch sich von Beginn an in einem *übernatürlichen* Stand vorfand. Ein Menschen, der „nur" die reine menschliche Natur ohne Gnade besaß, war – so mußte gefolgert werden – nie geschaffen worden. Im vertieften Nachdenken über das Wesen der durch Christus verliehenen Gnade mußte diese Auffassung im 16. Jahrhundert näher präzisiert werden. In Löwen entstand der Streit um den Begriff der „natura pura". Es ging dabei um Folgendes: Wenn die Verwirklichung der genannten Anlagen des Menschen bereits Werk der Gnade sind, die Gnade selbst aber von Gott aus völlig freien Stücken, also „ungeschuldet" (indebita) geschenkt wird, dann kann die Gnade nicht so beschrieben werden, daß die Natur sie unbedingt verlangt, daß also ein Mensch ohne diese Gnade gar kein Mensch sei. Die nur durch Abstraktion zu gewinnende „reine Natur" (natura pura) des Menschen verlangt diese Gnade nicht. Dies war dann auch die sich durchsetzende Lehre, die besonders von dem Gegner Luthers, von Cajetan vertreten wurde. Nun entstand aber in Löwen eine Reformbewegung, die von dem Theologen Michel De Bay (Bajus) angeführt wurde. Bajus behauptete gerade das Gegenteil der geschilderten Ansicht: Die Natur des Menschen ist so angelegt, daß sie der iustitia originalis bedarf. Ohne die Realisierung der natürlichen Anlagen ist der Mensch kein vollwertiger Mensch. Deshalb ist die Gnade der Natur „geschuldet" (debita), die Natur fordert sie. Bajus und etwas später auch Jansenius konnten sich mit dieser Auffassung in etwa auf Augustinus berufen. Für diesen war der Urstand des Menschen mit seiner Natur gleichzusetzen.[82] Diese Lehre ist vom kirchlichen Lehramt verurteilt worden, um die freie und unge-

---

[79] Dieses Verständnis geht auf den Begriff der rectitudo bei Anselm von Canterbury zurück. Vgl. dazu Seibel, Mensch, 825: „Die ‚Rechtheit' (‚rectitudo') bedeutet für Anselm jene Eigenschaft, durch die jedes Sein ist, was es sein soll. Die ‚Gerechtigkeit' (iustitia) ist die Neigung des Willens zur Rechtheit (...). Sie ist im Willen, aber nicht identisch mit ihm und kann deswegen verlorengehen. In diesem Sinn waren Adam und Eva auf Grund einer zuvorkommenden Gnade (gratia praeveniens) von Anfang an ‚gerecht': Sie besaßen die Urgerechtigkeit, die ‚iustitia originalis'."

[80] Vgl. ebd., 826.

[81] Ebd., 829.

[82] Vgl. dazu Muschalek, Schöpfung, 549; 552.

schuldete Gnade Gottes zu betonen.[83] Dabei ist von kirchlicher Seite zum ersten Mal der Begriff „supernaturalis" zur Bezeichnung der göttlichen Gnade verwendet worden.[84] Die gültige Lehre besagt demnach, daß die menschliche Natur die Gnade nicht aus sich selbst heraus fordert.

Wie ist aber dann die Lehre vom „appetitus naturalis" und vom „desiderium naturalis" zu beurteilen? Es ist in der Thomas-Interpretation strittig, ob diese Annahme eines *natürlichen* Strebens nach Gott nicht im Widerspruch steht zu der Aussage, daß schon der Urstand *übernatürlich* gewesen sei. Für ein Verständnis der Anthropologie des Thomas eignet sich wohl am besten die Unterscheidung zwischen der Anlage und ihrer Erfüllung, wie dies zum Beispiel Muschalek vorschlägt: Es handelt sich „nach der Meinung von Thomas um ein wahres Verlangen des Menschen nach der unmittelbaren Schau Gottes, das aus dem geschöpflichen Grundbestand der menschlichen Natur aufsteigt", während die „Gewährung der unmittelbaren Schau Gottes (...) eine ungeschuldete und in diesem Sinn übernatürliche Gabe Gottes" bleibt.[85]

Neuere Theologen betonen die *jedem Menschen verliehene* Anlage zur Gottesschau und versuchen, von ihr aus zum Verständnis der Einwohnung zu kommen. Besonders Karl Rahner hat diesen Gedanken, angeregt durch die Philosophen Blondel und Maréchal, ausgeführt.[86]

2.5.2 Der appetitus naturalis eines jeden Menschen

Um auf der einen Seite nicht die lehramtlichen Entscheidungen zur „natura pura" zu hintergehen und die Ungeschuldetheit der Gnade aufzuheben, auf der anderen Seite aber die jedem, auch dem ungläubigen Menschen gegebene Offenheit auf Gott hin zu unterstreichen, führt Rahner eine *vierfache* Unterscheidung durch: Zunächst gibt es die „natura pura", die *abstrakte* menschliche Natur, die der Gnade nicht bedarf, um wirklich und im Vollsinn menschliche Natur zu sein. Dann aber ist der *faktische* Mensch zu betrachten, der auch nach dem Fall immer schon unter der Gnade Gottes steht und diese auch erfährt. Drittens gibt es den *begnadeten*, wiedergeborenen Menschen, dem die Gnade eingegossen ist und der so mit der inhabitatio Dei beschenkt ist. Dieser schließlich ist nur zu verstehen von der verheißenen *ewigen* Gabe aus, die dem Menschen mit der visio beata geschenkt wird. Entscheidend ist der Blick auf das zweite Glied dieser Reihe, auf den faktischen Menschen vor der Eingießung der Gnade in der Wiedergeburt: Auch dieser, so die These, steht immer schon unter dem Einfluß der Gnade, und zwar gerade so, daß er Gott als das geheime

---

[83] Es handelt sich um die Verurteilungen durch Pius V. im Jahr 1567 (Denzinger/Hünermann 1901–1980, besonders 1921; 1926) und Pius VI. im Jahr 1794 (DH 2616); ferner um die neuerliche Stellungnahme Pius XII. in „Humani generis" (DH 3891). Raffelt/Verweyen (Rahner, 90) weisen für den zuletzt genannten Text darauf hin, daß hier wohl die „nouvelle théologie" um Henri de Lubac im Blick war.

[84] So Muschalek, Schöpfung, 552.

[85] Muschalek, Schöpfung, 551, dort auch Literaturhinweise.

[86] Zur Anthropologie Rahners vgl.: Rahner, Überlegungen.

Ziel all seines Strebens erfährt: „Die faktische Natur ist *nie* eine ‚reine' Natur, sondern eine Natur in einer übernatürlichen Ordnung, aus der der Mensch (auch als Ungläubiger und Sünder) nicht heraustreten kann, und eine Natur, die dauernd überformt ist (was nicht heißt: gerechtfertigt ist) durch die angebotene übernatürliche Heilsgnade."[87] Diese Überformung ist immer da, ohne sie ist ein geistiges Wesen zwar denkbar, aber faktisch nicht vorhanden: „(O)hne eine zur Übernatürlichkeit offene Transzendenz gibt es keinen Geist; Geist aber ist schon sinnvoll, ohne daß er übernatürlich begnadet ist."[88]

Diese These wird durch den Rückgriff auf die thomistische Lehre vom „Formalobjekt" erhärtet. Das „objectum formale" des menschlichen Verstandes ist definiert als diejenige Form, worauf alle Aktivität dieses Verstandes letztlich abzielt.[89] Dabei handelt es sich nicht um ein einzelnes Seiendes, sondern gleichsam um einen jeweils unbewußt erstrebten Grund aller einzelner Erkenntnisgegenstände. Entscheidend ist, daß dieses Formalobjekt für jeden konkreten Akt immer schon bereit liegt, also einen „apriorische(n) Horizont"[90] darstellt.[91] Für den *natürlichen* Verstand ist dieses Formalobjekt, das ihn in allen seinen Akten immer beschäftigt, das geschaffene Sein in seiner Totalität. Dies bedeutet, daß der Mensch schon aufgrund seiner Natur niemals „umgrenzt" werden kann. Sein Geist richtet sich auf das Sein schlechthin, jede Grenze, die er erreicht, sucht er, indem er sie benennt, bereits zu überschreiten, so daß man den menschlichen Geist geradezu als „‚Offenheit' auf das Sein überhaupt"[92] beschreiben kann.

Diese Offenheit für das Sein hängt – wie Rahner in seinem Grundkurs des christlichen Glaubens ausführt – mit der ursprünglichen „Selbstgegebenheit" eines erkennenden Subjektes zusammen.[93] In jeder Erkenntnis „hat" der Mensch nicht nur das Objekt derselben, sondern in einer unthematischen und unreflektierten Weise auch sich selbst als Subjekt und das Wissen um seine grundsätzliche Erkenntnisfähigkeit. Erkennt nun der Mensch die Begrenztheit

---

[87] Rahner, Natur und Gnade, 230.

[88] Ebd., 234.

[89] Zur Unterscheidung von objectum materiale und formale fidei vgl. Thomas von Aquin, STh II-II q 1 a 1 corp; q 2 a 2 corp; q 4 a 6 corp; ferner auch q 5 a 1 corp; ferner: Alfaro, Formalobjekt.

[90] Rahner, Natur und Gnade, 225: „Ein Formalobjekt ist (...) der mitbewußte, apriorische Horizont, unter dem bei der Erfassung des aposteriorisch gegebenen Einzelgegenstandes alles erkannt wird, was als eigentlicher Gegen-stand erfaßt wird."

[91] Vgl. die gute Erklärung bei Pohle, Lehrbuch, Bd. 1, 281: „Unter dem ‚Formalobjekt' einer vitalen Potenz versteht man dasjenige Objekt, das die Potenz zum Akte determiniert und derselben die ihr eigentümliche spezifische Vollendung gibt, wie z. B. die Farbe bezüglich des Auges. Als ‚Materialobjekt' bezeichnet man alles das, was bloß im Lichte des Formalobjektes angeschaut wird und nur unter diesem bestimmten Gesichtspunkt in den Bereich der Potenz fällt, wie z. B. die körperliche Substanz und Größe, die beide das Auge nur ratione coloris sehen kann."

[92] Ebd., 231.

[93] Rahner, Grundkurs, 30f.

aller Erkenntnisobjekte, ja, erfährt er auch sich selbst als ein begrenztes Wesen, so hat er sich damit doch selbst schon „als Subjekt eines Vorgriffs gesetzt, der keine innere Grenze hat": Der Mensch „weiß" um seine „Entschränktheit auf die unbegrenzte Weite aller möglichen Wirklichkeit". Dieses Wissen kann als „transzendentale Erfahrung" bezeichnet werden.[94] Da diese Erfahrung der Entschränkung sich aber letztlich immer schon auf ein „unthematisches Wissen von Gott"[95] bezieht, muß nun auch von einem *übernatürlichen* Formalobjekt geredet werden:

Durch den Einfluß der Gnade erhält der „faktische" Mensch ein übernatürliches Formalobjekt, das im Sein *Gottes* besteht: der Verstand sucht nun in allen Akten letztlich die Schau Gottes selbst.[96] So sind also zweierlei Formalobjekte zu unterscheiden (wenn sie auch in der konkreten Erfahrung beieinander sind): das „Formalobjekt des natürlichen Geistes", das „die Transzendenz auf das Sein überhaupt, die natürliche Geöffnetheit auf das Sein im ganzen" bedeutet, und das „Formalobjekt des übernatürlich erhobenen Geistes", welches in der „übernatürliche(n), von der Gnade geöffnete(n) und getragene(n) Transzendenz des Geistes in jedem seiner übernatürlich erhobenen Akte auf den Gott des ewigen Lebens"[97] besteht.

Für Rahners These ist nun entscheidend, daß dieses *übernatürliche* Formalobjekt *jedem* Menschen bereits als Ziel seiner Verstandestätigkeit gegeben ist. Daß es eine vorbereitende Gnade gibt, die zur Rechtfertigung hinführt und ihr also vorausgeht, ist dabei ja als für katholische Theologie bekannt vorauszusetzen.[98] Rahner will nun aber solche Gnadenakte weiterfassen und sie mit der Möglichkeit sittlicher Entscheidung verbinden: Daß jeder Mensch immer zu freier sittlicher Entscheidung aufgerufen und auch ermächtigt sei, könne als ein stetes Leben im Horizont der „Möglichkeit übernatürlicher Akte" verstanden werden: „jene übernatürliche Transzendenz ist in jedem Menschen, der zum Gebrauch der sittlichen Vernunft erwachsen ist, immer gegeben."[99] So kann angenommen werden, „daß das ganze geistige Leben des Menschen dauernd überformt ist durch die Gnade"; man hat „Natur als Geist nur in der übernatürlichen Ordnung", und man kann niemals „den Geist als ‚reine Natur' antref-

---

[94] Ebd., 31. Vgl. die schöne Beschreibung der „Selbstgegebenheit" des Menschen (ebd., 29): Sie „bedeutet gewissermaßen den erhellten Raum, innerhalb dessen sich der einzelne Gegenstand, mit dem man sich in einer bestimmten primären Erkenntnis beschäftigt, zeigen kann. Diese subjekthafte Bewußtheit des Erkennenden bleibt bei der primären Erkenntnis eines von außen sich meldenden Gegenstandes immer unthematisch; sie ist etwas, was sich sozusagen hinter dem Rücken des Erkennenden abspielt, der von sich weg auf seinen Gegenstand blickt."

[95] Ebd., 32.

[96] Vgl. dazu Alfaro, Formalobjekt. – *Erreichen* aber kann der Mensch dieses Ziel nur durch einen übernatürlich erhobenen Akt, sodaß die Gegebenheit des Formalobjektes nicht mit der Einwohnung Gottes gleichgesetzt werden darf..

[97] Rahner, Natur und Gnade, 225.

[98] Vgl. z.B. die Ausführungen des Trienter Rechtfertigungsdekretes, Denzinger/Hünermann 1525.

[99] Rahner, Natur und Gnade, 227.

fen".[100] Indem nämlich der Mensch lebt, sich ständig neu in Verantwortung entscheidet, lebt er – ob er dies weiß oder nicht – coram Deo, er hat Gott als das übernatürliche Formalobjekt seiner willentlichen Akte. So kann Rahner diese übernatürliche Gnade schließlich sogar als ein „Apriori übernatürlicher Art"[101] bezeichnen (und so an Gedanken Schleiermachers und Troeltschs anknüpfen[102]). Dieses Apriori ist nichts anderes als die aus den scholastischen Untersuchungen bekannte „potentia oboedientialis" des Menschen. Eine „Ontologie der potentia oboedientialis" zu unternehmen, wäre, da sie vom Allgemein-Menschlichen auszugehen hat, dann auch Aufgabe einer Religionsphilosophie.[103] So hat auch Rahner diese Offenheit des Menschen auf Gott hin in seinem philosophischen Werk über den „Hörer des Wortes" expliziert.[104]

In seinem „Grundkurs" hat Rahner die übernatürliche Ausstattung eines jeden konkreten Menschen mit dem – an Heideggers Sprache orientierten – Begriff „übernatürliches Existential" gekennzeichnet.[105] Dieses Existential als wesentliche Bestimmung des Menschen beinhaltet, daß die Selbstmitteilung Gottes „bei *jedem* Menschen mindestens im Modus des Angebotes gegeben ist": „In diesem Sinne muß jeder, wirklich radikal *jeder* Mensch als das Ereignis einer übernatürlichen Selbstmitteilung Gottes verstanden werden, wenn auch eben nicht in dem Sinne, daß notwendigerweise jeder Mensch diese Selbstmitteilung Gottes an den Menschen in Freiheit annimmt."[106]

Warum ist Rahner so viel daran gelegen, daß die Gnade schon im natürlichen Leben eines jeden Menschen eine zentrale Rolle spielt? Letztlich geht es dabei um die Frage der Erfahrbarkeit der Gnade Gottes in der konkreten Existenz.

---

[100] Ebd., 227; 232.

[101] Ebd., 228.

[102] Es ist hier an das von Schleiermacher herausgestellte „Gefühl schlechthinniger Abhängigkeit" (Der christliche Glaube, § 4 (Bd. 1, 23–30) sowie an das „religiöse Apriori" bei Troeltsch (Troeltsch, Zur Frage) zu denken.

[103] Rahner, Hörer des Wortes, 8. Vgl. zur Aufgabe dieses Werkes ebd., 18 (zitiert auch bei Raffelt/Verweyen, Rahner, 48): Gefragt ist eine „Analytik der Möglichkeit, die Offenbarung Gottes zu vernehmen, als der Seinsmöglichkeit, die eigentlich erst den Menschen grundsätzlich in seinem vollen entfalteten Wesen konstituiert".

[104] Zu den Übereinstimmungen dieses Buches mit den Ausführungen des französischen Philosophen Maurice Blondel in seinem Hauptwerk „L'Action" vgl. Raffelt/Verweyen, Rahner, 41–44.

[105] Rahner, Grundkurs, 132. Vgl. dazu auch den von Rahner verfaßten Artikel zum Thema im LThK (Rahner, Existential). – Laut Raffelt/Verweyen (Rahner, 90) taucht diese Wendung erstmals in einem 1947 gehaltenen Vortrag Rahners zur Theologie des Todes auf und erhielt wenig später den „Status eines Leitmotivs in dem von nun an eindeutig als ‚transzendentale *Theologie*' zu charakterisierenden Rahnerschen Denken" (Hervorhebung im Original). Zum Problem vgl. auch: Verweyen, Existential.

[106] Ebd., 133 (Hervorhebungen im Original).

2.5.3 Erfahrbarkeit des appetitus naturalis

Rahners Ausführungen wenden sich gegen ein „durchschnittliches Verständnis des Verhältnisses von übernatürlicher Gnade und Natur", demzufolge die Gnade ein der Erfahrung völlig unzugänglicher, aufgrund der Offenbarung lediglich zu glaubender „bewußtseinsjenseitiger Überbau hinsichtlich des bewußten Daseins des geistigen und sittlichen Menschen"[107] sei. Dieses Verständnis widerspreche den Aussagen der Heiligen Schrift, die von der Erleuchtung und Inspiration, von der Salbung und dem Seufzen des Geistes rede.[108] Ferner sei eine solche Lehre auch gefährlich für das konkrete Glaubensleben: Wenn die Gnade „nur" ein Überbau ohne erfahrbare Wirkung in den konkreten Akten eines Menschen bleibe, dann werde sie schließlich uninteressant.

Rahner will demgegenüber zeigen, daß die Gnade nicht bewußtseinsjenseitig, sondern in den bewußten Akten erfahrbar ist. Da die „faktische Natur" eines *jeden* Menschen immer schon begnadet ist, muß auch jeder Mensch damit rechnen, daß die Akte seines Bewußtseins von der Gnade geprägt sind.[109] In der konkreten Erfahrung der Offenheit auf das Sein erfährt – so die These – der Mensch immer zugleich seine „bloße" Natur und deren gnadenhafte Erhöhung, oder, um es anders zu sagen, er kann das natürliche und das übernatürliche Formalobjekt in der konkreten Erfahrung gar nicht trennen, *beide* sind das Ziel und der Horizont seiner geistigen Akte. Für solche Erfahrungen gibt es Beispiele. Als solche können etwa „das Erlebnis der unendlichen Sehnsucht, des radikalen Optimismus, der unstillbaren Unzufriedenheit, der Qual der Unzulänglichkeit alles Greifbaren, der radikale Protest gegen den Tod, die Erfahrung, einer absoluten Liebe gegenüberzustehen, gerade dort, wo sie von tödlicher Unbegreiflichkeit ist und von schweigender Verschlossenheit zu sein scheint, die Erfahrung einer radikalen Schuld und einer dennoch bestehenden Hoffnung"[110] genannt werden. Aber nicht nur in solchen besonderen, auf die Grenzen des Menschen und deren Überwindung weisenden Erfahrungen, sondern in allen Akten des Menschen ist die transzendentale Erfahrung immer anwesend, sofern der Mensch bei seinem Handeln „in den Abgrund seines Da-

---

[107] Rahner, Natur und Gnade, 210.

[108] Vgl. ebd., 211, ferner ebd., 225f: „Denn wenn man ehrlich und unbefangen die Lehre der Schrift nimmt, wie sie liegt, (...) dann wird man sagen müssen: der Schrift ist die Mitteilung des Geistes (des göttlichen Pneumas) nicht nur eine bewußtseinsjenseitige entitative ,Erhöhung' der bewußtseinsmäßig, existentiell gleichbleibenden und nur durch die fides ex auditu von außen veränderten sittlichen Akte des Menschen, sondern ,Leben', ,Salbung', ,Trost', ,Licht', unaussprechliches Mitflehen des Geistes, Pneuma, das mehr ist als nous, inneres Gezogenwerden, Zeugnisgeben des Geistes usw. Es wäre gut, wenn einmal die Schriftlehre in Konfrontation mit dieser scholastischen Kontroverse genau verhört würde."

[109] Vgl. auch Rahner, Anthropologie, 624 (Hervorhebung im Original): „ Gnade ist die aprior[ische] Fähigkeit der *kon*naturalen Aufnahme der Selbsterschließung Gottes im Wort (Glauben – Liebe) u. in der visio beatifica".

[110] Rahner, Natur und Gnade, 231.

seins fällt".[111] Sie kann zwar nicht zwingend erschlossen oder „bewiesen" werden. Ist aber dem Menschen aufgrund der christlichen Verkündigung die Botschaft von der Selbstmitteilung Gottes vertraut, so kann er in ihr „seine eigene Erfahrung wiedererkennen".[112]

2.6 Seinshaft oder personal?

Für die Frage nach der begrifflichen Klärung der Einwohnung Gottes im Gläubigen ist nun besonders wichtig, nochmals nach den verwendeten philosophischen Kategorien der rahnerschen Erklärung zurückzufragen. Die Erklärung der Einwohnung als „Quasi-Formalursache" der visio beata bediente sich der scholastischen Begrifflichkeit, während die Ausführungen zum „übernatürlichen Existential" sich an der Existenzphilosophie orientierten. Kann die schon aus der Exegese bekannte Alternative zwischen „seinshaften" und „personalen" Aussagen aufgelöst werden?

Es muß zunächst deutlich festgehalten werden, daß Rahner davon überzeugt ist, eine heutige Theologie *müsse* sich dem Anliegen der Transzendental- und Existenzphilosophie öffnen. Zu fordern ist eine „transzendental-anthropologisch dimensionierte Theologie".[113] Diese besteht darin, daß „wir bei jedem theologischen Gegenstand nach den notwendigen Bedingungen seiner Erkenntnis im theologischen Subjekt mitfragen und aufweisen, daß es solche apriorische Bedingungen für die Erkenntnis dieses Gegenstandes gibt, die selbst schon über den Gegenstand, die Weise und Grenzen und über die Methode seiner Erkenntnis etwas implizieren und aussagen."[114] Die *Sache der Theologie* fordert diese transzendentale Überlegung, weil die Theologie nach Gott und damit nach dem „absolute(n) Woraufhin der Transzendentalität des Menschen" fragt. Insbesondere von der Selbstmitteilung Gottes als „ungeschaffener Gnade" kann sinnvoll nur in einer solchen Überlegung gesprochen werden, weil es sich hier um keine „sachhafte Wirklichkeit", sondern um eine „Bestimmung des geistigen Subjekts als solchen" handelt: „Was Gnade ist, kann (...) nur vom Subjekt, von seiner Transzendentalität und deren Erfahrung her begriffen werden als Verwiesenheit in die Realität der absoluten Wahrheit (...), kurz: als ab-

---

[111] Rahner, Grundkurs, 138.

[112] Ebd., 137. – In anderer Weise hat das zweite vatikanische Konzil dieser Tatsache Ausdruck verliehen, wenn es (Gaudium et spes 21, Denzinger/Hünermann 4321) erklärt, jeder Mensch bleibe „sich selbst indessen eine ungelöste Frage, die er dunkel spürt", und wenn es in diesem Zusammenhang Augustin zitiert: „‚Du hast uns auf dich hin gemacht', o Herr, ‚und unruhig ist unser Herz, bis es ruht in dir.'"

[113] Rahner, Überlegungen, 407.

[114] Ebd. – „Transzendental" ist hier also wie bei Kant ein Adjektiv, daß eine bestimmte Frageweise kennzeichnet, nämlich eine solche, die nach den Bedingungen der Möglichkeit von Erkenntnis fragt.

soluter, von Gott in Selbstmitteilung auf sich selbst hin ermöglichter Vollzug der Transzendentalität des Menschen selbst."[115]

Nach Rahner fordert auch die *geistesgeschichtliche Situation* diese Art der Theologie, weil die traditionellen theologischen Aussagen in der Gegenwart nicht mehr so formuliert sind, „daß der Mensch erkennen kann, wie das in ihnen Gemeinte mit dem Selbstverständnis zusammenhängt, das sich in seiner Erfahrung bezeugt".[116] Zeigt man nun diesem Menschen, daß seine Natur als geistiges Wesen *selbst* schon „ein inneres konstitutives und notwendiges Moment (...) an der Wirklichkeit und am Vorgang ist, in denen Gnade real gegeben sein kann",[117] so würden auch die theologischen Sätze, die ja dieses Wesen des Menschen bezeugen wollen, zu neuer Klarheit gebracht werden. Nur dieser Ansatz bei der transzendentalen Erfahrung des Menschen verhindert, daß die Rede von der Gotteskindschaft oder der Einwohnung Gottes nicht als „Begriffsdichtung und unnachweisbare Mythologie"[118] verpönt wird. Deshalb kommt Rahner zu der apodiktischen Regel, „daß eine heutige Theologie nicht hinter das in der Philosophie artikulierte Selbstverständnis des Menschen zurück kann noch darf, das von der transzendental-anthropologischen Wende seit Descartes, Kant und über den deutschen Idealismus hin bis in die heutige Existenz (ial)-philosophie bestimmt ist".[119]

In diesem Sinne wendet sich Rahner nun auch gegen ein verdinglichendes Verständnis der Gnade und betont, wie oben deutlich wurde, die Wichtigkeit der ungeschaffenen Gnade, die Gott selbst ist. Damit ist bereits ein personales, oder „existentielles" Verständnis der Einwohnung Gottes impliziert. Dieses selbst aber – und das ist entscheidend – läßt sich, da es die Wirklichkeit schlechthin ist, auch *wieder nur in ontologischen Kategorien* aussagen. Wohlwissend, daß er über Gott nur in der Form der Analogie sprechen kann, wohlwissend, daß also vor jeden auf Gott angewandten ontologischen Begriff letztlich ein „quasi" gehört, ist der Theologe dennoch gehalten, Seinsaussagen über Gott zu machen. Denn nur so kann er aussagen, daß es sich bei Gott – und ebenso beim Thema der Einwohnung Gottes im Menschen – um die Wirklichkeit schlechthin, um die Begründung des Seins selbst handelt. Dies hat nichts mit einer „Verdinglichung" Gottes zu tun: „Mit ontischen Kategorien wird hier (auch katholisch) nur noch gedacht, weil und insofern es für eine katholische Philosophie nun einmal so ist, daß das Wirkliche (und was wäre wirklicher und wirksamer als die Liebe Gottes) als ‚wirklich', als ‚seiend' gedacht werden muß, daß das Höchste mit den abstraktesten Worten gesagt werden muß und daß darum die Tat der göttlichen Liebe an uns (...) notwendig als unserer ethischen und glaubenden Stellungnahme vorausliegend und diese erst ermögli-

---

[115] Ebd., 408; 410f.
[116] Ebd., 412.
[117] Ebd.
[118] Ebd., 413.
[119] Ebd., 414.

chend gedacht werden muß und darum nicht anders als auch in Seinskategorien (Zustand, Akzidens, Habitus, Eingießung usw.) ausgesagt werden kann."[120]

Gerade in Abgrenzung zu einer Auffassung, die die Einheit des Christen mit Christus lediglich auf der Ebene des Bewußtseins verankert sieht, müssen in pointierter Weise ontologische Begriffe ins Feld geführt werden: „Wenn unter ‚rein moralisch‘ etwas ‚bloß Gedachtes ‘, ‚Intentionales‘, ‚Juridisches‘ verstanden wird, so ist es durchaus berechtigt, die dauernde gnadenhafte Verbundenheit des gerechtfertigten Menschen mit Christus als ‚physisch‘, ‚ontisch‘, ‚mystisch‘ zu bezeichnen."[121] Rahner versucht also, das Verhältnis Gott-Mensch nicht dinglich, sondern personal und existentiell aufzufassen, ohne damit den Wirklichkeitscharakter dieses Verhältnisses zu entwerten: „Selbstmitteilung Gottes besagt also, daß das Mitgeteilte wirklich Gott in seinem eigenen Sein und so gerade die Mitteilung zum Erfassen und Haben Gottes in unmittelbarer Anschauung und Liebe ist."[122]

Bei diesem Versuch, die thomistisch-metaphysische Gnadenlehre mit eher personalistischen Kategorien zu verbinden, erinnert Rahner an die Position des katholischen Theologen Auer, der sich besonders um die Gnadenlehre verdient gemacht hat.[123] In einem methodischen Programmaufsatz stellte er die These auf, eine die Sache treffende Gnadenlehre müsse „das *sachlich-metaphysische*, das *psychologisch-moralische* und das *religiös-mystische* Element der einen ganzen Gnade"[124] berücksichtigen und mit verschiedenen Methoden zu erreichen suchen. Auer ist also der Meinung, daß der Begriff der Gnade selbst verschiedene Momente in sich trägt, die mit jeweils unterschiedlichen Methoden (und entsprechenden Begriffen) zu erhellen sind. Diese Aspekte können auch mit de Lubac als „supernaturale transcendens", „superadditum" und „miraculosum" bezeichnet werden.[125] Das sachlich-metaphysische Element (transcendens), das theologiegeschichtlich von der Thomas-Schule repräsentiert wird, zeigt sich, indem man vom metaphysischen Begriff der „Natur" ausgeht und die Gnade als „Übernatur" definiert. Damit wird der seinshafte, objektive Charakter der Gnade besonders in den Blick gerückt. Das eher von der Franziskanerschule herausgearbeitete psychologisch-moralische Element geht vom „religiös-sittliche(n) Wesen" des Menschen aus und verweist auf die Erfahrbarkeit der Gnade, die an das Gewissen appelliert und in die Entscheidung ruft. Das religiös-mystische Element schließlich, daß theologiegeschichtlich den großen mystischen Bewegungen zuzuordnen ist, geht vom „personale(n) Ich" aus und betont die personale Beziehung zwischen Gott und Mensch.[126] Zum dritten Ansatz ist auch die „Existentialphilosophie unserer Tage"[127] zu rechnen. Alle drei Zugangsweisen führen miteinander zur Erkenntnis der Gnade, und die „wissenschaftliche

---

[120] Rahner, Natur und Gnade, 223f.
[121] Rahner, Zeitfragen, 524 (mit bezug auf aktuelle Auseinandersetzungen).
[122] Rahner, Grundkurs, 124.
[123] Rahner, Natur und Gnade, 223.
[124] Auer, Begriff, 358 (Hervorhebungen im Original).
[125] Ebd. 358f.
[126] Vgl. für diese Zusammenfassung Auer, Begriff, 357f.
[127] Ebd., 355.

Arbeit muß (...) darin bestehen, das richtige Verhältnis dieser drei notwendig zu einander gehörigen Momente und dadurch die Momente selbst deutlicher herauszuarbeiten".[128]

In diesem Zusammenhang kann noch einmal die Frage des analogen Redens von Gott aufgeworfen werden, die schon bei Rahners Darstellung einer „quasiformalen Ursächlichkeit" zur Sprache kam. Wer über die Selbstmitteilung Gottes redet, der benutzt menschliche Begriffe in „analoge(r) Verwendung".[129] Die Analogie ist für Rahner aber nicht lediglich ein Mittleres zwischen univokem und äquivokem Sprechen. Die Analogie muß vielmehr gerade von der Definition des Menschen, von seiner transzendentalen Erfahrung seiner Entgrenzung her verstanden werden. Die Transzendenz ist als Horizont aller unserer Erkenntnis immer schon das Ursprünglichere, und daß unser Geist so gleichsam zwischen der Transzendenz und der Raum-Zeitlichkeit aufgehängt ist, bedeutet seine ursprüngliche Situation. Deshalb ist „die analoge Aussage das Ursprünglichste unserer Erkenntnis überhaupt", und äquivoke wie univoke Aussagen sind „defiziente Modi jenes ursprünglicheren Verhältnisses (...), in dem wir zu dem Woraufhin unserer Transzendenz stehen". Der ursprünglichen, analogen Sprechweise entspricht also eine wahre analogia entis, die „zwischen einem kategorialen Ausgangspunkt und der Unbegreiflichkeit des heiligen Geheimnisses" schwebt.[130] Deshalb kann man sogar sagen: Wir Menschen „existieren analog",[131] weil wir unseren Grund in diesem Geheimnis haben, das der Horizont und Ermöglichungsgrund aller einzelnen Erkenntnis ist.

Rahner benutzt, um den ontischen Gehalt der Einwohnung deutlich zu machen, auch die Bezeichnung „realontologische Mitteilung" oder „realontologische Wirklichkeit".[132] Auch dabei muß der – unverzichtbare – Begriff der „Realität" analog zu seinem innerweltlichen Gebrauch verstanden werden. Der beschriebene Vorgang der Einung Gottes mit dem Menschen ist also ein *personales* Verhältnis, das mit *ontologischen* Kategorien beschrieben wird: „Jede der drei göttlichen Personen teilt sich als je sie selber in ihrer personalen Eigenart und Verschiedenheit dem Menschen in freier Gnade mit, und diese trinitarische Mitteilung (die ‚Einwohnung' Gottes, die ‚ungeschaffene Gnade' nicht nur als Mitteilung der göttlichen ‚Natur', sondern, weil *in geistig-freiem, personalem Akt, also von Person zu Person geschehend*, auch und sogar primär als Mitteilung der ‚Personen' verstanden) ist der *realontologische* Grund des Gnadenlebens im Menschen und (...) der unmittelbaren Schau der göttlichen Personen in der Vollendung."[133]

---

[128] Ebd., 367.
[129] Rahner, Grundkurs, 127.
[130] Ebd., 81.
[131] Ebd.
[132] Rahner, Der dreifaltige Gott, 322; 336f.
[133] Ebd., 337 (Hervorhebungen: K.L.).

2.7 Beurteilende Zusammenfassung

Trotz der großen Fülle einschlägiger Arbeiten in der katholischen Forschung kristallisieren sich für die Frage nach den ontologischen Aspekten der Einwohnung doch wenige Hauptpositionen heraus, die in den Forschungsüberblicken besprochen werden. Besonders der Entwurf Rahners und der von de la Taille, die bei unterschiedlicher Begrifflichkeit in etwa dasselbe sagen, werden – meist positiv – rezipiert.[134]

Die Beschreibung der Einwohnung Gottes unter neuer Aufnahme des scholastischen Begriffs der „gratia increata" ist zweifelsohne als ein bedeutender Schritt der neueren katholischen Forschung zu bezeichnen. Die vertiefte Hinwendung zum einwohnenden Gott selbst, also zur „ungeschaffenen Gnade", war bedingt durch ein neues Hören auf die Schrift und das Zeugnis der Kirchenväter. Gerade Rahner hat hier eindrücklich zu diesem Hören auf die Schrift gerufen. Eine einseitige Betonung der Gnade als einer neuen Beschaffenheit des Menschen wurde so korrigiert. Diese Entwicklung kann nur begrüßt werden.

Die ungeschaffene Gnade wird nun bei Rahner als die „causa quasiformalis" der Gottesschau beschrieben. Diese Darstellung knüpft ganz an das thomistische Erklärungsmodell an. Damit partizipiert sie auch an den genannten Vorteilen und Schwächen dieser Konzeption: Ihre Stärke besteht darin, mit Hilfe der Erkenntnislehre das „Schauen Gottes" analog zum menschlichen Seh- und Erkenntnisakt zu verstehen und „einsichtig" zu machen. Ferner rückt die Einwohnung ins Zentrum der Gnadenlehre und erhält so einen Platz, der ihr auch vom biblischen Zeugnis her gebührt. In diesem Punkt unterscheidet sich Rahners Lösung sogar in positiver Weise vom klassischen Ansatz, weil die personale Einwohnung Gottes durch die Betonung der gratia increata mehr im Blick ist.[135] Allerdings bleibt auch bei der modernen Interpretation dieses Modells der Einwand bestehen, daß die Einwohnung eher durch eine „operatio", ein Akt des Menschen definiert ist, indem der Mensch Gott im Erkennen und Lieben ergreift.

Ein Problem des rahnerschen Ansatzes liegt darin, daß er die Lehre von der Einwohnung Gottes an die allgemein menschliche Erfahrung binden, wenn nicht gar auf sie abstützen will. Rahner will tatsächlich bei „jedem theologischen Gegenstand"[136] nach apriorisch im Menschen bereitliegenden Bedingungen für dessen Erkenntnis fragen – und sie auch aufweisen! Dadurch konzentrieren sich die Überlegungen auf den „faktischen" Menschen und auf dessen „übernatürliches Existential", welches selbst schon Gabe der Gnade ist. Gerade

---

[134] Vgl. z.B. Willig, Gnade, 188.

[135] Rahner (Überlegungen, 410) hält sogar die „ungeschaffene Gnade" für den „innersten Kern in der Glaubenswirklichkeit, auf den alles andere an Wirklichkeit und Sätzen bezogen ist". Denn „Trinität und Inkarnation" sind „im Mysterium der Gnade impliziert"!

[136] Rahner, Überlegungen, 407.

wenn schon der „faktische" Mensch als „begnadet" bezeichnet wird, *der Begriff der „Gnade" also sowohl die Transzendentalität eines jeden Menschen als auch die Heilszuwendung Gottes in den Gläubigen bedeutet,* dann besteht die Gefahr, die Einwohnung nur als ein Weiterschreiten, als eine neue Stufe der Begnadung zu erfassen. Wenn dies so ist, dann tritt das „novo modo", das Einbrechen des „neuen Äons" in das Leben des Menschen zugunsten einer kontinuierlichen Entwicklung zurück.[137] Es müßte hier stärker betont werden, daß die Transzendenzerfahrung wie alle menschliche Erfahrung zum gegenwärtigen, von der Sünde beherrschten Äon gehört, während allein das Kommen Gottes den Sünder der Sünde entreißt. Der Eindruck einer bruchlosen Kontinuität zwischen Transzendenzerfahrung und Ankunft Gottes könnte sich verstärken, wenn Rahner ausführt, daß die Gnade nur durch des Menschen „Transzendentalität und deren Erfahrung her begriffen werden"[138] könne. Natürlich ist solches Begreifen nur durch Analogien und deshalb nur „wie in einem Spiegel" (1 Kor 13) möglich, es muß aber immer deutlich bleiben, daß die Einwohnung Gottes von aller Transzendenzerfahrung kategorial verschieden ist. Die Grenze zwischen Sünde und Gnade, zwischen Schöpfer und Geschöpf, zwischen altem und neuen Äon darf hier nicht verwischt werden.[139]

In diesem Zusammenhang befremden auch gelegentliche Bemerkungen Rahners zur Rolle, die die Wortverkündigung bei der Mitteilung der Gnade spielt. Für Rahner ist die Predigt „die ausdrückliche Erweckung dessen, was schon in der Tiefe des Menschenwesens da ist, nicht von Natur, sondern von Gnade."[140] Das, was immer „schon da ist", ist das Wirken der Gnade in jedem Menschen: seine (meist unreflektierte) Ausrichtung auf Gott, die Tatsache, daß er „dauernd vor dem dreifaltigen Gott des ewigen Lebens" lebt.[141] Der Gedanke der im Menschen angelegten Suche nach Gott ist hier durchaus festzuhalten. Dennoch muß gegen Rahner betont werden, daß das Wort Gottes nicht nur erweckt, was bereits angelegt ist, sondern das „ruft, was nicht ist, daß es sei".[142]

---

[137] Hierzu paßt auch die beiläufige Bemerkung Rahners (Natur und Gnade, 235, Fußnote 15), „in der hierarchisch gebauten Welt der echten Unterschiedlichkeit" gäbe es keine „Sprünge". Vgl. auch Rahners Rede vom „übernatürlichen Existential", das jeden Menschen bestimmt und zu dem eine „objektive Rechtfertigung" bereits gehört (Rahner, Existential, 1301). – Thomas von Aquin dagegen redet in STh I-II q 62,1 sowie 110,4 deutlich von Wiedergeburt und Neuschöpfung. Zwar ist der Mensch auch nach ihm mit einer „Gnadengabe" geschaffen worden und hatte Glauben, dies aber vor dem Sündenfall (STh II-II q 5 a 1).

[138] Rahner, Überlegungen, 411.

[139] Vgl. auch die treffende Bemerkung von Verweyen hinsichtlich des „übernatürlichen Existentials (Existential, 130): „Hiermit liegt doch von vornherein die Gefahr nahe, daß die ‚kategoriale Offenbarung' (also die Präsenz Gottes im geschichtlich begegnenden Ereignis) gegenüber der ‚transzendentalen Offenbarung' (in jenem ü[bernatürlichen] E[xistential]) unterbewertet wird."

[140] Rahner, Natur und Gnade, 229.

[141] Ebd., 228.

[142] Röm 4,17, hier von Gott ausgesagt. Zur neuschaffenden Wirkung des Wortes Gottes vgl. z. B. Gen 1,3; Ps 33,9; aber auch Eph 5,14.

Durch die Predigt des Evangeliums kommt es zu einer neuen Erschaffung des Menschen.

Ein anderer Aspekt der Überlegungen Rahners ist aber, gerade im Blick auf die neuere evangelische Theologie, besonders zu würdigen: der Umgang mit der andernorts so häufig bemühten Alternative von „ontologischer" und „personaler" Redeweise. Das ganze Denken Rahners ist von dem Versuch bestimmt, eine „transzendental-anthropologische Theologie" zu entwerfen, die insbesondere auf die neuere, an den deutschen Idealismus anschließende Philosophie anknüpft.[143] Dieser Versuch führt aber gerade *nicht* dazu, den „Seinsaussagen" innerhalb der Theologie den Abschied zu geben. Es liegt hier ein Versuch vor, die moderne Subjektivitätsphilosophie in *positiver* Weise aufzunehmen, ohne doch zu verneinen, daß die Theologie notwendigerweise Aussagen über das aller menschlichen Erkenntnis *vorausliegende* Sein Gottes zu machen hat. Rahner ist mit diesem Ansatz ein Offenbarungstheologe geblieben. Denn solche auf das Sein Gottes zielende Aussagen sind in der Theologie nur möglich, weil Gott sich offenbart, weil er geredet hat. Würden auch die Offenbarungsquellen, die biblischen Schriften, lediglich als Zeugnisse menschlicher Erkenntnisbemühungen betrachtet, dann wäre eine solche Theologie nicht möglich. Für Rahner ist aber immer deutlich, daß gerade die Gnade betreffende Aussagen ihren Grund nur in jener *die menschliche Erfahrung transzendierende* Offenbarung haben.[144]

3. Die Frage der „Appropriation"

Die Frage, ob die Einwohnung der Person des Geistes nur „appropriiert" werde, oder ob die Einwohnung eine dem Geist *eigentümliche* göttliche Handlung sei, hat die neuscholastische Theologie in zahlreichen Arbeiten beschäftigt. Dabei sind sowohl Befürworter als auch Bestreiter der „Appropriation" aufgetreten. Innerhalb dieser beiden Hauptströmungen konnten jeweils noch verschiedene Sonderanschauungen favorisieren werden. Die zum Teil sehr subtilen Thesen sollen hier nicht alle vorgestellt werden. Hauptmeinungen sowie weiterführende Literatur seien aber genannt.

Einen guten Zugang zu dieser vielfältigen Diskussion erhält man besonders durch die Arbeit von Heribert Schauf, die sich ganz auf die Frage der „nichtappropriierten Einwohnung" konzentriert.[145] Sie erschien allerdings bereits 1940, sodaß für die

---

[143] Vgl. Rahner, Überlegungen, 406–408.

[144] Vgl. z.B. Rahner, Begrifflichkeit, 358: Eine „formale Ursächlichkeit Gottes (...)" ist uns im natürlichen bereich (...) nicht bekannt und so in ihrer Tatsächlichkeit (und damit auch in seiner Möglichkeit) ohne Offenbarung nicht feststellbar."

[145] Schauf, Einwohnung, hier besonders 41–71; 116–223.

weitere Entwicklung andere Studien heranzuziehen sind, so etwa der Artikel von Michel[146] sowie die Arbeit von Philips[147] und der Überblick bei Stöhr.[148] Die Lehre von der „nichtappropriierten" Einwohnung des Geistes ist besonders mit dem Namen des französischen Jesuiten Dionysius Petavius (oder Petau, 1583–1632) verknüpft.[149] Für sie ist die Einwohnung eine spezielle Handlung des Geistes, ähnlich wie die Inkarnation allein den Sohn betrifft: „Nicht die Substanz Gottes schlechthin, sondern der Heilige Geist ist gemäß seiner hypostatischen Eigentümlichkeit jene Form, die heiligt und zu Gotteskindern macht."[150] Vater und Sohn wohnen nach dieser Ansicht nur kraft des Geistes im Menschen: Sie „nehmen auf Grund ihrer substantiellen Einheit mit dem Heiligen Geiste in uns Wohnung".[151] Diese Lehre von der „nichtappropriierten" Einwohnung kennt dann noch verschiedene Abwandlungen, bis hin zu der These einiger Gelehrter, daß sich die Einwohnung besonders auf den Sohn (und dessen menschlicher Natur) beziehe.[152]

Die Lehre von der „appropriierten" Einwohnung des Geistes versteht sich als Reaktion auf die Lehre des Petavius und besagt: In der Einwohnung wird der Mensch mit der *Substanz* Gottes verbunden, nicht aber in je zu unterscheidender Weise mit den drei göttlichen Personen. Sie beruft sich auf die Unteilbarkeit der Werke der Trinität „nach außen", also die geschöpfliche Welt betreffend. Wenn man nun besonders von der Einwohnung des *Geistes* redet, so handelt es sich um eine „Appropriation", vergleichbar der Rede von der Erschaffung der Welt durch den Vater. Wichtige Autoren, die im Sinne dieser Argumentation gegen Petavius schreiben, sind z.B. Franzelin oder Palmieri im 19. Jahrhundert[153] sowie Galtier und Froget im 20. Jahrhundert.[154] Sie hat Eingang in die meisten Lehrbücher gefunden und die Lehre des Petavius zurückgedrängt.

Die ursprüngliche Lehre von der „nichtappropriierten" Einwohnung kann schließlich, wie auch bei Rahner, so gewendet werden, daß nicht nur der Geist, sondern *alle drei Personen* in *je spezifischer* Weise im Gläubigen einwohnen. „Es gilt das Prinzip: In einer nichtappropriierten Verbindung gewinnen auch die andern Personen eine nichtappropriierte Beziehung."[155] In dieser Form trifft die Auffassung sich in gewisser Weise mit den Befürwortern der Appropriation. Denn diese wollten ja ausschließen, daß die Einwohnung ein „Proprium" des Geistes sei. Dies

---

[146] Michel, Trinité, besonders 1851–1854.

[147] Philips, L'union, besonders 209–232.

[148] Stöhr, Neuzeitliche Diskussionen.

[149] Zu Petavius vgl. Schauf, Einwohnung, 54–63, Rondet, Gratia Christi, 329–339; auch Michel, Trinité, 1851. – Andere Autoren derselben Richtung sind, mit unterschiedlichen Nuancen, Ludwig Thomassin (1619–1695), sowie, im 19. Jahrhundert, Scheeben und de Régnon (die aber auch für den Sohn oder gar für jede der göttlichen Personen eine spezielle Einwohnung annehmen). Eine ausführliche Aufzählung bietet Schauf, Einwohnung, 248.

[150] Schauf, Einwohnung, 55.

[151] Ebd., 57.

[152] So etwa bei Catherinet und bei Mersch, vgl. dazu Moretti, Inhabitation, 1751f; Chirico, Divine Indwelling, 70–80.

[153] Franzelin, De Deo Trino (vgl. dazu Schauf, Einwohnung, 236f); Palmeri, De gratia (vgl. dazu Schauf, Einwohnung, 228f).

[154] Gardeil, L'habitation, besonders 9–133; Froget, De l'habitation, besonders 195–242.

[155] Schauf, Einwohnung, 219.

sagt auch die These von der je spezifischen Einwohnung der drei Personen. Der Unterschied liegt aber darin, daß die Befürworter einer „appropriierten" Einwohnung des Geistes nicht an eine dreifache, je personale Einwohnung, sondern lediglich an eine unio mit der göttlichen Substanz denken.

Karl Rahner hat, in Anlehnung an Schauf,[156] darauf hingewiesen, daß erst ein von der ungeschaffenen Gnade ausgehendes Verständnis der Einwohnung Gottes ermöglicht, auch von einer je spezifischen, nichtappropriierten Einwohnung der göttlichen Personen zu sprechen.[157] Denn Gott verhält sich zu geschaffenen Gnade als causa efficiens, und für *dieses* Kausalverhältnis gilt, wie dies Pius XII. eingeschärft hat, daß die Werke der Trinität unteilbar sind. Bei einer *Formal*ursache muß dies, wie schon die hypostatische Union zeigt, nicht angenommen werden.[158] Im Gegenteil: Wenn die visio nur bei einer direkten Verbindung mit Gott als „quasi-species" zustande kommt, dann sind die drei göttlichen Personen „entweder in der Visio beatifica als solche nicht unmittelbar geschaut, oder sie haben in logischer Priorität zur Visio als Bewußtsein *als* göttliche, untereinander verschiedene Personen je ihre ihnen eigentümliche quasi-formelle Kausalität auf den geschaffenen Geist, die es diesem möglich macht, diese göttlichen Personen ‚bewußt', und zwar unmittelbar, zu haben".[159] Diese Möglichkeit ist – so Rahner – theologisch wohl kaum zu widerlegen. Die „positiven Glaubensquellen" deuten vielmehr eine solche Wirklichkeit an. So „ist hier die Schrift mit ihren Aussagen so genau zu nehmen wie nur möglich".[160]

In diesem Sinne hat Rahner in seiner großen und luziden trinitätstheologischen Arbeit[161] die These von der Identität der ökonomischen mit der immanenten Trinität ausgearbeitet. Diese These wäre ohne die Annahme einer nichtappropriierten Einwohnung der göttlichen Personen gar nicht durchführbar. Geht

---

[156] Schauf, Einwohnung; vgl. bes. den systematisch-theologischen Schlußteil sowie den Anhang des Werkes, ebd., 224–265.

[157] Vgl. Rahner, Begrifflichkeit, 372; ders., Natur und Gnade, 221: „Es scheint doch so zu sein, daß die Auffassung im Vordringen ist (die schon Petavius, Scheeben und andere, jeder in seiner Art, vertraten), daß in der Gnade eine Beziehung zwischen dem Menschen und jeder der drei göttlichen Personen begründet wird, die keine Appropriation, sondern ein Proprium jeder göttlichen Person ist."

[158] Insofern ermöglicht erst die Beschreibung der gratia increata als Quasi-Formalursache den Gedanken der je spezifischen Einwohnung der göttlichen Personen. Denn die Werke der Trinität als causa efficiens sind, wie gesagt, unteilbar. – Zur Enzyklika „Mystici corporis" des Pius XII s. Denzinger/Hünermann, 3814f.

[159] Rahner, Begrifflichkeit, 373. Vgl. auch Rahner, Natur und Gnade, 221: „(W)enn man dabei bedenkt (was doch selbstverständlich ist), daß die drei göttlichen Personen in je ihrer personalen Eigentümlichkeit Gegenstand der unmittelbaren Anschauung sind, dann muß jene seinshafte (ontische) quasiformale Mitteilung Gottes (...) auch eine nichtappropriierte Beziehung jeder der drei göttlichen Personen zum Menschen einschließen".

[160] Rahner, Begrifflichkeit, 374.

[161] Rahner, Der dreifaltige Gott.

man dagegen von der je spezifischen Mitteilung der Personen aus, dann gewinnt diese These große Klarheit und Stringenz: Für die zweite Person der Trinität ist die Identität von immanenter und ökonomischer Trinität ohne weiteres einleuchtend: Der ewige Sohn des Vaters ist eben der, der in der Fleischwerdung Mensch geworden und in die „Ökonomie" eingetreten ist. Er ist der, der eine spezifische, nichtappropriierte Beziehung zur Menschheit begründet. Nur wenn nun eine solche Beziehung auch für den Vater und den Geist angenommen werden kann, ist die Aussage berechtigt, *daß der dreieinige Gott sich dem Menschen so schenkt, wie er an sich ist.* Handelt es sich aber, wie Rahner hier voraussetzt, um eine je spezifische Selbstmitteilung der göttlichen Personen, dann kann das Spezifische einer jeden nur in der jeweiligen innertrinitarischen Relation liegen. Andernfalls besäßen ja die sich mitteilenden Personen neben diesen unterscheidenden Relationen noch andere Eigenschaften, die sie zu einander in Differenz setzten würden. Dies anzunehmen hieße, den Boden der Trinitätslehre zu verlassen. Aus der Annahme der je eigentümlichen Selbstmitteilung der drei Personen *muß* also die These von der Identität der ökonomischen mit der immanenten Trinität folgen:

> „Diese drei Selbstmitteilungen sind die Selbstmitteilung des einen Gottes in der dreifach relativen Weise, in der Gott subsistiert. Der Vater gibt sich also auch uns als *Vater*, das heißt gerade dadurch, daß und indem er, weil selbst (essential) bei *sich* selbst, sich aussagt und *so* den Sohn mitteilt als seine eigene, personhafte Selbsterschließung, und dadurch und indem der Vater und der Sohn (vom Vater empfangend), sich in *Liebe* bejahend auf sich selbst hinneigend und bei sich selbst ankommend, *so* als die liebend angenommenen, das heißt als Heiligen Geist sich mitteilen. Gott verhält sich zu uns dreifaltig, und ebendies dreifaltige (...) Verhalten zu uns *ist* nicht nur ein Abbild oder eine Analogie zur inneren Trinität, sondern ist diese selbst, wenn auch als frei und gnadenhart mitgeteilte. Denn eben das Mitgeteilte ist gerade der dreifaltige persönliche Gott, und ebenso kann die (...) Mitteilung, *wenn* sie frei geschieht, nur in der innergöttlichen Weise der zwei Mitteilungen des göttlichen Wesens vom Vater an den Sohn und Geist geschehen, weil eine andere Mitteilung gar nicht das mitteilen könnte, was hier mitgeteilt wird, die göttlichen Personen, da diese gar nichts von ihrer eigenen Mitteilungsweise Verschiedenes sind."[162]

Es ergibt sich also aus der Annahme der nichtappropriierten Einwohnung des dreieinigen Gottes eine feste Verknüpfung der *Trinitäts*lehre mit dem Gnaden-

---

[162] Ebd., 337f (Hervorhebungen im Original). – Auch in einer exegetischen Arbeit zum Thema „Theos im Neuen Testament" kommt Rahner zu ähnlichen Ergebnissen: „Theos" bezeichne im Neuen Testament den *Vater*; und auch von dieser Erkenntnis aus werde „die trinitarische Struktur unseres ganzen religiösen Lebens viel lebendiger sein (...), als wenn das Wortz ‚Gott', wenn wir zu Gott beten, bei uns bloß den Gott der natürlichen Theologie und die Trinität im Allgemeinen (...) ins Bewußtsein ruft" (Rahner, Theos, 388; zitiert auch bei Raffelt/Verweyen, 65).

traktat und so auch mit der Anthropologie.[163] Die Dreieinigkeit Gottes ist in ihrer Bedeutung für das Glaubensleben herausgestellt. Im Grunde knüpft Rahner damit an die Aussagen der alten Kirche an,[164] und auch die Schönheit der thomistischen Lehre von den Sendungen ist hier wieder zu erkennen: Der begnadete Mensch hat Anteil am innertrinitarischen Leben Gottes. Gott schenkt sich so, wie er an sich selbst ist.[165]

---

[163] Dazu paßt auch, daß Rahner im „Grundkurs" am Ende des Abschnittes zur „Selbstmitteilung Gottes" sofort eine trinitätstheologische Überlegung anschließt Rahner, Grundkurs, 139–142).

[164] Vgl. oben, Abschnitt 1; ferner Lieske, Theologie, für den schon Gregor v. Nyssa die eigentümliche Einwohnung des Geistes lehrt (besonders ebd., 91). – Es wäre eine wichtige, der näheren Untersuchung werte Frage, inwieweit gerade die *Taufe* auf den Namen des Vaters, des Sohnes und des Heiligen Geistes von den Vätern zur Begründung der *je eigenen* Einwohnung der drei göttlichen Personen herangezogen wurde.

[165] Dieser Entwurf Rahners hat der neueren Literatur zahlreiche Impulse verliehen. Erinnert sei hier nur an die Arbeiten von Willig (Willig, Gnade) und H. Mühlen (Mühlen, Der Heilige Geist).

IV. Die „unio mystica" in der lutherischen Orthodoxie

1. Einleitung

Mit diesem Kapitel wendet sich die Untersuchung der evangelischen Einwohnungslehre zu. Die Reformatoren haben selbstverständlich, in enger Anlehnung an die heilige Schrift, die Einwohnung Gottes im Menschen gelehrt. Luthers Aussagen zu diesem Thema werden weiter unten noch Gegenstand der Untersuchung sein. Wir beginnen unsere Überlegungen aber, indem wir zunächst auf die Lehre von der „unio mystica" in der lutherischen Orthodoxie blicken. Diese geschlossene systematisch-theologische Lehrform eignet sich zum einen gut für eine erste Begegnung und Analyse evangelischer Behandlung des Themas, zum anderen ist gerade sie in der neuzeitlichen evangelischen Theologie zur oft bemühten Zielscheibe der Kritik geworden, einer Kritik, die sich *mit* Luther *gegen* diese Lehre wenden zu können glaubte. Dies hat in jüngerer Zeit zu einer erneuten Rückfrage nach der Theologie Luthers selbst geführt. Diese neuere Diskussion soll erst am Ende der Überlegungen vorgestellt werden (VI).

In unserer Untersuchung zur Einwohnungslehre hat ein Kapitel zur Lehre von der unio mystica seinen notwendigen Platz. Dies gilt auch dann, wenn die Quellen den Begriff der „unio" und nicht den der „inhabitatio" zum schulmäßigen Leitbegriff erheben. Unter den biblischen Synonymen zur unio wird die inhabitatio stets an zentraler Stelle erwähnt. Bei Quenstedt erscheint sie, nach der „mansio", an zweiter Position.[1] Es ist völlig unstrittig und aus den Quellen abzulesen, daß die unio-Lehre als eine Entfaltung der neutestamentlichen Aussagen zum Wohnen Gottes im Menschen verstanden wird. Die Begriffswahl darf nicht dazu verleiten, hier zwei unterschiedliche Themen zu erkennen. Vielmehr ist sie aufschlußreich hinsichtlich der dogmatischen Durchdringung des *einen* Themas: Denn der unio Begriff deutet bereits auf eine *Analogie* zwischen der Beschreibung Christi (unio hypostatica) und der des Christenmenschen (unio mystica) hin.[2]

---

[1] Quenstedt, Theologia, III, 615.

[2] Vgl. auch die Bemerkung Pannenbergs (Systematische Theologie 3, 226): „Doch verlangt die Vorstellung vom Geist selbst als Gabe nicht eine Auskunft über die Art seiner Einwohnung? Die lutherische Dogmatik des 17. Jahrhunderts suchte die Einwohnung des Heiligen Geistes in der Seele genauer zu bestimmen durch ihre Lehre von der *unio mystica* der Gerechtfertigten mit Gott, die nicht eine substantiale Einheit im formellen Sinn sein sollte, sondern eine wirkende Gegenwart Gottes in der menschlichen Seele."

Die unio-Lehre der lutherischen Orthodoxie ist in der modernen theologischen Forschung lange Zeit unbeachtet geblieben. Theodor Mahlmann hat jüngst einen ausführlichen Beitrag verfaßt, der als der gegenwärtig beste Zugang zu diesem Thema betrachtet werden muß.[3] Er weist darauf hin, daß das Thema offensichtlich „seit zwei Generationen nicht mehr bearbeitet worden" ist.[4] Die wichtigsten früheren Forschungsbeiträge sind diejenigen von Albert Krebs (1871), Wilhelm Koepp (1921) und Werner Elert (1931).[5] Sie kamen in der Frage der Ursprünge der unio-Lehre zu völlig unterschiedlichen Ergebnissen.[6] Krebs führte sie auf Justus Feurborn (1587–1656), Koepp auf Johann Arndt (1555–1621) und Elert schließlich auf Luther selbst zurück.

Mahlmann kommt anhand minutiöser Quellenstudien zu folgendem Ergebnis:[7] Die intensive dogmatische Beschäftigung mit dem Problem der „unio cum Christo" wurde ausgelöst durch die Publikation zahlreicher Schriften des Valentin Weigel (1533–1588) in den Jahren 1609–1619. Die bald als „Weigelianismus" bezeichneten Lehren dieses Theologen wandten sich gegen die Kirche und den geistlichen Stand und proklamierten zugleich eine unio mit Christus, die zu einer völligen Wesenseinheit („unio essentialis") von Gott und Mensch führe. Angeregt und herausgefordert durch dieses Schrifttum nahmen sich lutherische Theologen des Themas an. In den folgenden Jahren geriet die Lehre von der „unio" in den Mittelpunkt des Interesses und wurde schließlich geradezu das *Zentrum* der dogmatischen Bemühungen.

1618 und 1619 wird das Thema durch den Wittenberger Professor Friedrich Balduin (1575–1627) zum ersten Mal selbständig in drei Disputation behandelt, und zwar unter dem Stichwort der „communio nostri cum Christo".[8] Der Gießener Theologe Justus Feurborn (1587–1656) schreibt ebenfalls 1618/19 über diese Frage und versucht, die Gegenwart Christi in den Gläubigen näher zu beschreiben. Schließlich ist es Johann Arndt (1555–1621), der 1620 den Begriff der „unio" für diese Fragestellung verwendet und die Vereinigung Gottes mit den Menschen zum „Formalprinzip"[9] der Theologie werden läßt: der Begriff der „unio" avanciert zum Schlüsselbegriff der Dogmatik! Nun beginnt „eine stürmische Entwicklung des unio-Theorems".[10] Unter den Dogmatikern ist hier besonders Johannes Hülsemann (1602–1661) zu nennen, der die „unio cum Christo" in seinen Lehrbüchern in einer „ebenso entschiedene(n) wie

---

[3]   Mahlmann, Stellung.
[4]   Ebd., 73.
[5]   Krebs, De unionis; Koepp, Wurzel; Elert, Unio mystica.
[6]   Vgl. dazu Mahlmann, Stellung, 73–77.
[7]   Vgl. ebd., 77–116.
[8]   Ebd., 79f.
[9]   So ebd., 97. Es handelt sich um Arndt, De unione. Zur Beschreibung dieser Quelle s. Mahlmann, Stellung, 92f, Fußnoten 44 u. 45.
[10]   Ebd., 117.

durchsichtige(n) und überzeugende(n) Darstellung" bekannt macht und „in der Schuldogmatik etabliert".[11]

Im Folgenden soll ein Überblick über die wichtigsten Aussagen und Motive der unio-Lehre gegeben werden. Es kann hier keine vergleichende Studie zur unio-Lehre bei den wichtigsten Dogmatikern der Orthodoxie gegeben werden. Für solche vergleichende und historische Fragestellungen muß auf die Arbeit von Mahlmann zurückgegriffen werden. Im Rahmen der vorliegenden Untersuchung soll lediglich eine der wichtigsten Dogmatiken dieser Epoche auf ihre unio-Lehre hin befragt werden, damit der Lehrtypus ansichtig gemacht und die Hauptargumente deutlich werden können. Als Zeuge für die Lehre von der unio mystica wird Johannes Andreas Quenstedt (1617–1688) gewählt, weil er, wie Koepp in seiner Studie zur unio-Lehre ausführt, „in seinem Hauptwerk 1685 (...) auch Calov mitverwertet und so erst die letzte Vollendung der unio-Lehre der Hochorthodoxie geschaffen" hat.[12]

2. Definition

Die Definition der unio mystica, genauer der *unitio*, bei Quenstedt lautet:

„Unitio fidelium cum DEO mystica est actus gratiae Spiritus S. applicatricis, quo substantia hominum justificatorum atque fidelium anima & corpore substantiae SS. Trinitatis, & carnis Christi, mediante fide, verbo imprimis Evangelii & Sacramentorum usu accensa, vere, realiter & arctissime, impermixtibiliter tamen, illocaliter & incircumscriptive conjungitur, ut facta spirituali communicatione, DEus familiariter & constanter praesens sancta operetur; Fideles autem DEO & Redemptori suo ad gloriam Majestatis divinae conjuncti, per mutuam immanentiam vivificae facultatis & omnium Christi beneficiorum participes facti, de praesentissima gratia, amoreque paterno & subsecutura gloria certiores redditi in statu filiorum DEI atque unitate fidei & charitatis, cum reliquis corporis mystici membris perseverent, aeternumque salventur."[13]

---

[11] Ebd., 119. – So war die unio-Lehre für Georg Calixt sogar eine „veritas Hülsemannica", (s. Mahlmann, Stellung, 120) und für Koepp (Wurzel, 55 u. ö) galt Hülsemann als „der eigentliche Vater der Lehre".

[12] Koepp, Wurzel, 51.

[13] Quenstedt, Theologia, III, 622b. In der Übersetzung durch Hirsch (Hilfsbuch, 356): „Die mystische Vereinigung der Gläubigen mit Gott ist ein Akt der zueignenden Gnade des heiligen Geistes, dadurch die Substanz der gerechtfertigten und gläubigen Menschen nach Seele und Leib mit der Substanz der allerheiligsten Dreieinigkeit und des Fleisches Christi, durch Vermittlung des durch das Wort insbesondere des Evangeliums und den Gebrauch der Sakramente angezündeten Glaubens, wahrhaftig, real, und aufs allerengste, jedoch unvermischt, unörtlich und ohne räumliche Umgrenzung vereinigt wird. Und zwar dazu, daß Gott nach Vollzug der geistigen Gemeinschaft vertraut und beständig gegenwärtig sei und heilige Dinge wirke, die Gläubigen aber, die Gott und ihrem Erlöser zur Ehre der göttlichen Majestät verbunden, und,

An dieser Definition der unio cum Christo fallen mehrere Dinge sofort ins Auge. Es handelt sich vor allem um Aussagen, die sich von den bisher behandelten, der scholastischen Tradition verbundenen Beschreibungen unterscheiden: Zunächst wird die Vereinigung zwischen Mensch und Gott ausdrücklich auch auf den *leiblichen* Bereich bezogen: Zum einen vereinigt sich auch das Fleisch Christi mit dem Gläubigen, zum anderen wird dieser „nach Seele und Leib" mit dem dreieinigen Gott verbunden. Dieser leibliche Aspekt ist in der thomistischen Schule kaum berücksichtigt worden. Das Erkenntnismodell des Thomas bietet hierfür auch keinen rechten Anhaltspunkt, da die durch Erkenntnis und Liebe sich realisierende Einheit eher auf den *Geist* des Menschen als „Ort" der Vereinigung verweist.

Zweitens wird die Einwohnung ausdrücklich an die Wortverkündigung, die Sakramente und den durch diese angezündeten Glauben gebunden. Insbesondere die Betonung des Glaubens als des „Vermittlers" (mediante fide) der Einwohnung ist besonderes Kennzeichen der evangelischen unio-Lehre, durch das sie eng an die Rechtfertigungslehre gebunden wird. Die Einwohnung wird ferner negativ als „unräumlich" (illocaliter & incircumscriptive), positiv aber als „beständig" (constanter praesens) definiert. Die Betonung der Beständigkeit ist hier von Bedeutung, da sie einem aktualistischen Verständnis der Einwohnung, das diese nur in jeweiligen Glaubensakten realisiert sehen will, entgegensteht. Schließlich ist hervorzuheben, daß als Folge dieser unio die Glaubensgewißheit genannt wird. Diese ersten Beobachtungen sind im folgenden näher zu bedenken.

Die unio mystica wird in dieser Definition eng am biblischen Zeugnis beschrieben. Dazu gehört auch, daß sie durch eine Auflistung derjenigen Synonyme ergänzt wird, unter denen dieselbe Sache in der Heiligen Schrift bezeugt wird. Als solche Synonyme gelten:[14] Mansio SS. Trinitatis apud credentem (Joh 14,23); inhabitatio Christi in cordibus nostris (Eph 3,17); Desponsatio credentium cum Christo (Hos 2,19f); Mysticum Christi et Ecclesiae conjugium (Eph 5,32); Insitio palmitum spiritualium in vite spirituali, Christo (Joh 15,4–7); ferner: Capitis et membrorum conjunctio (Eph 1,22f), Inessentia vel inexistentia Christi in nobis (2 Kor 13,5), κόλλησις, conglutinatio cum Domino (1Kor 6,17), κοινωνία, communio cum Deo Patre et Christo, 1 Joh 1,3.6; 2 Petr 1,4; Hebr. 3,14.

---

durch das gegenseitige Ineinandersein (immanentiam), der lebendig machenden Kraft und aller Wohltaten Christi teilhaftig worden sind, der allergegenwärtigsten Gnade, der väterlichen Liebe und der dereinst folgenden Herrlichkeit desto gewisser seien und im Stande der Kinder Gottes und in der Einheit des Glaubens und der Liebe zusammen mit den übrigen Gliedern des mystischen Leibes verharren und ewig selig werden."

[14] Vgl die Aufzählung ebd., III, 615f.

3. Abgrenzungen[15]

3.1 Allgegenwart

Gleich zu Beginn des Kapitels zur unio mystica grenzt Quenstedt diese ab von anderen Formen der Gegenwart Gottes. Die zweite These unterscheidet eine „unio generalis" von der „unio specialis". Jene bezeichnet die Allgegenwart Gottes, die Tatsache, daß der Schöpfer immer und überall mit seiner Schöpfung verbunden ist. Sie ist in Apg 17,28 angesprochen, wenn Paulus von Gott sagt: „In ipso vivimus, movemur & sumus."[16] Dieses „in" bezeichnet eine „περιχώρησις",[17] mit der Gott die Menschen erhält. Diese Gegenwart des Schöpfers in seiner Schöpfung kann auch als „immensitas", „praesentia generalis" oder „communis indistantia"[18] bezeichnet werden. In der Gotteslehre unterscheidet Quenstedt noch genauer zwischen der ewigen, absoluten „immensitas" und der auf die Schöpfung bezogenen und mit ihr sich realisierenden „omnipraesentia".[19]

Diese allgemeine Gegenwart Gottes muß von der unio mystica unterschieden, aber nicht geschieden werden. Denn, so sagt Quenstedt beiläufig, *die spezielle Gegenwart setzt jene allgemeine voraus.*[20] Ähnlich wie in einem Teil der Thomasschule, insbesondere in der Theologie des Johannes a Sancto Thoma, will also Quenstedt weder den *Unterschied* zur Allgegenwart leugnen, noch eine *Beziehung* beider Gegenwartsweisen ausschließen.

Dabei bleibt aber bisher die Frage offen, wie denn die besondere Gegenwart Gottes in den Gläubigen sich von der Allgegenwart unterscheidet. Genau wie bei Thomas von Aquin führt diese Frage nun zur Betrachtung der Einwohnung in der Perspektive der *visio beata*, oder, wie Quenstedt sagt, der *unio specialis gloriosa.*

---

[15] Die Unterscheidung verschiedener Gegenwartsweisen Gottes ist ein Hauptproblem der unio-Lehre der lutherischen Orthodoxie. Üblicherweise werden vier Gegenwartsweisen unterschieden: die Gegenwart Gottes in der Welt, in Christus, in der Kirche (in den Gläubigen) und im Himmel (vgl. dazu, mit Blick auf Feurborn, Mahlmann, Stellung, 105f). Diese Unterscheidungen sind uns aus der katholischen Tradition bereits bekannt.

[16] Quenstedt, Theologia, III, 614b.

[17] Ebd.

[18] Diese drei Begriffe als termina technica zur Bezeichnung der Allgegenwart Gottes finden sich in Ausführungen des B. Menzerus, zitiert bei Quenstedt, Theologia, III, 621b.

[19] Ebd., I, 288a,b. Die omnipraesentia wird des weiteren so beschrieben (ebd., 288b): Est Deus ubique illocaliter, impartibiliter, efficaciter, non definitive, ut Spiritus, non circumscriptive, ut corpora, sed repletive, citra sui multiplicationem, extensionem, divisionem, inclusionem aut commixtionem, more modoque divino incomprehensibili."

[20] Ebd., III, 624b: „Praesentia divina gratiosa etsi generalem propinqvitatem divinam, qua DEus coelum & terram replet, praesupponat, tamen in se includit etiam specialem DEI propinqvitatem, ab illa generali vere distinctam".

3.2 unio specialis gratiosa und gloriosa

Die von der Allgegenwart zu unterscheidende unio specialis teilt sich in zwei species: in die unio specialis *gratiosa* und die unio specialis *gloriosa*. Diese ist die Einung mit Gott, die den Erwählten im ewigen Leben geschenkt werden wird. Sie betrifft also die ecclesia triumphans. Als biblischer Beleg wird 1 Kor 15,28 genannt. Jene dagegen bezieht sich auf die ecclesia militans und bezeichnet die Einwohnung Gottes im Gläubigen, die schon in diesem Leben wirklich ist. Sie wird beispielsweise in Joh 17,11.21 angesprochen.[21] Mit einem schönen Wortspiel kann Quenstedt den Unterschied auch so beschreiben, daß in der unio gloriosa wir bei Gott bleiben, in der unio gratiosa aber Gott bei uns bleibt.[22] Indem so die *eine* unio specialis als „doppelte" (duplex) bezeichnet und in die genannten Arten zerlegt wird, zeigt sich, daß die Frage nach der unio mystica von der ewigen Vereinigung mit Gott her beantwortet werden muß.

> Eine deutliche Parallele zu diesen Aufstellungen findet sich in Quenstedts Ausführungen zum formalen Ziel der Theologie, daß in der „fruitio Dei" besteht. Auch diese fruitio ist entweder „anfänglich" (inchoata) oder „vollendet" (consummata), je nachdem, ob sie hier auf Erden *per fidem* beginnt oder im ewigen Leben *per visionem* vollendet wird. Diese Unterscheidung wird auch exegetisch festgehalten, indem unter Berufung auf Joh 3,36; 5,24 sowie Hebr 6,4f die fruitio Dei inchoata als „Vorgeschmack" (πρόγευσις, προπωλισμόν) der endgültigen fruitio bezeichnet wird.[23] Schon hier zeigt sich, daß – wie auch bei Johann Arndt – die unio zu einem *Leitmotiv der gesamten Dogmatik* wird.

In genauer Entsprechung zur thomistischen Tradition wird also die Einwohnung Gottes im Gläubigen mit der „seligen Schau" im ewigen Leben zusammengefaßt. Beide sind zwei zu unterscheidende Ausprägungen *derselben* Gegenwartsweise Gottes. Die genauere Beschreibung dieser Weise bleibt dabei aber noch offen.

3.3 Hypostatische Union

Auch die Abgrenzung der unio mystica von der hypostatischen Union in Christus wird zu Beginn der Ausführungen deutlich gemacht. Im Blick auf Christus kann man drei verschiedene Weisen einer unio unterscheiden: Die unio *essentialis* bedeutet, daß der Sohn mit dem Vater eines Wesens ist. Die unio *personalis* bezieht sich auf die Tatsache, daß zwei Naturen in der einen Person Christi verbunden sind. Die unio *spiritualis* schließlich ist jene Einheit oder unio my-

---

[21] Vgl. ebd., III, 614b.
[22] Ebd., III, 615a (Hervorhebung im Original): „... praesentia *gloriosa*, qua nos mansiones apud DEum Patrem & Filium ejus habebimus... praesentia *gratiosa*, qua DEus est apud nos, in medio nostri".
[23] Vgl. ebd., I, 550b.

stica, durch die sich Christus mit den Gläubigen verbindet.[24] Sie darf insbesondere nicht mit der zweiten unio, also der hypostatischen Union, verwechselt werden. Diese unterscheidet sich nämlich „toto genere" von jener, und zwar in mehrfacher Hinsicht:[25] Zunächst sind *die zu vereinenden Seiten* (extremi unionis) unterschiedlich: hier die in der Person des Sohnes subsistierende göttliche Natur und eine einzelne (singularis) menschliche Natur, dort die ganze Trinität mit mehreren Menschen.

Dementsprechend sind auch die *Formen* dieser uniones jeweils ganz andere. Im Blick auf den *Modus* dieser Einigung gilt, daß die unio personalis einmalig ist und streng genommen unter kein Genus fällt (wenn sie auch den Begriff der unio mit der unio mystica teilt). Der Modus der unio mystica hingegen, zwar selbst auch unbegreiflich, kann doch in einem Analogieschluß hinsichtlich seiner Akzidentien unterschieden werden.[26] Ferner kann die unio mystica wachsen oder abnehmen (allerdings nur durch die Veränderlichkeit des Menschen![27]), während die unio personalis solche *Grade* nicht kennt. Schließlich gibt es bei beiden uniones eine unterschiedliche *communicatio*: in der unio personalis eine communicatio idiomatum, bei der die Eigenschaften der göttlichen Natur auch dem Fleisch Christi real zugehören, in der unio mystica dagegen eine durch den „seligen Tausch" mit Christus bewirkte Übereignung bestimmter Gaben.

Damit hängt zusammen, daß Christus jeweils andere *praedicationes* erhält: Im Blick auf die unio personalis kommt es zu praedicationes *personales*. Die aus der menschlichen Natur herkommenden actiones oder passiones werden von der Person Christi ausgesagt, so etwa: Christus leidet.[28] Hinsichtlich der unio mystica werden aber praedicationes *accidentales* angewandt, wenn man etwa in metonymischer Redeweise sagt, Christus erleide Verfolgung.[29]

In der strengen Unterscheidung von hypostatischer Union in Christus und Einwohnung in den Gläubigen bleibt Quenstedt zunächst der Tradition treu. Schon in der alten Kirche und auch in der gesamten Scholastik wird diese wichtige Unterscheidung festgehalten: Die Einwohnung hebt die Einmaligkeit

---

[24] Vgl. ebd., III, 614b.

[25] Die folgende Aufzählung findet sich ebd., III, 624 a, b.

[26] Diese Aussage wird nicht weiter erklärt. Lateinisch (ebd., 624b): „Huius quidem modus (...) attamen ad Accidentalem καθ' ἀναλογίαν referri potest".

[27] So kann die unio auch wieder verlorengehen, wenn der Gläubige gegen sein Gewissen sündigt. Es gilt: „Constans est unio mystica ex parte DEI, (...) sed mutabilis ex parte hominum" (ebd., III, 623a; mit Schriftbelegen).

[28] Natürlich gilt auch das Umgekehrte: Von der Person Christi werden die göttlichen Werke ausgesagt: Christus hat die Welt erschaffen.

[29] Zur Frage der communicatio bei der unio mystica vgl. auch ebd., III, 622a. Dort bringt Quenstedt die Unterscheidung zwischen hypostatischer und schetischer Weise der communicatio. Die communicatio zwischen Christus und den Gläubigen ist nicht „ὑποστατικὴ, personalis" oder „φυσικὴ καὶ ουσιώδης, naturalis & substantialis", sondern „σχετικὴ duntaxat & προσωπικὴ, relativa & personaria". Quenstedt führt diese Unterscheidung auf Johannes Damascenus zurück (De fide orthodoxa, liber III, cap. 25, vgl. MPG 94, 1093). Sie begegnet besonders bei Cyrill, vgl. oben Kapitel II,1.

der Inkarnation nicht auf. (Der neuere Protestantismus hingegen wird, wie weiter unten ausgeführt, diese fundamentale Unterscheidung relativieren.)

Es ist allerdings besonders darauf hinzuweisen, daß die lutherische Orthodoxie nicht nur Sorge trägt, die Einheit von Gott und Mensch in Christus von der Einwohnung zu unterscheiden. Es geht ebenso darum, gewisse *Ähnlichkeiten* herauszuarbeiten, die dann auch mit dem Stichwort der *„Analogie"* bezeichnet werden können.[30] Diese Analogien, die ein Verständnis der unio mystica erst ermöglichen, sind auffallend deutlich formuliert; es handelt sich hier zweifelsohne um eine Zentralaussage und ein Proprium des lutherisch-orthodoxen Lehrtypus: Die Autoren scheuen sich nicht, bis in die Terminologie hinein nun auch die Gemeinsamkeiten zwischen der unio der Naturen in Christus und der unio mystica aufzuzeigen. So wird beispielsweise die zentrale christologische These des Luthertums – „finitum capax infiniti", das Endliche ist fähig, das Unendliche aufzunehmen – bewußt auch im Blick auf die unio mystica verwendet, so daß man sagen muß: „Der Spitzensatz der metaphysisch formulierten Christologie ist damit zum Fundamentalsatz der Soteriologie geworden."[31] Meisner scheut sich nicht, in diesem Zusammenhang auch von einem „Christianus biunus", einem „zweieinigen Christen" zu sprechen. Denn auch der Christ bestehe aus zwei Naturen, indem mit der unio zu seiner menschlichen die göttliche Natur Christi hinzutrete.[32] So kommt es hier zu einer Perichorese zweier unterschiedener Personen, Christus und der an Christus Glaubende, wobei die Person Christi selbst wiederum in der Durchdringung von göttlicher und menschlicher Substanz existiert.

Aber selbstverständlich muß bei diesen erstaunlichen Formulierungen auch die Differenz der beiden uniones immer mitbedacht werden. Es handelt sich eben um *analoge*, nicht um *identische* Wesensbestimmungen! Meisner führt insbesondere aus, daß die Person des Christen eine „synthetische" ist, die nicht aus sich selbst, sondern nur durch die geschenkte Gegenwart Christi existiert.[33] Die Einheit von Gott und Mensch in Christus bleibt unterschieden von der Einwohnung: Denn die Inkarnation des Logos ist ein einmaliges, unwiederhol-

---

[30] Mahlmann (Stellung, 139f) arbeitet dies besonders an den Aussagen Balduins heraus. Dieser nennt vier Weisen dieser Analogie: 1. So wie der Sohn Marias der Sohn Gottes genannt wird, so werden wir auch der göttlichen Natur teilhaftig und Söhne Gottes genannt. 2. So wie Christus mit den Menschen leidet, so leiden auch die Christen, indem Christus in ihnen leidet. 3. Christus wirkt als Gott und Mensch, und wenn die Christen handeln, so handelt Christus in ihnen. 4. So wie auch der Mensch Jesus göttliche Würden erhält, so auch die Christen durch die Einwohnung. – Sparn (Wiederkehr, 182), referiert eine ähnliche Aufstellung der vier Gemeinsamkeiten bei Meisner.

[31] Sparn, Wiederkehr 182, mit Beleg bei Meisner.

[32] S. Sparn, Wiederkehr, 181. – Vgl. auch ebd.: „Der Seinsmodus des Glaubens als solcher ‚wiederholt‘ seine Begründung im perichoretischen Sein Christi und im kommunikativen Akt des Sakramentes. Es ist völlig konsequent, den Glauben dann als die Vereinigung zweier disparater Naturen oder Subjekte, des Menschen und Christi, vom Sein des Menschen durch sich zu unterscheiden."

[33] Vgl. ebd., 182.

bares Geschehen, bei dem Gott nicht zum Menschen *kommt*, sondern Mensch *wird*.

Nach der Beschreibung der Abgrenzungen der unio von anderen Weisen der Gegenwart Gottes ist nun aber nach der Definition der unio mystica selbst zu fragen.

4. Unio substantiarum

Schon in der eingangs gegebenen Definition der unio mystica war von einer Vereinigung der *Substanzen* Gottes und des Menschen die Rede. Auch hier also wird an die Tradition angeknüpft: Die unio mystica ist eine Vereinigung, bei der Gott und Mensch ihrem Wesen nach, selbst, in personam beteiligt sind.

Die Lehre von einer solchen Einung der Substanzen Gottes und des Gläubigen, welche über die mit der immensitas Dei gegebene Verbindung hinausgeht, muß nun nach zwei Seiten hin verteidigt werden. Einerseits gibt es Gegner, die diese substanzhafte Einung leugnen und an ihre Stelle eine anders zu beschreibende Einheit Gottes mit den Gläubigen setzen möchten. Auf der anderen Seite stehen Theologen wie Weigel, die die unio *substantiarum* als eine unio *substantialis* oder *essentialis*, also als ein völliges Verschmelzen von Gott und Mensch, mißverstehen.

4.1 vere substantialiter!

Betrachtet man die Darstellung der Einwohnungslehre bei Quenstedt in ihren beiden Teilen[34], so wird deutlich, daß die Verteidigung einer Einung der Substanzen die *Hauptaufgabe* des ganzen locus darstellt. *Hier* fallen die Entscheidungen, auf die bei einer Lehre von der unio mystica besonders zu achten ist. Die entscheidende Frage lautet also, „ob die mystische Vereinigung der Gläubigen mit der allerheiligsten Trinität und mit dem Gottmenschen Christus *nur in einer gnädigen Handlung und in der Vermittlung göttlicher Gaben besteht*, oder ob sie vielmehr auch die eigentliche *Verbindung mit der Substanz* der allerheiligsten Trinität selbst und mit der menschlichen gleicherweise wie mit der göttlichen Natur Christi beinhaltet".[35] Das Thema lautet also: Substanzgegenwart versus Gegenwart allein durch Handlungen und Gaben.

---

[34] Jeder locus wird bei Quenstedt zunächst „didaktisch" hinsichtlich der zu lehrenden Inhalte behandelt, daraufhin „polemisch" im Blick auf abzuweisende Irrlehren.

[35] So die Eingangsfrage des polemischen Teils, ebd. III, 623a (Übers. und Hervorhebungen: K.L.). Im Lateinischen: „An unio fidelium mystica cum SS. Trinitate, & Christo ϑε-ανϑρώπῳ consistat tantum in gratiosa operatione, & donorum divinorum communicatione, an

Was aber meint in diesem Zusammenhang der Begriff der „Substanz"? Mahlmann verweist zur Klärung dieser Frage auf die erhellenden Ausführungen, die Hieronymus Kromayer in seiner Dogmatik zu dieser Frage bietet.[36] Mit Blick auf Offb 3,20 gilt: Wenn „der Sohn Gottes vor der Herzenstür steht, klopft und in es eingelassen werden will, dann doch nicht hinsichtlich der Gaben, sondern hinsichtlich der Substanz selbst. ,Siehe, ich', spricht er, ,stehe vor der Tür und klopfe an. So jemand meine Stimme hören wird und die Tür auftun, zu dem werde ich eingehen und das Abendmahl mit ihm halten und er mit mir'...". Offensichtlich will Kromayer das „siehe, ich" bezeichnen, wenn er den Begriff der „Substanz" benutzt und ihn den bloßen „Gaben" gegenüberstellt. Substanz meint die *Person selbst*. Solche Persongegenwart kann nicht in die Gegenwart bloßer Gaben oder in eine Übereinstimmung der Willen aufgelöst werden. Daß die Anwendung des Substanzbegriffes auf Gott dabei besonders bedacht sein muß, ist den Autoren mehr als deutlich. Denn Gott fällt nicht unter die Gattung der „Substanz" im Sinne der (auf das endliche Sein bezogene) Unterscheidung von Substanz und Akzidenz. Dennoch muß der Begriff benutzt werden, um auszusagen, daß Gott in einem alles Kreatürliche übersteigenden Sinne durch sich selbst besteht.[37] Der so „seiende" Gott verbindet *sich selbst* mit dem Menschen.

Als Gegner einer Lehre, die von einer Vereinigung der Substanzen Gottes und des Menschen ausgeht, werden bei Quenstedt Scholastiker und Anhänger des Papstes sowie Calvinisten und „Novatores", also Theologen mit neuen, häretischen Meinungen genannt.[38] Allen gemeinsam ist die Annahme, die besondere Verbindung Gottes zu den Gläubigen bestehe *lediglich in einer besonderen Art seines Handelns an ihnen*. So haben einige Scholastiker, in deutlichem Gegensatz zu Petrus Lombardus, die Einwohnung nicht auf die Person des Geistes, sondern lediglich auf dessen Gaben bezogen und sein Kommen so nicht „quoad substantiam suam, sed tantum ἐνεργητικῶς & effective"[39] gedeutet. Als Beispiel galt ihnen die Sonne, die die Erde mit ihren Strahlen erwärmt, ohne doch selbst mit ihrem „corpus" da zu sein.

Welche Argumente können für eine solche Position vorgebracht werden? Das Hauptargument kann mit schlichten Worten so formuliert werden: Wer schon da ist, kann nicht mehr kommen. Da Gott aufgrund seiner Allgegenwart immer schon substantialiter in jedem Menschen ist, kann ein nochmaliges sub-

---

an vero inferat simul propiorem ipsius Substantiae SS. Trinitatis, & Christi quoad humanam pariter & divinam naturam cum fidelibus conjunctionem?"

[36] Mahlmann, Stellung, 135f; zitiert wird Kromayer, Theologia, 59f.

[37] Vgl. zu diesem Problem der „Analogizität des Seinsbegriffs" Sparn, Wiederkehr, 138f.

[38] Ebd., III, 625f. Unter den Calvinisten werden z.B. Theodor Beza, Danaeus und Herborn zitiert. Als Vertreter der „Novatores" wird Johannes Musaeus genannt (zu ihm vgl. Mahlmann, Stellung, 121–123), als Gegner der Novatores Weller und Buscher. Sicher ist bei den Gegnern auch an Georg Calixt zu denken, der die unio als substanzhafte Einung ablehnte, vgl. dazu Mahlmann, Stellung, 120f.

[39] Ebd., III, 625a: nicht „gemäß seiner Substanz, sondern nur akthaft und effektiv".

stanzhaftes Kommen nicht mehr gedacht werden. Wohl aber läßt sich erklären, wie Gott im Gläubigen auf besondere Weise zu *wirken* beginnt. Deshalb müssen die Einwohnungsaussagen des Neuen Testamentes auf diese Weise interpretiert werden.

In seiner Entgegnung argumentiert Quenstedt auf mehrere Weisen: Zunächst ist festzuhalten, daß die biblischen Belege sprachlich nicht erlauben, von einer bloßen „operatio Dei", einer Handlung Gottes auszugehen. Die Rede ist ausdrücklich von einem *Kommen* der Personen, und es gilt: „(O)mne *venire ad aliquem* praestat *praesentiam substantialem*".[40] Diese Regel gilt, so wird ausdrücklich hinzugefügt, nicht nur bei einem wörtlichen Verständnis (proprie), sondern auch, wenn mit menschlichen Begriffen (ἀνθρωποπαθῶς) von Gott geredet wird.[41] Dasselbe gilt vom Begriff „habitare", der ebenfalls mehr aussagt ale ein bloßes „operari".[42] Die auf Substanz weisenden Begriffe („ὑπαρκτιὰ"), die in der Heiligen Schrift für die spezielle Gegenwart Gottes verwendet werden, dürfen nicht in solche verwandelt werden, die nur eine Wirkung bezeichnen („ἐνεργητικὰ").[43]

Allerdings ist es nicht sinnvoll, eine *Alternative* zwischen Substanzgegenwart und Wirkgegenwart zu konstruieren. Besonders Feurborn hat sehr schön gezeigt, daß die Gegenwart Christi als eine ständig *wirksame* Gegenwart zu kennzeichnen ist. Schon die Allgegenwart Gottes ist eine „actualis omnipraesentia",[44] Gott ist gegenwärtig, indem er mit Kraft und Wirkung die Schöpfung erhält. Gottes Gegenwart ist eo ipso seine Wirkung, eine wirkungslose Gegenwart Gottes ist nicht denkbar. „Der biblische Begriff der Präsenz Gottes ist ohne eine Wirksamkeit *leer*: Gottes Präsenz *ist* ‚Aktualpräsenz', ohne daß dies mit einer philosophischen Konzeption von Präsenz streitet, denn auch Gott wird Präsenz zugeschrieben, nur biblisch unmöglich diese allein."[45]

---

[40] Ebd., III, 615a; vgl. 627b: „Jedes Kommen schenkt eine substanzhafte Gegenwart."

[41] Ebd., III, 615a. Als Belege für ein solches Reden, bei dem deutlich die Substanz gemeint ist, werden Gen 18,10; Ex 19,9; 20,24; Jes 35,4 und Joh 16,7 genannt.

[42] Ebd., 619b. Quenstedt belegt dies dort mit dem Dardanus-Brief des Augustinus sowie mit den deutlichen Ausführungen Luthers in der „Enarratio in Psalmi LI" (vgl. WA 40 II, 421, 36–39).: „Habitat vere Spiritus S. in credentibus non tantum per dona, sed etiam quoad substantiam suam. Neque enim sic dat dona sua, ut ipse alibi sit, aut dormiat, sed adest donis [et] creaturae suae conservando, gubernando addendo robur". – Vgl. auch die nochmalige Zitierung dieser Passage (Quenstedt, ebd., III, 625a; vgl. WA 40 II, 421, 33–37): „Omitto istas inutiles Scholarum disputationes; Loqvaturne de Spiritu efficiente, seu persona divina, aut de dono Spiritus. Qvid enim ista accurate disputata aedificant? cum habeamus clarum verbum Christi: Veniemus ad eum & mansionem apud eum faciemus. Habitat ergo verus Spiritus in credentibus, non tantum per dona, sed quoad substantiam suam". – Auch Epitome III wird von Quenstedt herangezogen (ebd., III, 620b).

[43] Ebd., III, 628a. Vgl. auch ebd., III, 624a, wo die in der Heiligen Schrift benutzten Verben aufgezählt werden: „venire, mitti in corda, habitare, manere, vivere in aliquo".

[44] Zitiert nach Mahlmann, Stellung, 108.

[45] Mahlmann, Stellung, 109.

Ferner liefert die Schrift selbst Beispiele, die von einer *besonderen* Gegenwart Gottes Zeugnis geben, so die Gegenwart des Geistes in der Taube oder den Feuerflammen und besonders die Gegenwart in der Person Jesu Christi.[46] Schließlich kann auch der logische Widerspruch von einer „doppelten" substantiellen Gegenwart selbst aufgelöst werden. „Ubicunqve Deus secundum substantiam jam adest, ibi non potest *ullo modo* secundum substantiam approximare", so behaupten die Gegner. Tatsächlich folgt aber lediglich: „DEum secundum substantiam *eo modo*, quo jam adest, non posse approximare."[47] Es muß also denkerisch die Möglichkeit *verschiedener* substantialer Gegenwarten offengehalten werden. Abzulehnen ist dagegen die These, die substantielle Gegenwart Gottes sei in allen Menschen gleich, während sein Wirken sich bei den Ungläubigen lediglich auf die Erhaltung und Führung beschränke, während es bei den Gläubigen in besonderer, gnadenhafter Weise erfolge.[48]

Bei diesen Schriftbelegen und Widerlegungen der Gegner muß es allerdings bleiben. *Quenstedt unternimmt keinen Versuch einer positiven Erklärung dieser besonderen substanzhaften Gegenwart.* Diese Zurückhaltung ist bewußt gewählt, weil es sich ja um eine unio *mystica* handelt, die unserem Verstand nicht zugänglich ist: „Appellatur etiam unio *mystica*, qvia haec unio *magnum* est *mysterium*, cujus modus exacte sciri a mortalibus non potest."[49] So läßt sich das Unvermögen weiterer Klärung auch in den Ausruf Menzers kleiden: „Quid ergo? Effari non possum: sed firmiter credo".[50]

Einige besondere Hinweise, die näheren Aufschluß über die beiden zu vereinenden Substanzen geben, werden allerdings dennoch mitgeteilt: Zunächst ist zu beachten, daß die substantielle Vereinigung sich auch auf die menschliche Natur, auf das Fleisch Christi bezieht. Da die beiden Naturen in Christus nach der Inkarnation nicht getrennt werden, wohnt Christus als Gottmensch im

---

[46] Vgl. ebd., III, 629b; zur Gegenwart in Christus ebd., III, 628a.

[47] Ebd., III, 629b (Hervorhebung im Original): „Wo immer Gott schon substanzhaft gegenwärtig ist, dort kann er *auf keinerlei substanzhafte Weise* mehr kommen." Und dagegen: „Gott kann substanzhaft *auf diejenige Weise*, in der er schon da ist, nicht mehr ankommen."

[48] So ebd., III, 625a. – Mahlmann (Stellung, 107) weist auf einen zusätzlichen Schriftbeweis bei Feurborn hin: Nach der Schrift kann Gott, unbeschadet seiner Allgegenwart, durch die Sünden von den Menschen geschieden, ihnen *ferne* sein (Jes 59,3; Spr 15,29). Auch hier wird deutlich, daß die gnadenhafte Nähe Gottes mehr besagt als seine Allgegenwart.

[49] Ebd., III, 616b, mit Verweis auf Eph 5,32 (Hervorhebung im Original). „Denn sie wird unio mystica genannt, weil diese unio ein großes Geheimnis ist, dessen Modus von den Sterblichen nicht genau gewußt werden kann." (Übersetzung: K.L.).

[50] Ebd., III, 630a. „Was also? Ich kann es nicht aussprechen, aber ich glaube es fest." – An einer einzigen Stelle (ebd., III, 623b) greift Quenstedt die Überlegung auf, ob hier von einer „praesentia(m) metaphorica(m), qua amans est in amato", zu sprechen sei. Dies wird verneint, weil die Einheit nicht metaphorisch, sondern real ist. Ob hier auch an die Definition des Thomas gedacht wurde, ist zweifelhaft. Die Beispiele, die Quenstedt gibt, weisen alle auf metaphorische Rede im Blick auf Freunde hin, so etwa auf die Beziehung zwischen David und Jonathan (1 Sam 18,1). Thomas würde durch die Entgegnung auch gar nicht getroffen, weil er ja gerade eine substanzhafte Einung in der Gottesschau lehrt.

Gläubigen ein. Ferner werden auch auf seiten des Menschen Seele *und* Leib mit der einwohnenden Trinität vereint. Auch der menschliche Leib erfreut sich an dem Segen dieser unio.[51] Hier kann wieder mit dem Begriff der „Substanz" argumentiert werden. Wenn sich der *ganze* Mensch mit dem *ganzen* Christus verbindet, dann ist darin eo ipso auch die leibliche Existenz eingeschlossen. Es ist nicht möglich, solche unio auf den seelisch-geistigen Bereich zu reduzieren. „Die Deutung der zahlreichen Zeugnisse verschiedener neutestamentlicher Autoren, die alle in die gleiche Richtung gehen, auf eine bloß moralische (wir würden heute sagen: personale) und nicht (auch) auf eine physische (wir würden heute sagen: psycho-somatische), also nicht (...) ganzheitlichen Beziehung werden von Autoren der Orthodoxie entschieden abgelehnt."[52]

Ferner ist zu betonen, daß mit der Unterstreichung einer substanzhaften Gegenwart Gottes im Gläubigen nicht intendiert ist, eine neue „Habe", einen „Selbstand" des Christen zu postulieren. Wenn der Christ, wie oben bereits ausgeführt, eine „synthetische" Person ist, dann heißt dies: Die neue Person des Christen „ist mitgeteiltes Sein, nicht Habe, sondern Geschenk. Es steht in Alternative zum Bestand in sich, zum *subsistere in se, per se, a se*."[53] Das „extra nos" der Rechtfertigungslehre bleibt hier gewahrt. Denn die unio wird beschrieben nicht als eine neue „substantielle Natur, sondern ‚nur' als Existenzeinheit des Verschiedenen".[54] Dieser Aspekt ist besonders deshalb zu betonen, weil die unio-Lehre in der neueren evangelischen Theologie häufig im Sinne eines „Habens" mißverstanden und verworfen worden ist.

Im Übrigen kann auch keine Alternative zwischen „substanzhafter" und „relationaler" Gegenwart Gottes im Gläubigen konstruiert werden. Sparn hat darauf hingewiesen, daß die Kategorie der „Relation" durch Meisner eingehend überprüft und festgehalten wird, dabei aber auch modifiziert wird: Schon die Rechtfertigung des Sünders ist eine „Relation", aber gerade als solche besitzt sie höchste Realität. Die Aussage, das neue Sein des Menschen bestehe in einer Relation, darf nicht zu dem Trugschluß führen, Gott und Mensch seien hier nicht wirklich beieinander, die Relation stehe gleichsam „zwischen" den Relaten und bezeichne so eigentlich eine Trennung. Es geht vielmehr um das gleichzeitige Festhalten der „Externität" und des „In-Sein(s) des Glaubensgrundes".[55] Deshalb wird bei Meisner die Kategorie der „Relation" in Auseinandersetzung mit der Schulmetaphysik eingehend untersucht und schließlich „gegen ihren ursprünglichen metaphysischen Sinn dem Begriff der ‚mystischen Einigung' und des dabei angenommenen neuen Substanzmodus genau angepaßt".[56]

---

[51] Vgl. ebd., III, 616a, unter Verweis auf 1 Kor 5,15.19; 619a, mit Hinweis auf Eph 5,30.
[52] Mahlmann, Stellung, 136.
[53] Sparn, Wiederkehr, 182.
[54] Ebd., 183.
[55] Ebd., 187.
[56] Ebd., 186.

4.2 unio substantiarum non substantialis!

Die hier angesprochenen Gegner sind Anhänger von Schwenckfeld, Weigel und Stiefel. Sie sind auf der anderen Seite über die Wahrheit hinausgegangen, indem sie eine unio *substantialis* lehrten, bei der die Substanzen Gottes und des Menschen sich vereinigen, vermischen und schließlich zu einer einzigen Substanz werden. Während der von Quenstedt benutzte Begriff „unio substantiarum" lediglich die zu einenden *Objekte* als Substanzen benennt, kennzeichnet die Wendung „unio substantialis" den *Modus* der Einung als einen substanzhaften.[57] Demgegenüber kann Quenstedt sagen, die unio substantiarum sei eben nicht substantialis, sondern accidentalis: Die Einung mit der jeweils anderen Substanz kommt gleichsam hinzu, sie gehört nicht selbst zum Wesen dieser Substanzen, sondern geschieht durch den Willen Gottes, der sie durch ein festes Band zusammenhält.[58]

Bei den genannten Gegnern aber werden Begriffe wie „unio essentialis" oder „μεταμόρφωσις substantialis" oder gar „transsubstantiatio" ins Feld geführt, um damit eine reale Verschmelzung Gottes und der Gläubigen auszusagen: „qui duo sunt unum".[59] Diese wesenhafte Verwandlung, die sogar als fleischliche Umwandlung bezeichnet werden kann,[60] ist abzulehnen.[61] Damit werden auch alle Redeweisen abgewiesen, die aus diesem Modell abgeleitet werden können, so etwa, Christus schlafe, esse, trinke im Körper des Gläubigen, oder die Anmaßung, als Mensch zu einem anderen zu sagen: „Ich, Christus, habe dich erlöst."[62]

Die unio verändert weder die Substanz Gottes noch die des Menschen. Sie geschieht „sine extensione aut contractione essentiae divinae aut humanae,

---

[57] Zwar haben auch Theologen, die inhaltlich dasselbe wie Quenstedt sagen wollten, den Begriff „unio substantialis" verwendet. Sie haben dann aber nicht „proprie & accurate" gesprochen (Quenstedt, Theologia III, 616b). Als Beispiel für eine echte unio substantialis wird die Einheit von Baumstamm und Zweig genannt, die beide zum einen Wesen (essentia) des Baumes gehören (ebd., III, 616f).

[58] Ebd., III, 617, unter Zitierung von Hülsemann.

[59] Ebd., III, 626 a, b.

[60] Vgl. dazu ebd., III, 631a.

[61] Weigel hatte sich zur Begründung seiner Thesen auf das „καθώς" aus Joh 17,11.21f berufen: Da auch Vater und Sohn eines Wesens seien, müsse die Vereinigung der Christen mit Christus ebenso zur unio essentialis führen. Quenstedt hält dem entgegen, die Partikel „καθώς" drücke nicht immer völlige Gleichheit aus, sondern werde auch „secundum ἀναλογίαν καὶ τύπον" verwendet, wie dies auch aus Luk 6,36 („Seid barmherzig, wie auch mein Vater barmherzig ist") hervorgehe.

[62] Ebd. – Quenstedt weist eine mögliche Berufung der Weigelianer auf Luther zurück (ebd., III, 624a): Wenn Luther in der Auslegung von Gal 2 sage: „Ego sum Christus", so tue er dies nicht im Sinne der Weigelianer, sondern fahre erklärend fort: „i.e. Christi justitia, vita, victoria est mea" (vgl. Luther, In epistolam S. Pauli ad Galatas Commentarius, WA 40 I, 285,26f und die hier von Quenstedt herangezogene Variante in der Fußnote zur Stelle). Es gilt also festzuhalten: „Nec dicit, qvod fiant una persona, sed una qvasi persona."

extremis unitis essentialiter distinctis manentibus, etiam in medio unionis statu"![63] Ist aber damit der Gedanke der Theosis, der Vergöttlichung der menschlichen Natur ausgeschlossen? Offensichtlich richtet sich diese Abgrenzung gegen die Auffassung, der Unterschied zwischen Schöpfer und Geschöpf könne in der unio aufgehoben werden. Daß mit dieser Abgrenzung ein Teilhaftigwerden der göttlichen Natur nicht ausgeschlossen werden soll, geht schon aus der Zitierung von 2 Petr 1,4 hervor.[64] Der Gedanke der Theosis kommt sogar dadurch besonders zum Tragen, daß Quenstedt die Lehre vom seligen Tausch mit der unio-Lehre verknüpft. Sie wird sogar unter der Bezeichnung der „communicatio", im Vergleich mit der communicatio idiomatum, ausführlich abgehandelt.[65] Ein Effekt der unio ist die „communicatio unitorum reciproca", die am Bild des Weinstocks besonders gut anschaulich gemacht werden kann. Sie besagt zum einen, daß dem Gläubigen alle Arten göttlicher Gaben mitgeteilt werden. Insbesondere teilt Christus ihm seinen Tod und seine Auferstehung mit, sodaß dieser mit Christus gestorben und auferstanden ist. Zu diesen Gaben gehört aber auch die Verheißung, die Herrlichkeit Christi zu schauen – eine Schau, die nicht einfach als eine „nuda & inanis ϑεωρία" sondern „cum μετοχῇ conjuncta", also als eine Teilhabe an dieser Herrlichkeit zu verstehen ist.[66] Auf der anderen Seite macht sich Christus durch seine οἰκείωσις alles zu eigen, was den Gläubigen widerfährt.

Man muß also sagen: Die beiden „Substanzen" verschmelzen nicht; es entsteht vielmehr etwas Neues, ein „Drittes": Der Christ ist in der Tat eine „neue Kreatur", eine neue Person. „Der Christ ist keine identische, sondern ‚synthetische', in der gegenseitigen Durchdringung seines natürlichen Seins und Christi bestehende Person."[67] Das Unterschiedene bleibt unterschieden. Es existiert aber nicht geschieden, sondern in einer einzigartigen Weise des Miteinanderseins. Deshalb wird auch, wie Sparn mit Blick auf Meisner ausführt, „die Identität des neuen Seins, also der in der Präsenz beider Naturen konstituierten Person, nicht wiederum als substantielle Natur, sondern ‚nur' als Existenzeinheit des Verschiedenen" beschrieben.[68]

---

[63] Ebd., 619a. „...ohne Ausdehnung oder Verkürzung des göttlichen oder menschlichen Wesens, indem die beiden geeinten Seiten unterschieden bleiben, auch mitten im Zustand der Vereinigung." Vgl auch ebd., III, 617a, wo hinzugefügt wird, die unio geschehe „sola modi variatione". Die Art der „variatio" muß dabei wieder offen bleiben.

[64] Z.B. ebd., III, 620a,b.

[65] Vgl. ebd., III, 622a.

[66] Ebd., unter Zitierung von Joh 17,24.

[67] Sparn, Wiederkehr, 182.

[68] Ebd., 183.

Schon die oben zitierte Definition der unio mystica weist darauf hin, daß die unio durch den Glauben vermittelt wird. Dieser Glaube aber wird erweckt durch das Wort Gottes und die Sakramente. Die Bindung der unio an die Heilsmittel ist für die unio-Lehre der lutherischen Orthodoxie *grundlegend*. So weist Quenstedt schon zu Beginn seine Ausführungen, in der vierten These, darauf hin, daß die „desponsatio credentium cum Christo" in der Taufe dem Menschen gegeben wird.[69] In der elften These wird nochmals präzisiert: Die „causa organica et instrumentalis" der unio sind, „ex parte Dei", Wort und Sakrament.[70] Dabei wird ganz besonders betont, daß das Wort Gottes und ebenso die Sakramente diese unio *nicht etwa nur anzeigen, sondern selbst bewirken!*[71] Besonders weist Quenstedt, vielleicht beeinflußt durch den Rathmannschen Streit, auf die Wirkmächtigkeit des Wortes hin, welches also selbst schafft, was es in der Verheißung zusagt. Für diese These werden von Quenstedt mehrere Schriftbelege angeführt. Das Mittel „ex parte hominis" ist der Glaube, der diese Gabe ergreift.[72] Die Einwohnung wird so durch dieselben media salutis geschenkt, welche auch die Rechtfertigung realisieren.[73] Solche Betonung der Gnadenmittel weist eine schwärmerische Predigt zurück, welche die Einheit ohne die von Gott eingesetzten Mittel erreichen zu können glaubt.

In *diesem* Sinne also ist die Gegenwart Christi *nicht unvermittelt*: Sie wird durch äußere Mittel gegeben und bleibt an diese gebunden. Dennoch heißt dies nicht, daß Gott sich gleichsam „vertreten" läßt, daß er nicht „selbst" zugegen ist. Schon Balduin hat betont, daß Christus im Glauben selbst *unmittelbar* zugegen ist,[74] und auch im Blick auf das göttliche Wort wird betont, daß Gott im Wort *selbst* zum Menschen kommt.[75] Wort und Sakrament sind die notwendigen Mittel, unter denen sich Gott schenkt, aber Gott schenkt eben *sich selbst*.

Wird nun durch diese Mittel der Glaube geschenkt, so bedeutet eben dieser Glaube eo ipso die Einwohnung Gottes, die Verbindung mit Gott selbst. Balduin konnte deshalb sagen, die unio cum Christo sei „die Form des rechtfertigenden Glaubens", also, wie Mahlmann zu recht interpretiert, das „Gestaltprinzip", welches der Sache „ihre spezifisch unverwechselbare Gestalt gibt".[76] Man steht also vor der entscheidenden Tatsache, *daß die Begriffe des „Glaubens" und*

---

[69] Quenstedt, Theologia, III, 615b.
[70] Ebd., 618a.
[71] Vgl. ebd.
[72] Vgl. ebd.
[73] Vgl. ebd., 614a, 623a. – Zu den media der Rechtfertigung vgl ebd., III, 518a,b.
[74] Vgl. dazu Mahlmann, Stellung, 133.
[75] Vgl., mit Blick auf Arndt, ebd., 103; mit Bezug auf Feurborn, ebd., 112.
[76] Mahlmann, Stellung, 133.

der „unio mystica" letztlich konvergieren: Weil „glauben" bedeutet, Christus zu ergreifen, deshalb ist solcher Glaube immer auch unio cum Christo. [77]

5. Doppelgänger der Rechtfertigung?

Die neuere evangelische Theologie hat, wie noch zu zeigen sein wird, die unio-Lehre weithin als eine unnütze Dublette der Rechtfertigungslehre aufgefaßt.[78] Dabei wurde häufig behauptet, die Orthodoxie habe Rechtfertigung und unio getrennt und diese jener nachgeordnet. Doch hat Mahlmann in seiner Studie diese Thesen überzeugend widerlegt.[79] In der Schuldogmatik werden die verschiedenen Elemente des „ordo salutis" grundsätzlich als gleichursprünglich angesehen. Ihre Unterscheidung ist nicht *zeitlicher,* sondern *logischer* Art. Doch auch logisch wird die unio nicht immer nachgeordnet. Die Überlegungen sind komplexer.

Bei Quenstedt ist die unio mystica logisch, nicht etwa zeitlich, von der Rechtfertigung des Sünders geschieden. Die ersten Worte des locus unionis mysticae lauten: „Quam primum homo peccator per fidem justificatus est, incipit ejus unio mystica cum Deo".[80] Später wird dann ausführlich erläutert, daß beides „simul & in instanti" geschehe, eine Reihenfolge also nur „quoad nostrum concipiendi modum" zu setzen ist.[81] Diese logische Reihung setzt zuerst die regeneratio als Bedingung der Möglichkeit der unio, während die renovatio nach der unio als deren Folge angeordnet wird.

In anderen Entwürfen konnte aber noch subtiler argumentiert werden. Insbesondere David Hollatz unterschied eine formal-relationale unio von der unio mystica und konnte dadurch sowohl eine logische Vorordnung der unio vor die Rechtfertigung als auch eine logische Nachordnung der unio behaupten: „Obwohl die mystische Einigung, durch die Gott in der Seele wie in einem Tempel wohnt, unserer Auffassungsweise nach der Rechtfertigung der Sach-ordnung nach folgt, muß man doch behaupten, daß die formale unio des Glaubens, durch die Christus ergriffen, angezogen, und mit uns geeinigt wird, als Mittler und Urheber der zu erlangenden Gnade und Vergebung der Sünden, gedanklich

---

[77] Die Identifizierung der unio mit *dem Glauben, der Christus ergreift,* läßt sich bis auf Balduin zurückführen. Vgl. dazu Mahlmann, Stellung, 174. – Vgl. auch die gute Zusammenfassung ebd., 176: „(D)ie Relation des Glaubens auf Christus ist die unio cum Christo".

[78] Vgl. dazu unten, Kapitel V,2.

[79] Mahlmann, Stellung, 128; 146–179.

[80] „Sobald der Mensch als Sünder durch den Glauben gerechtfertigt ist, beginnt seine mystische Vereinigung mit Gott." (ebd., III, 614a).

[81] Ebd., III, 621a. Vgl. ebd.: „... quovis puncto Mathematico arctiores, adeo, ut divelli & seqvestrari neqveant, cohaerent."

früher ist als die Rechtfertigung".[82] Auf der einen Seite also muß der Glaube selbst mit einer unio identifiziert werden: Denn Glaube heißt Ergreifen Christi. Da aber der Glaube der Grund der Rechtfertigung ist, geht in diesem Sinne die unio, dieses Ergreifen und Einswerden mit Christus, der Rechtfertigung *logisch* voran. Andererseits wohnt Christus im erneuerten Menschen, nimmt im gerechtfertigten Sünder Wohnung, um ihn zu heiligen, und in diesem Sinne folgt die unio *logisch* der Rechtfertigung.[83]

Die unio mystica ist also Element eines einzigen, alle „Stufen" des ordo salutis umfassenden Geschehens zwischen Gott und Mensch. In diesem „ordo" geht es um die Gemeinschaft Gottes mit dem Menschen. Daß die Verbindung Gottes mit dem Menschen logisch in verschiedene Einzelaspekte zerlegt wird, hat seinen Grund zum einen in der Vielfalt der biblischen Bezeugung dieses Geschehens. Zum anderen dient eine solche logische Unterscheidung dem besseren Verständnis dieses Heilshandelns Gottes. Die Lehre von der unio mystica hat hier eine wichtige Rolle, weil sie einseitige Interpretationen der Rechtfertigungslehre verhindert. Sie wehrt etwa die Reduzierung auf ein forensisches Geschehen ab und öffnet die Augen für die reale Neuschaffung des Menschen in der Begegnung mit Gott. Recht verstanden, muß sie als Unterstreichung und Bestätigung des „extra nos" interpretiert werden. Schon der Terminus „Ein-Wohnung" weist darauf hin, daß das Heil den Menschen von außen erreicht. Da nun die sich so ereignende unio immer als unio *cum Christo* beschrieben wird, bleibt dieses Heil immer das von Christus zugeeignete Heil und kann nicht als „Habe" des Christen von dieser Zueignung gelöst und verselbständigt werden.

6. Appropriation?

Zur Frage der Appropriation finden sich in Quenstedts unio-Kapitel nur wenige Hinweise. Die unio heißt „unio spiritualis", weil sie dem Geist als causa efficiens appropriiert wird.[84] Die causa efficiens der unio ist zwar die ganze Trinität, weil deren Werke ad extra unteilbar sind. Da aber die Heilige Schrift die Heiligung insgesamt als Werk des Heiligen Geistes beschreibt, wird ihm auch die unio mystica „per appropriationem" zugeordnet.[85]

Quenstedt scheint also eine je spezifische Einwohnung der drei göttlichen Personen nicht weiter zu thematisieren. Das heißt aber nicht, daß eigentlich

---

[82] Hollatz, Examen, III,1,IX,1; S. 933; zitiert und übersetzt bei Mahlmann, Stellung, 169.

[83] Mahlmann (Stellung, 170) führt aus, auch Quenstedt lehre in diesem Sinne eine vorausgehende unio.

[84] Ebd., III, 616b: „... quia a Spiritu S. proficitur, cui & peculiari ratione appropriari solet".

[85] Ebd., 617 a,b.

„nur" die essentia Dei sich mit dem Menschen eine. Ausdrücklich wird betont, daß es die *Personen* der Trinität sind, die sich dem Menschen schenken.[86] Quenstedt behauptet also die Einwohnung der Trinität und nicht etwa des bloßen Wesens Gottes. Diese These wird aber nicht weiter untersucht und auf ihre Implikationen hin, etwa für die Lehre der Sendungen, geprüft. Auch wird sie nicht in Beziehung gesetzt zu der Grundthese von der Unteilbarkeit göttlicher Werke „nach außen".

7. Erkennbarkeit und Erfahrung der unio?

Die Frage, ob der Gläubige die Einwohnung Gottes an sich wahrnehmen kann, wird bei Quenstedt nicht eigens thematisiert. Es wird aber aus den Bemerkungen zum Ziel und zur Wirkung der unio deutlich, daß Quenstedt von einer Sicherheit der Einwohnung ausgeht. Das Ziel nämlich der unio besteht darin, dem Gläubigen „die *sichere Erkenntnis* des Gläubigen (...) von Gottes ständigem Beistand, Einfluß und Gunst, Befestigung im Gnadenstand, Erhörung des Gebetes, Versiegelung der Gewißheit jetziger und zukünftiger Gnade" zu geben![87] Die Einwohnung selbst schenkt also Heilsgewißheit. Man wird vielleicht daraus schließen dürfen, daß sie selbst dann dem Gläubigen nicht unsicher sein kann. Allerdings wird nicht weiter ausgeführt, ob die Sicherheit, daß die Einwohnung Realität ist, allein aus der Schrift, oder auch aus Erfahrung gewonnen ist.[88]

Einen wichtigen Hinweis gibt allerdings die Erwähnung der „affectiones unionis", zu denen als erste die „jucunditas" zu rechnen ist.[89] Diese Freude oder Süßigkeit rührt daher, daß mit der unio ein Vorgeschmack (γεύσις) der himmlischen Gaben gegeben ist (Hebr 5,5).[90] Aber selbstverständlich kann der Hinweis auf solche Freude nicht so verstanden werden, als werde dadurch die Einwohnung sicher aufgewiesen. Es geht in diesem Zusammenhang nicht um die Frage der Sicherheit, sondern lediglich um die Beschreibung von Erlebnissen, die der unio folgen. Es wäre nicht im Sinne Quenstedts, würden diese Er-

---

[86] Ebd., III, 619a.

[87] Ebd., III, 621a: „Finis unitionis hujus est Certioratio fidelis cum miseriis hujus vitae colluctantis de perpetua DEI assistentia, influentia & favore; Conservatio in statu gratiae; Exauditio precu; Obsignatio certitudinis, de praesente gratia & futura, seu secutura gloria".

[88] In jedem Fall steht der Schriftbeweis in der Behandlung des ganzen locus im Vordergrund.

[89] Ebd., III, 622b.

[90] Diese Anspielung auf eine gewisse Form der *Erfahrung* der unio wird auch durch ein Zitat Menzers unterstützt, der von der unio sagt (ebd., III, 630a): „Istam Christi in nobis inhabitationem (...) tam esse substantialem nexum, & copulam & conjunctionem, qua nihil dulcius, nihil suavius, nihil consolatione plenius esse vel cogitari in hac vita possit."

lebnisse nun ihrerseits zum Grund des Glaubens an die unio gemacht. Die unio mystica bleibt, wie alles Handeln Gottes am Menschen, ein Gegenstand des Glaubens. Sie ist „nur im Widerspruch erfahrbar": Die „‚Seele' des neuen Seins ist der Glaube, ‚der im Wort lebt'".[91]

8. Zusammenfassung

Zuerst muß nochmals betont werden, daß die Vereinigung von Gott und Mensch in der lutherischen Orthodoxie geradezu eine Schlüsselstellung für die gesamte Dogmatik innehat. Mahlmann hat dies besonderes anhand der Werke Arndts herausgearbeitet. Von der Schöpfung bis zum ewigen Leben haben die Werke Gottes immer dieses eine Ziel: daß Gott sich mit dem Menschen vereine: „‚Erschaffung', ‚Menschwerdung' und ‚Sendung des Heiligen Geistes' zeigen, ‚wozu der Mensch erschaffen, erlöset und geheiliget sei, nämlich darum, daß er der Gemeinschaft mit Gott genösse...'"; ‚ja Arndt *identifiziert*: Ziel des Menschendaseins ‚... ist seine *Vereinigung mit Gott*'".[92] Und schon Balduin konnte die unio „als summa doctrinae evangelicae oder summa fidei" bezeichnen.[93] Diese Zentralstellung der unio innerhalb der lutherischen Dogmatik ist bedeutsam, gerade im Blick auf den Verlust der unio-Lehre in der neueren evangelischen Theologie. Es zeigt sich hier auch eine Parallele zur katholischen Dogmatik, die die Gegenwart Gottes in den Begnadeten einzeichnet in die Heilsgeschichte, welche sich von der Erschaffung des Menschen zum Bilde Gottes erstreckt bis hin zur visio beata im ewigen Leben. Die Zentralstellung der unio-Lehre kann schließlich in der Orthodoxie dazu führen, daß die Behandlung der Gemeinschaft Gottes mit den Menschen in die Prolegomena gezogen wird, damit von hier aus überhaupt erst einen Begriff der Theologie gewonnen wird. Und auch die Ethik kann im Lichte der unio untersucht werden.[94]

Vergleicht man die unio-Lehre der lutherischen Orthodoxie mit der scholastischen Gnadenlehre, so fallen Gemeinsamkeiten und Unterschiede ins Auge. Eine der bemerkenswertesten Gemeinsamkeiten liegt in dem Vorgehen, die Einwohnung Gottes mit der „seligen Schau" des jenseitigen Lebens zusam-

---

[91] Sparn, Wiederkehr, 183. Vgl. auch ebd., 184: „‚Mystische Einigung' ist andererseits der Begriff der Unterscheidung des Glaubens von der frommen Selbsterfahrung. Sie verknüpft die Zweideutigkeit des Christen als alter und zugleich neuer Mensch mit der Eindeutigkeit seines externen Seins in Christus."

[92] So zitiert bei Mahlmann, Stellung, 97.

[93] Ebd. 96.

[94] Beides ist bei Baumgarten zu beobachten, vgl. dazu Mahlmann, Stellung, 125: „Die unio genannte Relation des Menschen zu Gott ist dogmatisch wie ethisch der regierende Gesichtspunkt. Die ganze Dogmatik wie Ethik erweist sich als von ihr durchwandert." Zur Rolle der unio-Lehre für die Ethik vgl. auch Sparn, Wiederkehr, 183f.

menzustellen und jene als eine Vorstufe dieser zu interpretieren. Darin eingeschlossen ist die Aussage, daß die Einwohnung in jedem Fall eine Gegenwart „novo modo", also von der Allgegenwart Gottes zu unterscheidende, neue Präsenz Gottes ist. Allerdings führt dieser Vergleich bei Thomas zu einer genauen ontologischen Klärung der Einwohnung (als Gegenwart der essentia Dei im Geist des Menschen), während etwa Quenstedt auf eine solche Analyse verzichtet und auf den Geheimnischarakter verweist. Gemeinsam ist beiden Entwürfen jedoch die Betonung einer Verbindung der Substanzen, wohl wissend, daß von „Substanz Gottes" nur uneigentlich geredet werden kann. Ebenso halten beide Versuche daran fest, daß in dieser Vereinigung Gott und Mensch nicht verschmelzen, sondern unterschieden bleiben.

Neben diesen auffallenden Parallelen stehen aber auch deutliche Unterschiede, die der evangelischen unio-Lehre ihr besonders Profil verleihen. Zunächst führt die deutliche Verteidigung der unio substantiarum nicht zur Übernahme einer Lehre von der gratia creata. Die Einung der Substanzen schafft keine neue Habe des Menschen, sie bleibt, gerade in der innigsten Verbindung, externe Gabe *an* den Menschen. Dem entspricht es, daß unter den „Mitteln", durch die diese unio geschenkt wird, an erster Stelle das Wort Gottes genannt wird.

Ferner betont die lutherische Orthodoxie – anders als die thomistischen Lehre – neben den fundamentalen Unterschieden auch die *Analogie* von unio mystica und hypostatischer Union in Christus: In einer Perichorese kommt es zur Einung zweier Personen. Wie in Christus sich göttliche und menschliche Natur untrennbar und unvermischt einen, so einen sich Christus und die Person des Christen in dieser perichoretischen unio mystica. Dieses umfassende Verständnis einer unio zweier Personen sprengt die am Erkenntnismodell orientierte Einwohnungslehre thomistischer Prägung.

Deutlich wird dies ganz besonders in den Ausführungen zum *leiblichen* Aspekt der Einwohnung Christi, und zwar in dem doppelten Sinn, daß zum einen auch der Leib Christi sich mit dem Christen verbindet, zum anderen daß auch der Leib des Christen in diese unio eingeschlossen ist. Hier zeigt sich die in der lutherischen Lehre zentrale Betonung der Inkarnation, des Wunders, daß Gott Mensch und also auch Fleisch wird. Während das thomistische Modell die Einheit in der Gegenwart Gottes im erkennenden und liebenden Geist realisiert sieht, gilt für die Theologen der Orthodoxie, daß der ganze Christus sich mit dem ganzen Christen verbindet. Dies führt zu einer besonderen Betonung der Tatsache, daß der Christ dem Nächsten „zum Christus" wird: Wenn das Ende der Wege Gottes die Leiblichkeit ist,[95] dann gilt dies auch für den Dienst am Nächsten, der sich eben in der konkreten, leiblichen Begegnung vollzieht.

---

[95] Diese bekannte Wendung von Friedrich Christoph Oetinger (1702–1782) entstammt dem Artikel „Leib-Soma" seines „Biblische(n) und emblematische(n) Wörterbuch(es)" (Stuttgart 1776), vgl. dazu: Heinz-Horst Schrey, Leib/Leiblichkeit, 641.

V. Von Schleiermacher zur Ritschlschule

1. Schleiermachers Dogmatik als Theologie der Einwohnung

1.1 Anthropologischer oder pneumatischer Ansatz?

In seinem berühmten Nachwort zur Schleiermacher-Auswahl von Heinz Bolli hat Karl Barth die Möglichkeit angedeutet, die Theologie seines „alte(n) Freund-Feind(es) Schleiermacher" als eine „Theologie des 3. Artikels" zu verstehen. Offen blieb ihm allerdings die Frage, ob der den Menschen bewegende Geist in Schleiermachers Entwurf denn ein „spezifischer, von allen anderen Geistern sich immer wieder unterscheidender, ein ernstlich ‚heilig' zu nennender Geist" sei.[1] Ähnliches hatte Barth auch schon in seiner Theologiegeschichte des 19. Jahrhunderts gesagt. Er gestand Schleiermacher zu, mit der Anerkennung *zweier* theologischer Grundmotive (Tun Gottes *und* Tun des Menschen, Offenbarung in Christus *und* Glauben) grundsätzlich „in die Bahn trinitarisch-theologischen Denkens" eingebogen zu sein. Aber eben nur grundsätzlich. Denn der erste Pol dieses Denkens, das Handeln Gottes in Jesus Christus, drohe vom anthropologischen Pol aufgesogen zu werden: „Das Wort ist hier in seiner Selbständigkeit gegenüber dem Glauben nicht so gesichert, wie es der Fall sein müßte, wenn diese Theologie des Glaubens eine wirkliche Theologie des heiligen Geistes wäre."[2]

Um genau diese Frage wird es auch im Zusammenhang unserer Problemstellung gehen. Schleiermacher ist zweifelsohne einer der wenigen evangelischen Theologen der Moderne, bei denen das Thema der Einwohnung Gottes, insbesondere der Einwohnung Christi im Gläubigen eine *zentrale* Rolle spielt. Deutlich wird dies bereits an der Begrifflichkeit, die Schleiermacher innerhalb seiner Lehre von Person und Werk Jesu Christi benutzt: Christus das „Urbild" des erlösten Menschen. Seine Gottesidee wird der christlichen Kirche „eingebildet", und so kommt es zum „Teilnehmen" des Christen an der Sohnschaft Christi, zur Realität des „Christus in uns"[3] Mit dieser Begrifflichkeit knüpft

---

[1]   Barth, Nachwort, 300; 311; 309.
[2]   Barth, Die protestantische Theologie, 410; 422. Vgl. ferner ders., Kirchliche Dogmatik, III,3, 370f (zitiert bei Brandt, Der Heilige Geist, 14).
[3]   Zum „Urbildlichen" in Christus vgl. Schleiermacher, Der christliche Glaube, § 93 und 94 (II, 34ff), zur „Einbildung" einer Idee in eine Gemeinschaft: ebd., § 100,3 (besonders II,

Schleiermacher bewußt an die biblische und altkirchliche Darstellung der Einwohnung Gottes im versöhnten Menschen an. Sicherlich findet sich hier nicht zu einem geringen Teil das pietistische Erbe dieses „Herrnhuters höherer Ordnung".[4]

Andererseits erfahren eben diese traditionellen Begriffe eine erhebliche Umdeutung, die zu den Zweifeln Barths geführt hat. Es gilt also im folgenden, die Schlüsselstellung der Einwohnungslehre in Schleiermachers Dogmatik herauszustellen und gleichzeitig zu fragen, inwieweit und aus welchen Gründen sich dieser Entwurf von der klassischen Lehre, etwa derjenigen zur unio mystica, unterscheidet.

1.2 Gottes Sein in Christus – Christi Sein in den Gläubigen

1.2.1 Die Regel der Analogie zwischen Christologie und Soteriologie

Der Schlüssel der Einwohnungslehre Schleiermachers liegt sicherlich in seiner Christologie. Denn dem Gläubigen soll es so gehen, wie es auch Christus als dem Urbild des versöhnten Menschen ergangen ist. Wir stehen also gleich zu Beginn vor dem klassischen Problem, *ob und inwiefern die Einwohnung Gottes im Menschen von der spezifischen Einheit von Gott und Mensch in Christus zu unterscheiden ist.* Während die Tradition zunächst immer den *Unterschied* zwischen hypostatischer Union in Christus und Einwohnung in den Gläubigen betont hat, scheint für Schleiermacher genau umgekehrt die *Analogie* beider Vorgänge das entscheidende Kriterium zu sein! Er knüpft damit an gewisse Aussagen der lutherischen Orthodoxie an. In Frage steht, ob er auch in gleichem Maße wie diese die kategoriale *Differenz* zwischen Einwohnung und hypostatischer Union herausstellt.

Schleiermacher gibt also für die Entfaltung der Soteriologie gleichsam eine goldene Regel an: Es ist davon auszugehen, „daß das Verhältnis Christi zu der übrigen menschlichen Natur genau dasselbe ist, wie in seiner Person das Verhältnis ihres Göttlichen zu ihrem Menschlichen".[5] Dieser Vergleich zwischen Einwohnung Christi und der Einheit von Gott und Mensch in Christus ist grundlegend und findet sich an zahlreichen Stellen des zweiten Bandes der Glaubenslehre.[6] Immer wieder geht es um die große „Parallele zwischen dem Entstehen des göttlichen Lebens in uns und der Menschwerdung des Erlösers"![7] So handelt dann auch der erste Abschnitt des zweiten Teiles der Glau-

---

95), zur Partizipation an der Sohnschaft Christi: ebd., § 109,2 (II, 175), „Christus in uns": z.B. ebd., II, 104; 175.

[4]   Diese Selbstbezeichnung Schleiermachers wird zitiert bei Kantzenbach, Schleiermacher, 24. – Vgl. zu den Wurzeln in der Theologie Zinzendorfs auch Brandt, Der heilige Geist, 35–41.

[5]   Ebd., II, 148.

[6]   Vgl. ebd., II, 99; 158; 171; 182; 187f; 199f; 263; 275.

[7]   Ebd., II, 171.

benslehre in seinem ersten Hauptstück von Person und Werk Christi, um gleich darauf im zweiten Hauptstück zu informieren über die „Art, wie sich die Gemeinschaft mit der Vollkommenheit und Seligkeit des Erlösers in der einzelnen Seele ausdrückt".[8] Es gilt daher, zunächst nach dem Sein Gottes in Jesus Christus zu fragen, um von hier aus auch die Einwohnung Christi im Gläubigen zu verstehen.

1.2.2 Gottes Sein in Christus

a) Sein Gottes als Gottesbewußtsein

Alle Überlegung zu diesem Hauptthema der Glaubenslehre hat auszugehen vom Leitsatz des Paragraphen 94: „Der Erlöser ist sonach allen Menschen gleich, vermöge der Selbigkeit der menschlichen Natur, von allen aber unterschieden durch die stetige Kräftigkeit seines Gottesbewußtseins, welche ein eigentliches Sein Gottes in ihm war."[9]

Der zweite Teil dieses Satzes, also die Behauptung, daß Christus sich gerade durch das stetige und kräftige Gottesbewußtsein von allen anderen Menschen unterscheidet, ergibt sich aus der Argumentationslinie der Glaubenslehre im Ganzen, insbesondere aus der Definition der Frömmigkeit als einer Form des menschlichen Bewußtseins.

> Die hier einschlägigen Definitionen Schleiermachers aus der Einleitung der Glaubenslehre sind bekannt: Die Frömmigkeit als höchste Stufe des menschlichen Selbstbewußtseins kann als „Gefühl schlechthinniger Abhängigkeit" charakterisiert werden (§ 4). Diese höchste Stufe unseres Selbstbewußtseins ist in unserer zeitlichen Existenz immer mit den anderen Stufen verbunden, insbesondere mit unserem sinnlichen Bewußtsein, welches uns die Welt als Objekt und uns selbst als erleidendes und handelndes Subjekt vorstellt. In dieser Verbindung aber partizipiert die Frömmigkeit am Gegensatz von Lust und Unlust, wir empfinden sie also als störend oder als hilfreich. Das höhere Selbstbewußtsein wird sich entsprechend leichter oder schwieriger Raum verschaffen können, es wird die zeitlichen Momente unseres Daseins stärker oder schwächer bestimmen (§ 5). – Der Erlöser aber kennt nur die Lust an der Abhängigkeit von Gott und dementsprechend ein unbegrenzt starkes Gottesbewußtsein, insofern ist er ohne Sünde (§ 88).

Schleiermachers Erklärung des Satzes „Gott war in Christo" (2 Kor 5,19) zielt also auf ein Sein im Bewußtsein. Er ist nicht an einer metaphysischen Erklärung der Vereinigung zweier Substanzen interessiert, wichtig ist allein, daß dieser Mensch Jesus von Nazareth ein niemals gehemmtes, immer als Lust erfahrenes Bewußtsein seiner Abhängigkeit von Gott besessen hat.

---

[8] Ebd., II, 147.
[9] Ebd., II, 43.

b) Allgegenwart und Sein im Einzelnen

Entscheidend ist nun die Frage, inwiefern dieses stetige und starke Gottesbewußtsein Jesu als ein „Sein Gottes in ihm" bezeichnet werden kann. In der Erklärung Schleiermachers fällt auf, daß er zunächst „kein Sein Gottes in einem einzelnen Ding, sondern nur ein Sein Gottes in der Welt" kennt![10] Der Grund für diese erstaunliche Aussage, die doch den klassischen Unterschied von „esse ubique" und „habitare", von Allgegenwart und Einwohnung einzuebnen scheint, wird deutlich benannt: Gott ist actus purus, reine Tätigkeit, und diese Tätigkeit kann nur in der Welt als ganzer lokalisiert werden. Finitum non capax infiniti, Gott kann nicht in einem vereinzelten Wesen gedacht werden! Wer überall ist, kann nicht im Einzelnen sein.[11]

Wir treffen hier auf den Gottesbegriff Schleiermachers, der in den Grenzen der philosophischen Gotteslehre der griechischen Philosophie verbleibt. Gott als actus purus ist nicht selbst den Bedingungen unserer raum-zeitlichen Welt unterworfen. Da er überall ist, kann er sich nicht vereinzeln, an einzelnen, vom Ganzen unterschiedenen Orten sein. Zu diesem Gedanken gesellt sich notwendigerweise auch die Annahme der Leidensunfähigkeit Gottes: Gott ist als actus purus immer handelnd, niemals aber empfangend, aufnehmend, leidend. Dieser Grundsatz wird – wie weiter unten ausgeführt – in der Christologie zu dem Grundsatz führen, daß „alle ursprüngliche Tätigkeit nur dem Göttlichen zukommt und alles Leidentliche nur der menschlichen Natur".[12] – Ähnliches ist auch von der Zeitlichkeit zu sagen: Gott ist ihr nicht unterworfen, ist also auch nicht veränderlich.[13]

Obwohl also der allgegenwärtige und unveränderliche Gott nicht in einem unterschiedenen Einzelnen auf besondere Weise wohnt, kann man dennoch an der genannten Formulierung „Sein Gottes in Christus" festhalten, indem man auf das *Bewußtsein* Jesu blickt: Jedes menschliche Bewußtsein stellt sich als Subjekt der gesamten Welt empfangend gegenüber und repräsentiert insofern in sich die Welt.[14] Das Sein Gottes in einem Menschen kann also als ein Sein im Bewußtsein dieses Menschen beschrieben werden. Indem der Mensch sich als ein der gesamten Welt gegenübergestelltes Wesen erfährt, hat er die Möglichkeit, auch Gott als den in dieser Welt handelnden zu erfahren und sich von ihm abhängig zu wissen. Indem der Mensch die Welt als erfahrendes und erkennendes Wesen gleichsam in sich hineinzieht, zieht er auch Gott als den Grund aller Tätigkeit der Welt in sich hinein.

Ein solches In-Sein Gottes als Empfänglichkeit für die Welt im Ganzen müßte aber nun in *jedem* Menschen angenommen werden, da jeder Mensch eine solches vernünftiges Bewußtsein hat. Und in der Tat liegt eine Stärke er

---

[10] Ebd., II, 45.

[11] Vgl. ebd.

[12] Ebd., II, 70. – Man staunt, wie sehr Schleiermacher sich hier der klassischen Theologie, etwa der Christologie des Thomas von Aquin annähert!

[13] Vgl. ebd., II, 71.

[14] Vgl. ebd., II, 45.

schleiermacherschen Theologie zunächst in dem starken Zusammenhang, den er zwischen Schöpfung und Erlösung als dem *einen*, großen Werk Gottes herstellt.[15] Denn der Mensch insgesamt ist auf dieses Ziel des absoluten Gottesbewußtseins hin geschaffen, und insofern ist Christus erst die *Vollendung der Schöpfung*.[16] In jedem Menschen gibt es in der Tat diesen „Anknüpfungspunkt" (so schon Schleiermacher!), dieses „nie gänzlich erloschne Verlangen nach der Gemeinschaft mit Gott".[17] Ja, schon in seiner Schöpfungslehre, also im ersten Teil der Glaubenslehre, hat Schleiermacher im Zusammenhang der Untersuchung des Begriffes der Gottebenbildlichkeit des Menschen darauf hingewiesen, daß wir „die Lebendigkeit des Gottesbewußtseins als ein Sein Gottes in uns beschreiben können".[18]

Da aber, wie in der Einleitung der Glaubenslehre ausgeführt, das Bewußtsein von Gott immer von niederen Bewußtseinsstufen, insbesondere vom sinnlichen Bewußtsein überwältigt wird, ist diese Präsenz Gottes de facto nur sehr unvollkommen bei den Menschen vorhanden. Das Gottesbewußtsein kann nicht selbst zur Tätigkeit werden, zum Faktor, der unser ganzes Bewußtsein aktiv bestimmt. Dies war eben nur in der Person Jesu Christi der Fall, da sein Gottesbewußtsein „stetig und ausschließlich jeden Moment" bestimmte. Deshalb und nur deshalb muß gesagt werden, daß in ihm Gott gegenwärtig ist.

In diesem Zusammenhang taucht nun auch der Begriff der „Einwohnung" auf. Er wird zum terminus technicus, um dieses stetige und ungetrübte Gottesbewußtsein zu bezeichnen: In Christus allein ist dieses „eigentliche(s) Sein Gottes" mit diesem Gottesbewußtsein gegeben, und insofern können wir „auch diese vollkommne Einwohnung des höchsten Wesens als sein eigentümliches Wesen und sein innerstes Selbst setzen".[19]

Die Gegenwart Gottes in Christus, so wie Schleiermacher sie beschreibt, sprengt also nur bedingt die Grenzen dessen, was die Väter die Allgegenwart Gottes genannt haben. Der Unterschied von „ubique esse" und „habitare" ist hier – in voller Absicht – nur als ein Unterschied des menschlichen Bewußtseins durchgeführt. Im Blick etwa auf die Lehre des Thomas von Aquin oder

---

[15] Vgl. dazu auch die Ausführungen bei Brandt, Der Heilige Geist, 18f (unter Hinweis auf Schleiermacher, Der christliche Glaube, I, 174): „Mag ein noch so großer Unterschied zwischen dem kräftigen Sein Gottes in Christus und dem gehemmten Sein Gottes in uns bestehen, so ist doch dies Sein Gottes als solches, das Gottesbewußtsein, auf beiden Seiten als ‚allgemeines Lebenselement' des Menschen identisch und daher nicht Grenze, sondern vielmehr Brücke zwischen Christus und uns."

[16] Junker (Das Urbild, 169f) weist darauf hin, daß dieser zentrale Gedanke, der auch durch die Rede von Christus als dem „zweiten Adam" ausgedrückt wird, bei Schleiermacher in der zweiten Auflage der Glaubenslehre verstärkt ausgearbeitet worden ist.

[17] Ebd., II, 170.

[18] Ebd., I, 331.

[19] Ebd., II, 46. Das Sein Gottes in Christus ist also die erstmalige Realisierung einer Möglichkeit der menschlichen Natur, ja man wird im Sinne Schleiermachers sagen müssen, daß erst in Christus die Schöpfung des Menschen an ihren Zielpunkt gekommen ist! Vgl. ebd., II, 48.

der lutherischen Orthodoxie ergeben sich interessante Parallelen und Unterschiede:

Die Allgegenwart Gottes ist ja traditionellerweise durch seine potentia, durch seine handelnde und erhaltende Gegenwart in allen Dingen dieser Welt definiert. Gerade als solche wird sie hier auch von Schleiermacher beschrieben, wenn er sagt, daß Gott als allgegenwärtiger reine Tätigkeit sei. Das besondere Sein Gottes in Christus aber wird in der gesamten Tradition trinitarisch erklärt. Der präexistente Logos, die zweite Person der Trinität, nimmt die menschliche Natur an. So muß sogar gesagt werden: Dieser Mensch *ist* Gott. Schleiermachers Christologie dagegen ähnelt viel eher der traditionellen Einwohnungslehre, die das Sein Gottes in den Gläubigen beschreibt. Darauf wird im nächsten Abschnitt noch einzugehen sein.

In der Gnadenlehre selbst ergibt sich zunächst eine erstaunliche Parallele mit dem Gedanken des Thomas, für den die besondere Gegenwart Gottes im Gläubigen durch das Erkennen und Lieben des Menschen realisiert wird. Das Besondere der schleiermacherischen Definition liegt in der Tatsache, daß auch bei ihm die Präsens Gottes im Menschen durch die „lebendige(n) Empfänglichkeit" für die Welt realisiert wird: indem der Mensch die Welt *erfährt*, erfährt er den überall handelnden Gott. Die von der Allgegenwart unterschiedene Präsenz Gottes im Menschen (und insbesondere in Christus) liegt also bei Schleiermacher wie bei Thomas in einer Möglichkeit oder sogar in einem Akt des Menschen.

Aber diese Parallele hat ihre Grenzen. Denn bei Schleiermacher wird Gott erfahren in seiner allgegenwärtigen potentia, klassisch gesprochen: als causa efficiens. Das Gefühl schlechthinniger Abhängigkeit führt immer nur auf den Grund und die Ursache meiner selbst, nicht aber zu Gott als causa finalis der Erkenntnis und der Liebe. Hinzu kommt folgendes: Bei Thomas wird betont, daß es beim Erkennen und Lieben Gottes zu einer realen Verbindung mit dem Wesen Gottes komme (indem dieses Wesen Gottes die sonst nötige species ersetze). Auch die lutherische Orthodoxie betonte den substanzhaften Charakter dieser Einigung. Bei Schleiermacher taucht zwar der Begriff „Seins Gottes" in Christus auf. Dennoch wird er mit dem vollkommenen Gottesbewußtsein identifiziert. Eine neben der Allgegenwart Gottes besondere Verbindung von Gott und Mensch wird hier also nicht ontologisch, sondern eher psychologisch beschrieben: die Frömmigkeit als unmittelbares Selbstbewußtsein hat von einem Menschen ganz Besitz ergriffen.[20]

Die Zurückhaltung gegenüber einer begrifflichen Unterscheidung von Allgegenwart und Einwohnung Gottes wird nochmals deutlich, wenn Schleiermacher am Schluß der Glaubenslehre, im Zusammenhang mit der von ihm als

---

[20] Es wäre interessant, diese Deutung des Seins Gottes in Christus direkt mit Schleiermachers Psychologie in Beziehung zu setzen. Denn in dieser spielt ja das Selbstbewußtsein eine zentrale Rolle, und auch das religiöse Gefühl wird beschrieben. Vgl. Schleiermacher, Psychologie, 212f und den Überblick über dieses Werk bei Brito, La pneumatologie, 178–183.

eine Art Annex behandelten Trinitätslehre, wieder auf diese Frage zu sprechen kommt. Der Christ hat es nur „mit dem in unserm Selbstbewußtsein uns mit dem Weltbewußtsein gegebenen Gottesbewußtsein zu tun". Deshalb unterscheidet die Dogmatik nicht begrifflich zwischen dem Sein Gottes an sich und seinem Sein in der Welt. Besser geht es uns auch nicht „mit der verwickelteren Aufgabe, das eigentümliche Sein Gottes in Christo als einem Einzelwesen und in der christlichen Kirche als einem geschichtlichen Ganzen zu unterscheiden von der allmächtigen Gegenwart Gottes in der Welt überhaupt, deren Teile doch jene sind".[21]

c) Enhypostasie

Entscheidend für das Verständnis der Einwohnung wird nun die nähere Untersuchung der Vereinigung von Gott und Mensch in Christus, unter Eingehen auf das klassische Problem der Enhypostasie. Der Leitsatz des Paragraphen 97 lautet: „Bei der Vereinigung der göttlichen Natur mit der menschlichen war die göttliche allein tätig oder sich mitteilend, und die menschliche allein leidend oder aufgenommen werdend; während des Vereintseins beider aber war auch jede Tätigkeit eine beiden gemeinschaftliche."[22] Schleiermacher kritisiert an der Lehre von einer unpersönlichen menschlichen Natur in Christus (Anhypostasie), daß hier die irrige Vorstellung herrschen könne, ohne die Vereinigung mit Gott wäre die menschliche Natur Christi gar keine Person geworden. Dennoch verwirft Schleiermacher die klassische Lehre nicht, sondern weist auf ihren Kern hin: Die menschliche Natur, die Gattung Mensch in ihrer Gesamtheit kann immer nur einen Menschen hervorbringen, dessen Gottesbewußtsein wiederum begrenzt sein wird. Die Tatsache also, daß Christus das vollkommene Gottesbewußtsein besitzt, muß allein auf göttliches Eingreifen zurückgeführt werden, und nur in diesem Sinne kann man sagen, daß die göttliche Natur in Christus *personbildend* sei. Denn diese besondere Person konnte in der Tat nur durch eine schöpferische Tat Gottes entstehen, andernfalls wäre ein Mensch mit unvollkommenem Gottesbewußtsein geworden, eine „gewöhnliche menschliche Person".[23] Insofern war die menschliche Natur bei der „Hineinpflanzung des Göttlichen" eben „nur aufnehmend und konnte sich nur leidentlich verhalten".[24]

Diese Grundannahme, daß sich das vollkommene Gottesbewußtsein Christi allein der göttlichen Schöpfertat verdankt, muß nun alle christologische Überlegung bestimmen. Gewiß, alle Handlungen des Menschen Jesus sind nun immer Tätigkeiten Gottes und des Menschen, insofern der Mensch Jesus handelt, zugleich aber sein von Gott geschenktes Selbstbewußtsein seine Personmitte darstellt. Immer aber muß das göttliche Element als das eigentlich aktive, das

---

[21] Ebd., II, 470. Die Trinitätslehre wird so nur annähernde Formeln finden, und der Glaube an die Trinität ist nicht notwendig zum Verständnis Christi und der Kirche, vgl. ebd., II, 471.

[22] Ebd., II, 58.

[23] Ebd., II, 61.

[24] Ebd.

menschliche Element dagegen als das empfangende, beschenkte gesehen werden.

Das Göttliche ist für Schleiermacher nicht eigentlich leidensfähig, es ist immer actus und niemals potentia. Alle Tätigkeit Jesu, so auch besonders „sein Mitgefühl mit dem Zustand der Menschen", verdankt sich der „Wechselbeziehung" zwischen Göttlichem und der menschlichen Natur, doch so, daß „in dieser Wechselbeziehung alle ursprüngliche Tätigkeit nur dem Göttlichen zukommt und alles Leidentliche nur der menschlichen Natur".[25] Anders ausgedrückt: Alle personalen Akte des Menschen Jesus verdanken sich seinem Selbstbewußtsein und damit dem schöpferischen Akt Gottes. Die menschliche Natur bildet lediglich die Basis für solche Aktivität, die Möglichkeit, als ein Mensch von der Welt und den Mitmenschen affiziert zu werden, zu „leiden" im Sinne von Rezeptivität. Diese Affizierung durch andere wird im menschlichen Subjekt immer sogleich aktiv verarbeitet, der Mensch reagiert, und zwar notwendigerweise mit seinem Bewußtsein. Der Mensch Jesus reagiert mit seinem von Gott gegebenen Bewußtsein, sodaß also menschliche Natur und Göttliches immer beieinander sind.

Dasselbe gilt auch von der Zeitlichkeit Jesu. Seine Existenz in der Zeit verdankt sich der menschlichen Natur. Gott selbst ist *zeitlos*. Das Sein Gottes aber mußte sich in Jesus zeitlich entwickeln, gemäß den Entwicklungsstufen seiner menschlichen Existenz.[26] Nur indem das Selbstbewußtsein Jesu in dieser menschlichen Natur tätig wird, kann von zeitlicher Tätigkeit Gottes geredet werden, es handelt sich dann um „die schon vermenschlichte in das Gebiet der Erscheinung übergehende Seite dieser Tätigkeit" Gottes.[27] Denn es gilt, „daß die Art des Göttlichen, in dem Menschlichen zu sein, immer dieselbe bleibt"![28]

So sind in dieser Christologie übernatürlicher Ursprung und menschlich-zeitliche Realisierung immer beieinander, ohne sich doch zu vermischen.

1.2.3 Christi Sein in den Gläubigen

Mit dem Paragraphen 100 der Glaubenslehre beginnt die eigentliche Behandlung des Werkes Christi. Diejenigen Aspekte, die bei der Darstellung des Seins Gottes in Christus eine Rolle spielten, tauchen in abgewandelter Form auch in der Einwohnungslehre wieder auf.

---

[25] Ebd., II, 69f.

[26] Ebd., 46.

[27] Ebd., II, 71. Schleiermacher führt weiter aus: „Jeder tätige Moment Christi, mochte er nun mehr als Verstandestätigkeit oder als Willenstätigkeit anzusehen sein, war auf menschliche Weise geworden ein Resultat der zeitlichen Entwicklung; und nur insofern alle Tätigkeit Christi nur so aufzufassen ist, kann man ihm mit Recht eine vollständige menschliche Seele zuschreiben, die aber innerlich von diesem besonderen Sein Gottes in ihm getrieben wird, welches in sich selbst gleichbleibend und unveränderlich jene in der Mannigfaltigkeit ihrer Funktionen und Momente durchdringt".

[28] Ebd., II, 275. Dieses Konzept bringt Schleiermacher zur Ablehnung der lutherischen Lehre von der communicatio idiomatum, vgl. ebd., § 97,5 (II, 74–76).

a) Gottesbewußtsein und Glauben

Schleiermacher verweist bereits im ersten Abschnitt dieses Paragraphen auf einige zentrale neutestamentliche Texte, die von der Einwohnung Christi sprechen, so auch auf Gal 2,20 und Röm 8,10.[29] Der Sinn all dieser Aussagen sei der folgende: In Christus gehe alle Tätigkeit vom Göttlichen, daß heißt von der Fülle seines Gottesbewußtseins aus. Christi Sein in uns bedeute nun, daß auch wir dieses Göttliche in uns als „Quelle unserer Tätigkeit finden, gleichsam als ein Gemeinbesitz". Normalerweise haben wir lediglich das „Bewußtsein der Sünde und der Unvollkommenheit", nun aber tritt an dessen Stelle das Selbstbewußtsein Jesu.[30] Es kommt zu dem „Bewußtsein, daß Christus in uns der Mittelpunkt des Lebens ist".[31] Analog zur Christologie wird also die Einwohnung Christi als die Mitteilung eines Bewußtseins aufgefaßt. Dabei kann Schleiermacher allerdings die Einwohnung Christi im Gläubigen in zwei Aspekte zerlegen, indem er zwischen Göttlichem und Menschlichem in Christus unterscheidet. Christi menschliche Natur kann „in uns" nur in Form eines „Bildes" sein: Nur indem wir uns ein Bild von diesem Menschen machen, ihn durch die Berichte anderer begreifen und gleichsam vor uns sehen, wird er uns zu innerem Besitz. Das Göttliche aber, also das Selbstbewußtsein Jesu, kann in uns sein „als ein kräftiger Impuls", als Antrieb, der von innen heraus wirkt.[32]

Auch der zentrale Begriff des *Glaubens* wird definiert als eine Ausprägung des menschlichen Selbstbewußtseins. Der Glaube ist ein Gemütszustand, genauer ein „beständig fortdauernder Gemütszustand". Es geht um das „Bewußtsein" eines „Besitzstandes", um den „Gemütszustand des Menschen (...), welcher sich in der Gemeinschaft Christi zufriedenstellt und kräftig fühlt".[33] Entscheidend ist, daß Schleiermacher (in erstaunlicher formaler Parallele zu Luther!) den Glauben und die Einwohnung Christi identifizieren kann: Es gilt, daß „an Christus glauben und Christum in sich lebend haben dasselbe ist"![34] So wird auch über den Umweg des Glaubensbegriffes nochmals deutlich, daß das Sein Christi im Gläubigen mit dem neuen *Bewußtsein* des Gläubigen zu identifizieren ist.

b) Analogie zur hypostatischen Union: Person werden

Wir kommen hier zweifelsohne zum Kern der Soteriologie Schleiermachers. Der entscheidende Gedanke liegt in der Analogie zwischen dem Sein Gottes in Christus und der Einwohnung Christi im Gläubigen: Wir sind „von der Vereinigung des Göttlichen mit der menschlichen Natur in seiner Person mit ergriffen"![35] Wie nun die Person Christi nur durch die „schöpferische göttliche Tä-

---

[29] Ebd., II, 91 (Fußnote 1).
[30] Ebd., II, 90.
[31] Ebd., II, 99.
[32] Vgl. ebd., II, 267.
[33] Ebd., II, 155f.
[34] Ebd., II, 267f. – Dazu auch R. Slenczka, Gemeinschaft mit Gott, 38.
[35] Ebd., II, 199.

tigkeit" entstand, so wirkt ihrerseits auch die „Tätigkeit Christi" im Menschen „personbildend": das Handeln und Erleiden dieses Menschen wird neu bestimmt durch Christus, ja, sein „persönliche(s) Selbstbewußtsein" wird „ein anderes", der Mensch erhält „eine religiöse Persönlichkeit (...), die er vorher noch nicht hatte".[36]

Der Begriff der „religiösen Persönlichkeit" soll dabei gleichbedeutend sein mit den neutestamentlichen Ausdrücken „neuer Mensch" oder „neues Geschöpf". Schleiermacher definiert ihn so:

> „Unter einer frommen Persönlichkeit aber ist eine solche zu verstehen, in welcher jeder überwiegend leidentliche Moment nur durch die Beziehung auf das in der Entwicklung des Erlösers gesetzte Gottesbewußtsein beschlossen [= beendet, K.L.] wird, und jeder tätige von einem Impuls eben dieses Gottesbewußtseins ausgeht."

Die Erklärung des neuen Seins des Christen verläuft also genau analog zur Beschreibung des Seins Christi. So wie in Christus das Göttliche das tätige, das Menschliche aber das aufnehmende Element darstellt, so wird nun auch das dem Christen mitgeteilte Gottesbewußtsein Jesu alle seine Tätigkeiten durchdringen: sowohl die Reaktion auf das, was er leidend empfängt, als auch die eigenen Aktionen, die sich eben jenem Gottesbewußtsein verdanken. Denn das „Leben Christi in uns" ist „notwendig ein Handeln"![37]

Die Parallelität von Christologie und Soteriologie geht bis in die klassische Unterscheidung von unitio und unio hinein. Kann Schleiermacher, unter Aufnahme der alten Terminologie, zwischen der „Entstehung" der Person Jesu und ihrer fortlaufenden Existenz unterscheiden,[38] so überträgt er diesen Gedanken exakt auf das Christenleben, indem er ihn auf die Unterscheidung von Wiedergeburt und Heiligung anwendet.[39] Die *Entstehung* des neuen Menschen ist Werk des Göttlichen, der Mensch verhält sich hier empfangend, in seinem *weiteren Leben* bleibt er zwar immer der empfangende, aber alle Aktionen seiner Person sind das Resultat der Vereinigung von Gottesbewußtsein und konkreter, menschlicher Existenz.

Entscheidend ist hier immer wieder der Begriff der *Person*, der in vielen Variationen auftaucht. Was aber ist eine Person? Die „Person" eines Menschen ist für Schleiermacher „die stetige Einheit des Selbstbewußtseins".[40] Sie kann auch als „veränderliche(s) Subjekt"[41] bezeichnet werden. Offensichtlich steht bei der Definition dieses zentralen Begriffes wiederum der Schlüsselbegriff des Selbstbewußtseins im Mittelpunkt! Die „Person" ist demnach das Zentrum ei-

---

[36] Ebd., II, 92; 99; 147. – Schleiermacher kann sogar den Dualismus von Seele und Leib als Vergleich heranziehen: Christus ist im Einzelnen gleichsam die Seele, die sich seiner als ihres Leibes bedient. Vgl. ebd., II, 93.

[37] Ebd., II, 191.

[38] Vgl. den Leitsatz des § 97 (ebd., II, 58).

[39] Ebd., II, 99; 148.

[40] Ebd., II, 264.

[41] Ebd., II, 30.

nes Menschen, seine vor allen Akten des Verstandes und des Willens gegebene Identität.[42] Dieses Zentrum ist veränderlich, weil eben das Selbstbewußtsein in ständiger Veränderung begriffen ist. Deshalb kann man eine „neue Person" werden, indem sich der Inhalt des eigenen Bewußtseins radikal ändert. Man kann aber auch lediglich in bestimmter Hinsicht, in einzelnen Aspekten „Person werden", indem in einem bestimmten Bereich sich ein ganz neues Bewußtsein einstellt. Schleiermacher erklärt dies am Beispiel einer Staatsgründung: In dem durch diese Gründung entstehenden „neuen Gesamtleben" wird „auch jeder für sich eine neue Person (...), nämlich ein Bürger", und zwar nicht etwa nur im funktionalen Sinne, sondern deshalb, weil jedem einzelnen die Idee dieses Staates „eingebildet" wird![43] Und so wird man schließlich vor Gott erst zur Person, wenn man in die Lebensgemeinschaft mit Christus eintritt, denn erst dann wird dessen Gottesbewußtsein zur Mitte des eigenen personalen Daseins.[44]

Bedeutet aber diese Personwerdung nicht die Zerstörung der Individualität des Einzelnen? Schleiermacher spricht, unter Aufnahme biblischer Sprache, vom „Ausziehen" des alten und „Anziehen" des neuen Menschen: Die „frühere Persönlichkeit" „erstirbt", indem der Mensch sich in das „neue Gesamtleben", die Kirche, einfügt.[45] Der Einzelne, der mit diesem neuen „Gesamtleben" durch historische Vermittlung in Kontakt kommt, erlebt die „Ertötung der früheren Persönlichkeit" und wird zu einer neuen Person gestaltet.[46] Dies heißt aber *nicht*, daß der Mensch kein Kontinuum besitzt, daß also sein altes Leben völlig vernichtet wird. Es gibt eine Konstante, die je eigene „individualisierte Intelligenz"[47], die aber durch das Leben in der neuen Gesamtheit neu gestaltet wird. Die „Identität des Subjekts mit der früheren Persönlichkeit" bleibt gewahrt, „der Mensch als psychische Lebenseinheit" bleibt derselbe, weil „dieses neue Leben also nur auf das alte gleichsam gepfropft wird".[48]

Dieses Werden einer neuen Person geht nie auf den direkten Einfluß Christi zurück, sondern ist immer durch innerweltliche, historische Zusammenhänge vermittelt. Das von Christus begründete „neue Gesamtleben", also die christliche Kirche, bürgt für die notwendige geschichtliche Vermittlung des Selbstbewußtseins Jesu. Denn die Person Christi kann *nicht mehr direkt* auf die Gläubigen wirken. Schleiermacher redet des öfteren von der Tatsache des Todes Jesu als der Beendigung seiner direkten Wirkung auf die Jünger. Nach „Christi Entfernung"[49] wird der Zusammenhang mit ihm durch die Kirche hergestellt. Mit

---

[42] Man wird hier die aussagen zum „unmittelbaren Selbstbewußtsein aus dem § 3 der Glaubenslehre mit heranziehen müssen (I, 14–23).

[43] Ebd., II, 94f.

[44] Ebd., II, 181.

[45] Ebd., II, 91; 176.

[46] Ebd., II, 91; 93.

[47] Ebd., II, 99.

[48] Ebd., II, 148.

[49] Ebd., II, 266.

dem Ende der persönlichen Einwirkungen Christi ist das Göttliche „in keinem Einzelnen mehr persönlich wirksam",[50] es gibt nur noch die Vermittlung durch die Kirche und durch ihren *Gemeingeist*, den Heiligen Geist.

Doch kehren wir zunächst zurück zur Analogie zwischen Christus und den Gläubigen. Es gibt neben aller Ähnlichkeit auch entscheidende Unterschiede zwischen Jesus Christus und dem Gläubigen, sodaß die Analogie gesprengt wird: Während im Falle Jesu seine Person in der Vereinigung mit dem Gottesbewußtsein erst *gebildet* wurde, ist bei dem Christen immer schon eine persönliche Identität *vorhanden*, bevor das Selbstbewußtsein Jesu nun auch seine – bereits existierende – Person umgestalten kann. Die „Vereinigung der göttlichen mit der menschlichen Natur in den Gläubigen" ist also nicht wie bei Christus „eine personbildende, denn sonst wäre sie von der in Christo nicht zu unterscheiden, und der Unterschied zwischen Erlöser und Erlösten wäre aufgehoben".[51] Man muß hier in der Interpretation der verwendeten Begriffe vorsichtig sein, denn an anderer Stelle kann Schleiermacher durchaus von der „personbildenden" Wirkung Jesu im Gläubigen sprechen.[52] Hier aber hebt er lediglich hervor, daß Christus nie ohne sein vollkommenes Gottesbewußtsein war, während der Gläubige es erst im Laufe seiner Biographie von Christus empfängt.

Ein weiterer Unterschied besteht, wie bereits ausgeführt, in der Kräftigkeit und Stetigkeit des Gottesbewußtseins. Hier wird Christus immer Urbild bleiben, während der Christ sich immer in der Spannung zwischen Kräftigkeit und Schwachheit der Frömmigkeit befangen weiß.

Wir stehen bei der Benennung dieser wesentlichen Unterschiede vor der Aufnahme der klassischen Unterscheidung zwischen inhabitatio und hypostatischer Union. Allerdings ging es etwa bei Thomas von Aquin oder auch in der lutherischen Orthodoxie um eine *fundamentale* Unterscheidung zwischen beiden: auf der einen Seite eine einzige Person, der göttliche Logos, der die menschliche Natur aufnimmt, auf der anderen eine Vereinigung zweier Personen, der des Gläubigen und der Gottes. Bei Schleiermacher scheint der Unterschied ein nur zeitlicher und gradueller zu sein: das Gottesbewußtsein Jesu war *von Anfang an* in ihm, bildete seine Person, und es war ungleich stärker als in jedem anderem Menschen. Bei den Gläubigen dagegen tritt dieses Bewußtsein in eine bereits existierende Person ein, und im weiteren Leben dieses Menschen wird es sich immer um eine „Mischung von Getrenntsein und Vereinigtsein des Göttlichen und Menschlichen"[53] handeln.

Trotz dieser gravierenden Unterschiede zur traditionellen Lehre muß aber betont werden, daß Schleiermacher die Unterscheidung von inhabitatio und hypostatischer Union ausdrücklich *festhält*. Man kann hier auch die Abgrenzung zum „empirischen" Irrweg der Soteriologie finden, der Christus ganz in

---

[50] Ebd., II, 268.
[51] Ebd., II, 263f. Ähnlich auch ebd., II, 148, besonders auch 187f!
[52] Ebd., II, 99.
[53] Ebd., II, 264.

den Kausalnexus einreihen will: Christus ist eben nicht ein Mensch unter anderen, seine Person und sein Selbstbewußtsein verdanken sich einem göttlichen Schöpfungsakt.

c) Ewigkeit und Zeitlichkeit; Allgemeines und Einzelnes

Schon im Zusammenhang mit der hypostatischen Union in Christus sprach Schleiermacher auch vom Eingehen der ewigen Tätigkeit Gottes in die Zeitlichkeit des Menschen Jesus von Nazareth. Ähnliches muß nun auch von der Existenz des Gläubigen gesagt werden. Schon bei der Beschreibung der allen Menschen gemeinsamen „Frömmigkeit" in der Einleitung der Glaubenslehre wurde deutlich, daß diese höchste Stufe menschlichen Bewußtseins überzeitlich zu denken ist. Denn das Gefühl schlechthinniger Abhängigkeit ist ja nie alleine da, es *bedarf* der anderen Stufen menschlichen Bewußtseins, um überhaupt konkret erfahren zu werden. Man könnte geradezu sagen: die Frömmigkeit *inkarniert sich* in den konkreten, zeitlichen Akten des menschlichen Bewußtseins! Die Frömmigkeit selbst scheint zeitlos zu sein, sie *realisiert sich* in der Zeit, indem sie die Gegensätze des sinnlichen Bewußtseins begleitet.[54]

In potenzierter Form geschieht nun dasselbe auch im Leben des Christen, in genauer Analogie zur Christologie. In der Kirche begegnet der Mensch dem Einfluß Christi als dem Urbild der menschlichen Gattung. Das Selbstbewußtsein Jesu kann den Menschen nur in dessen zeitlicher Natur erreichen. Hier bewirkt der Einfluß Jesu eine zeitliche Zustimmung, er bringt ein „Ihn-in-sich-aufnehmen-Wollen" hervor.[55] Wird aber Christus (oder sein Selbstbewußtsein) aufgenommen, so wird er als das Göttliche nun wiederum zum alle Tätigkeit prägenden Element im Gläubigen, indem dessen „Tätigkeiten nur durch das Wirken Christi in ihm anders bestimmt, ja auch alle Eindrücke anders aufgenommen werden".[56] Auch das angeführte Bild von Christus als der Seele und dem Gläubigen als deren Organismus weist darauf hin, daß nun auch im Gläubigen das überzeitliche fromme Selbstbewußtsein sich in einem konkreten Leben zeitlich „inkarniert". Das Göttliche selbst, so sagt Schleiermacher deutlich, „ist keiner zeitlichen Bestimmung fähig".[57]

Wie Gott selbst nicht zeitlich ist, so gibt es in ihm auch nicht den „Gegensatz des Abstrakten und Konkreten oder des Allgemeinen und Einzelnen".[58] Denn jede Form der Vereinzelung ist an die menschliche Existenzweise in Raum und Zeit gebunden. Wie also oben gesagt wurde, daß der allgegenwärtige Gott nicht im eigentlichen Sinne „in" einem Einzelnen sein kann, so muß auch von allen Taten Gottes gesagt werden, daß es sich eigentlich um eine ein-

---

[54] Vgl. dazu ebd., §, 3 u. 4 (I, 34–39), z.B. I, 38: Das „höhere Selbstbewußtsein" besitzt die „Art, zeitlich zu werden und zur Erscheinung zu kommen, indem es nämlich in bezug auf das andere ein Moment wird".

[55] Ebd., II, 92.

[56] Ebd.

[57] Ebd., II, 275.

[58] Ebd., II, 178f.

zige, alles umfassende Schöpfungs- und Erlösungstat Gottes handelt. Für die Soteriologie heißt dies, daß es im strengen Sinne gar keinen „auf einen einzelnen gerichtete(n) Akt" Gottes gibt. Daß sich der einzelne von Gott berufen, von Gott gerechtfertigt weiß, ist eine „Vereinzelung" und „Verzeitlichung göttlicher Tätigkeit", die nicht im Wesen Gottes selbst, sondern nur in dem des empfangenden Menschen liegt.[59] Man wird von der Einwohnung Gottes im Menschen dasselbe sagen müssen. Das Sein Christi im Gläubigen ist die je individuelle Realisierung des vollendeten Gottesbewußtseins, so wie Gott dies als das Ziel der Menschheit insgesamt vorgesehen hat.

1.3 „Christus in uns" als Garant einer „mystischen" Soteriologie

Schleiermacher sucht mit seiner Lehre vom Werk Christi einen Mittelweg zwischen der „empirischen" und der „magischen" Auffassung dieses Werkes, einen Weg, den er als den „mystischen" bezeichnet.[60] Die empirische Auffassung der Werkes Jesu sieht in Jesus ein Vorbild, einen Lehrer, ein Beispiel. Sie leugnet jedes übernatürliche Eingreifen im Blick auf seine Person und sein Werk. Die magische Deutung hingegen will das Werk Jesu verstehen ohne jede natürliche Vermittlung, als ein wundersames, innerweltlich nicht erklärbares Widerfahrnis. Schleiermachers mystische Lösung versucht, die Stärken beider Positionen zu vereinen: Das Werk Jesu ist insofern übernatürlich, als sein Anfang in Jesus selbst nur durch einen übernatürlichen Schöpfungsakt Gottes zu erklären ist. Das vollkommene Gottesbewußtsein Jesu ist nicht einfach Ergebnis einer innerweltlichen Kausalreihe, sondern verdankt sich diesem göttlichen, übernatürlichen Akt. Gleichzeitig aber läßt sich sowohl das Leben Jesu wie auch das der Kirche innerweltlich einsichtig machen, da es in den Kausalnexus eingebunden ist. Insbesondere bedarf das Werk Christi im Gläubigen einer innerweltlichen Vermittlung: der Kirche! Das Heil in Christus wird auf natürliche Weise an den Einzelnen vermittelt, indem er in die Gemeinschaft der Kirche tritt und so in den Einflußbereich Jesu Christi gerät.

In diesem Zusammenhang nun hält Schleiermacher gerade die Betonung der Einwohnung Christi im Gläubigen für den *Garanten* dieser Auffassung, und zwar in Abgrenzung sowohl vom magischen als auch vom empirischen Irrweg. Die magische Auffassung läßt die Sündenvergebung allein verursacht sein durch das stellvertretende Strafleiden Christi, ohne zugleich von der notwendigen Lebensgemeinschaft mit Christus zu sprechen. Der Gläubige empfängt die Seligkeit als ein übernatürliches Geschenk. Schleiermacher betont dagegen, daß Sündenvergebung und Seligkeit immer durch die Gemeinschaft in der Kirche vermittelt sind, und zwar auf *natürliche* Weise: die Weitergabe des Bewußtseins Jesu innerhalb der Kirche ist ein Vorgang, der im Rahmen der Natur

---

[59] Ebd., II, 178.
[60] Vgl. Ebd., II, 93–97; 100–105.

des Menschen verstehbar ist. Die „Wirksamkeit Christi" muß „von ihrem Ursprung an unter diesen geschichtlichen Naturformen zu denken" sein, seine Einwirkung ist also eine Einwirkung durch „Selbstdarstellung in Wort und Werk".[61] Besonders die Vermittlung der Wirkung Christi durch das Wort, durch das menschliche, gepredigte Wort, wird von Schleiermacher in diesem Zusammenhang betont.[62]

Auf der anderen Seite setzt die empirische Auffassung die Sündenvergebung und Seligkeit mit moralischer Verbesserung in eins. Christus wirkt an dieser Verbesserung mit, ohne daß er durch das Sein Gottes in ihm sich von den anderen Menschen in spezifischer Weise unterscheiden würde. Damit aber ist Christus nicht mehr das Urbild, an dem sich alles entscheidet. Der Unterschied zu diesem empirischen Mißverständnis aber kann nur anschaulich gemacht werden durch den Hinweis auf jenen „Christus in uns". Denn „Lehrer und Schüler so wie Vorbild und Nachahmung" bleiben „für immer auseinander",[63] während nur Christus als Urbild *in* einem Menschen wirken kann.

So wird die Einwohnung Christi für Schleiermacher zum Schibboleth der rechten Soteriologie. Sie macht eine rein innerweltliche Erklärung des Heils in Christus unmöglich, sie fordert aber auch eine Lebensgemeinschaft, deren Entstehung und Gegenwart geschichtlich und natürlich vermittelt ist. Man kann hierin die Abweisung sowohl eines schwärmerischen wie eines naturalistischen Irrweges erkennen: das Werk Christi ist übernatürlich begründet, aber seine Weitergabe ist gebunden an natürliche „Mittel", insbesondere an die Weitergabe des Selbstbewußtseins Christi durch das Leben und die Verkündigung der christlichen Kirche.

1.4 Der Geist Christi in den Gläubigen

Hat sich Schleiermacher zuerst mit Christus und seinem Werk beschäftigt, so gilt seine Aufmerksamkeit in einem zweiten, sich unmittelbar anschließendem Hauptstück besonders dem Christen und „der Art, wie sich die Gemeinschaft mit der Vollkommenheit und Seligkeit des Erlösers in der einzelnen Seele ausdrückt"[64] – es geht also um den Themenkreis der Pneumatologie. Wir sind in obiger Darstellung schon immer auch auf diesen Teil eingegangen. Denn die Pneumatologie ist bei Schleiermacher die verlängerte Christologie. Dennoch soll in Kürze auf die besonderen Aussagen bezüglich des Heiligen Geistes und seines Werkes in den Christen hingewiesen werden.

---

[61] Ebd., II, 104.
[62] Ebd., II, 166f.
[63] Ebd., II, 104.
[64] Ebd., II, 147.

1.4.1 Gemeingeist und moralische Person

Für Schleiermacher ist der Heiligen Geist „die Lebenseinheit der christlichen Gemeinschaft als einer moralischen Person", oder anders ausgedrückt, der „Gemeingeist" dieser Gemeinschaft.[65] Eine „moralische Person ist eine „zusammengesetzte" Person, eine Gemeinschaft. Diese Gemeinschaft wird bestimmt durch allen gemeinsame Motive, durch „die Selbigkeit des Bewegenden und Treibenden", und genau dieser gemeinsame Antrieb, dieses „Prinzip"[66] wird mit dem Heiligen Geist identifiziert. Dieser Geist nun ist, in Analogie zur Christologie, als „Sein Gottes" in der Kirche zu qualifizieren, als „Vereinigung des göttlichen Wesens mit der menschlichen Natur".[67]

Was aber will dieser Geist, was ist das Ziel des gemeinsamen Strebens? Hier sind zwei Dinge zu nennen, auf der einen Seite das gemeinsame „schlechthinnige stetige Wollen des Reiches Gottes",[68] auf der anderen der innere Antrieb, „im gemeinsamen Mit- und gegenseitigen Aufeinanderwirken immer mehr *eines* zu werden".[69] Dabei hat der Gemeingeist eine passive und eine aktive Seite, er kann in unvollkommener Weise als „Empfänglichkeit" für das Selbstbewußtsein Jesu besessen werden, in vollkommener Weise aber erst, indem er als „Selbsttätigkeit", also als Impuls zu eigenem Handeln in der Kirche, ergriffen wird.[70]

Um diesen Gemeingeist näher zu beschreiben, bemüht Schleiermacher noch einmal, wie schon im Falle des Werkes Christi,[71] das Beispiel eines Staatswesens. In einem gesunden Gemeinwesen ist jeder auf die „Förderung dieses Ganzen"[72] ausgerichtet, und dieses jedem einwohnende Verlangen kann als der Gemeingeist dieses Staates angesehen werden. Im neuen „Gesamtleben" der christlichen Kirche verhält es sich ebenso.[73] Man darf aus diesen Vergleichen nicht die Meinung ableiten, der christliche Gemeingeist sei wie der Geist eines Staatswesens das Ergebnis einer rein innerweltlichen, natürlichen Entwicklung. Er ist, da immer auf Christus bezogen, eben kein „natürliches Prinzip",[74] sondern verdankt sich dem übernatürlich gesetzten vollkommenen Gottesbewußt-

---

[65] Ebd., II, 219.
[66] Ebd., II, 217.
[67] Ebd., II, 219f, 259.
[68] Ebd., II, 219.
[69] Ebd., II, 248 (Hervorhebung im Original).
[70] Vgl. ebd., II, 258.
[71] Vgl. ebd., II, 94f.
[72] Ebd., II, 251.
[73] Vgl. auch den ähnlichen Vergleich mit einem Volk und der Volkstümlichkeit, ebd., II, 252. – Schleiermacher ist der Meinung, diese Interpretation vertrage sich zwar schwerlich mit der Trinitätslehre, wohl aber mit dem Neuen Testament, das uns den Heiligen Geist ausschließlich *in den Gläubigen*, nicht aber als dritte Person der Gottheit präsentiere.
[74] Ebd., II, 254.

sein Jesu Christi. So wie also in Christus das Göttliche war, so ist auch der Heilige Geist eine „göttliche Wirksamkeit in den Gläubigen".[75]

1.4.2 Einwohnung des Heiligen Geistes

In der Christologie hatte sich Schleiermacher vom „empirischen" Typus abgesetzt mit der Bemerkung, ein Vorbild bleibe immer äußerlich, nur ein Urbild gehe wirklich mit dem Menschen eine Verbindung ein.[76] In genauer Parallele zu dieser Aussage betont Schleiermacher nun auch die Notwendigkeit der *Einwohnung* des Heiligen Geistes im Sinne einer Verbindung, die den Menschen von innen her bestimmt und antreibt. „(V)on außen geht nur durch die Sinne etwas in uns ein" – dieser Grundsatz steht in Geltung und verhindert, daß der Heilige Geist als ein uns Äußeres aufgefaßt wird, welches lediglich zu bestimmten Verhaltensweisen die *Veranlassung* geben würde. Der Heilige Geist muß nicht als etwas Äußeres, sondern als ein Teil des „Inneren", eben des Selbstbewußtseins verstanden werden. Nur so kann er nicht Veranlassung, sondern innere „Bestimmung" sein: „*Auf* wen er aber wirkt, der ist dadurch noch nicht seiner teilhaftig; sondern nur *in* wem und aus wem er wirkt, der hat ihn empfangen."[77]

Wenn der Geist im Inneren des Menschen wirkt, dann muß es zu einer Vereinigung zwischen der menschlichen Natur und diesem Geist kommen, da andernfalls die Einheit der menschlichen Person zerrissen würde. Hier greift nun wieder die bereits dargelegte Parallele zur hypostatischen Union. Der Heilige Geist als ein neues Selbstbewußtsein ist selbst das entscheidende Element der Person des Christen. Er ist aber nicht in dem Maße personbildend wie es das Sein Gottes in Christus ist. Denn der Christ hat auch immer eine Vorgeschichte, ein Sein ohne den Heiligen Geist, während die Person Christi von Anfang an durch das vollkommene Gottesbewußtsein bestimmt war. So erhält der Christ den Geist auch nur, indem er in ein neues Gesamtleben, in die Kirche eintritt, während Jesus als der Begründer dieses Lebens das Göttliche durch einen schöpferischen Akt Gottes erhielt.

Die Verschmelzung von Geist und menschlicher Natur im Christen wird nun mit dem klassischen Begriff der „Einwohnung" bezeichnet: „Jeder Wiedergeborne ist des Heiligen Geistes teilhaftig, so daß es keine Lebensgemeinschaft mit Christo gibt ohne Einwohnung des Heiligen Geistes und umgekehrt."[78] Dabei ist für Schleiermacher klar, daß die Aussagen „Christus lebt in uns" und „Der Geist Gottes treibt uns" *identisch* sein müssen. Denn eine trinitätstheologische Unterscheidung wie etwa die Frage der Appropriationen liegt seinem Denken fern.

---

[75] Ebd., II, 262.

[76] Vgl. ebd., II, 104.

[77] Ebd., II, 262 (Hervorhebungen: K.L.); zur Unterscheidung von Veranlassung und Bestimmung: II, 261.

[78] Ebd., II, 264 (Leitsatz des § 124).

Da die Einwohnung des Geistes und das Sein Christi im Gläubigen zu identifizieren sind, muß allerdings die „Ausgießung" des Geistes nicht notwendigerweise als ein weiteres *übernatürliches* Ereignis gewertet werden. Die Entstehung der Person Christi verdankt sich einem übernatürlichen Akt Gottes.
Daß aber das neue Gemeinleben nun vom Geist Jesu, der der Heilige Geist ist,
ergriffen wird, läßt sich als ein natürlicher Vorgang der Weitergabe erklären.[79]
Dabei muß allerdings auf eine theologisch fragwürdige Konsequenz hingewiesen werden: An einigen wenigen Stellen, besonders in der „christlichen
Sitte", rechnet Schleiermacher den Heiligen Geist und den menschlichen Geist
der selben Gattung zu oder identifiziert sie gar. Die Betonung der natürlichen
Vermittlung, die These von der Identität von Gemeingeist und Heiligem Geist
führt Schleiermacher in letzter Konsequenz zur Aussage, daß menschlicher
Geist und Heiliger Geist sich nur dem Grade nach unterscheiden: „Aber wir
können eben so gut diese Formel aufstellen, Es muß vorausgesetzt werden, daß
beide identisch sind; folglich ist der Geist im allgemein menschlichen Sinne
nichts anderes, als was das πνεῦμα auch ist, aber er ist das πνεῦμα auf einer
niedrigeren Potenz."[80] Konsequenterweise führt dies auch zur deutlichen Aussage, daß „auch kein absoluter Gegensatz zwischen Natur und Gnade"[81] behauptet werden kann.

1.5 Möglichkeiten und Grenzen der Einwohnungslehre Schleiermachers

1.5.1 Die herausragende Stellung innerhalb der Dogmatik

Angesichts des trostlosen Zustandes der Einwohnungslehre in der heutigen
evangelischen Theologie kann die zentrale Stellung dieses locus in der Glaubenslehre Schleiermachers nicht hoch genug eingeschätzt werden. Ähnlich wie
bei Augustin, ähnlich wie im beeindruckenden exitus-reditus-Schema des
Thomas, ähnlich auch wie in den großen Dogmatiken der lutherischen Orthodoxie bildet bei Schleiermacher die Einwohnung Gottes im Menschen das Zentrum eines großen Spannungsbogens, der von der Schöpfung bis zur Vollen-

---

[79] Vgl. ebd., II, 268–270.

[80] Schleiermacher, Die christliche Sitte, 303, vgl., ebenso deutlich, ebd., 313 (Hervorhebungen im Original): „Betrachten wir nun dieses von Seiten der Vernunft: so stellt sich heraus,
daß *was wir Geist nennen im allgemein menschlichen Sinne und was* πνεῦμα *im christlichen
etwas wesentlich zusammen gehöriges* ist, und daß eine ursprüngliche Identität zwischen beiden gesetzt werden muß, aus welcher allein die Ursprünglichkeit der Gemeinschaft zu erklären
ist, oder, mit anderen Worten, daß der νοῦς, die Vernunft, nur verständlich ist als Uebergang
von den anderen Funktionen des menschlichen Wesens zu dem in Christo sich manifestieren-
den göttlichen Prinzipe, daß das πνεῦμα nur eine höhere Entwickelung ist von dem, was wir
Vernunft nennen." – Zur Diskussion dieser und ähnlicher Stellen vgl. Brito, La pneumatologie,
573f, mit dem Hinweis, daß sich Schleiermacher hier neoplatonischer Anschauung von der
Einheit zwischen menschlichem Nous und göttlichem Pneuma annähere.

[81] Schleiermacher, Die christliche Sitte, 314.

dung reicht. Geschaffen mit dem unstillbaren Verlangen nach Gott, lebt der Mensch unter der Sünde, das heißt mit der Unfähigkeit, sein Gottesbewußtsein zum alles beherrschenden Element seines Geisteslebens werden zu lassen. Der Erlöser, Christus, wird von Gott mit einem starken und stetigen Gottesbewußtsein geschaffen, welches er den Menschen durch die Vermittlung der von ihm begründeten Kirche mitteilt. Auf diese Weise wohnt Gott in den Gläubigen, das Angeld zur Stillung der ursprünglichen Sehnsucht ist gezahlt, während die endgültige Erfüllung für das ewige Leben zu erhoffen ist.

Zu notieren ist auch, daß wir hier vor einem der wenigen Entwürfe stehen, die die Einwohnung Gottes im Gläubigen nicht nur bekräftigen, sondern sie in irgendeiner Weise einsichtig zu machen versuchen. Schleiermacher tut dies unter Zuhilfenahme des entscheidenden Begriffes des Selbstbewußtseins. Wie immer man auch diesen Versuch beurteilen mag, der Dogmatiker wird in jedem Fall das Bemühen respektieren, zu *verstehen*, was man *glaubt*.

Es ist angesichts der Zentralstellung der Einwohnung innerhalb der Glaubenslehre erstaunlich, daß die evangelische Theologie nach Schleiermacher dieses Thema so schnell an den Rand drängen, oder gar, wie bei Ritschl, zornig eliminieren konnte. Die Gründe für diese Entwicklung werden noch zu bedenken sein. Auf jeden Fall muß festgehalten werden, daß, wie immer man auch die Durchführung im einzelnen beurteilen mochte, die Dogmatik Schleiermachers der neuzeitlichen evangelischen Dogmatik eine Fülle von Anhaltspunkten hätte liefern können, um das Thema der Einwohnung Gottes im Gläubigen seiner Bedeutung entsprechend zu würdigen.

1.5.2 Zwischen empirischer und magischer Interpretation

Schleiermacher versucht, zwischen Empirismus und magischer Interpretation hindurchzusteuern, so wie es einst Odysseus gelang, weder der Scylla noch der Charybdis anheimzufallen. Diese Darstellung ist zutiefst beeindruckend und nachdenkenswert. Sie ist, wie Schleiermacher selbst bemerkt, zugleich damit behaftet, „daß sie von jeder" der beiden abgelehnten Seiten „für die entgegengesetzte gehalten werde":[82] der Empirist wird sie, da von der übernatürlichen Entstehung des Selbstbewußtseins Jesu gesprochen wird, für magisch halten, die magischen Versuche werden sie, da sie die Erlösung als einen immanenten Prozeß einsichtig zu machen sucht, als empirische Fehlinterpretation bezeichnen.

Zunächst ist positiv herauszustellen, daß Christologie und Pneumatologie Schleiermachers aller moralisierenden Interpretation Jesu eine Absage erteilen. Schleiermacher hat erkannt, daß eine rein innerweltliche Interpretation Jesu notgedrungen eine moralische sein wird. Wer auf gar keinen Fall von einem übernatürlichen Handeln Gottes in Christus sprechen will, für den kann Christus nur ein ausgezeichneter Mensch, ein Lehrer, ein Vorbild und so also ein

---

[82] Schleiermacher, Der christliche Glaube, II, 104.

moralischer Appell sein. Aber seit der Erscheinung der „Reden über die Religion" hatte Schleiermacher eingeschärft, daß die Religion eben keine Moral sei.[83] Der moralisierenden Interpretation des christlichen Glaubens, insbesondere auch in ihrer kantischen Ausprägung, eine Absage erteilt zu haben, ist eines der Verdienste der Dogmatik Schleiermachers. Mag auch Karl Barth recht haben mit seiner Beobachtung, daß dieser „Herr Jesus" bei Schleiermacher ein „Sorgenkind", daß die Christologie eine „Störung" bleibe,[84] so ist er eben gleichwohl da, steht im Zentrum als die Person des Erlösers, dessen Gottesbewußtsein sich der übernatürlichen Schöpfung Gottes verdankt. Auch für die Einwohnungslehre im engeren Sinne ergibt sich hieraus die Aufgabe, das Sein Gottes im Gläubigen nicht als Ergebnis einer rein innerweltlichen Entwicklung, etwa einer moralischen Höherentwicklung, zu beschreiben. Daß Gott im Menschen Wohnung nimmt, ist ohne dieses göttliche Eingreifen nicht zu erklären.

Andererseits darf dieses Handeln Gottes nicht als völlig vom irdischen Kausalnexus losgelöst dargestellt werden. Zunächst weist Schleiermacher, schon in der Einleitung der Glaubenslehre, darauf hin, daß das Erscheinen Christi in gewissem Sinne als „etwas Natürliches" erscheinen könne. Denn es müsse „in der menschlichen Natur die Möglichkeit liegen, das Göttliche, wie es eben in Christo gewesen ist, in sich aufzunehmen".[85] Das *Vermögen* zur Aufnahme Gottes liegt, so Schleiermacher, in der menschlichen Natur seit ihrer Erschaffung durch Gott. Mit dieser Behauptung greift Schleiermacher also die klassische Lehre vom appetitus naturalis auf und integriert sie in seine Glaubenslehre (freilich ohne sich auf weitere Spekulationen bezüglich einer „natura pura" einzulassen[86]). Damit ist ihm ein erster „Anhalt" am konkreten geschichtlichen Menschen gegeben. Denn auch die Sünde als Zurückdrängung des vollkommenen Gottesbewußtseins hebt dieses grundsätzliche Vermögen des Menschen nicht auf.

Es ist zu recht darauf hingewiesen worden, daß Schleiermacher mit diesem Gedanken eine bedeutende These katholischer Theologie aufgreift. Sie ist besonders in der dialektischen Theologie in Verruf gekommen. Doch, wie Brito in Anlehnung an Bouillard betont, findet sich sogar bei Barth der Hinweis darauf, daß die Möglichkeit einer Verbindung des Menschen mit Gott durch den Sündenfall nicht aufgehoben sei, daß der Mensch die imago Dei zwar nicht als Besitz, aber eben doch als Bestimmung und als Hoffnung habe.[87] Diese positive Aufnahme des alten augustinischen Gedankens von der Bestimmung des Menschen ist für die evangelische Einwohnungslehre unbedingt festzuhalten.

---

[83] Vgl. Schleiermacher, Reden, 43–48.

[84] Barth, Die protestantische Theologie, 413; 385.

[85] Schleiermacher, Der christliche Glaube, II, 89.

[86] Hier besteht natürlich ein Unterschied zur katholischen Theologie, die, sogar in ihrer rahnerschen Ausprägung, die Ungeschuldetheit der Gnade betont. Bei Schleiermacher scheint dies nicht gesichert, vgl. Brito, La pneumatologie, 458.

[87] Vgl. Barth, Kirchliche Dogmatik, III/1, 204–214; die Hinweise bei Brito, La pneumatologie, 453 (Fußnote 237), Bouillard, Karl Barth, Bd. 2, 202.

Weiterhin wird die Erlösung nun besonders durch die Betonung ihrer geschichtlichen Vermittlung in den irdischen Kausalzusammenhang eingebettet. Die Einwohnung Gottes im Menschen „fällt" nicht vom Himmel. Sie ist vermittelt durch die Wirkung der Kirche. Zunächst kann auch diese Behauptung positiv festgehalten werden, insbesondere wenn man hier im Sinne der lutherischen Theologie auf die Heilsmittel verweist und daran erinnert, daß Schleiermacher selbst seine Pneumatologie als Abweisung des Schwärmertums verstehen kann.[88]

Allerdings zeigen sich von dieser Seite her nun doch *gravierende Probleme* dieses Ansatzes. Denn erstens denkt Schleiermacher bei der geschichtlichen Vermittlung nicht so sehr an Wort und Sakrament, sondern viel allgemeiner an die Verbindung des Einzelnen mit dem „Gesamtleben". Es handelt sich um die Weitergabe des Bewußtseins Jesu durch solche, die bereits von ihm geprägt sind.[89] Es besteht hier zumindest die Gefahr, diesen Vorgang *psychologisch* zu deuten und damit dann doch wieder, gegen Schleiermachers Intention, empiristisch zu entwerten: in der Kirche lernt man, das Gottesbewußtsein zu empfinden, so wie Jesus es empfunden hat. Diese Deutung wird dadurch von Schleiermacher noch besonders nahegelegt, daß er diese Vermittlung durch den „Gemeingeist" selbst nicht notwendigerweise als „übernatürlich" qualifizieren möchte. Mit anderen Worten: Übernatürlich in diesem Prozeß ist der Beginn in Jesus, alles weitere, also auch die Einwohnung Gottes im Gläubigen, läßt sich auch als eine natürliche Folge dieses ersten Ursprunges verstehen.[90]

Bei solcher Interpretation würde Christus selbst lediglich zur ersten Ursache.[91] Hier wird man doch ernsthaft nachfragen müssen, ob diese Darstellung sich noch mit dem biblischen Zeugnis, deren Interpretation sie doch zweifelsohne sein will, in Übereinstimmung bringen läßt. Denn in der exegetischen

---

[88] Schleiermacher, Der christliche Glaube, I, 267.

[89] Vgl. dazu auch Brito, La pneumatologie, 491: „Schleiermacher se rapproche ici, malgré toutes ses précautions, de la *Schwärmerei,* dans la mesure où son ecclésiologie tend à rendre l'Esprit Saint indépendant par rapport au Christ. Il ne sert pas à grand chose de rappeler *in extremis* la provenance de l'Esprit à partir du Christ, si l'on saisit au préalable l'expérience de l'Esprit surtout en connexion avec nous-mêmes."

[90] Schleiermacher (Der christliche Glaube II, 268–270) diskutiert die Frage der „Übernatürlichkeit" der Ausgießung des Heiligen Geistes an Pfingsten. Sie ist aber für ihn keine dogmatische Frage im strengen Sinn, da sie nicht aus dem christlichen Selbstbewußtsein entschieden werden kann. Denn *heute* stellt sich die „Mitteilung des Geistes an den Einzelnen (...) einem jeden als eine naturgemäße Wirkung von dem Vorhandensein und der Wirksamkeit desselben Geistes in dem Ganzen der christlichen Gemeinschaft" dar (ebd., 269).

[91] Zur Diskussion um die „Funktion" Jesu im Erlösungswerk vgl. auch Junker, Das Urbild, 197–205, insbesondere auch Slenczka, Geschichtlichkeit, 216 (zitiert auch bei Junker): „Freilich ist die Grenze gegenüber einer Auflösung der Person Jesu Christi in eine anonyme Kausalität bei der engen Verbindung von Christologie und Soteriologie nur ein ganz schmaler Grat". – Natürlich impliziert dieser Entwurf dann auch eine erhebliche Entwertung des Heilshandelns Christi in Tod und Auferstehung. Doch steht dies hier nicht im Zentrum unserer Überlegungen zur Einwohnungslehre.

Untersuchung der „paulinischen Christusmystik" wie auch der „johanneischen Immanenzaussagen" wird deutlich, daß eine direkte Vereinigung mit Christus ausgesagt werden soll, die nicht etwa als ein immanentes Geschehen nur auf einen übernatürlichen Grund *verweist*, sondern *selbst* die Grenzen unseres „Äons" sprengt!

Insbesondere muß an dieser Stelle die Rolle der *Gnadenmittel* bedacht werden. Reformatorische Theologie betont, daß Rechtfertigung und Einwohnung Christi durch Wort und Sakrament sowie durch den diese ergreifenden Glauben geschenkt werden. Sowohl das Wort Gottes als auch die Sakramente haben in Schleiermachers Ausführungen zur Einwohnung nicht diesen zentralen Platz inne. Im Zusammenhang der Überlegungen zur Bekehrung wird die Wiedergeburt durch die Taufe abgelehnt und auf die Gefahr eines magischen Verständnisses hingewiesen.[92] Vom Wort Gottes als Gnadenmittel handelt Schleiermacher durchaus und beruft sich dabei auf die Bekenntnisschriften.[93] In Frage steht hier allerdings die nähere inhaltliche Bestimmung dieses Wortes, insbesondere seine Beziehung zur Heiligen Schrift.[94]

Dennoch, ein letzter, sehr bedeutender Vorteil dieses „mystischen" Weges der Einwohnungslehre muß noch hervorgehoben (und bei zukünftigen Interpretationen festgehalten) werden. Es handelt sich um das erwähnte Problem der Ewigkeit Gottes, die sich in der Zeitlichkeit des Menschen gleichsam „inkarniert". Die Tatsache, daß Schleiermacher den philosophischen Gottesbegriff (actus purus) fraglos übernimmt, soll weiter unten kritisch betrachtet werden. Hier aber gilt es hervorzuheben, wie es Schleiermacher gelingt, daß Beieinandersein von Gott und Mensch in der Personmitte des Glaubenden anschaulich zu machen. Schon das „höhere Selbstbewußtsein" bedarf ja der anderen Stufen menschlichen Bewußtseins, um konkret in der Existenz des Menschen zu erscheinen. Auch das erneuerte Bewußtsein des Christen, also für Schleiermacher der einwohnende Christus, „inkarniert" sich auf diese Weise im Leben des Gläubigen: Alle Akte des Christen, alle Antworten auf zu Erleidendes, sind gleichsam durchdrungen vom Selbstbewußtsein Jesu, sodaß dieses sichtbar, leiblich, faßbar wird. Bei allen eventuellen Anfragen an das Gesamtkonzept muß man doch festhalten, wie deutlich hier die Einwohnung Gottes einen

---

[92] Schleiermacher, Der christliche Glaube, § 108,4 (II, 163). – In der eigentlichen Tauflehre (ebd., 136–138; II, 318–340) weist Schleiermacher die Behauptung der lutherischen Orthodoxie, der Glaube gehe aus der Taufe hervor, zurück (ebd., 331f). – Zur Sakramentslehre Schleiermachers vgl. ders., Der christliche Glaube, § 136–145 (II, 318–376); vgl. auch Brito, La pneumatologie, 539–544.

[93] Schleiermacher, Der christliche Glaube, § 108 (II, 165–168).

[94] Zur Schriftlehre Schleiermachers vgl. ebd., § 128–132 (II, 284–308). Die Entwertung des Alten Testaments sowie die Kennzeichnung der Schriften des Neuen Testamentes als „das erste Glied in der seitdem fortlaufenden Reihe aller Darstellungen des christlichen Glaubens" (ebd., 288) lassen fragen, inwieweit das „Wort Gottes" hier vom „Buchstaben" der Schrift gelöst und damit auch sein Charakter als – externes, der Gemeinde als ihr Gegenüber anvertrautes! – Gnadenmittel entscheidend in Frage gestellt wird.

„Leib" bekommt: Daß Christus im Menschen wohnt, zeitigt sich im konkreten, geschichtlichen Leben dieses Menschen. Gott gewinnt Gestalt im menschlichen Leben, der Leib des Christen wird „Tempel des heiligen Geistes".

Diese Beobachtungen führen uns bereits zum nächsten Gesichtspunkt, zur Erklärung der Einwohnung als Neuschaffung der Person.

1.5.3 Gott wirkt in der Personmitte

Es ist schon darauf hingewiesen worden, daß man erstaunliche Parallelen ziehen kann zwischen Schleiermachers Einwohnungslehre und der Lehre Luthers vom Glauben. Dies gilt insbesondere von der Identifizierung des Glaubens mit der Einwohnung Christi wie auch von der tragenden Funktion des Glaubens für die Bildung der Person.

„In ipsa fide Christus adest",[95] in diesem Glauben ist Christus selbst gegenwärtig, sagt Luther im großen Galaterkommentar. „...wenn doch an Christus glauben und Christum in sich lebend haben dasselbe ist"[96], formuliert Schleiermacher. Wie Luther hat auch Schleiermacher erkannt, daß die Einwohnung Gottes keine Randerscheinung christlicher Existenz, sondern die Basis des christlichen Lebens ist. Als solche muß die christliche Dogmatik sie zum *Glauben* als dem Fundament des Christenstandes in Beziehung setzen. Anders ausgedrückt: die Dogmatik hat zu bedenken, daß im Neuen Testament, insbesondere innerhalb des paulinischen Schrifttums, *beide* Tatbestände, der des Glaubens und der Einwohnung Christi, als für das Christenleben konstitutiv vorgestellt werden. Das Problem dabei ist, daß der Glaube ein Verhalten des Menschen zu sein scheint, während die Einwohnung eine Tat Gottes ist: der Mensch glaubt, Gott nimmt in ihm Wohnung. Schleiermacher nun bringt die beiden Pole durch eine kühne Identifizierung zueinander: Glaube ist Einwohnung, Einwohnung ist Glaube. Die Brücke, der beiden gemeinsame Mittelbegriff, der diese Identifizierung ermöglicht, ist der des Selbstbewußtseins. Denn nicht nur der Glaube als menschliche Befindlichkeit wird als eine bestimmte Ausprägung des Selbstbewußtseins beschrieben, sondern auch die Einwohnung Christi ist definiert als die Aufnahme des Selbstbewußtseins Christi. Insofern wird die Identifizierung beider Begriffe bei Schleiermacher verständlich. Offen bleibt allerdings die Frage, ob mit dieser Lösung die ursprüngliche neutestamentliche Polarität zwischen Glauben und Einwohnung, zwischen menschlichem *und* göttlichem Subjekt, noch ausreichend zur Sprache kommt. Hat hier nicht vielmehr der eine Pol, der des Glaubens, den anderen, den des personalen Handelns Gottes *am* Menschen, in sich aufgesaugt?

Luther hat demgegenüber etwas vorsichtiger formuliert, wenn er Christus *im* Glauben gegenwärtig sein läßt. Glauben als fiducia wird hier nicht einfach mit dem Einwohnen Gottes identifiziert. Die Spannung zwischen Glauben als ei-

---

[95] Luther, In epistolam S. Pauli ad Galatas Commentarius, WA 40 I, 229,15.
[96] Schleiermacher, Der christliche Glaube, II, 267f.

nem (von Gott geschenkten) Akt des menschlichen Subjektes und dem Einwohnen als dem Handeln Gottes bleibt gewahrt. Dennoch rücken beide Pole äußerst nahe zusammen, weil doch der eine niemals ohne den anderen da ist. Doch in diesem Beieinandersein bleibt die *personale Unterscheidung* zwischen Gott und Mensch, zwischen Christus und dem Gläubigen gewahrt. Nur durch diese *Unterscheidung* kann es auch zur realen *Gemeinschaft* kommen, denn nur was unterschieden ist, kann sich verbinden. Bei Schleiermacher hingegen wird die Verbindung des Gläubigen zu Christus im Glauben nicht als reale Gemeinschaft zweier Subjekte, sondern als ein kausales Verhältnis dargestellt, indem das Selbstbewußtsein Christi der Anstoß für die Bildung des christlichen Bewußtseins wird. Aber auch mein neues Selbstbewußtsein ist kein *anderer* als ich, und so wird eine Verbindung mit einem anderen als reales Gegenüber ersetzt durch die Aufnahme seines Bewußtseins in das eigene.

Dennoch, die Parallele zur lutherischen Theologie läßt sich noch an einem weiteren Teilaspekt dieser Frage verdeutlichen. Durch Glaube und Einwohnung Christi kommt es, so versichert Luther, zu jenem „fröhlichen Wechsel und Tausch",[97] bei dem Christus meine Sünde, Todesverfallenheit und Schuld, ich aber seine Heiligkeit und das ewige Leben von ihm erhalte. Bei Schleiermacher nun finden wir deutliche Hinweise darauf, daß dem Christen die Gaben Christi, insbesondere seine Sündlosigkeit, zuteil werden:

> „Seine Tat in uns kann aber immer nur die Tat seiner durch das Sein Gottes in ihm bedingten Unsündlichkeit und Vollkommenheit sein; also muß auch diese mit jenem das unsrige werden, weil es sonst nicht seine Tat wäre, welche die unsrige wird."[98]

Hier rückt auch nochmals die Abweisung einer „magischen" Auffassung der Erlösung durch Christus ins Blickfeld. Denn wenn Schleiermacher die Notwendigkeit einer „Lebensgemeinschaft mit Christo" betont, dann deshalb, weil das Werk Christi sich nicht ohne jede Vermittlung auf wundersame Weise mitteilt. Daß dem Christen die Gaben Christi zuteil werden, verdankt sich eben einer „Lebensgemeinschaft", die bei Schleiermacher eine natürlich zu erklärende Partizipation am Bewußtsein Jesu ist.

Deutlich wird Übereinstimmung und Differenz auch an der anderen, frappierenden Parallele. Luther kann in einer seiner Disputationen zur Rechtfertigung pointiert sagen: „fides facit personam",[99] der Glaube macht die Person. Schleiermacher seinerseits stellt uns die Einwohnung Christi als ein „personbildendes" Geschehen vor, bei dem die Person des Menschen durch Christi Selbstbewußtsein völlig erneuert wird. Das Entscheidende und unbedingt zu Bewahrende beider Aussagen liegt in der Tatsache, daß die Verbindung mit

---

[97] Vgl. dazu z.B. Luther, Von der Freiheit eines Christenmenschen, WA 7, 25,34: „Hie hebt sich nu der frölich wechßel und streytt."

[98] Schleiermacher, Der christliche Glaube, II, 90.

[99] Luther, Zirkulardisputation de veste nuptiali, WA 39 I, 282,16; 283,1,15,18f.

Christus die menschliche Person in ihrer Mitte betrifft, sie umgestaltet, ja, sie neu erschafft. Damit ist das paulinische „Ich lebe, doch nun nicht ich, sondern Christus lebt in mir" (Gal. 2,20) wirklich aufgenommen worden: Die Gemeinschaft mit Gott betrifft den Menschen in seinem innersten Selbst, er geht aus dieser Begegnung als ein anderer hervor. Dieses Element einer Deutung der Einwohnung Gottes im Menschen muß unbedingt festgehalten werden. Es könnte, vielleicht auch gerade angesichts moderner Anthropologien, eine unerwartete Dynamik in der christlichen Lehre vom Menschen und nicht zuletzt innerhalb der christlichen Ethik entfalten. *Denn die Präsenz Christi im Gläubigen wird ja, bei Luther wie bei Schleiermacher, zum Prinzip des Handelns eines Christenmenschens.*

Aber auch hier bleibt die kritische Beobachtung in Geltung, daß diese radikale These bei Schleiermacher insofern wieder entschärft ist, als die Neuschaffung der Person mit der Bildung eines neuen Selbstbewußtseins identifiziert wird. Bei Luther hingegen „wird" die Person in einer realen *Relation*, in der Gemeinschaft mit dem gegenwärtigen Christus.

1.5.4 Der zeitlose Gott

Es muß nochmals nachgefragt werden, inwieweit die Gotteslehre Schleiermachers die Lehre von der Einwohnung beeinflußt. Schleiermacher betont in mehrfacher Wiederholung: Gott leidet nicht, ist actus purus, kennt keine Zeitlichkeit, keine Vereinzelung.[100] Nun zeigt aber die Lehre von der Einwohnung in besonderer Weise Affinitäten mit der Vorstellung von Vereinzelung, ja auch von der Zeitlichkeit Gottes. Denn Gott wohnt eben, neben seiner Allgegenwart, im Einzelnen auf ganz besondere Weise. Und diese Einwohnung hat einen zeitlichen Beginn, unabhängig davon, ob man diesen Anfang nun mit der Taufe oder, wie bei Schleiermacher, mit Bekehrung und Wiedergeburt identifizieren mag.

Schleiermacher steht also, wie vor ihm schon weite Teile der theologischen Tradition, vor der Schwierigkeit, diese zeitlichen und vereinzelnden Momente der Einwohnungslehre mit diesem Gottesbegriff zu verbinden. Angesichts dieses Dilemmas wird nun seine am Begriff des Bewußtseins orientierte Darstellung nochmals neu verständlich. Gott an sich kann neben seiner Allgegenwart nicht nochmals im Einzelnen sein. Er ist es nur in uneigentlicher Weise, wenn man nämlich auf das menschliche Bewußtsein sieht, daß Gott gleichsam in sich hineinzieht. Alle Vereinzelung und alle Zeitlichkeit der Einwohnung kommen ganz auf der Seite des Menschen zu stehen, weil sein Bewußtsein ein einzelnes und ein zeitliches ist, kann auch von einer zeitlichen und auf den Einzelnen bezogenen Einwohnung gesprochen werden.[101]

---

[100] Vgl. dazu besonders: Trowitzsch, Zeit zur Ewigkeit.

[101] Ähnliches gilt ja auch schon in der Christologie, wo Schleiermacher aus eben diesen Gründen die Rede von einem status exinanitionis Christi zurückweist, vgl. Schleiermacher, Der

Im Blick auf dieses Problem ähnelt dieser Entwurf der klassischen thomistischen Position, löste doch schon Thomas das Dilemma so, daß die durch die Inkarnation wie durch die Einwohnung Gottes notwendig sich ergebenden *Veränderungen* immer allein sich auf den Menschen oder auf die menschliche Natur Christi beziehen. In der Einwohnungslehre bedeutete dies, daß der empfangende Mensch einen neuen habitus der Erkenntnis oder der Liebe Gottes erhält. Der Mensch ist dadurch zwar, anders als bei Schleiermacher, real mit der Substanz des dreieinigen Gottes verbunden. Aber auch bei Thomas blieb die Frage zurück, inwieweit dieses Verständnis wirklich als legitime Interpretation der neutestamentlichen Aussagen von einem „Wohnung nehmen" Gottes betrachtet werden kann. Im Blick auf Schleiermachers Position ist diese Anfrage nun in erhöhtem Maße virulent. Denn man kann den „psychologischen" Zug seiner Einwohnungslehre durchaus auch als Resultat seines Gottesbegriffes deuten: *Weil* Gott sich weder vereinzelt noch verzeitlicht, *kann* die Einwohnung nur als eine Erneuerung des menschlichen Bewußtseins dargestellt werden.[102] Die neuere evangelische Theologie, die von der Zeitlichkeit und Veränderlichkeit Gottes zu reden wagt, hat insofern hier ganz neue Möglichkeiten, um, über Schleiermacher hinausgehend, die Einwohnung Gottes als eine wirkliche Relation zwischen Gott und Mensch darzustellen, eine Relation, in der auch Gott „Zeit hat" und „wohnen" kann. Dies wird weiter unten zu bedenken sein.

Doch die Frage nach dem unveränderlichen Gott hat noch eine Tiefendimension, die bisher nur am Rande angesprochen wurde. Es handelt sich um die *Trinitätslehre*, die ja, Karl Barth zufolge, die Veränderlichkeit Gottes par excellence demonstriert. Anders als Thomas steht Schleiermacher vor der großen Schwierigkeit, die Einwohnung Gottes unter Absehung von der Trinitätslehre durchzuführen. Dies geschieht ja bei ihm ganz bewußt, unter Anwendung des Prinzips, die dogmatischen Lehrsätze einzig aus dem christlichen Selbstbewußtsein heraus zu entwickeln.[103] Nun ist aber die Einwohnungslehre traditionell aufs engste mit der Trinitätslehre verbunden. Denn es handelt sich ja um die „missiones", um die Sendungen des Sohnes und des Geistes in die Herzen der Gläubigen. Schleiermachers methodische Zurückstellung dieser Frage so-

---

christliche Glaube, II, 145: „Allein dem schlechthin Höchsten und Ewigen, mithin notwendig sich selbst Gleichen, läßt sich doch keine Erniedrigung zuschreiben."

[102] Vgl. dazu die pointierte Äußerung von Emilio Brito (La pneumatologie, 607), im Zusammenhange einer Kritik an der Gotteslehre Schleiermachers: „Le Dieu schleiermachérien veut moins nous rencontrer qu'être en nous."– Der Gott Schleiermachers will uns weniger begegnen als in uns sein.

[103] Vgl. dazu etwa ebd., II, 30f: „In das erste [Hauptstück] gehören alle Sätze über Christum, welche unmittelbare Ausdrücke unseres christlichen Selbstbewußtseins sind; und was in anderweitigen Behandlungen der evangelischen Glaubenslehre von Christo vorkommt, hier aber nicht, das ist nicht etwa durch die Auslassung willkürlich dafür erklärt (...) sondern es erklärt sich selbst dafür, daß der rein dogmatische Gehalt ihm fehlt und daß es daher nur einen untergeordneten erklärenden oder kombinatorischen Wert haben kann." Vgl. ebd., II, 60 mit dem Vorschlag, die Lehre von Christus unabhängig von der Trinitätslehre darzustellen.

wie seine Präferenz für einen sabellianischen Typus der Trinitätslehre machen es ihm unmöglich, die Einwohnung Gottes als ein Abbild der innertrinitarischen Bewegung darzustellen. Damit fällt ein Aspekt der Einwohnungslehre, der auch in modernen Entwürfen wie etwa dem Rahners zu den interessantesten und reichsten Facetten des locus gehört, so vor allem die Aussage, *daß Gott uns in der Einwohnung als der begegnet, der er auch an sich ist*: als der dreieinige Gott.[104] Die Nichtbeachtung der trinitarischen Offenbarung macht es auch erst möglich, das Sein Gottes in Christus in ein anthropologisches Gesamtkonzept einzuzeichnen, so daß der Unterschied zwischen Christus und den Christen als ein gradueller und zeitlicher Unterschied erscheint.[105]

Gleichzeitig entfernt sich der schleiermacherische Entwurf notwendigerweise vom Neuen Testament, da doch hier die Einwohnungsaussagen immer an die Unterscheidung der Personen gebunden sind: niemals ist von der Einwohnung Gottes schlechthin, immer dagegen von der Christi, des Geistes oder vereinzelt von der des Vaters die Rede. Verläßt man hier den Boden trinitarischer Unterscheidungen, erhält die Einwohnungslehre notgedrungen ein unpersönliches, ja im Blick auf Gott geradezu ein statisches Element. In letzter Deutlichkeit wird man sagen müssen: Schleiermacher kennt keine Inkarnation. Er kennt nicht das Wunder, das Paradox des Gottes, der zeitlich wird, der die conditio humana angenommen hat.

1.5.5 Pneumatologisch oder anthropologisch?

Kehren wir nochmals zur Ausgangsfrage zurück. Karl Barth hatte bei Schleiermacher die Möglichkeit einer Theologie des dritten Artikels gesehen, meinte aber auch feststellen zu müssen, daß die Elemente einer Worttheologie bei Schleiermacher von einem anthropologischen Pol aufgesogen würden. Im Blick auf die Einwohnungslehre und ihrer Interpretation wird man Barth insofern Recht geben müssen, als die Unterscheidung zwischen Gott und Mensch im Geschehen der Einwohnung nicht ausreichend durchgeführt wird. Mit der klassischen Begrifflichkeit wird zwar weiterhin ausgesagt, daß Christus im Menschen wohnt, aber in der Durchführung erweist sich diese Einwohnung als die Übernahme eines Bewußtseinsinhaltes in das eigene, menschliche Bewußtsein. Man wird also sagen können, daß hier die Offenbarung „durch die Strukturen des menschlichen Geistes einsichtig gemacht" werden soll; und die Gefahr bei diesem Vorgehen liegt in der Tat darin, daß damit eben diese Struktur des menschlichen Geistes „die Norm des Sinnes der Offenbarung" wird.[106]

---

[104] Vgl. dazu Brito, La pneumatologie, 587: La „trinité sotériologique (...) n'a de sens que si dans l'histoire du salut Dieu est celui qu'il est depuis l'éternité, et plus précisément si dans l'histoire du salut, Dieu n'apparaît pas seulement comme Père, Fils et Esprit, mas (sic) *est* cela depuis l'éternité".

[105] Vgl. dazu ebd., 443; zum Sabellianismus Schleiermachers insgesamt: ebd., 579–590.

[106] So ebd., 448, im Original; „L'intérêt de la démarche théologique de Schleiermacher est de rendre crédible le contenu de la révélation à partir des structures de l'esprit humain. (...) Le

Hinzu kommt, daß auch der Charakter des völlig Neuen dieser Einwohnung relativiert wird. Das klassische „novo modo" der Einwohnung Gottes wird abgeschwächt, weil es sich beim neuen Selbstbewußtsein des Christen um die Entfaltung einer immer schon vorhandenen Anlage, nicht aber um eine Verbindung neuer Art handelt. „Alter" und „neuer Äon" sind hier nur graduell geschieden.[107]

Die Einwohnungslehre Schleiermachers enthält also eine Fülle Ansatzpunkte, um neu zum Leuchten zu bringen, was die neutestamentlichen Autoren über das Wohnen Gottes im Christen zu sagen wußten. Gleichzeitig aber ist der schleiermachersche Entwurf mit schwerwiegenden dogmatischen Problemen belastet. Beide Seiten sind für eine heutige Darstellung dieser Lehre sehr genau abzuwägen. Die jüngere Geschichte der evangelischen Theologie hat es leider nur vereinzelt und in ersten Ansätzen verstanden, die Hinweise Schleiermachers fruchtbar zu machen.

2. Verwerfung, Neudeutung, Umdeutung: Die Einwohnungslehre nach Schleiermacher

2.1 Weder Metaphysik noch Pietismus: Albrecht Ritschl

2.1.1 Die Diskussion vor Ritschl

Albrecht Ritschls scharfe und begründete Ablehnung der Lehre von der unio mystica bedeutet einen Einschnitt in der Geschichte der evangelischen Behandlung dieses Themas.[108] Aber natürlich hat auch die Position Ritschls ihre Vorgeschichte.[109] Schon um die Wende zum 18. Jahrhundert entsteht ein innerprotestantischer Streit um die Rolle der Mystik, und einer der letzten Vertreter der

---

danger que l'on peut redouter est que la structure de l'esprit humain devienne finalement la norme du sens de la révélation."

[107] Zum „Gottesbewußtsein" als dem „bestimmend gewordenen schlechthinnigen Abhängigkeitsgefühl" vgl. Ebeling, Schlechthinniges Abhängigkeitsgefühl, 129.

[108] Im Blick auf die Kritik an der Lehre von der unio mystica gilt, was schon im Zusammenhang mit der unio-Lehre der lutherischen Orthodoxie ausgeführt wurde: Sie gehört sachlich voll und ganz in den hier zu verhandelnden Gedankengang, auch wenn nicht von „Einwohnung", sondern von „unio" die Rede ist. Denn schon die unio-Lehre der Orthodoxie versteht sich dezidiert als Auslegung der einschlägigen neutestamentlichen Texte zum Wohnen Gottes im Menschen. Und auch Ritschls Kritik zielt deutlich auf die Vorstellung einer direkten Präsenz Gottes in der Seele des Menschen.

[109] Über diese Vorgeschichte wie auch über die gesamte Mystik-Diskussion ab Albrecht Ritschl informiert gut die bei Friedrich Heiler entstandene philosophische Doktorarbeit von Hanfried Krüger: Verständnis und Wertung der Mystik im neueren Protestantismus, München 1938. Für die Zeit nach dem ersten Weltkrieg vgl. Maaß, Mystik im Gespräch.

lutherischen Orthodoxie, Valentin Löscher, prägt die Unterscheidung von „wahrer" und „falscher Mystik".[110] Wahre Mystik ist das Festhalten an der im Neuen Testament bezeugten Einwohnung Christi. Falsche Mystik aber sucht die Einung mit Gott unter Absehung von den historischen Heilstatsachen und den Heilsmitteln. Der Theologe Georg Koltemann moniert, daß solche Mystiker „purgationem sine sanguine, illuminationem sine verbo, unionem sine fide, amorem sine cognitione, denique salutem absque mediis" behaupten.[111]

In der Folgezeit nimmt der Pietismus das Thema der Mystik positiv auf, während die Aufklärungstheologen es meist ins Reich der Fabel verweisen.[112] Nachdem Schleiermacher die Einwohnungslehre und die Bezeichnung „mystisch" wieder positiv aufgenommen hat, bleibt in der evangelischen Theologie eine gewisse Verwirrung hinsichtlich der Einordnung und Beurteilung mystischer Themen. Oft wird die von Loescher herkommende Unterscheidung zwischen einer rechten und einer falschen Mystik aufgegriffen, so etwa auch in einer Schrift von Franz Delitzsch, deren Titel bereits bezeichnend ist: „Wer sind die Mystiker? Eine gründliche Belehrung über das, was Mysticismus ist und nicht ist. Gegen die Sprachverwirrung unserer Zeit."[113] Abseits einiger Kritik an falscher Mystik innerhalb der Theologie findet sich jedoch sehr viel Positives zum Thema, neben den direkt von Schleiermacher beeinflußten Werken (wie etwa der Dogmatik von Karl Immanuel Nitzsch) besonders in den beiden Schulen, die sich „von Hause aus" dem Thema verwandt fühlen müssen: in der lutherischen, besonders der Erlanger Schule sowie in den Schriften der von Hegel und dem Idealismus geprägten Theologen.[114]

So handelt beispielsweise Richard Rothe in seiner Dogmatik die Lehre von der unio mystica ausführlich ab und versieht sie mit zustimmenden Kommentaren, unter Aufnahme der traditionellen Unterscheidungen: „Auch der Gedanke der *Unio mystica* ist sehr bestimmt ein schriftmäßiger, und zwar als der einer wirklichen inhabitatio Dei *substantialis*, nicht einer *bloßen* inhabitatio Dei *operativa* (denn operativa ist freilich die substantialis *auch*)."[115] Nach dieser Vorstellung der traditionellen Lehre wird dann versucht, diese Einwohnung als

---

[110] Vgl. dazu Krüger, Verständnis und Wertung, 32.

[111] Dt. Übers. (K.L.): „...die Reinigung ohne das Blut [Christi], die Erleuchtung ohne das Wort [Gottes], die Einung ohne den Glauben, die Liebe ohne die Erkenntnis [der Heilstatsachen], und schließlich das Heil ohne die Mittel..." Zitiert mit Beleg ebd., 32.

[112] Vgl. Krüger, Verständnis und Wertung, 34: „Jetzt warf man Okkultismus, Spiritismus und Mirakelwesen mit der Mystik in einen Topf."

[113] Erschienen Leipzig 1842 (erwähnt bei Krüger, Verständnis und Wertung, 37).

[114] Vgl. dazu den knappen Überblick bei Krüger, Verständnis und Wertung, 39–42.

[115] Rothe, Dogmatik, II,2, § 71 (249–251), § 76 (260f), das Zitat ebd., 260 (Hervorhebungen im Original). – Allerdings möchte Rothe die unio mystica innerhalb des ordo salutis nicht als ein selbständiges Element werten, sondern sie als „eine besondere *Seite*" an einen solchen Element werten (ebd., 263, Hervorhebung im Original).

eine Entwicklung zu deuten, bei der Gott, der Geist ist, sich mit dem menschlichen Geist, der sich erst in der Bekehrung wirklich konstituiert (!), verbindet.[116] Der Erlanger Thomasius stellt die Einwohnungslehre in den Bahnen der vorgegebenen Begriffe lutherischer Orthodoxie dar und wertet: „Wie die lutherische Christologie mit der communicatio idiomatum sich vollendet, so erreicht die lutherische Soteriologie ihre Spitze in dieser unio mystica".[117] Und sein Nachfolger Frank weist darauf hin, daß schon die Auseinandersetzung Melanchthons mit Osiander ausdrücklich nicht um die beiderseits anerkannte Einwohnung Christi, sondern nur um die Begründung der Rechtfertigung auf dieselbe geführt wurde.[118] Die Einwohnung selbst wird dann von Frank im Unterschied zur Allgegenwart Gottes beschrieben, indem jene „durch die Selbstsetzung des Gläubigen"[119] bedingt und auch in ihrer Intensität von seiner jeweiligen Hingabe an Gott bedingt sei. Ist dies letztere auch kaum eine genuin lutherische Erklärung, so steht doch immerhin der lutherischen Theologie Erlanger Gepräges die unio mystica als unverzichtbares Element der Glaubenslehre fest.

In diese der unio-Lehre insgesamt nicht unabträgliche theologische Gesprächslage trifft nun das harsche Wort Albrecht Ritschls.

2.1.2 Die doppelte Motivation der Kritik Ritschls

„Hat Luther die Reformation gemacht mit der Lehre von der Rechtfertigung durch den Glauben oder mit der Lehre von der unio mystica?"[120] Diese provozierende Frage und die damit insinuierte Alternative zwischen Rechtfertigungs- und Einwohnungslehre bestimmt die Deutung und Wertung der unio mystica in der Theologie Albrecht Ritschls. In der Geschichte der Einwohnungslehre nimmt Albrecht Ritschl so eine negative Hauptrolle ein: Seine vehemente Zurückweisung der Lehre von der unio mystica prägt über Jahrzehnte hinweg die Diskussion innerhalb der evangelischen Theologie. Man wird sogar fragen müssen, inwieweit seine Argumente noch heute eine Rolle spielen.[121]

Die Lehre von der unio mystica ist für Ritschl eine bloße „Dublette der Rechtfertigungslehre", eine „neue Lehre" der lutherischen Orthodoxie, die nun der Rechtfertigungslehre „Concurrenz macht".[122] Folgerichtig wird die Mystik (zusammen mit dem Pietismus) in Ritschls Hauptwerk unter der Überschrift „Die *Zersetzung* der Lehren von der Rechtfertigung und von der Versöhnung"

---

[116] Vgl. ebd., 276–278.
[117] Thomasius, Christi Person und Werk, 481.
[118] Frank, System der christlichen Wahrheit, II, 363.
[119] Ebd., II, 364.
[120] Ritschl, Theologie und Metaphysik, 49.
[121] Zur Theologie Ritschls vgl. besonders: Schäfer, Ritschl; Weyer-Menkhoff, Aufklärung und Offenbarung.
[122] Ebd., 50,49.

abgehandelt.[123] Diese Qualifizierung ist zunächst einmal erstaunlich, stellt sie doch die bisherige Wertung auf den Kopf. Mit welchen Argumenten begründet Ritschl diese einseitige Verurteilung aller mystischen Züge innerhalb der lutherischen Lehrtradition? Und warum ist die Einwohnungslehre lediglich als unnütze Dublette der Rechtfertigungslehre zu betrachten?

Die Ablehnung der Lehre von der unio mystica steht in Zusammenhang mit den beiden großen *Antithesen*, die, will man Martin Kähler Glauben schenken, die Wirkung der Theologie Ritschls besonders bestimmten. „Die eine lautet: Keine Metaphysik in der Theologie – und die andere: Der Pietismus ist ein Rückfall in das mittelalterliche Christentum."[124] Die Lehre von der unio mystica nun liegt am Schnittpunkt *beider* von Ritschl abgelehnten Erscheinungen. Als Lehre von einer substantiellen Verbindung zwischen Gott und Mensch ist sie von *metaphysischen* Vorstellungen abhängig, und als Zentrum persönlicher Christusfrömmigkeit kann sie zugleich eine Verbindung mit der Bewegung des *Pietismus* eingehen. Deshalb findet sich Ritschls Kritik an der Einwohnungslehre auch in zwei, allerdings eng zusammenhängenden Formen: auf der einen Seite als „Nebenkrater" seiner Metaphysikkritik in der kleinen Schrift „Theologie und Metaphysik", auf der anderen Seite innerhalb seiner vielfältigen Überlegungen zum Pietismus und zur Mystik, so besonders im zweiten Band seiner „Geschichte des Pietismus" und im ersten, historischen Teil des Hauptwerkes zur „Rechtfertigung und Versöhnung".[125]

2.1.3 Metaphysik und Einwohnung Gottes

Ritschls Kampf gegen die „Metaphysik" innerhalb der Theologie ist zunächst eine Auseinandersetzung mit der natürlichen Theologie. Das eigentliche Zentrum der Auseinandersetzung liegt gar nicht in einem philosophischen, sondern in einem dezidiert theologischen Interesse. Darauf hat zu Recht James Richmond in seinen instruktiven „Kerr Lectures" hingewiesen.[126] Ein rein philosophisches Interesse war Ritschl nur „in sehr geringem Maße zueigen",[127] und seine stets kurzen Ausführungen zu Metaphysik und Erkenntnistheorie stehen immer in unmittelbarer Beziehung zu seinen theologischen Zielen.[128]

---

[123] Ritschl, Die christliche Lehre, Bd. 1, 347 (Hervorhebung: K.L.).

[124] Kähler, Geschichte, 246.

[125] Auch der Sohn Ritschls, Otto Ritschl, weist in einer Untersuchung zur unio mystica auf eine doppelte Motivierung der Kritik an dieser Lehre hin: einerseits moniere Ritschl eine Abhängigkeit von der Metaphysik, andererseits sei die Lehre selbst, verstanden als Überbietung der Rechtfertigung, der reformatorischen Theologie fremd (Otto Ritschl: Das Theologumenon, 352).

[126] Diese sind auf Deutsch erschienen: Richmond, Albrecht Ritschl.

[127] Ebd., 55.

[128] Vielleicht kann man sogar mit Richmond (ebd., 48) vermuten, daß die Ablehnung der Metaphysik selbst bereits durch die theologische Antipathie gegen Pietismus und unio mystica bedingt ist! – Zur Diskussion um die philosophischen Grundlagen der Theologie Ritschls vgl. besonders Wrzecionko, Die philosophischen Wurzeln.

In der theologischen Auseinandersetzung um die Metaphysik geht es zunächst nicht um die Gnadenlehre, sondern um die Gotteslehre, nicht um den dritten, sondern um den ersten Artikel. Die „natürliche Gottesoffenbarung" bildet für Ritschl „das Nest, in welchem von jeher metaphysische Gotteserkenntnis gehegt worden ist".[129] Eine solche natürliche, philosophische Erkenntnis Gottes ist mit Luther abzulehnen: Christliche Gotteserkenntnis ist immer und ausschließlich an Christus gebunden. Nur in Christus erkennen wir, wer Gott ist. Sein Sein „an sich", seine Existenz unter Absehung seiner Selbstoffenbarung in Christus ist uns verschlossen. Die natürliche Theologie aber, insbesondere in ihren Gottesbeweisen, versucht Gottes mit den Mitteln der Vernunft habhaft zu werden. Dabei bedient sie sich der Metaphysik, also der „Untersuchung der allgemeinen Gründe alles Seins".[130] Doch diese Untersuchung arbeitet – so Ritschl – mit einem Begriff des „Dinges" im allgemeinen: jedes Objekt möglicher Erkenntnis ist ein „Ding".[131] Auch der philosophische Gott, sei er nun actus purus oder die Idee der Einheit über allen Gegensätzen – auch dieser Gott ist doch immer nur Teil der Welt, steht ihr aber nicht gegenüber. Der Theologe hat all diese Versuche einer philosophischen Definition Gottes zu verabschieden, weil sie ihn nicht zum Gott der christlichen Offenbarung führen können. Ein Christ, der „sich auf metaphysische Erkenntnis Gottes einläßt", gibt „damit seinen christlichen Gesichtskreis auf, und tritt auf einen Standpunkt, welcher im Allgemeinen der Stufe des Heidenthums entspricht".[132]

Diese scharfe Ablehnung aller metaphysischen Gotteslehre findet aber nun ihre Fortsetzung in der Auseinandersetzung um andere zentrale theologische Themen. Vor allem geht es um die rechte Interpretation der *Verbindung des Christen mit Gott*, die, nach Aussagen des Johannesevangeliums, nicht ohne Beziehung ist zur Verbindung Jesu mit dem Vater. Wie soll man beispielsweise die Aussagen des Johannesevangeliums verstehen, denen zufolge die Christen eins sein sollen wie auch Christus und der Vater eins sind (Joh 17,11.21f)? Ritschl wendet sich gegen Aussagen Luthardts und anderer Kollegen, für die der genannte Ausspruch Jesu nicht nur eine Willens- und Gesinnungseinheit zwischen Vater und Sohn sowie der Gläubigen untereinander ausdrücke, sondern darüber hinaus noch „etwas anderes höheres bezeichne".[133] Das „In-Sein" der Gläubigen ist, so will es Luthardt, mehr als eine Willenseinigung: „In Gott und Christo sind die Gläubigen nicht bloß dem Willen und der Gesinnung, sondern ihrem *wirklichen eigentlichen Sein* nach".[134]

---

[129] Ritschl, Theologie und Metaphysik, 5.

[130] Ebd., 6.

[131] Damit werde der Unterschied zwischen Natur und Geist vernachlässigt, und religiöse Werturteile, die auf eben dieser Unterscheidung basierten, würden unmöglich gemacht. Vgl. ebd., 7f; ferner dazu Richmond, Albrecht Ritschl, 41f; 47.

[132] Ritschl, Theologie und Metaphysik, 9.

[133] Ebd., 22.

[134] Zitiert ohne Beleg ebd., 23 (Hervorhebung im Original).

Aber was soll mit einem „eigentlichen Sein" bezeichnet werden? Dies ist die entscheidende Frage, die Ritschl an seine Opponenten richtet. Offensichtlich reden diese von einer Seelensubstanz des Menschen, die sich in der unio mystica mit der Substanz Gottes verbindet. Die Ablehnung dieser Theorie ist für die Theologie Ritschls von fundamentaler Bedeutung, er hat sie nicht nur in seiner Schrift zur Metaphysik, sondern noch ein weiteres Mal in der Einleitung zum dritten, dogmatischen Teil seines Hauptwerkes begründet.[135]

Geht es Ritschl tatsächlich um eine Verneinung der Existenz einer Seele „hinter" deren Aktionen? Gibt es nur Denken, Fühlen, Wollen, aber keine Seele, die all dieses „tut"? Liest man die entsprechenden Passagen aufmerksam, dann wird deutlich, daß es Ritschl um zwei Probleme geht: Zuerst um die *Erkennbarkeit* einer solchen Seelensubstanz, zweitens dann um die praktische *Bedeutung* einer solchen Annahme. Die Antwort fällt jedes Mal negativ aus: Eine „Seelensubstanz" oder ein „Seelengrund" hinter den menschlichen Akten ist nicht erkennbar, und ihre Postulierung nützt dem christlichen Glauben in keiner Weise.

Kommen wir zunächst zur Erkenntnisfrage. Es ist bekannt, daß Ritschl sich an der Philosophie seines Göttinger Kollegen, des Philosophen Rudolf Hermann Lotze (1817–1881) orientiert.[136] Er stellt dessen Erkenntnistheorie dem platonisch-scholastischen sowie dem kantischen Typus gegenüber.[137] Während man in der Scholastik zwischen dem ruhenden Ding und seinen Wirkungen auf uns unterscheide und beide zu kennen meine, habe Kant die Unerkennbarkeit des Dinges an sich behauptet. Da Kant aber noch von „Erscheinungen" rede, bleibe auch bei ihm das Ding an sich in gewisser Weise erkennbar: Denn was erscheint, ist ja irgendwie erkannt. Lotze dagegen behaupte, daß wir in den Erscheinungen das Ding als Ursache und Zweck erkennten. Diese etwas kryptischen Bemerkungen sind deshalb interessant, weil Ritschl den ersten, scholastischen Typus und das dritte, lotzesche Modell mit entsprechenden *Psychologien* verbindet.

Die scholastische Theorie vom Ding und seinen Wirkungen finde sich wieder in der Lehre von der Seele und ihren Tätigkeiten. Nur auf dem Boden dieser Psychologie sei aber die Lehre von der unio mystica möglich. Denn die Seele als „Ding" hinter ihren verschiedenen Tätigkeiten ist der „Ort" der unio mystica, der Einwohnung der Trinität im Gläubigen:

> In dieser Lehre „kommt es darauf an nachzuweisen, daß über die Erleuchtung des Verstandes und die Erneuerung des Willens hinaus die geheime Vereinigung mit Gott in dem Grunde, d.h. in dem Ansich der geistigen Seele eintritt, welche die Seligkeit begründet, auch wenn (...) das Gefühl der Seligkeit unterbrochen wird oder vorherrschend mangelt. Die Abgrenzung der Seelenthätigkeiten von den ruhenden

---

[135] Ritschl, Die christliche Lehre III, 14–25.

[136] Zu Ritschls Aufnahme der Gedanken Lotzes vgl. Wrzecionko, Die philosophischen Wurzeln, 52–120; Weyer-Menkhoff, Aufklärung und Offenbarung, 38–47.

[137] Vgl. zum Folgenden ebd.

Seelenvermögen, welche diese Verwendung in der jüngern Gestalt der orthodoxen Theologie findet, ist mit demselben Fehler behaftet, wie die Unterscheidung zwischen den erscheinenden Wirkungen eines Dinges und einem Dinge an sich, welches abgesehen von seinen Merkmalen erkennbar wäre."[138]

Wo liegt aber der Fehler dieser Lehre? Laut Ritschl ist sie abzulehnen, da uns die Möglichkeit einer *Erkenntnis*, eines Wissens von dieser Seelensubstanz abgeht: „Wir wissen nichts von einem Ansich der Seele".[139] Seinsaussagen sind also nur sinnvoll, wenn sie irgendwie einsehbar oder gar verifizierbar sind.

Deshalb ist dieser Psychologie eine andere entgegenzustellen. Für diese spielt nur die „Activität" der menschlichen Seele eine Rolle: Durch äußere Ursachen wird die Seele zu aktiven Reaktionen gereizt. Eine erste Reaktion ist die „Empfindung", die sich dann eventuell in konkreten Handlungen ausdrückt. Es geht also immer um „Anregungen der Seelenthätigkeit". Nun ist aber die „Empfindung" der Seele ein unsicheres Kriterium für die Erkenntnis der sie auslösenden Ursache. Denn die Seele kann erstens auf verschiedene Ursachen mit der gleichen Empfindung reagieren (etwa mit Schmerzempfinden), und zweitens kann sie auch Dinge falsch interpretieren und deshalb falsch empfinden (etwa mit dem Unrechtsempfinden, auch wenn ein Unrecht gar nicht vorliegt). Aus diesen sehr kurzen psychologischen Überlegungen schließt Ritschl dann die *theologische* Aufgabe, „alles was an Gnadenwirkungen Gottes auf den Christen zu erkennen ist, in den entsprechenden religiösen und sittlichen Acten nachzuweisen, welche durch die Offenbarung im Ganzen und durch die in ihr eingeschlossenen besonderen Mittel angeregt werden. Man hat auf die aus der scholastischen Psychologie entspringende aber unlösbare Frage zu verzichten, wie der Mensch vom heiligen Geist ergriffen oder durchdrungen oder erfüllt wird".[140]

Deutlich geht es wieder um die Frage, wie denn die Gabe des Geistes *zu erkennen* sei. Ritschl scheint zu glauben, daß in der traditionellen Einwohnungslehre die innere Empfindung der Seele das entscheidende Kriterium sei, um die Verbindung mit Gott zu erkennen oder gar zu verstehen. Da aber, so Ritschl, die Empfindungen immer unsicher sind, soll man sich an die konkreten Akte der Seele halten und von ihnen aus den Rückschluß auf die Gabe des Geistes schließen: Weil der Christ die Gnadengaben erkennt, weil er Gott anruft, weil er in Liebe und Selbstzucht handelt, weil er Gemeinsinn übt, deshalb weiß er, daß er „ein Leben im heiligen Geiste" führt.

Neben der Frage nach der Erkennbarkeit der unio steht die nach ihrem praktischen Nutzen. Für Ritschl ist der Begriff eines „eigentlichen Seins" der Seele neben Wille und Gesinnung ein leerer Begriff ohne Sinn und deshalb auch ohne Nutzen. Denn allein seinen Willen und seine Gesinnung kennt und erfährt

---

[138] Ebd., 20f.

[139] Ebd. – Allerdings hält er die Behauptung einer ruhenden Substanz bei gleichzeitigen Aktionen derselben auch für unlogisch, vgl. ebd.

[140] Ebd., 22.

der Mensch, sie sind Kriterien seiner Selbstbeurteilung und Mittel seiner Selbsterfahrung. „Aber von meinem nach Luthardt wirklichen und eigentlichen d.h. metaphysischen Sein weiß ich nichts, erfahre ich nichts; nach ihm also kann ich mich nicht richten."[141] Was ich weder erfahren noch bewerten kann, ist eine metaphysisches Postulat ohne jede Bedeutung für das Christenleben.[142] Ja, ein solches Postulat ist sogar gefährlich, weil es Willen und Gesinnung als nur abgeleitete Größen entwertet und die Konzentration an ein dahinter liegendes wahres Sein verschwendet. Diese „metaphysische Distinction zwischen dem unwirklichen uneigentlichen Sein von geistigen Personen, nämlich Wille und Gesinnung, und ihrem vorausgesetzten wirklichen Sein"[143] ist eine Unterscheidung, die nicht den biblischen Text aus Joh 17 erklärt, sondern ihn mißbraucht, um den bereits vorliegenden Begriff der „unio mystica" zu bestätigen.

Der Begriff der „unio mystica" wird so aufgepflanzt auf einen „metaphysischen Pflock im menschlichen Geiste", auf jene Realität hinter den Willensäußerungen, die auch etwa mit dem Begriff der menschlichen „Natur" identifiziert werden kann.[144] Gott soll sich dann mit dieser Natur direkt verbinden. Daß dieser Begriff eines menschlichen Seins hinter den erfahrbaren Willensäußerungen nebulös bleibt, ist schon gesagt worden. Doch für Ritschl gilt dasselbe nun auch für die andere Seite dieses Verhältnisses, für den *Geist Gottes*. Auch hier möchten seine Gegner, insbesondere der Tübinger Theologe Hermann Weiß,[145] den Geist Gottes unter Absehung von der konkreten Erfahrung als ein Sein an sich beschreiben. Ritschl dagegen will auch den Geist Gottes nur beschreiben anhand der „Functionen des christlichen Lebens, in denen der heilige Geist als wirksam und wirklich begriffen wird". Den Geist „an sich" kann der Gläubige weder erfahren noch definieren. Es gilt, wie immer in der Theologie, sich an die Wirkungen Gottes im Leben der Gemeinde zu halten. Der heilige Geist ist deshalb zu verstehen als „Grund des gemeinsamen Bewußtseins der Gotteskindschaft, als das Motiv und die göttliche Kraft des überweltlichen und religiösen und sittlichen Lebens in der Gemeinde".[146]

Man darf, wie Richmond richtig bemerkt hat,[147] hier nicht den Fehler machen, Ritschl als einen konsequenten Empiristen zu verstehen, für den es keine Realität „hinter" den erfahrbaren Wirkungen gibt. Es geht weniger um das phi-

---

[141] Ritschl, Theologie und Metaphysik, 23.

[142] Dieses Sein ist auch unbeweisbar. Man müßte schon, so führt Ritschl ironisch aus, einen ontologischen Beweis für die Existenz dieses Seins führen, so wie Anselm ihn für die Existenz Gottes meinte führen zu können (ebd., 44f).

[143] Ebd., 24.

[144] Ebd., 40; vgl. auch 44.

[145] Der Tübinger Theologe Hermann Weiß publizierte 1881 einen Artikel „Ueber das Wesen des persönlichen Christenstandes", in dem er ausführlich auf die Position Ritschls zu diesem Thema einging (Weiß, Ueber das Wesen, Teil 1). Ritschls Schrift „Theologie und Metaphysik richtet sich unter anderem gegen diesen Artikel.

[146] Ritschl, Theologie und Metaphysik, 42f.

[147] Vgl. Richmond, Albrecht Ritschl, 55–57.

losophische Problem des „Dinges an sich", als um die theologische Sorge, es könne in der christlichen Dogmatik zu einer Lehre von „Gott an sich" oder vom „Menschen an sich" kommen, zu einer Lehre also, die sowohl von der biblischen Offenbarung als auch vom konkreten Christenleben innerhalb der Kirche absähe. „Ritschl offenbart durch alle seine Schriften eine verzweifelte Furcht davor, man könnte ihn dahingehend interpretieren, als lege er einen Versuch nahe, durch oder hinter oder unter die Phänomene vorzudringen, über die unmittelbare Erfahrung hinaus zu einer Reihe von Bildern, die er als sanft und träge bezeichnet, was einen in der alltäglichen menschlichen Existenz kraftvoll ausgeübten christlichen Glauben schwächen oder gar von ihm abbringen würde."[148]

Ritschl weigert sich deshalb, die Übernahme „platonisierender" Allgemeinbegriffe als verbindliche Norm für die rechte christliche Lehre anzuerkennen. Genau diese Anerkennung werde aber gefordert, wenn man eine allgemeine Rede vom Heiligen Geist und seiner Verbindung mit dem Menschen einklage, die sich nicht allein auf die erfahrbaren Wirkungen dieses Geistes im Leben des Gläubigen beschränkt. Habe man aber einmal die Sinnlosigkeit eines solchen Unternehmens erkannt, dann werde man „die Gegenwart Gottes für uns"[149] nur in seinen Wirkungen, also in seiner Beeinflussung unserer Erkenntnis- und Willensakte suchen! Dabei will Ritschl gar nicht ausschließen, daß es sich um eine „Beziehung von Person zu Person"[150] handelt. Gott soll auch nicht in seine Wirkungen aufgelöst werden. Wichtig ist aber, daß die Beziehung Gottes zum Menschen allein durch diese Wirkungen *erkannt* und auch nicht über diese Wirkungen hinaus, in abstrakter (eben „metaphysischer") Weise, *beschrieben* werden kann. Wichtig ist ferner, daß dieses Verhältnis kein unmittelbares, etwa die Einheit zweier „Substanzen" ist, sondern immer ein *durch Erinnerung vermitteltes*: Indem wir uns an die Predigt erinnern, wirkt Gott auf uns ein und ist uns so, vermittelt durch ein erinnertes Wort, gegenwärtig.[151] Dieses Thema der Heilsmittel wird im Zusammenhang der Pietismuskritik noch eine Rolle spielen.

Mit gewissem Recht kann Ritschl sich für diese Deutung des Verhältnisses zwischen Christus und den Gläubigen sogar auf Schleiermacher berufen. Denn auch dieser hat ja zwar die alten „Formeln gebraucht, sie aber auf die *Wirkungen* um(ge)deutet, welche vom Erlöser sich auf den Gläubigen in der Kirche

---

[148] Ebd., 60. – Die strenge Zurückweisung jeglicher metaphysischer Spekulation hängt aus biographischer Perspektive sicherlich zusammen mit Ritschls Verhältnis zu Ferdinand Christian Baur, dessen Schüler er zunächst war, bevor es 1856 zum Bruch mit Baur und dessen hegelisierender Theologie kam. Vgl. dazu ebd., 13f.

[149] Ritschl, Theologie und Metaphysik, 45.

[150] Ebd., 47.

[151] Vgl. ebd. – Ritschl greift hier die reformatorische Bedeutung des Wortes als des „Mittels" der Gottesbegegnung auf, wendet sie aber gegen jede Rede von einer seinsmäßigen Einheit des Christen mit Gott. Die Suche nach der unmittelbaren Gottesbeziehung sei Schwärmerei. Vgl. ebd., 48.

erstrecken".[152] Aber damit nicht genug. Ritschl meint, auch Luther, den frühen Melanchthon und „den gesammten reformatorischen Sprachgebrauch" auf seiner Seite zu haben. Auch Luther sei der Auffassung, „daß Christi Gottheit nur in seinem Berufswirken verstanden werden" könne, und Melanchthon habe ja mit seinem berühmten Ausspruch zur Erkenntnis Christi („Hoc est Christum cognoscere, beneficia eius cognoscere") ebenfalls die richtige „Erkenntnistheorie" getroffen. Immer gehe es um die „erscheinenden Wirkungen" einer Person, und erst Pietisten wie Brakel und Lame hätten „den Genuß der Verheißungen durch den des Herrn selbst überbieten zu sollen geglaubt".[153] Insofern hält Ritschl sich für den Vollender der reformatorischen Theologie, die Theologie seiner Zeit hingegen für im „Fahrwasser der Scholastik" verblieben.[154]

Zu diesen Bedenken gegenüber der Postulierung eines personalen Seins „hinter" den jeweiligen Willensäußerungen paßt nun genau das Wesen der Mystik, so wie Ritschl sie charakterisiert. *Denn was die Metaphysik begrifflich sucht, das begehrt die Mystik mittels religiöser Methode*: Die Mystik versucht, das je individuelle Sein, das sich eben im Erkennen und sittlichen Handeln manifestiert, zu überschreiten, um das eigentliche Sein zu finden. Durch „theoretische Schauung" oder durch „Vernichtung des eigenen Willens" solle die Einung mit dem Sein, das Gott selbst sei, erreicht werden.[155] Hierfür stehe die neuplatonische Philosophie mit ihrer Unterscheidung von Besonderem und letztbegründendem Allgemeinem Pate. Das Ziel einer solchen Anschauung müsse notgedrungen der Untergang der individuellen Besonderheit im Verschmelzen mit dem wahren Sein bedeuten.

Mystik und „neuplatonische Metaphysik" fallen in eins. Leider identifiziert Ritschl nun unbesehen die so von ihm definierte *neuplatonische* Mystik mit dem Anliegen der *theologischen* Mystik, wie es sich in der Lehre von der unio mystica ausdrückt: „Die Mystik also ist die Praxis der neuplatonischen Metaphysik und diese ist die theoretische Norm des prätendierten mystischen Genusses Gottes."[156]

Die Metaphysikkritik im Sinne Ritschls trifft also die Lehre von der unio mystica, weil diese die Einheit von Gott und Mensch nicht als bloße Willenseinheit, sondern als Einheit zweier, den Willen erst aus sich herauslassender Substanzen behauptet und damit selbst auf metaphysische Begriffe zurückgreift. Dieser Rückgriff ist aber zurückzuweisen. Denn diese Einheit hinter der Willenseinheit bleibt völlig unbestimmt, eben „mystisch", und lenkt vom ei-

---

[152] Ebd., 51.

[153] Ebd., 55f.

[154] Ebd., 62.

[155] Ebd., 25.

[156] Ebd. – Es sei aber ausdrücklich darauf hingewiesen, daß *Ritschl* nicht für die generelle Abschaffung der Metaphysik in der Theologie eintritt. Seine eigene, an Lotze orientierte Position stellt er der „theologischen Überlieferung" gegenüber, die von neuplatonischer Metaphysik geprägt sei. Es gehe also um die Frage, „welche Metaphysik in der Theologie berechtigt ist" (ebd., 38).

gentlichen Ziel des Christenlebens ab: eines Willens mit Christus zu werden, um so die Welt im Sinne Gottes zu gestalten.[157] Deshalb muß auch die einschlägige Aussage von Joh 17 rein ethisch ausgelegt werden, im Sinne einer Gesinnungseinheit mit Jesus Christus. Und dieselbe Erklärung muß auch für das Verhältnis Jesu zum Vater angenommen werden. Man darf sich hier nicht von den nicänischen Begriffen blenden lassen. Denn auch diese tragen metaphysische Distinktionen in das neutestamentliche Zeugnis ein. *Beide* genannten Verhältnisse sind also nur „ethisch" zu deuten![158]

2.1.4 Pietismus und Einwohnung Gottes

In den Prolegomena des ersten Bandes seiner „Geschichte des Pietismus" beschreibt Ritschl die Unterschiede zwischen Katholizismus und Protestantismus.[159] Diese Voranstellung einer Darstellung der wesentlichen Merkmale reformatorischer Theologie in Abgrenzung von der römisch-katholischen Lehre geschieht in programmatischer Absicht: Will doch Ritschl zeigen, daß der Pietismus als ein Rückfall in gewisse „katholische" Anschauungen und Lehrsätze zu begreifen ist.

In drei Punkten besteht – so Ritschl – die Eigentümlichkeit des „kirchlichen Protestantismus": im „Inhalt des Lebensideals", in der „Schätzung dessen, was an der christlichen Gemeinschaft die Hauptsache ist" und in der „Beurtheilung des Staates im Verhältniß zu der religiösen und sittlichen Gemeinschaft am Christenthum".[160] Das Schwergewicht der Ausführungen liegt dabei auf dem ersten Kriterium: Der Katholizismus findet sein Lebensideal im *Mönchtum* als dem Stand christlicher Vollkommenheit. An diesem Stand ist das Leben jedes Christen zu messen. In der evangelischen Frömmigkeit hingegen führt der Glaube und das Vertrauen zu Gott zu einer Schätzung des *Berufes* als dem Ort christlicher Lebenserfüllung. Die Weltabgewandtheit mönchischer Frömmigkeit wird so ersetzt durch ein der Welt zugewandtes christliches Berufsleben, in dem die christliche Vollkommenheit Gestalt gewinnt.

Als Typus des katholischen Frömmigkeitsideals führt Ritschl den heiligen Bernhard von Clairvaux und insbesondere dessen Predigten über das Hohelied ein. Hier zeigt sich eine „Devotion", bei der die „Braut Christi" nicht mehr die Kirche, sondern die eigene Seele ist.[161] Dadurch bekommt das Vollkommenheitsideal einen individualistischen Zug, zu dem sich auch die erwähnte Suche nach Abgeschiedenheit als Ziel mönchischer Frömmigkeit gesellt.

---

[157] Ritschl kann „den metaphysischen Weg der mystischen Vereinigung nicht als die höhere, werthvollere Methode, und in diesem Ziele nicht die Aufgabe des Christenthums erkennen" (ebd., 27).

[158] Vgl. ebd., 29.

[159] Ritschl, Geschichte des Pietismus, Bd. 1, 36–61.

[160] Ebd., 38.

[161] Vgl. Ebd., 46.

Der Unterschied zur evangelischen Position liegt für Ritschl also nicht so sehr in einer Betonung der Werkgerechtigkeit gegenüber einer protestantischen Glaubensgerechtigkeit. Es handelt sich vielmehr um die Tatsache, daß die Frömmigkeit dieser Predigten tendenziell auf die *mönchische Abgeschiedenheit* und *individuelle Kontemplation* gerichtet ist, während der evangelische Christ als Glied der Kirche seinen Glauben im weltlichen Beruf zu bewähren hat. Hinzu kommt, daß die in dieser Kontemplation zu erstrebende *persönliche Christusbeziehung* Züge trägt, die der evangelischen Frömmigkeit fremd bleiben müssen, insbesondere die „leidenschaftliche(r) Liebe", die ekstatische Züge annehmen kann.[162]

Hinsichtlich der Beurteilung der Kirche unterscheidet sich der Protestantismus dadurch, daß die „Rechtsordnung der Kirche unbedingt nur als Mittel für die Gemeinsamkeit der religiösen Thätigkeit" gilt. In der katholischen Kirche hingegen gilt die Rechtsordnung zugleich als Gewähr für das religiöse Leben. Die rechtliche Ordnung hat so im Katholizismus einen höheren Stellenwert, sie steht auf der selben Ebene wie das religiöse Leben, während sie aus evangelischer Sicht nie mehr als ein Mittel zur Erhaltung desselben sein kann.

Der Staat schließlich wird in der katholischen Lehre eher negativ betrachtet. Als „Form der sündigen Welt" oder als „Gottes Ordnung in der Beschränkung" steht er der kirchlichen Rechtsordnung an Wert nach. Im Protestantismus hingegen wird der Staat als von Gott gestiftetes Gut und als Garant „für die Freiheit des religiösen und sittlichen Handelns" positiver gewertet.[163]

Gilt nun der Pietismus als ein Rückfall in den katholischen Frömmigkeitstypus, so muß Ritschl zeigen, daß und inwiefern jener wieder hinter die genannten evangelischen Abgrenzungen zurückfällt und sich mit den alten, überwunden geglaubten Anschauungen aufs Neue verbindet. Das Gleiche gilt auch von der Einwohnungslehre, insofern sie als eine mögliche Spielart pietistischer Positionen verstanden wird. Ritschl hat deshalb der Entstehung der Lehre von der unio mystica einen eigenen Paragraphen innerhalb seiner „Geschichte des Pietismus" gewidmet.[164] Auch diese Darstellung schärft zu Beginn nochmals ein, daß die lutherische Theologie die Wirkungen des Geistes an die Mittel, damit aber an die Kirche bindet. Persönliche Erfahrungen können schon deshalb keinen zusätzlichen Wert neben Predigt und Sakramentsverwaltung beanspruchen.[165]

Hier taucht nun wiederum die These vom *individualistischen Charakter der Mystik* auf, diesmal aber in verschärfter Form. Zunächst wird auch die klassische Erklärung der Einwohnung, nämlich die „Vereinigung mit Gott durch Er-

---

[162] Ebd., 50. – Dazu paßt auch, daß Ritschl im Blick auf die Lehre von der unio mystica bei Nicolai von „geistlich-sinnliche(r) Genußsucht" sprechen kann (ebd., Bd. 2, 23 und ähnlich: 24).

[163] Ebd., 44.

[164] Ritschl, Geschichte des Pietismus, § 27 (Bd. 2, 3–33).

[165] Ebd., Bd. 2, 8.

kennen und Liebe", ausdrücklich mit diesem Vorwurf konfrontiert: Mit dieser Vereinigung höre „jedes Verhältnis des Seligen zur Welt" auf, „weil ja auch Gott nur abgesehen von der Welt erkannt und geliebt werden soll".[166] Aber dies gilt nun nach Ritschl für jede Form der Mystik: „Es giebt jedoch keine in ihrer Art normale Mystik, wo man nicht einsiedlerisches Leben führt! Die weit verbreitete Liebhaberei an derselben unter evangelischen Christen ist eben Dilettantismus."[167] Jede Mystik, und so auch das mystisch-pietistische Christentum, ist also „individualistisch und außerweltlich".[168]

Entscheidend für die Diskussion der Lehre von der unio mystica ist zweitens die nähere *Definition* der Art und Weise der Einwohnung Gottes im Menschen. Am Beispiel des Lutheraners Stephan Praetorius (1536–1603) beschreibt Ritschl, wie selbst ein „Vertreter des correctesten Lutherthums" diese Lehre vertreten und dabei die Einwohnung Gottes als „räumliche", „substantielle", „dingliche", ja, mit Ritschls Worten sogar als „chemische Durchdringung" deuten kann.[169] Ritschl sieht hierin ein Abirren von lutherischer Theologie. Die gelegentlichen Aussagen Luthers, die von substantieller Gegenwart Christi im Gläubigen sprechen, werden von Ritschl allein auf die Güter Christi, auf seine in Rechtfertigung und Versöhnung verliehenen Gaben gedeutet. Es handele sich um eine bloße *Ausdrucksweise* für das Geschehen der Rechtfertigung: „Jene Prädicate bedeuten also für Luther nichts, was über den Sinn und den Werth der Rechtfertigung hinausginge; sie gelten ihm nur als aparte Ausdrücke für dieses Verhältniß."[170]

Dabei ist Ritschl völlig deutlich, daß diese Interpretation gegen die ausdrückliche Meinung der Konkordienformel[171] steht, die die inhabitatio Dei gerade nicht mit der Rechtfertigung ineinssetzt. Dies läßt sich Ritschl zufolge als Folge der Auseinandersetzungen um Osiander erklären. Im Übrigen aber fällt diese Einwohnung mit dem zusammen, was sonst unter Erneuerung und Heiligung verhandelt wird. Die Betonung einer substantiellen Gegenwart Gottes innerhalb der Bekenntnistexte wird also von Ritschl gar nicht ernst genommen. Sie ist eine bloße Konzession an die historische Diskussionslage. An anderer Stelle allerdings, im Blick auf den Lutheraner Philipp Nicolai (1556–1608),

---

[166] Ebd., 11.

[167] Ebd., 12.

[168] So Richmond, Albrecht Ritschl, 49. Er führt als weitere Adjektive noch „ahistorisch" „amoralisch" ein: Ahistorisch ist dieses Christentum, weil es die Verbindung mit Gott ohne historische Mittel suche, amoralisch, da „in die mystische Erfahrung sozusagen kein Gefälle auf eine ethische Transformation oder moralische Perfektion hin ‚eingebaut' war".

[169] Ritschl, Geschichte des Pietismus, Bd. 2, 18–20.

[170] Ebd., 20. – Zu Luthers „Umdeutung" der mittelalterlichen unio mystica vgl. auch Ritschl, Die christliche Lehre, Bd. 1, 128f.

[171] FC, Solida Declaratio III, 54 (BSLK 933, 9–15): „... so ist doch solche Einwohnung Gottes nicht die Gerechtigkeit des Glaubens, davon S. Paulus handelt uns sie iustitiam Dei, das ist, die Gerechtigkeit Gottes, nennet, umb welcher willen wir für Gott gerecht gesprochen werden, sondern sie folget auf die vorgehende Gerechtigkeit des Glaubens".

kann Ritschl behaupten, daß solche „physikalische Auskunft" im bezug auf eine substantielle Gegenwart Gottes die „ethische Betrachtungsweise" geradezu durchkreuze. In der lutherischen Theologie geht es also doch nicht allein um die Wahl der Ausdrucksweise, sondern um konkurrierende, einander ausschließende Deutungen des Gottesverhältnisses.

Dies wird besonders deutlich, wenn der Einwohnung in der Orthodoxie auch praktische Bedeutung beigemessen wird, oder wenn sie sogar als das ewige Leben und die Seligkeit begründend dargestellt wird: Für Ritschl wird sie dann endgültig zur Dublette, zur Konkurrenz der Rechtfertigung. Der Begriff der „Concurrenz" taucht in der „Geschichte des Pietismus", in der Schrift zur Metaphysik und auch im Hauptwerk „Rechtfertigung und Versöhnung" auf.[172] Offensichtlich scheint Ritschl hier eine reale Gefahr für die evangelische Rechtfertigungsbotschaft gesehen zu haben. Von Nicolai etwa wird behauptet, er „degradirt die Rechtfertigung zu einer Anfangsbedingung der unio mystica, indem er an diese erst die praktischen Folgen anknüpft, welche ursprünglich der Rechtfertigung zugehören."[173]

Auch wenn spätere Dogmatiker vorsichtiger agieren mögen als Nicolai, so bleibt doch immer noch die Frage nach der näheren Bestimmung und nach der Wirkung der unio mystica. Hier moniert Ritschl, daß die Lehre „nur negativ, nicht positiv definiert" sei. Und da auch nur wenige praktische Folgerungen an dieselbe geknüpft würden, diese sich aber schon als solche der Rechtfertigung deuten ließen, handele es sich dann immer noch um einen „Luxusartikel"[174] der evangelischen Dogmatik, der, wenn er denn nicht schaden möge, auf jeden Fall nicht nütze.

2.1.5 Kritik und Ausblick

Die Kritik Ritschls an der Lehre von der unio mystica will ein Urteil im Sinne der Reformatoren und damit auch Kritik anhand der Heiligen Schrift selbst sein. Insofern war und ist diese Beurteilung sorgsam zu hören. Dennoch können die Ausführungen Ritschls sowohl im Blick auf die Metaphysik als auch hinsichtlich des Pietismus nicht wirklich überzeugen.

Problematisch ist zunächst die Identifizierung von Mystik und „neuplatonischer Metaphysik". Wenn hier als das Ziel der Mystik die Auflösung des Einzelnen im einzig wahren Sein an sich genannt wird, dann ist dies eine Beschreibung, die auf die evangelische unio-mystica-Lehre sicherlich nicht zutrifft. In diesem Sinne hat auch bereits Otto Ritschl eine historisch differenzier-

---

[172] Ritschl, Geschichte des Pietismus, Bd. 2, 21; ders., Theologie und Metaphysik, 49; ders., Die christliche Lehre, Bd. 1, 357. Ritschl kann sogar sagen (Theologie und Metaphysik, 40), daß die Lehre von der unio mystica „im Pietismus die evangelische normale Zuversicht des Heiles aufzehrt"!

[173] Ritschl, Geschichte des Pietismus, Bd. 2, 23; ähnlich auch in: ders., Die christliche Lehre, Bd. 1, 357.

[174] Ritschl, Geschichte des Pietismus, Bd. 2, 32.

tere Behandlung des Problems angeregt und eingestanden, daß die unio-Lehre der Orthodoxie zum Teil sogar von deutlichen antimetaphysischen Interessen geleitet war.[175]

Nun sahen wir aber, daß Ritschls Metaphysikkritik theologisch motiviert ist: Zum einen will er jeder natürlichen Gotteserkenntnis das Wasser abgraben. Durch diese Motivation ist die christliche unio mystica zunächst gar nicht betroffen, denn sie wurde immer verstanden als eine Vereinigung, die gerade nicht durch natürliche Kräfte der menschlichen Vernunft, sondern nur durch die historischen Heilsmittel *erreicht* und auch *erkannt* wird.

Zum anderen aber richtet sich die Kritik der Metaphysik nun auch gegen ein Verständnis der unio mystica, das „hinter" den erfahrbaren Wirkungen der Verbindung mit Gott, etwa der Willensänderung, eine Einheit zwischen Mensch und Gott behaupten zu müssen glaubt. Aber auch hier ist das Interesse Ritschls eindeutig ein praktisches: Eine solche Behauptung sei unnütz, abstrakt, vom konkreten Leben abgelöst. Es geht Ritschl nicht darum, Gott und Mensch in ihre Wirkungen und Manifestationen aufzulösen. Wenn dem aber so ist, dann wird man sagen müssen, *daß sich die sogenannte „Metaphysikkritik" auf eine reine theologische „Vorsichtsmaßnahme" reduziert*: Es soll nichts gesagt werden, was vom eigentlichen, bei Ritschl ethisch bestimmten Ziel des Christenlebens ablenkt. Eine wirkliche philosophische Auseinandersetzung um die Definition dessen, was man „Verbindung mit Gott" nennt, wird gar nicht geführt.

Mit etwas Abstand betrachtet, erweist sich der ritschlsche Sturmlauf gegen die unio mystica als ein Kampf gegen Windmühlen. Denn wie oben deutlich wurde, kämpft er gegen die Meinung, das Modell von einem Seelengrund oder gar eine innere Empfindung der Seele könne zur *Erkenntnis* der unio mit Gott führen. Die Erkenntnisfrage steht aber in der klassischen unio-mystica-Lehre überhaupt nicht im Vordergrund. Die unio wird vielmehr assertorisch postuliert, weil die biblischen Schriften von ihr sprechen. Zwar werden die Wirkungen dieser unio auch behandelt und dabei etwa vom Schmecken Gottes oder auch von eine Stärkung der Heilsgewißheit gesprochen. In diesen Bereichen mag die Kritik Ritschls ihr partielles Recht haben. Aber das Ziel der unio-mystica-Lehre ist doch niemals gewesen, die *Erkenntnis* der Gegenwart Gottes im Menschen möglich zu machen. Vielmehr ging es darum, eine aufgrund der Schriftautorität geglaubte Wahrheit begrifflich einsichtig zu machen, Worte dafür zu finden. Ritschls Kritik zielt also ins Leere, wenn er behauptet, die Lehre von der unio mystica liefere weder eine Erkenntnis der Gemeinschaft mit Gott noch eine praktische Wirkung. Denn beides ist nicht die wesentliche Motivation für die Ausarbeitung dieses locus.

Dazu kommt ein zweites. Wir sahen, daß Ritschl nicht als ein Empirist zu deuten ist, für den es nur empirisch verifizierbare Wirkungen ohne ein sie bewirkendes Sein gibt. Aber wenn er dieses Sein zugesteht – und Ritschl redet ja ständig von der „Seele" und vom heiligen Geist, der unser Leben prägt! – dann

---

[175] Otto Ritschl, Das Theologumenon, 352.

ist damit ja auch die Frage nach der Beziehung der Seele zu Gott gestellt. Wenn Gott nicht nur „wirkt", sondern auch „ist", und wenn auch der Mensch nicht auf seine Willenstätigkeit reduziert werden kann, dann muß auch die Frage nach dem Charakter der Verbindung Gottes mit dem Menschen gestellt werden. Ritschl hat sich dieser Frage entzogen.

Die genannte Frage nun muß nicht *notwendigerweise* mit dem Hinweis auf eine bloße *Willenseinigung* beantwortet werden. Sie ist zunächst für verschiedene Deutungen offenzuhalten, und ihre Beantwortung muß sich, will sie reformatorischer Theologie zuarbeiten, am Zeugnis der Schrift orientieren. Deshalb verfängt auch das Argument nicht, das von der fehlenden „Nützlichkeit" einer solchen Lehre ausgeht. Der Satz Ritschls: „Aber von meinem (...) wirklichen und eigentlichen d.h. metaphysischen Sein weiß ich nichts, erfahre ich nichts; nach ihm also kann ich mich nicht richten"[176] ist kein dogmatischer Satz. Denn weder die *Erfahrbarkeit* noch die *Anwendbarkeit* eines Satzes sind eo ipso Kriterien evangelischer Dogmatik.

Allerdings scheint doch genau dies die Meinung Ritschls zu sein, und mit dieser Meinung hat er die Theologie des 20. Jahrhunderts zutiefst beeinflußt. Sie ist für die weitere Entwicklung der evangelischen Lehre insgesamt und wohl auch für die Einwohnungslehre nicht zu unterschätzen. So hat beispielsweise Wolfhart Pannenberg darauf hingewiesen, daß die Dichotomisierung von Theologie und Metaphysik, wie sie im 20. Jahrhundert Mode wurde, sich auf Ritschl und seine Schule zurückführen lasse.[177] Und zu Recht hat Richmond betont, daß dieser Ansatz auch eine wichtige Quelle für die Gedanken Bultmanns und für jede Theologie geworden ist, die ihre Aussagen allein auf die phänomenologische Analyse des menschlichen Selbst abstützen will.[178]

Ritschls Metaphysikkritik, verbunden mit seiner von Lotze übernommenen Unterscheidung zwischen den Seinsurteilen und den (theologisch allein interessanten) Werturteilen,[179] kann als direkter (und häufig übersehener) Vorläufer der existentialen Interpretation der Bultmannschule verstanden werden. Zu Recht spricht Richmond im Blick auf Ritschl von einer „De-Objektivierung der Inhalte des Christentums" und beschreibt Ritschls Programm wie folgt: „(D)er größte Feind der modernen Theologie sei jene Form des Objektivismus, der von Sünde, Schuld, Rechtfertigung und Versöhnung spricht als von Prozessen, die in einer Dimension auftreten, die sich nicht wesentlich auf das menschliche Bewußtsein auswirkt (...); ein Objektivismus, den Ritschl im Verlauf seines gesamten Werkes systematisch ins Gegenteil umkehrt". So findet „Ritschls Überzeugung, daß die Metaphysik typischerweise das Selbstbewußtsein des Menschen als eines Geistes ignoriert", eine wichtige Parallele „in der Ableh-

---

[176] Ebd.
[177] Pannenberg, Die Aufnahme, 296 (zitiert bei Richmond, Albrecht Ritschl, 57).
[178] Richmond, Albrecht Ritschl, 42, 207ff.
[179] Zu dieser Unterscheidung vgl. ebd., 21f.

nung des modernen Existentialismus (...) gegenüber dem Verständnis des menschlichen Seins unter Universalien".[180]

Für Ritschl fällt die klassische unio-Lehre durch die Maschen dieses normativen Netzes, weil sie von der Vereinigung zweier abstrakter Entitäten redet, ohne daß diese Ausführungen sich auf konkrete Erfahrung des Menschen abstützen ließen. Von Ritschl ausgehend haben dann auch weite Teile der evangelischen Theologie des 20. Jahrhunderts die Einwohnungslehre in den theologischen Antiquitätenschrank verbannt. Es ist aber zu fragen – und diese Frage muß uns noch beschäftigen –, ob die Beschränkung der Theologie auf existentielle Aussagen des Menschen und die damit verbundene Zurückweisung metaphysischer Reflexion eine zwingende Option reformatorischer Theologie der Neuzeit sein muß.

Kommen wir zum zweiten Pfeiler der Zurückweisung der Einwohnungslehre: Auch die ritschlsche Kritik am Pietismus und seinen mystischen Varianten muß differenziert werden. Der Vorwurf der Konzentration auf den Einzelnen mag eine gewisse Berechtigung haben, trifft aber sicher nicht auf die Mehrzahl der Darstellungen der unio-Lehre zu, die sich doch in einem Systemganzen finden, das auch die gemeinschaftlichen Aspekte und die Lehre von der Kirche im Blick behält. Außerdem kann derselbe Vorwurf ja auch auf das individuelle Verständnis der *Rechtfertigung* angewendet werden. Es handelt sich also eher um eine Tendenz, vielleicht eine Gefahr, die bei allen das Heil in Christo betreffenden Lehrstücken der evangelischen Dogmatik beachtet werden muß.

Schwieriger verhält es sich mit dem Vorwurf der Schwärmerei. Für Ritschl ist die Behauptung einer direkten Verbindung Gottes mit dem Menschen unzulässig, da sie die Notwendigkeit einer Vermittlung, insbesondere des Wortes Gottes, mißachte. In der Tat scheint die unio-mystica-Lehre einen Zustand zu beschreiben, im gewissen Sinne etwas Statisches, eine einmal realisierte und nun „vorhandene" Verbindung des Christen mit Gott, und man sieht nicht unmittelbar ein, welche Rolle hier das Wort Gottes noch spielen sollte. Betrachtet man aber auf der anderen Seite die Darstellung der unio-Lehre, etwa bei Quenstedt, so wird deutlich, daß die *Entstehung* dieser Einigung ganz eindeutig an die Heilsmittel, und zwar an Wort und Sakrament, gebunden ist. Der Schwärmerei-Vorwurf trifft hier sicher nicht.

In Frage steht also lediglich, ob eine *bleibende* Verbindung behauptet werden darf, die dann eventuell eine dogmatische „Eigendynamik" entwickeln könnte, indem behauptet würde, die einmal geschenkte Einheit mit Gott bestehe nun unabhängig von den Heilsmitteln. Doch auch dies ist eine Frage, die den dritten Artikel insgesamt, etwa auch die Rechtfertigung betrifft. Sie ist also kein spezifisches Problem der unio-Lehre. Daß hier aber eine reale Gefahr besteht, und daß der Gedanke der unio hier vielleicht besonders verführerisch ist, kann Ritschl durchaus zugestanden werden. Ritschl hat zweifelsohne Recht mit seinem Hinweis, daß der Gedanke einer „unmittelbaren Vereinigung mit Gott"

---

[180] Ebd., 229; 236.

schließlich „gegen die Besonderheit der christlichen Offenbarung (...) gleichgiltig" machen kann. Er führt hier auch einige Theologen der Aufklärungszeit an, die er als eine „Gruppe von mystischen Aufklärern" bezeichnet, weil sie den Gedanken der Einung mit Gott benutzten, um sich von der verfaßten Offenbarung zu emanzipieren.[181] Der Mißbrauch aber stellt nicht eine richtige Erklärung des Lehrgegenstandes in Frage.

Die wichtigste an Ritschl zu richtende Frage ist aber mit alldem noch gar nicht gestellt worden: Kann seine Darstellung als legitime Erklärung des neutestamentlichen Zeugnisses betrachtet werden? Ist seine ethische Interpretation in der Lage, das neutestamentliche Zeugnis vom neuen Leben der Christenmenschen *erschöpfend* darzustellen? Es gehört in diesem Zusammenhang zur Tragik Ritschls, daß er, der doch immer ein Offenbarungstheologe sein wollte, von seinen Schülern gerade wegen seiner gewaltsamen und „dogmatisierenden" Exegese zurückgewiesen wurde. Dies war besonders in der religionsgeschichtlichen Schule der Fall, die sich zu großen Teilen aus ehemaligen Ritschlschülern rekrutierte.[182]

Ähnliches muß nun auch im Blick auf die Lehre von der Einwohnung gefragt werden. Ritschl will sie, ausgehend von Joh 17, als eine bloße Willeneinheit deuten. Es ist zunächst auffallend, daß die anderen, deutlichen Stellen, insbesondere die des corpus Paulinum, nicht in die Debatte einbezogen werden. Im Register des zweiten, exegetischen Bandes seines Hauptwerkes fehlen Stellen wie Röm 8,10 oder Gal 2,20. Im Blick auf diese und andere Aussagen muß aber – wie dies auch der erste Teil unserer Untersuchung zeigte – die rein ethische Interpretation abgelehnt werden. Wenn nun schon innerhalb des corpus Paulinum das Zeugnis von der Rechtfertigung aus Glauben und die Zusage der Einwohnung Gottes sich offensichtlich *nicht* in Konkurrenz zueinander befinden, warum sollte dies dann für eine sich an eben diese Schriften bindende Theologie gelten?

---

[181] Ritschl, Die christliche Lehre, Bd. 1, 372. Ähnliche Aussagen auch ebd., Bd. 3, 107.

[182] Am bekanntesten ist wohl die Arbeit von Johannes Weiß, dem späteren Schwiegersohn Ritschls, über das Reich Gottes im Neuen Testament, in der er nachweist, daß die Darstellung Ritschls exegetisch nicht haltbar ist, das heißt, das sie nicht dem Verständnis der neutestamentlichen Autoren entspricht. (Da Weiß die ritschlsche Deutung dieses Schlüsselbegriffes aber dennoch für wichtig und nützlich hielt, schlug er vor, sich gegen die Auffassung der neutestamentlichen, von der Naherwartung geprägten Autoren für das ethische Verständnis Ritschls zu entscheiden.) Vgl. Weiß, Die Predigt Jesu.

2.2 Seelensubstanz, Glaubensmystik und moderner Spiritualismus: Die Diskussion nach Ritschl

2.2.1 Die Diskussionslage

Die Beurteilung der Einwohnungslehre durch Ritschl hat die theologische Diskussion bis in die 20er-Jahre hinein beherrscht. Paradoxerweise war sie begleitet von einem starken Interesse für Mystik, das im ausgehenden 19. Jahrhundert nicht nur die Theologie erfaßt hatte. So konnte der skandinavische Theologe Aulén im Jahre 1929 den Begriff „Mystik" als „eins der am meisten gebrauchten Wörter der gegenwärtigen Theologie" bezeichnen und behaupten, nichts sei momentan moderner, als über Mystik zu sprechen.[183]

Die evangelische Theologie antwortet auf dieses Neuerwachen der Mystik auf unterschiedliche Weise. Bei weitem vorherrschend ist eine ablehnende Beurteilung der Mystik, die sich in den Bahnen der ritschlschen Argumentation bewegt. Diese Situation ist einer Neuaufnahme der Lehre von der unio mystica abträglich. Aber es gibt auch andere Beurteilungen, die man (mit Krüger) in vermittelnde Positionen einerseits und die Mystik favorisierende Antworten andererseits unterteilen kann.[184] Diese faszinierende Debatte ist hier nicht in extenso nachzuzeichnen, für unsere Problemstellung interessiert allein die Frage, ob hinsichtlich der Einwohnungslehre sich neue Erkenntnisse auftun.

Zunächst ist festzuhalten, daß sich Stimmen, die gegen eine christliche Mystik (und damit auch gegen die unio mystica) sprechen, im Wesentlichen an die bereits von Ritschl vorgetragenen Argumente halten: die Mystik sei wesentliches Element katholischer Frömmigkeit, sie verneine die historische Heilsvermittlung, sie sei weltfeindlich und individualistisch. Im Gegenzug dazu versuchen Vertreter einer eher positiven Wertung christlicher Mystik, durch neue

---

[183] Aulén, Glaube und Mystik, 268. – Vgl. zur Deutung dieses Phänomens auch Krüger, Verständnis und Wertung, 43: „Bald nach ihm, um die Jahrhundertwende, erhob sich die Welle der Mystik, um in breitem Strom das geistige, kulturelle und religiöse Leben zu durchfluten als Protest gegen Materialismus und Atheismus, Technisierung und Mammonisierung. Die innertheologische Kontroverse wuchs sich dadurch bald zu einer allgemeinchristlichen Fragestellung aus." – Krüger spricht von einer „Renaissance der Mystik" und verweist auf die hervorragende Darstellung dieser Entwicklung bei: Hermann Platz, Vom Erwachen, ferner auch auf: Heussi, Zur Geschichte.

[184] Vgl. dazu Krüger, Verständnis und Wertung, 45f. Innerhalb der ersten, die Mystik negativ wertenden Gruppe, finden sich bei Krüger unter anderem Max Reischle, Wilhelm Herrmann, Wilhelm Fresenius, Julius Kaftan, Adolf von Harnack, Friedrich Loofs, Paul Wernle, Horst Stephan, Ferdinand Kattenbusch, Heinrich Bornkamm bis hin zur frühen dialektischen Theologie (Barth, Gogarten, Brunner). In der vermittelnde Gruppe trifft man unter anderem auf Julius Köstlin, Martin Usteri, Martin Kähler, Adolf Schlatter, Reinhold Seeberg, Georg Wobbermin, Erich Schaeder, Hans Emil Weber, Paul Althaus, Adolf Deißmann und Wilhelm Lütgert. In der dritten, die Mystik favorisierenden Gruppe, sieht Krüger vor allem religionsgeschichtlich oder religionspsychologisch orientierte Denker wie Ernst Troeltsch, Nathan Söderblom, Albert Schweitzer, Rudolf Otto, Paul Tillich und seinen Lehrer Friedrich Heiler. – Zur Diskussion vgl. auch Müller, Das gute Recht.

Wortschöpfungen wie „Glaubensmystik" oder „Christusmystik" die genannte Kritik abzuwehren, ohne auf mystische Elemente überhaupt verzichten zu müssen.

Aus der Fülle der Untersuchungen sind hier diejenigen besonders herauszuheben, die explizit auf die Frage der Einwohnung Gottes im Menschen eingehen. Dabei zeigt sich, daß die Kernfrage nach wie vor diejenige nach der zutreffenden *Definition* eines Seins Gottes im Menschen ist.

2.2.2 Seelensubstanz?

In seinem Büchlein „Ein Wort zur Controverse über die Mystik in der Theologie" (1886) hat der Ritschl-Schüler Max Reischle die Diskussion auf den Punkt gebracht und dabei ausdrücklich die Frage der Einwohnung Gottes behandelt. Reischle stellt nochmals drei Merkmale vor, die nach Ritschl das Wesen der Mystik ausmachen: *zuerst* das „Alleinsein der Seele mit Gott", verbunden mit „der Loslösung derselben von der Welt und auch von der Gemeinde", *zweitens* die Behauptung einer „alle, auch die historischen Vermittlungen überbietende(n), also unmittelbare(n) Einigung der Seele mit Gott, resp[ektive] dem erhöhten Christus" und *drittens* schließlich der Glaube an „eine Einwirkung Gottes auf die Seele", die „nicht innerhalb der regelmäßigen aktiven Funktionen des geistigen Lebens, sondern in dem innersten Grunde der Seele, aus welchem diese erst hervorgehen, sich vollziehen soll".[185] Reischle untersucht diese drei Kriterien nacheinander und versucht zu zeigen, daß sich in ihnen zwar berechtigte Anliegen verbergen, diese aber ohne die genannten Irrtümer zu erreichen seien.

Das erste Kriterium, die individualistische Tendenz, kann verbunden werden mit der notwendigen Praxis christlicher Andacht und Sammlung. Aber diese Sammlung darf nie zur Loslösung von der Gemeinde und der Welt führen, und auch die (von Reischle zweimal zitierte) Aussage des Paulus aus Gal 2,20 – nicht mehr er lebe, sondern Christus lebe in ihm – könne nicht im Sinne eines weltabgewandten Einheitsstrebens gedeutet werden.[186] Man wird Reischle hier kaum widersprechen wollen, wie ja auch die der Welt zugewandte Seite des christlichen Glaubens selbst in den Werken der Hochorthodoxie immer präsent gewesen ist.

Bei der Erörterung des zweiten Merkmals geht es um die Interpretation einer sogenannten „unmittelbaren" Verbindung mit Gott oder Christus. Reischle sieht hier wie sein Lehrer Ritschl die Gefahr einer Vernachlässigung der Bindung an die konkrete Geschichte. Die Betonung der „historischen Vermittlung" muß in Geltung bleiben. Eine persönliche Gemeinschaft mit Gott gibt es nicht am historischen Christus vorbei, ebensowenig wie man der Predigt von Christus entbehren kann. Doch wollen die Vertreter christlicher Mystik wirklich

---

[185] Reischle, Ein Wort, 9; 12; 15. – Die drei Kriterien müssen, so Reischle, nicht unbedingt gleichzeitig vorhanden sein, um eine Position als mystisch zu qualifizieren.

[186] Vgl. ebd., 21; 37.

diese Vermittlung aufgeben? Offensichtlich soll doch mit dem Begriff „unmittelbar" nicht gegen die konkreten Heilsmittel opponiert werden! Es geht um eine ganz andere Abgrenzung, nämlich um die Versicherung, daß sich das Verhältnis zu Gott nicht auf ein *Wirken* Gottes und des Gläubigen beschränkt, sondern daß es, *vermittelt durch die Heilsmittel,* zu einem direkten Kontakt, zu einer neuen Beziehung zwischen Gott und Mensch kommt.

Was aber bedeutet, wenn die historische Basis akzeptiert ist, die Rede von einem „unmittelbaren Verhältnis" zu Christus im Herzen der Gläubigen? Reischle gibt den Vertretern der christlichen Mystik insofern recht, als die Verbindung mit Christus etwas wesentlich anderes sein muß als eine bloße Nachwirkung Christi, etwa in dem Sinne, wie man auch mit Luther verbunden sein kann, indem man sich durch seine Schriften anregen, treffen, ermutigen läßt. Christus ist „lebendig gegenwärtig". Ja, sagt Reischle, wir glauben an den „Fortlebenden", aber auch ein Verhältnis zu dem lebendigen Christus kann, in Analogie zu allen menschlichen Verhältnissen, nicht ohne Vermittlungen auskommen: Wir bedürfen der Worte oder gewisser Verhaltensweisen derjenigen Person, mit der wir in Gemeinschaft stehen. Auch das Verhältnis mit dem lebendigen Christus ist also immer ein vermitteltes, nämlich eine durch das Leben und die Worte des historischen Christus vermittelte Gemeinschaft: „(E)s gibt kein Verhältnis zu dem erhöhten Christus ohne Beziehung auf den historischen."[187] Der Ausdruck „unmittelbares Verhältnis zu Gott" solle deshalb besser durch die Formulierung „ein durch den historischen Christus vermitteltes, aber lebendig-persönliches Verhältnis" ersetzt werden. Will man am Prädikat „unmittelbar" festhalten, dann muß man deutlich machen, daß dies nicht „unvermittelt" bedeuten kann![188]

Diese Aussagen führen nun aber zum entscheidenden dritten Problem, zu der Frage nämlich, ob das Verhältnis zu Gott, insbesondere zum erhöhten Christus, nicht doch mehr ist als ein Aufnehmen dieser Vermittlungen, ob sich also eine Einheit etabliert, die noch „hinter den regulären aktiven Funktionen des geistigen Lebens sich vollzieht".[189] Die Positionen werden deutlich benannt: Auf der einen Seite Ritschl, für den „das Wesen des Geistes" zu finden ist „in den Funktionen des Fühlens, Wollens und Vorstellens, in denen er sich als eine einheitliche und eigenthümliche Wertgröße erlebt", auf der anderen Seite jene, für die man hinter diesen Funktionen noch die sie erst aus sich entlassende „Substanz des Geistes" annehmen muß.[190] Reischle lehnt diese Annahme unter

---

[187] Ebd., 50.

[188] Vgl. ebd., 48f. – Reischle verweist für diese Position auf Ritschl, Die christliche Lehre III, 554. Dort allerdings weist Ritschl die Rede von einem „unmittelbare(n) persönliche(n) Verhältnis zu Christus" zurück. Die Theologie beschäftige sich nur mit „gemeinschaftlichen Erkenntnissen", nicht aber mit den individuellen Modifikationen gemeinschaftlicher religiöser Gegebenheiten. Im Übrigen verweist er den Topos wiederum deutlich in das Gebiet der Schwärmerei.

[189] Reischle, Ein Wort, 53.

[190] Ebd., 54.

Berufung auf Ritschl ab. Er geht aber insofern über Ritschl hinaus, als nun die Erfahrung des Christenlebens ausdrücklich zum Kriterium theologischer Aussagen erhoben wird: „(L)äßt sich im religiösen Glauben nur das als wirklich behaupten, was in seinen heilbringenden Wirkungen für unser Geistesleben von dem Glaubenden *erlebt werden kann,* so hat sich auch die Theologie in ihrer Darlegung des göttlichen Gnadenwerkes hienach zu richten."[191]

Man glaubt kaum, daß Reischle es so meinen kann, denn was geschieht dann mit allen zentralen Aussagen christlicher Theologie, was geschieht mit der Trinitätslehre, der Christologie, der Sakramentslehre, der Eschatologie? Auch stellt Reischle sich damit selbst die unmögliche Forderung, die Realität einer „neuen Schöpfung" im Leben des Christen – die ja auch er festhalten will! – durch Erfahrung konstatieren zu müssen. Das hört sich dann so an: „(A)n der über die Welt erhebenden Macht des Glaubens und an der alle empirischen Antriebe überbietenden Kraft der Liebe konstatieren wir, so unvollständig sie in uns sein mögen, dennoch ebensowohl in Stunden der Andacht als des thätigen Christenlebens, daß wir in einer Gemeinschaft mit dem überweltlichen Gott stehen und Glieder eines überweltlichen, von den gegenwärtigen irdischen Daseinsbedingungen unabhängigen Reiches sind."[192]

Wie dem auch sei, in der Gnadenlehre führt eine solche Erfahrungstheologie zur Aufgabe der Einwohnungslehre. Um diese Position zu stärken, untersucht Reischle nun die vermeintlichen theologischen Motive, durch die seine Gegner sich zum Festhalten an der traditionellen Lehre genötigt glauben. Reischle nennt deren vier. Erstens meinen Vertreter der Einwohnungslehre, nur so ließe sich die „göttliche Begründung" oder der „supernaturale Charakter" des Christenstandes garantieren.[193] Der Glaube an Christus muß sich einem übernatürlichen Eingriff Gottes verdanken, und dieser sei nur durch die genannte Lehre zu sichern. Ein weiteres, mit dem ersten verwandtes Motiv findet Reischle in dem Bemühen, jeden „Verdienstcharakter" des Glaubens auszuschließen. Auch dies sei nur durch die Behauptung einer substantiellen Verbindung mit Gott möglich, einer Verbindung, die den Glauben aus sich heraussetzt. Durch die „unmittelbaren Einwirkungen Gottes hinter den bewußten Funktionen des geistigen Lebens" müßte „die Empfänglichkeit für die Offenbarung" erst geschaffen werden.[194] Mit der Ablehnung dieser Argumente und dem Hinweis auf die Wirkung des Evangeliums selbst hat Reischle sicherlich recht.[195] Es gehört nicht zu lutherischer Theologie, den Glauben als durch eine logisch oder gar zeitlich vorgängige Verbindung mit Gott bedingt zu verstehen. Dies ist auch nie die Aussage oder das Motiv der traditionellen unio-mystica-Lehre gewesen.

---

[191] Ebd. (Hervorhebung: K.L.).
[192] Ebd., 57. Vgl. auch ebd., 68: Entzieht man einer „Theorie den Lebenssaft einer praktischen Bewährung", so bedeutet dies „den Tod eines Theologumens".
[193] Ebd., 55.
[194] Ebd., 58.
[195] Vgl. ebd., 57.

Interessanter sind die beiden weiteren, von Reischle herangezogenen Motive der Annahme einer substanziellen Verbindung des Gläubigen mit Gott. Zum einen gelte es herauszustellen, daß die Wirkung Gottes sich in unserem „verborgenen Innern, im geheimsten Gemüthsleben" vollziehe, zum anderen sei es allein die Theorie der substantiellen Verbindung, die die *„Einheitlichkeit und Stetigkeit der Einwirkung"* Gottes auf unser Leben garantiere.[196] Den ersten Einwurf kann Reischle leicht entkräften, indem er darauf hinweist, daß die entscheidenden, am Glauben beteiligten Regungen der Seele, mögen sie auch „im verborgenen Innern" und vielleicht unbewußt oder unreflektiert ablaufen, eben doch „Aktionen" sind, Aktivitäten der Seele. Man brauche auch hier nicht eine noch dahinter liegende Seelensubstanz anzunehmen! Es handele sich um „eine Verwechslung, wenn man das verborgene Gemüthsleben, in welches die religiösen Vorgänge uns führen, als Substanz der Seele von den Thätigkeiten derselben unterscheiden" wolle.[197]

Wie aber verhält es sich mit der Einheitlichkeit und Stetigkeit der Verbindung zu Gott? Ist es nicht tatsächlich so, daß beim ritschlschen Modell die Seele aufgeht in ihren Funktionen und so „überhaupt die Einheitlichkeit der Seele"[198] verloren geht? Und wenn die Seele keine einheitliche Substanz ist, wie soll dann die Verbindung mit Gott als eine stetige gedacht, wie soll eine Zersplitterung dieses Verhältnisses in unzählige einzelne Momente verhindert werden? Reischle versucht, die Einheit der menschlichen Seele durch zwei Elemente zu retten: die *formale* Einheit sei gegeben durch das Bewußtsein: wir erleben uns als Subjekt unserer Akte, und in diesem Bewußtsein liegt die Einheit unserer verschiedenen Tätigkeiten. Die *materiale* Einheit aber sei gegeben mit der „Stetigkeit in der Art", womit wohl auf den von Lotze übernommenen Begriff des „Charakters" hingewiesen werden soll. Der Charakter, also eine gewisse Richtung und Prägung aller Handlungen, soll die materiale Einheit der Seele verbürgen, ohne daß nochmals ein „Seelenstoff", der erst durch diesen Charakter geformt werden müßte, angenommen werden muß.[199] Reischle plädiert sogar dafür, den Begriff der „Substanz" im Blick auf die Seele beizubehalten, wenn man dabei beachte, „daß die Substantialität der Seele eben nur in ihrer Bewußtseinheit besteht und nicht in einer dahinterliegenden, unbewußten Objektivität gesucht werden darf".[200]

Reischles Äußerungen gehen insofern noch über Ritschl hinaus, als er nicht mehr allein nach der *Erkenntnis*möglichkeit und dem *Nutzen* einer Seelensubstanz fragt, sondern diese nun deutlich in eine Einheit des Bewußtseins und des

---

[196] Ebd., 62; 60 (Hervorhebung im Original). – Die beiden Argumente finden sich bei Reischle in umgekehrter Reihenfolge.

[197] Ebd., 65.

[198] Ebd., 60.

[199] Vgl. ebd., 60f. Reischle zitiert in einer Fußnote (S. 61) Lotze mit dessen Bestimmung der Seele als etwas, das ständig in Beziehung zu einer „Außenwelt" steht und dessen „Wesentliche(s)" eben der „Charakter" ist.

[200] Ebd., 61.

Charakters *auflöst*. Was kann in diesem Modell die Einwohnung Gottes – oder wie Reischle sagt, die Einwirkung des Geistes Christi – in der Seele bedeuten? Sie kann nur die *Überformung des Charakters durch das Wort und das Vorbild Christi* sein:

> „Es werden die im Evangelium uns vorgelegten Vorstellungen von uns aufgenommen, was aber bei dem Charakter derselben als religiöser Vorstellungen gar nicht vollständig geschehen kann, wenn nicht der Werth derselben zugleich von uns in unserem Gefühlsleben aufgefaßt und bestimmte Motive unserer Willensrichtung daraus entnommen werden. Eine derartige Aufnahme der Offenbarung Gottes in Christi (sic), welche in dem willens- und gefühlsmäßigen Akte des Vertrauens zu Christo ihren Mittelpunkt hat, wirkt mehr oder minder bestimmend auf unser gesamtes Geistesleben ein. Mit der Aufnahme des Geistes Christi ist eine neue, Einheit des geistigen Lebens schaffende Richtung gegeben...“[201]

Man wird aber an Reischle folgende Fragen richten müssen: Kann auch ein neugeborenes Kind schon Bewußtseinseinheit und Charakter haben, kann es agieren, sodaß Gott in ihm Wohnung nehmen könnte? Ist die Verbindung Gottes mit dem Gläubigen auch gegeben, wenn wir schlafen, wenn also bewußte Akte der Seele ausbleiben?[202] Und vor allen Dingen ist auch an Reischle die Frage zu richten, in welchem Maße seine Deutung der Einwohnung in der Lage ist, die Aussagen des Neuen Testamentes zu interpretieren. Wird hier nicht doch die „Ankunft des neuen Äon" wieder aufgelöst in die „Ausbildung eines stetigen und selbständigen christlichen Charakters",[203] in ein neues Denken und Wollen, eben in eine Veränderung, von der nicht einzusehen ist, inwieweit sie die Grenzen unseres Äons sprengt? Kann diese Erklärung die Aussage des Paulus aufnehmen, derzufolge der einwohnende Geist uns „vertreten", also doch wohl von unseren Akten unterschiedene Akte zeitigen kann (Röm 8,26)? Kann nicht das von Reischle beschriebene Verhältnis genauso von einem Vertrauens- und Liebesverhältnis zweier Menschen ausgesagt werden?[204] Gilt vielleicht doch das Urteil Erik Petersons, der den Versuch Reischles, „von der Offenbarung aus die Metaphysik, von dem Begriff des Glaubens aus die Mystik bekämpfen zu wollen" als ein „hoffnungsloses Unternehmen" bezeichnet?[205]

---

[201] Ebd., 62.

[202] Diese Frage mag naiv klingen, doch das Problem des Schlafes im Zusammenhang mit der Definition der Seele ist ein bekannter philosophischer Topos. Vgl. dazu: Homann, Schlaf.

[203] Reischle, Ein Wort, 64.

[204] Wiederholt greift Reischle auf Analogien menschlicher Beziehungen zurück, seine Argumente für die Außergewöhnlichkeit des Gottesverhältnis überzeugen dabei nicht unbedingt, vgl. z.B. ebd., 67f der Vergleich der Beziehung zu Luther („Luthersubstanz" ?) mit der zwischen Gott und dem Christen.

[205] Peterson, Zur Theorie der Mystik, 156.

2.2.3 Glaubensmystik? Positive Aufnahme der unio mystica

Neben den sich an Ritschl und Reischle anlehnenden kritischen Stimmen zur Mystik gibt es auch andere, die einige Elemente der Mystik als genuin christlich erkennen und sie unter entsprechenden Begriffen in ihrer Bedeutung für den christlichen Glauben beschreiben. Wichtig ist bei diesen Versuchen, daß Mystik und Einwohnung Christi nicht in Konkurrenz zur Rechtfertigung allein aus Glauben geraten.

So hat beispielsweise Paul Althaus für eine „Theologie des Glaubens" plädiert, die die berechtigten Anliegen der Mystik integriert, sich aber dennoch ganz vom „sola fide" leiten läßt. In diesem Zusammenhang kommt er auch auf die Einwohnung Christi zu sprechen, an deren Bedeutung er ausdrücklich festhält. Auch den Begriff der „unio mystica" behält er bei, da dieser, wie schon Erich Schaeder ausführte, aus der protestantischen Dogmatik nicht mehr zu beseitigen sei.[206] Seinen Platz innerhalb der Dogmatik findet dieser locus in der Lehre vom Heiligen Geist. Die unio mystica, so Althaus, ist eine nicht zu leugnende Wirklichkeit. Für evangelische Theologie gilt es, sie in ihrer Beziehung zum Glauben an Christus klar herauszustellen. „(A)lles liegt daran, daß Christus *in uns* geboren werde, daß wir *mit ihm* sterben und auferstehen. Biblisch-reformatorisches Christentum lebt davon, daß der im Glauben erfaßte Christus ,für uns' zugleich zum Geheimnis des Christus ,in uns' wird."[207] Hier ist beides beieinander: die Betonung des Glaubens an Christus und die Einwohnung Christi. Entscheidend ist eben diese Verbindung von Einwohnung und Glauben, bei der der Glaube der Modus der Einwohnung wird: „In ipsa fide Christus adest. Der Glaube ist die Form, in der allein, in der aber auch wirklich Gottes Einwohnung sich vollzieht."[208] Der Glaube ist dabei verstanden als ein persönliches Verhältnis zu Gott, das durch „das Wort" konstituiert und damit historisch begründet ist. Die Einwohnung Gottes *ist* diese innige, durch das Gegenüber von Gott und Mensch bedingte Verbindung, sie ist also nicht Verschmelzung, sondern personale Gemeinschaft. Denn der Glaube basiert auf dem „Verhältnis des Ich zum Du".[209]

Diese Erklärung der unio durch den Begriff des Glaubens impliziert auch die Zurückweisung einer besonderen *Erfahrung* der Einwohnung, die von der Erfahrung des Glaubens unterschieden wäre. Erfahren wird die Tatsache, daß der Geist den Glauben schafft, nicht aber ein Zustand der unio.[210] Aber was ist die Erfahrung des Glaubens? Der Glaube glaubt ja gerade dort, wo es nichts

---

[206] Althaus, Theologie des Glaubens, 289 (Verweis auf Schaeder, Das Geistproblem, 22).

[207] Althaus, Theologie des Glaubens, 288.

[208] Ebd., 290.

[209] Ebd., 285. – Althaus betont (ebd., 291, Fußnote), daß sich bei Luther die Identifizierung von Rechtfertigung aus Glauben und Einwohnung findet: „Bei Luther sind unio mystica und Rechtfertigung eins und dasselbe – der rechtfertigende Glaube ist ja selber ohne unio mystica nicht denkbar."

[210] Vgl. ebd., 281; 289.

mehr zu erfahren gibt, er glaubt auf ein bloßes Wort hin. Wenn der Glaube eigentlich „nicht um sich wissen" will, dann ist „der Begriff des religiösen Erlebnisses völlig zersetzt" und es muß konstatiert werden: „*Diese* Einwohnung Gottes in der Seele kann also nicht *erlebt* und genossen, sondern nur *gelebt* werden."[211] Diese Aussage bedeutet aber nicht die Abweisung besonderer, ekstatischer Erlebnisse. Doch auch diese sind immer an der historischen Offenbarung zu messen. Ihr Inhalt muß geglaubt werden, sodaß auch „mystische Erkenntnis" immer „Glaubenserkenntnis" bleibt.[212] Insbesondere kann die mystische Erfahrung nie von Buße und Glauben, von Gesetz und Evangelium gelöst werden. „Alles ‚Fühlen' der Einwohnung Gottes wird nur aus dem ‚fühllosen' Glauben geboren, nicht nur erstmalig, sondern immer aufs neue. (...) Das Verspüren der ‚Einwohnung' des Heiligen Geistes ist zuletzt nichts Selbständiges neben dem Glauben, sondern wird umfaßt und durchwaltet von dem sola fide."[213]

Althaus will also an der Lehre von der unio mystica festhalten. Doch er würde sich weigern, sie in den Kategorien der lutherischen Orthodoxie, also etwa als eine substantielle Vereinigung, zu deuten. Solche Kategorien gelten ihm als „dinglich-seinshaft", sie werden dem persönlichen Verhältnis des Menschen zu Gott nicht gerecht.[214] Die unio kann also nur geglaubt, gelebt werden. Es ist nicht möglich, sie mit den abstrakten Begriffen einer Ontologie zu beschreiben.

Vielleicht ist dies auch der Grund dafür, warum der unio mystica in der Dogmatik Althaus' nur wenige Sätze gewidmet werden. Die Formulierungen weisen auf eine reale Partizipation an Gott hin.[215] Abgrenzend in Blick auf mystische Verirrungen wird festgehalten, daß durch das innere Wirken des Geistes der „psychische Zusammenhang (...) nicht durchbrochen" wird und „die geistige(n) Einheit meiner selbst" erhalten bleibt.[216] Diese Vorstellung von der geistigen Einheit des menschlichen Subjektes führt Althaus dazu, von einem „zweifachen Sinn des Geistbegriffes"[217] zu sprechen. Als *personales Subjekt* bleibe der Geist das Gegenüber des Menschen, er wirke den Glauben, rühre den Menschen an, „vertrete" ihn (Röm 8,26). Der Geist als *Gabe* im Menschen sei *keine eigene Person*, kein Subjekt, er bedeute vielmehr unsere durch den Geist erneuerte Innerlichkeit, das göttliche Wesen, das nun zum Wesen des erneuerten Menschen geworden ist. In diesem zweiten Sinne ist der Geist „das neue geist-

---

[211] Ebd., 290 (Hervorhebungen im Original).

[212] Ebd., 293.

[213] Ebd., 294f.

[214] Vgl. ebd., 297.

[215] Vgl. Althaus, Die christliche Wahrheit, 495: „Wir bekommen teil an Gottes persönlichen Sein. (...) Gott gibt sein eigenes personhaftes Wesen in uns hinein."

[216] Ebd., 496.

[217] Ebd., 498.

gewirkte Leben in uns, ist nicht Person uns gegenüber, sondern eine neue Bestimmtheit unseres eigenen Personseins".[218]

Die richtige Intention dieser Unterscheidung ist in der Abwehr einer Theorie mystischer Verschmelzung, auch in der Zurückweisung der schleiermacherischen Rede vom „Gemeingeist" zu suchen.[219] Glücklich ist die Ausdrucksweise deshalb aber nicht, denn sie weicht dem dogmatischen Problem der „inhabitatio" aus, indem der Geist *im* Menschen nicht als Person, sondern als unpersönliche Gabe aufgefaßt wird – darin übrigens dem katholischen Modell der gratia creata nicht unähnlich.

Eine weitere, von den Ausführungen Althaus' jedoch deutlich unterschiedene Verteidigung findet die Einwohnungslehre in einigen Schriften Erik Petersons.[220] In einem Aufsatz zur „Theorie der Mystik" setzt sich Peterson 1924 vehement von der Ritschl-Schule ab, um ein Jahr später aber auch gegen die Ausführungen von Althaus Stellung zu nehmen.[221] Mit Blick auf Ritschl spricht Peterson von der „wunderliche(n) Behauptung", der menschliche Geist sei „bloß Fühlen, Erkennen und Wollen, nicht aber eine dahinter liegende Substanz". Wenn dem so wäre, dann gäbe es „keine wirkliche „Seins- und Lebensgemeinschaft zwischen Gott und Mensch, sondern nur eben eine Willenseinigung mit Gott, der dabei in einer gewissen Ferne" bleibe.[222] Abgesehen von der Leugnung einer Seele, die diese Funktionen erst aus sich entläßt, krankt, so Peterson, diese Sicht der Dinge auch an der fehlenden Beachtung des *Unbewußten*. In der Ritschl-Schule werde die Vereinigung mit Gott immer an dem kleinen Ausschnitt unserer uns bekannten und bewußten Willensäußerungen festgemacht. Dabei werde völlig übersehen, daß eben diese Akte ein breites Fundament in „einer uns unbewußten Welt" haben! „Was wäre ein Glaube, der nur wissender Glaube wäre? Was eine Liebe, die sich ihrer selbst stets bewußt wäre? Wenn Reischle behauptet, die Substantialität der Seele bestehe eben nur in ihrer Bewußtseinseinheit, so ist das wohl sicher nicht richtig."[223] Das entscheidende Argument für die Annahme einer Personmitte hinter allen Akten des Bewußtseins ist der Hinweis auf *Schuld und Schuldbewußtsein*. Wenn Gott einem Menschen seine Schuld offenbart, dann trifft dieses Geschehen ein jenseits der Bewußtseinsakte liegendes Sein, was man wohl in biblischer Sprache mit dem „Herz" des Menschen identifizieren könnte.

Allerdings kann auch Peterson dieses Sein der Person *vor* ihren Akten nicht weiter beschreiben, geschweige denn daß die Verbindung des Herzens mit Gott auf den Begriff gebracht würde. Peterson beteuert lediglich, daß „Offenbarung und Glaube in einem ontischen Sinne das Vorhandensein von Metaphysik und

---

[218] Ebd., 497.
[219] Vgl. ebd., 498.
[220] Zu Person und Werk Erik Petersons vgl.: Nichtweiß, Erik Peterson.
[221] Vgl. Peterson, Zur Theorie der Mystik; ders., Über die Forderung.
[222] Peterson, Zur Theorie der Mystik, 153.
[223] Ebd., 154.

mystischer Erfahrung voraussetzen".[224] In seinen weiteren Ausführungen, die bereits stark von katholischer Theologie beeinflußt sind (Peterson konvertierte 1930), postuliert Peterson eine besondere, nur einigen Christen zuteil werdende mystische Existenz, die er in Analogie zur Existenz der Engel sieht. Ausgehend von einem modernen Klassiker der mystischen Literatur, dem Werk „Des grâces d'orasion" des französischen Jesuiten Poulain,[225] unterscheidet Peterson die dem Mystiker zuteilwerdende substantielle Einigung mit Gott von dem „normalen" Christenstande. Das eigentliche Phänomen der Mystik soll also unterschieden sein von dem Gnadenstand, wie ihn die Theologie in Analogie zur eschatologischen visio beata beschrieben hat: „Wenn die Mystik gar nicht in derselben Ebene liegt, in der sich das religiöse Leben zu entfalten pflegt, dann ist es auch nicht möglich die mystische Schau in der Linie zu suchen, die mit dem Akt des Glaubens beginnt und mit dem Schauen ‚von Angesicht zu Angesicht' endet."[226] Deshalb versucht Peterson des weiteren, die Gotteserkenntnis des Mystiker anhand einer Reflexion über die Existenzform und Erkenntnis der Engel zu beschreiben. Diese spekulative Erörterung muß hier nicht im Detail nachgezeichnet werden.[227] Interessant ist allerdings, daß Peterson ausdrücklich von einer „metaphysischen Seinsordnung"[228] der Engel und auch der Mystiker spricht. Offensichtlich hat er keine Scheu, unterschiedliche Ordnungen des Seins und Stufen der Partizipation am Sein schlechthin, das Gott ist, anzunehmen. Bei der Rede von der „Engelerkenntnis" handele es sich nicht um „mythologische Vorstellung", sondern um einen „ganz realen Tatbestand".[229] Peterson benutzt also wie selbstverständlich die ontologischen Begriffe des „Seins" und der „Seinsordnung", um den Zustand des Mystikers zu beschreiben. Die mystische Verbindung mit Gott hebt den Menschen auf eine neue Stufe des Seins, er partizipiert in vorher nicht dagewesener Weise an Gott.

Die Aussage Petersons, der Mystiker habe eine spezielle, auch ontisch vom normalen Gnadenstande unterschiede Verbindung mit Gott, ist für evangelische Theologie problematisch, da die Schriftgrundlage hierfür fehlt. Sie führt eine ontisch unterschiedene Sonderklasse in die Gemeinde Jesu Christi ein und erneuert so die Problematik, die bereits aus den Diskussionen um das Priesteramt bekannt ist. In jedem Falle führt dieser Gedankengang nicht weiter im Blick auf das hier interessierende Thema: Geht es uns doch gerade um die Beschreibung der Einwohnung Gottes in *jedem* Gläubigen, um das Wohnung-Nehmen

---

[224] Ebd., 156.

[225] Augustin-François Poulain (1836–1919), Des grâces d'oraison. Traité de théologie mystique, Paris 1901. Das Buch erlebte zahlreiche Auflagen und Übersetzungen und entfachte eine rege Diskussion innerhalb der katholischen Theologie.

[226] Peterson, Zur Theorie der Mystik, 164.

[227] Peterson hat diesem Thema einen Aufsatz gewidmet, vgl. Peterson, Der Lobgesang der Engel. Vgl. auch besonders sein der Engellehre gewidmetes Buch: Peterson, Das Buch von den Engeln.

[228] Peterson, Zur Theorie der Mystik, 164.

[229] Peterson, Der Lobgesang der Engel, 141.

Gottes, das nach neutestamentlichem Zeugnis jedem Jünger Jesu Christi zuteil wird.

Wichtig ist aber die Tatsache, daß Peterson an einer ontologischen Beschreibung der Vereinigung des Menschen mit Gott interessiert ist und jegliche Reduzierung derselben auf Bewußtseinsakte scharf zurückweist. In diesem Zusammenhang steht auch seine Kritik an Althaus, dem er eine Psychologisierung des Glaubensbegriffes vorwirft. Der Glaube ist kein religiöses Erlebnis, und „die psychologische Erfüllung des Glaubensaktes" hat „mit der Gegenwart des Heiligen Geistes nicht das geringste zu tun".[230] Peterson will demgegenüber wieder Platz schaffen für ein Verständnis des Handelns Gottes am Menschen, das nicht an psychologischen Daten aufgewiesen werden kann, das allein geglaubt werden darf. Das Dogma neuzeitlicher Theologie: „Es darf um Gottes willen nichts geschehen, was ohne Mitwirkung menschlicher Existenzäußerungen vor sich geht" – dieses Dogma ist zu verabschieden, weil es sich weder mit der Schrift noch mit der Lehre der Kirche deckt. In diesem Zusammenhang rücken naturgemäß die objektiven *Heilsmittel* ins Zentrum: Gott handelt an uns durch Wort und Sakrament, und hier geschieht etwas Reales, daß sich dem menschlichen Bewußtsein schlicht entzieht, etwas, von dem der Mensch nur durch Offenbarung weiß: „Daß wir in der Taufe mit Christus gestorben sind, das vermögen wir nie zu erleben, auch wenn wir nicht als Kinder getauft wären."[231] Nicht Petersons spekulative Engellehre, wohl aber diese Hinweise auf die reale, von Bewußtseinsakten des Menschen unabhängige Verbindung mit Gott sind im Blick auf eine gegenwärtige Lehre von der unio mystica zu bedenken.

2.2.4 Moderner Spiritualismus?

Neben Ablehnung und modifizierter Aufnahme der unio-Lehre steht ein dritter, sehr bedeutender Typus der Behandlung dieses Lehrstücks im beginnenden 20. Jahrhundert, den man am besten mit dem Begriff des „modernen Spiritualismus" kennzeichnet. Dieser Begriff stammt von einem der wichtigsten Vertreter dieses Typus, von Ernst Troeltsch. Bedeutend ist dieser Typus, weil ihm, wie Troeltsch in beieindruckender Weise ausführt, ein beachtlicher Teil des modernen Protestantismus, insbesondere des liberalen Protestantismus verpflichtet ist. Heute ist man versucht hinzuzufügen, daß ebenso weite Bereiche gegenwärtiger Frömmigkeit zu dieser Form einer inhabitatio-Lehre gerechnet werden könnten. Es handelt sich um die Beschreibung einer Vereinigung mit Gott im Geiste des Menschen, eine Einwohnungslehre, die jedoch – und das ist das Entscheidende – auf jedes Heilsmittel, auf jede geschichtlich-konkrete Vermittlung verzichten zu können glaubt. Auch auf eine fundierende Trinitätslehre wird verzichtet, und übrig bleibt die Versicherung, der menschliche Geist sei in

---

[230] Peterson, Über die Forderung, 285.
[231] Ebd., 294.

der Lage, das Göttliche in sich aufzunehmen, um sich so über das bloß natürliche Sein des Menschen zu erheben.

Es ist durchaus berechtigt, die Theologie Ernst Troeltschs als eine mystische Theologie zu charakterisieren.[232] Deutlich wird diese Orientierung schon in seinem berühmten, 1905 herausgegebenen Vortrag über „Psychologie und Erkenntnistheorie in der Religionswissenschaft", dann dezidiert im Schlußteil seiner „Soziallehren der christlichen Kirchen und Gruppen". In Opposition zur ritschlschen Theologie bahnt sich Troeltsch einen Weg zurück zu Schleiermacher, um dessen Darstellung einer schon anthropologisch fundierten Gottesbeziehung nun mit einer Lehre vom „religiösen Apriori" auf den Begriff zu bringen. Im erwähnten Vortrag kann Troeltsch so von einer im mystischen Erlebnis sich vollziehenden „Offenbarung und Selbstmitteilung der Gottheit" oder vom „lebendige(n) Verkehr mit der lebendigen Gottheit"[233] sprechen.

Es ist bekannt, daß Troeltsch in seinen „Soziallehren", jener berühmten, soziologisch orientierten Darstellung der christlichen Lehre, die „Mystik" oder den „Spiritualismus" als einen dritten Typus christlicher Gemeinschaft neben „Kirche" und „Sekte" beschrieben hat.[234] Seine eigene Theologie (und die der „religionsgeschichtlichen Schule" insgesamt) hat er eindeutig diesem Typus zugeordnet, ohne dabei die Probleme einer solchen Position, insbesondere ihre fehlende Bindung an einen Kult, zu verschweigen. In der Darstellung Troeltschs wird die „Mystik" geradezu zum Antitypus eines an Dogmen und am Kultus orientierten Christentums, als Antwort auf „Objektivierung des religiösen Lebens in Kulten, Riten, Mythen oder Dogmen".[235] Zwar kann sich antike und mittelalterliche Mystik durchaus mit den genannten Elementen „herkömmlicher" Frömmigkeit verbinden, aber die Tendenz der Mystik geht doch auf eine Relativierung von Kult und Dogma. Die „Mystik im engeren und technischen, religionsphilosophisch zugespitzten Sinne" ist immer „zeitlos und geschichtslos, höchstens unter geschichtlichen Symbolen verhüllt".[236]

Zu dieser Mystik gehört nun aber auch die klassische Lehre von der „Einwohnung Christi", auf die Troeltsch ausdrücklich zu sprechen kommt. Durch diese Lehre gelingt es – so Troeltsch – schon der mittelalterlichen Theologie, „die Kluft zwischen Geschichte und Gegenwart, Dogma und religiöser Praxis" zu überwinden, denn der geschichtliche Christus ist zugleich der „in der Mystik uns gegenwärtig gemachte(n) Christus"![237]

Es ist sehr bedeutsam, daß Troeltsch in der Lehre von der Einwohnung Christi den Schlüssel für das Vermittlungsproblem, für die Überbrückung des „garstigen Grabens" zwischen fernen Daten der Geschichte und dem gegen-

---

[232] Dies hat besonders Apfelbacher getan, vgl. Apfelbacher, Ernst Troeltsch; ders., Frömmigkeit. – Zur gesamten Fragestellung vgl. Lehmkühler, Kultus und Theologie, 99f, 158–166.

[233] Troeltsch, Psychologie und Erkenntnistheorie, 47; 53.

[234] Vgl. Troeltsch, Soziallehren, 794–797.

[235] Ebd., 850.

[236] Ebd., 853; 855.

[237] Ebd., 857f.

wärtigen Glaubensleben erkennt. Allerdings wird nun nach seinem Verständnis das geschichtliche Fundament dieser Mystik unwichtig: „Alles Kirchliche, Historische, Dogmatische, Objektive und Autoritative verwandelt sich in bloße Anregungsmittel und Erreger des allein wertvollen und allein heilsbegründenden persönlichen Erlebens. Es ist eine Theologie des Heilsbewußtseins, und nicht mehr der bloßen Heilstatsachen."[238] Letztlich sucht der Spiritualismus damit „in den psychologischen Vorgängen selbst die wesentliche Offenbarung und die gegenwärtige Erlösung"![239]

Es mag dahingestellt sein, ob diese Charakterisierung des Mystischen schon für weite Teile mittelalterlicher Mystik wirklich zutreffend ist. Entscheidend ist vielmehr, daß für Troeltsch diese Tendenz nun im modernen Spiritualismus in besonderer Weise zum Durchbruch gelangt.[240] In der Moderne haben nun Kult und Heilsmittel endgültig ihre Bedeutung verloren und sind mit allem Historischen „zum Symbol, zum Anregungsmittel, zur Veranschaulichung geworden", es kommt zu einem „völlig persönlich differenzierten und gänzlich innerlichen Spiritualismus".[241] Zu diesem Typus sind nun besonders große Teile der „neueren wissenschaftlichen Theologie" zu rechnen, insofern auch sie davon ausgehen, daß die Erlösung des Menschen „ein jedesmal neuer Vorgang der inneren Einigung der Seele mit Gott ist". Solche moderne Theologie ist deshalb auch eine „Theologie des Bewußtseins im Gegensatz zur Theologie der Tatsachen".[242]

Es ist deutlich, daß Troeltsch versucht, einen Kern der klassischen Einwohnungslehre zu bewahren, ja in ihr nach wie vor einen Schlüssel für das Verständnis der christlichen Religion zu sehen: Erlösung ist die Verbindung des sündigen Menschen mit dem Geist Gottes. Aber diese Verbindung wird spiritualistisch verstanden: Sie realisiert sich ohne Versöhnungstat Christi, ohne Sakramente, ohne Heilsmittel insgesamt. Sie ist das Ergebnis eines Weltprozesses, bei dem der „endliche Geist (...) durch das im Christentum ihn ergreifende Wirken des göttlichen Geistes zum wahren und gotteinigen Kern der Persönlichkeit erhoben" wird.[243] Troeltsch will also die unio cum Deo, ohne aber das gesamte Fundament der klassischen Einwohnungslehre mit übernehmen zu müssen. Er will Einwohnung Gottes als ein von allen Vermittlungen gelöstes Geschehen zwischen der menschlichen Seele und dem alles beseelenden Gott.

In dieser Form ist die Einwohnungslehre Troeltschs und aller modernen Spiritualisten doppelt interessant: Sie zeigt zum einen, daß auch moderne Theologie auf diesen locus classicus nicht verzichten kann, vielmehr sich genötigt sieht, ihn ins Zentrum der Überlegungen zu stellen. Zum anderen aber wird

---

[238] Ebd., 858f.
[239] Ebd., 868.
[240] Vgl dazu besonders ebd., 926–939.
[241] Ebd., 932.
[242] Ebd., 933f.
[243] Ebd., 859.

deutlich, wie weit sich solcher Spiritualismus von den biblischen Grundlagen entfernt und damit auch kultlos, ohne Gemeinschaft bildende Kraft, ja „kirchlich impotent"[244] bleiben muß. Der Geist Gottes kann (und soll) nicht mehr durch Wort und Sakrament vom menschlichen Geist geschieden werden, die Heilsgeschichte geht ein in die allgemeine, vom „Geist" durchdrungene Geistesgeschichte.

3. Exkurs: Einwohnung als Teilhabe am Guten bei Dietrich Bonhoeffer

Bevor sich die Untersuchung der gegenwärtigen Diskussion um die Theologie Luthers und sodann – im Schlußteil – der Aufgabe einer Formulierung der Einwohnungslehre zuwendet, soll in diesem Exkurs ein bedeutender Ansatz evangelischer Einwohnungslehre des 20. Jahrhunderts vorgestellt werden. Denn obwohl die Einwohnungslehre, wie eingangs angedeutet, ihren einst wichtigen Platz innerhalb der evangelischen Dogmatik verloren hat, gibt es doch auch in der jüngeren Theologie einige wichtige Stimmen zu diesem Thema. Leider sind diese Hinweise nicht auf fruchtbaren Boden gefallen und deshalb ohne weitergehende Wirkung verhallt. Im Folgenden sei beispielhaft auf die Theologie Dietrich Bonhoeffers hingewiesen.[245]

Da Bonhoeffer nicht die Gelegenheit hatte, seine Theologie über die vielen verheißungsvollen Ansätze hinaus weiter auszuführen, dienen seine Schriften weithin als Steinbruch für die unterschiedlichsten Interpretationen und Ansätze. Im gewissen Sinne wird diesen Deutungen im folgenden eine weitere hinzugefügt, und zwar in der Überzeugung, daß das Thema der Einwohnung Gottes im Gläubigen und der Teilhabe an Gott ein zentrales Thema nicht nur seiner späten Schriften, sondern seiner Theologie insgesamt gewesen ist.

Schon in seiner Dissertation „Sanctorum Communio" spielt die Einwohnung Gottes eine entscheidende Rolle, und zwar nicht nur im Sinne einer Einwohnung in die Kirche insgesamt („Christus als Gemeinde existierend"[246]), sondern auch als individuelle Einwohnung im Gläubigen. Dies wird schon am Aufbau des Werkes deutlich, indem zu Beginn die „Frage nach dem christlichen Personbegriff"[247] gestellt wird, eine Frage, die für das weitere Vorgehen von fun-

---

[244] Ebd., 936 (Anmerkung 504a).

[245] Vgl. auch den Exkurs bei Flogaus, Theosis, 423f. – Ein weiteres wichtiges Beispiel sind die Ausführungen Karl Barths (!) zur „unio cum Christo", KD IV,3, 618–636. Vgl. dazu R. Slenczka, Glaube, 353–355.

[246] Diese Formel taucht in der Dissertation an zahlreichen Stellen auf, so z.B.: Bonhoeffer, Sanctorum Communio, 76; 87; 126–128.

[247] Ebd., 19.

damentaler Bedeutung ist. Bonhoeffer gibt hier zu erkennen, daß „christliche Philosophie" die Person nur in ihrer *Relation zu Gott* definieren kann: Die menschliche Person entsteht „*nur in Relation zu der ihr transzendenten göttlichen*, in Widerspruch gegen sie wie in Überwältigung durch sie".[248] In diesem Zusammenhang und unter Einbeziehung des Kirchenbegriffes hofft Bonhoeffer zeigen zu können, „daß christliche Person ihr eigentliches Wesen erst erreicht, wenn Gott ihr nicht als *Du* gegenübertritt, *sondern als Ich in sie ‚eingeht'*".[249] Der Begriff des „Geistes" wird zum Leitmotiv der Ausführungen, und die Beziehung des Geistes Gottes zum Geist des Menschen ist für Bonhoeffer der Schlüssel zum Verständnis der Kirche als einer „Kollektivperson". Denn eine Gemeinschaft kann als Kollektivperson aufgefaßt werden, und zwar „mit derselben Struktur wie die Einzelperson".[250] Sowohl im Einzelnen wie auch in der Kirche nimmt Christus Wohnung, sodaß die christliche Person wie auch die Kirche als Kollektivperson nur durch die Einwohnung Christi konstituiert werden: „Nur alle zusammen können Christus ganz besitzen, dennoch besitzt ihn auch jeder ganz."[251]

In gewisser Weise ist die Habilitationsschrift Bonhoeffers, „Akt und Sein", für die Frage der Einwohnungslehre besonders wichtig, und das, obwohl die Sache selbst hier weniger oft genannt wird als in der Dissertation. Geht es doch in „Akt und Sein" um eine „Entscheidung in der Alternative, vor die eine transzendentalphilosophische und eine ontologische Auslegung theologischer Begriffe stellt; (...) um die ‚Gegenständlichkeit' des Gottesbegriffs und einen adäquaten Erkenntnisbegriff".[252] Wie kann der Theologe von Gott reden? Darf er die Hauptbegriffe des christlichen Glaubens „ontologisch" auslegen, also behaupten, daß sie ein Sein bezeichnen, das unabhängig von allen Bewußtseinsakten besteht? Oder muß er „transzendentalphilosophisch" argumentieren, also die Möglichkeit einer Erkenntnis des „Gegenstandes" (etwa Gottes) verneinen und nur die Erkenntnis einer durch apriorisch vorgegebene Kategorien erst im Bewußtsein gebildeten „Erscheinung", eines „Phänomens" zulassen? Oder ist in einer theologischen Erkenntnislehre beides miteinander zu verbinden? Wie steht es mit „dem Anliegen eines echten Gottesglaubens, nämlich das Sein Gottes außerhalb des Ich behaupten zu können"?[253] Bonhoeffers Ziel ist

---

[248] Ebd., 29 (Hervorhebung im Original).

[249] Ebd., 34 (Hervorhebung im Original).

[250] Ebd., 48.

[251] Ebd., 133f, mit Hinweis auf das Lutherwort, nach dem wir mit Christus „ein kuche" sind. Vgl. auch ebd., 153: „Christus ist in jedem Einzelnen ganz und doch nur Einer und wiederum in keinem ganz und wird nur von allen Menschen zusammen ganz besessen." – Im Übrigen setzt sich Bonhoeffer bereits hier deutlich von der – zunächst vergleichbar scheinenden – Schleiermacherischen Lehre vom „Gemeingeist" ab. Zu sagen, der Geist Gottes wohne in der Kirche, darf nicht bedeuten, ihn mit dem menschlichen „Gattungsbewußtsein" in eins zu setzen. Vgl. ebd., 130f.

[252] Bonhoeffer, Akt und Sein, 22.

[253] Ebd., 39.

es, „von einer ‚echten Ontologie' aus die Frage nach legitimen Seinsbegriffen in der Theologie neu aufzuwerfen".[254]

Aber Bonhoeffer stellt noch eine weitere, mit der ersten eng zusammenhängende Frage: Es geht nicht allein um den *Status theologischer Aussagen*, es geht vielmehr um den Theologen, oder allgemeiner: *um den Menschen selbst*: Wie wird dem Menschen „Offenbarung" zuteil: nur in je konkreten Glaubens*akten*, oder kann auch von einem „Sein" *in* der Offenbarung gesprochen werden? „Wie gestaltet sich der Offenbarungsbegriff, wenn er aktmäßig, und wie, wenn er seinsmäßig ausgelegt wird?"[255] Mit dieser Frage nach einem „Sein in" des Menschen richtet Bonhoeffer das Augenmerk auf das ontologische Problem der Verbindung des Menschen mit Gott und stellt die provozierende Frage, inwieweit die Theologie sich unabdingbar genötigt sieht, eine solche wesensmäßige Verbindung anzunehmen und auch in Seinsbegriffen darzustellen.

Im Blick auf beide gestellten Fragen, also auf die philosophische Form theologischer Aussagen wie auf das Verhältnis des Menschen zu Gott, scheint es Bonhoeffer unerläßlich, auf eine theologische Seinslehre zurückzugreifen, also *theologische Ontologie* zu betreiben. Weil Gott „ist", weil er „faßbar" ist „in seinem Wort in der Kirche", deshalb „sind wir vom reinen Aktverständnis der Offenbarung aus auf Seinsbegriffe gewiesen".[256] Und so muß auch die neue Existenz des Gläubigen als eine Einheit (hinter allen Akten des Glaubens) gedacht werden, eine Einheit, die nur durch „ein Sein" begründet werden kann.[257] Dieses Sein aber – und damit sind wir beim Thema – kann theologisch allein als „Offenbarung Gottes in Christus", als „die sich uns schenkende göttliche dreieinige Person" definiert werden, die dann auch „Gegenstand unseres Erkennens" wird.[258]

Hier erscheint an zentraler Stelle der Argumentation die Einwohnung Gottes als das Sein, daß die neue Existenz des Gläubigen erst ermöglicht. Im Glaubensakt sind das menschliche Ich und Gott beieinander, da es Gott selbst ist, der im Menschen den Glauben schafft. Man findet auch hier wieder Luthers „fides facit personam", denn Bonhoeffer sieht in dieser Selbstmitteilung Gottes die Ermöglichung der neuen Person des Christen: Das „Offenbarungs-Sein" ist „Grund meines Person-Seins"![259] Im folgenden wendet Bonhoeffer diesen Gedanken aber nicht individuell (als Einwohnung Gottes in den Einzelnen), sondern ekklesiologisch, indem er von der Kirche als „Akt-Seinseinheit" spricht und die Einwohnung Christi in seiner Gemeinde zum ontischen Fundament aller theologischer Aussagen erklärt. „Das Hineingezogensein ins Offenbarungsgeschehen soll hier begriffen werden als Sein in der Kirche".[260] Nur in der

---

[254] Reuter, Nachwort, 166.
[255] Bonhoeffer, Akt und Sein, 23.
[256] Ebd., 85.
[257] Ebd., 94.
[258] Ebd., 104.
[259] Ebd., 125.
[260] Ebd., 107.

Kirche kann der Mensch theologische Seinsaussagen machen, dann allerdings mit der Gewißheit, daß eben diese Aussagen auf ein dem Bewußtsein vorgegebenes Sein verweisen: „Der Glaube stößt auf ein dem Akt vorgeordnetes Sein, er hängt an diesem Sein (...). Das Sein ist nicht vom Glauben abhängig, im Gegenteil weiß der Glaube das Sein als von sich und seinem Sein oder Nichtsein völlig unabhängig."[261] Grundlegend für dieses Wissen ist immer die Selbstgabe Christi, die Einwohnung: „Der in der Gemeinde gepredigte Christus gibt sich dem Gemeindeglied. Das ‚in bezug darauf sich wissen' heißt Glaube."[262] Für Bonhoeffer sind so beide genannten philosophische Optionen, Ontologie und Transzendentalismus, in der theologischen Erkenntnis „aufgehoben": Theologische Erkenntnis gibt es nur in der Kirche, im „Christus als Gemeinde existierend"[263], also in bezug auf die Offenbarung, eine Erkenntnisweise, die man als „christliche(n) Transzendentalismus" bezeichnen könnte.[264] In dieser Beziehung auf die Offenbarung aber weiß der Christ um ein ihm vorgängiges Sein, das Sein Christi in seiner Gemeinde. Er wird deshalb theologische Seinsaussagen formulieren.

Das Thema der Teilhabe an Gott hat Bonhoeffer nicht mehr losgelassen. Es taucht zunächst in seinen Berliner Vorlesungen wieder auf, bevor es schließlich zum fundamentalen Element seiner Ethik wird. In der Genesisauslegung „Schöpfung und Fall" rückt die Einwohnungslehre im Zusammenhang mit der Urstandslehre ins Blickfeld. Bonhoeffer weist jede Spekulation über einen Urstand zurück, wie der Mensch sein soll, wissen wir nur durch Christus. Aus dieser Perspektive aber kann und muß über den Menschen als Bild Gottes gesprochen werden. Der Mensch ist Bild Gottes durch seine Freiheit, die Freiheit eines Geschöpfes, die näherhin als Freiheit zur Beziehung, zum Du zu beschreiben ist. Solche „geschaffene Freiheit" aber bedeutet, „daß Gott selbst in sein Geschaffenes eingeht". Genau in dieser Einwohnung Gottes im Menschen besteht dessen Gottebenbildlichkeit, liegt der entscheidende Unterschied zu aller anderen Kreatur. Die Rede der „alten Dogmatiker" von der „Einwohnung der Trinität in Adam" ist berechtigt, weil so deutlich wird, daß die Ebenbildlichkeit des Menschen nur durch diese Vereinigung mit Gott zustande kommt.[265]

---

[261] Ebd., 114. – Dieser Gedanke wird auch gegen die Existenztheologie Bultmanns gewendet (ebd., 90): „Theologie als Wissenschaft wäre mithin nur möglich, wenn die Offenbarung nicht als reiner Akt zu verstehen wäre, sondern wenn es irgendwie ein Sein der Offenbarung gäbe außerhalb meines existentiellen Wissens von ihr".

[262] Ebd., 125.

[263] Diese Formulierung aus der Dissertation wird wieder aufgegriffen, vgl. ebd., 108.

[264] Ebd., 26.

[265] Bonhoeffer, Schöpfung und Fall, 59. – Vgl. auch ebd. 73, wo mit Blick auf Gen 2,7 heißt: „Der menschliche Leib ist von allen nicht menschlichen Körpern dadurch unterschieden, daß er die Existenzform des Geistes Gottes auf Erden ist". – Hinzuzuziehen wären ebenfalls die Aussagen der Christologievorlesung von 1933, wo Bonhoeffer über Christus als die „Mitte unserer Existenz" spricht (Bonhoeffer, Vorlesung „Christologie", 307).

Im Rahmen der illegalen Theologenausbildung in Finkenwalde ging Bonhoeffer in der Vorlesung „Sichtbare Kirche im neuen Testament" explizit auf die „Einwohnung der Trinität" ein. Ein entsprechendes Vorbereitungsblatt sowie eine Mitschrift zu diesem Thema sind noch vorhanden.[266] Bonhoeffer spricht von der Gabe des Geistes, die nur durch das Wort des Evangeliums geschenkt wird. Dann aber unterscheidet er eine „lineare" und eine „räumliche" Auffassung des Glaubens und der Beziehung zu Gott: Die lineare Auffassung betont die Konstituierung dieser Beziehung durch das Wort der Verkündigung. Dabei wird aber der Aspekt der „Kontinuität" dieser Beziehung nicht ins Licht gerückt. Dieser wird nun durch das „räumliche(s) Bild"[267] von der Einwohnung Gottes dargestellt: Dieses Bild weist auf etwas Reales hin, auf die „räumliche und zeitliche Kontinuität" der Beziehung zu Gott. Das Bild der Einwohnung bringt die Beständigkeit und Identität des neuen Seins in Christus, der neuen Person des Christen besonders zum Ausdruck, während der Verweis auf die durch das Wort konstituierte Gemeinschaft diese Kontinuität nicht aussagt, weil die Beziehung auf das Wort „diskontinuierlich" ist.[268] *Beide* Auffassungen sind für die rechte Erfassung des Verhältnisses zu Gott wesentlich und ergänzen einander, während die einseitige Betonung je eines dieser Aspekte zu Verzerrungen führen muß.[269] Es wird deutlich, daß Bonhoeffer einerseits den Geistempfang auf keinen Fall von den Mitteln, insbesondere vom Wort lösen möchte, andererseits aber darauf Wert legt, daß die Einwohnung nicht mit dem Hören des Wortes identisch ist, sondern vielmehr als Folge der Ankunft des Wortes eine reale Teilhabe an Gott impliziert. „Wir haben Christus nur durch das Wort, und doch ist die Einwohnung Christi nicht identisch mit dem Haben des Wortes."[270]

Der räumliche Aspekt wird so gedeutet, daß Gott hier Anspruch erhebt „auf den Gesamtraum unserer Existenz".[271] Dieser Aspekt verbindet nun auch – wie schon in der Dissertationsschrift deutlich wurde – die ekklesiologische *und* die individuelle Deutung der Einwohnung Gottes: „*Der Raum des Christus als Gemeinde existierend* ist also zugleich der Raum des heiligen Geistes in den Gläubigen. Nur als solcher ist der Raum des Christus – Kirche *real*."[272]

Es ist zu erwarten, daß auch im Buch über die „Nachfolge" das Thema der Verbindung mit Christus, die Einwohnung Christi, eine Rolle spielt. Denn wenn das neue Leben des Christen erst durch die Gemeinschaft mit Christus

---

[266] Vgl. Bonhoeffer, Illegale Theologenausbildung, 443–447.

[267] Ebd., 443.

[268] Ebd., 447.

[269] Ebd., 444 (Hervorhebungen im Original): „Die *ausschließlich lineare* Auffassung des Glaubens führt notwendig zur *Orthodoxie*, die *ausschließlich* räumliche Auffassung zum *Katholizismus* bzw. zur *Mystik*."

[270] Ebd., 446.

[271] Ebd., 444.

[272] Ebd. (Hervorhebung im Original). – Auch in anderen Finkenwalder Kursen finden sich Hinweise auf die Einwohnung Gottes, vgl. insbesondere ebd., 473; 603.

konstituiert wird, dann muß in den Ausführungen zur Nachfolge Christi davon geredet werden. Bonhoeffer tut dies im zweiten, eher systematischen Teil des Buches, der nicht mehr eine direkte Auslegung der Bergpredigt ist, sondern einzelne für das Thema wesentliche theologische Fragen behandelt. Bonhoeffer setzt ein mit der Taufe, die dem „Ruf und Eintritt in die Nachfolge" entspricht.[273] Die Taufe nun ist kein „mechanischer Vorgang", vielmehr wird in ihr der Heilige Geist gegeben. „Der Heilige Geist aber ist der in den Herzen der Gläubigen wohnende Christus selbst (...). Die Getauften sind das Haus, in dem der Heilige Geist Wohnung gemacht hat".[274] Die Taufe gliedert den Menschen ein in den Leib Christi, und der Christ erhält so „Anteil an diesem Leibe Christi".[275] Auch diese Anteilhabe (participatio!) kann bezeichnet werden durch die Aussage, daß Christus in uns wohnt. In diesem Zusammenhang spielt Bonhoeffer wiederum auf die Formulierung „Christus als Gemeinde existierend" an, um dann auszuführen: „In Christus leben wir nicht mehr unser Leben, sondern Christus lebt sein Leben in uns. Das Leben der Gläubigen in der Gemeinde ist in Wahrheit *das Leben Jesu Christi in ihnen* (Gal. 2,20; R. 8,10; 2. Kor. 13,5; 1. Joh. 4,15)."[276] Unter Aufnahme biblischer und patristischer Sprache kommt Bonhoeffer dann nochmals besonders auf das „Bild Christi" und die Gestaltung des Gläubigen in dieses Bild zu sprechen. Das Bild Christi, „das der Nachfolgende immer vor Augen hat, (...) dringt in ihn ein, erfüllt ihn, gestaltet ihn um"; „von diesem Bilde geht umschaffende Kraft aus".[277] Die Ausführungen des gesamten Kapitels kreisen nun um diese reale „Metamorphose"[278], die durch die Teilhabe an Christus ins Werk gesetzt wird. Diese Darstellung bildet den Schluß und den Gipfelpunkt des Werkes, und nicht zufällig endet sie mit expliziten Bemerkungen zur Einwohnung Gottes im Gläubigen, in denen wiederum Gal 2,20 zitiert wird.[279]

Eine zentrale Rolle spielt die Teilhabe an Christus in der Ethik Bonhoeffers. Sie wird hier zum Schlüssel, der das Verständnis des Ganzen erschließt, zum Fundament, ohne das christliche Ethik in nichts von säkularen Überlegungen unterschieden wäre. Deutlich wird dies schon daran, daß die vermutlich ersten Kapitel des Fragment gebliebenen Werkes dem Thema der Teilhabe an Gott

---

[273] Bonhoeffer, Nachfolge, 221.

[274] Ebd., 223.

[275] Ebd., 230.

[276] Ebd., 235 (Hervorhebung im Original).

[277] Ebd., 297.

[278] Ebd., 299.

[279] Ausgehend von 2 Kor 3,18 heißt es (ebd., 303): „Das ist die Einwohnung Jesu Christi in unseren Herzen. Das Leben Jesu Christi ist auf dieser Erde noch nicht zu Ende gebracht. Christus lebt es weiter in dem Leben seiner Nachfolger. Nicht von unserem christlichen Leben, sondern von dem wahrhaftigen Leben Jesu Christi in uns ist nun zu reden. (...) Mit Christus aber wohnt der Vater bei mir, und Vater und Sohn durch den Heiligen Geist. Es ist die heilige Dreieinigkeit selbst, die in dem Christen Wohnung gemacht hat, ihn erfüllt und ihn zu ihrem Ebenbilde macht."

gewidmet sind. In diesen Kapiteln, „Christus, die Wirklichkeit und das Gute" sowie „Ethik als Gestaltung", wird die Teilhabe am Guten beschrieben als Teilhabe an Christus. Diese Partizipation ist die ontische Ermöglichung christlicher Ethik. „Die Frage nach dem Guten wird zur Frage nach dem *Teilhaben* an der in Christus offenbarten Gotteswirklichkeit."[280] Bonhoeffer ersetzt die für alle Ethik grundlegende *Frage nach dem Guten* durch die *Bezeugung der Teilhabe am Guten*, an Christus. Der von ihm benutzte Begriff der „Gestaltung" ist eine bewußte Übernahme des biblischen Begriffes der μορφή: „Gestaltung gibt es (...) allein als Hineingezogenwerden in die Gestalt Jesu Christi, als *Gleichgestaltung mit der einzigen Gestalt des Menschgewordenen, Gekreuzigten und Auferstandenen*."[281]

Um jegliches moralisierende Mißverständnis auszuschließen, unterscheidet Bonhoeffer zwischen Einwohnung und Nachahmung, zwischen inhabitatio und imitatio. Es geht darum, „daß die Gestalt Jesu Christi von sich aus so auf uns einwirkt, daß sie unsere Gestalt nach ihrer eigenen prägt (Gal 4,9) (...) Es ist also keine Nachäffung, keine Wiederholung seiner Gestalt, sondern seine eigene Gestalt, die im Menschen Gestalt gewinnt."[282] Es wird deutlich, daß für die christliche Ethik alles an dieser realen Teilhabe an Christus liegt.

Wiederum wendet Bonhoeffer diesen Gedanken sowohl individuell als auch ekklesiologisch an. Der Einzelne partizipiert an Christus, indem er Glied der christlichen Gemeinde ist. Denn die „Kirche ist nichts als das Stück Menschheit, in dem Christus Gestalt wirklich gewonnen hat".[283] Personale Einwohnung Christi und seine Gegenwart in der Gemeinde gehören wesensmäßig zusammen. Deshalb spricht Bonhoeffer im Kapitel zur „Ethik als Gestaltung" zunächst von der Teilhabe des einzelnen Menschen an Christus (81–83), um daraufhin (84–86) die Gestaltwerdung Christi in der Kirche zu beschreiben.

Eine besondere Pointe enthält diese Grundlegung christlicher Ethik, indem die Teilhabe an Christus nun zum Garanten für „wirklichkeitsgemäßes" Handeln wird. Während sogenannte „Gesinnungsethik" und „Verantwortungsethik" immer noch abstrakt bleiben (weil ihre Maßstäbe vorher festgelegt und der Wirklichkeit aufgezwungen werden), kann eine auf der Teilhabe an Christus fundierte Ethik sich ganz auf die konkrete Situation einlassen. „Nicht was ein für allemal gut sei, kann und soll gesagt [werden], sondern *wie Christus unter uns heute und hier Gestalt gewinne*."[284] Nur von dieser Teilhabe aus kann auch der (häufig zitierte und diskutierte) Begriff des „verantwortlichen Lebens" innerhalb der bonhoefferschen Ethik verstanden werden.[285] Denn *Verantwortung ist gelebte Teilhabe an Christus*. Christliche Ethik ist keine Kasuistik. Sie ist

---

[280] Bonhoeffer, Ethik, 35 (Hervorhebung: K.L.).

[281] Ebd., 80 (Hervorhebung im Original).

[282] Ebd., 81,83. Gemeint ist Gal 4,19.

[283] Ebd., 84.

[284] Ebd., 87 (Hervorhebung im Original).

[285] Vgl. ebd., 256–289.

„das Wagnis, weder abstrakt noch kasuistisch, weder programmatisch noch rein erwägend von dem Gestaltwerden der Gestalt Christi in unserer Welt zu sprechen."[286] Bonhoeffer versucht zu zeigen, daß und inwieweit diese Teilhabe an Christus im Leben des Christen konkretes, das heißt „wirklichkeitsgemäßes" Handeln ermöglicht.

Der Begriff der „Wirklichkeit" ist christologisch bestimmt: „(D)ie Wirklichkeit" ist „nicht ein Neutrum, sondern der Wirkliche, nämlich der menschgewordene Gott", und die „Wirklichkeit ohne den Wirklichen verstehen zu wollen, bedeutet in einer Abstraktion leben, der der Verantwortliche niemals verfallen darf, bedeutet Vorbeileben an der Wirklichkeit" (261). Wer an Christus teilhat, der hat eo ipso Zugang zur Wirklichkeit, der sieht die konkrete Situation als Teil der in Jesus Christus gerichteten und versöhnten Welt. Auch die vielbeachteten Aussagen zur ethischen Konfliktsituation müssen ganz in diesen Kontext gestellt werden. Der ethische Konflikt wird nur durch eben diese Teilhabe an Christus bestanden. Deutlich wird dies besonders daran, daß das „Gewissen", normalerweise als natürliche Instanz für das Gute verstanden, durch Christus ersetzt wird: „Jesus Christus ist mein Gewissen geworden", „die Einheit der menschlichen Existenz" wird „– durch das Wunder des Glaubens – jenseits des eigenen Ich und seines Gesetztes, in Jesus Christus gefunden".[287]

Man kann Bonhoeffers Ethik als Situationsethik kennzeichnen. Aber es handelt sich um eine ontologisch fundierte Situationsethik, die davon ausgeht, daß die reale Verbindung mit Christus den Christen in der konkreten Situation in die Lage versetzt, eine „wirklichkeitsgemäße" und damit „christusgemäße" Antwort zu finden – ganz im Sinne der Zusicherung aus Mt 10,19f, derzufolge den Jüngern „zu der Stunde" gegeben werden soll, was sie reden sollen. Insofern kann man die Ausführungen Bonhoeffers als angewandte Pneumatologie oder eben als ethische Durchführung der Einwohnungslehre bezeichnen.[288]

---

[286] Ebd., 89.

[287] Ebd., 279; 278. – Wenn Bonhoeffer hier sagt, daß erst die Teilhabe an Christus „die Einheit der menschlichen Existenz" ermöglicht, dann ergibt sich eine wichtige Parallele zu Luthers These „fides facit personam", „der Glaube macht die Person" (Martin Luther, de veste nuptiali, 282). Die reale Verbindung mit Christus schafft die neue Person des Christen, und nur in diesem neuen Sein kann der ethische Konflikt bestanden werden. – Zur christologischen Fundierung der Ethik Bonhoeffers vgl. auch die Ausführungen von Bayer, Leibliches Wort, 245–264.

[288] Deshalb beruft sich Bonhoeffer auch auf den Ausspruch Luthers, der Christ könne „neue Dekaloge" schreiben (ebd., 288). Das Zitat findet sich bei Luther, Doktorpromotion von Hieronymus Weller und Nikolaus Medler, WA 39 I, 47,27f (These 53): „Imo novos Decalogos faciemus, sicut Paulus facit per omnes Epistolas, et Petrus, maxime Christus in Euangelio." Vgl. auch ebd., 47,33f (These 56): „Quanto magis Paulus aut perfectus Christianus plenus spiritu potest decalogum quendam ordinare et de omnibus rectissime iudicare." – Auf Probleme dieses Konzeptes, insbesondere hinsichtlich der Bindung christlicher Ethik an das vorgegebene Gebot Gottes, ist an dieser Stelle nicht weiter einzugehen; vgl. dazu aber Lehmkühler, Evangelische Ethik und Einwohnung Christi.

VI. Der Streit um die Lutherdeutung

1. Einleitung

Seit mehreren Jahren hat die finnische Lutherforschung eine neue Diskussion um die Interpretation der Theologie Luthers entfacht. Im Zentrum der Überlegungen stehen der Begriff der „Vergottung" des Menschen sowie die Frage der „Teilhabe" des Gläubigen an Gott. Wie sind entsprechende Aussagen Martin Luthers zu deuten? Die genannten Themen führen notwendigerweise zum Problem einer *theologischen Ontologie*: In welchem Sinne spricht der Reformator von der Teilhabe an Gott, von der Vergöttlichung oder von der Gegenwart Christi im Christen? Ist hier eine identifizierbare philosophische Lehre vom Sein zugrundegelegt? Benutzt Luther in solchen Aussagen die griechische Metaphysik, oder scheint er im Gegenteil eine neue, eher als „relational" zu beschreibende Seinslehre zu favorisieren?

Die Fragestellung der finnischen Forscher ist für unser Thema von großer Bedeutung, da die Einwohnungslehre ganz in den Kontext der genannten Themen gehört. In der finnischen Forschung steht zwar – gerade im Blick auf den Dialog mit orthodoxer Theologie – der Begriff der „Theosis" im Vordergrund. Nichtsdestotrotz diskutieren die finnischen Arbeiten Luthers Aussagen zum Sein Gottes in uns, zur Einwohnung Gottes. Es wird zu fragen sein, ob es vielleicht sinnvoll und angebracht wäre, die finnische Diskussion mehr auf den – personale Elemente besser integrierenden – Begriff der Einwohnung zu lenken. In jedem Fall aber sind die finnischen Studien für unser Thema von erheblicher Bedeutung.

Im Blick auf das weitere Vorgehen muß zunächst auf ein interessantes Phänomen hingewiesen werden: Bei den finnischen Arbeiten handelt es sich um *historische* Untersuchungen, die das Ziel verfolgen, die Theologie Martin Luthers aus einem weniger bekannten Blickwinkel zu beleuchten und so auch weit verbreitete Meinungen und Thesen zu korrigieren. Diese Arbeiten haben aber einen unmittelbaren Einfluß auf die *systematische* Theologie. Zum einen sind die Reformationshistoriker selbst genötigt, bei der Erklärung der Begrifflichkeit Luthers philosophische Unterscheidungen einzuführen und zu definieren. Immer wieder taucht in diesem Zusammenhang der vermeintliche Unterschied zwischen einer „Substanzontologie" und einer „relationalen Ontologie" auf. Die Finnen reden von einer „real-ontischen" Teilhabe des Menschen an Gott und stellen damit frühere Arbeiten in Frage, die eine „relationale" Ontologie des Reformators betont hatten. Diese Thesen nun führen zu einer weiteren Inanspruchnahme der *systematischen* Theologie. Denn die Theologie Luthers ist für evangelische Theologie nie nur von historischem Interesse. Sie hat immer auch die Funktion eines Referenzpunktes für die je gegenwärtige theologische Diskussion. Soll nun Luther eine Art „Substanzontologie" vertreten haben, soll er eine substantielle Einheit des Gläubigen mit Gott gelehrt haben, so kann diese Feststellung die gegenwärtige systematische Theologie nicht unberührt lassen.

Aufgrund dieser Tatsachen zeigt sich die Diskussion der finnischen Thesen immer als eine Mischung aus historischer und systematischer Theologie. Dabei steht allerdings bisher die historische Theologie im Mittelpunkt des Gesprächs, während systematische Überlegungen entweder notgedrungen miteinfließen, oder aber als Desiderat eingefordert werden.[1]

Unsere Untersuchung kann nicht ein weiteres Mal versuchen, die einschlägigen Bemerkungen des Reformators umfassend darzustellen. Hierzu haben die finnischen Forscher in den letzten Jahren gründliche und instruktive Arbeiten vorgelegt. Es geht vielmehr darum, die Ergebnisse dieser Arbeiten zunächst zusammenzufassen, um sich dann der durch eben diese Arbeiten entfachten Diskussion um die Ontologie Luthers zuzuwenden. Denn von der Interpretation und Wertung dieser Forschungsergebnisse hängt in nicht unerheblichen Maße auch die Ausrichtung einer inhabitatio-Lehre in der gegenwärtigen Theologie ab.

Bevor die finnischen Thesen vorgestellt werden, soll allerdings noch ein Blick auf die Vorgeschichte dieser Arbeiten geworfen werden. Dabei wird die finnische Forschung selbst bereits zu Wort kommen, gilt doch ein nicht unerheblicher Teil ihrer Bemühungen auch der forschungsgeschichtlichen Fragestellung.

2. Lutherforschung zwischen Metaphysik und Erfahrungstheologie

2.1 „Substanzontologie" versus „transzendentales Wirkungsdenken"?

Zunächst mag erstaunen, daß die Ergebnisse der finnischen Arbeiten dermaßen in die Diskussion geraten sind und noch heute, insbesondere in Deutschland, eher reserviert zur Kenntnis genommen werden. Denn näher betrachtet, handelt es sich bei den nun vorzustellenden Thesen weniger um Neuentdeckungen als vielmehr um die Wiederentdeckung einer Seite der Theologie des Reformators,

---

[1] Vgl. für die Beziehung beider Aspekte z.B. Saarinen, Teilhabe, 170. Zur notwendigen dogmatisch-philosophischen Klärung der Begriffe vgl. besonders Wenz, Unio, 375.

die schon immer bekannt war und auch in theologischen Publikationen beschrieben wurde.

Im Wesentlichen geht es um all jene Aussagen Luthers, die von Gegenwart Christi im Gläubigen, von der Teilhabe an Gott und von der Vergöttlichung des Christen sprechen. Insbesondere werden diejenigen Bemerkungen untersucht, die diese Einwohnung und Theosis ontologisch beschreiben wollen, die also etwa mit dem Begriff der „Substanz" oder dem einer „substanzhaften" Vereinigung Gottes und des Menschen arbeiten.

Zum Teil sind diese Texte bereits in den Dogmatiken der lutherischen Orthodoxie zitiert worden, vor allem im Zusammenhang der Lehre von der unio mystica. So hebt etwa Quenstedt in seiner „Theologia didactico-polemica" ausdrücklich hervor, Luther selbst habe die „unio substantiarum" von Gott und Mensch vertreten, und zitiert in diesem Zusammenhang Luthers „Enarratio in psalmi LI", wo von einem Wohnen Gottes im Blick auf seine Substanz („quoad substantiam suam") die Rede ist.[2] Und ebenso zieht Quenstedt den großen Galaterkommentar hinzu, insbesondere die Auslegung von Gal 2,20.[3]

Aber nicht nur die lutherische Orthodoxie, sondern auch die deutsche Lutherforschung des 20. Jahrhunderts hat die in Frage stehenden Äußerungen Luthers gekannt und referiert.[4] In Frage steht also, warum die Thesen der Finnen für solches Erstaunen oder auch Kopfschütteln gesorgt haben. Zum einen kann man vielleicht von einer Akzentverschiebung sprechen. Ein schon immer bekanntes, aber lediglich neben anderen Schwerpunkten behandeltes Thema der Lutherforschung wurde in der Schule Tuomo Mannermaas zum Zentrum der Theologie des Reformators. Zum anderen aber – und dieser Grund scheint wesentlich wichtiger zu sein – steht die finnische Forschung quer zu einer gängigen Lutherdeutung, welche die deutsche Arbeit seit der Ritschlschule prägt. Angeregt durch die moderne Anthropologie wie durch den proklamierten „Abschied von der Metaphysik", stellten viele einschlägige Beiträge die Theologie des Reformators als den Versuch dar, dem „Substanzdenken" eine Absage zu erteilen zu Gunsten einer „relationalen" Auffassung des Verhältnisses von Gott und Mensch.[5] Für eine solche Perspektive mußten die finnischen Arbeiten als ein störender Rückfall in theologische Substanzmetaphysik, ja als Aufgabe des

---

[2] Quenstedt, Theologia, III, 619b; 625a (zum Text dieser Zitate s. oben, Kapitel IV, Abschnitt 4,1). Quenstedt zitiert Luther, Enarratio in Psalmi LI, vgl. WA 40 II, 421, 33–39.

[3] Ebd., III, 624a (vgl. oben Kapitel IV, Abschnitt 4.2).

[4] So schreibt beispielsweise Koepp 1931 in der zweiten Auflage der RGG (Koepp, Unio mystica, 1369): „Hier wird aber gegen Ritschl bemerkenswert, daß gleichwohl Luther, zumal im großen Galaterkommentar zu 2,20, ganz ‚kraß‘ von der Zusammenleimung des Glaubenden mit Christus, durch die beide völlig ‚Eines‘, ‚gleichsam ein Körper‘, ‚gleichsam eine Person‘ werden, reden kann." Allerdings folgt Koepp in seiner Interpretation dann doch weitgehend den Vorgaben Ritschls.

[5] Risto Saarinen hat diese Entwicklung in seiner forschungsgeschichtlichen Dissertation dargestellt (Saarinen, Gottes Wirken). Vgl. auch Peura, Mehr als ein Mensch?, 9–45.

eigentlichen Anliegens Luthers erscheinen. In Frage steht jedoch, ob diese Sicht der Dinge einer Prüfung standhält.

Betrachtet man nun einschlägige Ausführungen der Lutherforschung seit Ritschl, so kann man häufig Zeuge eines erstaunlichen Vorgehens werden: Zum Thema der Einwohnung Christi und der Vergottung des Menschen werden beeindruckende Sammlungen von Aussagen Luthers zusammengetragen. Die beigefügten *Deutungen* dieser Passagen jedoch muten an wie der schwierige Versuch, diese Texte gegen ihren Wortlaut, im Sinne einer bereits feststehenden „Theologie Luthers" zu interpretieren.

Als besonders markantes Beispiel möge der Aufsatz des Tübinger Theologen Johannes Gottschick dienen, der 1898 unter dem Titel „Luthers Lehre von der Lebensgemeinschaft des Gläubigen mit Christus" in der (damals von Gottschick herausgegebenen) Zeitschrift für Theologie und Kirche erschienen ist. Dieser Aufsatz repräsentiert die Lutherforschung vor der sogenannten Lutherrenaissance um Karl Holl. Er zeigt deshalb besonders deutlich die durch die Ritschlschule geprägte Ausgangsposition in der hier zu behandelnden Debatte. Gleichzeitig stellt er einen Schlüsselaufsatz zum Thema dar, welcher bemüht ist, das einschlägige Material aus den Schriften des Reformators kommentierend vorzustellen.

Die von Gottschick angeführten Texte geben einen guten Überblick über die genannte Thematik in der Theologie Luthers. Schon zu Beginn der Ausführungen werden die wichtigsten „Lehrformen" benannt, unter denen das Thema der Gottesgemeinschaft behandelt wird: das Bild der Ehe und des Bruderverhältnisses sowie „die den johanneischen und paulinischen Schriften entnommenen Bilder, daß wir durch den Glauben Christum *anziehen* oder Christus *einverleibt* oder mit ihm *Ein Ding, Ein Kuche, Ein Leichnam* werden, oder daß er durch den Glauben in uns *Wohnung* macht oder mit uns verschmilzt".[6] Ziel Gottschicks ist es zu zeigen, daß „alle jene Lehrformen nur verschiedene Ausdrücke für den Einen Gedanken sind, daß die gläubige Anschauung des Christus (...) der einzige Grund des persönlichen Vertrauens auf Gottes vergebende Gnade ist".[7] Offensichtlich soll eine Auffassung zurückgewiesen werden, für die andere Gründe des Gottvertrauens, also etwa eine mystische Erfahrung oder die Behauptung einer substantiellen Einigung mit Christus, wichtig werden und die deshalb vom „sola fide" ablenkt. Deshalb betont Gottschick beispielsweise, daß das Ehebild in der Freiheitsschrift ein „Synonymon der Rechtfertigungs- oder Versöhnungslehre" sei. Dabei hält er ausdrücklich fest, daß die „Lebensgemeinschaft mit Christus" für Luther „der Grund der Rechtfertigungsgewißheit"[8] sei. In Frage stehe nun aber, wie diese Gemeinschaft zu deuten sei.

---

6   Gottschick, Luther's Lehre, 407 (Hervorhebungen im Original).
7   Ebd., 408.
8   Ebd., 412.

Gottschick stellt das zu erwartende Ergebnis seiner Untersuchung voran: „Es wird sich zeigen, daß er [=Luther] weder an die subjektive Erneuerung denkt, noch an die Erfahrung gesteigerter Gefühlserhebung, in der sich die Gegenwart Christi kund gäbe, noch an die substantielle unio mystica im Sinne der alten Dogmatik und des biblischen Realismus, die ihre Vertreter durch ihre Antithesen selbst als eine naturhafte charakterisieren."[9] Dieses erwartete Ergebnis enthält einige Besonderheiten, die für die gesamte Diskussion, bis in die Gegenwart hinein, von Bedeutung sind. Zunächst ist auffallend, *daß die Frage der Existenz einer realen Verbindung mit Christus vermischt wird mit der Frage ihrer Erkennbarkeit.* Indem gesagt wird, eine unio cum Christo sei nicht erkennbar oder durch innere Erlebnisse aufweisbar, scheint die Behauptung solcher unio selbst schon erledigt zu sein. Zweitens ist erstaunlich, daß die Theologie Luthers hier in einen *Gegensatz zum „biblischen Realismus"* gebracht und also wohl behauptet werden soll, die Auffassung des Reformators sei jenem (naiven?) Realismus vorzuziehen. Drittens *wird die unio substantiarum der lutherischen Dogmatik mit einer „naturhaften" Einigung identifiziert* und so eo ipso abqualifiziert, ohne daß der eine oder der andere Begriff philosophisch geklärt wäre.

Das Verhältnis zu Christus wird nun anhand der genannten biblischen Bilder und ihrer Aufnahme in den Schriften Luthers näher erläutert. Gottschick zitiert ausführlich die Auslegung des sechsten Kapitels des Johannesevangeliums, in der Luther zwischen Wesens- und Willenseinigung unterscheidet:

> „Diese Gleichnis hat der Herr Christus darum setzen wollen, daß er wohl gesehen hat, es würden sich falsche Lehrer finden als .. die aus dem Glauben eitel gedanken und nur ein Spiegelfechten machen würden; wie etliche fürgeben, daß wir mit Christo vereinigt sind, voluntate, mit dem Willen, wie zween gute Freunde mit einander eins sind, so hätten wir auch einerlei Willen und Sinn mit Christo".[10]

Ferner wird auch eine wichtige Stelle aus der Auslegung von Johannes 17,22 zitiert:

> „(S)ie haben so viel wöllen herausspinnen .. müsse das Wort: Eines sein, so viel heißen als gleich und einerlei gesinnt sein, wie man sonst von zweien redet, die einerlei Sinn, Willen, Herz und Muth haben. Aber .. er redet hie nicht von der Einigkeit, die da heißet eine Gleichheit, sondern setzt die Worte also .. daß sie Ein Ding seien .. daß es vom Wesen gesagt sei, und viel weiter deute, denn einerlei Muth und Sinn haben."[11]

Man kann sich kaum der Eindeutigkeit entziehen, mit der Luther hier zwischen bloßer Willenseinheit und vom Text ausgesagter wesentlicher Einheit unter-

---

[9] Ebd.

[10] Gottschick (ebd. 418) zitiert nach der Erlanger Lutherausgabe, Bd. 48,35. Vgl. denselben Text in WA 33, 234 (b), 19–30.

[11] Gottschick (ebd.) zitiert hier Luthers Auslegung des siebzehnten Kapitels des Johannesevangeliums, Erlanger Ausgabe, Bd. 50,222 (vgl. WA 28, 147,18–35).

scheidet. Gottschick sieht sich aber gezwungen, diese Aussage im Lichte anderer Luthertexte dahingehend zu interpretieren, daß hier nicht an „irgend eine unsagbare hyperphysische oder immateriell-materielle Veränderung" sondern an eine „ideelle, aber totale Zugehörigkeit zu Christus" gedacht sei.[12] Die Einheit erschöpfe sich in der „Liebesabsicht Christi",[13] in seiner Übernahme unserer Lebenssituation sowie in unserem Vertrauen auf ihn. Mit der Unterscheidung zwischen Willens- und Wesenseinheit spiele Luther auf den Gegensatz von Glauben und Werkgerechtigkeit an. Abgelehnt werden müsse jedenfalls eine Interpretation, bei der der „Christus für uns" durch einen anderen Gedanken überboten werde.

Wie aber steht es mit den Aussagen Luthers, die direkt von der Einwohnung Christi im Gläubigen sprechen? Gottschick betont, daß für Luther die Einwohnung nicht räumlich zu verstehen sei, es gehe vielmehr auch hier um die „durch Christi Liebeswillen gesetzte *Zusammengehörigkeit* seiner Gläubigen mit ihm".[14] In diesem Kontext geht Gottschick auch auf den großen Galaterkommentar ein und stellt dar, daß der Glaube hier nicht – wie im scholastischen Modell – durch die caritas, sondern durch den einwohnenden Christus selbst geformt wird. Aber Gottschick vermischt auch hier wieder die Frage nach der Existenz und Definition solcher Einwohnung mit derjenigen nach ihrer Erkenntnis oder ihrer Wirkung. Insbesondere liegt ihm daran, die Heilsgewißheit nicht an ein Gefühlserlebnis oder an die Reflexion auf die Einwohnung, sondern allein an das Wort von der Erlösung durch Christus zu binden. Auch Luthers schönes Beispiel von dem in einen Ring gefaßten Edelstein, welcher Christus ist, der im Glauben besessen wird – auch dieses Beispiel darf nur den *Wert* Christi für unsere Erlösung bezeichnen, nicht aber eine neue Art seiner *Gegenwart*.[15] Der Vergleich wolle also nur umschreiben und veranschaulichen, daß der Glaube Christus ergreift. Es handelt sich hier, so Gottschick, um ein *analytisches*, nicht um ein *synthetisches* Urteil: Die Gegenwart Christi fügt dem Glaubensbegriff nichts Neues hinzu, sondern entfaltet lediglich sein Wesen, nämlich das vertrauensvolle Ergreifen Christi und seines Erlösungswerkes. Auch „noch volltönendere" Ausdrücke wie „inhaerentia" oder „conglutinatio" wollen immer nur dieses sich-Verlassen auf Christus aussagen: „Die Verschmelzung Christi mit uns oder seine Inhärenz in uns ist nichts andres als ein andrer Ausdruck für die Zusammengehörigkeit mit Christus, die durch seine Liebesabsicht dargeboten und durch die individuelle Applikation des Heilswerkes (...) vollzogen ist. (...) so ist die Gegenwart Christi bei mir nur ein anderer Ausdruck für die Heilsbedeutung Christi (...), nicht ein Ausdruck für ein

---

[12] Ebd., 419.

[13] Ebd.

[14] Ebd., 423 (Hervorhebung im Original).

[15] Gottschick (ebd., 427; vgl. Luther, *In epistolam S. Pauli ad Galatas Commentarius*, WA 40 I, 233,17f): „Fides enim apprehendit Christum et habet eum praesentem includitque eum ut annulus gemmam". Gottschick zitiert in diesem Zusammenhang auch die berühmet Aussage „in ipsa fide Christus adest" (vgl. WA 40 I, 229,15).

neues dazwischentretendes Moment".[16] Es ist offensichtlich, daß Gottschick hier für das „sola fide" eintreten zu müssen glaubt und die Rede vom „substantiell" einwohnenden Christus als ein neues Moment versteht, welches den Glauben vom Wort ablenken und ihn auf unsichere, im Menschen selbst anwesende Fundamente verweisen könnte.

Zusammenfassend kann gesagt werden: Gottschicks Interpretation der Aussagen Luthers versteht die Einheit mit Christus als den Akt des Vertrauens selbst. Im Mittelpunkt steht der *forensische* Aspekt der Rechtfertigung, unterstützt durch den philosophischen Begriff des *Wertes*: Der Gläubige identifiziert sich mit Christus, dessen Werk wird das des Gläubigen. Es handelt sich um einen Vorgang im Gewissen des Gläubigen, um einen *Akt*. Jedes „substantielle" Verständnis dieser unio stellt dem gegenüber eine Gefahr dar, die Gefahr des Verlustes des sola fide. Die Motivation dieser Interpretation wird deutlich: Zum einen grenzt Gottschick sich stark von der „katholischen" Position ab. Die Gerechtigkeit des Christen dürfe nicht von Qualitäten des Menschen abhängen, und eine substantielle unio werde zu einer solchen, das sola fide verdunkelnden Qualität. Dem entspricht die andere Aussage, derzufolge die Heilsgewißheit nur durch das Wort des Evangeliums, nicht aber durch Reflexion auf eine vorfindliche unio zustande kommen könne.

Der Leser dieser Ausführungen wird den Eindruck nicht los, daß Gottschick sich hier an einer Scheinalternative abarbeitet, einen Kampf gegen Windmühlen kämpft. Dies liegt zum einen daran, daß die Frage der Entstehung der Heilsgewißheit vermischt wird mit der nach der Definition der unio cum Christo. Selbstverständlich ist Heilsgewißheit nur durch das von außen kommende Wort möglich, aber eben dieses verkündet doch auch einen Inhalt, und zu diesem Inhalt gehört die Bezeugung der Einwohnung Christi. Die Behauptung Luthers, Christus sei „dem Wesen nach" mit dem Menschen vereint, opponiert in keiner Weise gegen die Tatsache, daß eben diese Botschaft dem Menschen von außen her gepredigt wird.

Zum anderen sind Gottschicks Ausführungen belastet durch die Verwendung ungeklärter Begriffe, die eine theologische Option eher andeuten als definieren. Der Gegensatz zwischen einer Gewissenserfahrung und einer wesensmäßigen Einwohnung wird immer wieder postuliert, aber nicht einsichtig gemacht, und die Alternativen bleiben unklar. Denn was ist eine „substantiell-chemische Durchdringung" im Gegensatz zu einer „ideelle(n) Zugehörigkeit mit dem Christus"?[17] Dabei ist besonders erstaunlich, daß die ausführlich zitierten Aussagen Luthers oft in eine andere Richtung deuten. Dies wurde schon am Begriff der „wesensmäßigen" Einheit deutlich. Ebenfalls erwähnt wurde der Vergleich der unio mit dem Verhältnis von Materie und Form. In dieser bei Gottschick ausführlich zitierten Passage fügt Luther an:

---

[16] Ebd., 428–430.
[17] Ebd., 431.

„sic crassa illa res exponenda est, non enim possumus spiritualiter comprehendere tam proxime et intime Christum haerere, et manere in nobis quam vel lux vel albedo in pariete haeret".[18]

Gegen Schwärmer wird ferner auf das „realiter" im Gegensatz zum „speculative" hingewiesen. Auch hier deutet die Zurückweisung einer „spiritualistischen" Auslegung eher hin auf eine Vereinigung, die sich nicht nur je im Akt des Vertrauens realisiert, sondern die ein vom Bewußtsein des Gläubigen unabhängiges, ihm allerdings immer wieder zugesprochenes Sein bedeutet.[19]

Offensichtlich besitzt Gottschick nicht die geeigneten begrifflichen Werkzeuge, um den von ihm in beeindruckender Weise zusammengetragenen Lutherworten gerecht zu werden. Es scheint sich schon hier anzudeuten, daß die Alternative „substantiell"/„ideel" oder ähnliche Gegensatzpaare gar nicht geeignet sind, das theologische Thema der Einwohnung angemessen zu beschreiben. Nötig wäre eine Infragestellung dieses Instrumentariums selbst, eventuell sogar der Wechsel der Methode, also das, was man seit Thomas Kuhn[20] als „Paradigmenwechsel" zu bezeichnen pflegt.

Die Lutherforschung des beginnenden 20. Jahrhunderts behielt jedoch, zumindest über weite Strecken, das an diesen Gegensätzen orientierte Deutungsmuster bei, insbesondere mit Hilfe der Gegenüberstellung von „substanzhaftem" und „personalem" oder „relationalem" Denken. Dies hat Saarinen in seiner historischen Studie, die sich mit Neuprotestantismus, Lutherrenaissance und dialektischer Theologie beschäftigt, nachgewiesen.[21]

Der Neuprotestantismus wird von Saarinen exemplarisch an Ritschl und Wilhelm Herrmann dargestellt. Dabei wird deutlich, daß die Lutherdeutung Ritschls bestimmt ist durch seine Metaphysikkritik und seine Anlehnung an die Wertphilosophie Lotzes. Sein Schüler Herrmann, bei dem sich neben dem Einfluß des Lehrers auch der Hermann Cohens bemerkbar macht, schließt die theologische Erkenntnis eines metaphysischen Gegenstandes eo ipso aus: Der neukantische Transzendentalismus lasse eine solche Erkenntnis nicht zu. Möglich sei nur eine Erfahrungserkenntnis, nicht aber eine von der Erfahrung ab-

---

[18] Ebd., 430 (vgl. Luther, *In epistolam S. Pauli ad Galatas Commentarius*, WA 40 I, 283,27–29). In der Übersetzung durch Kleinknecht (Martin Luther, Galaterbrief, 110): „So muß man ganz im Rohen die Sache veranschaulichen; denn wir können's geistlich nicht begreifen, daß Christus so ganz nah und innerlich in uns hänge und bleibe, wie Licht oder weiße Farbe an der Wand haftet".

[19] Vgl. ebd., 431f, besonders 432 (vgl. Luther, Auslegung über das Sechste, Siebende und Achte Capitel des Euangelisten Johannis, WA 33, 225 (b), 18–21): „Aber der Herr saget nicht: deine Gedanken von mir sind in mir, oder meine Gedanken sind in dir, sondern: du, du bist in mir und ich, ich bin in dir."

[20] Vgl. Thomas Kuhn, Die Struktur.

[21] Vgl. Saarinen, Gottes Wirken. – Die Rezensionen zu diesem Buch weisen zwar gelegentlich auf noch zu diskutierende Elemente dieser Darstellung hin, stellen die historischen Ergebnisse aber nicht grundsätzlich in Frage. Eine Zusammenstellung der wichtigsten Besprechungen findet sich bei Saarinen, Teilhabe, 169.

strahierende Aussage, bei der etwa die Gegenwart Christi im Gläubigen einfach postuliert werde. Schon in der reformatorischen Theologie zeige sich eine ständige „transzendentale(n) Kategorienvermischung", indem die reformatorische Erfahrungserkenntnis durch metaphysische Beweise durchkreuzt werde.[22] Luther selbst wird „als ein Vertreter des antimetaphysischen Wirkungsdenkens angesehen",[23] der allerdings in seinen theologischen Definitionen einer fraglichen Metaphysik verhaftet blieb.

Herrmann legt größtes Gewicht auf die „wirkliche Welt", die uns in der Objekterkenntnis gegeben ist. Zu ihr gehört auch die Geschichte, insbesondere die Wirkung geschichtlicher Gestalten auf unser Inneres. Nur solche „wirkliche" oder „äußere Welt" aber kann glaubensbegründend sein. Weder die klassische Dogmatik, die mit metaphysischen Begriffen spekulierte, noch die Mystik, die als eine Gegenreaktion auf eben diese Dogmatik zu verstehen ist, können legitime Ausdrucksweisen des Glaubens an Christus sein.

Dieser Glaube entsteht durch eine *Wirkung* des geschichtlichen Christus auf die Seele des Menschen. Die Erkenntnis des geschichtlichen Christus bewirkt eine innere Erfahrung, die Erfahrung der Begegnung mit einem unbedingten (sittlichen) Wert. Verbunden ist diese Begegnung mit dem Gefühl der Freiheit und der Freude.[24] Entscheidend ist, daß das den Glauben begründende Element „im Rahmen der transzendentalen Erkenntnismöglichkeiten erfaßbar"[25] ist. Damit aber ist die Begegnung Gottes und des Menschen reduziert auf ein dem Menschen erkennbares und einsichtiges Geschehen.

Ähnlich wie Gottschick stellt auch Herrmann eine Fülle von Luthertexten zusammen, die alle das Thema der Einwohnung Christi oder der Gemeinschaft mit Christus behandeln.[26] Aber diesen Aussagen widerfährt ein ähnliches Schicksal wie den bei Gottschick erwähnten Luthertexten: Sie sind lediglich Ausdruck eines „Glaubensgedankens", das heißt eine subjektive Interpretation des religiösen Erlebnisses. Keinesfalls will Luther ein „persönliches Verhältnis zu dem erhöhten Christus" proklamieren.[27] Eine Erfahrung macht der Christ nur am „geschichtlichen Christus", also im Betrachten seines irdischen Lebens und im Hören seiner Botschaft. Die Rede von der Einwohnung Christi ist dann nichts weiter als ein Ausdruck für diese Wirkung, die der geschichtliche Christus auf den Christen macht. Die substantielle Einheit, von der Luther unter Verwendung der alten Terminologie noch redet, ist in Wahrheit eine Affizierung des menschlichen Willens durch den Willen Christi, also eine *Willenseinheit*: „Deshalb muß der evangelische Christ (...) in dem Christus, dem er diese Stellung zu Gott verdankt, nicht etwa eine göttliche Substanz gefunden haben,

---

22 Ebd., 66, mit Verweis auf Herrmann, Schriften, 1, 53.
23 Saarinen, Gottes Wirken, 72.
24 Vgl. ebd., 75–77.
25 Ebd., 75f.
26 So ebd., 74, mit Verweis auf Herrmann, Der Verkehr, 228f.
27 Herrmann, Der Verkehr, 228.

sondern den lebendig wirksamen (...) Willen des persönlichen Gottes."[28] Es zeichnet sich ab, daß Herrmann, ähnlich wie Gottschick, aufgrund bereits vor der historischen Untersuchung vorliegender Deutungsmuster zu einer Lutherinterpretation kommt, die den Texten zuwider läuft. Denn gerade die Einschränkung auf eine Willenseinheit war ja von Luther zurückgewiesen worden.

Die Studie von Saarinen behandelt neben der durch Ritschl und Herrmann vertretenen liberalen Theologie auch einschlägige Arbeiten der sogenannten „Lutherrenaissance" (dargestellt an Karl Holl, Erich Vogelsang sowie Reinhold und Erich Seeberg) und der dialektischen Theologie (repräsentiert durch Karl Barth und Ernst Wolf). Im Einzelnen mag man hier und da durchaus unterschiedlicher Meinung sein.[29] Entscheidend und offensichtlich ist, daß das genannte Paradigma die Lutherforschung des 20. Jahrhunderts weitgehend bestimmt hat: Sowohl Lutherrenaissance als auch dialektische Theologie greifen den Gegensatz zwischen „Substanzontologie" und „transzendentalem Wirkungsdenken"[30] auf und lassen zumeist eine deutliche Bevorzugung des „Wirkungsdenkens" erkennen. Dieses Ergebnis schließt nicht aus, daß auch andere Stimmen laut wurden. Saarinen selbst verweist auf die späteren Arbeiten Erich Vogelsangs, besonders auf dessen Studien zur Mystik Luthers,[31] in denen ausdrücklich festgehalten wird, daß der Reformator eine Einigung des Wesens, nicht nur des Willens lehre.

Andere, äußerst instruktive Beispiele finden sich der Studie Simo Peuras, die das Thema der Vergottung beim jungen Luther untersucht und in ihrem ersten Kapitel einen forschungsgeschichtlichen Überblick bietet.[32] Unter denjenigen Forschern, die eher die substanzontologischen Aussagen Luthers würdigen, kommt hier neben Vogelsang und Friedrich Heiler auch die katholische

---

[28] Ebd., 140. – Vgl. auch Saarinen, Gottes Wirken, 77: „Der so verstandene Christus in uns soll nicht metaphysisch gedacht werden, sondern als Erkenntnis und Wirken, dessen Grund der geschichtliche Jesus Christus ist."

[29] So kritisiert Wenz in seiner Rezension des Buches (Wenz, Mannermaa/Saarinen, 472) die „formale Fassung" des philosophischen Rahmens der Lutherforschung. Denn für Saarinen ist eine „Denkform" wie die des „Wirkungsdenkens" rein formal, also ohne Inhalt zu definieren. Aufgrund dieser Formalisierung des Problems seien, so Wenz, die Ergebnisse der Studie hinterfragbar. Dennoch sei unbestreitbar, „daß es jene Beziehungszusammenhänge ‚zwischen den Erkenntnistheorien des späten 19. und den protestantischen Lutherdeutungen des frühen 20. Jh.s' (...) faktisch, wenn auch nicht in der angenommenen geradlinigen Eindeutigkeit gibt". – Zur Lutherrenaissance vgl. besonders Assel, Aufbruch.

[30] Zu diesem eine „Denkform" resümierenden Begriff vgl. Saarinen, Gottes Wirken, 21 (Hervorhebungen im Original): „...*transzendental*, weil sie Immanuel Kants Definition folgt, der zufolge die transzendentale Betrachtung sich mit der Erkenntnisart der Gegenstände beschäftigt; *Wirkungsdenken*, weil sie (...) als ihren metaphysischen Grundbegriff nicht den Begriff des autonomen Seins, sondern den der als Wirkung aufgefaßten Realität gebraucht."

[31] Vogelsang, Luther und die Mystik; ders., Unio mystica; vgl. dazu Saarinen, Gottes Wirkung, 123–129. – Zum Thema Mystik wären auch die Aufsätze von Obermann, Iserloh und Hägglund zu nennen: Obermann, Simul gemitus et raptus; Iserloh, Luther und die Mystik; Hägglund, Luther und die Mystik.

[32] Peura, Mehr als ein Mensch?, 9–45.

Lutherforschung zu Wort. So hat besonders Erwin Iserloh betont, daß die Aussagen Luthers auf dem Boden der patristischen Erlösungslehre zu verstehen sind. Von hierher ergebe sich ein Verständnis der Begegnung mit Christus als eine „seinshafte Gemeinschaft in der Tiefenschicht der menschlichen Person, die dem Vermögen, Verstand und Willen vorgeordnet und dem Bewußtsein nicht zugänglich" sei.[33]

Ein Beispiel für die jüngere evangelische Lutherforschung, die an einer personalistischen Deutung orientiert ist, aber auch die Aussagen Luthers zur „Realpräsenz" Christi eingehend würdigt, findet sich im Standardwerk Wilfried Joests zur „Ontologie der Person bei Luther". Es wird von Peura ausführlicher besprochen, aber leider zu einseitig auf eine „relationale" Ontologie festgelegt.[34] Joest konzentriert sich auf das lutherische „Verständnis des Seins des Menschen in Korrelation zu der Weise, wie die Heilswirklichkeit für den Menschen da ist"[35] und behandelt damit genau das von den Finnen aufgegriffene Thema. Dabei arbeitet Joest mit dem Gegensatz zwischen „substantialem" und „personalem" Personverständnis und stellt, ähnlich wie seine Vorgänger, fest, Luther habe jenes durch dieses ersetzt.[36] Allerdings weist Peura ganz zurecht darauf hin, daß Joest neue, provozierende Fragen stellt, so vor allem diejenige nach der Verbindung des personalen Ansatzes mit der Sakramentstheologie.[37] Diese wichtige Frage Joests wird uns weiter unten noch beschäftigen müssen.

Sowohl die einschlägigen Luthertexte als auch verschiedene Interpretationsmöglichkeiten waren also in der Lutherforschung schon lange bekannt. Die finnische Forschung konnte in den 1980er-Jahren durchaus an vorhandene Kenntnisse der bisherigen Lutherforschung anknüpfen.[38] Dennoch lösten ihre Ergebnisse eine ganz neue Diskussion aus.

---

[33] Ebd., 30, mit Verweis auf Iserloh, Luther und die Mystik, 64. – Ein anderer hier zu nennender Vertreter der katholischen Lutherforschung ist Peter Manns (vgl. Peura, Mehr als ein Mensch?, 31f).

[34] Peura, Mehr als ein Mensch?, 32–37.

[35] Joest, Ontologie, 16.

[36] Vgl. z.B. ebd., 34f.

[37] Vgl. Peura, Mehr als ein Mensch?, 34.

[38] Es ist darauf hingewiesen worden, daß der von Saarinen vorgelegte forschungsgeschichtliche Überblick ältere Positionen behandelt und der Leser so „etwas die Aktualität" vermißt (Brecht, Neue Ansätze, 38). In der Tat endet die Studie Saarinens etwa in der Mitte des 20. Jahrhunderts. Peura führt den Überblick weiter und erwähnt neben den bereits genannten Autoren auch Arbeiten von Wilhelm Maurer, Erwin Mülhaupt, Walther Allgaier, Peter Meinhold, Erwin Iserloh, Peter Manns, Kjell-Ove Nilsson, Georg Kretschmar, Bengt Hoffman, Tuomo Mannermaa, Marc Lienhard, Reinhard Slenczka und Ulrich Asendorf. Auch die Arbeiten Gerhard Ebelings sind in der gesamten Untersuchung präsent.

2.2 Warum Willens- statt Wesenseinheit?

Überblickt man die vom „transzendentalen Wirkungsdenken" bestimmten Lutherdeutungen unseres Jahrhunderts, so sind einige Probleme und offene Fragen festzuhalten.

Der Haupttypus der von Saarinen und Peura dargestellten Lutherforschung ist gekennzeichnet durch die Abweisung einer *metaphysischen* Beschreibung der Gegenwart Christi zugunsten einer an der *Erfahrung* des Christen orientierten Darstellung dieses Themas. Die entscheidende Frage, die dieses Phänomen erhellen kann, ist die nach den *Motiven* dieser Lutherdeutung. Warum sehen sich die genannten Theologen genötigt, Luthers Aussagen zur Wesenseinheit von Christus und dem Christen im Sinne einer Willenseinheit oder einer Wirkung Christi zu interpretieren? Mehrere Motive sind zu unterscheiden:

Erstens ist festzustellen, daß die Frage nach der *Erkennbarkeit* der Einung vermischt wird mit der nach der *Realität* dieser Unio. Nur was dem Christen erkennbar ist, kann in die christliche Dogmatik eingehen. Erkennbar ist aber nur das, was *erfahrbar* ist. Deshalb kann die unio cum Christo nur als *Eindruck des historischen Christus* oder als ethischer Impuls, als Prägung des Willens, als Freude, kurz: als ein *psychisches Phänomen* beschrieben werden. Denn nur diese Phänomene sind für den Christen erfahrbar! Der „Christus-praesens-Gedanke" wird deshalb bei „Ritschl und Herrmann vorwiegend als ein Erkenntnisproblem erörtert".[39]

Es wird hier sofort deutlich, daß mit diesem Ansatz die klassische Offenbarungstheologie durch eine Erfahrungstheologie ersetzt und damit der Inhalt der Lehre *auf das Erfahrbare reduziert* wurde. Doch diese Option ist aus dogmatischer Sicht hinterfragbar. Muß nicht in der christlichen Lehre Platz sein für Aussagen, die sich *nicht* der heutigen religiösen Erfahrung, wohl aber den grundlegenden Texten Alten und Neuen Testamentes verdanken? Ist es nicht geradezu notwendig, daß die christliche Lehre Aussagen aufnimmt, die nicht von einer Verifizierung durch Erfahrung abhängig gemacht werden dürfen? Muß es nicht möglich sein, ohne oder gar gegen alle Erfahrung am biblischen Zeugnis festzuhalten? Diese Anfrage ist ausdrücklich auch auf die Genese der Texte selbst anzuwenden: Der Ursprung der unio-Lehre liegt zweifelsohne in den neutestamentlichen Texten, die nicht nur von der Wirkung Christi, sondern von seinem Innesein, vom Wohnen im Gläubigen sprechen. Es ist theologisch nicht einzusehen, warum diesen Texten allein die *Erfahrung* ihrer Verfasser

---

[39] Saarinen, Gottes Wirken, 83. – Vgl. auch ebd., 229: „Der in dieser Studie gezeichneten forschungsgeschichtlichen Deutungslinie zufolge kann die metaphysische Wirklichkeit in der konkreten Welt nur als eine Wirkung, deren Ursache uns unerreichbar bleibt, erfahren bzw. erlebt werden. Wenn dieser philosophische Grundgedanke auf die christliche Offenbarung angewandt wird, kann der theologische Gehalt der Offenbarung kein metaphysisches System bilden, sondern nur im Zusammenhang der Wirkungen, die sich innerhalb der natürlichen, geschichtlichen Welt ereignen, erfaßt werden."

zugrundeliegen sollte. Denkbar ist durchaus, daß sie Aussagen machen, die ihren Erfahrungshorizont überschreiten.

Ein *zweites* Motiv moderner Lutherinterpretation liegt in dem wichtigen Anliegen, die christliche Lehre nicht von der konkreten Geschichte abzulösen und so zu einer schwärmerisch-mystischen Konzeption umzugestalten. Diese Sorge wird besonders bei Wilhelm Herrmann deutlich. Bei ihm ist die metaphysische unio-Lehre nahezu der Schwärmerei zuzurechen, da sie, so scheint es, keinen Anhalt mehr am historischen Christus hat: Der Gläubige wird substantiell mit Christus geeint, und aufgrund dieser engen, direkten Verbindung wird der historische Christus unwichtig.[40] Diese Sorge Herrmanns findet ihre Parallele in der ritschlschen Ablehnung der Mystik als geschichtsfeindliche Spekulation, als Suche nach Einheit ohne *historische Mittel*.

Dieser Hinweis auf die Mittel, durch die sich Gott dem Menschen schenkt, kann in reformatorischer Theologie niemals leichtfertig beiseite geschoben werden. Dennoch werden auch hier zwei Probleme vermischt. Denn es ist offensichtlich, daß Luther selbst die Einung mit Christus immer gebunden wissen wollte an Wort und Sakrament. Man kann die Behauptung einer Wesenseinheit nicht mit dem Hinweis auf die Notwendigkeit historischer Mittel aushebeln. Zum einen beruht die unio-Lehre ja selbst auf den historischen Zeugnissen der Evangelien und apostolischen Briefe. Zum anderen betont gerade sie mit der substanziellen Gegenwart Christi das *inkarnatorische* Element unseres Glaubens. Dies wird schon daran deutlich, daß die lutherische Orthodoxie Wert darauf legte, daß auch die menschliche Natur Christi sich mit dem Gläubigen verbinde. Demgegenüber muten nun gerade die Modelle des „Wirkungsdenkens" eher wie blasse, dem Spiritualismus zuzurechnende Verdünnungen des eigentlichen Gehaltes der unio-Lehre an. So hat sie offensichtlich auch Luther selbst aufgefaßt und deshalb für die „wesentliche" Gegenwart Christi im Gegensatz zur bloßen Willenseinheit gefochten. Die von der evangelischen Forschung beigebrachten neuen Erklärungsversuche zeichnen sich demgegenüber durch eine gewisse Beliebigkeit aus. Wenn etwa Holl ausführt, die Gegenwart Christi bestehe in einer „im Herzen des Menschen entfachte(n) Wärme", in einem „lebendige(n) Willen(n) oder der „innere(n) Freude gerade an dem hochgesteckten Ziel",[41] dann ist völlig unklar, mit welchem Recht solche Stimmungen und Gefühle als durch Christus verursachte Phänomene verstanden werden.

Eine weitere, *dritte* Motivierung der genannten Lutherdeutung liegt in der intendierten Abgrenzung vom Katholizismus. In der Tat fällt auf, daß die Darstellungen der unio-Lehre sehr stark am Gegensatz zwischen katholischer und

---

[40] Vgl. dazu ebd., 74f.

[41] Holl, Gesammelte Aufsätze, Bd. 1, 220 (zitiert bei Saarinen, Gottes Wirken, 100). – Ähnlich auch Holl, Kleine Schriften, 44 (zitiert bei Saarinen, Gottes Wirken, 102; Hervorhebungen im Original): „Wer Christus im Glauben verstanden hat, der muß (...) auch spüren, wie in der *Gemeinschaft* mit dem gnädigen, dem heiligen Gott, ein *Feuer*, eine Freudigkeit, eine Lust zum Guten in ihm entsteht. Solches Feuer, solche Begeisterung – das ist der heilige Geist."

evangelischer Theologie orientiert sind. Als evangelischer Lutherforscher stellt man sich schon deshalb gegen eine „substanzontologische" Deutung der Vergöttlichungsaussagen, weil diese zum Katholizismus mit seiner „Verdinglichung" der Gnade zurückführt. Letztlich steht, so scheint es, damit die Rechtfertigung aus Glauben allein, also das Zentrum unseres Glaubens selbst auf dem Spiel.[42] Für den Leser der beigebrachten Luthertexte bleibt aber die dringende Frage, warum denn Luther selbst so unbefangen von der Wesenseinheit mit Christus sprechen konnte. Ist es wirklich nötig, mit der Lehre von der „gratia creata" als Bedingung der Rechtfertigung auch gleich die gesamte Substanzontologie zurückzuweisen? Hier muß differenziert werden: Wenn es wahr ist, daß die katholische Dogmatik aus der Lehre von der substantiellen Gemeinschaft mit Christus Konsequenzen zieht, welche die evangelische Dogmatik so nicht teilen kann, dann darf deshalb nicht ohne weiteres diese Lehre selbst aufgegeben werden. Es ist hier doch wohl das frappierende Votum Barths zu hören, demzufolge gerade die rechte Betonung der „unio cum Christo" durch die Lutheraner eine ökumenische Verständigung hätte ermöglichen können.[43]

Bedingt durch die genannten Gründe, krankt der Typus einer „nicht metaphysischen" Lutherdeutung an einer willkürlichen Aufteilung der Theologie Luthers. Alle ontologischen Aussagen, insbesondere die unnachgiebige Verteidigung der Realpräsenz Christi im Abendmahl, gelten als metaphysischer Rest, während relationale Aussagen, etwa die Betonung der coram-Struktur der menschlichen Existenz,[44] als die eigentliche, wahre reformatorische Theologie zu gelten haben. Es gilt nun, die berechtigten Motive einer solchen Deutung genau zu beachten und aufzugreifen, ohne deshalb in die offensichtlich unzureichende Alternative von „substantieller" und „relationaler" Deutung zu verfallen. Die Luthertexte, die Gottschick, Vogelsang und andere selbst zusammengetragen haben, dürfen nicht mit Gewalt gegen ihren Sinn interpretiert werden. Zu suchen ist eine Deutung, die die metaphysischen Aussagen sinnvoll

---

[42] Auf diesen konfessionellen Gegensatz spielen z.B. Ritschl, Herrmann, Vogelsang, R. Seeberg und auch Wolf an, vgl. dazu die Ausführungen bei Saarinen, Gottes Wirken, 85; 123; 129; 139f; 221. – Vgl. auch die zusammenfassende Bemerkung Saarinens (ebd., 230): „Die Analyse hat gezeigt, daß die Meinung, der konfessionelle Unterschied stelle zugleich eine fundamentale, durch die verschiedenen Denkformen bedingte Differenz dar, tief in der Forschungsgeschichte verwurzelt ist. Von Albrecht Ritschl bis Ernst Wolf sehen die Forscher die fundamentale Verschiedenheit der reformatorischen Theologie vom Katholizismus darin, daß Luther anstatt der aristotelischen Metaphysik das dynamische Wirkungsdenken als Grundlage seiner Christologie benutzt."

[43] Barth, Kirchliche Dogmatik IV,3, 632: „Wäre die reformatorische Lehre nicht von hier aus in ein so strahlendes Licht zu rücken gewesen, das – von so vielen Mißverständnissen im eigenen Lager abgesehen – vielleicht auch die Väter von Trient verhindert hätte, sich in der Sessio VI so kümmerlich gegen sie zu verwahren?" – Vgl. dazu auch Saarinen, Gottes Wirken, 203.

[44] Zu dieser Struktur, vgl. Ebeling, Luther, 220–238.

in den Duktus der Theologie Luthers zu integrieren weiß. Dies ist der Anspruch der heutigen finnischen Lutherforschung.

3. Die finnische Forschung in der Diskussion

3.1 Hauptergebnisse der finnischen Forschung

3.1.1 Texte

Die Neuorientierung[45] der finnischen Forschung wurde ausgelöst durch den Dialog der lutherischen Kirche Finnlands und der russisch-orthodoxen Kirche. Hier schien sich abzuzeichnen, daß der Begriff der „Theosis" eine Brücke des Verständnisses für beide Traditionen sein könnte.[46]

Als erstes theologisches Werk, daß darauf die neuere Diskussion einleitete, kann Mannermaas Buch „Der im Glauben gegenwärtige Christus" betrachtet werden.[47] In deutscher Übersetzung erst 1989 erschienen, enthält es ältere Arbeiten Mannermaas, darunter vor allem den gleichlautenden Vortrag zur berühmten Aussage Luthers aus der großen Galatervorlesung: „In ipsa fide Christus adest", der bereits 1979 auf finnisch erschien. Die Studie untersucht das Vergöttlichungsmotiv unter besonderer Berücksichtigung dieser Galatervorlesung, die, so der Autor, für lutherische Theologie gerade im Blick auf die Rechtfertigungslehre als maßgeblich angesehen werden muß.[48]

1981 erschien in finnischer Sprache eine Arbeit Eero Huovinens, in der er unter Heranziehung der Genesisauslegung Luthers die „Todestheologie" des Reformators nachzeichnete. Hier ging es um die Frage der Ebenbildlichkeit des Menschen und seiner Partizipation an Gott.[49] Die Arbeit von Juhani Forsberg zum „Abrahambild in der Theologie Luthers" prägt den Begriff einer „Ontologie unter dem Kreuz" und bezeichnet damit die Lehre von der realen Gegenwart Gottes im Leben des Christen, die jedoch unter dem Schein der Abwesenheit verborgen bleibt.[50] Simo Peura, Schüler Mannermaas, legte 1994 eine Arbeit zum Vergöttlichungsmotiv in der Theologie Luthers von 1513 bis 1519

---

[45] Eva Martikainen unterscheidet in ihrem Forschungsüberblick drei verschiedene Phasen der finnischen Lutherforschung seit 1934, deren dritte, beginnend in den siebziger Jahren, durch die ökumenischen Dialoge mit der russisch-orthodoxen Kirche eingeleitet und durch die Mannermaa-Schule geprägt wurde, vgl. Martikainen, Die finnische Lutherforschung, 372; 380.

[46] Die Kommuniqués dieser Gespräche (bis 1986) finden sich in dem Band „Dialogue Between Neighbours", Helsinki 1986.

[47] Mannermaa, Glauben.

[48] So ebd., 16f, mit Verweis auf FC III, wo explizit auf Luthers Galaterkommentar hingewiesen wird (BSLK 936).

[49] Eine Zusammenfassung dieser Arbeit bietet: Huovinen, Unsterblichkeit.

[50] Forsberg, Abrahambild.

vor.[51] Antti Raunio, ebenfalls der Mannermaa-Schule zugehörig, veröffentlichte 1993 seine Doktorarbeit zur „goldenen Regel" und zum „Gesetz der Liebe" in der Theologie Luthers von 1510–1527.[52] Hinzu kam bereits 1989 die forschungsgeschichtliche Arbeit von Risto Saarinen.[53]

Diese grundlegenden Arbeiten werden flankiert von einer imposanten Reihe von Kongreßberichten, die zum Teil in Zusammenarbeit mit der Luther-Akademie Ratzeburg entstanden sind und wichtige Diskussionsbeiträge finnischer und deutscher Forscher enthalten.[54] Andere Arbeiten schließen sich in dieser Perspektive an, so z.B. die 1998 von Martti Vaahtoranta publizierte Studie zur Unio bei Johann Gerhard[55] und die wichtige Arbeit zur fides infantium bei Luther, die Eero Huovinen 1997 vorgelegt hat.[56] Für den englischsprachigen Kontext wurde bereits ein resümierender Überblicksband herausgebracht.[57]

Im Folgenden wird eine Zusammenfassung der wichtigsten Thesen der finnischen Forschung gegeben, bevor die Diskussion dieser Thesen in den Blick rückt.

3.1.2 „In ipsa fide Christus adest": „Real-ontische" Teilhabe bei Luther

Die Hauptthese der finnischen Forschung besagt: Die Lehre von der Vergottung (Theosis) des Christen spielt in der Theologie Martin Luthers eine *zentrale* Rolle.

Mannermaas bereits 1977 in Kiew gehaltener Vortrag „In ipsa fide Christus adest"[58] beschäftigt sich vorwiegend mit Luthers großem Galaterkommentar aus dem Jahr 1535. Mannermaa zeigt, daß das in dieser Schrift zentrale Thema der „Gegenwart Christi" eine Vergöttlichungslehre des Reformators impliziert. Deshalb wird dieses Thema auch zum „Schnittpunkt zwischen lutherischer und orthodoxer Theologie".[59] In der Tat kann Mannermaa zur Stützung seiner These deutliche Passagen der Galatervorlesung heranziehen, die jeweils unterschiedliche Aspekte der Teilhabe an Gott herausstellen.

Insbesondere fallen Abschnitte auf, in denen Luther die reale, wesensmäßige Gegenwart Christi im Gläubigen betont und sie von anderen Modi der Gegenwart unterscheidet. So weist Luther insbesondere die Meinung der Spiritualisten zurück, Christus wohne in uns „spiritualiter" oder „speculative", während er „realiter" im

---

[51] Peura, Mehr als ein Mensch?.
[52] Raunio, Summe.
[53] Saarinen, Gottes Wirken.
[54] In der Reihenfolge des Erscheinens: Luther in Finnland; Thesaurus Lutheri; Luther und Theosis; Luther und Ontologie; Luther und die trinitarische Tradition; Unio; Der Heilige Geist.
[55] Vaahtoranta, Restauratio.
[56] Huovinen, Fides infantium.
[57] Union with Christ.
[58] Mannermaa, Glauben, 11–93.
[59] So der Untertitel des Vortrages.

Himmel sei. Demgegenüber gelte es festzuhalten, daß er in uns lebe und handle „non speculative, sed realiter, praesentissime et efficacissime".[60]

Des weiteren ist Christus für den Christen nicht nur Garant der Gunst Gottes (favor), sondern immer auch gegenwärtige Gabe (donum). Durch diese Gabe im Herzen des Gläubigen hat dieser Teil an der Natur Gottes: Der Christ ist größer als die ganze Welt, weil er das „donum" im Herzen hat, und dieses „donum" ist Christus selbst.[61]

So kann Luther auch, in Zurückweisung der scholastischen „fides charitate formata", von Christus als der „Form" des Glaubens sprechen und damit den aristotelischen Form-Begriff für seine Lehre von der Gegenwart Christi fruchtbar machen. Luther spricht also durchaus auch von einem Glauben, der eine „Form", ein Wesen hat, daß ihm erst Realität verleiht. Doch ist diese Form nicht die Liebe als eine dem Menschen zuzuordnende Tugend, sondern der anwesende Christus selbst: „Christus forma fidei".[62] Christus ist die Form des Glaubens, so wie die weiße Farbe oder das Licht untrennbar zu einer Wand gehören: Er „haftet" in uns „proxime et intime".[63] Durch diese Definition rücken Glaube und Gegenwart Christi ganz eng zusammen, werden nahezu identifiziert. Glaube ohne Gegenwart Christi ist bloß „absoluter", losgelöster Glaube. Wahrer Glaube bedeutet Präsenz Christi im Gläubigen: „In ipsa fide Christus adest".[64]

In diesem Zusammenhang kommt Luther auch zu der berühmten Aussage, Christus und der Christ würden im Glauben „quasi una persona". Christus bezeuge, durch den Glauben mit dem Sünder „zu einem Fleisch und Knochen" verbunden zu sein. Dieser Glaube, so Luther, verbinde Christus und den Christe stärker, als ein Gatte und seine Gemahlin verbunden seien. In seiner Suche nach anschaulichen Bildern kann Luther auch sagen, daß Christus und der Christ geradezu „verschmelzen" (conglutinari).[65]

Schließlich kommt es auch zur direkten Bezeugung einer „Vergottung" des Menschen. Unter Zitierung von 2 Petr 1,4 kann Luther so ganz schlicht ausführen: „Durch den Glauben wird der Mensch Gott."[66] Dieser Gedanke wird ausdrücklich mit dem der Einwohnung Christi oder des Geistes verbunden. Durch die Gegenwart des Geistes in uns geschieht es, daß „alles, was er ist und vermag, ynn uns vollig sey und krefftig wircke, das wir gantz vergottet werden".[67]

---

[60] Luther, In epistolam S. Pauli ad Galatas Commentarius, WA 40 I, 546,27f; zitiert bei Mannermaa, Glauben, 39.

[61] Vgl. WA 40 I, 235,26 – 236,16; Mannermaa, Glauben, 30f.

[62] WA 40 I, 229,9 sowie der ganze Abschnitt, 228,27 – 229,32; dazu Mannermaa, Glauben, 36–39.

[63] WA 40 I, 283,28.

[64] WA 40 I, 229,15. – R. Slenczka (Gemeinschaft mit Gott, 33) betont zu recht, daß diese Formulierung bei Luther häufig begegnet; „sie ist, gerade auch in ihrer biblischen Begründung, kein Spitzensatz, sondern ein Grundsatz."

[65] Z.B. WA 40 I, 285,24. – An anderer Stelle (ebd., 284,25f) formuliert Luther „quasi unum corpus in spiritu".

[66] WA 40 I, 182,15: „Fide enim homo fit Deus, 2. Pet.1." Vgl. Mannermaa, Glauben, 52–55.

[67] Luther, Sermon von Stärke und Zunehmen des Glaubens und der Liebe, WA 17 I,1, 438,20f.

Mannermaa bezeichnet nun die Einung mit Christus als „real-ontische Teilha-be" an Christus. Dieser Begriff wird in der Studie selbst leider nicht hinrei-chend definiert. Mannermaa schreibt lediglich eine historische Studie zur Theosis-Lehre Luthers, in der alle genannten Aspekte dieser Lehre in der Rede von der „real-ontischen" Gegenwart Christi gebündelt werden.[68]

Mannermaas Schüler Peura weist darauf hin, daß der Ausdruck „real-ontologischer Charakter des Gottesverhältnisses" bei Mannermaa nicht auf eine bestimmte philosophische Ontologie verweist, sondern „im allgemeinen Sinne die Einheit des Seins Gottes und des Menschen und somit auch die Einheit des Wesens Gottes und des Wesens des Menschen" meine.[69] Es ist offensichtlich, daß diese Beschreibung der Position Luthers noch näherer Klärung bedarf.

3.1.3 Erkennbarkeit des Modus der Gegenwart Christi

Ein weiterer wichtiger Hinweis der Studie Mannermaas betrifft die Aussagen Luthers zum Modus der Einwohnung Christi, insbesondere zur Frage, ob die Art der Einwohnung näher erkannt und beschrieben werden könne. Wir sahen bereits, daß Luther durchaus eine solche Beschreibung versucht, indem er ge-läufige philosophische Begriffe benutzt (Christus als forma), oder aber konkre-te Beispiele aus dem Leben heranzieht (Verbindung der Eheleute, Farbe der Wand). Dennoch ist für Luther zweierlei nur allzu deutlich: Zum einen ist die Einwohnung ein Glaubensgegenstand, muß also selbst geglaubt und kann nicht aufgewiesen werden. Zum anderen ist die Art und Weise ihrer Realisierung dem menschlichen Verstand verschlossen. In erstaunlicher Weise vergleicht Luther den Glauben nicht mit dem Licht, sondern – unter Anspielung auf 1 Kön 8,12 – mit dem *Dunkel*, in dem Gott wohnen möchte:

> „Im Glauben selbst ist Christus anwesend. Der Glaube ist somit eine Erkenntnis, oder gar Finsternis, die nichts erkennt. Und doch sitzt in dieser Finsternis der durch den Glauben ergriffene Christus so, wie Gott einst auf dem Sinai und im Tempel inmitten des Dunkels saß. Unsere seinshafte (*formalis*) Gerechtigkeit ist somit nicht die Liebe, die dem Glauben Form gibt (*charitas informans fidem*), sondern der Glaube selbst und die Wolke des Herzens, d.h. das Vertrauen auf etwas, das wir nicht sehen, nämlich auf Christus, der – obgleich im höchsten Grade unsichtbar – doch anwesend ist. (...) Auf welche Weise er aber anwesend ist, kann nicht gedacht werden, da es wie gesagt Finsternis ist."[70]

---

[68] In einer weitergehenden These hat Mannermaa sogar von einer „trinitarischen Ontologie Luthers sprechen können (vgl.: Mannermaa, Hat Luther eine trinitarische Ontologie?). Diese These ist in der Diskussion eher zurückhaltend aufgenommen worden, vgl. dazu: N. Slenczka, Über Aristoteles hinaus?; Dieter, Der junge Luther, 376; Leoni, Trinitarische und christologi-sche Ontologie.

[69] Peura, Mehr als ein Mensch?, 39, Fußnote 108, vgl. ebd., 4, Fußnote 12.

[70] WA 40 I, 229,15–24, hier zitiert nach der deutschen Übersetzung bei Mannermaa, Glau-ben, 38.

An anderer Stelle kann Luther dasselbe auch vom „Seufzen" oder „Schreien" des Heiligen Geistes in uns sagen. Dieses ist dem Christen verheißen, er kann es aber mit seinen Sinnen nicht erkennen.[71]

Diese Klarstellungen sind von großem Wert, da in der modernen Diskussion um die Einwohnung nur zu oft die Frage der *Realität* solcher Einwohnung mit der ihrer *Erkennbarkeit* vermischt wird.

3.1.4 Rechtfertigung und Theosis

Die finnische Forschung weist besonders eindringlich darauf hin, daß die Lehre von der Theosis nicht etwa als eine gesonderte Lehre zur Rechtfertigungslehre hinzutritt oder ihr gar Konkurrenz macht. Vielmehr beschreibt sie dasselbe Geschehen – die Vereinigung von Gott und Mensch – aus einer anderen Perspektive. Deshalb kann auch die Rechtfertigungslehre überhaupt nicht von der Bezeugung der realen Gegenwart Christi getrennt werden.

Das „allein aus Glauben" der Rechtfertigungslehre steht also keinesfalls im Gegensatz zur Behauptung der wesensmäßigen Einheit von Christus und dem Christen, solange deutlich bleibt, daß diese Einheit selbst konstituierendes Element des Glaubens ist. Hingegen korrigiert die Theosislehre eine einseitig forensische Rechtfertigungslehre, welche die Einigung mit Christus von dem Akt der Gerechtsprechung des Sünders trennen und logisch unterscheiden zu müssen glaubt. Nach Mannermaa ist diese Gefahr im späteren Luthertum, etwa in der Konkordienformel, gegeben.[72]

Die Einheit von Rechtfertigungslehre und Vergottungslehre zeigt sich besonders an der Betonung einer communicatio idiomatum, die für beide Lehren zentral ist: Im fröhlichen Wechsel und Tausch schenkt uns Christus seine Gerechtigkeit und nimmt unsere Sünde auf sich. Doch ist dieser Tausch nicht nur *forensisch*, sondern gerade auch *effektiv* zu verstehen: Es kommt zur realen Teilhabe an den Gaben Christi. So ist Rechtfertigung bei Luther nicht nur Sündenvergebung, sondern zugleich auch Teilhabe am Wesen Gottes durch die Einheit mit Christus.[73] Dieser Zusammenhang erklärt auch, warum das „extra nos" der Rechtfertigungslehre bei Luther nicht gegen das „in nobis" der Einwohnungslehre ausgespielt werden kann. Mannermaa unterscheidet zwei Perspektiven: „(V)on Christi Werk her betrachtet" ist die Rechtfertigung „außerhalb" des Menschen: sie geschieht ohne seine Werke allein aus Gnaden. „(V)on

---

[71] Vgl. WA 40 I, 582, 22–27; Mannermaa, Glauben, 79f.

[72] Vgl. Mannermaa, Glauben, 15f. – Flogaus (Theosis, 321) äußert Bedenken gegen diese Differenzierung. Es handle sich weniger um einen Gegensatz zwischen Luther und Melanchthon bzw. der Konkordienformel, als vielmehr um den zwischen früherem und späterem Luther. Letzterer habe stärker zwischen Rechtfertigung und Einwohnung Christi unterschieden.

[73] Vgl. dazu ebd., 31–33, besonders 32: „Der Glaube teilt dem Menschen göttliche Eigenschaften mit, da im Glauben Christus selbst als die göttliche Person anwesend ist. (...) Es ist leicht ersichtlich, daß sich in Luthers Theologie (...) die Gedanken über den rechtfertigenden Glauben und über die Einwohnung Christi im Glauben sich nicht voneinander trennen lassen." – Vgl. auch 26f.

der Person des Menschen her" wird deutlich, daß der Gläubige „real-ontisch" Anteil an Christus hat und so an seinen Gaben partizipiert.[74] „Das Gott-ähnlich-Werden bedeutet nach Luther gerade den Transitus *a lege in fidem Christi.*"[75]

Insbesondere weist Mannermaa darauf hin, daß Luther den Gedanken der personalen Vereinigung mit Christus oft gerade im Streit mit scholastischen Auffassungen der Rechtfertigung verwendet. Der Glaube sei eben keine Qualität der Seele, sondern der gegenwärtige Christus. Für Mannermaa besteht so „kein Zweifel daran, daß der Gedanke von der realen Teilhabe an Christus zum Wesen der Rechtfertigungsauffassung Luthers" gehört.[76]

3.1.5 Glaube und Liebe

Die lutherische Theosislehre führt nach Mannermaa auch zu einem vertieften Verständnis des Zusammenhangs von Glaube und Liebe. Mannermaa weist immer wieder darauf hin, daß Luthers Theologie gleichermaßen eine Theologie des Glaubens wie eine Theologie der Liebe ist.[77] Denn wenn der Christ durch den Glauben sich mit Christus vereint, hat er Anteil am Wesen Gottes, welches eben die Liebe ist. In dieser Perspektive öffnet sich die Einwohnungslehre zu einer *Theologie der Inkarnation*: Der Christ partizipiert an der Inkarnation, in dem er ein Christus für den Nächsten wird: „Dabo itaque me quendam Christum proximo meo, quemadmodum Christus sese praebuit mihi."[78] Redet man von der realen Gegenwart Christi im Gläubigen, so wird deutlich, daß der einwohnende Christus den Glauben im Herzen des Gläubigen schafft und so auch Anteil an seinem Wesen, der Liebe, gewährt. Insofern verdeutlicht der Gedanke der Gegenwart Christi geradezu „die Gesamtstruktur im Denken Luthers".[79]

3.2 Der Kern der Debatte: „Substanzontologie" versus „relationale Ontologie"?

Flogaus ist sicherlich Recht zu geben, wenn er die „ontologische Frage" als „das eigentliche punctum saliens des Verständnisses von Luthers Vergöttli-

---

[74] Mannermaa, Glauben, 48.

[75] Ebd., 54, mit Verweis auf WA 40 I, 650,3 und 651,3.

[76] Ebd., 51.

[77] So vor allem in seinen beiden Abhandlungen „ Das Verhältnis von Glaube und Nächstenliebe in der Theologie Luthers" (=Mannermaa, Glauben, 95–105) und „Zwei Arten der Liebe. Einführung in Luthers Glaubenswelt" (= Mannermaa, Glauben, 107–181). Vgl. ebenso: Mannermaa, Die lutherische Theologie. – Daß Luther auch als Theologe der Liebe zu lesen sei, hatte seit 1965 bereits der katholische Lutherforscher Peter Manns immer wieder betont. Vgl. besonders Manns, Fides absoluta.

[78] Luther, Tractatus de Libertate christiana, WA 7, 66,3f. Übersetzung (Mannermaa, Glauben, 163): „Ich werde mich sozusagen als Christus meinem Nächsten geben, ebenso wie Christus sich mir dargeboten hat." – Vgl. dazu auch Mannermaa, Glauben, 57: „Christus ist im Glauben gegenwärtig und inkarniert sich gleichsam im Handeln des Christen."

[79] Mannermaa, Glauben, 62.

chungsaussagen" bezeichnet.[80] Welches sind die Hauptargumente in der Debatte um die Ontologie des Reformators, insbesondere hinsichtlich ihrer Interpretation durch die finnische Forschung?

Zunächst gibt es moderate Stimmen, die lediglich auf die nötige Klärung der Begriffe hinweisen. So fordert etwa Wenz – sicherlich zu recht – die Beantwortung der Frage, „was mit der zentralen Formel ‚real-ontisch' eigentlich präzise gemeint ist".[81] Zur Klärung benennt er drei Unterfragen, die zum Verständnis der finnischen Arbeit unerläßlich sind: Zum einen sei der „begriffliche Zusammenhang von Realität und Präsenz logisch und ontologisch" und dann auch theologisch zu klären. Des weiteren fordert er einen Vergleich der Gegenwart Christi im Glauben von anderen Arten der Realpräsenz. Drittens schließlich sei zu untersuchen, wie sich „die Selbstrepräsentation Jesu Christi im Glauben" verhalte zur „Selbstwahrnehmung" des Gläubigen, mittels derer er „sich seinen Glauben und den in solchem Glauben präsenten Christus vergegenwärtigt".[82] Wenn auch die dritte Frage im Ansatz durch die Finnen bereits beantwortet ist – die Präsenz Christi hängt nicht ab von der Selbstwahrnehmung des Glaubenden – so formulieren jedenfalls die beiden ersten Fragen echte Desiderate hinsichtlich der Weiterführung und dogmatischen Präzisierung der finnischen Arbeiten.

Jedoch gehen andere Diskussionsteilnehmer weiter, indem sie die Ergebnisse der finnischen Arbeiten in Frage stellen. Diese Infragestellung spielt sich vorwiegend auf dem Feld der „ontologischen" Aussagen ab. So wird von Kritikern der finnischen Arbeiten (und nicht nur von ihnen) immer wieder hervorgehoben, Luther habe „ein Operieren mit den metaphysischen Kategorien der griechischen Philosophie explizit abgelehnt", er denke „gerade nicht substanzontologisch".[83]

Eine Grundschwierigkeit der Debatte liegt darin, daß fortwährend ein partieller oder totaler Gegensatz zwischen einer „relationalen Ontologie" und einer „Substanzontologie" behauptet und als bekannt vorausgesetzt wird, ohne daß er im Einzelnen begrifflich geklärt wäre. Leider kann man hier nur dem frühen Urteil Joests zustimmen: „Die Begriffe ‚Ontologie', ‚ontologisch' werden, besonders von Theologen und gerade in der Auseinandersetzung mit dem Denken Luthers, meist vage und mehr gefühlsmäßig gebraucht."[84] Wie wird nun der Gegensatz von Substanzontologie" und „relationaler Ontologie" näher verstanden?

Die *Substanzontologie* – so die gängige Vorstellung – geht von selbständig existierenden „Substanzen", Wesenheiten aus. Diese sind für sich da, und *weil* sie bestehen (subsistere), können sie auch – gleichsam in einem zweiten Schritt

---

[80] Flogaus, Theosis, 415f.
[81] Wenz, Mannermaa/Saarinen, 470.
[82] Ebd., 471.
[83] Flogaus, Theosis, 38; 332.
[84] Joest, Ontologie, 13.

– miteinander in Beziehung treten, aufeinander wirken. Oft wird mit einer solchen Ontologie auch der Gedanke des Statischen verbunden: die Substanz ruhe in sich selbst, sie sei in ihrem Wesen ein für alle mal bestimmt und festgelegt. Dieser Gedanke ist allerdings bereits für die aristotelische Ontologie abwegig.[85]

Eine *relationale Ontologie* hingegen kennt, mindestens im Blick auf Gott und den Menschen, keine in sich selbst ruhenden, einfach da-seienden Substanzen, sondern nur Wesenheiten, die erst *durch* die Beziehung zu einem Anderen überhaupt zum Sein kommen. Wilfried Joest beschreibt diese Auffassung wie folgt:

> „Der Angelpunkt ist dabei die These, daß Luther den substanzialen durch einen relationalen Personbegriff ersetzt: Menschsein heißt dann nicht eine Seinsausstattung haben, mittels derer der Vollzug von Gottesbeziehung möglich ist, bzw. in diese Seinsausstattung hinein einen übernatürlichen Gehalt und damit die Potenz zu Akten einer übernatürlich vertieften Gottesbeziehung empfangen. Die Frage, was der Mensch in Natur und Gnade *ist* (im Sinne des Wesensbestandes) und *daher* im Vollzug von Beziehungen vermag, ist als solche überholt. Das Personsein des Menschen ist je immer schon seine Gottesbeziehung *im Vollzug*; und zwar in einem Vollzug, in den der Mensch dadurch hineingezogen ist, daß Gott ihn an-geht im Wort und ihm dadurch ein Verhalten zu sich selbst eröffnet. Dies und nicht eine Ausstattung mit Wesenskräften ist das Konstitutivum des Personseins."[86]

Zu diesen Ausführungen tritt ferner die starke Betonung der „Worthaftigkeit" des Seins der Person: Wenn dieses Sein nicht festgelegt ist, sondern sich jeweils in einer Relation konstituiert, dann ist es ein auf das Wort angewiesenes Sein. Denn die Relation, insbesondere die Relation zwischen Mensch und Gott, gründet sich auf ein Wortgeschehen zwischen den beiden so verbundenen „Personen". Dieser Wortcharakter ist insbesondere von Gerhard Ebeling herausgearbeitet und immer wieder betont worden.[87]

Im Folgenden soll diese Sicht der Dinge und die damit verbundene Kritik an der Mannermaa-Schule dargestellt und beurteilt werden. Dabei wird neben anderen Forschungsbeiträgen insbesondere die gründliche Arbeit von Flogaus[88] herangezogen, da sie die zur Zeit ausführlichste Auseinandersetzung mit den finnischen Thesen bietet. Das wird auch daran deutlich, daß Mannermaa sich mit einer kritischen Besprechung des Buches von Flogaus zu Wort gemeldet hat.[89]

---

[85] Vgl. dazu Wald, Person und Handlung, 88f (Fußnote 5): „Substanz zu sein bedeutet für den Menschen auch nach Aristoteles gerade Wandelbarkeit – Qualifizierung des Seins als ein Werden zu sich selbst – in steter Auseinandersetzung mit der Wirklichkeit und den Umständen des Lebens. Die Natur der Geistseele kann gar nicht zutreffender definiert werden als ein dynamisches In-Beziehung-sein zum Wirklichkeitsganzen."

[86] Joest, Ontologie, 34f.

[87] Vgl. dazu z.B.: Ebeling, Anfänge, ders., Wirklichkeitsverständnis; ferner Joest, Ontologie, 32–34.

[88] Flogaus, Theosis.

[89] Mannermaa, Zur Kritik.

3.3 Substanz als „quidditas" oder als „qualitates"?

Seit den Arbeiten Gerhard Ebelings wird in der Auseinandersetzung um die Ontologie Luthers immer wieder ein früher Text aus den „Dictata super Psalterium" zitiert.[90] Auch Flogaus sucht anhand dieses Textes zu zeigen, daß Luther, in Opposition zum scholastischen Sprachgebrauch, die „Substanz" des Menschen mit gewissen, ihm von außen zukommenden „Qualitäten" identifiziere: Nicht was der Mensch an sich sei, sondern wie er jeweils handle, wovon er sich prägen lasse, dies sei seine Substanz. Aus diesem Blickwinkel ist dann die Substanz wieder, ähnlich wie in der Definition Joests, zu beschreiben als ein „‚In-Beziehung-Stehen' zu einem Anderen", als „das, worauf er sein Leben gründet und das ihm dadurch zu einer von außen empfangenen Eigenschaft wird".[91] Letztlich ist die Substanz des Menschen dann dasjenige, an das er sein Herz hängt. Seine Substanz ist entweder sein jeweiliger Abgott oder aber Gott, der Vater Jesu Christi.

Nun steht ja die Aussage, daß Gott die Substanz des Christen wird, zunächst in Einklang mit dem, was die finnischen Forschungen herausstreichen. Besonders betont wird bei Flogaus lediglich, daß diese neuen qualitates „von außen" kommen und nur in der Relation des Glaubens zur Substanz des Menschen werden. Problematisch wird es erst, wenn nun behauptet wird, daß Luther im Blick auf die Gegenwart Gottes im Gläubigen auch zwischen *Gottes* „quidditas" und seinen „qualitates" unterscheide. Es wird dann Luther die Meinung unterstellt, daß der Mensch, wenn er die neue „substantia Dei" erhält, nicht die „quidditas", sondern die „qualitates" bzw. „idioma" Gottes zugeeignet bekomme.[92] Mit dieser Unterscheidung soll wohl der Gedanke ausgeschlossen werden, daß es bei der Einwohnung Gottes zu einer Verschmelzung von Gott und Mensch komme, und ferner, daß ein „statischer" Seinsbesitz vorhanden sei, der dann wiederum von der Relation des Glaubens abgelöst werden könnte. Streng genommen unterscheidet man damit zwischen *zwei* „Substanzen" Gottes innerhalb der Theologie Luthers: „Diese partizipierbare Substanz ist also *gerade nicht* die, deren sich Christus in der Inkarnation nicht entäußert hat, wie S. Peura meint, da diese ja die *quidditas* Gottes wäre."[93] Flogaus verneint so die Auf-

---

[90] Es handelt sich besonders um die Passage in WA 3, 419, 25 – 420,13. Ebeling (Anfänge, 24) findet hier eine „unerhörte Umkehrung des Substanzbegriffs" bei Luther.

[91] Flogaus, Theosis, 332. – In besagtem Text unterscheidet Luther den *philosophischen* Substanzbegriff von der Vokabel „substantia", die ihm im Vulgatatext von Ps 68 [69],2 vorlag. Mit einem „hic accipienda est" gibt Luther zu verstehen, daß er sich hier mit der konkreten Exegese dieser Stelle befaßt, wo die Vokabel „substantia", wenn man sie philosophisch versteht, offensichtlich nicht den Sinn des Textes erfaßt. Dennoch scheint er im folgenden daraus generelle Ausführungen zum Substanzbegriff ableiten zu wollen. Vgl. zu dieser Stelle auch Joest, Ontologie, 238–242.

[92] Flogaus, Theosis, 333f. – Zu dieser Frage vgl. auch Mannermaa, Zur Kritik, 178f.

[93] Ebd., 334.

fassung Peuras, derzufolge der Christ nicht nur an den „Gütern Christi", sondern auch an seiner „göttlichen Natur" partizipiere.

Die von Flogaus (und vor ihm von Ebeling) aus den „Dictata" gezogene Unterscheidung zwischen quidditas und qualitas ist, *in ihrer Anwendung auf den Menschen*, sicherlich geeignet, einen besonderen Zug der Anthropologie Luthers deutlich zu machen: Das Sein des Menschen ruht nicht in sich selbst, es kommt ihm gleichsam von außen zu, und zwar sowohl in Gott als auch im Abgott.[94] Wendet man aber diese Unterscheidung – wie Flogaus, über den zitierten Text Luthers hinausgehend – auch auf Gott an, dann erhält man erhebliche dogmatische Probleme, die Luther mit Sicherheit nicht intendiert hat. Wie kann man das Wesen und die Eigenschaften Gottes trennen, wo doch nicht nur die gesamte Scholastik, sondern auch Luther betont, daß diese Unterscheidung im Blick auf Gott nicht möglich ist und daß also, wo Gottes Eigenschaften sind, Gott selbst in Person gegenwärtig ist? Wenn Gott aber da ist, dann doch wohl mit seinem Wesen? Es ist auch wenig hilfreich, die genannte Unterscheidung dann noch mit der zwischen „Deus absconditus" und „Deus revelatus" zu verbinden, so als wären die qualitates Gottes sein uns zugewandtes Angesicht (also der Deus revelatus), während seine quidditas mit dem „Deus absconditus" zu identifizieren wäre.[95] Denn die Unterscheidung Luthers zwischen dem geoffenbarten und dem verborgenen Gott will ja nicht eine ontologische Differenz in das Wesen Gottes selbst einzeichnen. Dies wäre für Luther Häresie. Die Unterscheidung ist noetischer Art: Der Glaubende erfaßt und versteht nicht Gottes ganzes Sein, sondern nur die uns offenbarten Eigenschaften desselben. Man kann daraus nicht schließen, daß Gott da, wo er „wohnt", etwa „nur" in diesen Eigenschaften und nicht mit seinem ganzen Wesen wohnen würde. Gottes Wesen ist nicht teilbar.[96]

---

[94] Zwar muß man auch in scholastischer Terminologie von Qualitäten reden, die zur *Substanz* der Sache gehören. So ist z.B. die Feuchtigkeit des Wassers eine qualitas, aber eben eine zur Substanz des Wassers notwendig gehörige (vgl. Thomas von Aquin, STh I-II q 49 a 2 corp, wo er, Aristoteles aufgreifend, zwischen den zur Substanz gehörenden und den hinzukommenden Qualitäten zu unterscheiden weiß). Das besondere bei Luther liegt aber darin, daß mit qualitates dem Menschen *äußere* Gegebenheiten gemeint sind, die ihm nun als *Fundament* seines Seins, als „Substanz" dienen sollen (vgl. dazu einleuchtend Joest, Ontologie, 240).

[95] Flogaus (Theosis, 334) deutet eine solche Zuordnung an.

[96] Flogaus beschreibt aber genau eine solche Aufteilung, wobei unklar ist, ob er sie beibehält oder schon im Ansatz für falsch hält (ebd., 377): „Umgekehrt ist das vom Menschen partizipierte Sein Gottes nicht Gottes absolutes Sein, nicht sein von den Heilgütern verschiedenes immanentes Wesen, sondern ebenfalls sein *relationales* Sein, sein *ökonomisches Wesen*, seine heilvolle Zuwendung zum Menschen durch Christus im Glauben, wie sie im fröhlichen Wechsel geschieht." Nimmt man solche Formulierungen ernst, so kommt man zu einer seinsmäßigen Differenzierung von immanentem und ökonomischen Wesen Gottes. Aber muß man nicht festhalten, daß sich Gott als der offenbart, der er auch an sich ist? Schaut man auf das Ende des Buches von Flogaus, so scheint sich doch abzuzeichnen, daß er den Begriff des absoluten Seins Gottes abschaffen möchte zugunsten eines Seins Gottes, daß immer schon relationales Sein ist (ebd., 433): Gottes Wesen in dieser Welt ist „nicht als ein *per se* beziehungsloses, trotz seiner

Letztlich bleibt unklar, was die so betonte[97] Unterscheidung von quidditas und qualitates im Blick auf das Sein *Gottes* überhaupt leisten soll: *Entweder* man hält diese Unterscheidung im Sinne Luthers für *überholt* und behauptet, Wesen Gottes und seine Eigenschaften seien *identisch*. Dann aber sagt man dasselbe wie die scholastische Theologie, und man kann sich dann auch sofort mit den Finnen einigen: Denn es ist unmittelbar einleuchtend, daß die „Gegenwart Gottes" seine volle Wesenspräsenz aussagen muß. *Oder* man hält die Unterscheidung weiterhin für sinnvoll und sagt, die Einwohnungsaussagen Luthers beträfen lediglich die von der quidditas *zu unterscheidenden* qualitates Gottes. Dann steht man aber in der von den Finnen zu recht so bekämpften Gefahr, Gottes Präsenz im Gläubigen auf „bloße" Eigenschaften zu reduzieren. Die Ausführungen von Flogaus bleiben hier unklar.[98]

3.4 fides creatrix divinitatis

Für die fundamentale Unterscheidung der beiden Denkweisen werden nun immer wieder besondere Kardinalstellen aus den Schriften Luthers angeführt. Ein klassisches Beispiel ist die berühmte Aussage Luthers aus der großen Galater-

---

Allgegenwart gänzlich jenseitiges und völlig verborgenes zu denken, das als ein „Anderes" unterschieden wäre von Gottes Handeln und der Offenbarung seiner Eigenschaften, von seinem In-Beziehung-Stehen und seinem Da-Sein in der Welt, sondern in der Tat als ein *beziehentliches*, als ein in der Welt und den Geschöpfen *daseiendes*, *handelndes* und sich als das, was es ist, *offenbarendes*." Wenn also *nicht* zwischen Handeln und Wesen Gottes zu scheiden ist, warum dann nicht mit den Finnen sagen, daß Gott im Gläubigen real präsent ist?

[97] Vgl. ebd., 332; 342; 344; 351; 377.

[98] Einige Ausführungen von Flogaus scheinen anzudeuten, daß er, in Anlehnung an Luther, zwischen „divinitas" und „forma Dei" unterscheidet und die „forma" mit den „bona" identifiziert (vgl. ebd., 334f): „Peuras Ansicht, Luther habe die *bona Christi* hinsichtlich der Partizipation des Glaubenden nicht von seiner *divinitas* oder *substantia* getrennt, wäre nur dann korrekt, wenn man unter *substantia Dei* oder *divinitas* eben *nichts anderes* als eben die *bona Christi*, d.h. jene *forma Dei* versteht, die Christus für uns drangegeben hat. Dies ist aber bei Peura, für den die *substantia* bzw. *natura* gegenüber den *bona Dei* eine Art ontologischen Mehrwert zu besitzen scheint, nicht der Fall." Wenn die bona mit der forma zu identifizieren sind, nicht aber mit der göttlichen Natur, deren sich der Gottessohn ja *nicht* entäußert hat, und wenn man ferner die Präsenz Christi im Gläubigen als eine Präsenz seiner bona deuten will, bedeutet dies dann, daß eine Partizipation an der göttlichen Natur des inkarnierten Gottessohnes nicht ausgesagt werden kann? Daß dies unmöglich die Meinung Luthers sein kann, darauf zielen alle Arbeiten der Finnen. – Es ist des weiteren nicht einleuchtend, warum Luther zwei unterschiedliche Verwendungen des Substanz-Begriffes beigelegt werden sollen (vgl. ebd., 344). Wenn Luther in der oft zitierten Weihnachtspredigt von 1514 (Sermo in natali Christi, WA 1, 28,39f) betont, daß der Mensch nicht „substantialiter" in das Wort verwandelt werde, so zeigt dies, daß participatio nicht *Identität* bedeutet.

vorlesung: „Fides est creatrix divinitatis, non in persona, sed in nobis.“[99] Flogaus führt dazu aus:

> „Doch gerade solche Sätze Luthers lassen keinen Zweifel daran, daß zwischen seiner Ontologie und derjenigen der klassischen Metaphysik Welten liegen. Nur mit Hilfe der relational-ontologischen Interpretation der Begriffe *divinitas* und *deus* ist es bei der Deutung dieser Aussagen möglich, zwischen der Szylla der Blasphemie und der Charybdis der schwärmerischen Apotheose des Menschen heil hindurchzugelangen. Ein metaphysisches Verständnis der *divinitas* im Sinne der *quidditas* Gottes ist ausgeschlossen. Luther selbst weist auf das eigentlich Selbstverständliche hin, indem er dem ‚*Fides est creatrix divinitatis*‘ sofort erklärend hinzufügt ‚*non in persona, sed in nobis*‘. Nicht um die Gottheit als solche geht es hier also, sondern um die Gottheit, die der Glaube *im Menschen* schafft, gerade indem der Mensch sie Gott zuerkennt.“

Solche Ausführungen, die sich ähnlich auch bei anderen Autoren finden lassen, sind richtig und falsch zugleich. Richtig ist, daß mit der Formulierung „creare divinitatem“ ein relationales Geschehen bezeichnet wird: Indem der Mensch Gottes Gottheit anerkennt und ihm vertraut, „erschafft“ er Gott, das heißt, nur durch diesen Glauben wird Gott *für ihn* Wirklichkeit. Der Begriff des „Erschaffens“ ist also hier metaphorisch gebraucht.

Falsch sind aber die Ausführungen, weil sie diese Erkenntnis generalisieren und ein „metaphysisches Verständnis“ der Begriffe ausschließen wollen. Denn der zitierte Nachsatz Luthers (non in persona, sed in nobis) wechselt sofort die Sprachebene, indem Luther, um alle Mißverständnisse abzuwehren, die Metapher nun *erklärt*: Es geht nicht um ein Erschaffen Gottes „in seiner Person“, sondern „in uns“. Das „in persona“ deutet eben genau auf die vom Glauben und also auch von dieser konkreten Relation *unabhängige* Existenz Gottes hin. Diese wird nicht verneint, sondern sogar vor der irrigen Meinung geschützt, sie könne durch den Glauben erschaffen werden. Erstaunlich ist dabei, daß diese unabhängige Existenz Gottes hier sogar mit dem Person-Begriff bezeichnet wird, also mit einem Wort, das in der modernen Lutherforschung eher „relational“ interpretiert wird. Hier aber steht es eindeutig im Gegensatz zum „in nobis“.[100]

---

[99] WA 40 I, 360,5f. – Zur Interpretation dieses Passus vgl. Barth, Fides Creatrix; Mostert, Fides creatrix; Ebeling, Fides occidit, 193–202.

[100] Der Druck bietet deshalb auch „non in substantia Dei“ (WA 40 I, 360,25). – Vgl. Ebeling, Fides occidit, 195: „Ebenso darf in Sachen Gottes aus theologischen Gründen der Gesichtspunkt seines Seins in se keineswegs beiseitegeschoben werden, ob nun durch in substantia Die erläutert oder (...) durch in persona (sc. Dei). Dennoch kommt in jedem Fall das theologische Thema erst dann voll zur Geltung, wenn der Sachverhalt – sei es in Hinsicht auf Gott, sei es in Hinsicht auf Christus, sei es in Hinsicht auf den Glaubenden – jeweils unbeschadet des In-sich-selbst-Seins auf das Sein in dem anderen hin betrachtet wird: das Sein des Glaubenden als Sein in Christus, das Sein Christi und das Sein Gottes als Sein in nobis.“ Allerdings schränkt Ebeling wenig später wieder ein (ebd., 196): „Man darf also nicht vorschnell die positive Intention der Verwahrung Luthers gegen das Mißverständnis, die Rede von der fides als

Es ist also deutlich, daß Luthers Ausführungen zum relationalen Glaubensgeschehen nicht dazu führen, des Gedanken einer Subsistenz Gottes zurückzuweisen. Dies steht natürlich auch Flogaus vor Augen, und er findet dafür deutliche Worte. Unklar bleibt dann aber, warum er das „metaphysische Verständnis" der „divinitas" ausschließt, obwohl es im zitierten Lutherwort neben dem relationalen eindeutig vorhanden ist. Vor allem aber ist es fatal, wenn die Unterscheidung von „Gottes Gottsein als solches" und „Gottes Gottsein für uns" dann auf die Einwohnung angewandt und gesagt wird, nur dieses, nicht aber jenes, werde uns im Tausch zuteil.[101] Denn hier werden nun in der Tat die kognitive und die ontologische Ebene vermischt. Es kann doch nicht im Ernst daran gedacht sein, daß Gott, wenn er „Wohnung nimmt", irgend etwas von seinem Wesen „für sich" zurückbehält![102] Denkbar ist allein, daß dieser sich mir schenkende Gott mir in seinem Wesen nicht offenbar ist. Insofern würde die einzig legitime Frage lauten, ob denn die Behauptung Sinn mache, daß ein mir in seinem Wesen nicht zugänglicher Gott sich mit mir vereinige. Diese Frage muß weiter unten noch bedacht werden, doch schon hier sei angemerkt, ob nicht vielleicht gerade in *diesem* Gedanken der Trost des Glaubens beschlossen sein könnte.

3.5 „in spe", „in re" und die Erkennbarkeit der Einwohnung

Ein weiteres Argument gegen eine „real-ontische" Deutung der Vergöttlichungsaussagen Luthers ist der Hinweis auf die eschatologische Ausrichtung des Glaubensbegriffes bei Luther. Insbesondere die Unterscheidung von „in spe" (oder „in fide") und „in re", die Luther wohl bei Augustin kennengelernt hat, scheint einer schon in diesem Leben sich realisierenden ontischen Vergöttlichung zu widersprechen: „Eben weil Luther so nachdrücklich betont, daß der Mensch während dieses Lebens noch nicht die Sache der Gerechtigkeit selbst besitze (iustitia nostra non in re, sed in spe), ist die von Mannermaa und Peura geprägte Formel der ‚real-ontischen' Vergöttlichung so problematisch."[103]
Nach Flogaus wird derselbe Unterschied auch durch die Unterscheidung vom Stand des Menschen „coram hominibus" und „coram deo" ausgesagt: Vor

---

creatrix beziehe sich auf Gott in persona bzw. in substantia sua, als Bejahung eines metaphysischen Gottesbegriffes deuten." Solche Einschränkungen sind nur hilfreich, wenn die Bezeichnung „metaphysisch" näher erläutert wird. Denn meint sie lediglich die Betonung eines „Selbst-Standes" Gottes, so ist gegen solches Verständnis an dieser Stelle gerade nichts einzuwenden.

[101] Vgl. Flogaus, Theosis, 337; ähnlich auch 377.

[102] Vgl. Luthers Aussagen zum 2. Artikel, welcher uns zeige, daß Gott „sich ganz und gar ausgeschüttet hat und nichts behalten, das er nicht uns gegeben habe" (BSLK 651, 13–15).

[103] Vgl. Flogaus, Theosis, 347f, mit Verweis auf WA 40 II, 24,6f. Hier nennt Flogaus auch frühe Belege für diese Unterscheidung im Werk Luthers. – Zur Frage vgl. auch Mannermaa, Zur Kritik, 183f.

den Menschen (und vor sich selbst!) kann der Gläubige keine Gerechtigkeit als gegebene Realität aufweisen, doch vor Gott hat er bereits jetzt die Heilsgabe, da Gott sie ihm im Wort der Verheißung zuspricht. Insofern partizipiert die dem Gläubigen zugesprochene Heilsgabe an der Verborgenheit Gottes im irdischen Leben: Sie ist nicht aufweisbar, nicht in empirischen Daten identifizierbar. Sie ist lediglich zugesagt und insofern dem Glaubenden schon jetzt gegenwärtig.[104] Als „res" erkannt und erfahren wird sie erst im jenseitigen Leben bei Gott, wo aus dem Glauben ein Schauen wird.

Stehen die genannten Unterscheidungen wirklich im Gegensatz zur von den Finnen vorgeschlagenen „real-ontischen" Deutung der Vergöttlichungslehre? Um hier klarer zu sehen, müssen verschiedene Teilprobleme sorgsam voneinander geschieden werden:

Zunächst kann nicht oft genug darauf hingewiesen werden, daß die Frage der *Erkennbarkeit* bzw. der *Verborgenheit* der Vergöttlichung (oder, im Blick auf unsere Thematik, der Einwohnung Christi) getrennt werden muß von der Frage ihres Seins oder ihrer Realität. In der Kritik der finnischen Arbeiten wird diese Unterscheidung oft nicht genügend beachtet, und dies führt regelmäßig zu Mißverständnissen. Denn nur zu leicht wird dann ein „ontologisches" Verständnis der Partizipation an Christus gleichgesetzt mit der Behauptung der Erfahrbarkeit und Aufweisbarkeit solcher Teilhabe, während das „relationale" Verständnis als allein fähig erscheint, dem Aspekt des Glaubens und des Harrens auf die eschatologische Vollendung Ausdruck zu verleihen. So lesen wir beispielsweise bei Flogaus:

> „Für Luther ist die Partizipation des Christen an den Heilsgütern Christi – und damit gleichbedeutend: die Vergöttlichung – während des irdischen Lebens weder eine physische noch eine metaphysische Realität, sondern Glaubenswirklichkeit. *Sola fide* sind dem Christen die *maxima et preciosa* gegeben, von denen 2 Petr 1,4 spricht, während er *in re* nur die Hoffnung und das Wort der Verheißung auf die zukünftige Erfüllung in Händen hält (vgl. Röm 8,24). Diese *Verborgenheit* des Heils steht für Luther in Entsprechung zur Verborgenheit der Herrlichkeit Christi, des Wortes Gottes, während seines irdischen Lebens, weswegen er anstatt von Vergöttlichung auch vorzugsweise von Wortwerdung des Glaubenden spricht. Von der Teilhabe am *Verbum incarnatum* zeugt in dieser Welt nur das *verbum promissionis*, so wie die *forma Dei* des Gottessohnes während seiner irdischen Existenz unter der *forma servi* verborgen war."[105]

Die Unterscheidung zwischen metaphysischer Realität und Glaubenswirklichkeit bezieht sich auf ein ontologisches Problem, auf die Frage nämlich, welche *Seinsweise* die Partizipation an Christus hat bzw. mit Hilfe welcher philosophisch-theologischer Kategorien man sie beschreiben kann. Die Rede von der *Verborgenheit* aber führt auf eine andere Problematik, die der Erkennbarkeit, der sinnlichen oder vielleicht gar übersinnlichen Erfahrung solcher Partizipati-

---

[104] Vgl. Flogaus, Theosis, 348; 413.
[105] Ebd., 413.

on. Dabei hätte doch gerade die schöne Analogie zur Christologie das Fragen-spiel entwirren können! Denn so wie Luther von der Verborgenheit der forma Dei im irdischen Leben Christi sprechen kann, genauso eindringlich hält er natürlich an der niemals entäußerten und also immer realen Existenz dieser forma Dei fest! „Was sollte ‚wirklicher' sein als die in der promissio Christi zugesagte und im Glauben ergriffene Sündenvergebung? Deren Wirklichkeit wird von der Verborgenheit nicht aufgehoben."[106]

Man wird also *mit* Flogaus deutlich darauf hinweisen müssen, daß die Vergöttlichungs- und Einwohnungsaussagen Luthers niemals zu einer theologia gloriae führen können, dergestalt, daß solche Partizipation an Christus dem Gläubigen vor Augen, zu Händen und in der Erfahrung sei. Gleichzeitig aber wird man entschieden *verneinen* müssen, daß mit dieser Feststellung bereits der ontologische Status der Vergöttlichung erklärt sei. Es ist also nicht möglich, die Unterscheidung von „Glaubenswirklichkeit" und „metaphysischer Realität" gleichzusetzen mit der zwischen wahrnehmbarer und unter dem Gegensatz verborgener Vergottung![107] Wenn also den Finnen immer wieder entgegen-gehalten wird, daß der Christ nach Luther überhaupt nichts in der Hand habe, sondern allein das Wort der Verheißung ihn auf sein neues Sein hin anspreche, dann ist diese Aussage sofort zu bejahen: Eine Erfahrbarkeit der Vergottung, der Partizipation an Christus ist dem Glauben abträglich: hier muß – wie auch angesichts des irdischen Christus oder hinsichtlich der Elemente des Abend-mahles – geglaubt werden![108] Zugleich aber ist darauf hinzuweisen, daß diese Aussage mitnichten der vorgeschlagenen „real-ontischen" Auffassung zuwider-läuft.[109] Daß im Übrigen die Betonung einer substantiellen Gegenwart Christi nichts zu tun hat mit einer Entwertung des Glaubens, zeigt sich schon an Lu-thers Abendmahlslehre, wo die entschiedene Betonung der Realpräsenz, ja der manducatio impiorum die heilsentscheidende Bedeutung des Glaubens in kei-ner Weise in Frage stellt. *Der Unterschied zwischen relationaler und substan-*

---

[106] So Dieter in seiner aufschlußreichen Rezension zur Arbeit von Flogaus (Dieter, Flogaus, 768).

[107] Ein weiteres Beispiel dieser Vermischung der Fragen (Flogaus, Theosis, 419f): Nach orthodoxer Auffassung ist die Vergöttlichung „nicht ‚nur' Glaubenswirklichkeit wie für Lu-ther, sondern eben ‚ontologische' Wirklichkeit, sie ist wahrnehm- und erfahrbar und keines-wegs unter der Schwäche und Sünde des gerechtfertigten Glaubenden verborgen."

[108] Allerdings kann eine Erfahrung auch nicht ausgeschlossen werden. Bekanntlich oszil-liert Luthers Beurteilung der Erfahrung zwischen den gegensätzlichen, aber jeweils gut be-gründbaren Aussagen: „Solus experientia facit theologum" und „credere non est experiri". Vgl. dazu Ebeling, Klage; ders., Schrift und Erfahrung; Lehmkühler, Glaubensgewißheit.

[109] Diese Bemerkungen haben Gültigkeit, selbst wenn eine genaue Analyse der Stellen, in denen Luther das Gegensatzpaar „in re / in spe" benutzt, zeigen sollte, daß Luther diese Begrif-fe sowohl für zur Beschreibung der Verborgenheit des Heilsgutes als auch zur Kennzeichnung eines ontischen Unterschieds zwischen irdischem Leben und Seligkeit einsetzt, etwa im Sinne der sanativen Rechtfertigung, die sich erst im Himmel vollendet. Dies zeigt dann lediglich, daß die gewählten Begriffe in unterschiedlichen Kontexten gebraucht werden können, nicht aber, daß beide Fragenkreise zu identifizieren sind.

tialer Ontologie ist nicht der zwischen theologia crucis und theologia gloriae!
Auch der real einwohnende Christus kann sub contrario verborgen sein.

Wenn also Luther von einem Heilsgut „in spe" redet, dann weist dies entweder auf die *Verborgenheit* einer bereits gegebenen Gabe hin, oder aber es bezieht sich auf die effektive Gerechtmachung und Vergottung, die hier beginnt, aber erst im ewigen Leben zur Erfüllung kommt. Es wäre aber sicher nicht im Sinne Luthers, etwa die Einwohnung Christi als ein eschatologisches Heilsgut zu betrachten, daß erst den Seligen gewährt würde. Die zahlreichen Aussagen Luthers zur Gegenwart Christi sprechen hier eine ganz andere Sprache.[110]

Nun kann weitergefragt werden: Was ist denn eine „Glaubenswirklichkeit" im Unterschied zu einer „metaphysischen Realität"? Was ist gar eine „substantia fidei"[111] im Gegenüber zu einer metaphysischen Substanz? Was soll über die Seinsweise der Partizipation gesagt werden, indem betont wird: „Wenn Luther (...) davon spricht, daß wir mit Christus zu *einer untrennbaren Person* werden, so gilt dies eben nur im Glauben, und zwar in dem Sinne, daß der Mensch alles was er als *novus homo* oder *homo spiritualis* hat und ist, von Christus her hat und durch ihn ist"?[112] Wenn dieses „nur im Glauben" nichts weiter besagt, als daß der Gläubige sein Neues Sein durch Christus hat, warum dann streiten? Es scheint doch so zu sein, daß dieses „nur im Glauben" eben einen anderes Verständnis von „Sein" intendieren soll.

Genau dieses Verständnis aber bleibt ungeklärt. Immer wieder wird betont, daß die Heilsgüter kein „re-aler Besitz" des Menschen, zugleich aber, als immer neu empfangene Gnade, „nicht minder wahr und wirklich" seien.[113] Der Gedanke ist offensichtlich der folgende: Es gibt „re-alen" Besitz des Menschen, den er wie eine „res" ständig zur Verfügung hat, so zum Beispiel seinen Körper oder seine vielfältigen Begabungen. Die Gerechtigkeit aber, die Vergottung oder die Einwohnung sind ihm nicht „zu Händen", sie ereignen sich je und je, wenn der Mensch glaubt.

Aber was ist der Glaube? Kann man ihn mit dem psychologischen Akt des Vertrauens gleichsetzen? Sicher nicht im Sinne eines bewußten Aktes. Denn der Glaubende glaubt, auch wenn er seine ganze Kraft und Konzentration auf die vor ihm liegende Arbeit des weltlichen Berufs richtet, oder wenn er schläft.

---

[110] Die von N. Slenczka (Über Aristoteles hinaus?, 66) zitierte frühe Unterscheidung Luthers zwischen dem Getragenwerden durch das Wort und „der Sache selbst" kann als Unterscheidung von unvermittelter und durch die Gnadenmittel vermittelter Gegenwart verstanden werden, sollte aber nicht so gewendet werden, als sei für Luther in diesem Leben Christus *selbst* nicht gegenwärtig. Dieses Verständnis wird durch viele andere Aussagen Luthers ausgeschlossen, vgl. dazu unten, Abschnitt f2. – Zum „in spe, nondum in re" vgl. auch Saarinen, Teilhabe, 180f.

[111] Diesen Begriff schlägt Flogaus zur Beschreibung der Vergöttlichungslehre Luthers vor, vgl. ebd., 334; 341; 348.

[112] Ebd., 318, mit Verweis auf WA 40 I, 285, 24–27.

[113] Ebd., 324f. Ähnlich auch 341, wo die Substanz des Gläubigen als „niemals habituell" sondern „extrinsezistisch, d.h. an den Glauben gebundene" beschrieben wird.

Wie also soll der „re-ale" Besitz vom Glaubensbesitz begrifflich unterschieden werden? Auch die Identifizierung der Substanz des Glaubenden mit einer „extrinsezistischen Qualität"[114] hilft hier nicht weiter: Denn entweder man versteht diesen Hinweis als die Option für ein rein forensisches Verständnis der Heilsgüter (sie werden als die des Gläubigen *angerechnet*), oder aber man muß klären, inwieweit dieses von außen kommende Heilsgut nun eben doch zu dem des Gläubigen wird. An dieser Stelle bleibt das Programm einer „relationalen Ontologie" in der Lutherforschung letztlich ungeklärt.[115]

3.6 Vereint die Theologie Luthers „Substanzontologie" und „relationale Ontologie"?

Wilfried Joest hat (in seinem bereits 1967 erschienenen Buch zur Ontologie der Person) ganz entscheidende Fragen gestellt, die an jede „relational-ontologische" Lutherdeutung zu richten sind. Er verweist auf Luthers Christologie und Sakramentslehre und formuliert, beispielsweise im Blick auf die Abendmahlslehre: „Wie kann er, der Heilswirklichkeit ganz im Wort und das Sein des Menschen in ihr ganz im Vollzug des auditus fidei beschlossen sieht, ja der auch das Sakrament ganz unter dieses Vorzeichen stellt, nun dennoch für die Gegenwart des Heilsträgers in den ‚Substanzen' der Abendmahlselemente und für das Empfangen von Heil im leiblichen Empfangen solcher Substanzen kämpfen?"[116] Eine ganz ähnliche Frage kann auch für die Christologie Luthers mit ihrer strikten Betonung des chalkedonensischen Dogmas gestellt werden.[117]

Mit diesen Fragen hat Joest, in seiner Dogmatik eher ein Vertreter des „relationalen" Ansatzes, die Diskussion entscheidend erhellt. Eine Interpretation Luthers, welche die zahlreichen und kämpferischen Aussagen des Reformators im Blick auf Realpräsenz und Zwei-Naturen-Lehre nur so zu erklären weiß, daß sie diese als metaphysische Reste einer ansonsten rein dynamischen, personalen Theologie interpretiert, hat ihre Aufgabe bereits im Ansatz verfehlt. Es ist gerade für die historische Lutherforschung inakzeptabel, angesichts der

---

[114] Ebd., 334.

[115] Vgl. dazu treffend Dieter, Flogaus, 768: „Wenn so das ‚a priori relationale ... Sein' [342] des Glaubenden durch Negation des offenbar nicht relational zu denkenden vorfindlichen Seins bestimmt wird, dann bleibt man der abgelehnten Substanzontologie gerade in der Negation verhaftet und denkt nicht wahrhaft relational: das ‚Verhältnis' von relatio und relatum erweist sich im Wort ‚Exzentrik' als ungeklärt."

[116] Joest, Ontologie, 43.

[117] Vgl. ebd., 42: „Welches ist in Luthers Verständnis der Heilswirklichkeit der zureichende *innere* Grund dafür, daß er von dieser Wirklichkeit sowohl in der Terminologie des Wortgeschehens als in der des christologischen Dogmas reden konnte?" – Ein dritter hier von Ebeling benannter Problemkreis betrifft die Betonung der Passivität des Menschen in der Erlangung des Heiles, ja des Glaubens selbst – ein Ansatz, der ebenfalls zum personalen Denken in Spannung zu stehen scheint. Vgl. ebd., 36–39.

Wichtigkeit, die Luther selbst diesen Aussagen beimißt, davon auszugehen, daß der Autor hier gegen seine ureigenste Intention in veralteten und eigentlich von ihm selbst bekämpften Kategorien befangen bleibt. Hier kann man nur Joest beipflichten: Ist eine Lutherdeutung genötigt, „Züge, die in Luthers Denken zentral betont erscheinen, als innerlich bereits überholte Relikte der Tradition zu sehen, so ist eben dies ein Anzeichen für ihr Ungenügen."[118] Umgekehrt kann wohl keine an den „ontologischen" Aussagen des Reformators interessierte Theologie ernsthaft bestreiten, daß Luthers Konzentration auf den Glauben im Sinne der fiducia eine kräftige „personale" Komponente in die theologische Reflexion einbringt, dergestalt nämlich, daß nicht ein *Selbstbesitz* des Menschen, sondern allein seine *Beziehung* zu Christus Garant seines Heiles sein kann.

Angesichts der gängigen Alternative zwischen beiden Positionen scheint also die „Arbeitshypothese" Joests weitaus sinnvoller zu sein: Sie nimmt an, „daß das unbestreitbar ,Personale' bei Luther in sich selbst so beschaffen sein muß, daß es mit jenen anderen Zügen, die nun doch auf ,Seinshaftes', um nicht zu sagen ,Naturhaftes' hinzuweisen scheinen, in innerer Einheit steht; und umgekehrt, daß jenes ,Seinshafte' bei Luther so beschaffen sein muß, daß es mit dem ,Personalen' in innerer Einheit steht."[119] Angewendet auf die Frage der Gegenwart Christi im Gläubigen heißt dies: Es muß „versucht werden, den Zusammenhang von Christus und Wort bei Luther in neuer Weise zu sichten und ihn so zu verstehen, daß das Anwesen der Person Jesu Christi, in der als solcher Gott zum Heile mit uns wird, und das Ergehen des Wortes, in dem uns Heil ,geschieht', in gleicher Weise gewahrt und aufeinander bezogen werden".[120]

Um zu einer solchen Zusammenschau der beiden Elemente lutherischer Theologie zu kommen, scheint sich nur ein geeigneter Weg anzubieten: Man muß die *Stärken beider Perspektiven* im Werk Luthers herausarbeiten, das heißt, es ist zu fragen, *warum* es für Luther so wichtig scheint, zum einen das „Personale", zum anderen aber das „Seinshafte" zu betonen. Es hilft wenig, wenn, je nach Ausrichtung des Lutherforschers, eine Seite stark gemacht, die andere aber in ihrer Bedeutung heruntergespielt wird. Werden hingegen die theologischen Beweggründe benannt, die Luther sowohl zu den „personalen" wie zu den „substanzontologischen" Aussagen bringen, dann kann in einem weiteren Schritt gefragt werden, ob die beiden Perspektiven sich ergänzen oder ob hier ein Bruch in der Theologie Luthers zu konstatieren ist. Diesen Fragen nun soll nun nachgegangen werden. Dabei wird unter anderem auf das Standardwerk von Joest zurückgegriffen, eines Autors also, der sicherlich nicht im Verdacht steht, sich zum Verteidiger einer „Substanzontologie" machen zu wollen.

---

[118] Ebd., 364f.
[119] Ebd., 45.
[120] Joest, Ontologie, 365.

3.6.1 Gründe der „relationalen" Beschreibung des Menschen bei Luther

Wir beginnen mit der *relationalen und personalen Beschreibung des Menschen*. Luther entwickelt sie im Gegenüber zur klassischen Definition der Person, wie sie sich bei Boethius findet: „Persona est rationalis naturae individua substantia."[121] In dieser Definition ist die menschliche Person eine „unteilbare Substanz", also ein Einzelwesen, das eine „Eigen-Ständigkeit" besitzt und deshalb auch selbständiger Träger von Eigenschaften oder Subjekt von Handlungen werden kann. Mit vollem Recht hat Joest sofort darauf hingewiesen, daß diese Definition in der scholastischen Theologie untrennbar verbunden ist mit der Frage der Willensfreiheit sowie der Zurechenbarkeit der Taten: „Kraft des Vernunftbesitzes wird die Fähigkeit, ein Verhalten zu üben, zu der Möglichkeit, aus Überlegung und in Entscheidung um bewußt ergriffener Ziele willen zu handeln; solches Verhalten ist der Person als Subjekt nicht nur prädizierbar, sondern darin zugleich *imputierbar*, etwa im Sinne der Zurechnung von Schuld und Verdienst."[122] Wird diese Beschreibung des Menschen als selbständige und deshalb verantwortliche Wesenheit auch in der Gnadenlehre durchgehalten, dann ergibt sich die Notwendigkeit, die Gnade (oder die Gegenwart Gottes) als einen Teil der erneuerten Natur dieses Menschen, als Teil eines neuen „Selbst-Standes" zu beschreiben: „Gerade darum muß die Gnade zu einem habitus inhaerens im Menschen werden und so gewissermaßen in die Form der menschlichen Substantialität hineingegossen werden, damit er auch als der von Gnade Lebende nicht zu einem appendix oder accidens Gottes wird, sondern die in sich geschlossene Einheit seines Seins behält. Und eben darum muß das Verhalten, zu dem die Gnade den Menschen führt, auf dem Weg über das habitus inhaerens-Werden dieser Gnade zu einem auch als Verdienst verstehbaren Verhalten seiner Selbstbestimmung werden, damit er auch im Bewegtwerden durch die Gnade den Charakter behält, verantwortliches Subjekt zu sein, dem sein Verhalten zugerechnet werden kann."[123]

Es muß also schon an dieser Stelle darauf hingewiesen werden, daß die lutherische Auseinandersetzung mit der scholastischen Definition des Menschen auf eine *soteriologische Frage* zielt: Auf die Frage nämlich, inwieweit der Mensch in der Frage des Heils „auf sich selbst gestellt" ist! „Relationale Lutherdeutung" darf diese Motivierung auf keinen Fall außer Acht lassen: Die „relationale" Beschreibung des Menschen als ein Sein „coram Deo" ist motiviert durch die Soteriologie, insbesondere durch das „sola gratia", daß einen „Selbst-stand" des Menschen vor Gott ausschließt. In Opposition zu dem beschriebenen scholastischen Modell entwickelt Luther nun, in enger Anlehnung an die Sprache der Heiligen Schrift, seine Anthropologie. Zur Kennzeichnung

---

[121] Boethius, In librum de duabus naturis, MPL 64, 1373B; vgl. Joest, Ontologie, 233.
[122] Joest, Ontologie, 235 (Hervorhebung im Original).
[123] Ebd., 236.

dieser Lehre redet Joest vom „exzentrischen, responsorischen und futurischen Charakter des Personseins".[124]

Exzentrisch ist das Person-Sein, weil „der Mensch wesenhaft (...) ein solcher ist, der durch Glauben, d.h. durch Sich-lassen auf fundamentum ab extra, lebt".[125] Der Mensch ist *immer schon* gekennzeichnet durch ein „Hängen an", durch ein „Sein für".[126] Ist aber der Mensch so wesentlich durch ein ihm Äußeres bestimmt, dann fällt nicht nur der „Selbst-Stand" des Menschen als eine unanhängige Substanz, sondern zugleich auch die Zurechenbarkeit seiner Entscheidungen und seiner Taten: Das Sein durch ein Anderes impliziert die Aufgabe der Werkgerechtigkeit, ja, sagen wir es deutlich: es führt in letzter Konsequenz zur Lehre vom unfreien Willen.[127]

Schon hier zeigt sich, daß ein solches Verständnis mitnichten dazu führt, den Menschen überhaupt nicht mehr als eine Entität zu verstehen und so etwa nicht mehr von seiner „Natur" zu sprechen. Im Gegenteil: Indem der Gläubige an Gott hängt, seine Substanz also nicht in ihm selbst, sondern in Gott ruht, wird er real umgestaltet, *geschieht* etwas im Grunde seines Seins, und zwar etwas, das seinem Wollen und Entscheiden entzogen ist: „Der Mensch wird eines anderen – aber eben dies bedeutet, daß er auch ein anderer wird. (...) (D)as Rechtfertigungsurteil Gottes ist die Gerechtigkeitsmacht, die in dem der eigenen Selbstbestimmung unzugänglichen Grundgeschehen seines velle jenen Umbruch wirkt, der einem Aufgehoben- und Neugesetztwerden des ganzen Menschen gleichkommt."[128]

Die Pointe dieses Verständnisses liegt darin, daß der an Christus hängende Mensch sein Wollen nicht selbst verursacht, sondern es, in der Tiefe seiner Existenz, von Christus empfängt. So liegt schon in diesem Verständnis des exzentrischen Seins die notwendige Aussage von der Einwohnung Christi verborgen.[129] Bereits hier sei – mit Joest – angemerkt, daß die „Vergottung" bei Luther eben dies heißt: Einwohnung Gottes. Denn nicht etwa wird nun doch der Mensch wieder autonomes Subjekt göttlicher Werke, sondern Gott ist Subjekt göttlicher Werke, die der Mensch sich zu tun anschickt. Es würde deshalb der Diskussion guttun, wenn die theologische Reflexion sich mehr um den Begriff der „Einwohnung" als um den der „Vergottung" kümmern würde.[130] „Daß der

---

[124] Ebd., 233.

[125] Ebd., 241, unter Berufung auf den oben schon zitierten Text Luthers aus den „Dictata" (WA 3, 419f).

[126] Vgl. dazu ebd., 229, auch 255.

[127] Vgl. dazu die Ausführungen zu den zentralen anthropologischen Begriffen „passio" und „rapi", ebd., 219–222.

[128] Ebd., 255; 256.

[129] Vgl. auch ebd., 262f: „Gott selbst in uns" ist „das wirkliche und exklusive Subjekt" der guten Werke.

[130] Dann erübrigt sich auch die Bemerkung, daß der Begriff der „deificatio" und seine Derivate in Luthers Werken „nur knapp dreißigmal" vorkomme (Brecht, Neue Ansätze, 37; vgl. auch Beutel, Antwort und Wort, 73–76). Das Motiv der Einwohnung Christi oder der unio mit

Mensch Gott wird, soll hier also eigentlich besagen, daß Gott der Träger und Täter des Seins und Tuns des *Menschen* wird."[131]

Als *responsorisch* zeigt sich dieses Sein des Menschen, indem es – in der beschriebenen Exzentrizität – ein im Wort *angesprochenes* und zum Glauben *gerufenes* Sein ist. Der Mensch unterscheidet sich von anderem Seienden dadurch, daß seine passivitas Gott gegenüber nicht die eines bloßen Objektes ist. Er wird vielmehr gerufen, damit er sein Sein in Gott erkennt und glaubend bejaht. Dieses Bejahen und Glauben aber ist wiederum kein eigenes Vermögen des Menschen. Es ist auch nicht etwa so, daß der Glaube erst die Realität schafft, an die er glaubt! Vielmehr begegnet dem Menschen das Wort Gottes als „die Macht einer Veränderung seiner Wirklichkeit", als eine „wahrhaft *seinsverwandelnde* Macht".[132] Es geht also auch in der „Korrelation von Wort und Glauben" um das Sein des Menschen, das dem Sein Gottes begegnet, darum, „daß dem Menschen Gott selbst bzw. Christus selbst unmittelbar gegenwärtig wird und daß er sich an diesen gegenwärtigen ausliefert".[133]

Futurisch oder eschatologisch schließlich ist das Sein des Menschen, weil es nicht ein statischer Seinssand, sondern ein dynamisches Werden ist. Der Mensch, charakterisiert durch seine Unbestimmtheit und seine Offenheit für die Zukunft, ist im doppelten Sinne im Werden: einmal im Blick auf seine täglich neue Rechtfertigung, die aus dem Sünder einen gerechten macht, zum anderen auch hinsichtlich seines Weges zum ewigen Leben, zur zukünftigen Gestalt, deren „Materie" er in diesem Leben ist.[134] Das handelnde Subjekt ist in beiden Fällen wiederum Gott, der sich dem Menschen zuwendet und schenkt, sowohl in der Rechtfertigung als auch in der eschatologischen Vollendung.[135]

Überblickt man Luthers Beschreibung des Menschen als eines „exzentrischen", ganz auf Gott und sein Wort gewiesenen Wesens, so fällt auf: Das entscheidende Motiv dieser Darstellung ist die Betonung der Gnade Gottes und des Heiles allein aus Gnaden. Der Mensch kann keine „Substanz" vorweisen, kein „Fundament", auf dem zu stehen er in der Lage wäre, kein Wesen, keine Qualität, die ihm einen „Stand" vor Gott ermöglichen würde. *Hier* liegt das Motiv der „relationalen" Redeweise, *hier* liegt ihre ganze Stärke.

Dieser Befund trifft sich mit zahlreichen Aussagen innerhalb der aktuellen Debatte um die finnische Lutherdeutung. So unterstreicht etwa Flogaus: „Für Luther ist das neue Sein des Menschen nicht etwas, das im Gegensatz zum

---

Christus ist bei Luther sehr gut und an zentralen Stellen belegt, so z.B. in der großen Galatervorlesung oder auch in den Wochenpredigten zu Johannes 6 (s. dazu den folgenden Abschnitt). Vgl. dazu auch Peura, Vergöttlichung, 49: „Während für den Theologen der Herrlichkeit die Gnade der Seele als akzidentelle Form gegeben wird, wird sie nach Luther durch die Einwohnung Christi in den Menschen eingegossen."

[131] Ebd., 265 (Hervorhebung im Original).
[132] Ebd., 292 (Hervorhebung: K.L.).
[133] Ebd., 295.
[134] So die berühmte These 35 der Disputatio de homine, WA 39 I, 177,3f.
[135] Vgl. dazu Joest, Ontologie, 351–353.

‚bloß' Relationalen steht oder dies überbietet, wie Peura zu meinen scheint, sondern es hängt als ein dem Glaubenden fremdes Sein ganz von seiner Gottesrelation ab und ist von daher *a priori relationales* Sein. Die Realität dieses Seins liegt gerade in seiner Exzentrik und nicht im vorfindlichen Sein des Menschen."[136] *Selbstverständlich* hängt das Sein des Gläubigen an seiner Beziehung zu dem, an den er glaubt! In Frage steht nur, ob die Finnen je etwas anderes behaupten wollten. Wenn „relationales Sein" im Sinne Luthers bedeutet, daß das Sein des Christen nicht ein neuer „Selbst-stand" ist, der unabhängig von Christus zu denken wäre, dann sind wohl – so ist zu hoffen – auch die Finnen Vertreter einer „relationalen Ontologie". Um aber das Proprium der finnischen Forschungen nochmals zu beleuchten, muß nun auch die „substanzontologische" Redeweise Luthers in den Blick rücken.

3.6.2 Motive der „substanzontologischen" Redeweise bei Luther

Beschreibt Luther die Gegenwart Christi im Menschen als eine *„substanzhafte"* Wirklichkeit? Angesichts der „relationalen" Beschreibung des menschlichen Seins durch Luther hat sich in der Forschung häufig die Meinung breitgemacht, die Heilswirklichkeit, die Heilsgabe an den Menschen sei, da ebenfalls ein „Wortgeschehen", auf keinen Fall als ein „vorfindliches" Faktum, als eine „dingliche" Wirklichkeit, oder eben als eine „substanzielle" Gabe zu verstehen. Das Heil sei die Zusage des Heils im Wort des Evangeliums.[137] Nun ist zunächst einmal klar, daß der Begriff der Heilsgabe selbst schon auf die Relation Gott-Mensch verweist. Es ist also von vornherein klar, daß es hier sowohl um eine Relation als auch um ein Wortgeschehen geht: Gott schenkt sich dem Menschen (Relation), und er tut dies, indem er eben diese Gabe verheißt und zum Glauben ruft (Wortgeschehen).

Bis hierher dürfte unter allen Lutherinterpreten Einigkeit bestehen. Die entscheidende Frage aber lautet: „Würde das nicht bedeuten, daß die Heilswirklichkeit überhaupt nur je im Ereignis der Begegnung von Wort und Glauben entsteht und in einer diesem Ereignis *vorgegebenen* Kategorie gar nicht mehr ansprechbar ist?"[138] Oder muß im Gegenteil behauptet werden, daß, wenn *Christus selbst* unser Heil ist, er also dem Wortgeschehen doch ontisch *vorgegeben* ist? Es scheint sich hier eine Spannung anzubahnen „zwischen der Bezeichnung der Heilswirklichkeit als Wort und ihrer Bezeichnung als Christus".[139]

Im Blick auf diese Frage stellt Joest in bestechender Klarheit dar, daß für Luther die *Gegenwart der Person Jesu Christi* der eigentliche Schatz, ja das Wesen des Glaubens ist. Deutlich wird dies nicht nur an der Galatervorlesung (deren berühmter Satz „in ipsa fide Christus adest" auch von Joest zitiert und

---

[136] Flogaus, Theosis, 342.
[137] Diese Auffassung findet sich beispielsweise bei Gogarten, vgl. dazu Joest, Ontologie, 356.
[138] Joest, Ontologie, 362.
[139] Ebd., 363.

interpretiert wird[140]), sondern zum Beispiel auch in der Promotionsdisputation von Weller und Medler. Luther spricht hier in den Thesen 10 und 29 von „Christus in nobis", der in uns alles bewirkt.[141] Joest führt hierzu aus:

> Das Heil „liegt in der Gegenwart der *Person* des Gekreuzigt-Auferweckten und seiner Macht, diejenigen, mit denen er zusammen-wird, in sein Sterben und Leben hineinzunehmen. Der wahre Glaube ist Sterben und Annehmen dieses mit der Kraft seines vollbrachten Werkes gegenwärtigen Christus. Er ist *dadurch*, und nicht durch bloße Vergegenwärtigung des exemplarischen Bedeutungsgehaltes der Christusgeschichte, von einer bloßen fides historica unterschieden. Er ist dadurch andererseits auch von der fides infusa einer dem Menschen zueigen werdenden Tugendqualität unterschieden. Denn so gewiß der wahre Glaube in Christus nicht nur Amnestie der Sünde, sondern neues Leben und ein ‚facere opera' empfängt (...), so sind dies nun eben nicht die opera, die aus einer als habitus in den Menschen selbst hineingelegten Lebenskraft hervorgehen. Sondern der Christus, der mit ihm geworden ist und dessen Gegenwart der Glaube bei sich angenommen hat, wirkt aus *seiner* Lebenskraft in ihm solche Werke: ‚imo Christus ipse in nobis facit omnia (Th. 29b).'"[142]

Es wird hier sehr schön deutlich, daß die Bezeugung der personalen Gegenwart Christi im Gläubigen bei Luther zu einer *doppelten* Abgrenzung führt: zum einen gegen eine fides historica, die Christus bestenfalls als Beispiel nimmt, zum anderen aber auch gegen eine habitus-Lehre, für die die Heilsgabe in einer neuen Ausstattung der menschlichen Natur besteht. Die Lehre vom gegenwärtigen Christus schützt vor beiden Irrtümern, indem sie nicht auf den Gläubigen und sein Werk, sondern auf das Werk Christi im Gläubigen verweist. Dies ist besonders wichtig im Blick auf jene Lutherforscher, für die die Abgrenzung von der katholischen Lehre von der „gratia creata" zum Motiv wird, um die Heilsgabe nach lutherischem Verständnis auf eine bloße Wirkung Christi zu reduzieren. Luther argumentiert gerade andersherum: Er setzt „als Alternative an die Stelle einer innerseelischen geistlichen Qualität die Person Christi selbst".[143]

Die Bezeugung der personalen Gegenwart Christi als das Wesen des Glaubens selbst ist geradezu ein „Grundmotiv"[144] des Denkens Luthers. Diese Gegenwart ist keine Vergegenwärtigung (im Sinne eines psychisch-intellektuellen

---

[140] Ebd., 367f.

[141] Vgl. Luther, Doktorpromotion von Hieronymus Weller und Nikolaus Medler, in: WA 39 I, 45, 16f und 46, 18f.

[142] Joest, Ontologie, 367.

[143] Ebd., 368. Vgl. dazu auch Joests Ausführungen zum Vergleich dieser Verbindung von Christus und dem Gläubigen mit der Sonne und ihren Strahlen (ebd., 378): „Zwischen Strahl und Sonne besteht ein Verhältnis strenger und aktueller ontologischer Abhängigkeit: die Sonne ist in jedem Augenblick der Seinsträger des Strahles. So ist Glaube als Vollzug geistlichen Lebens das, was er ist, jederzeit nur im Hängen an der aktuellen Gegenwart Christi und als das aus ihr im Menschen Wirkliche."

[144] Ebd.

Aktes des Menschen), sondern „wirkliche(r) und wirkende(r) Gegenwart Christi selbst", sie ist „unmittelbare(r) Person-Verbindung mit Christus selbst".[145] Man kann dies so zusammenfassen, daß der gegenwärtige Christus zum „Träger der Person"[146] des Gläubigen wird, und zwar nicht nur imputativ, sondern auch effektiv. Joest beschreibt diese Präsenz Christi sicherlich nicht zufällig mit dem Begriff des „Trägers" der menschlichen Person. Dieser Begriff nimmt die Bedeutung des „suppositum" und damit eben auch der „Substanz" auf und deutet so an, daß Christus selbst dem Sein des Gläubigen „gegenwärtig wird". Wenn auch der Modus dieser Gegenwart Christi nicht weiter beschrieben wird, so ist doch deutlich, daß Luther an die persönliche und wesentliche Präsenz Christi denkt: Nicht nur eine Wirkung, nicht nur eine Botschaft, sondern Christus selbst ist zugegen im „Herzen", in der Personmitte des Christen. Wurde oben ausgeführt, daß diese Personmitte dem unmittelbaren willentlichen und erkennenden Zugriff des Menschen entzogen ist, so kann man sagen: Christus ergreift in personam Besitz vom Innersten Sein des Menschen. Diese Gegenwart ist Gnadengabe, die nicht durch ein wie immer zu beschreibendes Werk des Menschen verursacht werden kann.

In diesem Zusammenhang nun fallen zahlreiche sehr kämpferische Aussagen Luthers, in denen er diese Gegenwart Christi als eine „wesentliche", „naturhafte" oder gar „substanzhafte" beschreibt und sie als solche einer Gegenwart gegenüberstellt, die sich lediglich in geistigen oder psychischen Akten des Menschen realisiert. Da diese Texte in der aktuellen Debatte nicht genügend Beachtung erfahren haben, seien hier drei besonders markante Beispiel zitiert:

In einem frühen „Sermon" zur Abendmahlslehre unterstreicht Luther besonders die Wichtigkeit der *leiblichen* Gegenwart des Herrn. Es ist auffallend, daß Luther hier von der *leiblichen* Gegenwart Christi *im Gläubigen* reden kann (und damit also die Aussagen der lutherischen Orthodoxie vorwegnimmt):

> „Drumb lasse sie faren und uns bey den worten bleiben, wie sie lauten, Das ym brod der leib Christi und ym wein wahrhaftig sein blut sey. Nicht das er sonst auch anders wo mit seinem leib und blut sey. Denn er ist gantz mit fleisch und blut ynn der glewbigen hertzen. Sondern das er uns will gewis machen, wo und wie du yhn fassen solt."[147]

Luther will offensichtlich nicht verschiedene Modi der Gegenwart Christi unterscheiden: Wo Christus gegenwärtig ist, da ist er mit seiner ganzen Person und mit seinem ganzen Wesen zugegen. Man kann also nicht irgendwelche wie auch immer geartete Präsenzweisen von der leiblichen Gegenwart „abtrennen": Für Luther sind „Leibgegenwart und Persongegenwart eins": „Christus ist in seiner verklärten Leiblichkeit gegenwärtig – oder er ist nicht gegenwärtig."[148]

---

[145] Ebd., 370; 371.
[146] Ebd., 376.
[147] Sermon von dem Sacrament des leibs und bluts Christi, WA 19, 498,30 – 499,36; zitiert bei Joest, Ontologie, 425.
[148] Joest, Ontologie, 425.

Wenn aber immer der ganze Christus gegenwärtig ist, dann muß man auch die Gegenwart Christi im Gläubigen als eine wesentliche, ja leibliche Gegenwart Christi begreifen.

Was hier nur kurz angedeutet ist, führt Luther in den Wochenpredigten über Joh 6–8 wesentlich genauer aus. Besonders in der Auslegung von Joh 6,56f behandelt Luther in extenso die „leibliche" und „wesentliche" Vereinigung von Christus und den Gläubigen.[149] Mit immer neuen Formulierungen wendet er sich hier gegen eine spiritualistische Fehldeutung der Verbindung von Christus und dem Gläubigen. Dabei werden drei Erklärungen der Einwohnung Christi dezidiert ausgeschlossen. Zum einen verwirklicht sich die Einwohnung Christi nicht in den *Gedanken über Christus*, ja auch nicht, indem Christi Gedanken in uns sind: „Aber der Herr saget nicht: deine gedancken von mir sind in mir oder meine gedancken sind in dir, sondern du, du bist in mir und ich, ich bin in dir".[150] Zum anderen kann die Gegenwart Christi nicht mit seiner *bloßen Wirkung* identifiziert werden. Luther kritisiert die Meinung, daß Christi Sitzen zur Rechten des Vaters, seine „Höllenfahrt" und Allgegenwart sowie eben auch sein Wohnen in den Herzen der Gläubigen verstanden werden könne „(n)icht, was seine Person belanget, sonder, was die Wirckung betrifft, (...) gleich als köndte er helffen und wircken, da er nicht were".[151] Wenn nämlich seine Gaben, wie Gerechtigkeit, Heiligkeit und Weisheit zugegen sind, dann deshalb, weil er selbst da ist. Drittens schließlich kann auch die *Einheit der Willen* nicht als Einwohnung Christi begriffen werden. Diese Meinung wird sogar als arianisch zurückgewiesen, weil Luther die Einwohnung immer auf dem Hintergrund der Inkarnation betrachtet. Falsche Lehrer geben vor, „das wir mit CHRISTO vereiniget sind voluntate, mit dem willen, wie zweene gute Freunde mit einander eins sind. So hetten wir auch einerley willen und sinn mit CHRISTO, das er droben im Himel sey und wir hienieden auff Erden."[152] Eine solche Willenseinheit aber ist immer eine „Weltliche Conventio",[153] ein menschliches Werk und eine äußerliche Angleichung.

Wie aber muß die Einwohnung theologisch korrekt beschrieben werden? Luther zielt hier immer wieder auf eine *leibliche* Einheit mit Christus. Christus wird „durch sein Fleisch und Blut mit uns ein Leichnam"; aus Christus und den Gläubigen wird „ein leib und fleisch, das wir nicht scheiden können, denn sein fleisch in uns und unser fleisch in ime ist, das er auch wesentlich wonhafftig in uns ist".[154] Diese Einheit ist so grundlegend und das ganze *Wesen* umfassend, daß sie – in Anlehnung an Joh 6,57 – mit der Perichorese von Vater und Sohn und dann auch mit der Einheit der Naturen in Christus verglichen werden muß!

---

[149] Luther, Auslegung uber das Sechste, Siebende und Achte Capitel des Euangelisten Johannis, WA 33, 224–239. – Zu dieser Passage vgl. auch Peura, Wort, 63–68.

[150] Ebd., 225 (b), 18–21.

[151] Ebd., 230 (b), 14–18.

[152] Ebd., 234 (b), 26–32.

[153] Ebd., 235 (b), 2.

[154] Ebd., 232 (b), 38f, 27–31.

Auch Jesus, der Sohn des Vaters, spricht vom Sein des Vaters in ihm. Hier gilt die Analogie: „wie ich das leben habe daher, das der Vater in mir ist und er es mir gegeben hat, also sollet ir das leben auch davon haben, das ir in mir und ich in euch bin."[155]

Nun ist Luther natürlich deutlich, daß mit diesen Worten der Modus der Gegenwart Christi im Gläubigen nicht ausreichend beschrieben oder gar philosophisch einsichtig gemacht ist. Wichtig ist ihm allein, daß es hier zu einer das „Wesen" betreffenden Einung kommt, die jenseits aller psychischen und intellektuellen Akte des Menschen steht. Darüber hinaus aber kann diese Einheit nicht näher beschrieben werden: „Wie man nu nennen solle diese einigkeit, las ich gehen, denn es ist nicht hoch vonnöten, es ist gnug, das man sich an den Text halte".[156] Die theologische Beschreibung der Einwohnung Christi will also nicht das Geheimnis erklären, sondern eher (ähnlich wie in der Christologie) Grenzen festlegen, innerhalb derer sich das Bekenntnis der Einwohnung zu bewegen hat, um nicht in häretische Irrtümer zu fallen. *Positiv* wird also diese Einwohnung als eine das *Wesen* von Christus und Mensch betreffende sowie als *leibliche* Verbindung beschrieben; negativ wird sie gegen eine auf psychologisch-intellektuelle Akte reduzierte Einheit abgegrenzt.

Über diese Abgrenzungen hinaus kann allerdings noch einiges über die *Beweggründe* solcher theologischer Beschreibung der Einwohnung gesagt werden. Man kann vier Hauptmotive unterscheiden. Der vielleicht wichtigste Grund für Luthers Position liegt in der Betonung der *Inkarnation*. Das zentrale Bekenntnis des christlichen Glaubens – Gott wurde Mensch in Jesus Christus – überstrahlt das gesamte neue Sein der Christen und beeinflußt das Ganze der christlichen Dogmatik. Das Skandalon des Eingehens Gottes ins Fleisch muß durchgehalten werden, auch im Blick auf die Verbindung Christi und der Christen! Insofern kann gar nicht genug betont werden, daß gerade Luthers Eintreten für die wesentliche und leibliche Einwohnung Christi zur *theologia crucis* und nicht etwa – wie Kritiker glauben machen – zu einer theologia gloriae gehört. Denn in der Einwohnung setzt sich der inkarnatorische Impetus des Heilshandelns Gottes fort! Dies wird schon daran deutlich, daß Luther die leibliche Einwohnung Christi verteidigt gegen „die Arrianer, Sacramentirer und andere Rotten und Schwermer":[157] Christologie, Sakramentslehre und Einwohnung Christi werden in einem großen, inkarnatorischen und immer aufs leibliche zielenden Zusammenhang gesehen und miteinander verteidigt.

Mit dieser starken Betonung der Leiblichkeit unserer Erlösung geht ein zweites Motiv einher: die Betonung der *Verborgenheit* unserer Erlösung. Es verhält sich genau andersherum, als die Lutherforschung lange annahm: Man glaubte, die substanzhafte Einheit mit Christus führe zu einer „dinglichen" und damit „vorfindlichen", „habbaren" Heilsgabe, während doch Luthers „relatio-

---

[155] Ebd., 231 (b), 37–41.
[156] Ebd., 235 (b), 8–11.
[157] Ebd., 229 (b), 13–15.

nale" Deutung auf eine reine Glaubensgabe und damit auf die Verborgenheit des Heils verweise. Das Gegenteil ist der Fall: Während eine Willens- oder Gedankeneinheit mit Christus vorzeigbar ist (man kann diesen Willen erstreben, bekunden und unter Beweis stellen), bleibt die Wesenseinheit mit Christus verborgen und muß angesichts der Anfechtung geglaubt werden:

> „Es ist aber diese Vereinigung verborgen und scheinet nicht fur der Welt, sondern das gegenspiel sehen wir, das die Gottlosen Bischofe mit uns also umbgehen, gleich als neme weder GOTT noch Mensch sich unser an und were keine einigung zwischen CHRISTO und uns. Aber der Glaube sihets und lernet CHRISTUM erkennen in einem unsichtbarlichen leben und wesen".[158]

Es ist also gerade so, daß die leibliche Einigung mit Christus geglaubt werden muß, sie ist nicht „vorfindlich" und gibt gerade keinen Anlaß, den Glauben durch neue, auf den Menschen verweisende Stützen zu ersetzen. Dies führt schon zum dritten Motiv Luthers: Die Einwohnung Christi steht gegen alle eigenen Werke und Anstrengungen des Menschen, sie sichert das *sola gratia per fidem*! Alle Deutungen, die auf eine Willens- und Gedankeneinheit mit Christus hinauslaufen, werden als *Menschenwerk* entlarvt und der Einwohnung als *Glaubensgerechtigkeit* gegenübergestellt. Denn für Luther hat es den Anschein, als solle durch solche Willenseinheit die Einheit mit Christus erst realisiert werden:

> „...der Text ist imer auff den Glauben gericht wider die Welt, das es nicht Traumwerck sein sol, darümb höret ir, das CHRISTUS allezeit dem essen und trincken gibt das ewige leben. (...) Das wird nicht angehen, botz mores zu langsam, wilt du mit dem willen, thun oder wercken und nach dem Gesetze, deinen wercken und willen solches reguliren und also den HERRN CHRISTUM ins Herz füren und bringen? Das heist von den wercken anfahen..."[159]

Der Prüfstein, der die rechte Einwohnung von diesen menschlichen Werken trennt, ist dabei immer die Versuchung. In ihr erweist sich der anwesende Christus als die Kraft, die gegen allen Anschein glauben und bestehen hilft, während alles menschliche Einheitsstreben zerbrechen muß.[160]

Diese Gegenwart Christi beinhaltet so auch durchaus das Moment der *Beständigkeit* – und hier liegt ein viertes Motiv der Aussagen Luthers. Luther argumentiert hier sogar etymologisch:

> Im Blick auf das „Bleiben" Christi in den Gläubigen (Joh 6,56) gilt zu bedenken: „Auff Hebreisch heißet ‚Bleiben' beharren oder in einem wonung haben, damit er will anzeigen, es haben ir viel Christum gehöret, können von ime reden und fest bey im halten, wenns inen wolgehet, aber bleiben, das es eine standhafftige wo-

---

158 Ebd., 234 (b), 1–10.
159 Ebd., 235 (b), 27–31. 42; 236 (b), 1–6.
160 Vgl. z. B. ebd., 226 (b) 1–20.

nung oder verharrung sey, Christum mit hertzen und munde zubekennen, wenns nu zum Treffen kömet, das lesst sich nicht so mit kinderspiel ausrichten."[161]

Man muß hier deutlich aussprechen, daß die moderne Abneigung gegen alles „Statische" (etwa das Statische der römischen habitus-Lehre) von Luther nicht geteilt wird. Es gibt andere, gewichtige Gründe gegen ein Verständnis der Gnade als habitus, die oben schon erwähnt wurden. Aber die „Einwohnung" wird durchaus als Garant einer Beständigkeit gesehen, und die phonetische Nähe von „habitus" und „habitare", von „wohnen" und „Gewohnheit" hat für Luther keinen negativen Beigeschmack. Denn die Beständigkeit des Glaubens wird hier ja gerade vom Menschen unabhängig gemacht, indem sie allein der Gegenwart Christi zugeschrieben wird. Unbeständig ist der auf seine Gedanken und seinen an Christus orientierten Willen fixierte Mensch, beständig wird der, der Christus im Glauben ergreift und so in die reale Gemeinschaft mit ihm eintritt.[162]

Dabei ist für Luther völlig klar, daß diese Gemeinschaft mit Christus an die „Mittel", an Wort und Sakrament gebunden ist. Niemals soll die Einwohnung gegen die Notwendigkeit dieser Mittel ausgespielt werden. Im Gegenteil, Luther legt das „Essen und Trinken" Christi auf den Empfang der Gnadenmittel hin aus. Wie kommt Christus zum Menschen?

> „Du solt von ime hören das Evangelium, dich leren und unterrichten lassen und nicht der predigt widerstreben, auff das der heilige Geist durch das Wort krefftig sey und dir CHRISTUM ins Hertz bilde und sencke".[163]

Was Luther in diesem Text in der Form einer Predigt vorträgt, hat er – in inhaltlicher Übereinstimmung – auch in der streng akademischen Form der Disputation ausführen und dabei den Fachbegriff der „Substanz" benutzen können. Dies wird sehr schön deutlich an der Promotionsdisputation von Palladius und Tilemann aus dem Jahre 1537.[164]

Die zehnte These dieser Disputation behauptet: „Placuit enim Deo per ministerium verbi et Sacramenti spiritum distribui et augeri."[165] In der Diskussion schließt sich an diese These eine erstaunliche Überlegung über den Modus der Gegenwart des Geistes im Gläubigen an. Es wird die Frage gestellt, ob denn der Geist „essentialiter", also „wesensmäßig", oder „virtualiter", also in seiner Kraft und Wirkung in uns sei.[166] Martin Luther nimmt diese Frage zum Anlaß,

---

[161] Ebd., 227 (b), 3–13.

[162] In den Randbemerkungen zu den Sentenzen des Petrus Lombardus nimmt Luther den habitus-Begriff positiv auf, grenzt ihn aber von den kirchlichen Lehrentscheidungen ab (WA 9, 43,2–8). Vgl. dazu Dieter, Du mußt den Geist haben!, 66f. – Vgl. auch das Miteinander von Ruhe und Bewegung in der Theologie Luthers, dazu: Dieter, Der junge Luther, 366–370.

[163] Ebd., 236 (b), 42 – 237 (b), 5.

[164] Promotionsdisputation von Palladius und Tilemann, WA 39 I, 202–257.

[165] Ebd., 203, 1f. – Übersetzung: „Denn es hat Gott gefallen, durch den Dienst (das Amt) des Wortes und der Sakramente den Geist auszuteilen und zu mehren."

[166] Ebd., 243 (a), 10–12.

in einem längeren Exkurs das Problem der Einwohnung Gottes im Gläubigen zu behandeln. Nachdem er zunächst auf die breite Diskussion, die schon die berühmten Ausführungen des Petrus Lombardus zum Thema hervorgerufen haben, verweist,[167] formuliert er anschließend seine eigenes Verständnis der Einwohnung des Geistes Gottes. Um es gleich zu sagen: Für Luther ist der Heilige Geist gegenwärtig „vere corporaliter seu substantialiter".[168] In einer anderen Handschrift findet sich auch der Begriff der „essentia".[169] Ähnlich wie in der Predigt zu Joh 6 zeigt Luther hier ein besonderes Interesse an der leiblichen Einung des Menschen mit Gott. Erstaunlicherweise redet er hier sogar von der leiblichen Gegenwart *des Geistes*, der im Leib des Gläubigen gegenwärtig ist: „Spiritus Sanctus corporaliter et vere adest in nostris corporibus".[170]

Die Betonung liegt dabei nach wie vor auf der Unterscheidung von realer („vere", „ipse") Präsenz der göttlichen Person und Präsenz der bloßen *Gaben* des Geistes. Deshalb wird betont, daß der Geist, wenn er uns den Glauben und alle seine Gaben eingießt, immer auch selbst präsent bleibt. Es ist also nicht etwa ein Baumeister, der sich nach dem Bau des Hauses zurückzieht, sondern bleibt immerfort *mit* seinem Werk gegenwärtig:

> „Itaque cum infundit nobis fidem, spem, charitatem, modestiam, libertatem, beneficentiam, longanimitatem, non discedit, sed manet in nobis."[171]

Im Unterschied zur genannten Predigt ist Luther hier aber stärker an dem Verhältnis von Persongegenwart und Gnadenmitteln interessiert. Sind beide einfach zu identifizieren, sodaß Gegenwart des Geistes nichts weiter heißt als Gegenwart der Mittel? Hier unterscheidet Luther zwischen der personalen Gegenwart, die unsichtbar und nicht aufweisbar ist, und ihrer jeweiligen sichtbaren Form, die sie wie eine Decke verhüllt, gleichzeitig aber auf sie hinweist. In kühner Analogie vergleicht er die unterschiedlichsten Manifestationen Gottes in der Heilsgeschichte: Im alten Bund zeigte sich der Heilige Geist bereits in den Prophetien, aber auch in der Erregung der Propheten sowie im Rauschen (gedacht ist an 1 Kön 19). An Pfingsten wird er in den Feuerflammen sichtbar, und während der Taufe Jesu zeigt er sich in der Gestalt der Taube. Gott, der Vater, redete hörbar bei eben dieser Taufe, und Christus selbst wurde für uns

---

[167] Nach dem Zeugnis einer der drei Manuskripte (ebd., 244 (c), 29–31) gibt Luther zum Text des Lombarden zu bedenken: Dieser habe Unrecht, wenn er meine, die charitas sei nur eine qualitas des Geistes, er habe hingegen recht, wenn er sage, daß der Geist, „eingewickelt" (involutus) in die charitas, selbst in uns wirke.

[168] Ebd., 244 (a), 20f.

[169] Ebd., 245 (c), 25f. Hier unterscheidet Luther genau: Der Geist ist „essentialiter" in uns, aber er berührt uns nicht „sua essentia", da er nicht in seiner Majestät, sondern unter den Gnadenmitteln zugegen ist.

[170] Ebd., 245 (b), 3–5.

[171] Ebd., 245 (a), 19 – 246 (a), 2. – Übersetzung: „Deshalb, wenn er uns Glauben, Hoffnung, Besonnenheit, Freiheit, Wohltätigkeit und Langmut eingießt, dann geht er nicht fort, sondern bleibt in uns."

leiblich und substanzhaft („σωματικῶς, corporaliter et substantialiter")[172] gegenwärtig in seinem irdischen Dasein. Genauso wird uns nun der Geist sichtbar in seinen Verhüllungen, das heißt in den Gnadenmitteln:

> „... ita et nunc revera adest et operatur in nobis per verbum et sacramenta Spiritus Sanctus, suis involucris tectus et vestibus, ut possit capi ab haec valetudinaria, infirma et leprosa natura ac intelligi a nobis."[173]

Hier taucht auch wieder das Bild vom „Nebel" oder vom „Schatten" auf, das uns oben schon im Blick auf den Glauben interessierte. Die Gegenwart des Geistes ist uns faßbar nur in Gestalt der Gnadenmittel. Diese weisen auf ihn hin, sind aber zugleich seine Verhüllung. Denn die Schau des Geistes in seiner Majestät wird uns erst im zukünftigen Leben möglich sein.

Nur beiläufig weist Luther in diesem Zusammenhang auch darauf hin, daß mit dem Geist auch Vater und Sohn im Gläubigen zugegen sind. Die Einwohnung wird also als die Gegenwart des dreieinigen Gottes verstanden. Denn „unter" den Gnadenmitteln sind Vater, Sohn und Geist zugegen.[174]

Überblickt man diese Aussagen Luthers zur realen, „substanzhaften" Gegenwart Gottes in den Gläubigen, dann fällt auf: Luther betont die „Verleiblichung" Gottes, die Inkarnation. Das Wunder des Evangeliums ist die Tatsache, daß der Logos Fleisch geworden ist. In diesem inkarnatorischen Interesse verbinden sich Christologie, Sakramentslehre und die Lehre von der Einwohnung Gottes. Hinter der Verneinung einer substanzhaften Gegenwart Gottes vermutet Luther eine spiritualistische Tendenz, die Gott von der Leiblichkeit des Menschen trennen und seine Gegenwart „geistig", „spirituell" verstehen will und sie so letztlich psychologisch in die Akte des Menschen auflöst. Demgegenüber muß festgehalten werden, daß Gott sich selbst ganz mit der Schöpfung verbindet – in Christus, im Sakrament und in den Gläubigen. So sind hier wirklich zwei „Substanzen", nämlich Schöpfer und Geschöpf, auf das engste miteinander verbunden. In dieser Verbindung liegt für Luther das ganze Heil begriffen, sie zu bestreiten, setzt das Evangelium aufs Spiel. Denn gerade diese ganze Gegenwart Gottes verbürgt das Heil aus Gnaden, während alle spiritualistischen Umdeutungen in der Gefahr stehen, den Menschen wieder auf sich selbst zu verweisen.

---

[172] Ebd., 244 (a), 10f.

[173] Ebd., 244 (a), 11–16. – Übersetzung: „So ist der heilige Geist auch jetzt tatsächlich gegenwärtig und wirkt in uns durch Wort und Sakramente, verdeckt durch seine Hüllen und Kleider, damit er von dieser kranken, schwachen und aussätzigen Natur ergriffen werden und von uns begriffen werden kann."

[174] Ebd., 246 (a), 8–11: „Et ut Spiritus sanctus nobis adest, ita adest pater, filius, in suis involucris conclusi et tecti veluti puer in fasciis."

3.6.3 Vereinbarkeit von „relationaler" und „substanzhafter" Betrachtungsweise?

Hinsichtlich der Frage der *Vereinbarkeit von „relationaler" und „substanzhafter" Beschreibung* der Verbindung Gottes mit dem Menschen läßt sich sicherlich mit Joest festhalten: Die Bezeugung der realen (seinsmäßigen) Gegenwart Christi im Gläubigen widerspricht nicht der relationalen Beschreibung des Seins des Menschen. Im Gegenteil: Liegt das Schwergewicht dieser relationalen Beschreibung in der Aussage, daß der Gläubige vor Gott keinen eigenen „Seinsstand" hat, sondern sein Sein durch Christus empfängt, so wird dies durch Luthers Aussagen zur Präsenz Christi genau unterstrichen: Der „Exzentrizität" des Menschen vor Gott entspricht die Tatsache, daß „der mit-seiende Christus der Träger unseres eigenen geistlichen Lebens wird, das wir aus uns selbst nicht zu vollziehen vermögen".[175] Insbesondere kann dieses Verständnis der Gegenwart Christi nicht gegen die „Worthaftigkeit" des Heilsgeschehens ausgespielt werden. Denn das Wort des Evangeliums ist ja inhaltlich gerade nichts anderes als „Präsenzzuspruch"![176] In diesem Zusammenhang sollte das Urteil Joests in der aktuellen Debatte um die finnische Lutherdeutung neu gehört werden:

> „Das bedeutet allerdings, daß Luthers Verständnis gerade von der Bedeutung des Wortes selbst nicht genau getroffen würde mit der Rede von der ‚Wortlichkeit' oder ‚Worthaftigkeit' der Heilswirklichkeit – nämlich dann, wenn darunter eine *exklusive ontologische Kategorie* gemeint wäre: Heil sei nur wirklich *als* Wort. Das Heil ist für Luther wirklich als der Christus praesens pro nobis. (...) (D)as Wort ist der Weg, auf dem dieser Christus praesens uns in das Wahrhaben seines Mit-Seins bringt. Das Wort spricht ecce, es zeigt ihn selbst."[177]

Beides muß miteinander betont werden: Christus selbst ist gegenwärtig, und diese Gegenwart wird nur durch das Wort der Verkündigung und den Glauben gegeben und ergriffen! Weder darf die Gegenwart Christi vom Mittel des Wortes (und der Sakramente) *gelöst*, noch darf sie in die Mittel *aufgelöst* werden.[178]

In diesem Zusammenhang kann nun auch die dringende Frage nach Luthers Interesse an der Realpräsenz Christi im Abendmahl nochmals beantwortet werden. Im gewissen Sinne spiegeln sich in den beiden Phasen der Abendmahlstheologie Luthers die oben genannten Abgrenzungen gegen habitus-Lehre einerseits und subjektivistischer Engführung der Gnadenlehre andererseits: Die erste Phase, in der Luther sich gegen das klassische „ex opere operato" wendet, bietet das Pendant zur Zurückweisung der Lehre von der gratia

---

[175] Joest, Ontologie, 381.

[176] Ebd., 389.

[177] Ebd. (Hervorhebung von „exklusive ontologische Kategorie": K.L.).

[178] Joest (ebd.) zitiert hierzu die schöne Passage der großen Galatervorlesung (WA 40 I, 545,24–35), in der Luther die Gegenwart einer bloßen qualitas gegenüberstellt („praesentissimus est nobis", 545,28) und zugleich daran erinnert, daß Christus eben nur durch das Wort vorgestellt (proponi) und nur durch den Glauben ergriffen (apprehendi) wird.

infusa. Die Beziehung Gottes zum Menschen realisiert sich im Glauben, nicht in einer neuen Seinsausstattung des Menschen oder, im Falle des Abendmahles, in einem bloßen Vollzug, bei dem der Mensch der Handelnde ist, das heißt in einem „rituelle(n) Gesetzeswerk"[179]. In der zweiten Phase, in der Luther gegen die Schwärmer auf die leibliche Realpräsenz Christi pocht, kann man ein Gegenstück zur Betonung der realen Präsenz Christi im Gläubigen erblicken: Die Gemeinschaft von Gott und Mensch ist eine reale, sie wird nicht nur gedacht, repräsentiert oder im Symbol dargestellt.

Diese sogar als „leiblich" bezeichnete Gegenwart steht aber gerade *nicht* im Gegensatz zu allem, was bisher zur personalen Gegenwart und zum relationalen Verständnis des Menschen gesagt wurde! Der leibliche Aspekt der Gegenwart Christi ist für Luther vielmehr der Garant seiner ganzen, personalen Gegenwart: „Der Skopus seiner Argumentation dürfte darin liegen, daß gerade das geistliche Lebensgut daran hängt und darin gegeben wird, daß nicht ein ‚geistiger' Sachverhalt erfaßt wird, sondern Christus selbst in Person (und das bedeutet für Luther: in der Leibhaftigkeit seiner Existenz) zum Menschen tritt und sich seiner annimmt. Und andererseits: Nicht eine physische Wirkung isoliert als solche, sondern *das Physische als Träger der Person und ihres adesse* ist für Luther hier das Entscheidende."[180] Der Gedanke eines Gegensatzes zwischen einer – und nun greifen wird die Begriffe der aktuellen Diskussion auf – „real-ontischen" und einer „relationalen" Gegenwart Christi liegt Luther völlig fern. Im Gegenteil: Verabsolutiert man jeweils *einen* dieser beiden Aspekte der Gegenwart Christi, dann gerät man zwangsläufig auf die theologischen Abwege des Spiritualismus oder der magisch-thaumaturgischen Heilsauffassung.[181]

Freilich, der *Modus* dieser realen, personalen Gegenwart Christi bleibt für Luther ein unerklärbares Geheimnis. Er ist „weder mit physischen noch mit psychologischen Begriffen"[182] hinreichend beschreibbar. Dennoch: Luther macht deutlich, daß es jedenfalls um den ganzen Menschen, um seine ganze „Natur" sowie um den ganzen Christus gehen muß. In diesem Sinne kann Luther sehr deutlich zwischen einer bloß geistigen, auf Willen und Triebkräfte des Menschen gerichteten Einung und einer „naturhaften" oder „wesentlichen" Vereinigung mit Christus unterscheiden.

---

[179] Ebd., 421 (im Original kursiv).
[180] Ebd., 428 (Hervorhebung: K.L.).
[181] Vgl. ebd., 432: „Seine Äußerungen zur Leiblichkeit der Abendmahlsgabe und ihrer Bedeutung zeigen jedenfalls, daß eine Sonderung des ‚Personalen' vom ‚Naturhaften' in der Existenz des Menschen ihm fern lag."
[182] Ebd.

Es sollte in der Lutherforschung nicht möglich sein, „gegen Texte Luthers zu systematisieren".[183] Will man den Reformator nicht besser als er sich selbst verstehen, so dürfte ein Doppeltes deutlich geworden sein:

Die Beschreibung der Gemeinschaft Gottes und des Menschen erfährt in Luthers Theologie eine beachtliche Umwandlung, indem dieses Verhältnis allein vom Glauben als fiducia her verstanden und der Mensch so allein in seiner Relation zu Gott in den Blick gerät. Sein „Sein" ist kein „Selbst-Stand", sondern ein Sein vor Gott, ein Sein, daß sein „Wesen" durch eben diese Relation erst erhält. Dieses Verständnis sprengt die Begriffe der klassischen aristotelischen Ontologie, die ein Sein immer zunächst als ein isoliertes Sein versteht, ein Sein, daß aufgrund seiner Subsistenz dann auch eine Beziehung zu anderem Sein eingehen kann. Dieses „Aufbrechen" der aristotelischen Ontologie ist in der jüngeren Lutherforschung deutlich beschrieben worden.[184] Es ist immer verbunden mit den – schon von Joest herangezogenen – Überlegungen zur Christologie. In Christus kommt es zu einer mit der klassischen Ontologie nicht mehr beschreibbaren Einheit zweier Naturen: „(D)ie Lehre von der Subsistenz und gegenseitigen Unabhängigkeit von in sich wesenhaft bestimmten Entitäten wird auf eine Ontologie der wechselseitigen Gemeinschaft hin aufgebrochen, wenn das Sein Christi als wechselseitige Selbstmitteilung von Gott und Mensch bestimmt wird."[185]

In der Beschreibung dieser Gemeinschaft Gottes und des Menschen ist es für Luther von geradezu grundlegender Bedeutung, daß die beiden „Relate" dieser Relation, also Gott und Mensch, real und ganz miteinander verbunden sind. Um dieser „Gegenwart" der beiden Relate Ausdruck zu verleihen, benutzt Luther die klassischen ontologischen Begriffe des „Wesens" (essentia) und der „Substanz" (substantia). Damit soll ausgesagt werden, daß Gott und Mensch in dieser Beziehung ganz, in ihrer „Person", real miteinander in Beziehung treten und nicht etwa durch irgendein anderes Sein vertreten werden. Insbesondere unterscheidet Luther diese reale Gegenwart von einer bloßen *Wirkung* Christi, von der bloßen Gegenwart seiner *Gaben* sowie von menschlichen *Vergegenwärtigungen* in Gedanken oder in Willensprägungen. Eine besondere Spitze erhalten diese Ausführungen, wenn der Begriff der Substanz noch durch den der „leiblichen" Gegenwart ergänzt und behauptet wird, Gott und Mensch seien in ihrer *leiblichen* Realität ganz miteinander verbunden. Die *Inkarnation* ist das zentrale und grundlegende Geheimnis unseres Glaubens: Sie geschieht in der

---

[183] S. Mannermaa, Unmöglichkeit.

[184] Neben den Arbeiten Ebeling sind hier wichtige Ausführungen von Jörg Baur zu nennen, vgl. besonders: Baur, Luther und die Philosophie; ders., Abendmahlslehre; ders., Lutherische Christologie.

[185] N. Slenczka, Über Aristoteles hinaus?, 70.

Fleischwerdung des Logos und setzt sich fort in der leiblichen Präsenz Christi im Abendmahl sowie in seiner leiblichen Gegenwart in den Gläubigen.

Beide Aspekte der Lehre Luthers treten nicht in Widerspruch zueinander. Die Beschreibung der Gemeinschaft als Vereinigung zweier „*Substanzen*" zielt gerade auf die Ermöglichung einer wahren Relation, zu der nun einmal zwei Relate nötig sind. Es geht dabei letztlich nicht darum, Gott als „Substanz" zu bezeichnen – eine Aussage, die schon für Thomas von Aquin unmöglich war: Deus non est in genere.[186] Aber um aussagen zu können, daß Gott *selbst* gegenwärtig ist, bleibt Luther kein anderer Ausdruck als das „substantialiter" oder „essentialiter", das „ipse" oder das „vere adest". Auf der anderen Seite widerspricht die Beschreibung des Menschen als eines Seins, daß durch die Relation erst konstituiert wird, nicht der Aussage, daß hier *zwei* beieinander sind: Denn sonst würde sich ja die Relation in einer unio auflösen und man könnte hinfort von einer Beziehung gar nicht mehr sprechen. Auch die „relationale" Sprechweise geht also von zwei „Gegebenheiten", Entitäten aus, die hier in Beziehung sind.

Wir haben also Abschied zu nehmen von der reziproken Kritik „personaler" und „substanzontologischer" Lutherdeutung. Gefragt ist allein ein Verständnis, das beide Anliegen, die sich in Luthers Ausführungen anmelden, zu ihrem Recht kommen läßt. Deshalb muß neu gefragt werden, inwieweit sowohl die „finnischen" Arbeiten als auch die ihrer Kritiker beiden Schwerpunkten gerecht werden können. Den Finnen ist der Aspekt der ganzen Gegenwart Gottes wichtig: Gott vereint sich *selbst* mit mir. Dieses Anliegen hat sein unbestreitbares Recht, nicht nur als historisch korrekte Wiedergabe eines Anliegens Luthers, sondern auch als Aufnahme zahlreicher neutestamentlicher Texte. Die besonders durch die Ebeling-Schule verbreitete Deutung der Gottesgemeinschaft als relationales Geschehen, insbesondere als „Wortgeschehen", weist auf die zentrale Botschaft hin, daß unser Sein vor Gott durch das Evangelium bestimmt, ja erst geschaffen wird.[187]

Will man diese Ansätze zusammenführen, dann gilt: Das finnische Modell muß deutlich machen, daß die sich realisierende Gemeinschaft mit Gott immer an die Gnadenmittel gebunden bleibt und nie zu einem neuen Selbststand des Menschen wird. Darauf haben allerdings finnische Arbeiten durchaus hingewiesen.[188] Die relationale Deutung der Gottesgemeinschaft muß deutlich machen, daß es im Glauben zu einer Verbindung des Menschen *mit Gott selbst*

---

[186] Thomas von Aquin, STh I q 3 a 5 corp.

[187] Vgl. dazu noch einmal Flogaus (Theosis, 412): „Luthers ontologische Aussagen sind nicht im Sinne einer *Substanzontologie* zu verstehen, sondern im Sinne einer *relationalen Ontologie*: Sie wollen deutlich machen, daß alles, was der Mensch *hat* und *ist*, von seiner Gottesrelation, d.h. von seinem *Glauben* oder seinem *Unglauben* bestimmt wird." Ähnlich auch ebd., 351: „Da der Glaube für Luther aber nicht die *fides infusa*, sondern der in uns gegenwärtige Christus ist, ist das ‚Gott-Sein' des Glaubenden kein statisches Sein oder ein eigener Besitz, sondern ein In-Beziehung-Sein zu Christus und ein Teilhaben an seiner Fülle".

[188] Vgl. z.B. Mannermaa, Hat Luther eine trinitarische Ontologie?, 15; 21; 47.

kommt. Wenn darauf hingewiesen wird, daß diese Gemeinschaft ein Wortge-schehen ist, dann muß hinzugefügt werden, daß dieses „Wort" der Logos selbst ist, daß also in der Verkündigung nicht lediglich die Botschaft von Christus, sondern Christus *selbst* zum Menschen kommt. Dieses „selbst" entspricht dann inhaltlich dem „substantialiter" Luthers.

Die Suche nach einem solchen, beide Perspektiven verbindenden Denken in der Lutherforschung wird durchkreuzt, wenn generalisierend behauptet wird, Luther gebe die „klassische Metaphysik" zugunsten einer „relationalen Onto-logie" auf. Diese Formulierung ist zu verabschieden, sie trägt zum Verständnis der Texte nichts bei, weil diese ausschließliche Alternative nicht existiert. Die evangelische Lutherforschung sollte aufhören, Substanz und Relation gegen-einander auszuspielen.[189] Sie muß zu *ontologischen* Aussagen zurückfinden, zu Aussagen also, die das „ipse" von Gott und Mensch bewahren (ohne das menschliche „Selbst" von Gott lösen zu wollen). Es geht um Aussagen, die vor allem in der Lage sind, ein Grundanliegen Luthers zu erfüllen: In der christ-lichen Lehre soll das *Zeugnis der Schrift* aufleuchten und verständlich werden. Deshalb verlangen die für Paulus und Johannes so zentralen Aussagen von der Einwohnung Gottes nach einer Sprache, die diese Präsenz Gottes beim Men-schen wenn nicht erklärt, so doch zum Leuchten bringt.

Offen bleibt, ob heutige systematische Theologie in der Lage ist, die Ein-wohnung Gottes im Menschen noch mit anderen als den von Luther ins Feld geführten Begriffen zu beschreiben. Insbesondere ist zu fragen, ob der Modus der Einwohnung, der für Luther ein unerklärliches Geheimnis ist, begrifflich weiter einzugrenzen wäre. Aber dies ist eine Frage, die sich nicht an die histo-rische Lutherforschung, sondern an die gegenwärtige systematische Theologie richtet.

---

[189] Sehr deutlich hierzu Dieter, Der junge Luther, 267f: „Was der Mensch ist, ist durch sein Gottesverhältnis bestimmt. Zugleich gibt Luther aber nicht, wie es nach manchen seiner Texte scheinen könnte und wie immer wieder gesagt wird, die Betrachtung der Dinge als Substanzen auf." Vgl. auch Beutel, Antwort und Wort, 91f. R. Slenczka (Geschichtlichkeit, 343), bemerkt mit Blick auf die häufig postulierte Alternative von Metaphysik und Geschichte: „Es ist jedoch nicht einzusehen, weshalb Personalität und Ontologie von vornherein als Gegensatz verstanden werden müssen."

VII. Die Lehre von der Einwohnung Gottes im Menschen

Unsere Untersuchung kehrt am Ende zu ihren Anfängen zurück. Wenn hier abschließend versucht wird, die Hauptzüge einer evangelischen Lehre von der Einwohnung zu zeichnen, dann wenden sich die Überlegungen zurück zu den biblischen Texten, die eingangs vorgestellt wurden.

Wer von der Einwohnung Gottes im Menschen redet, der spricht von der Realität des Glaubens an Gott, der in Jesus Christus Mensch geworden ist. Er spricht zugleich vom Heil in Christus, von der Kirche, von den Gnadenmitteln, ja auch von der Vollendung im ewigen Leben. Eine Darstellung der Einwohnungslehre muß auf fast allen Gebieten der Dogmatik „Farbe bekennen": die großen und klassischen Fragen, etwa die des „Wesens" Gottes und des Menschen, sind ständig präsent. In der folgenden Darstellung wird versucht, die Gedanken auf das biblische Bild des „Wohnens" Gottes zu konzentrieren und von dieser Mitte aus die genannten Fragen zu beleuchten. Zweifelsohne wirft die Einwohnungslehre neues Licht auf zahlreiche andere dogmatische Fragen, deren Behandlung unter eben diesem Licht neu zu durchdenken wäre.

In der Konzentration auf das Wohnen Gottes im Menschen ist es nötig, das Zeugnis der Schrift neu zu hören. Ferner sollen die in dieser Arbeit dargestellten dogmatischen Erklärungen zu diesem Schriftzeugnis in Beziehung gesetzt und so schließlich auf mögliche Gestalten einer heute zu formulierenden Einwohnungslehre hingewiesen werden. Auch die Frage nach der Ökumenizität dieser Lehre muß dabei mit bedacht werden.

1. „Wohnt" Gott? – Der andere Äon und das Angeld des Geistes

> *„In ihm seid auch ihr, da ihr gläubig wurdet,*
> *versiegelt worden mit dem heiligen Geist, der*
> *verheißen ist, welcher ist das Unterpfand unsres*
> *Erbes zu unsrer Erlösung." Eph 1,13b.14a*

Im Neuen Testament wird darauf hingewiesen, daß mit Jesus Christus der „neue Äon" bereits angebrochen ist.[1] Der Exeget Mußner drückt es, mit Blick

---

[1] Vgl. dazu die Ausführungen oben in Abschnitt I,8: Alter und neuer Äon.

auf Gal 2,20, so aus: „(D)urch Christus ist der neue, eschatologische Äon schon eingeleitet, der den durch das Gesetz bestimmten alten Äon ablöst. Die Aussage ‚Christus lebt in mir' ist also, ohne deswegen ihren ontologischen Charakter zu verlieren, eschatologisch zu verstehen! Dadurch, daß Christus, der Begründer und Grund des neuen Äons, im Getauften lebt, lebt dieser selbst schon in der bereits angebrochenen Heilszukunft der Christusherrschaft und ist so dem Gesetzes-Äon entnommen."[2]

Daß die Einwohnung den zukünftigen Äon bereits jetzt gegenwärtig macht, ergibt sich deutlich aus der neutestamentlichen Rede vom „Angeld" des Geistes.[3] Denn ein Angeld ist ein *bereits jetzt reales Eigentum*, das aber auf eine noch zukünftige, endgültige Gabe hinweist. Aus diesen Beobachtungen ergeben sich bereits zwei wichtige Thesen für die Einwohnungslehre:

1: Wenn die Einwohnung Gottes im Menschen den zukünftigen Äon vorwegnimmt, dann können alle dogmatischen Beschreibungen dieses Geschehens nur mit Hilfe von Analogien vorgehen.

2: Das so durch Analogien beschriebene Angeld einer eschatologischen Gabe ist nicht allein Verheißung eschatologischer Gottesgemeinschaft, sondern auch sich bereits realisierende Präsenz Gottes im Gläubigen.

Ad 1: Die im Neuen Testament verwendeten Metaphern des „Wohnens", des „In-Seins" weisen selbst auf eine Analogie hin. Es handelt sich um eine Analogie zwischen Gottes Gegenwart und den uns bekannten Weisen der Gegenwart, um eine Analogie zwischen der Existenzweise des alten und des neuen Äon. Wir kennen „Gegenwart" als ein raum-zeitliches Phänomen: Jemand ist zu einer bestimmten Zeit an einem bestimmten Ort, „hic et nunc" realisiert sich seine Gegenwart. Zu sagen, Gott sei „schon jetzt" „im" Gläubigen, bedeutet, diese uns bekannten Kategorien in analoger Redeweise zu verwenden, um so eine anders nicht aussagbare höchste Form der Gegenwart und der Gemeinschaft auszudrücken.

Die Einwohnung Gottes im Menschen muß zunächst durch *Proportionalitätsanalogien* (analogia proportionalitatis)[4] näher bestimmt werden, bei denen ähnliche Verhältnisse zwischen unähnlichen Größen miteinander verglichen werden. Ein klassisches, auch von Kant bemühtes Beispiel solcher Analogie ist der Vergleich des Verhältnisses Gottes zur Schöpfung mit dem Verhältnis des Menschen zu seinen Werken.[5] Gott erscheint dann als „Urheber" der Welt, wobei das Wort „Urheber" im Blick auf Gott eben analog, in Kenntnis menschlicher Urheberschaft, benutzt wird. Der „tiefere" Sinn, den es für Gott haben muß, bleibt unerkannt.

---

[2] Mußner, Galaterbrief, 182f.

[3] Im Griechischen: ὁ ἀρραβών, vgl. 2 Kor 1,22; 5,5; Eph 1,14.

[4] Zu diesen Überlegungen, die Analogie betreffend, vgl. die Ausführungen von Jüngel, Geheimnis, 357–408; zur Proportionalitätsanalogie ebd., 364f, 368f.

[5] Vgl. hierzu ebd., 358–363.

Bei diesem klassischen Beispiel besteht das zweite Verhältnis allein aus geschöpflichen Größen (der Mensch und sein Werk). Nur im ersten Verhältnis (Gott und die Schöpfung) gerät mit der Nennung Gottes eine transzendente Größe ins Blickfeld. Im Falle der Einwohnung verhält es sich anders. Es kommt hier zu einer mehrfach gestuften Reihe von Analogien. Das Verhältnis Gottes zu sich selbst (innertrinitarische Perichorese) wird zunächst verglichen mit zwei unterschiedlichen Möglichkeiten der Präsenz Gottes im Menschen (hypostatische Union, Einwohnung).[6] Schließlich kann die Gesamtheit dieser Verhältnisse mit verschiedenen innerweltlichen Formen des In-Seins verglichen werden (raum-zeitliches In-Sein; In-Sein als Vorgang des Erkennens und Liebens).

Sowohl für die innertrinitarischen Beziehungen als auch für die Beziehung von menschlicher und göttlicher Natur in Christus hat sich in der Tradition der Begriff der „Perichorese", des gegenseitigen Durchdringens, durchgesetzt.[7] Mit diesem Wort wird eine intime und vollkommene, wechselseitige Einheit bei gleichzeitiger Unterschiedenheit ausgesagt. Schon die Verwendung desselben Terminus zur Bezeichnung eines innergöttlichen wie auch eines auf den Gottmenschen bezogenes Verhältnis beruht auf der Annahme einer Analogie, bei dem das Verhältnis dreier göttlicher Hypostasen mit demjenigen zweier Naturen einer einzigen Hypostase verglichen wird. Da in *beiden* Verhältnissen von Gott die Rede ist, werden sie anhand weiterer analoger Bestimmungen durch innerweltliche Verhältnisse interpretiert. Dies wird auch schon durch den Begriff der Perichorese selbst deutlich, der, ursprünglich für die Tanzkunst verwendet, „einander umtanzen", also einen raumzeitlichen Vorgang bedeutet.[8]

Vorher aber müssen die beiden genannten Formen der Perichorese ebenso mit der Einwohnung Gottes im Menschen verglichen werden. Es handelt sich hier um das Verhältnis der drei göttlichen Personen zur Person des von ihnen „bewohnten" Menschen. Schon die lutherische Orthodoxie hatte sich nicht gescheut, auch hier von der Perichorese (je) zweier Personen zu sprechen. In kühner Parallelisierung von hypostatischer Union und Einwohnung konnte vom „christianus biunus" gesprochen werden. Auch der Wert dieser Analogie beruht nicht darin, daß sie ein Gottesverhältnis innerweltlich anschaulich macht – werden doch auch hier zwei Verhältnisse verglichen, in denen Gott als eine der Größen präsent ist. Der Erkenntniswert liegt darin, daß ein den Menschen betreffendes Verhältnis zu Gott, die Einwohnung, beschrieben wird mit Hilfe der Analogie zum inkarnierten Gottessohn sowie zum innertrinitarischen Leben Gottes.

Die Analogie der Verhältnisse deutet hier bereits eine Analogie der Teilhabe (Benennungs- oder Attributionsanalogie, analogia proportionis)[9] hin, welche be-

---

[6] Im Schriftzeugnis wird eine solche Analogie angedeutet: Jesus ist so im Jünger Jesu, wie der Vater im Sohn ist: „...daß sie eins seien, gleichwie wir eins sind, ich in ihnen und du in mir..." (Joh 17,22f). Die Einwohnung Gottes verweist also zugleich auf die innertrinitarische Perichorese.

[7] Vgl. Jüngel, Perichorese.

[8] So Jüngel, ebd., 1109.

[9] Vgl. Jüngel, Geheimnis, 369.

sagt, daß der Christ Anteil erhält am Leben des dreieinigen Gottes. Das „unum",
das hier das den verglichenen Größen auf je unterschiedliche Weise Gemeinsame
ist, ist die Perichorese, das In-Beziehung-Sein selbst: In Gott ist die Vollkommenheit der Beziehung, der Perichorese, und an dieser läßt er den Menschen in der
Einwohnung Anteil gewinnen.[10]

Diese unterschiedlichen Weisen des In-Seins Gottes können schließlich in einer
weiteren Analogie mit innerweltlichen Weisen des In-Seins verglichen werden,
insbesondere mit dem räumlichen In-Sein sowie mit der Präsenz eines Erkenntnis-
bildes im Geiste des Menschen. Weiter unten soll diesen Modellen ein erweitertes
Verständnis hinzugefügt werden, bei dem die Einwohnung zur „Bildung" der
menschlichen Person in Beziehung gesetzt wird.[11] Bei diesen Vergleichen werden
nun innerweltliche Verhältnisse herangezogen, um bestimmte Aspekte der Einwohnung Gottes als eines Verhältnisses von Gott und Mensch einsichtig zu machen.

Bei der analogen Redeweise wird eine sich auf das Schriftzeugnis gründende
Theologie immer darauf hinweisen, daß die uns bekannte Weise der Gegenwart
eine abgeleitete ist, während Gegenwart im eigentlichen Sinn eine uns ver-
schlossene Seinsweise Gottes bleibt. Ähnlich wie also nach Eph 3,15 die menschliche Vaterschaft ihren Namen nur durch Gottes Vater-Sein erhält, so gilt
auch hier: Wahres In-Sein, wahre Gegenwart realisiert sich in der Perichorese
der drei göttlichen Personen und sodann im Wohnen Gottes im Menschen. Alle
menschliche, etwa raum-zeitliche Gegenwart ist nur ein schwaches Abbild jener Gegenwart Gottes. Es ist also nicht etwa so, als würde der Mensch sich,
ausgehend von seiner Seinsweise, einen Gott „schaffen", indem er ihn analog
zu seiner Seinsweise beschreibt. Durch das Zeugnis der Heiligen Schrift wird
vielmehr eine Analogie aufgedeckt, die bereits besteht und die in Gott ihre Ur-
sprungs-, im Menschen aber ihre Abbildseite hat.[12]

Bei der Beschreibung dieser Analogien ist ferner entscheidend, daß die Analogie als sprachliches Phänomen einen seinsmäßigen Zusammenhang anzeigt:
Es handelt sich um eine Benennung, die aber nie nur Benennung ist, sondern

---

[10] Vgl., mit Bezug auf das Gutsein, ebd., 375. – Gerade mit Blick auf die Analogie von
innertrinitarischer Perichorese und Einwohnung gilt auch die wunderbare Formulierung Barths,
derzufolge Gott „schon im voraus der unsrige" ist! Vgl. Barth, KD I,1, 404; zitiert bei Jüngel,
Gottes Sein, 7; vgl. auch ebd., 77: „Die Lehre von der Perichorese und Appropriation innerhalb
der als ‚Gedritt' geeinigten drei voneinander unterschiedener Seinsweisen Gottes präzisierte
diese Erkenntnis: Gottes Sein ist im Werden. Und Gott ist gerade darin, daß sein Sein von
Ewigkeit her ein Sein im Werden ist, schon ‚im voraus der unsrige'." Vgl. ähnlich auch ebd.,
81.

[11] S. u., Abschnitt 3.

[12] Vgl. Jüngel, Geheimnis, 376f (mit Blick auf die Analogielehre des Thomas): „Während
im modus significandi die Sprache der Welt als hermeneutisches analogans, die Rede von Gott
aber als hermeneutisches analogatum fungiert, ist der mit dieser analogen Rede von Gott zur
Sprache gebrachte Sachverhalt selbst gerade entgegengesetzt strukturiert: Gott kommt im her-
meneutischen analogatum als ontisches analogans (causa), die Welt hingegen als ontisches
analogatum (causatum) zur Sprache."

auf ein Sein verweist.[13] Ja, im Blick auf die Verkündigung wird man sogar sagen müssen, daß Gottes Wort diese Analogie nicht nur bezeugt, sondern geradezu erschafft, indem sie dem Glaubenden die Einwohnung Gottes zuspricht.[14]

Ursprungs- und Abbildseite der Analogie verhalten sich zueinander wie neuer und alter Äon. In der Einwohnung begegnen sie einander, es kommt zu einer „Perichorese der Äonen". Für solche Perichorese gilt, daß von ihr mit Hilfe der (uns allein zur Verfügung stehenden) Begriffe des alten Äons geredet werden darf und muß. Ähnlich wie in der lutherischen Abendmahlslehre vom Sein Christi „in, mit und unter" den Elementen geredet wird – wohl wissend, daß die leibliche Gegenwart des Auferstandenen die Kategorien der Raumzeit sprengt –, ähnlich darf und muß nun von der Gegenwart Gottes im Menschen geredet werden. Die Kategorien des alten Äons werden dabei nicht unter-, sondern überschritten: Die Einwohnung Gottes im Menschen ist die vollkommene Weise des In-Seins, deren Abbild wir in menschlichen Verhältnissen wahrnehmen. Dieser Aspekt der Teilhabe der Jetztzeit am Neuen Äon rechtfertigt nun aber, daß vom Angeld der eschatologischen Gabe menschlich geredet wird. „Menschlich" heißt hier auch „ontologisch", also unter Verwendung der Kategorie des Seins.

Diese Ausführungen werfen bereits ein Licht auf die in der dogmatischen Tradition vorgeschlagenen Modelle zur Beschreibung der Einwohnung. Insbesondere das thomistische Modell, das die aristotelische Erkenntnistheorie heranzieht, kann als ein Versuch analoger Redeweise verstanden werden. Die „Schau Gottes", das „erkennen, so wie ich erkannt bin" (1 Kor 13,12) wird hier beschrieben, indem die menschliche Erkenntnis als Modell benutzt wird. Ein solches Vorgehen ist in der christlichen Dogmatik möglich, solange dabei der Charakter dieser spezifischen Analogie gewahrt bleibt: Das göttliche Erkennen kann durch menschliches Erkennen nicht zureichend beschrieben werden, es ist ursprünglich, während unser Erkennen ein abgeleitetes Erkennen ist. Wird dies beachtet, dann kann die Analogie durchdacht werden, da sie von den neutestamentlichen Texten selbst vorgeschlagen wird. Man muß dabei aber immer damit rechnen, daß die christliche Botschaft auch die *Grenzen* jener Analogie aufzeigt, weil die Abbildseite dieser Analogie zwangsläufig die Kategorien irdischen Lebens verwendet und an entscheidender Stelle ein „quasi" oder ein „sicut" anmahnen muß.[15]

---

[13] Vgl. Jüngel, Geheimnis, 357: „Insofern läßt sich die Analogie der Benennung nicht schlechthin trennen von der Frage nach dem Sein des Seienden. Sie impliziert in irgendeinem Sinn eine Analogie des Seins."

[14] Vgl. die Rede von der „Analogie des Advent" bei Jüngel (ebd., 389) sowie seinen Hinweis auf die „analogische Kraft des Evangeliums", bei dessen Verkündigung gilt (ebd., 404): „Die Analogie spricht Gott und Mensch sozusagen zusammen."

[15] Im Erkenntnismodell des Thomas ist dies der Fall, wenn an die Stelle der – im Erkenntnisvorgang doch unerläßlichen – „species" nun die essentia Gottes selbst tritt. Hier liegt gerade der fundamentale Unterschied zu aller menschlichen Erkenntnis, der benannt, aber nicht weiter einsichtig gemacht werden kann.

Ad 2: Das „Angeld" ist nicht nur eine Zusage, sondern eine erste Gabe, die auf eine endgültige Gabe hindeutet. Es ist nicht möglich, die „Gegenwart" dieser Gabe mit Hilfe der Dialektik von „in spe" und „in re" ganz in die Zukunft zu verlegen. Solche Versuche, die sich besonders in der Lutherforschung immer wieder finden, sind zurückzuweisen. Die alte Unterscheidung zwischen Gnadenstand und Glorienstand, die sich nicht nur in der katholischen Theologie, sondern auch in der lutherischen Orthodoxie findet (und bereits auf die Vätertheologie zurückweist), ist hier vorzuziehen: Die Einwohnung bezeichnet die *Gegenwart* des zukünftigen Äon im Leben der Gläubigen. Dieser Äon wird erwartet, gerade weil das jetzt gegenwärtige Angeld dazu die Berechtigung und die Hoffnung gibt, indem es die endgültige Gegenwart Gottes repräsentiert und vorwegnimmt. Einwohnung ist Präsenz des neuen Äon im alten, ist Gegenwart Gottes im Menschen.

2. „Wohnen" und „Wohnung machen" als Handlung einer Person

> *„Wir werden kommen und Wohnung*
> *bei ihm machen." Joh 14,23*

2.1 Aktivität Gottes und Passivität des Menschen

Die Bilder des „Wohnens", des „Wohnung Nehmens" oder des „Kommens" verweisen auf eine Person, die sich in einem Haus einrichtet. Der Ankommende ist aktiv gedacht, während die zu bewohnende „Behausung" zunächst lediglich erleidend, passiv ist: Sie wird in Anspruch genommen. Nun sind allerdings die „Immanenzaussagen" des Corpus Johanneum reziprok formuliert: „Ich in euch und ihr in mir". Es ist aber interessant zu bemerken, daß das Verb οἰκεῖν und seine Komposita in diesem übertragenen Sinne nicht für das In-Sein des Christen benutzt wird. Es wird für das Wohnen Gottes oder aber für das Wohnen anderer Mächte, z. B. der Sünde (Röm 7,17f) im Menschen benutzt. Es wird dadurch deutlich, daß die Einwohnung mit einer aktiven Inanspruchnahme des Menschen durch ein anderes Subjekt zu tun hat (auf den Aspekt des „zu eigen Nehmens" ist weiter unten noch einzugehen). Das Bild weist darauf hin, daß der einwohnende Gott als eine „Person", das heißt als ein agierendes Subjekt, als ein Gegenüber zu fassen ist.[16] Gleichzeitig wirft dieses Bild die Frage nach dem Charakter dieses „Hauses", des Menschen, auf, insbesondere die Frage nach der Ursache der Ankunft Gottes. Ist der Mensch völlig passiv zu denken? Oder muß das Bild des „Hauses" hier verlassen werden, um auch von

---

[16] Vgl. hierzu die Bemerkungen Ebelings zur „Personalität des heiligen Geistes" (Ebeling, Dogmatik des christlichen Glaubens, Bd. 3, 116f).

der Aktivität des Menschen reden zu können? Am Horizont erscheint bereits die Frage nach der Willensfreiheit, und neben das Bild des Wohnens tritt das von Luther bemühte Bild des Reitpferdes, das von einem Reiter gelenkt wird.[17]

Doch bleiben wir zunächst bei der Seite des Ankommenden. Daß „Ankommen" und „Wohnen" hier auf Gott als ein personales Gegenüber verweisen, kann für die dogmatische Einwohnungslehre nicht ohne Konsequenzen bleiben.

2.2 „Erkennen", „lieben" und „geformt werden"

Betrachten wir zunächst noch das klassische Erklärungsmodell, das die Einwohnung als einen Vorgang des Erkennens, des Liebens und der Formung durch das Erkannte und Geliebte beschreiben will. Es ist ja in der nachkonziliaren katholischen Theologie noch durchaus präsent, wie das Beispiel Karl Rahners zeigt. Dieses Modell, das sich in Ansätzen schon bei den Vätern findet, liegt in der Dogmatik des Thomas in besonders reifer und schöner Form vor. Gelegentlich kann auch Luther darauf zurückkommen, ohne es aber zu einem zentralen Punkt seiner Lehre zu machen.[18] Allerdings erscheint der Gedanke der Formung bei Luther in der wichtigen disputatio de homine: Der jetzt lebende Mensch ist die Materie, die von Gott im ewigen Leben mit einer neuen Form bedacht wird.[19]

Zunächst ist nochmals darauf hinzuweisen, daß dieses Modell tief im Neuen Testament verwurzelt ist. Die Einwohnungsaussagen bei Johannes sind meist gekoppelt an den Hinweis auf die Liebe zu Christus, bis dahin, daß diese Liebe als Voraussetzung der Einwohnung angesehen wird: „Wer mich liebt, der wird mein Wort halten; und mein Vater wird ihn lieben, und wir werden zu ihm kommen und Wohnung bei ihm machen." (Joh 14,23). Auch das Erkennen Christi und besonders die Schau Gottes sind mit der Einwohnung Gottes eng verbunden. Indem Gott erkannt und geschaut wird, „gestaltet" oder „formt" er den Christen nach seinem Bilde: „Ich möchte ja ihn erkennen (γνῶναι) und die Kraft seiner Auferstehung und die Gemeinschaft seiner Leiden und so seinem Tode gleichgestaltet (συμμορφιζόμενος) werden, damit ich gelange zur Aufer-

---

[17] Vgl. Luther, De servo arbitrio, WA 18,635.

[18] Diskutiert wird in diesem Zusammenhang immer wieder die Weihnachtspredigt von 1514 (Sermo in Natali Christi, WA 1, 20–29), in der Luther die Gegenwart Christi erklärt als die Formung durch ein Objekt der Erkenntnis und der Liebe und daraus schließt, daß der Gläubige selbst zum „Wort" werde. Vgl. dazu besonders Dieter, Der junge Luther, 269–271, der zeigt, daß Luther das Verhältnis des Glaubenden zum „Wort" hier nicht mit einer Erkenntnisbeziehung identifiziert, es aber in Analogie zu einer solchen denkt.

[19] Luther, Disputatio de homine, WA 39 I, 177,3f; dazu Ebeling, Lutherstudien II,3, 472–526. Auch in der großen Galatervorlesung kann Luther Christus als „mea forma" bezeichnen: WA 40,1, 283,7. Vgl. dazu Ebeling, Lutherstudien II,3, 170; 203.

stehung von den Toten." (Phil 3,10f).[20] Das Sehen Gottes gilt sogar als Garant für eine Ähnlichkeit mit Gott: „Wir wissen aber, wenn es erscheinen wird, daß wir ihm gleich (ὅμοιοι) sein werden; *denn* wir werden ihn sehen (ὀψόμεθα), wie er ist." (1 Joh 3,2b).

Insofern sind die von Thomas vorgetragenen Gedanken von bleibendem Interesse. Bei ihm steht, wie wir sahen, in der Schau Gottes das göttliche Wesen an genau der Stelle, die bei der natürlichen Erkenntnis von der „species" eingenommen wird. Gott sehen heißt also für Thomas, Gott selbst in seinem Wesen gegenwärtig haben. Diese neue „species", die Gott selbst ist, formt den menschlichen Geist nach ihrem Bilde, so daß das Modell des Erkenntnisvorgangs mit dem der Formung durch Gott konvergiert. Auch Rahners Vorschlag, die gratia increata, also Gottes Gegenwart selbst, als „quasi-formale" Ursache der visio zu beschreiben, muß als Aufnahme der genannten neutestamentlichen Aussagen verstanden werden. Es ist nicht einzusehen, daß diese Erklärungen für evangelische Theologie nur deshalb inakzeptabel sein sollten, weil sie lange Zeit an die Postulierung einer *geschaffenen* Gnade als Qualität des Menschen gekoppelt waren. Wenn behauptet wird, daß tatsächlich die *gratia increata*, daß Gott selbst die „Form" des neuen Menschen ist, dann ist dies eine durchaus mögliche Interpretation der neutestamentlichen Botschaft vom Wohnen Gottes im Menschen.

Es gibt aber noch einen anderen Vorbehalt, der sich gegen dieses Modell richtet. Es scheint so zu sein, als bleibe hier die „Substanz" des Menschen immer dieselbe, als trete die Gotteserkenntnis wie ein Akzidenz zum Wesen des Menschen hinzu. So wendet sich Luther, mit Blick auf die Wendung „fides charitate formata", gegen das „maledictum vocabulum (...) ‚formatum'", weil dieses Wort glauben mache, die menschliche Seele sei dieselbe vor und nach der Eingießung der charitas.[21] Aber auch dieser Einwand kann entkräftet werden. Denn nimmt man den Gedanken der Formung ernst, insbesondere den der Formung durch das Wesen Gottes selbst, dann kann man ihn auch im Sinne einer *erneuerten Substanz* des Menschen verstehen, dergestalt, daß der Gläubige ein *neuer* Mensch und nicht bloß der mit neuen Akzidentien ausgestattete alte Mensch ist.

Allerdings weist nun die Analogie zum Erkenntnisvorgang und zur „Formung" einige weitere Schwierigkeiten auf, die nicht verschwiegen werden sollen. Zum einen sind „species" und „forma" abstrakte Begriffe. Wenn also gesagt wird, die Gegenwart Gottes im Menschen sei die Gegenwart einer „species" oder einer „forma", dann mag dies zwar eine philosophische Verständnishilfe sein, aber es gelingt nicht recht, die Gegenwart Gotte als ein „personales" Gegenüber einsichtig zu machen. In dem Zusammenhang ist auch auffällig,

---

[20] Vgl auch, neben anderen Stellen, Gal 4,19b: Christus „gewinnt Gestalt" im Christen.

[21] Luther, Diui Pauli apostoli ad Romanos Epistula, WA 56, 337, 18f (Scholion zu Röm 7); zitiert bei Ebeling, Lutherstudien II,3, 194.

daß Thomas sagt, die „species" werde hier durch Gottes „essentia" ersetzt.[22] Natürlich sind für ihn Gott und sein Wesen ein und dasselbe, dennoch scheint es bedeutsam, daß er hier nicht einfach von Gott, sonders von der essentia Dei als der neuen species redet. So wird nämlich das Abstraktum „species" durch ein anderes Abstraktum, das der essentia, ersetzt. Es zeigt sich hier eine Grenze des Erkenntnismodells: die natürliche Erkenntnis entsteht eben nur unter Zuhilfenahme von Abstrakta: Im Intellekt ist nicht das Objekt selbst, sondern ein aus ihm gleichsam herausgezogenes Abstraktum. Sagt man nun, bei der Gottesschau sei dies anders, so gerät das Modell aus den Fugen, weil es an zentraler Stelle modifiziert ist. Dies kann allerdings wohl kaum anders sein, wenn philosophische Begriffe in der Dogmatik „zu Bade geführt"[23] werden.

Ein weiteres kommt hinzu: Die Begriffe des „Erkennens" und des „Liebens" verweisen zunächst auf Handlungen oder Verhaltensweisen des Menschen. Der biblische Text hingegen redet vom „Kommen" und „Wohnen" Gottes in das „Haus",[24] das der Mensch ist. In diesem Bild ist der Mensch passiv, während Gott „ankommt". Nun beschreibt allerdings die klassische Erkenntnistheorie den Erkenntnisvorgang tatsächlich als eine „passio", ein Erleiden des Menschen, der durch das jeweilige Objekt affiziert wird. Aber dieses Erleiden ist nur der Beginn einer intensiven Aktivität des affizierten Intellektes, der den empfangenen „Eindruck" verarbeitet und zu einer Erkenntnis umformt. Und auch die Liebe ist zwar eine „passio", muß aber gleichzeitig verstanden werden als eine Bewegung der menschlichen Seele auf das geliebte Objekt hin.[25] Es besteht deshalb bei diesem Modell die Gefahr, das Kommen Gottes mit einer Bewegung des menschlichen Intellektes oder der menschlichen Seele, vielleicht sogar mit *bewußten* menschlichen Akten, zu *identifizieren*. Das Kommen Gottes wäre dann identisch mit einem menschlichen Erkenntnisakt. Allerdings könnten dieselben Bedenken auch gegen die Identifizierung der Einwohnung mit dem *Glauben* vorgebracht werden („in ipsa fide Christus adest"), wenn nämlich der Glaube nur als ein psychologischer Vorgang beschrieben würde. Man wird also in jedem Fall darauf achten müssen, daß „erkennen", „lieben" oder auch „glauben" nicht mit bloßen Akten der menschlichen Seele identifiziert, sondern in einem tieferen Sinn verstanden werden: als von der Gegenwart Gottes selbst angeregte Antworten des Menschen.

Drittens schließlich entsteht eine Schwierigkeit bei der Unterscheidung von Einwohnung Gottes und seliger Schau im ewigen Leben. Wir sahen, daß im irdischen Leben die Schau Gottes nur als habitus vorliegen kann, während sie

---

[22] S. dazu oben, Abschnitt II,5.

[23] Vgl. Luther, Promotionsdisputation von Palladius und Tilemann, WA 39 I, 229,18f: „füret sie mal zum Bade".

[24] Vgl., wenn auch hier mit Blick auf die Gemeinde, die schöne Formulierung in Eph 2,22: „...auf welchem auch ihr miterbauet werdet zu einer Behausung Gottes (κατοικητήριον τοῦ θεοῦ) im Geist".

[25] Vgl. z.B. Thomas von Aquin, STh I-II q 26 a 4 corp: „...sic ergo motus amoris in duo tendit; scilicet in bonum, quod quis vult alicui, vel sibi, vel alii; et in illud, cui vult bonum".

erst im ewigen Leben in den Akt übergeht. Die Einwohnung Gottes im Gläubigen wäre demnach lediglich die Erlangung eines habitus der Gottesschau, nicht aber die aktive visio Dei. Hier bleibt nun das Modell in der Tat sehr begrenzt. Zum einen kann man sich unter einem solchen habitus kaum etwas vorstellen. Ist er lediglich die Anlage für eine zukünftige Schau Gottes? Kann denn die essentia Dei in einem habitus präsent sein? Ist die neue „species", also Gottes Wesen, schon gegenwärtig, selbst wenn es noch gar nicht zum Akt der Gottesschau kommt? So scheint die Vorstellung von der Gegenwart eines habitus der Gottesschau doch nur ein sehr blasses Echo der neutestamentlichen Aussagen zu sein, denen zufolge Gott selbst „kommt", „wohnt", ja, in der Person des Geistes auch „erinnert", „seufzt" und uns „vertritt". Zum anderen läßt sich nur schwer verhindern, daß dieser habitus nun tatsächlich zu einer neuen Qualität der menschlichen Seele wird und sich so verselbständigt. Die von evangelischer Theologie angemahnte Exteriorität des Heilsguts, im Sinne einer ständigen Abhängigkeit vom Geber, schiene dann in Frage gestellt.

Man kann angesichts dieser Schwierigkeiten fragen, ob es nicht geeignetere dogmatische Beschreibungen der Gegenwart Gottes im Gläubigen gibt.

2.3 Gott als handelndes Subjekt

Wir kehren also nochmals zurück zu der Feststellung, daß das Bild des „Wohnens" Gott als handelndes, personales Subjekt vorstellig macht. Der Begriff der „Person" evoziert sofort eine Fülle von Fragen und Problemkonstellationen, die auf die gesamte theologische Tradition zurückverweisen. Für unser Thema ist der Begriff gleich in dreifacher Weise von Bedeutung: Zum einen steht in Frage, inwieweit von einem „Handeln" Gottes im Sinne des Tätigwerdens einer Person überhaupt gesprochen werden kann. Zweitens stellt sich sogleich das Problem der Unterscheidung dreier göttlicher „Personen", die jeweils im Menschen Wohnung nehmen (vgl. unten, 9.). Und drittens ist auch die „Wohnung" selbst, also der glaubende Mensch, eine „Person" (vgl. unten, 3.).

Bleiben wir hier zunächst bei der ersten Frage nach dem „Wohnung Nehmen" Gottes als der Handlung einer Person. Daß Gott handelt, wird im Alten wie im Neuen Testament immer wieder herausgestellt. Das Handeln Gottes an seinem Volk ist geradezu Kennzeichen des Gottes Israels, es unterscheidet ihn von den toten Götzen. Insbesondere ist zu betonen, daß Gott sich offenbart, indem er seinen *Namen* kundgibt und sich so als personales Gegenüber schenkt.[26] Das Neue Testament zeigt Gott als den in Christus handelnden Vater. So liegt es nahe, Gott als eine „personales" Gegenüber des Menschen zu beschreiben. Man sollte dies nicht vorschnell mit dem Hinweis auf anthropomor-

---

[26] Vgl. Ex 3,14 sowie, im Neuen Testament, der Name Jesu Christi, in dem das Heil liegt (Apg 4,12). Zur Bedeutung des Namens Gottes als Ermöglichung der Gottesgemeinschaft vgl. Slenczka, Gemeinschaft mit Gott, 42–46; Slenczka, Herzensgemeinschaft, 202–210.

phe Redeweise abtun, sondern auch hier im Sinne einer theologischen Analogielehre festhalten: Gott ist Person in einem unser Verständnis übersteigenden Sinne, und das menschliche Person-Sein ist ein Abbild der Personalität Gottes: „Es ist (...) nicht so, daß von der geschöpflichen Person-Erfahrung auf das Personsein Gottes geschlossen wurde bzw. zu schließen ist. Vielmehr gilt umgekehrt – sowohl aufgrund der historischen Entwicklung des Personverständnisses wie auch im Blick auf die theologische Analogielehre – daß das menschliche Personsein sich als ein schwaches Gleichnis göttlicher Personalität zeigt. Was Personalität im eigentlichen Sinn ist, verwirklicht sich in voller Weise nur in Gottes unendlichem Sein.“[27]

Es kann hier natürlich nicht unser Interesse sein, die Geschichte des Personbegriffs auch nur annähernd nachzuzeichnen. Es gibt hierzu sehr schöne Überblicke und Untersuchungen.[28] Deutlich ist jedenfalls, daß die Rede von der „Personalität“ Gottes mancherlei Absicherungen oder, im Blick auf die Tradition, auch mancher Korrekturen bedarf. So hat beispielsweise Wolfhart Pannenberg darauf hingewiesen, daß die klassische Beschreibung dieses personalen göttlichen Seins als „essentia spiritualis“ zu unrecht den biblischen Begriff des „Pneuma“ mit dem im Platonismus geläufigen Begriff des „Nous“ identifizierte und so vorschnell mit dem menschlichen Geist, insbesondere mit dem menschlichen Selbstbewußtsein unter einer gemeinsamen Gattung subsumierte.[29] Hier boten sich dann Angriffsflächen für die philosophische Kritik christlicher Gotteslehre, wie dies besonders am durch Fichte angestoßenen „Atheismusstreit“ (1798/99) deutlich wird.[30] Im Zusammenhang mit der Einwohnungslehre ist jedoch zunächst allein entscheidend, daß Gott sich als ein „Handelnder“ offenbart, als ein Gegenüber, welches den Menschen anredet, ihm begegnet, an ihm – oder eben auch in ihm – handelnd tätig ist. Natürlich ist auch der Begriff des „Handelns“ hier analog gebraucht. Denn menschliches Handeln ist bedingt durch Endlichkeit und Bedürftigkeit. Gott aber handelt, indem er realisiert, was in ihm immer schon gegeben ist. Handeln Gottes deutet nicht auf eine Bedürftigkeit Gottes, die durch dieses Handeln überwunden werden soll, sondern darauf, daß er am Menschen realisiert, was in ihm schon Gegenwart ist. „Darum ist das Handeln Gottes an der Welt eigentlich sein *Kommen* in die Welt in den Zeiten der anbrechenden Gottesherrschaft“.[31]

Dieses Handeln Gottes zeigt sich dem Menschen in der Offenbarung, in Gottes Eingehen in Raum und Zeit des Menschen. Es ist also ein auf den Men-

---

[27] Greshake, Der dreieinige Gott, 172f (zitiert bei Essen, Person, 246). – Schon Duns Scotus kam zu dem Ergebnis, daß das Personsein nur in Gott vollkommen ist, vgl. dazu Herms, Person, 1125.

[28] Vgl. besonders die Ausführungen im HWP: Fuhrmann, Person I. Von der Antike bis zum Mittelalter; Kible, Person II. Hoch- und Spätscholastik; Scherer, Person III. Neuzeit. – Ferner auch Rheinfelder, Das Wort „Persona“, besonders 159–183.

[29] Vgl. Pannenberg, Systematische Theologie I, 401–406.

[30] Vgl. ebd., 393; 405–407.

[31] Ebd., 422.

schen bezogenes Handeln, ein Handeln, daß immer auf die Gemeinschaft mit dem Menschen hinzielt. In seinem Handeln zeigt Gott, wer er an sich selbst ist: ein Gott in Beziehung, ein Gott, der die Liebe ist. Auch die Einwohnung Gottes im Menschen ist solche Handlung Gottes, welche die Gemeinschaft Gottes mit dem Menschen realisiert.

Es gilt nun, den *Modus* des „Wohnens" Gottes beim Menschen näher zu betrachten. Wir kommen damit zum Zentrum der Einwohnungslehre.

3. fides facit personam: Der Mensch als „Wohnung" Gottes

> *„Ich lebe; doch nun nicht ich, sondern Christus lebt in mir. Denn was ich jetzt lebe im Fleisch, das lebe ich im Glauben an den Sohn Gottes, der mich geliebt hat und sich selbst für mich dargegeben."* Gal 2,20

In einer längeren Passage der Zirkulardisputation „de veste nuptiali" von 1537 betont Luther gleich viermal, daß der Glaube die Person „macht": fides facit personam.[32] Das Zitat findet sich im Zusammenhang einer Diskussion um die Verbindung von Glaube und Liebe. Luther weist immer wieder darauf hin, daß Person und Werk zu unterscheiden sind. In Anlehnung an das Wort Jesu vom Baum und seinen Früchten[33] kann gesagt werden: Nicht die Werke bestimmen oder erschaffen die Person, sondern die Person erschafft die Werke. Entscheidend auch für die Beurteilung der Werke ist also immer der Zustand der Person. Die Person aber wird durch den Glauben „gemacht", sie wird gleichsam neu erschaffen.

Der Glaube ist hier also selbst schöpferisch, er ist ein Subjekt, das die Person des Menschen „macht", bestimmt, gestaltet, ja erschafft. Bedenkt man nun, daß für Luther Glaube und Gegenwart Christi zusammengehören („in ipsa fide Christus adest"), dann kann man, als Folge der These Luthers, ebenfalls formulieren: *Christus facit personam, der einwohnende Christus macht die Person.* Denn „(m)an muß richtig von dem Glauben lehren, durch den du so mit Christus zusammengeschweißt wirst, daß aus dir und ihm gleichsam eine Person wird".[34] Wir werden also im folgenden versuchen, die Einwohnung Christi als Personwerdung des Glaubenden auszulegen.

---

[32] Luther, Zirkulardisputation de veste nuptiali, WA 39 I, 282,16; 283,1,15,18f. – Zu dieser Passage vgl. auch Jüngel, Der menschliche Mensch, 206f.

[33] Mt 7,17f; 12,33; Lk 6,43f.

[34] Luther, Galaterbrief, 111.

Zunächst ist zu betonen, daß der Satz „Der einwohnende Christus macht die Person" nicht an den oben genannten Schwierigkeiten des Erkenntnismodells partizipiert. Erstens: Christus ist ein Konkretum und kein Abstraktum. Zweitens: Christus ist hier der Handelnde, während die menschliche Person erschaffen wird und also passiv ist. Und drittens schließlich: Diese Erschaffung geschieht bereits jetzt, es geht nicht allein um eine Anlage für eine später zu realisierende Gemeinschaft mit Christus.

Aber was bedeuten die These: „Der einwohnende Christus macht die Person"? Der Satz ist zu erläutern, indem zuerst der Begriff der „Person" erhellt und dann gefragt wird, inwiefern die Einwohnung Christi die Person des Glaubenden erschafft.

3.1 Was ist der Mensch als „Person"?

Auch die Geschichte der anthropologischen Verwendung des Personbegriffs kann hier nicht nachgezeichnet werden. Es geht vielmehr um Folgendes: Ausgehend von der Verwendung dieser Vokabel bei Luther und unter erneuter Einbeziehung der neutestamentlichen Aussagen zur Einwohnung soll versucht werden, zu einem Verständnis der Person zu gelangen, das auch den Modus der Einwohnung Christi erhellen kann.[35]

Es sei definiert: Der Begriff der „Person" soll den Menschen als Subjekt und Quellgrund seiner Akte bezeichnen, d.h. den Menschen „vor" seinen Werken.

Man kann – mit Blick auf die Anthropologie[36] – zwei unterschiedliche Hauptbedeutungen des Personbegriffes bei Luther unterscheiden. Persona kann zunächst die Rolle bezeichnen, die ein Mensch innerhalb einer Gemeinschaft spielt, die Amtsfunktion, die er innehat. Das kann soweit führen, daß der Begriff in bestimmten Zusammenhängen negativ besetzt ist: Wenn es bei Gott „kein Ansehen der Person" gibt (vgl. z.B. Röm 2,11), dann muß „persona" hier das Ansehen eines Menschen vor den Mitmenschen oder auch vor sich selbst bedeuten. Gerade dieses Ansehen aber verstellt die Einsicht in die wahre Stellung des Menschen vor Gott, wo alles Ansehen und alle Selbsteinschätzung nichtig ist. In diesem Sinne hat der Gläubige gar keine „persona".[37]

Stellt aber Luther das Wort „persona" dem Begriff der „opera", der Werke, gegenüber, dann erscheint „persona" als Quellgrund der Werke: Die Person

---

[35] Zum Personbegriff bei Luther s. besonders: Ebeling, Lutherstudien II,3, 180–207. Ferner Baylor, Action and Person; Wald, Person und Handlung. Vgl. ferner: Dalferth/Jüngel, Person.

[36] Ebeling (ebd.) hat den engen Zusammenhang der christologischen und der anthropologischen Verwendung des Personbegriffs bei Luther herausgearbeitet.

[37] Vgl. Luther, In epistolam S. Pauli ad Galatas, 1519, WA 2, 530, 10f (zitiert bei Ebeling, Lutherstudien II,3, 199): „Iccirco Christianus sive fidelis est homo sine nomine, sine specie, sine differentia, sine persona".

„macht" die Werke, nicht etwa die Werke die Person. „Person" wird hier in etwa als Synonym zu „Herz" verwendet, als Bezeichnung der „Mitte" des Menschen, aus der heraus die Werke entstehen wie die Früchte eines Baumes. Allerdings sollte der Aspekt der „Innerlichkeit" nicht gepreßt werden, da „Person" bei Luther auch den ganzen Menschen in seiner Leiblichkeit aussagen kann. Ausgeschlossen wird in jedem Fall ein Verständnis, daß die „Person" des Menschen durch seine eigenen moralischen Akte erst konstituiert sieht.[38]

Andererseits gilt: Die Person und „ihre" Werke sind zwar deutlich zu unterscheiden, aber nicht zu trennen. Denn die Person tut *ohne Unterlaß* Werke. Sie ist gleichsam die pulsierende Mitte, die „Unruh" des Menschen: immer in Bewegung, niemals ruhend, den Menschen vorantreibend und erhaltend wie der nie zur Ruhe kommende Pulsschlag. Die Person wirkt immer, selbst wenn der Mensch schläft:

> „Wenn die Person wirklich gut ist, dann ist und kann sie nicht müßig sein, sie ist gleichsam das Leben selbst, auch wenn wir schlafen, handelt sie dennoch, sogar durch die Träume, sie ruht niemals; also ist es dasselbe: den Glauben von den Werken trennen, oder wenn jemand den Pulsschlag von den Arterien absondern will. Wenn du gut bist, dann wirst du dich ohne Unterbrechung bewegen, und dasselbe gilt, wenn du schlecht bist."[39]

Dieser Hinweis zeigt, daß die „Person" bei Luther nicht etwa nur Zentrum und Quelle der *bewußten* Akte des Menschen ist. „Person" bezeichnet vielmehr die verborgene, ständig tätige Mitte, die des Menschen Bewußtsein und Werke, aber auch alles, was diesen vorausliegt und was heute als das „Unbewußte" bezeichnet würde, ständig hervorbringt, bestimmt und prägt.[40] Denn auch das „Unbewußte" ist tätig!

Die bisher dargestellte Deutung des Personbegriffs stellt die Aspekte der Selbständigkeit und Verantwortlichkeit der Person als Autor ihrer Werke heraus. Sie sagt aber noch nichts über die Tatsache, daß der Begriff der Person immer auch auf ein weiteres, geradezu zentrales Element hinweist, auf dasjenige der *Relationalität*:[41] Das als Person bezeichnete Sein ist ein auf ein Anderes bezogenes Sein. Sowohl in der christlichen Gotteslehre als auch in seiner anthropologischen Verwendung zielt der Personbegriff immer auf dieses Sein in

---

[38] Zur Unterscheidung von Person und Werk vgl. besonders auch Ebeling, Luther, 157–177.

[39] Luther, de veste nuptiali, WA 39,1, 282, 1–6 (Übers.: K.L.). – Zu diesem wichtigen Abschnitt vgl. auch Jüngel, Der menschliche Mensch, 195f.

[40] Vgl. dazu auch die schöne Beschreibung der Unio des Christen mit Christus bei Iserloh, Luther und die Mystik, 83: „Sie vollzieht sich in der Personschicht, die vor allen Vermögen liegt und die die Mystik als Seelengrund bezeichnet hat, und sie vermag so den ganzen Menschen zu bestimmen."

[41] Vgl. Herms, Person, 1124–1126, der „Selbständigkeit", „Relationalität" sowie „Selbstbezüglichkeit" im Sinne von „Verantwortung" als wesentliche Momente der Person benennt.

Beziehung zum je anderen Sein. Bei Luther kommt dieser Aspekt durch die Betonung der „coram-Struktur" menschlicher Existenz zum Ausdruck.[42]

Diesbezüglich hat Gerhard Ebeling dargelegt, daß bei Luther immer „der Externbezug des Urteils" für das Personsein bestimmend ist.[43] Auch die den Werken gegenübergestellte „Mitte" des Menschen ist durch ein Urteil Gottes bestimmt und gestaltet. Aus dieser Perspektive kann sogar gesagt werden, daß die Grundbedeutung von „persona" als „Ansehen" oder gar „Urteil" auch im Blick auf die Mitte menschlicher Existenz bestehen bleibt: Die Person als Quelle ihrer Taten ist geprägt durch ein über sie ergehendes Urteil, nach dem sie sich – in Zustimmung oder Ablehnung – richtet und entwirft.

Entscheidend ist, daß die Person, verstanden als Quellgrund der Werke, also nie lediglich „an und für sich" da ist: Sie ist immer konstituiert durch ein Urteil, sei es das Selbsturteil des Menschen über seine „Person", sei es das Urteil der ihm begegnenden Menschen, oder sei es das erlösende Urteil Gottes im Evangelium. Dieses Urteil wird ein „Bild", nach dem die Person gebildet wird. Damit ist aber bereits die Frage nach der „Erschaffung" der Person angesprochen, der es sich nun zuzuwenden gilt.

Doch zuvor sei noch ein Blick auf die Frage der Person als „Substanz" geworfen. G. Ebeling hat davor gewarnt, die „Person" im Gegenüber zu den Werken als „innerste Substanz des Menschseins" zu verstehen, die eine „eigene(n) Quelle menschlichen Handelns" wäre. Ein Verständnis von „Person" als *eigenständiger* Mitte des Menschen, als „das verborgene Innere, das Aktionszentrum"[44] sei bei Luther nicht vorhanden, da es von der coram-Situation absehe. So ist nach Ebeling auch die Kategorie der Substanz im Blick auf die Person des Menschen letztlich nicht anwendbar.[45]

In der Tat ist das Herz des Gläubigen keine isolierte Entität, sondern verdankt sein neues Sein dem Urteil Gottes, der Rechtfertigung aus Gnaden, die im Evangelium dieses Herz erreicht hat. Dies schließt aber nicht aus, die „Person" des Menschen als eine Substanz zu bezeichnen, vorausgesetzt, man definiert diese Substanz als *eine Entität, die sich der Gegenwart eines anderen verdankt.*[46] So sehen wir auch bei Luther, daß er den Begriff der „Substanz" des Menschen als Synonym zu dem Begriff der Person verwenden kann: Das „doch nun nicht ich" aus Gal 2,20 erklärt er als „non in persona, substantia mea".[47] Hier stehen „persona" und „substantia" gemeinsam zur Bezeichnung des alten Menschen ohne Christus. An anderer Stelle stellt Luther die neue „Person" des Christen seiner „Substanz" gegenüber,

---

[42] Zur coram-Struktur und ihrer Anwendung auf den Personbegriff vgl. Ebeling, Luther, 220–238.

[43] Ebeling, Lutherstudien II,3, 204.

[44] Ebd., 196.

[45] Ebd., 205.

[46] Im Blick auf den Begriff des „Wesens" innerhalb der Trinitätslehre trägt Pannenberg (Systematische Theologie I, 363) einen ähnlichen Gedanken vor, indem er „einen Begriff des Wesens" fordert, „dem die Kategorie der Relation nicht äußerlich ist".

[47] Luther, In epistolam S. Pauli ad Galatas Commentarius, WA 40 I, 282,3; zitiert bei Ebeling, Lutherstudien II,3, 202.

nicht um den Begriff der Substanz obsolet werden zu lassen, sondern um den „Selbst-Stand" des Menschen als Sünder zu unterscheiden von seinem Sein in Christus.[48]

In dieser Auseinandersetzung um die rechte Lutherdeutung spiegelt sich die moderne Diskussion um den Begriff der „Person". Georg Essen hat den Begriff der „Person" zu recht als einen „philosophisch-theologische(n) Schlüsselbegriff in der dogmatischen Diskussion"[49] bezeichnet. Sowohl hinsichtlich der Gotteslehre wie auch der Anthropologie kreist die neuere Diskussion vor allem um die vermeintliche Alternative zwischen einem „substanzontologischen" und einem „relationalen" Personbegriff. Jener wird meist mit Boethius in Verbindung gebracht („Persona est naturae rationabilis individua substantia"[50]), dieser mit Richard von St. Viktor („Persona est intellectualis naturae incommunicabilis existentia"[51]). Theologen des 20. Jahrhunderts greifen die „relationale" Definition wieder auf und stellen sie der am Substanzbegriff orientierten Redeweise gegenüber, sodaß, so scheint es, die Debatte von der Alternative „radikale Relationalität" gegen absolutes „Für-sich-Sein"[52] geprägt ist.

Doch gibt es neuere Stimmen, die diese Alternative selbst in Frage stellen und nach neuen Wegen suchen.[53] So hat z.B. Corinna Schlapkohl vorgeschlagen, die Begriffe „Substanz" und „Akzidenz" in einer Ontologie der Person durch die des „Relates" und der „Relation" zu ersetzen.[54] Die Person ist ein „Relat", das durch seine „Relationen" bestimmt ist. Dieses Verständnis gibt einerseits den Verfechtern einer „relationaler Ontologie" darin Recht, daß die Person (als Relat) nie für sich besteht, sondern nur durch ihre Beziehungen als Person identifizierbar ist. Das Relat können wir nicht „wie die Substanz als etwas verstehen, das für sich besteht und dem die Akzidenzien mehr oder weniger fest, kontingent oder notwendig, aber auf jeden Fall äußerlich, angeheftet sind, sondern als etwas, dessen Identität erst durch seine Koordinaten bestimmt ist, d.h. durch die verschiedenen Beziehungen, in denen es steht. Erst durch diese Koordinaten gewinnt es seine Identität. Identifizierbar wird das Relat nur, indem man die Koordinaten nennt. So kommt einer Person nur

---

[48] Ebd., 279,13f: „Si conscientia libera, est iusta persona, non in sua substantia, in se, sed in Christo". Ähnlich auch ebd., 445, 2f: „Si spectem meam personam, numquam est Sancta; si in Christum, est sancta" (beide Zitate bei Ebeling, Lutherstudien II,3, 205). Allerdings ist der Schluß Ebelings auf die *Unverwendbarkeit des Substanzbegriffs* durch diese Zitate gerade nicht belegt.

[49] Essen, Person, 243.

[50] Boethius, Contra Eut. Et Nest., 5.

[51] Richard von St. Viktor, De Trinitate 4,22.

[52] Vgl. Dieckmann, Personalität Gottes, 11 (unter Zitierung einer Arbeit von Michael Theunissen).

[53] Vgl. hier nochmals die instruktive Sammelrezension bei Essen, Person; ferner die guten Überblicke bei Quante, Identität, und bei Brüntrup/Gillitzer, Streit; vgl. auch Kobusch, Die Entdeckung der Person, 11–54. – Vgl. auch Dieckmann, Personalität Gottes, 19: „Die Tatsache, daß beide begriffsgeschichtlichen Traditionen – also sowohl die auf der Kategorie der Substanz fußende als auch die den Begriff der Relation in den Vordergrund rückende – Wahrheitsmomente aufweisen, läßt vermuten, daß eine Intregration beider Perspektiven anzustreben ist."

[54] Schlapkohl, Persona.

Identität zu durch die Beziehung zu anderen."[55] Andererseits aber verhindert die Unterscheidung zwischen „Relat" und „Relation", daß die Person mit Beziehungen identifiziert und so in diese aufgelöst wird: „Ein Fehler wäre es nun jedoch, den Begriff ‚Substanz' durch den der Relation zu ersetzen, bzw. ein Relat nicht durch, sondern mit seinen Relationen identifizieren zu wollen. Die Person darf nicht als Relation verstanden werden, sondern als Relat von Relationen."[56] Denn eine Auflösung der Person in Beziehungen ist zum einen philosophisch höchst problematisch, da der Begriff der Beziehung den der „Träger" dieser Beziehung einschließt, zum anderen könnte sie dazu verführen, bei Wegfall bestimmter Relationen auch den Personstatus eines Menschen in Frage zu stellen.[57] Zu recht weist übrigens Schlapkohl darauf in, daß in diesem Sinne auch die mittelalterliche Anthropologie und Trinitätslehre eine „relationale" Ontologie implizierten.[58]

3.2 Wie erschafft Christus die Person des Glaubenden?

3.2.1 Die Formung der „Person" durch ein Urteil, durch ein „Bild", nach dem sie entworfen wird

Die „Person" des Menschen ist offensichtlich von solcher Beschaffenheit, daß sie sich immer an ein Urteil hängt, daß sie eines Urteils bedarf, eines Bildes, um sich selbst zu konstituieren. Sie entsteht „an" diesem Bilde, an diesem Urteil, wie sich eine Pflanze an einem Stock festhält, um an ihm emporzuwachsen. Dieses Bild, dessen die Person bedarf, ist zunächst das Urteil und Bild, das seine Mitmenschen sich von ihm machen, und, teilweise in Abhängigkeit davon, das Selbsturteil des Menschen. So entsteht der in sich selbst verkrümmte Mensch, der homo incurvatus in seipsum. Kommt dieser Mensch zum Glauben an Christus, so bildet sich seine Person am Urteil und Bilde Christi, an dem Urteil, daß ihn gerecht spricht um Christi willen. Im Blick ist hier bereits die „unio mit Christus", „kraft deren der Glaubende zur Identität seiner Person gelangt".[59]

---

[55] Ebd., 225f.

[56] Ebd., 226 (gegen Jüngel, mit Moltmann). – Ähnlich wendet sich auch Kollmannsberger (Die schöpfungstheologische Frage, 146; zitiert bei Essen, Person, 247), unter Berufung auf die katholischen Dogmatiker Schmaus und Auer, gegen eine „Ausdünnung des Verständnisses menschlichen Personseins" durch die Annahme, die Person sei bloß als Relation aufzufassen.

[57] Man kann hier an die moderne ethische Debatte um den Personbegriff denken, wie sie sich besonders an den Thesen des Philosophen Peter Singer entzündet hat (vgl. dazu Schlapkohl, Persona, 263 –268). Allerdings müßte man zunächst bestreiten, daß ein ungeborener Mensch oder etwa ein im Koma befindlicher Mensch keine Beziehungen habe. Doch selbst bei angenommenem Wegfall sämtlicher Beziehungen (was nicht denkbar ist), bliebe im Modell „Relation und Relat" das Relat als „Torso" stehen, das auf die Relation im Modus der Abwesenheit verwiesen bliebe.

[58] Ebd., 227.

[59] Ebeling, Lutherstudien II,3, 195.

In diesem Zusammenhang ist der Hinweis auf die *Gottebenbildlichkeit* des Menschen grundlegend.[60] Es ist von kaum zu überschätzender Bedeutung, daß die biblischen Schriften den Menschen beschreiben, indem sie von ihm als einem Bild zu reden wissen: Geschaffen ist der Mensch zum Bilde Gottes (Gen 1,26f; 5,1; 9,6). Jesus Christus ist das Ebenbild des Vaters (2 Kor 4,4; Kol 1,15; auch Hebr 1,3). Die an Christus Glaubenden sind dazu berufen, dem Ebenbilde des Sohnes gleich zu sein (Röm 8,29; 1 Kor 15,49; 2 Kor 3,18; Kol 3,9f). Es gehört geradezu zum Wesen des Menschen, nach dem Bilde eines anderen gestaltet zu sein: Berufen, daß Bild des Schöpfers zu sein, depraviert der Mensch diese Berufung in der Knechtung durch die Sünde. Christus, als vollkommenes Bild des Vaters, erlöst den Menschen, so daß er, indem er nach dem Bilde Christi gestaltet wird, nun in Wahrheit seiner Berufung entspricht. Im „Schauen Gottes von Angesicht zu Angesicht" wird dieses Bild vollkommen sein. Augustin drückt es in „De trinitate", als Auslegung von 1 Kor 11,7, so aus: „Quae natura in rebus creatis excellentissima cum a suo creatore ab impietate justificatur a deformi forma formosam transformatur in formam."[61]

Das Verständnis des Menschen als eines unfertigen Wesens, das sich ständig neu „entwerfen" muß und dazu eben eines „Entwurfes" bedarf, wurde in der Anthropologie oft aufgenommen.[62] Pico della Mirandola bezeichnet den Menschen als ein „Wesen von unbestimmter Gestalt".[63] Insbesondere Herders Ausführungen zur Sonderstellung des Menschen weisen in diese Richtung.[64] Im 20. Jahrhundert hat besonders Arnold Gehlen, unter Verweis auf Kant wie auch auf Thomas von Aquin, diese Grundsituation des Menschen beschrieben: Der Mensch als unfertiges „Mängelwesen" steht vor der Aufgabe, sich „zu etwas zu machen", und dies ist eben „nur angesichts eines Bildes von sich möglich".[65] Unschwer läßt sich hinter der hochinteressanten Geschichte dieses Topos die Frage nach der Bestimmung des Menschen, insbesondere nach seiner Gottebenbildlichkeit, entdecken.

---

[60] Zur Gottebenbildlichkeit als Wesensmerkmal der Person vgl. Dalferth/Jüngel, Person, 77f; Jüngel, Der Gott entsprechende Mensch. – Zu Luthers Aussagen, die imago Dei betreffend, vgl. Steiger, Imago.

[61] Augustinus, De trinitate XV, VIII 14 (CChr.SL 50A, 480,30–32). „Diese Natur, die großartigste unter den geschaffenen Dingen, wird, wenn sie durch ihren Schöpfer von der Gottlosigkeit [gereinigt und so] gerechtfertigt wurde, von der deformierten Form in die geformte Form überführt." (Übers.: K.L.) – Augustins „De trinitate" ist für die gesamte Fragestellung bezüglich der Gottebenbildlichkeit, ihrer Verformung durch die Sünde, ihrer Rekonstituierung durch Christus sowie ihrer vollkommenen Form in der visio beata grundlegend. Vgl. auch die schöne Zusammenfassung der einschlägigen Ausführungen Augustins in den Anmerkungen der Ausgabe der „bibliothèque augustinienne" (Augustinus, La trinité, 632): „Il n'y a donc qu'une image de Dieu: inchoative dans la création, pervertie dans le péché, rénovée dans la justification, achevée dans la vision."

[62] Vgl. zu diesem Thema: Pannenberg, Anthropologie, 40–76.

[63] Pico della Mirandola, De dignitate hominis, 28 (zitiert bei Pannenberg, Systematische Theologie 2, 249).

[64] Vgl. dazu Pannenberg, Anthropologie, 40–71.

[65] Gehlen, Der Mensch, 10. Die Verweise auf Kant und Thomas ebd., 34f, der Begriff der den Menschen bestimmenden „Mängel" ebd., 33.

Die Person als Quelle menschlicher Handlungen wird also durch den Glauben neu erschaffen. Man kann dieses Erschaffen, wie beschrieben, zunächst als die Verkündigung und die Annahme eines Urteils verstehen. Dieses Urteil ist das „Bild", nach dem die Person sich bildet. Im Blick auf die christliche Botschaft ist mit diesem „Urteil" die *Rechtfertigungsbotschaft* angesprochen. Die forensische Rechtfertigung, die Gerechtsprechung des Menschen durch den Glauben an Christus, ist jenes Urteil, das zu einem neuen „Entwurf" der Person führt. Insofern muß schon die Rechtfertigung des Christen als eine Erneuerung seiner Person angesprochen werden.

Nun sahen wir aber, daß die „Einwohnung" zwar mit der Rechtfertigung einhergeht, aber doch begrifflich und inhaltlich von ihr zu unterscheiden ist. Für unsere Darstellung der Einwohnung reicht daher die Beschreibung des Rechtfertigungs-Urteils als Neuschaffung der Person noch nicht aus. Würde die Einwohnung allein in jenem vom Menschen zu hörenden Urteil bestehen, so würden auch andere Aussagen Luthers von der „substanzhaften" Gegenwart Gottes nicht recht deutlich, und die neutestamentliche Rede vom „Wohnen" Gottes im Menschen schiene reduziert auf die Gegenwart eines Urteils in der unbewußten, vorreflexiven Personmitte. Man wird deshalb fragen müssen, ob mit der Definition der „Person" als die durch ein *externes Urteil* bestimmte Mitte des Menschen wirklich schon alles gesagt ist.[66] Der Satz „fides facit personam", so die These, ist nicht allein auf die Rechtfertigung, sondern gerade auch auf die Einwohnung Christi zu beziehen.

3.2.2 Die Erschaffung der Person als einer „exzentrischen" Wirklichkeit

In diesem Zusammenhang schlägt Wolfhart Pannenberg ein Verständnis der Einwohnung Gottes vor, das sich am Begriff der „Exzentrizität" des Menschen orientiert.[67] Dieser von Helmuth Plessner[68] in die anthropologische Diskussion

---

[66] Wohin es führen kann, wenn man den Satz „fides facit personam" als Beschreibung eines rein forensischen, auf ein äußeres Urteil sich gründendes Geschehen deutet, zeigt die – in ihrer Analyse des historischen Kontextes allerdings höchst aufschlußreiche und solide – Arbeit des katholischen Theologen Berthold Wald, in der der Satz „fides facit personam" kommentiert wird (Wald, Person und Handlung, 87–103). Für ihn beschreibt Luther eine „Rettung ‚von außerhalb', welche nicht die Substanz verändert, sondern lediglich ihre Bewertung" (ebd., 89). In Anlehnung an Joest glaubt Wald, daß Luther die neue „Person" nicht substanzhaft, sondern „relational" deute, zeigt aber zugleich, daß Luther dennoch immer wieder gezwungen ist, sich der Sprache der Substanz zu bedienen. Da aber festzustehen scheint, daß die „neue Person" nur im Sinne einer Anrechnung der Gerechtigkeit Christi besteht, weist solche Ausdrucksweise des Reformators – so Wald – lediglich auf die Unmöglichkeit der Deutung Luthers hin. Diese gipfelt schließlich darin, daß die Person ethisch indifferent wird. Nach Wald führt diese Lehre schließlich zum modernen Utilitarismus. Hätte Wald statt dessen die effektive Rechtfertigung bei Luther und das reale Erschaffen der neuen Person gesehen, so wäre er in seiner Arbeit zu ganz anderen Schlußfolgerungen gekommen.

[67] Zu Pannenbergs Personverständnis vgl. die instruktive Studie von Dieckmann, Personalität Gottes, zur „Exzentrizität" besonders ebd., 37–65.

eingeführte Begriff beschreibt den Menschen als ein geistiges Wesen, das sich selbst zum Objekt werden und auch zu den Dingen seiner Umwelt reflektierend Abstand nehmen kann. Aber bei Plessner blieb unklar, „in welchem Außerhalb der Mensch eigentlich sein exzentrisches Zentrum hat".[69]

Für Pannenberg nun wird die „Exzentrizität" zu einem Kennzeichen des Lebens überhaupt im Gegensatz zur toten Materie. Jedes Leben partizipiere durch solche „Offenheit" für eine seinen gegenwärtigen Zustand transzendierende Zukunft am Schöpfergeist Gottes:

> „Während den elementaren Ereignissen des Naturgeschehens ihre Abfolge, den dauerhaften Gebilden der anorganischen Natur ihre Umgebung und die ihnen widerfahrenden Veränderungen äußerlich zu bleiben scheinen, zeichnet das Lebendige sich dadurch aus, daß es ein inneres Verhältnis zur Zukunft seiner eigenen Veränderung ebenso wie zur räumlichen Umgebung hat. Das zeigt der Entfaltungsdrang der Pflanzen, das Triebleben der Tiere. (...) Solche Verinnerlichung des Verhältnisses zu einer das eigene Sosein verändernden Zukunft impliziert ein Sein jenseits der eigenen Endlichkeit, und die Bewegung solcher Selbsttranszendenz, insbesondere aber ihre Verinnerlichung, läßt sich als Teilhabe der Geschöpfe an dem sie belebenden Geist beschreiben."[70]

Über alle Exzentrik der Pflanzen- und Tierwelt weit hinausgreifend ist nun der Mensch ein Wesen, das „immer schon ‚ekstatisch' beim anderen seiner selbst ist".[71] Der Mensch kann *bewußt* „bei" einem Anderen sein, indem er dieses Andere als von sich selbst unterschieden betrachtet und erfaßt: „(I)n seinem Bewußtsein ist der Mensch mehr als jedes andere Lebewesen außerhalb seiner selbst".[72] Dazu gehört insbesondere eine triebfreie „Offenheit" für die Dinge, die nicht er selbst sind, und zugleich die Möglichkeit der „Distanznahme", d. h. die Fähigkeit, sich von einem Anderen zu lösen, um sich wieder einem neuen „Anderen" zuzuwenden. In dieser ständigen Selbstunterscheidung von der ihn umgebenden „Welt" sucht sich der Mensch zugleich selbst zu finden als derjenige, der nicht „das Andere" ist. So sind „Selbsttranszendenz" und „Weltoffenheit" in der modernen Anthropologie allgemein als die spezifischen Kennzeichen des Menschen anerkannt.[73]

Dabei ist nun zu beobachten, daß die bewußte Exzentrizität an die Sprachlichkeit des Menschen gebunden ist. Durch die Sprache gelingt es auch, das „Andere" im Lauf der Zeiten festzuhalten, indem der Mensch in Gedanken präsent hält, was vergangen ist, oder auch vorwegnimmt, was sich ereignen wird. So ist das „Außersich-Sein" des Menschen immer auch „zeitlich struktu-

---

[68] In seinem Buch „Die Stufen des Organischen und der Mensch", 1928 (Plessner, Stufen).
[69] Pannenberg, Anthropologie, 35.
[70] Ebd., 48.
[71] Pannenberg, Systematische Theologie 2, 225.
[72] Pannenberg, Anthropologie, 509.
[73] Vgl. ebd., 60.

riert".[74] Insbesondere ist der Mensch „offen" für die Zukunft, die er in seinem Bewußtsein vorwegzunehmen sucht: Es kommt zur „Antizipation der Zukunft", die eng mit dem Phänomen des Vertrauens verknüpft ist. In solcher Antizipation sieht Pannenberg auch den „Bildungsprozeß der Person".[75]

Nun weist Pannenberg zu recht darauf hin, daß solche Selbsttranszendenz schon immer eine „religiöse Tiefenschicht"[76] hat. Denn die Betrachtung des „Anderen" greift immer schon über dieses je Eine hinaus und verlangt einen Rahmen, der das Endliche überschreitet. Die Erkenntnis des Menschen ist auf die Überschreitung der jeweiligen Grenzen hin angelegt, dies heißt aber, daß sie das Unendliche sucht und vertrauend ergreift. Von hier aus sieht sich nun Pannenberg in der Lage, auch den christlichen Glauben, insbesondere die reformatorische Beschreibung der fiducia, einzuzeichnen in das Grundschema der Exzentrizität des Menschen. Luthers Beschreibung des christlichen Seins als eines Seins „extra se in Christo" beschreibt „präzise die Wesensstruktur des Glaubens als Vertrauen", „denn wo immer wir vertrauen, da ‚verlassen wir uns selbst', indem wir auf den oder dasjenige bauen, dem wir unser Vertrauen schenken".[77]

Entscheidend ist für Pannenberg, daß die in der Umwelterkenntnis sich realisierende Exzentrizität des Menschen und die Glaubensexzentrizität des Christen *dieselbe Struktur* aufweisen: „Für beide Phänomene gilt, daß der Mensch sich nicht nur zu etwas außerhalb seiner verhält, sondern ‚sich hineinversetzt' findet in das andere seiner selbst oder vielmehr primär schon beim anderen ist und darum erst vom anderen her sich selber finden kann."[78] Diese Analogie zwischen natürlicher Exzentrizität und dem im Glauben sich realisierendem „Sein in Christus" wird von Pannenberg stark betont:

„Der Geist hebt die Menschen über ihre eigene Endlichkeit hinaus, so daß sie im Glauben an dem teilhaben, was außer ihnen ist, nämlich an Jesus Christus und an dem in seinem Tode von Gott vollbrachten Geschehen der Versöhnung. Der Glaubende ist ekstatisch außer sich, indem er bei Christus ist (Röm 6,6 und 11). (...) An solcher Ekstase ist nichts Unnatürliches, da vielmehr das geistige Leben des Menschen seiner Grundverfassung nach ekstatisch ist und darin in seiner besonderen Weise die Eigenart des Lebendigen überhaupt realisiert".[79] – „Dieses Werk des Geistes geschieht durchaus in kontinuierlichem Zusammenhang mit seinem Wirken in der Naturwelt als Ursprung allen Lebens und speziell in den Menschen als Quelle der Spontaneität ihrer ‚geistigen' Tätigkeiten, die die Menschen ‚ekstatisch' über die eigene Partikularität hinausheben, so daß sie bei der Sache sein können, die sie jenseits ihrer selbst, in Unterschiedenheit von ihrem eigenen Dasein, erfassen.

---

[74] Ebd., 510.

[75] Ebd., 510–513. – Zum Begriff der Person im Zusammenhang der Begriffe „Ich" und „Selbst", vgl. ebd., 228–235.

[76] Ebd., 69.

[77] Ebd., 68.

[78] Ebd.

[79] Pannenberg, Systematische Theologie 2, 498.

Ganz ebenso bewirkt der Geist in uns die spontane Erkenntnis Jesu als des Gottessohnes, die zum Glauben an ihn als den Messias des Gottesvolkes führt. (...) Das unterscheidend Besondere der Glaubenserkenntnis liegt allein in ihrem Gegenstand begründet, nicht in der Weise ihrer Wahrnehmung."[80]

Durch den Glauben als besondere Gabe des Geistes also partizipiert der Christ an Christus, indem er sich „ekstatisch" auf ihn verläßt. Denn „glauben" heißt gerade, außerhalb seiner selbst bei Christus zu sein, heißt, sich auf Christus zu „verlassen".[81]

Es ist nun dieses „extra nos" des Glaubens, daß gerade auch das „in nobis" ermöglicht und realisiert. Denn dieses ekstatische Ergreifen Christi im Glauben ist – so Pannenberg – die alleinige Grundlage für die „Gegenwart" Christi in den Gläubigen. „Erst unter der Voraussetzung dieser ekstatischen Erhebung zu Jesus Christus durch den Glauben kann dann auch umgekehrt gesagt werden, daß ‚Christus in uns' ist".[82] Nur durch die Einsicht in das ekstatische Sein des Menschen ist ein Verständnis der Einwohnung Christi zu gewinnen, das über die offenen Fragen hinausweist, welche die lutherische Orthodoxie mit ihrer Lehre von der „unio mystica" zurückließ.[83] Entscheidend ist dabei für Pannenberg die Vermittlung durch den Glauben an Christus. Durch den Glauben hat der Mensch in ekstatischer Weise an Christus Anteil – und nur darum gilt dann auch, daß Christus in ihm Wohnung nimmt. Dieses Teilhaben an Christus beinhaltet insbesondere die Einbeziehung in die Geschichte Jesu und die Anteilhabe an seiner Sohnschaft.[84]

Das In-Sein Christi wird allerdings von Pannenberg nicht weiter ontologisch bestimmt. Es scheint so zu sein, daß das ekstatische Sein des Christen in Christus notwendigerweise auch als Christi Sein in uns beschrieben werden kann, so wie, in analoger Weise, schon in der natürlichen Erkenntnis der Dinge diese im Menschen sind und gerade durch ihre „Präsenz" im Bewußtsein die Selbstunterscheidung des Menschen ermöglichen. Einen Hinweis allerdings gibt Pannenberg noch, indem er auf den Streit der Lutheraner mit Osiander eingeht und zeigt, daß dieser insoweit im Recht war, als für Luther die Gemeinschaft mit Christus der Grund der Rechtfertigung war (und nicht umgekehrt!). Das

---

[80]   Pannenberg, Systematische Theologie 3, 29f.

[81]   Ebd., 227.

[82]   Ebd., 226. – Es wäre zu überlegen, ob man die Rede vom „exzentrischen Sein in Christus" (wir in Christus) als eine Darstellung der *Rechtfertigungslehre* deuten sollte (vgl. etwa 2 Kor 5,21) der dann die ontologische Klärung der *Einwohnung* Christi (Christus in uns) folgen müßte. Rechtfertigung und Einwohnung erscheinen dann als zwei Seiten der Gottesgemeinschaft, wie auch in der natürlichen Erkenntnis der Erkennende außerhalb seiner selbst ist, zugleich aber das Erkenntnisobjekt „in" sich trägt.

[83]   Vgl. ebd., 226.

[84]   Ebd., 227. – Pannenberg weist diesen Zusammenhang von extra nos und in nobis auch in der Theologie Luthers nach. Vgl. dazu ebd., 242–247.

Sein „extra se" des Gläubigen darf nicht nur als die Äußerlichkeit eines *Urteils* verstanden werden, es geht vielmehr um ein Ergreifen *Christi selbst*.[85]

In diesem Insistieren Pannenbergs auf eine Verbundenheit mit Christus liegt auch ein erster wichtiger Vorteil seiner Darstellung gegenüber der oben erwähnten Lutherdeutung, die die Gegenwart Christi allein als Präsenz des Rechtfertigungsurteils im Gläubigen verstehen will. Darüber hinaus gelingt es Pannenberg in beeindruckender Weise, in der Pneumatologie die Schöpfungslehre und die Eschatologie miteinander zu verknüpfen. Damit schließt er an die breite theologische Tradition an, welche die Einwohnungslehre immer einzeichnet in die Heilsgeschichte Gottes mit den Menschen. In der Beschreibung der religiösen Tiefenschicht der „Exzentrizität" des Menschen kann man die Lehre vom appetitus naturalis wiederfinden, und die Rede von der Antizipierung der Zukunft verweist ihrerseits auf den Zusammenhang von „status gratiae" und „status gloriae".[86]

Die Darstellung erinnert insgesamt stark an das klassische Erkenntnismodell, da die Beschreibung der „Exzentrizität" des Menschen ja gerade seine *Erkenntnis* des Anderen zum Gegenstand hat. Ihre Besonderheit liegt darin, daß sie die Erkenntnis nicht nur beschreibt, sondern zu verstehen gibt, daß erst durch dieses Erkennen der Mensch zu sich selbst in ein Verhältnis tritt, indem er sich vom Erkannten unterscheidet. Doch findet sich auch dieser Gedanke bereits im klassischen scholastischen Modell, wenn darauf hingewiesen wird, daß die Seele sich selbst nur daran erkennt, daß sie in der Erkenntnis eines Objektes begriffen ist.[87]

An Pannenbergs Modell ist aber eine wichtige Anfrage zu stellen. Pannenberg betont, wie oben bemerkt, den „kontinuierlichen Zusammenhang" zwischen natürlicher Exzentrizität des Menschen, etwa im Erkenntnisakt, und der Glaubenserkenntnis als exzentrisches Ergreifen Christi. Die „Weise der Wahrnehmung" sei in beiden Fällen dieselbe, nur der Gegenstand sei ein anderer.[88] Kann unter dieser Voraussetzung das „novo modo" der Präsenz Gottes im Gläubigen einsichtig gemacht werden? Muß nicht, neben der Betonung der Differenz der jeweiligen Erkenntnis*objekte* (Welt, Gott) auch eine je andere Weise ihres In-Seins im Erkennenden betont werden? Und wie kann eine solche *neue* Weise des In-Seins, die Thomas mit der Unterscheidung zwischen

---

[85] Vgl. ebd., 254–260.

[86] Vgl. dazu ebd., 153: „Die Pneumatologie muß Schöpfungslehre und Eschatologie im Hinblick auf die antizipative Gegenwart der eschatologischen Zukunft im Leben der Kirche miteinander verbinden, um die ekklesiologische Funktion des Geistes richtig beschreiben zu können."

[87] Vgl. dazu oben, Kapitel II,10.

[88] Pannenberg, Systematische Theologie 3, 29f. – Auch beim Rekurs auf die „Feldtheorie", bei dem der Heilige Geist als „Feld" beschrieben wird, geht es Pannenberg zunächst um das *schöpfungsmäßige* Wirken des Geistes, so daß nach diesem Verständnis *jeder* Mensch durch den Geist zur Person wird. Vgl. dazu Dieckmann, Personalität Gottes, 150–158.

natürlicher „species" einerseits und unmittelbarer Gegenwart der „essentia Dei" andererseits zu beschreiben suchte, begrifflich erfaßt werden?

Man kann also sicherlich mit Pannenberg eine *Analogie* zwischen Objekterkenntnis und Einwohnung Christi annehmen. Für die Berechtigung dieser Analogie sind oben schon Gründe angeführt worden. Zugleich aber muß auch die kategoriale *Differenz* von natürlicher Erkenntnis und Einwohnung deutlich werden. Pannenberg verweist in diesem Zusammenhang, wie berichtet, zunächst auf den Unterschied im *Objekt* der Erkenntnis.[89] Aber wenn das Objekt der Glaubenserkenntnis Gott selbst ist, dann muß dies auch zu einer Weise seiner Gegenwart im Menschen führen, die dessen natürliche Exzentrizität übersteigt und in eine neue Dimension führt. Es müßte also der „neue Modus" der Präsenz Gottes und des Wirkens des Geistes im Menschen schärfer herausgearbeitet werden.[90] Bei Pannenberg geschieht dies wohl mit Blick auf die Exzentrizität des Glaubensaktes (fiducia), die sich als ein vertrauendes, die ganze Existenz umfassendes Sich-verlassen von der bloßen Welterkenntnis unterscheidet.[91] Aber diese Differenz ist nun auch nochmals für das In-Sein Gottes im Menschen herauszuarbeiten.

3.2.3 „Illapsus": Nur der Schöpfer kann seinem Geschöpf unmittelbar gegenwärtig sein.

Einen Hinweis gibt ein Gedanke Luthers aus der bereits zitierten Disputation, aus der auch der Satz „fides facit personam" entnommen ist: Luther verneint die Aussage, daß die Liebe die „Form" des Glaubens sei. Statt dessen schlägt er vor, den handelnden Glauben als „Form" und als „actus primus" des Heiligen Geistes selbst zu verstehen.[92] Der Glaube, der die Person macht, ist also

---

[89] Vgl. auch ebd., 226, wo der Unterschied von geschöpflicher Wirklichkeit und Gabe des Geistes betont wird: „Nur den an Jesus Christus Glaubenden wird ja diese Gabe zuteil. Der Glaube ist eben nicht nur so durch den Geist Gottes bewirkt, wie alle Lebenserscheinungen auf das Wirken des Geistes in der Schöpfung zurückgehen, sondern der Glaubende empfängt mit der eschatologischen Wirklichkeit des an Jesus Christus erschienenen neuen Lebens auch den Geist als ihm dauerhaft zugeeignete Gabe, indem er durch den Glauben außerhalb seiner selbst in Christus lebt."

[90] Es bestünde sonst sogar die Gefahr, mit Blick auf die natürliche Objekterkenntnis die Einwohnung Christi lediglich als einen geistigen Akt des Menschen aufzufassen: So wie der Mensch ein Objekt erkennt, sich „in es hineinversetzt" und es so gleichzeitig „verinnerlicht", so erkennt der Gläubige auch Christus und „verinnerlicht" ihn, nimmt ihn in seine Gedanken und, allgemeiner, in die reiche Bildwelt seines Inneren auf. Allerdings ginge diese Interpretation an der Intention Pannenbergs vorbei, da bei ihm bereits die *natürliche* Erkenntnis geistgewirkt ist, im Sinne einer Partizipation am Geist Gottes. Das eigentliche Problem ist also jedenfalls dasjenige der *Unterscheidung* von geschöpflicher Exzentrizität und Glaubensakt als Einwohnung Gottes im Menschen.

[91] Vgl. z.B. Pannenberg, Systematische Theologie 3, 183.

[92] Luther, Zirkulardisputation de veste nuptiali, WA 39 I, 318, 9–11: „Nos autem hoc negamus, quod charitas sit actus primus et forma fidei, et dicimus, quod fides sit forma et actus primus ipsius Spiritus sancti operatione...".

immer auch *die Gegenwart dessen, an den er glaubt.* Diese Gegenwart muß noch näher bestimmt werden.

Eine entscheidende Hilfe für die weitere Untersuchung scheint nun die folgende Überlegung zu sein: *Die menschliche Person kann sowohl von Gott als auch vom Abgott „gebildet" werden.* Der Mensch, der sein Vertrauen nicht auf den sich in Christus offenbarenden Gott richtet, wird seine Person anhand eines anderen „Bildes" entwickeln. In seiner Person wird nicht der dreieinige Gott, sondern der Abgott „wohnen", „gegenwärtig sein". Die entscheidende Frage lautet deshalb: *Sind Gott und Abgott, Christus und Idol in je gleicher Weise anwesend, oder muß die Anwesenheit des lebendigen Gottes kategorial geschieden werden von der möglichen Gegenwart aller denkbaren Götzen?* „Wohnt" Gott in derselben Weise im Menschen wie der Abgott? Oder wohnt er, weil nur er der lebendige Gott ist, auf andere Weise im Menschen als das Idol, um das herum ein Mensch seine Person zu erschaffen sucht?

Die bisher vorgestellten neueren Deutungen der Einwohnung Gottes beschreiben *einen Einwohnungsmodus, der für Gott und Abgott in Geltung steht.* Dies gilt für die Gegenwart als Urteil: Im einen Fall ist es das Rechtfertigungsurteil, das mir im Evangelium zugesagt wird, im anderen das eigene Urteil oder das der Mitmenschen, das die Person bildet und zum homo incurvatus in seipsum führt. Auch das Modell Pannenbergs differenziert nicht zwischen den Arten der Gegenwart von Gott und Abgott: Beim ekstatischen Sein und, in der Folge, beim Sein des Gegenübers „im" Menschen geht es in jedem Fall um den Vorgang einer Selbsterkenntnis des Menschen im von ihm erkannten „Anderen", ob dies nun Christus oder der Abgott ist.[93]

Doch diese Lösung scheint dem biblischen Gedanken vom Wohnen Gottes nicht angemessen zu sein. Denn betrachtet man die biblische Kritik am Götzendienst in ihrer Gesamtheit, so fällt immer wieder auf, daß der Götze, da zur Schöpfung gehörig, von der Wirklichkeit und Wirkweise des lebendigen Gottes kategorial geschieden ist. Man muß von vornherein annehmen, daß Gott auf eine ganz andere Weise als der Götze oder das Idol im Menschen wohnt.[94]

In diesem Zusammenhang nun scheint es hilfreich und notwendig, sich an die alte Lehre vom „illapsus" zu erinnern.[95] In der alten Kirche wie auch in der Scholastik wurde mit dieser Lehre der Unterschied zwischen der Einwohnung Gottes und der Besitznahme des Menschen durch andere Mächte gewährleistet: Nur der Schöpfer kann sich mit seinem Geschöpf substantialiter verbinden, ohne dabei dieses Geschöpf zu zerstören. Im Gegenteil: Der Mensch wird durch diese Einung erst zu seiner wahren Bestimmung erhoben. Die Inbesitz-

---

[93] Allerdings lädt die Beschreibung der *fiducia* als eines Sich-verlassen auf Christus bei Pannenberg dazu ein, diese fiducia vom Vertrauen auf den Abgott ihrem Wesen nach zu unterscheiden und so dennoch zu einer kategorialen Differenz zwischen Präsenz von Gott und Abgott zu gelangen. Vgl. z. B. Pannenberg, Systematische Theologie 3, 183.

[94] Daran ändert auch die Tatsache nichts, daß Paulus nicht nur vom „Wohnen" Gottes, sondern auch vom „Wohnen" der Sünde im Menschen reden kann (Röm 7,17).

[95] Vgl. dazu oben, Kapitel II,6.

nahme des Menschen durch andere Mächte hingegen kann keine substantielle Einung bedeuten: ein Geschöpf kann seiner Substanz nach nicht in die Seele des Menschen eindringen. Solche Inbesitznahme ist also lediglich ein *Wirken* auf den Menschen, und zwar ein solches, das ihn von seiner Bestimmung abbringen und so zerstören kann. In dieser Lehre ist die Unterscheidung zwischen Schöpfer und Geschöpf gewahrt;[96] der Begriff des „illapsus" wird als Garant der Gottheit Gottes, insbesondere des einwohnenden Geistes vorgestellt.

Man kann nun diese Einsicht verbinden mit dem Verständnis der Einwohnung Gottes als Erschaffung der Person des Gläubigen und dann formulieren: Der Abgott kann wohl eine Person „bilden", aber diese Prägung ist vom Wohnen des lebendigen Gottes im Herzen des Gläubigen kategorial geschieden. Es handelt sich hier um denselben Unterschied, den Luther im Großen Katechismus mit „rechtem „und „falschem Glauben" sowie mit „rechtem" und „falschem Gott" bezeichnet hat.[97] Nicht nur das *Subjekt* der Gegenwart ist jeweils unterschiedlich, sondern, in notwendiger Konsequenz, auch die *Art und Beschaffenheit* des Glaubens oder, im Blick auf unser Thema, der Einwohnung.

Die Einwohnung Gottes ist also eine Weise der Einung mit der menschlichen Seele, eine Weise der Bildung der Person, die allein dem Schöpfer zur Verfügung steht und die von jeder anderen Weise der Gegenwart unerreicht bleibt.[98] Um nun diese einzigartige Weise der Gegenwart zu kennzeichnen und von aller geschöpflichen Gegenwart abzugrenzen, benutzte die Tradition zum einen den Begriff der „substanzhaften" Einung Gottes mit der menschlichen Seele, zum anderen wies sie darauf hin, daß die Gegenwart Gottes von seinen bloßen Wirkungen zu unterscheiden sei. Luther selbst hat, besonders in den Predigten zum Johannesevangelium, energisch auf diesen Unterschied hingewiesen, und auch die lutherische Orthodoxie hielt ihn fest: Sie wies den Gedanken zurück, Gottes Wohnen im Menschen sei den Strahlen der Sonne vergleichbar, die die Erde erwärmten, ohne daß doch die Sonne selbst in einer neuen Weise zugegen sein müsse.[99] Die Unterscheidung zwischen einer Gegenwart „der Wirkung nach" und einer solchen „der Substanz nach" war also ein entscheidendes, sowohl in der Scholastik als auch in der lutherischen Theo-

---

[96] Vgl. dazu Dupuy, Illapsus, 1326, mit Blick auf Didymus von Alexandrien: „Didyme d'Alexandrie y voit la preuve de sa divinité : ne peut pénétrer l'esprit humain que l'Esprit incréé auquel il participe." Dupuy bringt zahlreiche andere Belegstellen für diesen Gedanken, der sich unter anderem bei Thomas von Aquin und bei Bonaventura findet.

[97] Der lateinische Text redet von der „Fiducia recta et sincera" und der „fiducia falsa et mendax" sowie vom „Deus rectus" und vom „Deus falsus ac mendax", BSLK 560,3–6. Vgl. dazu Ebeling, Was heißt einen Gott haben, 296f.

[98] In seinen Studien zum Zusammenhang zwischen menschlicher Person und Akten der Stellvertretung referiert Gestrich (Christentum und Stellvertretung, 115) die luziden Ausführungen Bonhoeffers zur „personalen Stellvertretung": „Nur Christus (Gott) kann für eine andere Person stehen, ohne sie zu verdrängen."

[99] Vgl. dazu oben, Kapitel IV, Abschnitt 4,1.

logie betontes Kriterium zur Identifizierung der Einwohnung des lebendigen Gottes.

Wendet man nun dieses Kriterium an auf das Verständnis der Einwohnung als Erschaffung der Person, so muß gelten: Wenn Gott die Person des Gläubigen „bildet", dann ist *er selbst* zugegen, wenn hingegen eine geschöpfliche Wirklichkeit (als Abgott) die Person des Menschen „bildet", dann ist diese nur ihrer Wirkung nach in der Seele des Menschen. Formt sich ein Mensch „nach dem Bilde" einer geschöpflichen Wirklichkeit, so kann er diese Wirklichkeit – sei es ein lebloses Objekt wie etwa der Reichtum, sei es ein abstraktes Objekt wie etwa die Ehre und das Urteil der Menschen, oder sei es ein lebendiges Gegenüber – nur *gleichnishaft* in sich abbilden, er kann sich „ein Bild von ihr machen". Es ist aber dem geschöpflichen Gegenüber nicht möglich, die Person des Menschen wirklich zu *durchdringen*. Geschöpfliche Gegenwart in der menschlichen Seele ist eo ipso eine *vermittelte* Gegenwart. Gott selbst aber als Schöpfer des Menschen kann dem Menschen *unmittelbar* gegenwärtig sein.[100] Seine Gegenwart ist die des „anderen Äons", der den gegenwärtigen Äon durchdringt, ohne ihn doch aufzuheben oder zu zerstören.

Die „Durchdringung" des Menschen weist wiederum zurück auf die göttliche Perichorese, von der oben[101] die Rede war. Analog zur innertrinitarischen Perichorese kommt es in der Einwohnung zur perichoretischen Gemeinschaft von Gott und Mensch. „Es kommt hier tatsächlich zu einer echten Entsprechung zwischen Gott und Mensch. Es kommt zu einer Analogie, in der das Verhältnis Gottes des ewigen Vaters zu Gott dem Sohn im Verhältnis Gottes als des himmlischen Vaters zu uns Menschen als seinen irdischen Kindern eine Entsprechung findet."[102]

Der Mensch kann (und darf!) sich von dieser Gegenwart Gottes gerade *kein* „Bildnis machen". Er kann Gott aber unmittelbar „in sich haben" und so in das „Bild Christi" gestaltet werden (Röm 8,29), der selbst das Ebenbild Gottes (Kol 1,15; 2 Kor 4,4) ist. Wird diese Weise der Gegenwart als Erschaffung der

---

[100] Darauf hat auch die Lehre vom „illapsus" oft hingewiesen. Dupuy zitiert in diesem Zusammenhang besonders Heinrich von Gent, der betont, „que Dieu ne recourt pas à un instrument, mais est présent par lui-même": In der Seele findet sich das lumen gratiae, und dieses ist „Dieu même, immédiatement perçu" (Dupuy, Illapsus, 1327f).

[101] S.o., Abschnitt 1.

[102] Jüngel, Geheimnis, 529. – Vgl. auch die luzide, auf die Einwohnung des Geistes bezogene Bemerkung des katholischen Theologen Schütz (Einführung, 25f): „Gerade die Anschauung über die personale bzw. personeigene Einwohnung des Hl. Geistes hat die Einsicht gefördert, wie sehr die Gnadentheologie in ihrem Herzstück Lehre über den Geist im Menschen sein bzw. werden kann. Die Zuordnung von Geist und Gnade hängt zutiefst mit der innertrinitarischen Bestimmung des Geistes als das „Wir" von Vater und Sohn und das „In-sein" von beiden und in beiden zusammen. Im Anschluß daran läßt sich von einem „In-sein" des Geistes in uns sprechen, daß unser „In-Christus- und Im-Vater-sein" schafft. Leider sind solche Ansätze in den ohnehin spärlichen Neuentwürfen der Gnadentheologie kaum zum Tragen gekommen. So muß die pneumatisch-pneumatologische Grundschicht unserer christlichen Existenz nach wie vor als geradezu unterbelichtet gelten."

Person verstanden, so gilt: Im eigentlichen Sinne kann nur Gott eine Person erschaffen. Denn „erschaffen" meint ja einen Vorgang, bei dem das Gegenüber erst konstituiert wird. Die „Wirkung" dagegen meint einen Vorgang, bei dem ein Gegenüber schon vorhanden ist und nun einem Einfluß unterliegt. In der Einwohnung Gottes entsteht so eine neue Person, während die Gegenwart des Abgottes die Person des Menschen nur verändert (und zerstört), aber nicht neu erschafft.[103]

Es ist deutlich, daß die hier vorgetragene Erklärung der Einwohnung Gottes als Erschaffung der Person des Gläubigen nicht „neu" ist. Im Wesentlichen greift sie das alte Erkenntnismodell auf, unter ausdrücklicher Verwendung der Illapsus-Lehre. Sie wendet dieses Modell lediglich auf den Satz „fides facit personam" an und versucht zu zeigen, daß das eher an abstrakten Begriffen orientierte Erkenntnismodell auf ein personales Geschehen hin aufgebrochen werden kann. Daß dabei die entscheidende Frage nach dem *Modus* der von aller geschöpflichen Gegenwart unterschiedenen Gegenwart Gottes letztlich unbeantwortet bleibt und nur mit dem Hinweis auf seine „unvermittelte Gegenwart" in der Person umgrenzt wird, ist zu bedauern. Aber die Gegenwart des neuen Äons unter den Formen des alten kann entweder überhaupt nicht oder nur mit Analogien beschrieben werden. Nach wie vor scheint hier die menschliche Erkenntnis ein gutes Analogon zu bilden, aber es muß deutlich bleiben, daß „Erkennen" in diesem Zusammenhang – wie überhaupt in der Bibel – ein personales Geschehen meint und daß dieses Geschehen alle geschöpfliche, vermittelte Erkenntnis transzendiert. Diese göttliche Weise der Gegenwart wird also als eine „unmittelbare" aller durch Erkenntnis oder Gefühl vermittelten geschöpflichen Gegenwart gegenübergestellt. Nichts anderes will auch der Begriff „substanzhaft" hier aussagen: Gott *selbst* erschafft die Person, nicht etwa ein Gott vertretendes Erkenntnisbild. Wer hierfür eine bessere Vokabel als die der „*Substanz*" bereithält, ist eingeladen, sie in das theologische Gespräch einzubringen.[104] Durchaus möglich scheint, diese unmittelbare

---

[103] Sehr schön hat Christof Gestrich, unter ausdrücklicher Zitierung von Gal 2,20, diesen Vorgang der Personbildung durch die „stellvertretende" Gegenwart Christi beschrieben (ders., Christentum und Stellvertretung, 414f, Hervorhebungen im Original): „Die Theosislehren der christlichen Tradition müssen durchweg so verstanden werden, daß der zum Einswerden mit Gott berufene Mensch ein *Mensch bleiben*, ja in einem qualifizierenden Sinn *werden* soll, nämlich als ein zu seinem eigenen Selbst hin befreiter Mensch. Der Befreier des Menschen, der uns die Selbstwerdung ermöglicht, ist Jesus an der Stelle unseres eigenen Selbsts. (...) Was christlicher Glaube ist, bleibt in der Kirche allermeist unterbestimmt, sofern das Mit-Christus-gekreuzigt-worden-Sein und Gestorbensein, wie es besonders in der Taufe zur Erfahrung gelangen könnte und sollte, kaum eine Rolle spielt. Wohl ist christlicher Glaube schlicht Gottvertrauen, aber als solches verbindet er die Glaubenden mit Christus, und nur aus dieser Verbindung heraus, ist er, was er zu sein beansprucht. (...) Christlicher Glaube und ‚Sein in Christus' sind *eins*." Vgl; auch ebd., 422: Der ‚Christus in mir' erspart nicht die eigene Selbstwerdung, sondern ermöglicht sie gerade."

[104] Es ist allerdings interessant, daß gerade die aktuelle philosophische Debatte zum Personbegriff sich dem Begriff der „Substanz" wieder zuwendet. Dies ist etwa bei Richard Swin-

Gegenwart des Schöpfers auch mit dem Begriff der *Relation* zu beschreiben. Denn „Gegenwart" selbst ist ja ein relationaler Begriff, insofern jemand für einen anderen gegenwärtig ist.[105] Man kann also diese Gegenwart des Schöpfers auch als eine „*unmittelbare Relation*" beschreiben, das heißt als eine Relation, die die beiden Relate direkt, ohne geschaffene Mittel, miteinander verbindet. Allerdings müssen diese Aussagen mit der *Lehre von den Gnadenmitteln* in Beziehung gesetzt werden, damit hier keine spiritualistischen Mißverständnisse entstehen (vgl. dazu unten, Abschnitt 7).

Jedenfalls können mit diesem Verständnis der Einwohnung nun auch einige der klassischen Abgrenzungen dieser Lehre neu aufgenommen werden. Zunächst bleibt *der Unterschied zwischen der Allgegenwart und der Einwohnung Gottes* gewahrt. Gott erfüllt alle geschöpfliche Wirklichkeit mit seiner Macht und Kraft, und dies ist seine Allgegenwart. Aber Gott „erschafft" nicht in jedem Menschen eine neue Person. Der homo incurvatus in seipsum hält seinen Abgott fest und versucht, seine Person um ihn herum zu bilden. So ist die Erschaffung der neuen Person eine „neue Weise" der Gegenwart Gottes. Das „novo modo" des Thomas steht hier in Geltung.

Ferner kann diese Erklärung auch den *Unterschied zwischen Einwohnung und hypostatischer Union in Christus* festhalten, indem mit der klassischen Christologie festgehalten wird: In Christus kommt es nicht zur „Bildung" einer Person (die Person ist diejenige des göttlichen Logos), sondern zur Aufnahme der menschlichen Natur in die Person des Logos. Einwohnung und Inkarnation sind also deutlich voneinander geschieden. Damit wird die Option Schleiermachers zurückgewiesen, die dahin ging, das „Wohnen" Gottes in Christus und die Einwohnung im Gläubigen nur dem Grade nach zu unterscheiden.

Entscheidend ist weiter, daß die in Anlehnung an die Illapsus-Lehre formulierte Rede von der Erschaffung der Person besser als das klassische Erkenntnismodell *die Aktivität Gottes und die Passivität des Menschen* verdeutlicht. Dies stand auch den Vertretern der Illapsus-Lehre durchaus vor Augen und konnte zu Konflikten mit der Lehre von der Unveränderlichkeit Gottes führen.[106] So wird die biblische Sprache vom „Wohnung Nehmen" Gottes besser in

---

burne der Fall, für den die Person eine „unteilbare immaterielle Substanz" darstellt, aber auch bei David Wiggins, für den natürliche Arten als „Substanzen" zu bezeichnen sind. Vgl. dazu den Überblick bei Brüntrup/Gillitzer, Streit um die Person, besonders 22f, 25f.

[105] Vgl. dazu die erhellenden Überlegungen zu einer „Ontologie der Relation" bei Dieter, Du mußt den Geist haben!, 77–88, besonders 79: „Daß der Hl. Geist sich selbst gegenwärtig macht, bedeutet, daß die Relation der Anwesenheit sich das Relatum schafft, so daß die Relation überhaupt zustande kommt."

[106] Vgl. dazu Dupuy, Illapsus, 1327, der Heinrich von Gent (Quodlibeta XIII,12, f. 542) zitiert (Übers.: K.L.): „Es ist nicht die Seele die in die Gottheit eindringt (illabitur), sondern eher die Gottheit, die in die Seele eintritt." Dupuy redet von „passivité radicale" und bemerkt: „Il marque fortement, peut-être au détriment de l'immutabilié divine, l'initiative divine (...) Certes, c'est l'âme qui est transformée, mais elle l'est par grâce, et sa passivité signifie qu'elle reçoit ce qui la dépasse."

die dogmatische Reflexion aufgenommen als dies bei der Rede vom habitus des Erkennens, ja auch beim Hinweis auf das ekstatische Sein des Menschen außerhalb seiner selbst der Fall ist. Denn in diesen Modellen ist Gott derjenige, der zum *Objekt* des Erkenntnisvorgangs des Menschen wird. Die Illapsus-Lehre hingegen redet von Gott als aktivem Subjekt, daß den Menschen ergreift und durchdringt.[107] So könnte diese Lehre auch den zwischen evangelischen und katholischen Theologen geführten Streit um die Gnade als habitus klären, da der illapsus gerade das unvermittelte, also auch eines habitus nicht bedürftige Handeln Gottes im Menschen zum Ausdruck bringen könnte.[108]

Es ist entscheidend, daß die „Erschaffung" der Person des Gläubigen in diesem Sinne als Gegenwart Gottes selbst verstanden wird. Denn es ist keine persönlichere und intimere Gegenwart vorstellbar als diejenige, die ihren „Ort", also die Person des Menschen, selbst erschafft und so in ihm ist.

4. hic et nunc: „Wohnen" als raum-zeitliches Geschehen

> *„Das Wort ward Fleisch und wohnte unter uns."*
> *Joh 1,14a*

> *„Wir aber sind der Tempel des lebendigen Gottes; wie denn Gott spricht: ,Ich will unter ihnen wohnen und wandeln und will ihr Gott sein, und sie sollen mein Volk sein.'" 2 Kor 6,16b*

„Wohnen" ist für den Menschen immer ein raum-zeitliches Geschehen: Man wohnt zu einer bestimmten Zeit an einem bestimmten Ort. Bisher haben wir nun die Einwohnung Gottes als die Erschaffung der Person des Gläubigen gedeutet. Indem Gott die Person neu erschafft, ist er ihr zugleich selbst, in seinem Wesen gegenwärtig. Auf diese Weise wohnt er allein im Gläubigen; sie ist zu unterscheiden von seiner Gegenwart in aller Kreatur.

Doch beschreibt man die Einwohnung als den Vorgang der Erschaffung der Person, so besteht die Gefahr, daß sie als ein irgendwie geistiger, entleiblichter Vorgang gedacht wird. Die neutestamentliche Bezeugung der Einwohnung weist aber in eine andere Richtung. Im Johannesprolog wird das „Wohnen" des

---

[107] Zur Passivität als wesentlichem Bestandteil einer Definition der Person vgl. Schlapkohl, Persona, 294: „Eine Person ist Zweitrelat von personalen Beziehungen. (...) Erstrelat dieser Relation sind ontologisch personkonstituierend die göttlichen Personen (...). Personsein beinhaltet deshalb notwendigerweise stets Passivität."

[108] Wiederum ist es Heinrich von Gent, der darauf hingewiesen hat (vgl., mit Beleg, Dupuy, Illapsus, 1327): „Henri de Gand conçoit que Dieu produise en l'âme des actes d'intelligence et d'amour sans même y avoir créé les habitus correspondants".

Logos bei den Menschen direkt mit der *Inkarnation* verbunden: *Indem* der Logos Fleisch wurde, wohnte er bei den Menschen. Und bei Paulus finden wir den wiederholten Hinweis, daß die Christen, *insbesondere in ihrer leiblichen Existenz*, zum Tempel Gottes werden (1 Kor 6,19; vgl. Röm 12,1). Die Einwohnung Gottes wird also durchaus als ein den menschlichen Leib betreffendes Geschehen beschrieben.

Dies kann auch gar nicht anders sein, wenn man bedenkt, daß die christliche Botschaft immer wieder auf die Bindung Gottes an raum-zeitliche Gegebenheiten hinweist. Gott will sich in *diesem* Äon, unter den Gesetzen der jetzigen Zeit zeigen: Er wird Mensch in Jesus von Nazareth. Die Erlösung ist gebunden an ein Ereignis in Raum und Zeit, an den Kreuzestod Jesu auf Golgatha. Die Gemeinde erhält die Sakramente als raum-zeitliche Mittel, durch die der Geist gegeben wird. So verwundert es nicht, daß auch die Einwohnung als ein raum-zeitlicher Vorgang beschrieben wird: Gott nimmt „im" Gläubigen Wohnung, und diese Gegenwart kann nicht vom Leib des Gläubigen losgelöst werden.

Auf diesen leiblichen Aspekt hatte, unter Aufnahme der Hinweise Luthers, besonders die lutherische Orthodoxie hingewiesen. Sie betonte sogar, in Analogie zur Abendmahlslehre, daß Christus auch mit seinem Leib im Gläubigen wohne. Doch ist diese leibliche Gegenwart nicht weiter erklärt worden. Die christliche Frömmigkeit schließlich war und ist sowieso immer, bewußt oder unbewußt, von diesem leiblichen Aspekt geprägt, da man sich die Einwohnung, bedingt durch die Metapher des Wohnens, als eine räumliche Gegenwart Gottes „im Herzen" vorstellt. Zahlreiche Darstellungen christlicher Kunst weisen auf diese „räumliche" Gegenwart, auf die „Geburt" Jesu im Herzen des Christen hin.[109] Es zeigen sich hier erneut die Grenzen des klassischen Erkenntnismodells. Beschreibt man die Einwohnung als die Gotteserkenntnis und Gottesliebe, bei der die essentia Gottes in der Seele gegenwärtig ist, dann ist der menschliche Leib dabei überhaupt nicht im Blickfeld. Die Einwohnungslehre sollte aber auch den leiblichen Aspekt der Gegenwart Gottes unbedingt zum Ausdruck bringen.

Um hier weiterzukommen, muß zunächst ein Verständnis Gottes verabschiedet werden, dem zufolge Gottes Sein durch den Gegensatz zu Raum und Zeit bestimmt ist. Daß Gott den für den Menschen gesetzten Grenzen des Raumes und der Zeit nicht unterworfen ist, bedeutet keinesfalls, daß es für Gott keine raum-zeitliche Gegenwart geben könne. Hier gilt wiederum, daß „der neue Äon" die Gesetze des „alten Äon" transzendiert, aber nicht einfach zerstört. Das biblische Zeugnis stellt uns die Gegenwart Gottes als eine räumliche vor, und der Hinweis, daß es sich hier um Metaphern handelt, darf nicht dazu

---

[109] Vgl. z. B. die Zeichnung von Clemens Ziegler aus dem Jahr 1532, die sich in einem Katalog des Germanischen Nationalmuseums Nürnberg findet (Martin Luther und die Reformation, 272; freundlicher Hinweis von Herrn Dr. habil. Christian Henning, Erlangen). Sie zeigt das Herz des neuen Menschen, in welchem Christus als Kind zu sehen ist, zugleich verbunden mit dem Vater und dem heiligen Geist.

führen, Gottes Gegenwart in jedem Fall als „raumlose" zu verstehen. Im Gegenteil, in den biblischen Berichten spielt die räumliche Wohnung Gottes eine wichtige Rolle. Für das Alte Testament ist der Gedanke des Wohnens Gottes an einem bestimmten Ort geradezu zentral. Dies kann nicht als Mythologie abgetan werden. Die Texte geben selbst zu erkennen, daß sie um die Dialektik von Allgegenwart Gottes und seinem Wohnen an konkreten Orten wissen.

Eine Kardinalstelle für diese Frage findet sich im Gebet des Salomo zur Einweihung des Tempels (1 Kön 8). Wir finden hier ganz unterschiedliche Aussagen zum Wohnen Gottes: Salomo hat Gott ein Haus gebaut „dir zur Wohnung, eine Stätte, daß du ewig da wohnest" (8,13). Aber gleichzeitig stellt er die Frage: „Aber sollte Gott wirklich auf Erden wohnen? Siehe, der Himmel und aller Himmel Himmel können dich nicht fassen – wie sollte es denn dies Haus tun, das ich gebaut habe?" (8,27). Wenig später wird dennoch der „Himmel" als Wohnung Gottes identifiziert (8,30.39.43). Einerseits also kann Gott durch nichts begrenzt werden, andererseits hat er einen „Raum" jenseits der Welt des Menschen. Und dennoch: Beide Hinweise führen nicht dazu, das Wohnen Gottes im neu erbauten Haus zu verneinen. *Im Wissen um die Allgegenwart und räumliche Unbegrenztheit Gottes sowie im Wissen um einen jenseitigen „Raum" Gottes wird erwartet, daß Gott sich in besonderer Weise an einen irdischen Ort bindet*, daß er räumlich Wohnung nimmt. Gott selbst bindet seine Gegenwart an dieses besondere Haus: „Ich habe dein Gebet und Flehen gehört, das du vor mich gebracht hast, und habe dies Haus geheiligt, das du gebaut hast, daß ich meinen Namen dort wohnen lasse ewiglich, und meine Augen und mein Herz sollen da sein allezeit." (9,3).

Diese Bindung Gottes an einen bestimmten, raum-zeitlich identifizierbaren Ort ist im Neuen Testament mitnichten aufgehoben. Man könnte dies vorschnell behaupten und dazu Stellen zitieren wie etwa Apg 17,24f: „Gott (...) wohnt nicht in Tempeln mit Händen gemacht", oder Joh 4,21: „Weib, glaube mir, es kommt die Zeit, daß ihr weder auf diesem Berge noch zu Jerusalem werdet den Vater anbeten". Aber die Aussage aus Apg 17 steht in Übereinstimmung mit dem alttestamentlichen Wissen um Gottes Allgegenwart, und das Wort Jesu will nicht die räumliche besondere Gegenwart Gottes überhaupt aufheben, sondern zeigen, daß sie vom Jerusalemer Tempel auf die Person Jesu selbst übergegangen ist. Das weitere Zeugnis des Neuen Testamentes kennt dann besonders die Kirche als den „Leib" Christi sowie die Christen und ihre Leiber als die „Wohnung" Gottes. In 2 Kor 6,16 wird diese neue Gegenwart in den Gläubigen sogar als Erfüllung der Gegenwart Gottes im Volke Israel beschrieben. Auch das letzte Buch der Bibel versteht die neue Gegenwart Gottes bei den Erlösten als eine räumliche Gegenwart: „Siehe da, die Hütte Gottes bei den Menschen! Und er wird bei ihnen wohnen, und sie werden sein Volk sein, und er selbst, Gott, wird mit ihnen sein" (Offb 21,3).

Diese und zahlreiche andere Stellen Alten und Neuen Testamentes hat Karl Barth in beeindruckender Weise zusammengestellt und dabei unterstrichen, daß

Gott sehr wohl Zeit und Raum hat.[110] In seiner Darstellung wird deutlich, daß sich die Bezeugung einer räumlichen Gegenwart Gottes wie ein roter Faden durch die Bibel zieht. In der dogmatischen Behandlung dieser Frage bindet Barth die klassische Lehre von der „Unendlichkeit" Gottes an die zentralen Vollkommenheiten der göttlichen Liebe und Freiheit. Liebe sucht die Gegenwart des Geliebten, und solche Gegenwart beinhaltet notwendig auch Distanz. Wird nun Gott einfach „raumlos" und „zeitlos" gedacht, so kann solche Distanz nicht gedacht werden. Ebenso muß auch die Freiheit Gottes die Möglichkeit einer Gegenwart in Raum und Zeit beinhalten: „Gottes ‚Unendlichkeit' ist, wenn man denn von einer solchen reden will, gerade darin echte Unendlichkeit, daß es für sie keinen Widerspruch bedeuten könnte, zugleich und als solche auch Endlichkeit zu sein."[111] Wenn Gott nichts tut, „was er nicht *in seiner Weise* in sich selber *hat* und *ist*",[112] dann zeigt seine Erschaffung von Raum und Zeit, daß er selbst seinen „Raum" und seine „Zeit" hat, und die „aus einer fälschlich vorausgesetzten abstrakten Unendlichkeit abgeleitete absolute Raumlosigkeit Gottes ist eine mehr als gefährliche Vorstellung. (...) Der christliche Gottesbegriff jedenfalls wird gesprengt und aufgelöst, wenn Gott absolute Raumlosigkeit zugeschrieben wird."[113] Über den Raum Gottes kann gesagt werden, daß er „wie alle göttlichen Vollkommenheiten mit seinem Wesen *identisch* ist".[114] Es gehört zum Wesen Gottes, Raum zu haben und Raum zu gewähren.

Nun gehört es aber zweitens zur Freiheit und Liebe Gottes, daß er an *besonderen* Orten jeweils *auf besondere Weise* gegenwärtig sein kann. Nichts hindert Gott daran, „nach seinem Wohlgefallen „je so und anders gegenwärtig zu sein".[115] Barth kommt in diesem Zusammenhang auf die in der Bibel genannten, besonderen „Orte" der göttlichen Gegenwart zu sprechen und warnt davor, diese Aussagen nur bildlich zu verstehen. „Was sollte die dem Bilde entsprechende Wahrheit sein, wenn Alles das, was in der Schrift über unser Sein und Leben ‚in Gott', ‚in Christus', ‚im Geiste' gesagt ist, wirklich nur bildlich zu verstehen, wenn Gott nicht wirklich und eigentlich und ursprünglich räumlich wäre, und zwar so, daß er es zunächst und an sich nur in und für sich selber, dann aber und eben in der Kraft dessen auch für Andere ist, die durch ihn Raum bekommen, ja so oder so in ihm ihren eigenen Raum finden könnten?"[116]

Gottes Gegenwart im Raume ist also eine reale, aber sie ist nicht überall dieselbe: „Gott ist allerdings überall. Aber Gott ist nicht nur überall!"[117] Denn, noch einmal, Gott erwählt besondere Orte als Orte seiner besonderen Gegen-

[110] Barth, KD II,1, 518–551; 685–722.
[111] Ebd., 525f.
[112] Ebd., 526.
[113] Ebd., 527.
[114] Ebd., 529.
[115] Ebd., 532.
[116] Ebd., 534f.
[117] Ebd., 537.

wart. War dies im ersten Bund das Volk Israel, Jerusalem und der Tempel, so ist es im neuen Bund die Kirche und ihre Glieder. Hinter diesen besonderen Orten seiner Gegenwart, also sowohl hinter der im Alten wie der im neuen Testament bezeugten besonderen Gegenwart Gottes steht aber, nochmals unterschieden, seine „eigentliche" Gegenwart in Jesus Christus. So schlägt Barth schließlich eine Brücke zu der alten, bereits beim Petrus Lombardus vorfindlichen dreifachen Unterscheidung, für die Gott gegenwärtig ist gemäß seiner Allgegenwart, gemäß seiner Gnade in den Gläubigen und gemäß der hypostatischen Union in Christus.[118]

Kehren wir zurück zur Einwohnungslehre. Die Einwohnung wird im Neuen Testament an manchen Stellen als ein den Leib betreffender Vorgang beschrieben, sodaß gesagt werden kann: Die Stätte des besonderen Wohnens Gottes, sein „Tempel", ist der Leib der Christen (1 Kor 6,19f; vgl. Röm 12,1). Wurde oben gesagt, die Einwohnung könne beschrieben werden als die Erschaffung der Person des Christen, so muß nun hinzugefügt werden: Diese neue Person ist eine leibliche Person, und der Leib des Christen kann nicht vom „Herzen", von der „Personmitte" getrennt werden. Der Leib des Christen ist der Leib einer von Gott erschaffenen Person, und so partizipiert er an der Einwohnung Gottes. Die Erschaffung der Person ist kein spiritueller, entleiblichter Vorgang, sondern vollzieht sich in einer leiblichen Existenz. So ist es durchaus richtig, die Einwohnung auch auf den Leib bezogen und damit sowohl räumlich als auch zeitlich zu denken.

Diese besondere, von seiner Allgegenwart unterschiedene Gegenwart Gottes auch in der leiblichen Realität des Christen kann allerdings ontologisch nicht weiter bestimmt werden. Man kann lediglich sagen: Dieser Leib ist der Leib einer von Gott neu erschaffenen Person, und deshalb wohnt Gott in diesem Leibe.[119] Wichtig ist aber, daß dieses leibliche Verständnis der Einwohnung erhebliche Konsequenzen für das Verständnis des christlichen Seins in dieser Welt hat. Zum einen ist der Christ aufgerufen, seinen Leib zum „Opfer" und „vernünftigen Gottesdienst" zu geben (Röm 12,1). Denn dieser Leib ist nun in besonderer Weise Eigentum des einwohnenden Gottes (Röm 6,13.19). Zum anderen wird der Christ gerade so dem anderen, dem Mitmenschen „ein Christus". Denn die Zuwendung zum Nächsten hat immer auch leiblichen Charakter. War der Tempel im alten Bunde ein Ort der Begegnung mit Gott, so begegnet Gott im neuen Bund in der leiblichen Gestalt seiner Diener.

Mit diesen Bemerkungen ist bereits angesprochen, daß die Einwohnung eine Inanspruchnahme des Menschen durch Gott beinhaltet. Diesem Gedanken wenden wir uns nun zu.

---

[118] Vgl. ebd., 544. – Zur Allgegenwart Gottes, die der Endlichkeit und Räumlichkeit nicht einfach entgegengesetzt ist, vgl. auch Pannenberg, Systematische Theologie I, 444–449.

[119] Etwas zu schnell hatte also Basilius formuliert, die Einwohnung sei nicht räumlich oder körperlich zu verstehen (s. oben, Kp. II,1).

5. „Wohnen" als „sich zu eigen machen"

„Oder wisset ihr nicht, daß euer Leib ein Tempel
des heiligen Geistes ist, der in euch ist, welchen
ihr habt von Gott, und seid nicht euer eigen?"
1 Kor 6,19

Die Einwohnung des Geistes Gottes wird in den paulinischen Briefen als ein
Vorgang beschrieben, bei dem der Glaubende zum „Eigentum" Gottes wird.
Besonders im sechsten Kapitel des Römerbriefes wird ausgeführt, daß der
Leib, früher beherrscht durch die Sünde, nun Gott gehört, der ihn in Dienst
nimmt. Durch diese Ausführungen erhält alles, was oben zur Erschaffung der
Person gesagt wurde, noch einmal neue und schärfere Konturen.

Zunächst unterstreicht die Unterscheidung von „Eigner" und „Eigentum",
also von Mensch und Gott, *die personale Distinktion von einwohnendem Gott*
und bewohntem Menschen. Einwohnung heißt also nicht Verschmelzung; das
Gegenüber von Gott und Mensch ist hier stets gewährt.

Des weiteren unterstreicht die Darstellung des Herrschaftswechsels nochmals das, was über die *Passivität* der Person gesagt wurde. In der Neuzeit, insbesondere seit den Ausführungen Kants zum Personbegriff, wird eine Person
verstanden als ein autonomes Subjekt. „Person" ist jemand insbesondere deshalb, weil er ein moralisches Gesetz in sich entdeckt und in der Lage ist, diesem aus freien Stücken Folge zu leisten.[120] Gerade in der freien ethischen Entscheidung ist der Mensch Person bzw. „Persönlichkeit". Die Persönlichkeit
wird dabei als von Raum und Zeit unabhängiges, also „intelligibles" Vermögen
des Menschen gedeutet, durch das er frei ist, dem moralischen Gesetz in ihm
Folge zu leisten.[121] So finden wir bei Kant geradezu eine säkularisierte Einwohnungslehre: Das „gute Prinzip" wohnt im Menschen und kämpft gegen das

---

[120] Wenn Kant das freie Vermögen des Menschen zur Befolgung des moralischen Gesetzes
im Blick hat, redet er genauer von „Persönlichkeit", vgl. dazu Kant, Kritik der praktischen
Vernunft, 209f (= A 154f).

[121] Vgl. dazu die gute Beschreibung bei Scherer, Person, 307f (Hervorhebungen: K.L.):
„Nach dem Scheitern des Begriffes der P[erson] im Bereich der theoretischen Vernunft unternimmt Kant seine Begründung durch die praktische Vernunft *im Zusammenhang mit der Frei-*
heit, die von nichts anderem als von sich selbst abhängt. Sie wird durch das moralische Gesetz
gewährleistet. Durch es wird die P[erson] *sowohl Triebfeder als auch Gegenstand der Freiheit.*
Das ist der Grund, warum Kant im P[erson]-Begriff die Zugehörigkeit des Menschen nicht nur
zur Natur- und Sinnenwelt, sondern auch zur intelligiblen Welt zum Ausdruck bringt. Sofern
die P[erson] ihr zugehört, heißt sie bei Kant auch Persönlichkeit. *Sie ist das ‚Vermögen' der*
P[erson], ihr eigentliches Sein-können, dem von der eigenen Vernunft gegebenen Gesetz zu
folgen, also sich selbst zu bestimmen." – Zu den Begriffen der „Person" sowie der „Persönlichkeit" vgl. Lehmkühler, Kultus und Theologie, 107f; 152–157.

„böse Prinzip".[122] Aber diese Einwohnungslehre mündet notwendigerweise in einen ethischen Appell: Werde Person, indem du dem moralischen Gesetz aus freier Entscheidung gehorchst!

Die Begriffe „Freiheit" und „Person" sind in der neueren Diskussion meist eng miteinander verbunden, soweit, daß eine Definition der Person ohne den Begriff der Freiheit als unmöglich erscheint. Diese Freiheit wird nun häufig als „Selbstbesitz", „Selbsttätigkeit" oder „Selbstverwirklichung" der Person gedeutet.[123] Diese Auffassung kann sogar einen Denker wie Guardini bewegen, die Person als „Selbstgehörigkeit" zu definieren: „,Person' besagt, daß ich in meinem Selbstsein letztlich von keiner anderen Instanz besessen werden kann, sondern mir gehöre".[124]

Demgegenüber wird bei Paulus ein Eigentumsverhältnis beschrieben, das nun gerade keine „Selbstbesitz" ist: Die neue Person gehört nicht sich selbst, sondern Gott. Sie wird geprägt, geformt, gebildet durch den einwohnenden Gott selbst. Insofern kann gesagt werden, daß der Mensch seine „Person" nicht *bildet*, sondern *empfängt*. Es zeigt sich hier ein Verständnis der Person, daß diese nicht auf ihre Werke festlegt, sondern in der Gegenwart des Einwohnenden gegründet sieht. Nicht die Person ist ihr eigener Antrieb, sondern „welche der Geist Gottes treibt, die sind Gottes Kinder" (Röm 8,14).[125]

Daß die durch das Evangelium sich realisierende Gemeinschaft mit Gott den Gedanken eines „Selbstbesitzes" des Menschen ausschließt, ist besonders von Eberhard Jüngel betont worden: „Der Gott entsprechende Mensch ist also alles andere als ein sich selbst habendes, sich selbst besitzendes Ich. (...) Seine Auszeichnung besteht darin, daß er, statt sich selbst zu haben, des Geist Gottes hat, der ihn von innen heraus auf Gott den Vater bezieht."[126] Glaube, Hoffnung und Liebe des Christen schließen gleichermaßen den Anspruch eines Selbstbesitzes aus: „Wer sich selbst besitzt, glaubt nicht. Er glaubt schon gar nicht, daß er sich selber nur empfangen und insofern eben gerade nicht haben kann. (...) Wer sich selbst besitzt, liebt nicht. (...) Wer sich selbst besitzt, wer sich selbst hat, hofft nicht."[127]

---

[122] Vgl. hierzu schon die Überschrift des ersten Stückes der Religionsschrift (Kant, Die Religion, 665; = B 3): „Von der Einwohnung des bösen Prinzips neben dem guten", ferner besonders den Abschnitt über die „Wiederherstellung der ursprünglichen Anlage zum Guten in ihre Kraft" (ebd., 694–705; = B 48–64).

[123] Vgl. dazu z.B. die Bemerkungen in der Sammelrezension von Essen (Essen, Person), 247; 249; ferner besonders Jüngel, Der menschliche Mensch, 201; 208f.

[124] Guardini, Welt und Person, 99; 93 (zitiert bei Scherer, Person, 318).

[125] Besonders deutlich wird dieser Unterschied, wenn man die Frage auf das Phänomen der Liebe konzentriert. Für die moderne Anthropologie ist Liebe im allgemeinen nur als Akt und Realisierung menschlicher Freiheit denkbar. Bei Paulus gilt die Liebe Gottes als „ausgegossen in unser Herz durch den heiligen Geist, welcher uns gegeben ist" (Röm 5,5).

[126] Jüngel, Geheimnis, 529.

[127] Ebd., 535; 537f. Vgl. ferner Dalferth/Jüngel, Person, 66: Versteht der Mensch „Selbsthabe oder Selbstbesitz als Ideal des Menschseins", so „hat er noch nicht einmal begonnen, sich als Mensch zu verstehen".

Gerade diese Zurückweisung des „Selbstbesitzes" muß nun aber als die wahre, die christliche Freiheit beschrieben werden. Die „Freiheit eines Christenmenschen" liegt nicht im Selbstbesitz, sondern in der Befreiung vom eigenen Werk, in der Gemeinschaft mit dem einwohnenden Gott. Die „Erfahrung, sich nicht selbst zu haben" wird zur „Erfahrung einer anthropologischen Steigerung",[128] bei der der Mensch nun gerade in der Gemeinschaft mit Gott zu seiner Bestimmung und damit zur Freiheit kommt. Der „homo incurvatus in seipsum" wird zum „homo habitatus Deo". Insofern ist Gott hier nicht allein „Geheimnis der Welt", sondern auch gerade „Geheimnis der Person".[129]

Bedeutet die Personbildung durch Einwohnung mehr als die Entdeckung ethischer Autonomie, dann kann die Einwohnungslehre nicht, wie tendenziell in der Ritschl-Schule, auf einen bloßen ethischen Appell reduziert werden. Wohl aber – und hier liegt die Berechtigung der Zusammenschau von Einwohnung und Moral – hat die Einwohnungslehre enorme Konsequenzen für die christliche Ethik. Denn im Licht der inhabitatio wird man sogar formulieren müssen, daß *die Teilhabe an Christus das Prinzip, der verborgene Wirkgrund christlichen Handelns ist.* Darauf hat, wie wir sahen, besonders Dietrich Bonhoeffer eindringlich hingewiesen.[130]

Diese Deutung der Einwohnung als Eigentumsverhältnis, bei dem Gott sich den Menschen „zu eigen macht", verweist auf das Problem der Willensfreiheit. Zum einen gilt dies für die „Freiheit" der Handlungen des Gläubigen. Im Sinne der Lehre von der Einwohnung agiert der Christ nicht als „autonomes" Subjekt, sondern unter der „Leitung des Geistes", und gerade so wird er „recht frei" (vgl. Joh 8,36).

Eine nähere Untersuchung dieser Frage müßte diesen Gedanken mit dem der menschlichen Verantwortung *vor* Gott in Beziehung setzen. Schließlich wäre die Frage zu erweitern auf die Freiheit des Menschen, sich zu Gott zu wenden. Hier wird evangelische Theologie (aber nicht nur sie) immer die Vorgängigkeit der Gnade vor allen Willensakten des Menschen betonen.

---

[128] Ebd., 536. – Vgl. auch den schönen, oben (V,3) bereits zitierten Hinweis Bonhoeffers zur „geschaffene(n) Freiheit" des Menschen, die durch Einwohnung des Schöpfers ermöglicht ist (Bonhoeffer, Schöpfung und Fall, 59).

[129] Jüngel (Der menschliche Mensch, 211) formuliert, im Horizont des Satzes „fides facit personam": „Denn als Person bin ich vor allen eigenen Tätigkeiten zunächst ein Empfangender, und zwar ein Ich, das nicht nur etwas, sondern vor allem sich selbst empfängt."

[130] Vgl. oben, Kapitel V,3; ferner Lehmkühler, Evangelische Ethik und Einwohnung Christi.

6. „Wohnen" als „Ruhen": Akt und Sein

> *„Denn der HERR hat Zion erwählt, und es gefällt*
> *ihm, dort zu wohnen. ‚Dies ist die Stätte meiner*
> *Ruhe ewiglich; hier will ich wohnen, denn das*
> *gefällt mir.'" Ps 132,13f*

Dietrich Bonhoeffer hat in einer Finkenwalder Vorlesung darauf hingewiesen, daß das „Wohnen" Gottes eine gewisse Ruhe und Beständigkeit einschließt, die durch die jeweiligen, immer unterbrochenen Akte des Hörens auf das Wort so nicht erreicht werde.[131] Nimmt man das Bild des „Wohnens" Gottes ernst, so assoziiert es in der Tat eine kontinuierliche Präsenz, eine gewisse Ruhe der Gegenwart Gottes: Wer Wohnung gefunden hat, der ist angekommen, der kann ruhen.[132] Das Bild des Wohnens verweist also, im Gegensatz zu einzelnen isolierten Akten der Begegnung, auf einen Zustand, auf eine dauernde Präsenz.

Hinter dieser Beschreibung könnte nun ein theologisch geschultes Ohr den Begriff des „habitus" erahnen. Denn dieser in katholischer Theologie zentrale Begriff meint ja etwas Vergleichbares: Er bezeichnet, im Gegensatz zum „Akt", eine dauernde Disposition, ein „ruhendes" Vermögen, das quasi bereitliegt, um jeweils in den Akt erhoben zu werden.[133] Nun hat die Kontroverse um die Rechtfertigung den Begriff des „habitus" in der evangelischen Theologie über weite Strecken obsolet werden lassen. In der Tat kann er zu Schwierigkeiten führen, besonders wenn mit ihm insinuiert wird, der Mensch könne durch gerechte Werke den habitus des Gerecht-Seins erlangen. In diesem Sinne hat Luther den Begriff bekämpft. Ferner wurde oben auch deutlich, daß der Begriff in der Einwohnungslehre problematisch ist, da er als Abstraktum die personale Einwohnung Gottes nicht recht zum Leuchten bringt.

Der Begriff „habitus" ist etymologisch von „habere", „haben" abzuleiten. Phonetisch liegt eine große Nähe zu „habitare", „wohnen" vor, so daß man versucht sein könnte, mit einem Wortspiel zu sagen: Ein „habitus" „*wohnt*" im Menschen, er ist ein ruhendes Vermögen, er wird geradezu zur „*Gewohnheit*" – im Deutschen liegt sogar eine etymologische Verwandtschaft von „wohnen" und „Gewohnheit" vor.[134] Das griechische Äquivalent, welches mit „habitus" übersetzt wurde, ist ἕξις, welches von ἔχειν, „haben", abzuleiten ist. In beiden

---

[131] Vgl. dazu oben, Kapitel V,3.

[132] Allerdings steht dieses Bild nicht in Gegensatz zur Ankunft Gottes im Wort, da auch das Wort Gottes selbst unter den Christen „wohnen" soll (vgl. Kol 3,16).

[133] Vgl. die gute Darstellung bei Pinckaers, Habitude et Habitus.

[134] S. dazu Herkunftswörterbuch, S. 276: „Die beiden Sippen von ‚gewöhnen' und ‚wohnen' haben sich erst allmählich in der Bedeutung differenziert." – Vgl. auch im Französischen „habitude" und „habiter", wobei „habitude" vom lateinischen „habitudo", „Seinsweise" oder „Beschaffenheit" abzuleiten ist (s. Pinckaers, Habitude et Habitus, 2).

Fällen besteht die Bedeutung einer Kontinuität, den was jemand „hat", das „gehört" ihm. Darüberhinaus findet sich dieselbe Verwandtschaft in den Begriffen „ἔϑος" und „ἦϑος", die unserem Begriff der „Ethik" zugrundeliegen. Sie sind wohl mit „Gewohnheit" oder „Sitte" zu übersetzen.[135] Aber „ἦϑος" kann eben auch ein Haus oder Gebäude bezeichnen.[136] So ist die Sitte und Gewohnheit wie ein Haus, in dem man sich einrichtet.

Es besteht kein Anlaß, in der Theologie das „ruhende" Sein gegen den „Akt" auszuspielen. Auch die Gemeinschaft Gottes mit den Menschen sollte nicht rein „aktualistisch" interpretiert werden, als realisiere sie sich lediglich in den jeweiligen Akten des Hörens, Glaubens oder Empfangens der Sakramente. Die biblische Aussage, daß Gott Wohnung nimmt, weist vielmehr auf eine göttliche Präsenz hin, die alle Akte der Begegnung fundiert und trägt. Darauf führt auch die Beschreibung der Einwohnung als Erschaffung der Person. Denn die „Person" ist verstanden als den Akten „vorausliegend", sie gleichsam aus sich entlassend. Gemeinschaft mit Gott realisiert sich nicht erst in den einzelnen Akten des Gläubigen, sie liegt ihnen vielmehr zu Grunde.

Diese Einsicht ist von großer Bedeutung für das Verständnis des Christseins. Gerade *evangelische* Theologie sollte hier ein starkes Interesse zeigen: Denn dieses Verständnis des „Wohnens" Gottes führt dazu, die Gegenwart Gottes nicht in immer neuen Akten ständig „herstellen" zu müssen. Es leitet dazu an, von dieser Gegenwart als einer geschenkten einfach auszugehen. Damit schreibt sich dieses Verständnis ein in die gerade für evangelische Theologie so entscheidende Unterscheidung von Person und Werk. Die Gegenwart Gottes im Leben des Christen ist nicht ständig neu herzustellen, und sie ist auch unabhängig von den jeweiligen Akten des Christen. Die Gottesgemeinschaft „liegt vor". Diese Einsicht hat unter anderem auch wichtige Konsequenzen für die Seelsorge, indem sie dazu anleitet, den Blick von den eigenen Werken weg auf Christus zu lenken. Daß hier natürlich, wie immer, auch Mißverständnisse möglich sind, daß man diese Aussagen etwa libertinistisch mißverstehen könnte („Es ist alles erlaubt", 1 Kor 6,12) oder sie gegen ein ständig neues Empfangen der Gnadenmittel ausspielen könnte – diese möglichen Gefahren ändern nichts an der zutreffenden Grundrichtung des genannten Gedankens: Wenn Gott Wohnung nimmt, dann kann man sich auf seine Gegenwart „verlassen".

Dieser Aspekt der „Ruhe" Gottes, der ständigen Präsenz, liegt zweifelsohne schon den alttestamentlichen Berichten vom der Stiftshütte, vom Tempelbau sowie von der Gegenwart Gottes in seinem Volk Israel zugrunde. So ruft etwa Salomo bei der Einweihung des Tempels zu: „Und nun mache dich auf, HERR, Gott, zu deiner Ruhe, du und die Lade deiner Macht." (2 Chron 6,41a). Die Aussagen vom „Ruhen" Gottes verweisen letztlich auf die „Sabbatruhe" Gottes, auf ein Thema also, daß auch im Neuen Testament aufgegriffen und soteri-

---

[135] In dieser Bedeutung auch im Neuen Testament zu finden, vgl. z.B. Luk 1,9; 2,42.
[136] Vgl. dazu Liddel/Scott, Greek-English Lexicon, 766: „*an accustomed place*: hence, in pl., *haunts* or *abodes* of animals".

ologisch gedeutet wird, indem gesagt wird, daß durch die Ruhe Gottes auch die Menschen zur Ruhe kommen: „So ist also noch eine Ruhe vorhanden dem Volke Gottes. Denn wer zu Gottes Ruhe gekommen ist, der ruht auch von seinen Werken, gleichwie Gott von den seinen." (Hebr. 4,9f).[137]

Mit all dem soll nicht gesagt werden, daß in der Einwohnungslehre die klassische habitus-Lehre unbesehen wieder aufgenommen werden kann. Es geht aber darum, deutlich zu machen, daß das in evangelischer Theologie begegnende Mißtrauen allem „Statischen", „Seinsmäßigen", nicht „aktualistisch" Interpretierbaren im Verhältnis Gottes zum Menschen keinen Anhalt am biblischen Zeugnis hat. Die Einwohnungslehre muß den Gedanken des „Ruhens" Gottes unbedingt festhalten. Sie tut dies, indem sie die Erschaffung der Person als einen ständigen Vorgang beschreibt, der sich „vor" allen Akten am Menschen vollzieht. Diese Aussage hat dann auch Konsequenzen hinsichtlich der Frage nach der Erfahrbarkeit der Einwohnung Gottes im Menschen (s. unten, Abschnitt 8).

7. „Wohnung nehmen" als ein Anfangen: Die Gnadenmittel

> *„Und ich will den Vater bitten, und er wird euch einen andern Tröster geben, daß er bei euch sei ewiglich: den Geist der Wahrheit, welchen die Welt nicht kann empfangen, denn sie sieht ihn nicht und kennt ihn nicht. Ihr aber kennet ihn, denn er bleibt bei euch und wird in euch sein. "*
> *Joh 14,16f*

Einwohnung Gottes im Gläubigen bedeutet stets eine *neue* Weise der Gegenwart Gottes beim Menschen. Dieses „novo modo", an das schon Thomas in seiner Darstellung immer wieder erinnert, darf bei der Einwohnungslehre nie aus den Blick geraten, und dies aus zweierlei Gründen:

Zum einen wird nur so der Unterschied zwischen Schöpfung und Erlösung festgehalten. Dieser Unterschied ist zugleich der zwischen „altem" und „neuem Äon", wenn denn in Christus der „neue Äon" gekommen ist. Das „novo modo" bewahrt davor, die Einwohnung lediglich als Verlängerung einer natürlichen Gabe anzusehen, oder sie gar einfach als zur Natur des Menschen gehörig zu verstehen.

Die Worte Jesu reden deutlich von einem neuen Kommen *in der Zeit*: die Einwohnung hat einen zeitlichen Anfang. Damit ist auch das Zweite gegeben:

---

[137] Vgl. auch 1 Petr. 4,14, wo, in Aufnahme alttestamentlicher Redeweise, vom „Ruhen" des Geistes Gottes auf den Gläubigen geredet wird.

Denn dieser Anfang verweist auf die *Mittel*, deren der Geist sich für sein Kommen bedient. Diese Gnadenmittel sind schon in der Vätertheologie als diejenigen Gaben Gottes gedeutet worden, durch welche die Einwohnung Gottes geschenkt wird.[138] Diese Zuordnung von Gnadenmitteln und Einwohnung ist im Neuen Testament verwurzelt, insbesondere in den Taufaussagen bei Paulus.[139] Insbesondere ist hier *die Taufe auf den dreieinigen Gott* zu nennen, dieses „gnadenreich Wasser des Lebens und ein ‚Bad der neuen Geburt im heiligen Geist‘".[140]

Die Gnadenmittel verweisen zugleich auf den Raum der Kirche. So sehr auch die Einwohnung Gottes als personale Gegenwart im je Einzelnen zu beschreiben ist, so sehr gilt doch, daß diese Gottesgemeinschaft der Gemeinde Jesu Christi in ihrer Gesamtheit als Gabe gegeben ist. Schon Schleiermacher hat zu recht auf die Wichtigkeit der ekklesiologischen Einbindung der Einwohnungslehre hingewiesen.[141] Und auch bei Bonhoeffer zeichnet sich sehr schön ab, daß die personale Einwohnung und „Christus als Gemeinde existierend" einander bedingen.[142] So weist das „Wohnung nehmen" als „Anfangen" auf die Kirche Jesu Christi, in der allein solcher „Anfang" möglich wird.

Nun ist aber oben behauptet worden, die Einwohnung Gottes sei zu verstehen als eine „unmittelbare" Gegenwart Gottes selbst. Diese Gegenwart Gottes selbst unterscheide gerade Gottes Präsenz von aller denkbaren geschöpflichen Präsenz, die immer vermittelte Präsenz sei. Widersprechen diese Aussagen der Lehre von den Gnadenmitteln?

Alles kommt auch hier auf das rechte Unterscheiden an. Es wäre alles verloren, wenn die Rede von der unmittelbaren Gegenwart Gottes spiritualistisch interpretiert und behauptet würde, der Mensch könne ohne „äußere Mittel" zur Einung mit Gott gelangen. Die Einwohnungslehre träte so in Konkurrenz zum „inkarnatorischen" Charakter der christlichen Botschaft, einer Botschaft, die immer betont, daß Gott sich an „leibliche" Mittel gebunden hat. Wenn die Gegenwart Gottes im Gläubigen als eine „unmittelbare" bezeichnet wird, dann deshalb, weil nur so das „ipse", die Präsenz Gottes selbst im Unterschied zu menschlichen Erkenntnisbildern festgehalten werden kann. Im der menschlichen Person sind alle Dinge dieser Welt, ja auch die ihm begegnenden menschlichen Personen in „vermittelter" Weise zugegen: in der Form von Bildern, von Erinnerungen, von ethischen Appellen. Die „Sache selbst" wird in der Person gleichsam „vertreten", „repräsentiert" durch Instrumente und Zeichen, die auf

---

[138] Vgl. z. B. Basilisus, in dessen „De spiritu sancto" (§ 26, FC 12, 146;148) sich studieren läßt, wie die Taufe auf den dreieinigen Gott „Übergabe" Gottes an den Menschen ist und so auch zur Grundlage der Lehre vom Geist wird. – Zur Rolle der Gnadenmittel vgl. auch R. Slenczka, Gemeinschaft mit Gott, 44–46.

[139] Hier ist besonders auf die Identifizierung des Täuflings mit Christus zu nennen, vgl. Gal 3,27; Röm 6,4; vgl. Kol 3,10, ferner auch die Formulierung „Bad der Wiedergeburt" in Tit 3,5.

[140] Luther, Der kleine Katechismus, BSLK, 516,19–21.

[141] S. o. V,1,3 u. 1,4.

[142] S. o. V,3.

die Sache selbst hindeuten. Die Einwohnungslehre hingegen spricht von einer Gegenwart Gottes, bei der Gott sich nicht „vertreten" läßt, sondern selbst anwesend ist. Genau in diesem Sinne hat Luther so eindringlich für das „substantialiter" geworben und die Frage gestellt, ob Gott denn wohl in der Seele wirke, ohne selbst anwesend zu sein.

Diese Betonung des „Deus ipse", in Unterscheidung von geschöpflichen Weisen der Gegenwart, darf aber *nicht* verwechselt werden mit einer Entwertung der Gnadenmittel. Bei Luther wird dies schon daran deutlich, daß er in *derselben* Disputation, in der er das „substantialiter" unterstreicht, von den Mitteln redet als von den „Tüchern", in die der Geist sich „wickle", damit der Mensch ihn zu erfassen in der Lage sei.[143] Diese Mittel wählt Gott unter Rücksichtnahme auf die geschöpfliche Struktur des Menschen: Da die Einwohnung selbst dem menschlichen Erkenntnisapparat nicht zugänglich ist, bindet Gott sie an die Mittel des Wortes und der Sakramente. So bleibt dem Menschen etwas „Faßbares", durch das ihm die Einwohnung Gottes erfahrbar wird. Die „wahre", nicht etwa nur „effektive" Gegenwart des Geistes ist da, wenn die Mittel da sind: „Wir sagen, daß der heilige Geist, der in den Feuerzungen und in Gestalt der Taube erschien, substanzhaft (substantialiter) herabstieg, nicht nur seiner Wirkung nach (effectualiter). Und der Vater war in der Stimme gegenwärtig und Gott im Sohn der Natur nach (naturaliter). Denn der heilige Geist ist da, wo er ist, wirklich anwesend (vere adest), aber dennoch verhüllt, weil er weiß, auf welche Weise wir ihn erfassen können: Er verhüllt sich in den geistlichen Gaben. (...) Vater, Sohn und heiliger Geist sind also wirklich da (vere adsunt), aber verhüllt gemäß der Auffassungsgabe der Materie (pro materiae capacitate), später werden wir sie wirklich sehen, nicht bloß in Rätseln, wie auch die Engel das Angesicht des Vaters sehen. Itzunder seindt Unnser Augen Unnd gelider zu schwach."[144]

Die Bindung der Einwohnung an die Gnadenmittel besagt also zweierlei: *Zum einen* sind die Gnadenmittel die von Gott eingesetzten leiblichen Mittel, die die Einwohnung erst *ermöglichen*: Der Geist Gottes wird *durch* sie gegeben (CA 5). *Zum anderen* sind sie im ganzen Leben des Christen die *Zeugen* der Einwohnung: Sie machen den einwohnenden Gott für die menschliche Vernunft erfahrbar, da Gott selbst in seinem Wesen nicht erfahrbar ist. Beide Aspekte sind in der evangelischen Theologie zu betonen. So wird man auch der Intention Luthers gerecht, für den, wie wir sahen, gerade die Einwohnungslehre mit ihrer Behauptung einer wesensmäßigen Gegenwart Gottes *gegen* eine spiritualistische Theologie zu stellen ist, für die es nur eine Einheit der Gedanken und des Willens geben kann.

Beide Aussagen widersprechen aber nicht der Überzeugung, daß Gott durch die Einwohnung selbst, in personam und *in diesem Sinne* unmittelbar im Men-

---

[143] Es handelt sich um die im vorhergehenden Kapitel behandelte Promotionsdisputation von Palladius und Tilemann.

[144] Luther, Promotionsdisputation von Palladius und Tilemann, WA 39 I, 224 (c) –226 (c).

schen Wohnung nimmt. Will man diese Einwohnung also, wie oben geschehen, als eine „unmittelbare" Gegenwart bezeichnen, so spielt man damit nicht auf die Art und Weise ihres Eintretens noch auf die Weise ihrer Erkenntnis an. Denn in beiden Fällen ist der Mensch durchaus an die „Mittel" gebunden. Der Ausdruck will nur besagen, daß Gott *selbst* sich mit dem Menschen verbindet und nicht etwa durch eine geschöpfliche Wirklichkeit ersetzt wird. Genau dies will ja auch die Lehre von der Realpräsenz Christi im Abendmahl sagen: Es gibt ein Mittel, aber gerade in diesem Mittel kommt Christus *selbst* zum Menschen.

Die Betonung der Gnadenmittel in der Einwohnungslehre weist also die Entwertung dieser Mittel, die schon bei Schleiermacher und dann in der liberalen Theologie zu beobachten ist, scharf zurück. Sie unterstreicht erneut die entscheidende Bedeutung der Gnadenmittel als leibliche Mittel, die nicht nur Zeichen, sondern immer auch Gegenwart des Bezeichneten selbst sind. In dieser Gestalt findet sich die Einwohnungslehre nicht nur bei Luther und in der lutherischen Orthodoxie, sondern auch in der gesamten katholischen Tradition.

8. „Wohnen" und „sich zeigen"

> *„Die Sonne hat der HERR an den Himmel*
> *gestellt; er aber hat gesagt, er wolle im*
> *Dunkel wohnen."* 1 Kön 8,12

> *„Oder erkennet ihr euch selbst nicht, daß Jesus*
> *Christus in euch ist?"* 2 Kor 13,5

> *„Der Geist selbst gibt Zeugnis unsrem Geist,*
> *daß wir Gottes Kinder sind."* Röm 8,16

Der vorangehende Abschnitt führte uns bereits auf die Frage der Erkennbarkeit und Erfahrbarkeit der Einwohnung Gottes im Menschen. Indem Luther die Wichtigkeit der Gnadenmittel betont, weist er zugleich hin auf die „Schwäche" der menschlichen Vernunft, die die Einwohnung Gottes nicht direkt, sondern nur durch die Gnadenmittel erkennen kann. Damit steht die Frage im Raum, ob es überhaupt eine Erfahrung der Einwohnung geben kann. Was ist – gerade angesichts dieses Themas! – zu den beeindruckenden Berichten mystischer Erfahrung zu sagen, wie sie sich zum Beispiel bei Theresa von Avila und bei Marie de l'Incarnation finden?[145]

Die oben zitierten biblischen Texte stehen mit diesen Fragen in Zusammenhang. Luther hat, wie wir sahen, die Aussage, Gott wolle „im Dunkel" wohnen,

---

[145] Zu beiden s. Bertrand, Expérience mystique.

auf den Glauben bezogen und darin den Hinweis auf den Unterschied zwischen Glauben und Schauen erblickt. Der Passus sei hier nochmals zitiert:

> „Im Glauben selbst ist Christus anwesend. Der Glaube ist somit eine Erkenntnis, oder gar Finsternis, die nichts erkennt. Und doch sitzt in dieser Finsternis der durch den Glauben ergriffene Christus so, wie Gott einst auf dem Sinai und im Tempel inmitten des Dunkels saß. Unsere seinshafte (*formalis*) Gerechtigkeit ist somit nicht die Liebe, die dem Glauben Form gibt (*charitas informans fidem*), sondern der Glaube selbst und die Wolke des Herzens, d.h. das Vertrauen auf etwas, das wir nicht sehen, nämlich auf Christus, der – obgleich im höchsten Grade unsichtbar – doch anwesend ist. (...) Auf welche Weise er aber anwesend ist, kann nicht gedacht werden, da es wie gesagt Finsternis ist."[146]

Es ist schon oben ausdrücklich darauf hingewiesen worden, daß in Luthers Theologie die Frage der Realität der Einwohnung zu trennen ist von der nach ihrer Erkennbarkeit. Es ist durchaus denkbar, daß die Einwohnung lediglich *geglaubt* wird, ohne in der Erfahrung sicher erkannt werden zu können.

Allerdings stellt sich die Frage, ob aus dieser Unterscheidung zu schließen ist, daß Gottes Wohnen beim Menschen überhaupt keine Erfahrung zur Folge haben kann. Diese Frage ist zu unterscheiden von der nach einer sicheren Erkenntnis der Einwohnung. Denn es ist denkbar, daß der Gläubige sehr wohl Erfahrungen macht, ohne daß diese aber mit Sicherheit und in klarer, die Erfahrung deutender Erkenntnis auf die Einwohnung bezogen werden könnten. Eine solche Erfahrung scheint sich im Text aus 2 Kor 13 anzudeuten. Paulus scheint es für möglich zu halten, daß den Korinthern eine irgendwie geartete Erkenntnis der Einwohnung möglich ist. Der Kontext weist auf eine Art Selbstprüfung hin, und man ist geneigt, dies mit dem klassischen Problem des „syllogismus practicus" in Beziehung zu setzen.

Während diese Aussage des Paulus auf eine Weise der Selbstprüfung anspielt, verweist Röm 8,16 auf eine durch den Geist Gottes selbst bewirkte Erkenntnis des Gnadenstandes. Wenn Gottes Geist unserem Geist von unserer Gotteskindschaft „Zeugnis gibt", dann scheint es sich um eine direkte, sichere Erkenntnis zu handeln. Wie ist dies zu deuten?

Die katholische Theologie hat die Frage der Erfahrbarkeit der Einwohnung eingehend diskutiert. Wir sind besonders auf die „cognitio quasi experimentalis" bei Thomas eingegangen, deren Interpretation in der Thomasschule strittig geblieben ist.[147] In den Dogmatiken der lutherischen Orthodoxie schließlich galt die Einwohnung als Ursache einer erlebbaren Freude und „Süßigkeit", ferner sollte sie auch zur Gewißheit des Heils führen.[148] Wie ist diese Fragestellung in der Lehre von der Einwohnung Gottes zu behandeln?

---

[146] WA 40 I, 229,15–24, hier zitiert nach der deutschen Übersetzung bei Mannermaa, Glauben, 38.

[147] S. o., Abschnitt II,10.

[148] S. o., Abschnitt IV,7.

Die in der Thomasschule wie auch in der lutherischen Orthodoxie genannten Beispiele solcher Erfahrungen bleiben, von außen betrachtet, immer *zweideutig*. Eine Gotteserfahrung ist die Erfahrung des „anderen Äons" unter den Bedingungen des jetzigen „Äons". Sie kann deshalb immer in Frage gestellt und mit ähnlichen Phänomenen des diesseitigen Lebens zusammengestellt werden: die Freude, die Sicherheit, ja sogar die ekstatische Erhebung können als natürliche, insbesondere als psychologische Phänomene gedeutet werden. Diese Deutung steht zum einen dem „neutralen" Beobachter offen, zum anderen aber kann sie sich auch dem Gläubigen selbst, etwa in der Situation der Anfechtung, aufdrängen. Eine Erfahrung der Transzendenz kann, wenn sie in der Anfechtung distanziert betrachtet wird, immer auch als immanentes, natürliches Phänomen gedeutet werden. Wird also solche Erfahrung zum Fundament des Glaubens erklärt, dann kann mit der Infragestellung eben dieser Erfahrung auch der Glaube selbst ins Wanken geraten.

Dies wird auch an den Ausführungen des Thomas von Aquin bezüglich der Erkenntnis der einwohnenden göttlichen Personen deutlich. Wir sahen, daß Thomas immer von einem der göttlichen Person genau entsprechenden „donum" redet, einem Geschenk, daß mit der Einwohnung gegeben wird: der Sohn schenkt die Gabe der „sapientia", der Geist die der „charitas".[149] Aber wie sollen diese Gaben unterschieden werden von menschlicher Weisheit und Liebe? Ein Teil der Thomasinterpreten hatte auf diese Frage geantwortet: Die Erkenntnis der Einwohnung durch diese Gaben ist immer mit einer letzten Unsicherheit behaftet, da eine Unterscheidung dieser Wirkungen von natürlichen Regungen des Menschen eben nicht zweifelsfrei durchführbar ist. Gerade um diese Unsicherheit zu beschreiben, habe Thomas von *„quasi*-experimentaler" Erkenntnis Gottes gesprochen. Andere Interpreten allerdings waren der Ansicht, bei der mystischen Erfahrung handele es sich um eine *direkte* Erfahrung Gottes in der Seele. Um allerdings den Unterschied zur himmlischen visio beata zu bewahren, wurde in dieser Deutung nicht vom *Sehen*, sondern vom *Fühlen, Schmecken oder Berühren* Gottes in der mystischen Erfahrung geredet. Doch gerät die genaue theologische Beschreibung einer solchen, nichtbegrifflichen Erkenntnis in Schwierigkeiten: Wie soll eine Erkenntnis gewiß sein, die begrifflich nicht einzuholen ist? Kann nicht gerade sie in der Anfechtung in Frage gestellt werden, wenn nämlich solches „Fühlen" und „Schmecken" auszubleiben scheint?

Die „Erfahrung" weist den Menschen letztlich auf sich selbst, auf die Anwesenheit oder Abwesenheit einer eigenen Erfahrung. Der Glaube aber stellt uns wesentlich „außerhalb unserer selbst":[150] Luther hat in einer Auslegung des 130. Psalmes eindringlich darauf hingewiesen, das „glauben" nicht mit „erfahren" in eins zu setzen ist: „credere non est experiri".[151] Luther schildert die *Situation der Anfechtung*, in der die Erfahrung gegen Gott und sein Wort, beson-

---

[149] Vgl. nochmals oben, Abschnitt II,10.

[150] Vgl. zur Geschichte dieser berühmten Formel: Zur Mühlen, Nos extra nos.

[151] Luther, In quindecim psalmos graduum, WA 40 III, 370,26f. – Zu den folgenden Ausführungen vgl. Lehmkühler, Glaubensgewißheit.

ders gegen die Güte und Gnade Gottes spricht. Der Heilige Geist verkündigt uns im Psalmwort einen gnädigen Gott. In der Anfechtung haben wir „dieses Zeugnis nötig, weil wir, wenn wir unserem Gefühl folgen, das Gegenteil erfahren." Es gilt also, das Wort der Verheißung gegen alle Gefühle und Erfahrungen zu richten:

> „Aber nicht aufgrund des Gefühls noch aufgrund gegenwärtiger Wirklichkeit dürfen wir ein Urteil fällen, dem Wort müssen wir folgen und festhalten, daß sie [nämlich Barmherzigkeit und Güte] zu glauben, nicht zu erfahren sind. Glauben nämlich ist nicht dasselbe wie erfahren. Nicht als ob niemals zu erfahren wäre, was wir glauben, sondern in dem Sinne, daß der Glaube der Erfahrung vorausgehen muß und man dem Wort auch dann noch glauben muß, wenn wir ganz anders, als das Wort sagt, fühlen und erfahren. Wenn also der [menschliche, K.L.] Geist in der Trübsal behaupten will, Gott zürne uns, er kümmere sich nicht um uns, er hasse uns, so muß der Glaube dagegen halten, bei Gott ist nicht Zorn noch Haß noch Strafe noch Schuld. (...) Wenn wir dann das Gegenteil fühlen und erfahren und wenn es scheint, daß Gott uns wie unser Feind mit Strafen belegt, so laßt uns keiner Erfahrung mehr glauben als dem Wort und dem Heiligen Geist, der verkündet, bei Gott ist Barmherzigkeit und Güte, er liebt uns und will uns wohltun. (...) Wie gründlich also würden wir irren, wenn wir das Wort hintansetzen und unserem Gefühl und unserer Erfahrung folgen wollten?"[152]

An diesen Ausführungen wird ein Doppeltes deutlich: Zum einen hängt der Glaube nicht von der Erfahrung ab. Es gibt Situationen, wo der Christ ohne bestätigende Erfahrung den Verheißungen glaubt, ja sogar solche Situationen, in denen *gegen* die Erfahrung geglaubt werden muß. Zum anderen aber bedeutet dies keinesfalls, daß der Glaube ohne Erfahrung bleiben müsse. Daß gerade die Erfahrung „den Theologen mache", darauf hat Luther des öfteren hingewiesen.[153] Der lebendige Glaube *macht* Erfahrungen, insbesondere die der Überwindung der Anfechtung. Der Glaube muß nicht etwa erst noch in Erfah-

---

[152] Luther, In quindecim psalmos graduum, WA 40 III, 370,24–31; 371,18–21; 372,16–18. Deutsche Übersetzung nach: Martin Luther: Der Glaube allein: Texte zum Meditieren. Ausgew. u. eingeleitet von Otto Hermann Pesch, (Reihe Klassiker der Meditation) Zürich u.a. 1983, 97–99; 97f. – Vgl. auch die Fortsetzung des Textes (99, = WA 40 III, 372,31 – 373,19): „Erscheint für mein Gefühl das Gegenteil, so kümmere ich mich nicht darum. Auch wenn ich sterben muß, werde ich mir diesen Gedanken nicht ausreißen lassen, sondern ich glaube fest, daß unter der Erde und oben im Himmel nichts als Güte ist. Ich stelle das fest nicht aufgrund des Gefühls oder aufgrund der gegenwärtigen Wirklichkeit, sondern aufgrund des Wortes, welches sagt, daß bei Gott Barmherzigkeit ist über mich und alle, die glauben – und Zorn nur über die, die nicht glauben. Ich werde also meine Gedanken durch das Wort überwinden und werde diese Verheißung in mein Herz schreiben: Wenn ich an Christus glaube und nicht zweifle, daß mir die Sünden durch sein Blut vergeben sind, so werde ich nicht zuschanden, mögen auch Gefühl und Erfahrung mir das Gegenteil einreden." – Zu ähnlichen Stellen bezüglich des Glauben *wider* die Erfahrung s. Ebeling, Klage, 13.

[153] Vgl. insbesondere das bekannte „Sola autem experientia facit theologum", das aus einer Tischrede stammt: Luther, Tischreden, WA TR 1, 16,13 (Nr. 46). – Zur Bedeutung der Erfahrung in der Theologie Luthers vgl. Ebeling, Klage; ders.: Schrift und Erfahrung; ferner auch ders., Lehre und Leben.

rung übersetzt werden; er ist eo ipso gelebter Glaube: „Es ist ein verhängnisvoller Irrtum, als müßte der Glaube, auf den die Schrift abzielt, erst noch zusätzlich in die Erfahrung hinein transferiert werden. Vom Lebensbezug des Glaubens zu reden, ist im Grunde eine Tautologie. Der Glaube im wahren Sinne besteht im Lebensbezug."[154]

Im Blick auf die Lehre von der Einwohnung Gottes sollte beides festgehalten werden. Daß Gott im Gläubigen Wohnung nimmt, ist eine Glaubensaussage, die ihren Grund im Zeugnis der Heiligen Schrift hat. Sie steht unabhängig von aller Erfahrung in Geltung. Diese Einschränkung der Bedeutung der Erfahrung wird im übrigen gut deutlich, wenn man nochmals auf den Satz „fides facit personam" blickt. Denn die eigene Person des Gläubigen ist *selbst* ja bereits nicht unmittelbar erfahrbar. Sie wird aufgrund ihrer Akte „erschlossen". Auch die Neuerschaffung dieser Person durch Gott wird nicht unmittelbar erfahren: „Von diesem andersgearteten Sein des Menschen gibt es kein *Erfahrungswissen*, sondern nur den *Glauben* an eine Wirklichkeit des wahrhaft Menschlichen jenseits aller Erfahrung."[155]

Auch im Blick auf die Einwohnung also stellt unser Glaube uns „außerhalb unserer selbst", das heißt, er verweist uns auf die Verheißungen Gottes und nicht auf unsere Werke oder unsere Erfahrungen. Das „extra nos" steht hier voll und ganz in Geltung, und es ist keinesfalls möglich, die Lehre von der Einwohnung Gottes mit dem Hinweis auf diese reformatorische Formel ad absurdum zu führen. Auch hier gilt ferner, daß Gott treu ist, selbst wenn wir untreu sind: Die Einwohnung Gottes als ein Akt der *Gnade* Gottes steht und fällt nicht mit den Werken des Christen.

Andererseits ist die „Erschaffung der Person" des Gläubigen kein theoretisches Lehrstück, das in die Praxis übersetzt werden müßte. Lebt Gott im Menschen, dann durchdringt seine Gegenwart alle Lebensvollzüge. Die Einwohnung führt also durchaus zu Erfahrungen ihrer *Wirkungen*, zu Erfahrungen der Inanspruchnahme durch Gott. Es ist immer wieder versucht worden, die bunte Vielfalt solcher Erfahrungen zu beschreiben und theologisch zu analysieren.[156] Dies ist eine interessante und wichtige Aufgabe. Aber die je persönliche Erfahrung kann niemals verallgemeinert und so zur Norm des Christenlebens erhoben werden. Ist dies zugegeben, dann kann man auch auf evangelischer Seite die zahlreichen Hinweise besonders der mystischen Tradition positiv würdigen, insofern sie als ein Hinweis auf das erfahrbare „Zeugnis des Geistes" verstanden werden.

---

[154] Ebeling, Schrift und Erfahrung, 113.

[155] Wald, Person und Handlung, 60. Vgl. auch, mit Berufung auf Augustin, Stöhr, Neuzeitliche Diskussionen, 279: „Auch wenn ein Christ nichts von der gnadenhaften Gegenwart Gottes in ihm weiß, wirkt Gott in ihm".

[156] Vgl. z.B. die wichtige historische Studie von Maréchal, Étude.

9. „Wohnen" des Vaters, des Sohnes und des Geistes

> *„Wer mich liebt, der wird mein Wort halten; und*
> *mein Vater wird ihn lieben, und wir werden kom-*
> *men und Wohnung bei ihm machen."* Joh 14,23

> *„Ihr aber seid nicht fleischlich, sondern geistlich,*
> *wenn anders Gottes Geist in euch wohnt. Wer*
> *aber Christi Geist nicht hat, der ist nicht sein.*
> *Wenn aber Christus in euch ist, so ist der Leib*
> *zwar tot um der Sünde willen, der Geist aber ist*
> *Leben um der Gerechtigkeit willen."* Röm 8,9f

Die Frage der Unterscheidung der jeweiligen Einwohnung des Vaters, des Sohnes und des Heiligen Geistes konnte in den verschiedenen Kapiteln dieser Arbeit leider nur gestreift werden. In der katholischen Forschung gab sie Anlaß
zu zahlreichen Untersuchungen und heftigen Auseinandersetzungen. Wird die
Einwohnung den göttlichen Personen, insbesondere dem Heiligen Geist, nur
„appropriiert", also in theologischer Redeweise zugeordnet, während aber „eigentlich" die drei göttlichen Personen ununterscheidbar Wohnung nehmen,
oder muß von einem je spezifischen Wohnen des Vaters, des Sohnes und des
Geistes ausgegangen werden? Gilt hier der alte theologische Satz, die Werke
der Trinität „nach außen" seien unteilbar (opera divinitatis ad extra sunt indivi-
sa)?

Wir sahen: Schon in der Vätertheologie, insbesondere bei Cyrill von Alexandrien, zeichnet sich eine Auffassung ab, nach der jede der drei Personen der
Trinität auf eine je eigene Weise im Gläubigen gegenwärtig ist. Die Grundlage
hierfür ist die Taufe auf den Namen des dreieinigen Gottes: In ihr teilen sich
Vater, Sohn und Geist dem Täufling mit.[157] Für Cyrill ist die Einwohnung so in
der Tat ein „Abbild des innergöttlichen Lebensprozesses"[158] Diese Interpretation setzt sich (unter anderem) im Werk des Thomas von Aquin fort. Zwar kann
Thomas durchaus davon sprechen, daß die bei der Einwohnung mitgeteilten
Gaben, Weisheit und Liebe, den Personen des Sohnes und des Geistes „appropriiert" würden. Die Einwohnung selbst aber scheint den Personen in je eigener
Weise zuzukommen.[159] Dies ergibt sich insbesondere dadurch, daß die Einwohnung nicht nur innerhalb der Ausführungen zur Gotteserkenntnis, sondern auch
und besonders im Rahmen der Trinitätslehre behandelt wird. Wenn hier die
„Sendungen" (missiones) des Sohnes und des Geistes betrachtet werden, so

---

[157] Basilius (Spir. sanct. 26, FC 12, 146; 148) spricht von einer „Übergabe" (παράδοσις) in
der Taufe, bei der sich der dreieinige Gott schenkt. Basilius beruft sich dabei auf die dreiglied-
rige Taufformel, die bewirkt, was sie sagt.

[158] Weigl, Heilslehre, 192f; vgl. oben, Kapitel II,1.

[159] Vgl. dazu oben, Kapitel II,11.

führt dies zu einer differenzierten Behandlung der jeweiligen Einwohnung der göttlichen Personen. Die entscheidende Überlegung geht dahin, daß die „Sendungen" nicht einfach „opera ad extra" sind, sondern mindestens ebenso ein Geschehen „innerhalb" der Trinität, ein Kennzeichen der immanenten Trinität sind: *Die Sendungen sind Relationen, durch die sich die Personen der Trinität von einander unterscheiden.* Für die sichtbaren Sendungen, also für Inkarnation und Herabkunft des Geistes in Gestalt der Taube, ist dies offensichtlich. Aber in diesem Lichte sollten auch die „unsichtbaren Sendungen", also die Einwohnung des Sohnes und des Geistes im Menschen, als ein solches innertrinitarisches Geschehen begriffen werden.

Dieser Hinweis ist von großer Bedeutung. Denn er führt dazu, die Personen der Trinität nicht allein durch ihre Ursprungsrelationen (Zeugung, Hauchung), sondern auch durch die Sendungen zu unterscheiden. Die Trinitätslehre erhält dadurch eine neue Dynamik: Die Unterscheidung der Personen ist nicht lediglich in der immanenten Trinität möglich, sondern prägt alles, was in der Dogmatik zum Heilshandeln Gottes in Raum und Zeit gesagt wird. Die ganze Heilsgeschichte gibt Zeugnis vom Sein des dreieinigen Gottes.

Die Notwendigkeit solcher trinitarischen Schau ist in der neueren katholischen Theologie gesehen und betont worden. Wir haben besonders auf die Ausführungen Karl Rahners hingewiesen. In seiner Arbeit zur Trinitätslehre hat er die vielzitierte These vorgetragen, die ökonomische Trinität sei die immanente und umgekehrt.[160] Der dreieinige Gott schenkt sich dem Menschen so, wie er an sich selbst ist. Dabei hat Rahner auch besonders betont, daß die neutestamentlichen Aussagen eine solche je eigene Einwohnung der Personen der Trinität nahelegen.[161]

Dieser Hinweis auf das Schriftzeugnis ist natürlich auch für die evangelische Theologie von besonderem Interesse. Die lutherische Orthodoxie hat so immer festgehalten, daß die „ganze Trinität" im Menschen Wohnung nimmt. Dennoch konnte etwa Quenstedt sagen, die unio mystica werde dem Heiligen Geist „per appropriationem" zugeordnet.[162] Insgesamt kommt in den Ausführungen Quenstedts die je personale Einwohnung nicht genug zur Geltung, das Interesse konzentriert sich auf die Verteidigung der substanzhaften Gemeinschaft mit Gott.

In der neueren evangelischen Theologie hat vor allem Wolfhart Pannenberg darauf hingewiesen, daß die Unterscheidung der göttlichen Personen nicht auf die Ursprungsrelationen beschränkt werden darf.[163] So wird der Sohn nicht nur

---

[160] Rahner, Der dreifaltige Gott, 328; vgl. dazu oben, Kapitel III,3.
[161] Vgl. Rahner, Begrifflichkeit, 374. Vgl. auch Rahner, Bemerkungen, 115f.
[162] Vgl. oben, Kapitel IV,6.
[163] Vgl. Pannenberg, Systematische Theologie I, 347: Die trinitätstheologische Terminologie des Westens wie des Ostens war belastet durch den Mangel, „daß die Beziehungen zwischen Vater, Sohn und Geist ausschließlich als Ursprungsrelationen verstanden wurden". Pannenberg ist hier besonders der Gedanke der „Gegenseitigkeit" der Beziehungen wichtig, der bei Betrachtung der Ursprungsrelationen nicht recht in den Blick gerät.

durch die ewige „Zeugung" vom Vater unterschieden, sondern auch durch die Sendung, die „Übertragung" der Macht und „Rückerstattung" derselben beinhaltet. Der „Vollzug der Sendung Jesu" ist „Ausdruck seines Verhältnisses zum Vater und der Beziehung des Vaters zu ihm".[164] Dieses Geschehen zwischen Vater und Sohn ist von der „immanenten Trinität" gar nicht abzulösen. In ähnlicher Weise kann vom Heiligen Geist gesagt werden, daß er nicht nur durch das „Hervorgehen" aus dem Vater, sondern auch durch sein spezifisches Werk zu unterscheiden ist. Dieses personale Werk ist „die Verherrlichung des Sohnes und des Vaters", und durch diesen Akt wird „das Subjektsein des Geistes gegenüber den beiden anderen trinitarischen Personen am entschiedensten zum Ausdruck" gebracht. Auch hier gilt, „daß diese doxologische Aktivität des Geistes als eine innertrinitarische Beziehung gewertet werden muß".[165] In diesem Zusammenhang muß dann der Satz von der „Unteilbarkeit" der Werke der Trinität nach außen so interpretiert werden, daß er einem je spezifischen personalen Wirken der Personen in der Heilsgeschichte nicht entgegensteht. Pannenberg schlägt vor, die Betonung des „Zusammenwirkens" zu verbinden mit dem Hinweis auf die „Unterscheidbarkeit" der Personen in ihren Werken.[166]

Diese Hinweise sollten direkt mit der Frage der Einwohnung Gottes in Verbindung gebracht werden. Die klassische Lehre von den Sendungen konnte noch so verstanden werden, als bliebe der Vater, da nur der Sohn und der Geist gesandt werden, der Welt transzendent. Und auch das Werk der Schöpfung war dem Vater ausdrücklich (und zu recht) lediglich „appropriiert", da die Welt durch den Sohn im Geist erschaffen wurde. Die Einwohnungslehre nun, wenn man sie nicht auf bloße Appropriationen reduziert, redet dezidiert auch vom Wohnen des *Vaters*. Insofern geht die Einwohnungslehre über die Lehre von den Sendungen hinaus: Sie postuliert das *personale* Eingehen des Vaters in die Heilsökonomie.

In diesem Sinne sollte die evangelische Einwohnungslehre, unter Aufnahme der neutestamentlichen Hinweise, die Einwohnung Gottes als eine „nichtappropriierte" Gegenwart der drei göttlichen Personen im Gläubigen darstellen. Nur so wird deutlich, daß in dieser innersten Gemeinschaft Gott sich dem Menschen als der schenkt, der er ist: als Vater, Sohn und Heiliger Geist.

---

[164] Ebd., 340.
[165] Ebd., unter Berufung auf Moltmann, Trinität, 140ff.
[166] Pannenberg, Systematische Theologie I, 354.

Literaturverzeichnis

Die in der Arbeit verwendeten Kurztitel sind durch Kursivdruck hervorgehoben, Abkürzungen für Werke der Kirchenväter und Scholastiker sowie wenige andere Abkürzungen für Buchtitel werden in Klammern angegeben. Zeitschriften- und Reihentitel werden nach dem Abkürzungsverzeichnis der TRE von Siegfried M. Schwertner, Berlin/New York [2]1994 angegeben.

Alfaro, Juan: Art.: *Desiderium* naturale, in: LThK[2] Bd. 3, Freiburg 1959, 248–250.
 – Art.: *Formalobjekt*, übernatürliches, in: LThK[2] Bd. 4, Freiburg 1960, 207f.
Altaner, Berthold / Stuiber, Alfred: *Patrologie*. Leben, Schriften und Lehre der Kirchenväter, Freiburg u.a. [8]1980.
Althaus, Paul: *Die christliche Wahrheit*. Lehrbuch der Dogmatik, Gütersloh [4]1958.
 – *Theologie des Glaubens*, in: ZSTh 2 (1924), 281–322.
Angelus Silesius: *Cherubinischer Wandersmann*, (1657), Stuttgart [2]1949.
Apfelbacher, Karl-Ernst: *Ernst Troeltsch* und die Mystik. Anmerkungen anläßlich der Rezension von Hartmut Ruddies, in: Mitteilungen der Ernst-Troeltsch-Gesellschaft III, Augsburg 1984, 116–132.
 – *Frömmigkeit* und Wissenschaft. Ernst Troeltsch und sein theologisches Programm, (BÖT 18), München/Paderborn/Wien, 1978.
Aristoteles: *Categoriae* et liber de interpretatione. Recognovit brevique adnotatione critica instruxit L. Minio-Paluello, Oxford 1949.
 – *Kategorien*, übersetzt und erläutert von Klaus Oehler (= Aristoteles Werke in deutscher Übersetzung, begr. v. Ernst Grumach, hg.v. Hellmut Flashar, Bd. 1, Teil 1), Darmstadt 1984.
   – *Metaphysik*. Erster Halbband: Bücher I (A) – VI (E); Zweiter Halbband: Bücher VII (Z) – XIV (N), Griechisch-Deutsch, Neubearbeitung der Übersetzung von Hermann Bonitz, mit Einleitung und Kommentar hg.v. Horst Seidl, griech. Text in der Edition von Wilhelm Christ (PhB 307/308), Hamburg [3]1989/[3]1991.
 – *Physika*. Recognovit brevique adnotatione critica instruxit W.D. Ross, Oxford 1950.
 – *Physikvorlesung*, übers. v. Hans Wagner (= Aristoteles Werke in deutscher Übersetzung, begr. v. Ernst Grumach, hg.v. Hellmut Flashar, Bd. 11), Darmstadt [4]1983.
 – *Über die Seele*. Griechisch-deutsch, mit Einleitung, Übersetzung (nach W. Theiler) und Kommentar hg.v. Horst Seidl, griech. Text in der Edition von Wilhelm Biehl und Otto Apelt (PhB 476), Hamburg 1995.
Arndt, Johann: *De unione* credentium, cum Christo Jesu, capite ecclesiae. Cujus argumenta vide facie secunda Johann Arnd (…), 1620.

Assel, Heinrich: Der andere *Aufbruch*. Die Lutherrenaissance – Ursprünge, Aporien und Wege: Karl Holl, Emanuel Hirsch, Rudolf Hermann (1910–1935) (FSÖTh 72), Göttingen 1994.

Athanasius: Epistola I ad Serapionem Thmuitanum Episcopum, in: MPG 26, 530–607. Französische Übersetzung in: Athanase d'Alexandrie, Lettres a Sérapion sur la divinité du Saint-Esprit, introduction et traduction de Joseph Lebon (SC 15), Paris 1947, 79–145 (*ep. Serap.1*).

Aubert, Roger: Die *Enzyklika* „Aeterni Patris" und die weiteren päpstlichen Stellungnahmen zur christlichen Philosophie, in: Christliche Philosophie im katholischen Denken des 19. und 20. Jahrhunderts, hg.v. Emerich Coreth, Walter M. Neidl u. Georg Pfligersdorffer, Bd. 2: Rückgriff auf scholastisches Erbe, Graz u.a. 1988, 310–332.

Auer, Johann: Die Entwicklung der *Gnadenlehre* in der Hochscholastik. Mit besonderer Berücksichtigung des Kardinals Matteo d'Acquasparta. Erster Teil: Das Wesen der Gnade. Inaugural-Dissertation zur Erlangung des Doktorgrades der Katholischen Theologischen Fakultät der Westfälischen Wilhelms-Universität zu Münster in Westfalen, Freiburg 1942.

– Um den *Begriff* der Gnade. Grundsätzliches zur Frage nach der Methode, mit der Übernatur als Gnade im strengen Sinn bestimmt werden kann, in: ZKTh 70 (1948), 341–368.

Augustinus: *Confessiones*.Lateinisch und Deutsch, Eingeleitet, übersetzt und erläutert von Joseph Bernhart, München ²1960.

– Die *Bekenntnisse*. Übertragung, Einleitung und Anmerkungen von Hans Urs von Balthasar (Christliche Meister 25), Einsiedeln 1985.

– De praedestinatione sanctorum liber ad Prosperum et Hilarium primus, in: MPL 44, Paris 1865, 959–992 (*praed.*).

– De trinitate Libri XV, hg.v. W.J. Mountain / Fr. Glorie (CChr.SL 50, 50A), Turnhout 1968 (*trin.*).

– Enarratio in psalmos CI–CL, hg.v. D. Eligius Dekkers O.S.B. / Johannes Fraipont (CChr.SL 40), 2. Aufl. Turnhout 1990 (*en. Ps.*).

– Epistulae. Pars IV, hg.v. Al. Goldbacher (CSEL 57), Wien/Leipzig 1911 (*ep.*).

– Sermones ad populum (MPL 38), Paris 1841 (*s.*).

– Soliloquia, in: Aurelius Augustinus: Selbstgespräche. Von der Unsterblichkeit der Seele, lateinisch und deutsch, Gestaltung des lat. Textes von Harald Fuchs, Einf., Übertr., Erl. u. Anm. von Hanspeter Müller (TuscBü), München/Zürich 1986 (*sol.*).

– *Über Schau und Gegenwart* des unsichtbaren Gottes. Erinnerungsschreiben über die Gegenwart Gottes. Texte mit Einführung und übersetzt von Erich Naab (MyGG I 14), Stuttgart-Bad Cannstatt 1998.

– *La trinité* (Livres VIII–XV). Texte de l'édition bénédictine, traduction par P. Agaësse, notes en collaboration avec J. Moingt (Œuvres de Saint Augustin 16), Paris 1955.

Aulén, Gustave: *Glaube und Mystik*, in: ZSTh 2 (1929), 268–280.

Baier, Johann Wilhelm: *Compendium* Theologiae positivae…, Jena 1686.

Barnabasbrief, in: Die Apostolischen Väter. Griechisch-deutsche Parallelausgabe, auf der Grundlage der Ausg. von Franz Xaver Funk, Karl Bihlmeyer und Molly Whittaker, mit Übersetzungen von M. Dibelius und D.-A. Koch, neu übersetzt und hg.v. Andreas Lindemann und Henning Paulsen, 23–75 (*Barn.*).

Barth, Karl: Kirchliche Dogmatik, I/1–IV/4, Zollikon 1939–1967 (*KD*).

– *Nachwort*, in: Schleiermacherauswahl, ausgewählt von Heinz Bolli, München/Hamburg 1968, 290–312.

– *Die protestantische Theologie* im 19. Jahrhundert. Ihre Vorgeschichte und ihre Geschichte, Zürich ⁴1981.

Barth, Hans-Martin: *Fides Creatrix* Divinitatis. Bemerkungen zu Luthers Rede von Gott und dem Glauben, in: NZSTh 14 (1972), 89–106.

Basilius v. Cäsarea: De spiritu sancto. Griech./dt., übersetzt und eingeleitet von Hermann Josef Sieben (FC 12), Freiburg u.a. 1993 (*Spir. sanct.*).

Bathen, Norbert: Art.: *Johannes a S.Thoma*, in: LThK³ Bd. 5, 1996, 973.

Baur, Christian F.: *Paulus*, der Apostel Jesu Christi. Sein Leben und Wirken, seine Briefe und seine Lehre. Ein Beitrag zu einer kritischen Geschichte des Urchristentums, Bd. 1 u. 2, Leipzig ²1866/67.

– *Vorlesungen* über Neutestamentliche Theologie, hg.v. Ferdinand F. Baur, Leipzig 1864.

Baur, Jörg: *Abendmahlslehre* und Christologie der Konkordienformel als Bekenntnis zum menschlichen Gott, in: ders.: Luther und seine klassischen Erben. Theologische Aufsätze und Forschungen, Tübingen 1993, 117–144.

– *Luther und die Philosophie*, in: ders.: Luther und seine klassischen Erben. Theologische Aufsätze und Forschungen, Tübingen 1993, 13–28.

– *Lutherische Christologie* im Streit um die neue Bestimmung von Gott und Mensch, in: ders.: Luther und seine klassischen Erben. Theologische Aufsätze und Forschungen, Tübingen 1993, 145–163.

Bayer, Oswald: *Leibliches Wort*. Reformation und Neuzeit im Konflikt, Tübingen 1992.

Baylor, Michael G.: *Action and Person*. Conscience in Late Scholasticism and the Young Luther (SMRT 20), Leiden 1977.

Die Bekenntnisschriften der evangelisch-lutherischen Kirche. Hg. im Gedenkjahr Augsburgischen Konfession 1930, Göttingen ¹²1999 (*BSLK*).

Berger, Klaus: *Historische Psychologie* des Neuen Testaments (SBS 146/147), Stuttgart 1991.

Bernhard von Clairvaux: Sermones super Cantica Canticorum, in: Sämtliche Werke lateinisch/deutsch, hg.v. Gerhard B. Winkler, Bd. 5 u. 6, Innsbruck 1994/95.

Bertrand, Guy-M.: Art.: III. *Expérience mystique* de l'inhabitation, in: D.S. VII, Paris 1971, 1757–1767.

Beutel, Albrecht: *Antwort und Wort*. Zur Frage nach der Wirklichkeit Gottes bei Luther, in: Luther und Ontologie. Das Sein Christi im Glauben als strukturierendes Prinzip der Theologie Luthers (SLAG, A 31 / VLAR 21), hg.v. Anja Ghiselli u.a., Helsinki/Erlangen 1993, 70–93.

Biser, Eugen: *Der unbekannte Paulus*, Düsseldorf 2003.

Blaise, Albert: *Dictionnaire* latin-français des auteurs chrétiens. Revu spécialement pour le vocabulaire théologique par Henri Chirat, Turnhout 1954.

Boethius, Anicius M.S.: Contra Eutychen et Nestorium, in: Boethius, Anicius M.S.: Die Theologischen Traktate. Übersetzt, eingeleitet und mit Anmerkungen versehen von Michael Elsässer, (lat./dt.), Hamburg 1988, 64–115 (*Contra Eut. et Nest.*).

– *In librum de duabis naturis* et una persona Christi Gilberti Porretae Commentaria, in: Manlii Severini Boetii Opera omnia, tomus posterior (MPL 64), Paris 1891, 1353–1412.

– Quomodo substantiae in eo quod sint, bonae sint. Cum non sint substantialiter bona, liber, ad Joannem Diaconum ecclesiae romanae, in: Manlii Severini Boetii Opera omnia, tomus posterior (MPL 64), Paris 1891, 1311–1314 (*subst.*).

Bonaventura: Opusculum IV de quinque festivitatibus pueri Iesu, in: Seraphici Doctoris S. Bonaventurae decem opuscula ad theologiam mysticam spectantia, in textu correcta et notis illustrata a PP. Collegii S. Bonaventurae, Quaracchi [4]1949, 207–227.

Bonhoeffer, Dietrich: *Akt und Sein*. Transzendentalphilosophie und Ontologie in der systematischen Theologie, hg.v. Hans-Richard Reuter (DBW 2), München 1988.

– *Ethik*, hg.v. Ilse Tödt u.a. (DBW 6), München 1992.

– *Illegale Theologenausbildung*: Finkenwalde 1935–1937, hg.v. Otto Dudzus und Jürgen Henkys (DBW 14), Gütersloh 1996.

– *Nachfolge*, hg.v. Martin Kuske und Ilse Tödt (DBW 4), Gütersloh [2]1994.

– *Sanctorum Communio*. Eine dogmatische Untersuchung zur Soziologie der Kirche, hg.v. Joachim von Soosten (DBW 1), München 1986.

– *Schöpfung und Fall*, hg.v. Martin Ritter und Ilse Tödt (DBW 3), München 1989.

– *Vorlesung „Christologie"* (Nachschrift), in: Dietrich Bonhoeffer, Berlin 1932–1933, hg.v. Carsten Nicolaisen u. Ernst-Albert Scharffenorth (DBW 12), Gütersloh 1997, 279–348.

Borig, Rainer: Der wahre *Weinstock*. Untersuchungen zu Jo 15,1–10 (StANT XVI), München 1967.

Bouillard, Henri: *Karl Barth*. Bd 1: Genèse et évolution de la théologie dialectique; Bd. 2: Parole de Dieu et existence humaine, première partie; Bd. 3: Parole de Dieu et existence humaine, deuxième partie, Paris 1957.

Bourassa, François: *Adoptive Sonship*: Our Union with the Divine Persons, in: TS 13 (1952), 309–335.

– *Présence* de Dieu et Union aux divines Personnes, in: ScEc 6 (1954), 5–23.

Bousset, Wilhelm: *Kyrios Christos*, Geschichte des Christusglaubens von den Anfängen des Christentums bis Irenäus (FRLANT 21), Göttingen [2]1921 ([1]1913).

Bouttier, Michel: *En Christ*. Étude d'exégèse et de théologie pauliniennes (EHPhR 54), Paris 1962.

Brandenburger, Egon: *Fleisch und Geist*. Paulus und die dualistische Weisheit (WMANT 29), Neukirchen-Vluyn 1968.

– Brandt, Wilfried: *Der heilige Geist* und die Kirche bei Schleiermacher (SDGSTh 25), Zürich/Stuttgart 1968.

Brecht, Martin: *Neue Ansätze* der Lutherforschung in Finnland, in: Luther 61 (1990), 36–40.

Brito, Emilio: *La pneumatologie* de Schleiermacher (Bibliotheca Ephemeridum Theologicarum Lovaniensium 113), Leuven 1994.

Brüntrup, Godehard / Gillitzer, Berthold.: Der *Streit* um die Person, in: Information Philosophie 25 (1997), 18–27.

Büchsel, Friedrich: „*In Christus*" bei Paulus, in: ZNW 42 (1949), 141–158.

Bultmann, Rudolf: Art.: *Mystik* IV. Im NT, in: RGG[3] Bd. 4, Tübingen 1960, 1243–1246.

- Albert *Schweitzer*, Die Mystik des Apostels Paulus. Tübingen 1930 (Rez.), in: DLZ 52 (1931), 1153–1158.
- Die *Bedeutung* der „dialektischen Theologie" für die neutestamentliche Wissenschaft, in: ders., Glaube und Verstehen I, Tübingen 1933, 114-133.
- *Theologie* des Neuen Testaments, Tübingen [3]1958.
- Zur *Geschichte* der Paulus-Forschung, in: ThR NF 1 (1929), 26-59.

Buuck, Friedrich: Art.: *Potentia oboedientialis*, in: LThK[2], Bd. 8, Freiburg 1963, 646f.

Chenu, Marie-Dominique: Das *Werk* des hl. Thomas von Aquin. Vom Verfasser durchgesehene und verbesserte deutsche Ausgabe, Übersetzung, Verzeichnisse und Ergänzung der Arbeitshinweise von Otto M. Pesch OP (= Die deutsche Thomasausgabe, 2. Ergänzungsband), Heidelberg/Graz u.a. 1960.

Chirico, Petro F.: The *Divine Indwelling* and Distinct Relations to the Indwelling Persons in Modern Theological Discussion. Dissertatio ad Lauream in Facultate Theologica Pontificiae Universitatis Gregorianae, Rome 1960.

Christliche Philosophie im katholischen Denken des 19. und 20. Jahrhunderts, hg.v. Emerich Coreth, Walter M. Neidl u. Georg Pfligersdorffer, Bd. 2: Rückgriff auf scholastisches Erbe, Graz u.a. 1988.

Christmann, Heinrich M.: *Anmerkungen*, in: Die deutsche Thomas-Ausgabe. Vollständige, ungekürzte deutsch-lateinische Ausgabe der Summa theologica, übersetzt von Dominikanern und Benediktinern Deutschlands und Österreichs, hg.v. katholischen Akademikerverband. Bd. 1: Gottes Dasein und Wesen. I, 1–13, Salzburg/Leipzig [3]1934, 309–421.

Coreth, Emerich: Schulrichtungen neuscholastischer Philosophie, in: Christliche Philosophie im katholischen Denken des 19. und 20. Jahrhunderts, hg.v. Emerich Coreth, Walter M. Neidl u. Georg Pfligersdorffer, Bd. 2: Rückgriff auf scholastisches Erbe, Graz u.a. 1988, 397–410.

Cross, Richard: *Incarnation*, indwelling and the vision of God: Henry of Gent and some Franciscans, in: FrSA 57 (1999), 79–130.

Cyrill v. Alexandrien: Commentariorum in Joannem Continuatio, hg.v. Johannis Aubertus (MPG 74), Paris 1863, 9–756 (*in Joan.*).
- De Trinitate dialogi VI et VII, in: Cyrille d' Alexandrie: Dialogues sur la Trinité, Tome III, Dialogues VI et VII. Texte critique, traduction et notes par Georges Matthieu de Durand (SC 246), Paris 1978 (*dial. Trin.*).
- Scholia de incarnatione unigeniti, in: MPG 75, Paris 1863, 1363–1412; ferner in: ACO I, 5,1, hg.v. Eduard Schwartz, Berlin/Leipzig 1924/25, 184–215 (*schol. inc.*).

Cyrill v. Jerusalem: Catecheses, in: S.P.N. Cyrilli Archiepiscopi Hierosolymitani, opera quae extant omnia, hg.v. D.A.A. Touttaeus (MPG 33), Paris o.J., 331–1060; dt.: Des heiligen Cyrillus, Erzbischofs von Jerusalem und Kirchenvaters, Katechesen, nach dem Urtexte übersetzt von Joseph Nirschl (BK, 1. Aufl.), Kempten 1871.
- Mystagogicae Catecheses, übersetzt und eingeleitet von Georg Röwekamp (FC 7), Freiburg u.a. 1992 (*catech. myst.*).

Dalferth, Ingolf U. / Jüngel, Eberhard: *Person* und Gottebenbildlichkeit, in: CGG 24, Freiburg u.a. 1981, 57–99.

de la Taille, Maurice: *Actuation* créée par acte incréé. Lumière de gloire, grace sanctifiante, union hypostatique, in: RSR 18 (1928), 253–268.
- Dom Butler: *Théories mystiques* (Rez.), in: RSR 18 (1928), 312f.

de Vries, Josef: *Grundbegriffe* der Scholastik, Darmstadt [3]1993.

Dedek, John F.: *Quasi-experimentalis* cognitio. A Historical Approach to the Meaning of St. Thomas, in: TS 22 (1961), 357–390.

Deißmann, Adolf: Die neutestamentliche *Formel* „in Christo Jesu", Marburg 1892.

– *Paulus*. Eine kultur- und religionsgeschichtliche Skizze, Tübingen [2]1925.

Delling, Gerhard: Zum neueren *Paulusverständnis*, in: NT 4 (1960), 95–121.

Denzinger, Heinrich: *Enchiridion* symbolorum definitionum et declarationum de rebus fidei et morum, verb., erw., ins Deutsche übertr. und unter Mitarbeit v. Helmut Hoping hg.v. Peter Hünermann, Freiburg u.a. [37]1991.

Dialogue Between Neighbours. The Theological Conversations between the Evangelical-Lutheran Church of Finland and the Russian Orthodox Church 1970–1986. Communiqués and Theses, hg.v. Hannu T. Kamppuri (PLAS, B 17), Helsinki 1986.

Dibelius, Martin: *Glaube und Mystik* bei Paulus, in: ders.: Botschaft und Geschichte. Gesammelte Aufsätze, Bd. II, hg.v. Günther Bornkamm, Tübingen 1956, 94-116.

– *Paulus und die Mystik*, in: ders.: Botschaft und Geschichte. Gesammelte Aufsätze, Bd. II, hg.v. Günther Bornkamm, Tübingen 1956, 134–159.

Dieckmann, Elisabeth: *Personalität Gottes* – Personalität des Menschen. Ihre Deutung im theologischen Denken Wolfhart Pannenbergs (MThA 40), Altenberge 1995.

Diekamp, Franz: *Katholische Dogmatik* nach den Grundsätzen des heiligen Thomas, hg.v. Klaudius Jüssen, Bd. 1: Münster [12/13]1958; Bd. 2: Münster [11/12]1959; Bd. 3: Münster [11/12]1954.

Dieter, Theodor: *Der junge Luther* und Aristoteles. Eine historisch-systematische Untersuchung zum Verhältnis von Theologie und Philosophie (TBT 105), Berlin/New York 2001.

– *„Du mußt den Geist haben!"* Anthropologie und Pneumatologie bei Luther, in: Der Heilige Geist. Referate der Fachtagung der Luther-Akademie Ratzeburg in Zusammenarbeit mit dem Institut für Systematische Theologie der Universität Helsinki und dem Institut für Ökumenische Forschung in Straßburg sowie in Verbindung mit der Gesellschaft für Innere und Äußere Mission im Sinne der lutherischen Kirche e. V., 30.11.–4.12.1994 in Neuendettelsau, hg.v. Joachim Heubach (VLAR 25), Erlangen 1996, 65–88.

– Rez.: *Flogaus*, Reinhard: Theosis bei Palamas und Luther. Ein Beitrag zum ökumenischen Gespräch (...), in: ThLZ 123 (1998), 766–769.

Dirscherl, Erwin: Der Heilige Geist und das menschliche Bewußtsein. Eine theologiegeschichtlich-systematische Untersuchung (Bonner dogmatische Studien 4), Würzburg 1989.

Dupuy, Michel: Art.: *Illapsus*, in: D.S. VII,2, Paris 1970, 1325–1330.

Ebeling, Gerhard: Die *Anfänge* von Luthers Hermeneutik, in: Lutherstudien Bd. I, Tübingen 1971, 1–68.

– *Dogmatik des christlichen Glaubens*, Bd. I–III, Tübingen [3]1987–93.

– *Fides occidit* rationem. Ein Aspekt der theologia crucis in Luthers Auslegung von Gal 3,6, in: ders., Lutherstudien Bd. III: Begriffsuntersuchungen – Textinterpretationen – Wirkungsgeschichtliches, Tübingen 1985, 181–222.

– Die *Klage* über das Erfahrungsdefizit in der Theologie als Frage nach ihrer Sache, in: ders., Wort und Glaube III. Beiträge zur Fundamentaltheologie, Soteriologie und Ekklesiologie, Tübingen 1975, 3–28.

- *Lehre und Leben* in Luthers Theologie, in: ders., Lutherstudien III. Begriffsuntersuchungen – Textinterpretationen – Wirkungsgeschichtliches, Tübingen 1985, 3–43.
- *Luther*. Einführung in sein Denken, Tübingen 1964.
- Luthers *Wirklichkeitsverständnis*, in: ZThK 90 (1993), 409–424.
- *Lutherstudien*, Bd. I–III, Tübingen 1971–1989.
- *Schlechthinniges Abhängigkeitsgefühl* als Gottesbewußtsein, in: ders., Wort und Glaube III. Beiträge zur Fundamentaltheologie, Soteriologie und Ekklesiologie, Tübingen 1975, 116–136.
- *Schrift und Erfahrung* als Quelle theologischer Aussagen, in: ZThK 75 (1978), 99–116.
- „*Was heißt ein Gott haben* oder was ist Gott?" Bemerkungen zu Luthers Auslegung des ersten Gebots im Großen Katechismus, in: Wort und Glaube II. Beiträge zur Fundamentaltheologie und zur Lehre von Gott, Tübingen 1969, 287–304.

Elert, Werner: *Unio mystica*, in: Morphologie des Luthertums. Erster Band: Theologie und Weltanschauung des Luthertums hauptsächlich im 16. und 17. Jahrhundert, München 1931, 135–154.

Elmenhorstii Notae ad librum de dogmatibus ecclesiasticis, in: Sanctorum Hilari, Simplicii, Felicis III, Romanorum Pontificum, Victoris Vitensis, Sidonii Apollinaris, Genasii, Presbyteri Massiliensis, Opera Omnia,nunc primum cura qua par erat emendata (MPL 58), Turnhout o.J., 999–1054.

Elorduy, Eleuterio,: Art: *Suárez*, Francisco de, in: LThK², Bd. 9, Freiburg 1964, 1129–1132.

Enchiridion patristicum. Loci SS. patrum, doctorum scriptorum ecclesiasticorum, quos in usum scholarum collegit M.J. Rouët de Journel, Barcelona/Rom ²⁵1981.

Essen, Georg: *Person* – ein philosophisch-theologischer Schlüsselbegriff in der dogmatischen Diskussion, in: ThRv 94 (1998), 243–254.

Fendt, Leonhard: Art.: *Neuscholastik*, in: RGG² Bd. 4, Tübingen 1930, 519–522.

Flick, Maurizio / Alszeghy, Zoltan: Il *vangelo* della grazia. Un trattato dogmatico (Nuovo corso di teologia cattolica 6), Firenze 1964.

Flogaus, Reinhard: *Theosis* bei Palamas und Luther. Ein Beitrag zum ökumenischen Gespräch (FSÖTh 78), Göttingen 1997.

Forsberg, Juhani: Das *Abrahambild* in der Theologie Luthers. Pater fidei sanctissimus (VIEG, Abteilung für Abendländische Religionsgeschichte, 117), Stuttgart 1984.

Frank, Freiherr H.R.: *System der christlichen Wahrheit*. Erste und zweite Hälfte, Erlangen ²1885/86.

Franzelin, Johann Baptist: De Deo Trino, Rom ⁴1859.

Fuhrmann, Manfred: Art.: *Person I. Von der Antike bis zum Mittelalter*, in: HWP 7, Darmstadt 1989, 269–283.

Galtier, Paul: *L'habitation* en nous des trois personnes, édition revue et augmentée, Rom 1950.

- *Le Saint Esprit en nous* d'après des Pères grecs, Rom 1946.

Gardeil, Ambroise: *L'expérience* mystique pure dans le cadre des „Missions divines", in: VSAM.S 14 (1932), Bd. 31,129–146, Bd. 32, 1–21; 65–76; Bd. 33, 1–28.

- *La structure* de l'âme et l'expérience mystique, Bd. 1 u. 2, Paris 1927.

Garrigou-Lagrange, Réginald: *L'Appétit naturel* et la puissance obédientielle, in: RThom 33 (1928), 474–478.

- *L'habitation* de la sainte trinité et l'expérience mystique, in: RThom 33 (1928), 449–474.

Gehlen, Arnold: *Der Mensch*. Seine Natur und seine Stellung in der Welt, Frankfurt a.M./Bonn [7]1962.

Gennadius Massiliensis: Liber de ecclesiasticis dogmatibus, in: Sanctorum Hilari, Simplicii, Felicis III, Romanorum Pontificum, Victoris Vitensis, Sidonii Apollinaris, Genasii, Presbyteri Massiliensis, Opera Omnia, nunc primum cura qua par erat emendata (MPL 58), Turnhout o.J., 979–1000.

Georges, Karl Ernst: Ausführliches lateinisch-deutsches *Handwörterbuch*. Aus den Quellen zusammengetragen und mit besonderer Bezugnahme auf Synonymik und Antiquitäten unter Berücksichtigung der besten Hülfsmittel ausgearbeitet, Bd. 1 u. 2, Leipzig [7]1879/80.

Gestrich, Christof: *Christentum und Stellvertretung*. Religionsphilosophische Untersuchungen zum Heilsverständnis und zur Grundlegung der Theologie, Tübingen 2001.

Gilbert, Paul: *Die dritte Scholastik* in Frankreich, in: Christliche Philosophie im katholischen Denken des 19. und 20. Jahrhunderts, hg.v. Emerich Coreth, Walter M. Neidl u. Georg Pfligersdorffer, Bd. 2: Rückgriff auf scholastisches Erbe, Graz u.a. 1988, 412–436.

Gottschick, Johannes: *Luther's Lehre* von der Lebensgemeinschaft des Gläubigen mit Christus, in: ZThK 8 (1898), 406–434.

Grabmann, Die Geschichte der scholastischen Methode. Nach den gedruckten und ungedruckten Quellen dargestellt, Bd. 1 u. 2, Nachdruck Basel/Stuttgart 1961.

Grabowski, Stanislaus J.: *St. Augustine* and the Presence of God, in: TS 13 (1952), 336–358.

Grässer, Erich: Albert *Schweitzer* als Theologe (BHTh 60), Tübingen 1979.

Granderath, Theodor: *Die Controverse* über die Formalursache der Gotteskindschaft und das Tridentinum, in: ZKTh 5 (1881), 283–319.

- *Zur Controverse* über den Formalgrund der Gotteskindschaft, in: ZKTh 7 (1883), 491–540, 593–698; 8 (1884), 545–579.

Gregor von Nazianz: Orationes theologicae, griech./dt., übersetzt und eingeleitet von Hermann Josef Sieben (FC 22), Freiburg u.a. 1996 (*orat. theol.*).

Gregor von Nyssa: In Canticum canticorum homiliae, griechisch/deutsch, übers. und eingel. von Franz Dünzl (FC 16,1–3), Freiburg u.a. 1994 (*hom. in Cant.*).

Greshake, Gisbert.: *Der dreieinige Gott*. Eine trinitarische Theologie, Freiburg u.a. [4]2001.

Grundmann, Walter: *Gesetz*, Rechtfertigung und Mystik bei Paulus, in: ZNW 32 (1933), 52–65.

Guardini, Romano: *Welt und Person*. Versuche zur christlichen Lehre vom Menschen, Würzburg [5]1962.

Guhrt, Joachim: Art.: αἰών, in: ThBLNT Studienausgabe Bd. 2, 3. Aufl. Wuppertal 1971, 1457-1462.

Gunkel, Hermann: Die *Wirkungen* des heiligen Geistes nach der populären Anschauung der apostolischen Zeit und der Lehre des Apostels Paulus. Eine biblisch-theologische Studie, Göttingen [2]1899.

Hägglund, Bengt: *Luther und die Mystik*, in: Kirche, Mystik, Heiligung und das Natürliche bei Luther. Vorträge des Dritten Internationalen Kongresses für Lutherforschung, Järvenpää, Finnland, 11.–16. August 1966, hg.v. Ivar Asheim, Göttingen 1967, 84–94.

Haible, Eberhard: Die *Einwohnung* der drei göttlichen Personen im Christen nach den Ergebnissen der neueren Theologie, in: ThQ 139 (1959), 1–27.

Hamman, A.: Art.: *Neuscholastik*, in: RGG³ Bd. 4, Tübingen 1960, 1433–1437.

Härle, Wilfried: *Dogmatik*, Berlin 1995.

Hauschild, Wolf-Dieter: Art.: *Gnade* IV. Dogmengeschichtlich (Alte Kirche bis Reformationszeit), in: TRE 13, Berlin/ New York 1984, 476–495.

– *Gottes Geist* und der Mensch. Studien zur frühchristlichen Pneumatologie (BEvTh 63), München 1972.

Haussleiter, Johannes: Art.: *Deus internus*, in: RAC Bd. 3, Stuttgart 1957, 794–842.

Heiler, Friedrich: Die Bedeutung der *Mystik* für die Weltreligion. Vortrag, gehalten am 21. März 1919 in der Gesellschaft für Anthropologie, Ethnologie und Urgeschichte in München, München 1919.

– Das *Gebet*. Eine religionsgeschichtliche und religionspsychologische Untersuchung, München ²1920.

Der Heilige Geist. Referate der Fachtagung der Luther-Akademie Ratzeburg in Zusammenarbeit mit dem Institut für Systematische Theologie der Universität Helsinki und dem Institut für Ökumenische Forschung in Straßburg sowie in Verbindung mit der Gesellschaft für Innere und Äußere Mission im Sinne der lutherischen Kirche e. V., 30.11.–4.12. 1994 in Neuendettelsau, hg.v. Joachim Heubach (VLAR 25), Erlangen 1996.

Heinrich von Gent (Henri de Gand): *Quodlibeta*, (Paris 1518), Nachdruck der Ausgabe von 1518, Leuven 1961.

Heise, Jürgen: *Bleiben.* Menein in den Johanneischen Schriften (HUTh 8), Tübingen 1967.

Herkunftswörterbuch. Etymologie der deutschen Sprache (Duden Band 7), hg.v. d. Dudenredaktion, Mannheim u.a. ³2001.

Herms, Eilert: Art.: *Person.* IV. Dogmatisch, in: RGG⁴ Bd. 6, Tübingen 2003, 1123–1128.

Herrmann, Wilhelm: *Schriften* zur Grundlegung der Theologie, Bd. 1 u. 2, hg.v. Peter Fischer-Appelt (TB 36), München 1966/67.

– *Der Verkehr* des Christen mit Gott, im Anschluß an Luther dargestellt, Tübingen ⁵/⁶1908.

Heussi, Karl: *Zur Geschichte* der Beurteilung der Mystik, in: ZThK 27 (1917; = Festgabe für Wilhelm Herrmann), 154–172.

Hippolyt von Rom: De antichristo, in: Hippolytus Werke. Erster Band, zweite Hälfte: Kleinere exegetische und homiletische Schriften, hg.v. Hans Achelis (GCS Hippol. 1,2), Leipzig 1897, 1–47 (*antichr.*).

– ΕΙΣ ΤΟΝ ΔΑΝΙΗΛ, in: Hippolytus Werke. Erster Band, erste Hälfte: Hippolyt's Kommentar zum Buche Daniel und die Fragmente des Kommentars zum Hohenliede, hg.v. G. Nathanael Bonwetsch (GCS Hippol. 1,1), Leipzig 1897, 1–340 (*Dan.*).

Holl, Karl: *Gesammelte Aufsätze* zur Kirchengeschichte, Bd. 1: Luther, Tübingen ⁴/⁵1927.

– *Kleine Schriften*, Tübingen, 1966.

Hollatz, David: *Examen* theologiae acroamaticae, (1707, 1718) Stockholm und Leipzig 1750.

Homann, Heide: Art.: *Schlaf*, in: HWP 8, Basel 1992, 1296–1299.

Huovinen, Eero: An der *Unsterblichkeit* teilhaftig – das ökumenische Grundproblem in der Todestheologie Luthers, in: Luther in Finnland. Der Einfluß der Theologie Martin Luthers in Finnland und finnische Beiträge zur Lutherforschung, hg.v. Miikka Ruokanen (SLAG A 23), (1984) [2]1986, 130–144.

– *Fides infantium*. Martin Luthers Lehre vom Kinderglauben (VIEG, Abteilung für Abendländische Religionsgeschichte, 159), Mainz 1997.

Igantius v. Antiochia: Briefe, in: Die Apostolischen Väter. Griechisch-deutsche Parallelausgabe, auf der Grundlage der Ausg. von Franz Xaver Funk, Karl Bihlmeyer und Molly Whittaker, mit Übersetzungen von M. Dibelius und D.-A. Koch, neu übersetzt und hg.v. Andreas Lindemann und Henning Paulsen, 176–241.

Irenäus v. Lyon: Adversus haereses, liber IV, in: Irénée de Lyon, Contre les hérésies, Livre IV, édition critique d'après les versions arménienne et latine sous la direction de Adelin Rousseau (SC 100,2), Paris 1965 (*adv. haer. 4*).

– Adversus haereses, liber V, in: Irénée de Lyon, Contre les hérésies, Livre V, édition critique d'après les versions arménienne et latine par Adelin Rousseau (SC 153), Paris 1969 (*adv. haer. 5*).

– *Epideixis*. Darlegung der apostolischen Verkündigung, in: FC 8/1, übersetzt und eingeleitet von Norbert Brox, Freiburg u.a. 1993.

Iserloh, Erwin: *Luther und die Mystik*, in: Kirche, Mystik, Heiligung und das Natürliche bei Luther. Vorträge des Dritten Internationalen Kongresses für Lutherforschung, Järvenpää, Finnland, 11.–16. August 1966, hg.v. Ivar Asheim, Göttingen, 1967, 60–83.

Jaschke, Hans-Jochen: *Der Heilige Geist* im Bekenntnis der Kirche. Eine Studie zur Pneumatologie des Irenäus von Lyon im Ausgang vom altchristlichen Glaubensbekenntnis (MBTh 40), Münster 1976.

Joest, Wilfried: *Ontologie* der Person bei Luther, Göttingen 1967.

Johannes Damascenus: De fide orthodoxa, in: MPG 94, Tournholt 1963, 782–1228.

Johannes Scotus Eriugena: Versio ambiguorum S. Maximi, a Mabillonio acceptam edidit Thomas Gale in Appendice ad Joannis Scoti opus de divisione Naturae p.1–45, in: Joannis Scoti Opera quae supersunt omnia ad fidem Italicorum, Germanicorum, Belgicorum, Franco-Gallicorum, Britannicorum codium, partim primus edidit, partim recognovit Henricus Josephus Floss (MPL 122), 1193–1222.

Jüngel, Eberhard: Gott als *Geheimnis* der Welt. Zur Begründung der Theologie des Gekreuzigten im Streit zwischen Theismus und Atheismus, Tübingen [6]1992.

– *Der Gott entsprechende Mensch*. Bemerkungen zur Gottebenbildlichkeit des Menschen als Grundfigur theologischer Anthropologie, in: ders., Entsprechungen. Gott – Wahrheit – Mensch. Theologische Erörterungen, München 1980, 290–317.

– *Gottes Sein* ist im Werden. Verantwortliche Rede vom Sein Gottes bei Karl Barth. Eine Paraphrase, Tübingen [4]1986.

– *Der menschliche Mensch*. Die Bedeutung der reformatorischen Unterscheidung der Person von ihren Werken für das Selbstverständnis des neuzeitlichen Menschen, in: ders., Wertlose Wahrheit. Zur Identität und Relevanz des christlichen Glaubens. Theologische Erörterungen III (BEvTh 107), München 1990, 194–213.

– Art.: *Perichorese*, in: RGG[4] Bd. 6, Tübingen 2003, 1109–1111.

Junker, Maureen: *Das Urbild* des Gottesbewußtseins. Zur Entwicklung der Religionstheorie und Christologie Schleiermachers von der ersten zur zweiten Auflage der Glaubenslehre (SchlA 8), Berlin/ New York 1990.

Kähler, Martin: *Geschichte* der protestantischen Dogmatik im 19. Jahrhundert. Bearbeitet und mit einem Verzeichnis der Schriften Martin Kählers hg.v. Ernst Kähler (TB 16), München 1962.

Käsemann, Ernst: *Paulinische Perspektiven*, Tübingen [2]1972.

Kant, Immanuel: *Kritik der praktischen Vernunft*, in: Immanuel Kant. Werke in sechs Bänden, hg.v. Wilhelm Weischedel, Bd. 4, Darmstadt 1956 (5. Nachdruck 1983).

– *Die Religion* innerhalb der Grenzen der bloßen Vernunft, in: Immanuel Kant. Werke in sechs Bänden, hg.v. Wilhelm Weischedel, Bd. 4, Darmstadt 1956 (5. Nachdruck 1983).

Kantzenbach, Friedrich W.: Friedrich Daniel Ernst *Schleiermacher*, mit Selbstzeugnissen und Bilddokumenten, Reinbek bei Hamburg (1967), 1989.

Kible, B.Th.: Art.: *Person II. Hoch- und Spätscholastik*; Meister Eckhart; Luther., in: HWP 7, Darmstadt 1989, 283–300.

Klauck, Hans-Josef: *Der erste Johannesbrief* (EKK Bd. XXIII,1), Zürich/Braunschweig 1991.

Kleinknecht, Hermann: Art.: πνεῦμα, πνευματικὸς: A. πνεῦμα im Griechischen., in: ThWBNT 6, Tübingen 1959, 333–357.

Kobusch, Theo: *Die Entdeckung der Person*. Metaphysik der Freiheit und modernes Menschenbild, Darmstadt [2]1997.

Koepp, Wilhelm: Art.: *Unio mystica*, in: RGG[2] Bd. 5, Tübingen 1931, 1368–1370.

– *Wurzel* und Ursprung der orthodoxen Lehre von der unio mystica, in: ZThK 29 (1921), 46–71; 139–171.

Kollmannsberger, Peter: *Die schöpfungstheologische Frage* nach dem Personsein des Menschen in den Dogmatiken von Michael Schmaus und Johann Auer, Weiden 1992.

Krebs, Albrecht: *De Unionis* Mysticae quam vocant Doctrinae Lutheranae origine et progressu saeculo XVII. (...) Dissertation Marburg 1871.

Kromayer, Hieronymus: *Theologia* positivo-polemica ..., Frankfurt a.M., 1683.

Krüger, Hanfried: *Verständnis und Wertung* der Mystik im neueren Protestantismus (CFR 6), München 1938.

Kuhn, Thomas S.: *Die Struktur* wissenschaftlicher Revolutionen, Frankfurt a.M. 1973.

Lammers, Bernhard: Die *MENEIN-Formeln* der Johannesbriefe. Eine Studie zur johanneischen Anschauung von der Gottesgemeinschaft, Gregoriana Rom, Diss. 1954 (masch.).

Landgraf, Artur Michael: *Dogmengeschichte* der Frühscholastik. Erster Teil: Die Gnadenlehre, Bd. 1 und 2, Regensburg 1952/53.

Leahy, Louis: *L'inhabitation* d'après saint Cyrille d'Alexandrie, in: ScEc 11 (1959), 201–212.

Lehmkühler, Karsten: *Evangelische Ethik und Einwohnung Christi*, in: Festhalten am Bekenntnis der Hoffnung. Festgabe für Professor Dr. Reinhard Slenczka zum 70. Geburtstag, Erlangen 2001, 317–332.

– *Glaubensgewißheit* – kann es sie im Zeitalter des Pluralismus geben? Zu Peter L. Bergers „Ökumene der Unsicheren", in: Zeitwende 71 (2000), 147–163.

– *Kultus und Theologie*. Dogmatik und Exegese in der religionsgeschichtlichen Schule (FSÖTh 76), Göttingen 1996.

Leo XIII.: *Aeterni patris*, in: ASS 12 (1879/80), 97–115.

Leoni, Stefano: *Trinitarische und christologische Ontologie* bei Luther. Wesen als bewegung in Luthers Weihnachtspredigt von 1514, in: LuJ 65 (1998), 53–84.

Lerle, Ernst: Das *Raumverständnis* im Neuen Testament, Berlin ³1957.

Liddel, Henry G. / Scott, Robert: A *Greek-English Lexicon*, Oxford 1996.

Lieske, Aloisius: Die *Theologie* der Christusmystik Gregors von Nyssa, in: ZKTh 70 (1948), 49–93; 129–168; 315–340.

Liske, Michael-Thomas: Kann Gott reale *Beziehungen* zu den Geschöpfen haben? Logisch-theologische Betrachtungen im Anschluß an Thomas von Aquin, in: ThPh 68 (1993), 208–228.

Lohmeyer, Ernst: *Grundlagen* paulinischer Theologie (BHTh 1), Tübingen 1929.

Loofs, Friedrich: *Leitfaden* zum Studium der Dogmengeschichte, 1. und 2. Teil: Alte Kirche, Mittelalter und Katholizismus bis zur Gegenwart, hg.v. Kurt Aland, Tübingen ⁶1959.

Loosen, Josef: *Logos und Pneuma* im begnadeten Menschen bei Maximus Confessor. Inaugural-Dissertation zur Erlangnung des Doktorgrades der Katholisch-Theologischen Fakultät der Westfälischen Wilhelms-Universität zu Münster, Münster 1940 (= MBTh 24, Münster 1941).

Lüdemann, Hermann: Die Anthropologie des Apostels Paulus und ihre Stellung innerhalb seiner Heilslehre. Nach den vier Hauptbriefen, Kiel 1872.

Luthardt, Christian E.: *Kompendium* der Dogmatik, Leipzig ⁸1889.

Luther, Martin: *Auslegung uber das Sechste, Siebende und Achte Capitel des Euangelisten Johannis*, gepredigt zu Wittemberg, Anno 15300. 1531. und 1532, in: WA 33, Weimar 1907, 1–675.

– *Dictata super Psalterium*, in: WA 3, Weimar 1885, 11–652.

– *Disputatio de homine*, in: WA 39 I, Weimar 1926, 175–180.

– Disputatio Heidelbergae habita, in: WA 1, Weimar 1883, 353–374.

– *Diui Pauli apostoli ad Romanos epistula*, in: WA 56, Weimar 1938, 3–528, WA 57, Weimar 1939, 3–232.

– Die *Doktorpromotion von Hieronymus Weller und Nikolaus Medler*, in: WA 39 I, Weimar 1926, 44–62.

– *Enarratio in Psalmi LI*, in: WA 40 II, Weimar 1914, 315–470.

– Der *Galaterbrief* (D. Martin Luthers Epistel-Auslegung, Band 4), hg.v. Hermann Kleinknecht, Göttingen ²1987.

– Der Glaube allein: Texte zum Meditieren. Ausgew. u. eingeleitet von Otto Hermann Pesch, (Reihe Klassiker der Meditation) Zürich u.a. 1983, 97–99.

– *In epistolam S. Pauli ad Galatas* M. Lutheri commentarius, in: WA 2, Weimar 1884, 436–618.

– *In epistolam S. Pauli ad Galatas Commentarius* ex praelectione D. Martini Lutheri (1531) collectus 1535, in: WA 40 I Weimar 1911, 15–688, WA 40 II, Weimar 1914, 1–184.

– *In quindecim psalmos graduum*, WA 40 III, 9–475.

– *Der kleine Katechismus*, in: BSLK, Göttingen ¹²1999, 499–542.

– Die *Promotionsdisputation von Palladius und Tilemann*, in: WA 39 I, Weimar 1926, 202–257.

- *Randbemerkungen zu den Sentenzen des Petrus Lombardus*, in: WA 9, Weimar 1893, 29–94.
- Rationis Latomianae confutatio (1521), in: WA 8, Weimar 1889, 36–128.
- *Sermon von dem Sacrament des leibs und bluts Christi*, widder die Schwarmgeister, in: WA 19, Weimar 1897, 482–523.
- *Sermo in Natali Christi*, in WA 1, Weimar 1883, 20–29.
- De servo arbitrio, in: WA 18, Weimar 1908, 600–787.
- Eyn *Sermon von Stärke und Zunehmen des Glaubens und der Liebe*, in: WA 17 I, Weimar 1907, 428–438.
- Das Siebenzehend Capitel Johannis, von dem Gebete Christi, in: WA 28, Weimar 1903, 70–200.
- *Tischreden*, in: WA TR 1, Weimar 1912.
- *Tractatus de Libertate Christiana* (1520), in: WA 7, Weimar 1897, 49–73.
- *Von der Freiheit eines Christenmenschen*, in: WA 7, Weimar 1897, 20–38.
- *Wider* den Löwener Theologen *Latomus* (Ausgewählte Werke, Ergänzungsreihe, Bd. 6), München [3]1953.
- Die Zirkulardisputation *de veste nuptiali*, in: WA 39 I, Weimar 1926, 265–333.

Luther in Finnland. Der Einfluß der Theologie Martin Luthers in Finnland und finnische Beiträge zur Lutherforschung, hg.v. Miikka Ruokanen (SLAG A 23), (1984) [2]1986.

Luther und die trinitarische Tradition: Ökumenische und philosophische Perspektiven, hg.v. Joachim Heubach (VLAR 23), Erlangen 1994.

Luther und Ontologie. Das Sein Christi im Glauben als strukturierendes Prinzip der Theologie Luthers (SLAG, A 31 / VLAR 21), hg.v. Anja Ghiselli u.a., Helsinki/Erlangen 1993.

Luther und Theosis, hg.v. Joachim Heubach (VLAR 16 / SLAG, A 25), Helsinki/Erlangen 1990.

Maaß, Fritz-Dieter: *Mystik im Gespräch*. Materialien zur Mystik-Diskussion in der katholischen und evangelischen Theologie Deutschlands nach dem Ersten Weltkrieg (STGL 4), Würzburg 1972.

Mahlmann, Theodor: Die *Stellung* der unio cum Christo in der lutherischen Theologie des 17. Jahrhunderts, in: Unio. Gott und Mensch in der nachreformatorischen Theologie. Referate des Symposions der Finnischen Theologischen Literaturgesellschaft in Helsinki 15.–16. November 1994, hg.v. Matti Repo u. Rainer Vinke (Veröffentlichungen der finnischen theologischen Literaturgesellschaft 200), Helsinki 1996.

Mannermaa, Tuomo: Der im *Glauben* gegenwärtige Christus. Rechtfertigung und Vergottung. Zum ökumenischen Dialog (AGTL, NF8), Hannover 1989.
- *Hat Luther eine trinitarische Ontologie?*, in: Luther und die trinitarische Tradition: Ökumenische und philosophische Perspektiven, hg.v. Joachim Heubach (VLAR 23), Erlangen 1994, 43–60.
- *Die lutherische Theologie* und die Theologie der Liebe, in: In der Wahrheit bleiben. Dogma – Schriftauslegung – Kirche. Festschrift für Reinhard Slenczka zum 65. Geburtstag, hg.v. Manfred Seitz u. Karsten Lehmkühler, Göttingen 1996, 111–119.
- Über die *Unmöglichkeit*, gegen Texte Luthers zu systematisieren. Antwort an Gunther Wenz, in: Unio. Gott und Mensch in der nachreformatorischen Theologie. Re-

ferate der Finnischen Theologischen Literaturgesellschaft in Helsinki 15.–16. November 1994 (Veröffentlichungen der Finnischen Theologischen Literaturgesellschaft 200 / Schriften der Luther-Agricola-Gesellschaft 35 / SLAG 35), hg.v. Matti Repo u. Rainer Vinke, Helsinki 1996, 381–391.

– Zur Kritik der jüngeren finnischen Lutherforschung, in: Infomationes theologiae Europae 8 (1999), 171–186.

Manns, Peter: Fides absoluta – fides incarnata. Zur Rechtfertigungslehre Luthers im Großen Galaterkommentar, in: Reformata reformanda. Festgabe für Hubert Jedin zum 17. Juni 1965, hg.v. E. Iserloh u. K. Repgen, Bd 1, Münster 1965, 265–312.

Maréchal, Joseph,: Études sur la Psychologie des Mystiques, tome premier (1924), 2. ed. Bruxelles/Paris 1938; tome second, Bruxelles/Paris 1937.

– Le point de départ de la métaphysique. Leçons sur le développement historique et théorique du problème de la connaissance. Cahier V: Le Thomisme devant la Philosophie critique, deuxième édition Bruxelles/Paris 1949.

Martikainen, Eeva: Die finnische Lutherforschung seit 1934, in: ThR 53 (1988), 371–387.

Martin Luther und die Reformation in Deutschland. Katalog zur Ausstellung im Germanischen Nationalmuseum Nürnberg, hg.v. G. Bott, Frankfurt a. M. 1983.

Maximus Confessor: Ambiguorum liber sive de variis difficilibus locis SS. PP. Dionysii et Gregorii ad Thomam V.S., librum ex codice manuscripto Gudiano descripsit et in Latinum sermonem interpretatus, post J. Scoti et Th. Gale tentamina, nunc primum integrum edidit Franc. Oehler, in: S.P.N. Maximi Confessoris opera omnia, tomus secundus, cura et studio B. P. Franc. Combefis (MPG 91), Paris 1863, 1031–1418.

– Ambigua ad Iohannem iuxta Iohannis Scotti Eriugenae latinam interpretationem, hg.v. Eduard Jeauneau (CChr.SG 18), Turnhout/Leuven 1988.

– Expositio orationis Dominicae, in: Maximi Confessoris opulusca exegetica duo, hg.v. Peter van Deun (CChr.SG 23), Turnhout/Leuven 1991, 25–74 (or. dom.).

– Quaestiones ad Thalassium. I: Quaestiones I–LV una cum latina interpretatione Ioannis Scotti Erivgenae iuxta posita, hg.v. Carl Laga / Carlos Steel (CChr.SG 7), Turnhout/Leuven 1980; II: Quaestiones LVI–LXV una cum etc., Turnhout/Leuven 1990 (qu. Thal.).

Meier, Hans-Christoph: Mystik bei Paulus. Zur Phänomenologie religiöser Erfahrung im Neuen Testament (TANZ 26), Tübingen/Basel 1998.

Mélanges Joseph Maréchal. Tome Premier: Oeuvres; Tome second: Hommages (Museum Lessianum – Section Philosophique 31, 32), Bruxelles/Paris 1950.

Methodius Olympius: Symposium, in: Méthode d'Olympe: Le banquet. Introduction et texte critique par Herbert Musurillo, traduction et notes par Victor-Henry Debidour (SC 95), Paris 1963 (symp.).

Michel, A.: Art: Trinité (Missions et habitation des personnes de la), in: DThC 15,2, Paris 1950, 1830–1855.

Mildenberger, Friedrich: Biblische Dogmatik. Eine Biblische Theologie in dogmatischer Perspektive, Bd. 1–3, Stuttgart 1991–1993.

Moltmann, Jürgen: Trinität und Reich Gottes, München 1980.

Moretti, Roberto: Art.: Inhabitation, in: D.S. VII, Paris 1971, 1735–1757.

Mostert, Walter: „*Fides creatrix*". Dogmatische Erwägungen über Kreativität und Konkretion des Glaubens (1978), in: ders.: Glaube und Hermeneutik. Gesammelte Aufsätze, hg.v. Pierre Bühler und Gerhard Ebeling, Tübingen 1998, 200–214.

Mühlen, Heribert: *Der Heilige Geist* als Person. In der Trinität, bei der Inkarnation und im Gnadenbund (MBTh 26), Münster ²1967.

– *Una mystica persona*. Die Kirche als das Mysterium der Identität des Heiligen Geistes in Christus und den Christen: Eine Person in vielen Personen, München u.a. 1964.

Müller, August: *Das gute Recht* der evangelischen Lehre von der Unio mystica und ihre Befehdung durch Ritschl und seine Schule, Halle 1888.

Münch-Labacher, Gudrun: *Naturhaftes und geschichtliches Denken* bei Cyrill von Alexandrien. Die verschiedenen Betrachtungsweisen der Heilsverwirklichung in seinem Johannes-Kommentar (Hereditas. Studien zur Alten Kirchengeschichte 10), Bonn 1996.

Muschalek, Georg: *Schöpfung* und Bund als Natur-Gnade-Problem, in: Mysterium Salutis. Grundriß Heilsgeschichtlicher Dogmatik, hg.v. Johannes Feiner und Magnus Löhrer, Bd. II: Die Heilsgeschichte vor Christus, Einsiedeln/Zürich/Köln 1967, 546–557.

Mußner, Franz: Der *Galaterbrief* (Herders theologischer Kommentar zum Neuen Testament IX), Freiburg u.a. 1977.

Neuenschwander, Bernhard: *Mystik im Johannesevangelium*. Eine hermeneutische Untersuchung aufgrund der Auseinandersetzung mit Zen-Meister Hisamitsu Shin'ichi (Biblical Interpretation Series 31), Leiden 1998.

Neugebauer, Fritz: *In Christus*. ΕΝ ΧΡΙΣΤΩ. Eine Untersuchung zum Paulinischen Glaubensverständnis, Göttingen 1961.

– *Das paulinische „in Christo"*, in: NTS 4 (1957/58), 124–138.

Nichtweiß, Barbara: *Erik Peterson*. Neue Sicht auf Leben und Werk, Freiburg u.a. ²1994.

Normann, Friedrich: *Teilhabe* – ein Schlüsselwort der Vätertheologie (MBTh 42), Münster 1978.

Obermann, Heiko A.: *Simul gemitus et raptus*: Luther und die Mystik, in: Kirche, Mystik, Heiligung und das Natürliche bei Luther. Vorträge des Dritten Internationalen Kongresses für Lutherforschung, Järvenpää, Finnland, 11.–16. August 1966, hg.v. Ivar Asheim, Göttingen 1967, 20–59.

Oepke, Albrecht: Art.: *έv*, in: ThWBNT 2, Stuttgart 1935, 534–539.

Oetinger, Friedrich Christoph: Biblisches und emblematisches Wörterbuch, (Stuttgart 1776) 2. Nachdruck Hildesheim 1987.

Origenes: De oratione, in: Origenes Werke. Zweiter Band, hg.v. Paul Koetschau (GCS Orig. 2), Leipzig 1899 (*or.*).

– Homiliae in Jeremiam, in: Origenes Werke. Dritter Band, hg.v. Erich Klostermann (GCS Orig.3), Leipzig 1901 (*hom. in Jer.*).

– Homiliae in Lucam, in: Origène: Homélies sur S. Luc. Texte Latin et fragments grecs. Introduction, traduction et notes par Henri Crouzel, François Fournier, Pierre Périchon (SC 87), Paris 1962 (*hom. in Lc.*).

Palmieri, Domenico: De gratia divina (lithogr.), Rom 1874.

Pannenberg, Wolfhart: *Anthropologie* in theologischer Perspektive, Göttingen 1983.

– *Die Aufnahme* des philosophischen Gottesbegriffs als dogmatisches Problem der frühchristlichen Theologie, in: ders.: Grundfragen systematischer Theologie. Gesammelte Aufsätze, Göttingen 1967, 296–346.

– *Systematische Theologie*, Bd. 1–3, Göttingen 1988–1993.

Percy, Ernst: *Der Leib Christi* (Σῶμα Χριστοῦ) in den paulinischen Homologumena und Antilegomena, Lund/Leipzig 1942.

Peterson, Erik: *Das Buch von den Engeln*. Stellung und Bedeutung der Heiligen Engel im Kultus, München 1935.

– *Der Lobgesang der Engel* und der mystische Lobpreis, in: ZZ 3 (1925), 141–153.

– *Über die Forderung* einer Theologie des Glaubens. Eine Auseinandersetzung mit Paul Althaus, in: ZZ 3 (1925), 281–302.

– *Zur Theorie der Mystik*, in: ZSTh 2 (1924), 146–166.

Petrus Lombardus: Sententiae in IV libris distinctae, Bd. 1 u. 2, (Spic Bon IV/V), Grottaferrata (Romae) [3]1971 (*Sent.*).

Peura, Simo: *Mehr als ein Mensch?* Die Vergöttlichung als Thema der Theologie Martin Luthers von 1513–1519 (VIEG 152), Mainz 1994.

– Die *Vergöttlichung* des Menschen als Sein in Gott, in: Lutherjahrbuch 60 (1993), 39–71.

– *Wort*, Sakrament und Sein Gottes, in: Luther und Ontologie. Das Sein Christi im Glauben als strukturierendes Prinzip der Theologie Luthers (SLAG, A 31 / VLAR 21), hg.v. Anja Ghiselli u.a., Helsinki/Erlangen 1993, 35–68.

Philipp, W.: Art.: *Neuthomismus*, in: RGG[3] Bd. 4, 1960, 1439–1443.

Philips, Gérard: *L'union* personelle avec le Dieu vivant. Essai sur l'origine et le sens de la grâce créée (Bibliotheca Ephemeridum Theologicarum Lovaniensium 36), deuxième édition Leuven 1989.

Pico della Mirandola, Giovanni: De dignitate hominis (1486), lateinisch und deutsch, hg.v. Eugenio Garin, Bad Homburg v.d.H. 1968.

Pinckaers, Servais: Art.: *Habitude et Habitus*, in: D.S. VII, Paris 1969, 2–11.

Platz, Hermann: *Vom Erwachen* der ‚Mystik‘ um 1900, in: Hochland 34, Band 1 (Oktober 1936 – März 1937), 324–337, 434–448.

Plessner, Helmuth: Die *Stufen* des Organischen und der Mensch. Einleitung in die philosophische Anthropologie, Berlin 1928.

Pohle, Joseph: *Lehrbuch* der Dogmatik. Neubearbeitet von Joseph Gummersbach, Bd. 1, Paderborn [10]1952.

Quante, Michael: Die *Identität* der Person. Facetten eines Problems, in: PhR 42 (1995), 35–59.

Quenstedt, Johannes Andreas: *Theologia* didactico-polemica, sive systema theologicum, in duas sectiones, didacticam et polemicam, divisum, Vvittebergae 1685.

Raffelt, Albert: Art.: *Desiderium* naturale, in: LThK[3], Bd. 3, Freiburg 1995, 108–110.

Raffelt, Albert / Verweyen, Hansjürgen: Karl *Rahner* (Beck'sche Reihe: Denker, 541), München 1997.

Rahner, Hugo: Die *Gottesgeburt*. Die Lehre der Kirchenväter von der Geburt Christi im Herzen der Gläubigen, in: ZKTh 59 (1935), 333–418.

Rahner, Karl: Art.: *Anthropologie*, Theologische A., in: LThK[2] Bd. 1, Freiburg 1957, 618–627.

– Art.: *Existential*, übernatürliches, in: LThK[2] Bd. 3, Freiburg 1959, 1301.

- *Bemerkungen* zum dogmatischen Traktat „De Trinitate", in: Schriften zur Theologie IV, Einsiedeln 1960, 103–133.
- *Der dreifaltige Gott* als transzendenter Urgrund der Heilsgeschichte, in: Mysterium Salutis. Grundriß Heilsgeschichtlicher Dogmatik, hg.v. Johannes Feiner und Magnus Löhrer, Bd. II: Die Heilsgeschichte vor Christus, Einsiedeln/Zürich/Köln 1967, 317–401.
- *Geist in Welt.* Zur Metaphysik der endlichen Erkenntnis bei Thomas von Aquin, (Innsbruck 1939; 2., von Johann B. Metz überarbeitete Aufl. München 1957), Neudruck beider Auflagen in: Sämtliche Werke, Bd. 2: Philosophische Schriften. Bearbeitet von Albert Raffelt, Freiburg 1996, 3–300.
- *Grundkurs* des Glaubens. Einführung in den Begriff des Christentums, Freiburg u.a. [2]1976.
- Grundsätzliche *Überlegungen* zur Anthropologie und Protologie im Rahmen der Theologie, in: Mysterium Salutis. Grundriß Heilsgeschichtlicher Dogmatik, hg.v. Johannes Feiner und Magnus Löhrer, Bd. II: Die Heilsgeschichte vor Christus, Einsiedeln/Zürich/ Köln 1967, 405–420.
- *Hörer des Wortes.* Zur Grundlegung einer Religionsphilosophie (München 1941; 2., von Johann B. Metz überarbeitete Aufl. München 1963), Neudruck beider Auflagen in: Sämtliche Werke, Bd. 4: Hörer des Wortes. Schriften zur Religionsphilosophie und zur Grundlegung der Theologie. Bearbeitet von Albert Raffelt, Freiburg 1997,1–281.
- *Natur und Gnade*, in: Schriften zur Theologie IV, Einsiedeln u.a. 1960, 209–236.
- Theologische und Philosophische *Zeitfragen* im katholischen deutschen Raum, in: Sämtliche Werke Bd. 4: Hörer des Wortes. Schriften zur Religionsphilosophie und zur Grundlegung der Theologie. Bearbeitet von Albert Raffelt, Freiburg 1997, 497–576.
- *Theos* im Neuen Testament, in: Sämtliche Werke Bd. 4: Hörer des Wortes. Schriften zur Religionsphilosophie und zur Grundlegung der Theologie. Bearbeitet von Albert Raffelt, Freiburg 1997, 346–403.
- Zur scholastischen *Begrifflichkeit* der ungeschaffenen Gnade, in: Schriften zur Theologie I, Einsiedeln u.a. 1954, 347–375.
Raunio, Antti: *Summe* des christlichen Lebens. Die „Goldene Regel" als Gesetz der Liebe in der Theologie Martin Luthers von 1510 bis 1527 (Reports from the Department of Systematic Theology, University of Helsinki XIII), Helsinki 1993.
Reinhardt, Klaus: Art.: *Vázquez*, Gabriel, in LThK[2] Bd.10, Freiburg 1965, 645–647.
Reischle, Max: *Ein Wort* zur Controverse über die Mystik in der Theologie, Freiburg 1886.
Reuter, Hans-Richard: *Nachwort* des Herausgebers, in: Bonhoeffer, Dietrich: *Akt und Sein.* Transzendentalphilosophie und Ontologie in der systematischen Theologie, hg.v. Hans-Richard Reuter (DBW 2), München 1988, 163–185.
Rheinfelder, Hans: *Das Wort „Persona".* Geschichte seiner Bedeutungen mit besonderer Berücksichtigung des französischen und italienischen Mittelalters (Beihefte zur Zeitschrift für romanische Philologie, 77), Halle 1928.
Richard von St. Viktor (Richard de Saint-Victor): *De Trinitate.* Texte critique avec introduction, notes et tables, ed. J. Ribaillier, Paris 1958.
Richmond, James: *Albrecht Ritschl.* Eine Neubewertung (GTA 22), Göttingen 1982.
Ritschl, Albrecht: *Geschichte des Pietismus*, Bd. 1–3, Bonn 1880–1886.

– *Die christliche Lehre* von der Rechtfertigung und Versöhnung, Bd. 1–3, Bonn [2]1882/1883.

– *Theologie und Metaphysik.* Zur Verständigung und Abwehr, Bonn 1881.

Ritschl, Otto: *Das Theologumenon* von der unio mystica in der späteren orthodox-lutherischen Theologie, in: Harnack-Ehrung. Beiträge zur Kirchengeschichte ihrem Lehrer Adolf von Harnack zu seinem siebzigsten Geburtstage (7. Mai 1921) dargebracht von einer Reihe seiner Schüler, Leipzig 1921, 335–352.

Rondet, Henri: *Gratia Christi.*Essai d'histoire du dogme et de théologie dogmatique, Paris 1948.

Rothe, Richard: *Dogmatik.* Aus dessen handschriftlichem Nachlasse hg.v. Dr. D. Schenkel, Erster Teil, zweiter Teil in zwei Abtheilungen, Heidelberg 1870.

Rudloff, Leo v.: Des heiligen Thomas *Lehre* von der Formalursache der Einwohnung Gottes in der Seele der Gerechten, in: DT 8 (1930), 175–191.

Saarinen, Risto: *Gottes Wirken* auf uns. Die transzendentale Deutung des Gegenwart-Christi-Motivs in der Lutherforschung (VIEG, Abteilung für Abendländische Religionsgeschichte, 137), Stuttgart 1989.

– Die *Teilhabe* an Gott bei Luther und in der finnischen Lutherforschung, in: Luther und Ontologie. Das Sein Christi im Glauben als strukturierendes Prinzip der Theologie Luthers (SLAG, A 31 / VLAR 21), hg.v. Anja Ghiselli u.a., Helsinki/Erlangen 1993, 167–182.

Salmann, Elmar: Art.: *Appropriation*, in: LThK[3] Bd.1, Freiburg u.a. 1993, 891f.

Sasse, Hermann: Art.: αἰών, αἰώνιος, ThWBNT Bd. 1, Stuttgart 1933 (ND 1953), 197–209.

Schaeder, Erich: *Das Geistproblem* der Theologie. Eine systematische Untersuchung, Leipzig 1924.

Schäfer, Rolf: *Ritschl.* Grundlinien eines fast verschollenen dogmatischen Systems (BHTh 41), Tübingen 1968.

Schauf, Heribert: Die *Einwohnung* des Heiligen Geistes. Die Lehre von der nichtappropriierten Einwohnung des Heiligen Geistes als Beitrag zur Theologiegeschichte des neunzehnten Jahrhunderts unter besonderer Berücksichtigung der beiden Theologen Carl Passaglia und Clemens Schrader. Inaugural-Dissertation zur Erlangung des Doktorgrades der Katholischen Theologischen Fakultät der Westfälischen Wilhelms-Universität zu Münster in Westfalen, Freiburg 1941.

Scheeben, Matthias J.: Die *Mysterien* des Christentums, Freiburg [3]1958.

Scherer, Georg: Art.: *Person III. Neuzeit.*, in: HWBPh Bd. 7, Darmstadt 1989, 300–319.

Schierse, Franz Joseph: Art.: *Äon*, Äonenlehre, in: LThK[2] Bd I, Freiburg 1957, 680–683.

Schlapkohl, Corinna: *Persona* est naturae rationalis individua substantia. Boethius und die Debatte über den Personbegriff (MThSt 56), Marburg 1999.

Schleiermacher, Friedrich: *Der christliche Glaube*, nach den Grundsätzen der evangelischen Kirche im Zusammenhange dargestellt, Band I und II, hg.v. Martin Redeker, Berlin [7]1960.

– *Die christliche Sitte*, nach den Grundsätzen der evangelischen Kirche im Zusammenhange dargestellt. Aus Schleiermacher's handschriftlichem Nachlasse und nachgeschriebenen Vorlesungen hg.v. L. Jonas, Berlin 1843.

– *Psychologie*, hg.v. L. George, in: Schleiermacher's sämmtliche Werke, 3. Abtheilung, Bd. VI, Berlin1862.

– Über die Religion. *Reden* an die Gebildeten unter ihren Verächtern, hg.v. Rudolf Otto, 7., durchgesehene Ausgabe Göttingen 1991.

Schmid, Heinrich: Die *Dogmatik* der evangelisch-lutherischen Kirche: dargestellt und aus den Quellen belegt. Neu hg. und durchgesehen von Horst Georg Pöhlmann, Gütersloh [11]1990.

Schmidinger, Heinrich M.: Art.: *Neuscholastik*, in: HWP 6, Darmstadt 1984, 769–774.

– *„Scholastik"* und *„Neuscholastik"* – Geschichte zweier Begriffe, in: Christliche Philosophie im katholischen Denken des 19. und 20. Jahrhunderts, hg.v. Emerich Coreth u.a., Bd. 2: Rückgriff auf scholastisches Erbe, Graz u.a. 1988, 23–53.

Schmithals, Walter: Der *Römerbrief*. Ein Kommentar, Gütersloh 1988.

Schnackenburg, Rudolf: Der Brief an die *Epheser* (EKK Bd.10), Zürich u.a. 1982.

– Das *Heilsgeschehen* bei der Taufe nach dem Apostel Paulus. Eine Studie zur paulinischen Theologie (MThS.H 1), München 1950.

– Die *Johannesbriefe* (HThK XIII,3), ([1]1953) Freiburg/Basel/Wien [7]1984.

Schneider, Johannes: Die *Passionsmystik* des Paulus. Ihr Wesen, ihr Hintergrund und ihre Nachwirkungen (UNT 15), Leipzig 1929.

Schnelle, Udo: *Gerechtigkeit und Christusgegenwart*. Vorpaulinische und paulinische Tauftheologie (GTA 24), Göttingen [2]1986.

Scholtissek, Klaus: *In ihm sein und bleiben*. Die Sprache der Immanenz in den johanneischen Schriften (Herders biblische Studien 21), Freiburg u.a. 2000.

Schrage, Wolfgang: Der erste Brief an die *Korinther* (EKK Bd. 7), Teilband 2: 1 Kor 6,12–11,16, Solothurn/Düsseldorf/Neukirchen-Vluyn 1995.

Schrey, Heinz-Horst: Art.: *Leib/Leiblichkeit*, in: TRE 20, Berlin/ New York 1990, 638–643.

Schütz, Christian: *Einführung* in die Pneumatologie, Darmstadt 1985.

Schütz, Ludwig: *Thomas-Lexikon*. Sammlung, Übersetzung und Erklärung der in sämtlichen Werken des h. Thomas von Aquin vorkommenden Kunstausdrücke und wissenschaftlichen Aussprüche (Paderborn [2]1895), Neudruck Stuttgart 1958.

Schweitzer, Albert: Die *Geschichte* der paulinischen Forschung, Tübingen 1911.

– Die *Mystik* des Apostels Paulus, Neudruck der 1. Aufl. von 1930, Tübingen 1981.

Schweizer, Eduard: Art.: πνεῦμα, πνευματικὸς: E. Das Neue Testament., in: ThWBNT 6, Tübingen 1959, 394–449.

Seibel, Wolfgang: Der *Mensch* als Gottes übernatürliches Ebenbild und der Urstand des Menschen, in: Mysterium Salutis. Grundriß Heilsgeschichtlicher Dogmatik, hg.v. Johannes Feiner und Magnus Löhrer, Bd. II: Die Heilsgeschichte vor Christus, Einsiedeln/Zürich/ Köln 1967, 805–843.

Sellin, Gerhard: Die religionsgeschichtlichen *Hintergründe* der paulinischen „Christusmystik", in: ThQ 176 (1996), 7–27.

Siemer, Alexander M.: *Kommentar* zu Frage 1–8 und 12/13, in: Die deutsche Thomas-Ausgabe. Vollständige, ungekürzte deutsch-lateinische Ausgabe der Summa theologica, übersetzt von Dominikanern und Benediktinern Deutschlands und Österreichs, hg vom katholischen Akademikerverband. Bd. 1: Gottes Dasein und Wesen. I, 1–13, Salzburg/Leipzig [3]1934, 429–499, 519–523.

Siffer-Wiederhold, Nathalie: *Le Dieu présent*. Le motif de la présence divine à l'individu d'après le Nouveau Testament, Thèse pour obtenir le grade de Docteur de l'Université de Strasbourg II en Théologie Catholique, Strasbourg 2003.

Slenczka, Notger: *Über Aristoteles hinaus?* Korreferat zu Tuomo Mannermaa: Hat Luther eine trinitarische Ontologie?, in: Luther und die trinitarische Tradition: Ökumenische und philosophische Perspektiven, hg.v. Joachim Heubach (VLAR 23), Erlangen 1994, 61–70.

Slenczka, Reinhard: Art.: „Glaube VI. Reformation/Neuzeit/Systematisch-theologisch", in: TRE Bd. 13, Berlin 1984, 318–365.

– Die *Gemeinschaft mit Gott* als Grund und Gegenstand der Theologie. Vergöttlichung als ontologisches Problem, in: Luther und Theosis, hg.v. Joachim Heubach (VLAR 16 / SLAG, A 25), Helsinki/Erlangen 1990, 27–48.

– *Geschichtlichkeit* und Personsein Jesu Christi. Studien zur christologischen Problematik der historischen Jesusfrage (FSÖTh 18), Göttingen 1967.

– Die *Herzensgemeinschaft* durch das Jesus-Gebet. Eine Form russischer Frömmigkeit in theologischer Sicht, in: ders.: Neues und Altes. Ausgewählte Aufsätze, Vorträge und Gutachten, hg.v. Albrecht I. Herzog, Bd. 1, 192–210.

Söhngen, Gottlieb: Art.: *Neuscholastik*, in: LThK² Bd. 7, Freiburg 1962, 923–926.

Soukup, Leopold: *Anmerkungen und Kommentar*, in: Die deutsche Thomas-Ausgabe, Bd. 25: Die Menschwerdung Christi, Salzburg/Leipzig ²1934.

Sparn, Walter: *Wiederkehr* der Metaphysik. Die ontologische Frage in der lutherischen Theologie des frühen 17. Jahrhunderts (CThM, Reihe B, 4), Stuttgart 1976.

Steiger, Johann A.: *Imago*. Bild Gottes und Bildung durch Bilder in Luthers Theologie, in: ders., Fünf Zentralthemen der Theologie Luthers und seiner Erben. Communicatio – Imago – Figura – Maria – Exempla (SHCT 104), Leiden u.a. 2002, 105–143.

Stöhr, Johannes: *Neuzeitliche Diskussionen* über die Einwohnung des dreifaltigen Gottes, in: Von der Suche nach Gott. Helmut Riedlinger zum 75. Geburtstag, hg.v. Margot Schmidt, Stuttgart- Bad Cannstatt 1998, 249–282.

Stolz, Anselm: *Anmerkungen und Kommentar*, in: Die deutsche Thomas-Ausgabe, Bd. 3: Gott der Dreieinige. I, 27–43, Salzburg/Leipzig 1939, 343–518.

Terrien, Jean-Baptiste: *La grâce* et la gloire, ou la Filiation adoptive des enfants de Dieu étudiée dans sa réalité, ses principes, son perfectionnement et son couronnement final, 2 Bde, Paris ²1931.

Theologie aus Erfahrung der Gnade. Annäherungen an Karl Rahner, hg.v. Mariano Delgado und Matthias-Lutz Bachmann (Schriften der Diözesanakademie Berlin 10), Berlin/Hildesheim 1994.

Thesaurus Lutheri. Auf der Suche nach neuen Paradigmen der Luther-Forschung. Referate des Luther-Symposions in Finnland 11.–12. November 1986, hg.v. Tuomo Mannermaa u.a. (Veröfflichungen der Finnischen Theologischen Literaturgesellschaft 153. Jahrbuch 1987 [= SLAG, A 24], Helsinki 1987.

Thomas von Aquin: De ente et essentia. Über das Sein und das Wesen, übersetzt und erläutert von Rudolf Allers, deutsch-lateinische Ausgabe (²1953), überprüfter und berichtigter reprografischer Nachdruck Darmstadt 1991 (*de ent.*).

– De veritate. Cura et studio P. Fr. Raymundi Spiazzi, O. P., in Studio Generali FF. Praedicatorum Taurinensi S. Theologiae Lectoris (= S. Thomae Aquinatis Doctoris Angelici Quaestiones Disputatae, vol. I), Turin/Rom (Marietti) 1964 (*de ver.*).

- Die deutsche Thomas-Ausgabe. Vollständige, ungekürzte deutsch-lateinische Ausgabe der Summa theologica, übersetzt von Dominikanern und Benediktinern Deutschlands und Österreichs, hg vom katholischen Akademikerverband. Bd. 1: Gottes Dasein und Wesen. I, 1–13, Salzburg/Leipzig ³1934. Bd. 3: Gott der Dreieinige. I, 27–43, Salzburg/Leipzig 1939. Bd. 6: Wesen und Ausstattung des Menschen. I, 75–89, Salzburg/Leipzig 1937. Bd. 11: Grundlagen der menschlichen Handlung. I-II, 49–70, Salzburg/Leipzig 1940. Bd. 14: Der neue Bund und die Gnade. I-II, 106–114, Heidelberg/Graz u.a. 1955. Bd. 17B: Die Liebe (2. Teil). Die Klugheit. II-II, 34–56, Heidelberg/Graz u.a. 1966. Bd. 25: Die Menschwerdung Christi, Salzburg/Leipzig ²1934.
- In octo libros physicorum Aristotelis expositio (= Sancti Thomae Aquinatis doctoris angelici opera omnia iussu impensaque Leonis XIII. P. M. edita, tomus secundus), Rom 1884 (*in phys.*).
- In quattuor libros sententiarum (S. Thomae Aquinatis opera omnia, Bd.1), hg.v. Robertus Busa, Stuttgart-Bad Cannstatt 1980 (*in sent.*).
- Quaestiones Quodlibetales. Cura et studio P.Fr. Raymundi Spiazzi, O. P., Editio IX, Turin/Rom (Marietti) 1956 (*qlb.*).
- Summa theologica. Volumen primum – quintum, editio altera romana, ad emendatiores edtitones impressa et noviter accuratissime recognata, Rom (Forzani) 1925 (*STh*).
- Summe gegen die Heiden. Dritter Band, Teil 1: Buch III, Kapitel 1–83, hg. und übersetzt von Karl Allgaier. Lateinischer Text besorgt und mit Anmerkungen versehen von Leo Gerken (TzF 17), Darmstadt 1990 (*contra gent.*).
- Super epistolam ad Ephesios lectura, in: S. Thomae Aquinatis Doctoris Angelici super epistolas S. Pauli lectura. Cura P. Raphaelis CAI, O. P., editio VIII revisa, Vol. II, Turin/Rom (Marietti) 1953, 1–87 (*in Eph.*).
- Super epistolam ad Galatas lectura, in: S. Thomae Aquinatis Doctoris Angelici super epistolas S. Pauli lectura. Cura P. Raphaelis CAI, O. P., editio VIII revisa, Vol. I, Turin/Rom (Marietti) 1953, 536–649 (*in Gal.*).
- Super primam epistolam ad Corinthios lectura, in: S. Thomae Aquinatis Doctoris Angelici super epistolas S. Pauli lectura. Cura P. Raphaelis CAI, O. P., editio VIII revisa, Vol. I, Turin/Rom (Marietti) 1953, 231–435 (*in I Cor.*).
- Super secundam epistolam ad Corinthios lectura, in: S. Thomae Aquinatis Doctoris Angelici super epistolas S. Pauli lectura. Cura P. Raphaelis CAI, O. P., editio VIII revisa, Vol. I, Turin/Rom (Marietti) 1953, 437–561 (*in II Cor.*).
- *Untersuchungen* über die Wahrheit (Quaestiones Disputatae De Veritate). In deutscher Übertragung von Dr. Edith Stein, Bd. 1 u. 2, Löwen/Freiburg 1952/55.
Thomasius, Gottfried: *Christi Person und Werk.* Darstellung der evangelisch-lutherischen Dogmatik vom Mittelpunkte der Christologie aus. Bd. 2: Das Werk des Mittlers, 3. Aufl. Erlangen 1888.
Troeltsch, Ernst: *Psychologie und Erkenntnistheorie* in der Religionswissenschaft (1905), Tübingen ²1922.
- Die *Soziallehren* der christlichen Kirchen und Gruppen (= Gesammelte Schriften Bd. I), Tübingen 1912.
- *Zur Frage* des religiösen Apriori. Eine Erwiderung auf die Bemerkungen von Paul Spieß, in: Gesammelte Schriften, Bd. 2, Tübingen ²1922, 754–768.

Trowitzsch, Michael: *Zeit zur Ewigkeit*. Beiträge zum Zeitverständnis in der ,Glaubenslehre' Schleiermachers (BevTh 75), München 1976.

Trütsch, Joseph: *SS. Trinitatis inhabitatio* apud theologos recentiores. Dissertatio ad Lauream in Facultate Theologica Pont. Universitatis Gregorianae, Trento 1949.

Twisselmann, Willi: Die *Gotteskindschaft* der Christen nach dem Neuen Testament (BFChTh 41,1) Gütersloh 1939.

Unio. Gott und Mensch in der nachreformatorischen Theologie. Referate der Finnischen Theologischen Literaturgesellschaft in Helsinki 15.–16. November 1994 (Veröffentlichungen der Finnischen Theologischen Literaturgesellschaft 200 / Schriften der Luther-Agricola-Gesellschaft 35 / SLAG 35), hg.v. Matti Repo u. Rainer Vinke, Helsinki 1996.

Union with Christ. The New Finnish Interpretation of Luther, hg.v. Carl E. Braaten u. W. Jenson, Grand Rapids / Cambridge 1998.

Vaahtoranta, Martti: *Restauratio* Imaginis Divinae. Die Vereinigung von Gott und Mensch, ihre Voraussetzungen und Implikationen bei Johann Gerhard (Schriften der Luther-Agricola-Gesellschaft 41), Helsinki 1998.

Versteeg, J.P.: *Christus* en de Geest. Een exegetisch Onderzoek naar de Verhouding van de opgestane Christus en de Geest van God volgens de Brieven van Paulus, Kampen [2]1980.

Verweyen, Hansjürgen: Wie wird ein *Existential* übernatürlich?, in: TThZ 95 (1986), 115–131.

Vogelsang, Erich: *Luther und die Mystik*, in: LuJ 19 (1937), 32–54.

– Die *Unio mystica* bei Luther, in: ARG 35 (1938), 63–80.

Vollenweider, Samuel: Der *Geist Gottes* als Selbst der Glaubenden. Überlegungen zu einem ontologischen Problem in der paulinischen Anthropologie, in: ZThK 93 (1996), 163–192.

Walafridus Strabus: *Glossa ordinaria*. Canticum Canticorum, in: Walafridi Strabi Fuldensis monachi opera omnia. Ex editione duacensi et collectionibus Mabillonii, Dacherii, Goldasti, etc. nunc primum in unum coadunata (MPL 113), Paris 1879. 1125–1168.

Wald, Berthold: *Person und Handlung* bei Martin Luther (Schriftenreihe der Gustav-Siewerth-Akademie, 9), Weilheim-Bierbronnen 1993.

Walter, Peter: *Deutschland – Österreich*.Die neuscholastische Philosophie im deutschsprachigen Raum, in: Christliche Philosophie im katholischen Denken des 19. und 20. Jahrhunderts, hg.v. Emerich Coreth u.a., Bd. 2: Rückgriff auf scholastisches Erbe, Graz u.a. 1988, 131–194.

Weber, Hans E.: Die *Formel* „In Christo Jesu" und die paulinische Christusmystik, in: Neue kirchliche Zeitschrift 31 (1920), 213–260.

– *Eschatologie und Mystik* im Neuen Testament. Ein Versuch zum Verständnis des Glaubens (BFChTh.M 2), Gütersloh 1930.

Weigl, Eduard: Die *Heilslehre* des hl. Cyrill von Alexandrien (FChLDG 5/2–3), Mainz 1905.

Weinreich, Otto: *Religiöse Stimmen* der Völker, in: ARW 19 (1919), 158–173.

Weiß, Johannes: *Paulinische Probleme* II. Die Formel ἐν Χριστῷ Ιησοῦ. (zugleich Besprechung der Schrift von A. Deißmann, Die neutestamentliche Formel ,in Christo Jesu'.), in: ThStKr 69 (1896), 7–33.

- *Die Predigt Jesu* vom Reiche Gottes ([1]1892), hg.v. Ferdinand Hahn, Göttingen [3]1964.

Wenz, Gunther: *Unio.* Zur Differenzierung einer Leitkategorie finnischer Lutherforschung im Anschluß an CA I–VI, in: Unio. Gott und Mensch in der nachreformatorischen Theologie. Referate der Finnischen Theologischen Literaturgesellschaft in Helsinki 15.–16. November 1994 (Veröffentlichungen der Finnischen Theologischen Literaturgesellschaft 200 / SLAG 35), hg.v. Matti Repo u. Rainer Vinke, Helsinki 1996, 333–380.

- Rez.: Mannermaa, Tuomo: Der im Glauben gegenwärtige Christus; Rechtfertigung und Vergottung. Zum ökumenischen Dialog, Hannover 1989 / Saarinen, Risto: Gottes Wirken auf uns. Die transzendentale Deutung des Gegenwart-Christi-Motivs in der Lutherforschung, Stuttgart 1989, in: ThRv 86 (1990), 469–473. (*Mannermaa/Saarinen*).

Weyer-Menkhoff, Stephan: *Aufklärung und Offenbarung.* Zur Systematik der Theologie Albrecht Ritschls (GTA 37), Göttingen 1988.

Wikenhauser, Alfred: Die *Christusmystik* des Apostels Paulus, Freiburg [2]1956.

Wilckens, Ulrich: Der Brief an die *Römer* (EKK VI), 1. Teilband Röm 1–5, Zürich u.a./Neukirchen-Vluyn 1978; 2. Teilband Röm 6–11, Zürich u.a./Neukirchen-Vluyn 1980.

Willig, Irene: Geschaffene und ungeschaffene *Gnade.* Bibeltheologische Fundierung und systematische Erörterung (MBTh 27), Münster 1964.

Wrede, William: *Paulus* (RV I/5,6), Halle 1904.

Wrzecionko, Paul: *Die philosophischen Wurzeln* der Theologie Albrecht Ritschls. Ein beitrag zum Problem des Verhältnisses von Theologie und Philosophie im 19. Jahrhundert (TBT 9), Berlin 1964.

Zahlauer, Arno: Karl *Rahner* und sein „produktives Vorbild" Ignatius von Loyola (IThS 47), Innsbruck/Wien 1996.

Zur Mühlen, Karl-Heinz: *Nos extra nos.* Luthers Theologie zwischen Mystik und Scholastik (BHTh 46), Tübingen 1972.

Personenverzeichnis

Forschungen zur systematischen und ökumenischen Theologie

Herausgegeben von Reinhard Slenczka und Gunther Wenz. Eine Auswahl:

105: Christoph Klein

Das grenzüberschreitende Gebet

Zugänge zum Beten in unserer Zeit

2004. Ca. 200 Seiten, gebunden
ISBN 3-525-56334-5

103: Henning Theißen

Die evangelische Eschatologie und das Judentum

Strukturprobleme der Konzeptionen seit Schleiermacher

2004. 328 Seiten, gebunden
ISBN 3-525-56256-X

Dieses Buch analysiert detailliert die gerne als „eschatologisches Loch" (Emil Brunner) apostrophierte protestantische Eschatologiegeschichte seit Schleiermacher. Darauf aufbauend entwickelt es Modelle einer evangelischen Eschatologie jenseits von Alternativschemata und unter den Bedingungen einer kritischen Revision christlicher Theologie eingedenk der Shoa.

102: Dorette Seibert

Glaube, Erfahrung und Gemeinschaft

Der junge Schleiermacher und Herrnhut

2003. 367 Seiten, gebunden
ISBN 3-525-53242-X

F.D.E. Schleiermacher bezeichnete sich als einen „Herrnhuter höherer Ordnung". Diese Untersuchung analysiert Schriften vom Beginn seines Theologiestudiums in Halle (1788) bis zu seinem Amtsantritt an der Berliner Charité (1796). Schleiermachers von gleichzeitiger Wertschätzung und Kritik geprägte Haltung gegenüber dem Herrnhutertum wird anhand der Motive *Erfahrung* und *Gemeinschaft* herausgearbeitet.

Bd. 100: Per Lønning

Is Christ a Christian?

On *Inter*-Religious Dialogue and *Intra*-Religious Horizon

2002. 254 Seiten, gebunden
ISBN 3-525-56225-X

Bd. 99: Eeva Martikainen

Religion als Werterlebnis

Die praktische Begründung der Dogmatik bei Wilhelm Herrmann

2002. 215 Seiten, gebunden
ISBN 3-525-56218-7

Das theologische Denken Wilhelm Herrmanns (1846-1922) entstand in unmittelbarem Dialog mit der Philosophie, besonders mit dem Werk Immanuel Kants, in dem er die Befreiung der Theologie von der Metaphysik sah. Herrmanns Position wird philosophisch und theologiegeschichtlich so dargestellt, dass eine Interpretation seines Ansatzes möglich wird.

VdR
Vandenhoeck & Ruprecht

Systematische Theologie

Notger Slenczka
Der Tod Gottes und das Leben des Menschen
Glaubensbekenntnis und Lebensvollzug

2003. 335 Seiten, gebunden
ISBN 3-525-56951-3

Mit dem Ziel, traditionelle Themen und Problemstellungen der Theologie allgemein verständlich für Leser des 21. Jahrhunderts zu entfalten, legt N. Slenczka Beiträge zu vielen Bereichen des christlichen Lebens vor. Im Zentrum steht der Versuch, die Relevanz und existenzielle Bedeutung der christlichen Rede von Schuld, Sühne, Rechtfertigung, Kreuz und Auferstehung sowie vom Ewigen Leben zu erschließen. Weitere Themen sind die Frage nach Schrift und Bekenntnis, nach dem Verhältnis von Christentum und Judentum, nach dem Wahrheitsanspruch des Christentums in einer pluralistischen Gesellschaft und angesichts ihres Toleranzgebotes.

Ein Literaturverzeichnis rundet die Orientierung zu diesen grundlegenden Themen der christlichen Theologie ab.

Ulrich Kühn
Christologie

UTB 2393 S.
2003. 332 Seiten, kartoniert
ISBN 3-8252-2393-0

Die hier vorgelegte Christologie behandelt ein zentrales Kapitel der christlichen Glaubenslehre (Dogmatik). Ihr Gegenstand ist das christliche Bekenntnis zu Jesus als dem Christus, mit dem die Christenheit die Frage beantwortet „Was haltet ihr von Jesus?". Die Christologie geht der Frage nach, ob und, wenn ja, in welchem Sinne solches überlieferte Bekenntnis auch heute das Bekenntnis der Kirche als der Gemeinde der Christen sein kann. Damit geht es zugleich um die Identität des Glaubens.

V&R
Vandenhoeck
& Ruprecht